21세기를 위한

교육심리학

김 형 태 저

Educational Psychology

태영출판사

머 리 말

인간에겐 肉(body), 魂(soul), 靈(spirit)이 있다. 동양에선 이를 精·氣·神이라 부르고 이들을 합성하여 精氣나 精神 등으로 부른다. 교육심리학은 교육장면에서 학습자의 精·氣·神을 모두 다루되 특히 氣(soul/mind)를 중심으로 다룬다. 왜냐하면 내 옆구리를 내가 만지면 괜찮은데 남이 만지면 간지러운 것과 몸이 아플 때보다 속이 상할 때가 더 많은 이유는 심리적인 요인이 작용하기 때문이다. 각 분야에서 최고수준으로 성공한 사람들의 인성 특징은 '긍정적이고 적극적인 사람'이라 하니 심리적 특성은 인간의 성공을 결정하는 중요 요인이기도 하다.

지난 26년 동안 대학과 대학원에서 교육심리학을 강의해 왔지만 아직도 배울 것이 많고 궁금한 것이 여러 가지이다. 이처럼 인간을 대상으로 하는 학문과 연구는 끝이 없다. 교수로서 학생을, 남편으로서 아내를, 부모로서 자녀를, 장로로서 교인들을 더 정확히 이해하고 더 편안하게 대해 주고 싶지만 아직까지도 나 스스로 자신 있게 감당하지 못하고 있다. 이처럼 인간은 완전할 수 없는 존재이다. "때리는 시어머니보다 말리는 시누이가 더 밉다." "동냥은 못주나마 쪽박은 깨지 말라." "높이 솟기만 하는 나무는 그늘을 만들지 못하고 홀로 서 있는 나무는 숲을 이루지 못한다(高樹靡陰, 獨木不林/後漢書)." "말(馬)을 물가에 끌고 갈 수는 있어도 강제로 물을 먹일 수는 없다." "건전한 정신에 건강한 신체가 깃든다." "명석한 두뇌(IQ)보다 따뜻한 가슴(EQ)이 더 중요할 때가 많다."는 말들은 심리적인 문제가 교육이나 인간생활과 깊은 관계가 있으며 겉보다 속, 외형보다 내면세계가 우리 삶에 더 중요한 요소임을 의미하는 것이다.

요즈음 직장의 처우도 봉급액수 보다는 정신적인 격려 · 신뢰 · 인정 · 칭찬 · 사기 등이 더 중요시되고 있다. 인간관계에서는 말 한마디, 바라보는 눈빛 하나까지도 중요하다. '내 것을 주면서도 기쁠 때가 있고, 나에게 갖다 줘도 미울 때가 있다'는 말은 머리로 따지는 합리의 세계가 아니라 가슴으로 느끼는 심리의 세계가 우리 삶에 더 많이 작용함을 보여주고 있다.

중요한 외교관계, 상거래, 직장 상하관계 등과 함께 교육현장에서 가르치는 사람과 배우는 사람 사이의 인간관계도 매우 중요하다. 학습자의 내면세계를 바로 이해하고 챙겨줄 때 우리는 더 행복하고 더 효율적이며 더 생산적으로 교육할 수 있는 것이다. 이런 점에서 인간들의 만남을 통해 이루어지는 교육도 상대방에 대한 심리적 이해를 기초로 하여 이루어져야 마땅하다. 아마도 서양사회에서 사회학과 심리학을 king과 queen으로 부르는 것도 이런 이유 때문일 것이다.

상대방의 눈 높이에서 보고 생각하자. 易地思之(입장을 바꾸어서 생각한다)를 새기면서 말이다. 학습도 무조건 많은 시간에 많은 양을 전한다고 좋은 교육이 되지 않는다. 학습자의 준비도와 학습동기, 그리고 정서적인 호감도가 함께 고려돼야 생산적인 학습이 가능한 것이다. 어떤 선생님은 추가설명을 하면 할수록 더 어려운데 어떤 선생님은 손에 쥐어주듯 명쾌하게 이해시켜 준다. 어떤 수업시간은 즐겁고 기다려지는데 어떤 수업시간은 두렵고 지루하다. 아무리 열심히 가르쳤다 해도 학생이 배우지 않았다면 결과적으로 가르치지 않은 것이다. 학습효과와 전이는 영수증으로 증명될 수 없기 때문이다.

우리들도 학창시절을 통해 수많은 스승들을 만나왔지만 그분들이 모두 똑같은 비중으로 기억되진 않는다. 성함을 잊은 분도 있고 별명만 생각나는 분도 있으며 지금도 상호 연락이 있고 애경사 때마다 왕래하는 분도 있다. 시간적으로는 똑같이 1년씩 만났지만 학생의 인격(기억) 속에 자리 매김한 정도는 각각 다르기 때문이다. 이 차이는 흔히 교사의 학문적인 실력보다 인간적 관계, 다시 말해 심리적인 만남의 차이에서 발생하는 것이다.

상대방을 편안하고 기쁘게 해 줄 수 있거나, 다른 사람들로부터 따뜻하다(warm), 편안하다(approachable), 적극적이다(positive)라는 평을 받을 때 우리는 심리적으로 성공한 것이다.

본 저서는 총 17장으로 구성했다. 대학 교재로 쓸 때 한 학기 16주 강의를 생각하여 여유있게 엮은 것이다. 교육학, 심리학, 상담학, 목회학, 복지학, 아동학, 청소년학을 공부하는 대학생이나 각급 학교 교사, 학부모, 종교기관의 성직자, 청소년 지도자, 인사관리를 맡은 공무원과 기업체 간부, 군장교 그리고 인간내면을 이해하고 효율적인 교육을 원하는 사람들이 활용할 수 있도록 엮었다.

21세기를 준비하는 교육을 위해 새로운 내용을 첨가하였다. 예컨대, 교육학과 심리학의 관계, 정서지능(EQ)의 이해, 창의성의 이해와 계발, 인간의 유형과 한국인의 성격, 가정교육과 부모의 역할 등은 기존의 다른 교육심리학 책과 차별성이 될 것이다. 그 외의 내용도 그 동안 강의하면서 모은 자료를 종합함으로써 대학생 이상이면 편안하게 읽을 수 있고 학교와 가정에서 함께 활용될 수 있도록 실제적 내용을 중심으로 구성하였다.

늦게 깨달은 것이 하나 있다면 한국적이고 동양적인 교육 소재를 더 많이 찾아내어 보편타당성을 갖춤으로써, 서양에 지나치게 치우침을 벗어나 교육심리학의 동 · 서 균형을 잡고 싶은 마음이다. 그러나 막상 책으로 엮어 놓고 보니 부끄러움이 많다. 원래 학문이나 저서가 순수 창작일 수 없는 일이지만 이 책의 많은 부분이 선배 교수와 각 분야 전문가들의 연구 내용에 의존하여 쓰여졌다. 나는 그저 이것들을 종합해 본 수고밖에 한 일이 없다. 바라기는 이 책이 읽는 분들에게 조그만 도움이라도 드릴 수 있게 되기를 바란다. 또 우리 나라 청소년 교육과 가정교육 및 학교교육 현장에 조그만 보탬이라도 되기를 간절히 바란다.

끝으로 이 책을 출판해 주신 김현태 사장님, 편집에 수고하신 편집부 직원들, 그리고 교정을 도와준 제자 문병식, 백유미, 황명옥, 강진아에게도 감사를 드린다. 그리고 나에게 인간심리 연구의 좋은 사례가 되어 준 딸 榮嬪(교육상담 전공 : 서울대)과 아들 榮權(응용수학 전공 : NYU) 그리고 외손자(金東旻)에게도 감사를 전한다.

2007년 1월

한남대학교 사범대 연구실에서

김 형 태 씀

차 례

Contents

제 1 장 교육학과 심리학의 관계

1. 인간이란 무엇인가?

'인간이란 무엇인가?' 이는 가장 쉬우면서도 한 마디로 정답을 제시하기가 어려운 질문이다. 어릴 때에 '사람(人)이면 다 사람(人)이냐 사람 노릇(人)해야 사람(人)이지.'라는 말을 들으며 자라났다. 1981년 뿌리깊은 나무(출판사)에서 기획한 책 중 「도대체 사람이란 무엇인가? 사람이 사람인 까닭 열여덟 가지」란 것이 있었다. 개인이나 사회의 구성원이 무엇을 어떻게 바라보고 살아야 할 것인가를 밝히려는 노력의 하나였다고 생각한다.

인간에 대한 정의는 보는 이에 따라 사뭇 다를 수 있고 그러기에 부분적으로는 모두 맞지만 한 마디로 된 완전한 대답은 영원히 내리기 어려울 수도 있다. 고고학자는 진화하는 사람, 신경생리학자는 뇌가 있는 사람, 한의학자는 우주와 꼴이 닮은 사람, 생태학자는 매일 32만 명씩 늘어나는 사람으로 정의한다. 물리학에선 자연을 볼 줄 아는 사람, 불교에선 깨닫는 사람(覺者), 유교에서는 군자(君子), 기독교에서는 하나님의 형상과 성품을 닮은 사람, 미학에서는 예술의 조건을 갖춘 사람으로 이해한다.

정신분석학에선 무의식의 지배를 받는 자로, 전쟁심리학에선 투쟁하는 자로, 사회 윤리학에서는 평등과 차등이 동시에 보장된 자로, 교육학에서는 보는 방법을 배우는 자로, 마르크스주의에선 생산하는 자로, 경제학에선 교환하는 자로, 법학에서는 정의를 실현하는 자로, 정치학에선 권력을 추구하는 자로, 그리고 사회학에서는 역할을 수행하는 자로 인간을 정의한다.

철학자들도 이같은 다양성은 마찬가지이다. Platon은 영혼적 존재로서의 인간, Aristoteles는 이성적 존재로서의 인간, Descartes는 매개자로서의 신을 필요로 하는 인간, Spinoza는 무한자에 접근하려는 인간, Kant는 실천이성으로서의 인간, Schelling은 불안을 동반하고 있는 인간, Schopenhauer는 의지로부터 자유로울 수 있는 인간, Buber는 만남의 존재로서의 인간을 논하고 있다.

지역에 따라서도 다르다. 미국에선 훌륭한 개척자적 사회인, 유럽에선 신사적인 교양인, 러시아에선 유능한 생산인, 일본에선 和, 忠, 恩을 지닌 덕성인, 스위스나 독일에선 3安社會(安心, 安定, 安全) 건설인을 이상형으로 생각하고 있다.

성경에서의 인간이해는 하나님으로부터 창조된 존재이며 관계, 즉 하나님과 인간, 인간과 인간의 관계 속에서 살도록 창조된 존재로 이해한다. 스핑크스의 수수께끼는 "4발로 걷다, 2발로 걷다, 3발로 걷는 존재가 무엇이냐?"는 것이었다. 이의 해답도 '인간'이다.

좋아하는 숫자와 성격특성

왜 한국인은 1. 3. 9를 좋아하고 4를 싫어할까?
왜 서양인은 7을 좋아하고 13을 싫어할까?
왜 기독교인은 666을 싫어하고 중국인은 666과 8(發)을 좋아할까?
1을 좋아하는 사람 = 최고를 원하는 사람
2를 좋아하는 사람 = 부드럽고 차분한 사람
3을 좋아하는 사람 = 천사같은 사람
4를 좋아하는 사람 = 계산적이고 논리적인 사람
5를 좋아하는 사람 = 승리를 좋아하는 사람
6을 좋아하는 사람 = 조용한 사람
7을 좋아하는 사람 = 매사에 적극적인 사람
8을 좋아하는 사람 = 사랑을 잘 할 수 있는 사람
9를 좋아하는 사람 = 공부를 아주 잘하거나 아주 못하는 사람

2006년 6월 6일 중국선 '666 길일'

6일 미국과 유럽 등 서구 국가 주민들은 '악마의 날'에 불운을 당할까 두려워 숨을 죽였다. 그러나 중국은 되레 이날을 축하했다. 왜일까. 중국어 '육(六)'이 순조롭다는 뜻의 '류(流)'와 발음이 같기 때문이다. '류류류다순(六六六大順)'이란 말도 즐겨 사용한다. 6이 세 개면 모든 게 순조롭다는 말이다. 이런 중국인이 2006년 6월 6일을 그냥 지나칠 리 만무하다. 베이징(北京)시 민정사무국 혼인관리처의 리쯔웨이(李紫薇) 처장은 7일 "아침 일찍부터 시내 19곳 혼인등기소에 늘어선 신혼부부가 3,000명을 넘었다"고 밝혔다.

차오양(朝陽)구 혼인등기소의 한 직원은 "이날 혼인등기를 원하는 신혼부부가 너무 많아 자정까지 일을 계속했다"고 전했다. 휴대전화 문자 메시지도 폭주했다. 베이징시 통신 당국은 "6일 하루 평일의 20배를 넘는 문자 메시지가 발송됐다"고 발표했다. 통화량도 평소의 두 배 이상으로 늘었다고 통신 당국은 덧붙였다.

어떻게 하면 인간다운 인간, 즉 바람직한 인간이 될 수 있을까? 그리고 만나는 사람들과 호의적이고 생산적인 인간관계를 유지 발전시킬 수 있을까 하는 것은 오랫동안 많은 종교인과 교육자들의 관심거리였다. 수단으로 이용하는 관계(I-it)가 아니라 목적으로 섬기는 관계(I-you)를 어떻게 이룰 수 있을까? 나와 상대방이 함께 이기고, 모두가 기뻐할 수 있는(I am O.K, you are O.K) 인간관계를 이루어 축복을 누리는 공동체를 이루어 가는 길은 무엇인가? 자기 고유의 개성을 발휘하면서도 和而不同의 조화를 달성하고 그 결과로서 가정이나 사회 그리고 국가나 인류가 최선의 행복을 누릴 수 있는 길은 무엇인가?

학교, 이럴 땐 좋지 않니?

1. 친구가 있잖아
2. 방학이다아
3. 시험 끝났다!
4. 아싸! 수학여행
5. 공부 좀 했더니 성적 오르네
6. 내일이면 졸업이네
7. 그 선생님 최고야
8. 빵빵한 우리 매점
9. 내 사랑 동아리
10. 과묵하신 우리 교장 선생님

학교, 이럴 땐 정말 싫어!!

1. 행복은 성적순이 아니라매?
2. 변태냐, 선생이냐?
3. 왜 때려
4. 내가 뭘 입든……
5. 여름은 따뜻하게 겨울은 시원하게
6. 급식비만큼은 먹어줘야지
7. 일진 앞엔 법도 없다
8. 남녀7세 부동석?
9. 선생님 공부 좀 하세요.
10. 성교육 이론도 없고 실제도 없고

2. 교육학과 심리학

교육학이나 심리학 모두 인간을 대상으로 하여 인간을 연구하고 취급하는 학문이다. 따라서 그 방법도 인간적이어야 한다. 교육학은 합성학문으로서 그 목적은 윤리학(철학)에서, 그 방법은 심리학에서 많은 원리와 지침을 빌려온 것이다. 교육자들은 한 개인의 교육적 발달과정에서 다음 네 가지 질문을 제기한다. 즉, ① 무엇을 가르쳐야 하는가(교과내용) ② 그것들을 어떻게 가르쳐야 하는가(교육방법) ③ 그것들을 언제 가르쳐야 하는가(교육시기) ④ 그 목표-산출은 무엇인가(교육목적)이다. 이는 교육에 대한 ⟨5W1H⟩로서 who(교육자/학습자), what(교육과정), when(발달심리), where(사회심리, 교육환경), how(학습심리), why(교육철학)로 구분될 수 있는 것이다. 이 때 when-where-how를 한데 묶은 것이 곧 교육심리학의 학문적 영역이 될 것이다. 이렇듯이 교육심리학은 교육학과 심리학을 한데 묶어 놓은 학제간 통합학문인 셈이다. 여기서 교육이론과 교육실제를 위한 심리학의 역할과 위치를 생각해야 된다.

심리학은 '인간의 행동'에 대해 '연구'하는 학문이다(Psychology is the systematic, scientific study of behaviors and mental processes.). 여기서의 행동은 관찰 가능한 외현적 행동뿐 아니라 내재적 행동(정서, 동기)까지 모두 포함한다. 오히려 표출행동보다 심층행동에 더 많은 관심을 가져야 한다. 흔히 경찰이나 검사는 형법에 의해 사람을 다루며 결과적으로 나타난 표출행동만을 대상으로 한다. 내가 어떤 사람을 죽이고 싶도록 미워해도 실제 그에게 해친 일이 없으면 무죄다. 결과 지향적이기 때문이다. 그러나 심리학이나 종교영역에선 결과적 행동보다도 원인적 동기를 더 중요시한다. 성경에서도 형제를 미워하면 이미 살인한 것과 같고, 지나가는 여인을 보고 음욕을 품으면 이미 간음한 것과 같다고 가르친다. 참으로 높은 도덕률인 것이다. 이 기준에 의하면 아마 거의 모든 남자들이 내심 죄책감을 느끼게 될 것이다. M. Luther는 이것이 너무 높은 수준이라 도달할 사람이 아무도 없고 죄책감만 강요한다 하여 수정 제의를 했다. '머리 위로 새가 날아가는 것은 어쩔 수 없으나 그 새가 내 머리에다 둥지를 만들고 새끼를 치며 똥오줌을 싸는 일은 막을 수 있다.'는 것이다. 어떤 생각이 순간순간 스치고 일어날 수 있지만 그것을 실행하기 위해 노력하지 말고 의지와 양심으로 조절하고 털어버리라는 것이다. 이것이 심리학이 다루는 분야이다. 또 여기서의 연구는 단순한 탐구나 학습이 아니다. ① 記述(description) ② 說明(explanation) ③ 豫言(prediction) 및 ④ 統制(control)를 포함한 용어이다. 심리학도 학문의 발달과 분화에 의해 매우 다양하게 퍼져 있어 그 자체로서도 학제적 성격을 갖고 있다. 행동과학으로서 과학의 하나요, 인간을 대상으로 하는 인간학이지만, 미학, 공학, 의학, 생물학, 사회학, 경영학, 교육학, 신학 등과도 밀접한 관련을 갖고 있다. 심리학이 다른 학문과 어떤 연계성을 갖고 있는가 다음의 표를 참고하면 이해할 수 있다.

특히 최근 매스컴의 발달에 따라 광고 활동은 인간의 호기심과 구매동기를 자극해야 된다는 점에서 심리학의 도움을 절대 필요로 한다. 상품포장과 다자인도 인간욕구와 심리기제를 전제로 해서 연구한다. 상담학, 범죄나 비행의 이해, FTA

〈심리학의 전체상〉

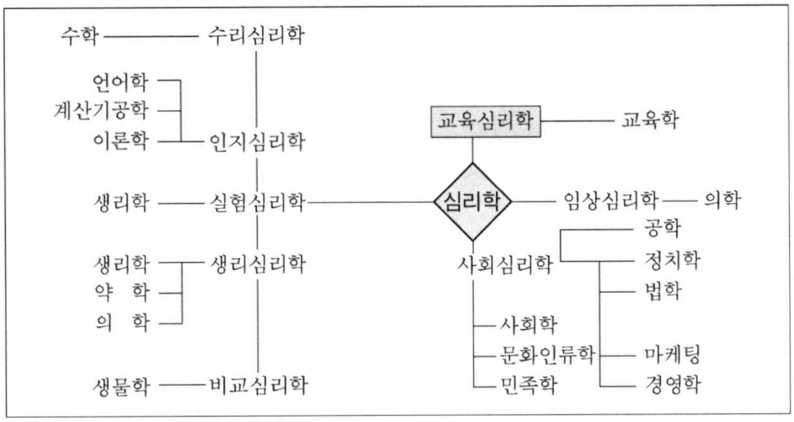

같은 국제외교관계에서의 협상과 교류도 인간심리 이해를 필요로 한다. 정치인이 유권자에게 자기홍보와 선전을 할 때도 심리학은 중요한 역할을 할 것이다. 부모자녀 사이, 부부 사이, 고부 사이, 시누이 올케 사이, 고용주와 고용인, 성직자와 신도 사이의 만남에도 상대방을 정확히 이해하고 나의 진심과 소원을 전달하고 협력을 얻기 위해 심리적 이해를 필요로 한다. 따라서 인간의 바람직한 변화를 위한 계획적 작업인 교육도 학습자에 대한 심리적 이해 없이는 이루어질 수 없는 것이다. 이러한 심리학에는 어떤 분야들이 있는가를 알아보자.

이론(기초)심리학	응용심리학
1. 실험심리학(연구방법의 실험-기초적) 지각심리학 ─ 인지심리학 학습심리학 2. 비교심리학 동물심리학-인간과 동물의 비교 발달심리학-연령에 의한 비교 3. 발달심리학 아동심리학 ─ 교육심리학 청년심리학 생애발달심리학 ─ 생애심리학 노인심리학 4. 차이심리학 인성(성격)심리학-개인차 발달심리학 ─ 집단차 사회심리학 민족심리학 ─ 국가, 문화차 비교문화심리학 5. 이상심리학-정신신경과	6. 교육심리학-학교교육(적응, 평가) 학습심리학 발달심리학 7. 임상심리학-치료, 심리요법 이상심리학 인격심리학 8. 산업심리학-능률, 인간관리, 사회심리학 9. 범죄심리학-범죄예방, 교정, 이상심리학 ① Biological approach ② Cognitive approach ③ Behavioral approach ④ Psychoanalytic approach ⑤ Humanistic approach ⑥ Cross-cultural approach

'고기와 생선이 가득한 채 불화하는 것보다 푸성귀만 먹더라도 화목하게 사는게 낫다.'는 것이 성경(잠 15 : 17, 잠 17 : 1)의 교훈이다. 왜 자기가 자기 겨드랑이를 만지면 간지럽지 않은데 남이 만지면 간지러울까? 충분한 영향섭취를 못한 쥐는 생육이 좋지 않으나 균형잡힌 영양섭취의 쥐들은 생육도 좋고 건강했다. 그런데 충분한 영양섭취를 받는 쥐들이 사는 상자 앞에 무서운 고양이를 마주보고 살게 했더니 고양이 앞에 살면서 잘 먹고 지내는 쥐들이 고양이를 안본 채 굶주린 쥐보다 생육상태가 더욱 나빠지는 결과를 나타냈다고 한다. 물리적 복지나 경제적 처우보다 심리적 안정과 정신적 복지가 더 중요하다는 뜻이 될 것이다. 내 것을 주면서 예쁜 사람이 있는가 하면 갖다 주어도 미운 사람이 있다. 이처럼 인간관계나 학습에서도 상대방의 심리적 상황을 고려하고 이해해 주는 것이 매우 중요한 일이다.

교육학과 심리학의 관계를 알아보기 위해 종합도표를 제시한다.

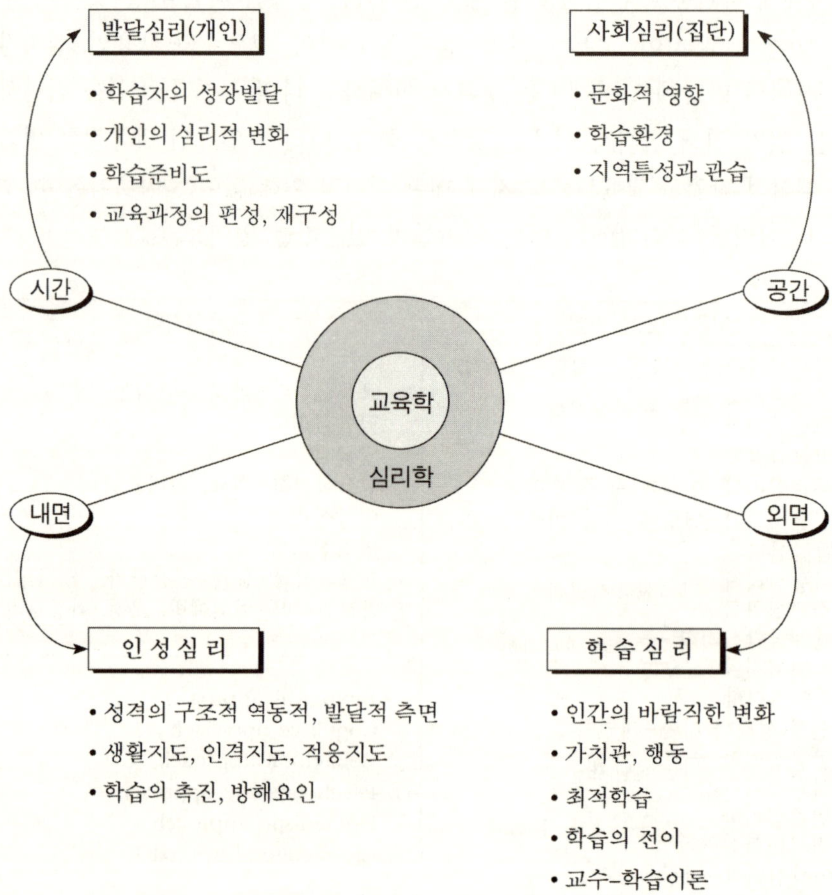

교육학과 심리학을 포개 놓고 둘 사이의 관계를 생각하면 먼저 시간과 공간차원에서의 관계를 볼 수 있다. 교육학과 심리학의 시간적 차원에서의 만남은 인간의 종단적 이해란 점에서 발달심리학이 제시될 것이다. 시계열에 따라 인간발달이 어떻게 일어나며 그 지원방법은 무엇일까? '최적기에 최적경험(right time, right experience)을 어떻게 조력할 수 있을까?' 그가 평생 익혀야 할 일들을 어느 연령시기에 제시할 것인가를 알아야 교육과정을 편성하고 교과서를 편집할 수 있을 것이다. 초등학교 1학년 교과서의 국어교육 첫 장에 어떤 단어를 어느 유형으로 제시해야 효과적인가를 연구해야 한다. 학습자의 새로운 학습과제를 다룰 준비도를 알아보는 방법도 다루어야 한다.

교육학과 심리학의 공간적 차원에서의 만남은 사회심리학의 영역이 될 것이다.

사람은 그가 살아온 시간(時間)·공간(空間)·인간(人間)의 영향을 받게 되어 있다. 100년 전 삶과 현재의 삶이 다르고 같은 시대라도 미국에서 자라난 사람과 한국에서 자라난 사람은 다를 것이다. 또 인간은 B=f(P·E)라는 K. Lewin의 행동공식을 보아도 환경과 사회의 영향을 받는다. 맹모삼천지교(孟母三遷之敎), 어린아이 기르기는 호박넝쿨 떼어 놓기와 같다느니 "먹에 가까우면 검어진다(近墨者黑)" "삼밭에서 크는 쑥은 돌보지 않아도 곧게 자란다(麻中之蓬不扶而自直)", J. Locke의 "Tabula Lasa(백지설)", 즉 어린이는 하얀 도화지와 같다. 최초의 밑그림을 어떻게 그리느냐가 중요하다는 말이 적용되는 것이다. 학습환경, 문화적 환경 등을 이해해야 한다. "살아있는 물고기는 짠 바닷물 속에 살아도 그 몸 속을 짜게 하지 않는다."고 강조하지만, 비도덕적인 사회에서 도덕적인 인간을 길러내기는 역시 어려운 일이다. 그 부모를 보면 그 자녀를 알 수 있다든지, 보고 배운 바(안목)가 있다든지 하는 것들은 환경의 중요성을 강조하는 말들이다.

교육학과 심리학의 관계를 내면과 외면으로 나누어 보면 먼저 내면적으로 볼 때 인성심리학을 생각할 수 있다. 인간성격은 심층요인이라 쉽게 형성되지도 않지만 한 번 형성된 뒤에는 쉽게 고쳐지지도 않는다. 지방색에 따른 성격구조나 민족성 등도 인성이론으로 이해할 수 있다. 성격의 구조와 발달양상과 그 역동성, 적응지도, 인격지도, 학습의 촉진과 방해에 관련된 학습자의 성격이해 등을 다룬다. 물론 개성과 개인차를 중요시한다. 같은 형제간에도 초저녁잠이 없는 자와 새벽잠이 없는 자가 있고 겉절이 김치를 좋아하는 자와 신김치를 좋아하는 자가 있다. 혼자 공부해야 효과적인 사람이 있는가 하면 여럿이 해야 잘되는 자가 있고, 아주 조용해야 잘되는 자가 있는가 하면 약간 소음이 있어야 효과적인 사람도 있다.

교육학과 심리학을 외면에서 살펴보면 학습심리학이 성립할 것이다. 인간의 바람직한 변화의 모습을 무엇으로 설정할 것인가, 시대별로 나라별로 바람직한 인간의 모습을 조금씩 다르게 설정할 수 있기 때문이다. 100년 전에 모범생의 모습이 지금도 모범생일 수 있을까 생각해 보자. 가치관 · 윤리의식을 이해하고 최적학습을 조력할 방법은 무엇인가, 교실의 학습이 사회현장에서 어떻게 전이(fact → concept → value)될 수 있는가, 그리고 교수-학습의 여러 이론과 수업의 방법 등을 다룰 것이다.

교육심리학을 다룰 때에도 심리학자는 학습자행동(behavior of the learner)에 더 관심을 두고 교육학자는 교사행동(behavior of the teacher)에 더 관심을 둔다. 심리학자는 순수한 지식체계의 생산이나 개발(knowledge production)에 우선적 관심을 두고, 교육학자는 개발된 지식체계를 학교현장에 더 효율적으로 활용하는 데(knowledge utilization) 관심을 두기 때문이다.

3. 교육심리학의 위치와 영역

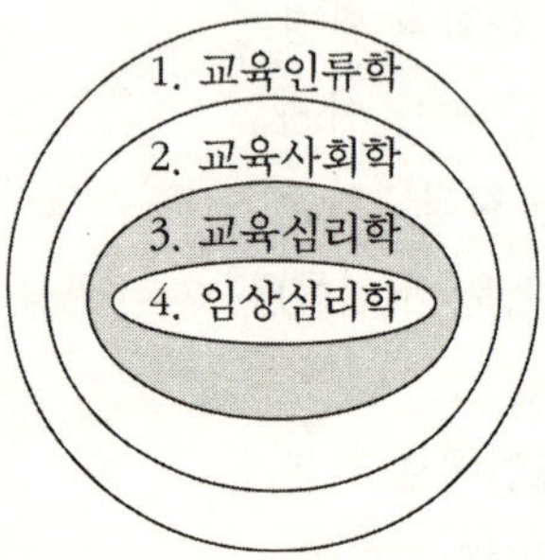

교육심리학의 위치를 범위에 따라 규정해 보면 첫째, 교육인류학이 가장 광범위한 관심권을 갖는다. 인간이 태어나서부터 현재의 상황에 이를 때까지의 여러 가지 교육적 과정과 구조를 비교하는데 관심을 둔다. 그리고 그 관심은 우주적 관심(macro approach)이다. 주로 교육의 문화적 요인을 다룬다.

둘째, 교육사회학은 현대교육체제 안에서 집단의 상호관계를 이해하고, 집단의 구조와 기능을 분석하며 집단에 영향을 주거나 받는 교육적 과정을 다룬다.

셋째, 교육심리학은 개인의 이해와 그의 학습과정을 다루고, 인간내면의 정신적 작용의 과정을 중점적으로 다룬다.

넷째, 임상심리학은 인간학습 능력에 대한 생리적 과정과 병원에서의 치료적 업무를 주로 다룬다.

이제 교육심리학의 영역을 알아보자. 학습과정에서 필요로 하는 모든 교육적 문제, 즉 ① 발달의 이론과 실제 ② 학습의 이론과 실제 ③ 측정과 평가에 관한 것 ④ 성격과 적응에 관한 것 ⑤ 생활지도(guidance)에 관한 것 등으로 나눌 수 있다.

1948년 미국심리학회(APA)의 제15분과위원회(교육심리분과)의 뉴스레타에서 제시한 교육심리학의 영역은 다음과 같았다.

① Human Growth and Development
② Learning
③ Personality and Adjustment
④ Measurement and Evaluation
⑤ Techniques and Methods in Educational Psychology

1915년 Hall-Quese가 53명의 교육학, 심리학 교수들과 대담하여 얻어낸 가장 좋아하는 주제들은 다음과 같았다.

The Learning Process
Memory
Fatigue
Instinct
Attention
Habit
Imagination
Association
Mental Tests
Individual Differences
Perception
Transfer of Training
Reason
The Original Nature
Correlation
Psychology of Special Subjects

지금까지 가장 널리 보급된 교육심리학 교과서는 Starch, Gates, Strong의 저서들이다. 그 내용에 있어 이들간에 일치되는 것은 많지 않은데 교육심리학이 교사교육에 첫번째로 중요한 과목이요, 교육활동의 기초과목이란 점에서는 모두 일치하고 있었다. 1928년 Hertzberg는 Colorado주립대학의 사범대 교수, 교육심리 전공 학생 및 교육심리학자들을 대상으로 교육심리학의 주제들을 조사해 보았다. 그 내용은 다음과 같다.

Contents	Faculty	Students	Psychologists
Personality	1.0	1.5	2.0
Methods	2.0	1.5	7.5

Special Subjects	3.5	4.5	1.0
Skills	3.5	3.0	3.0
Interests	5.5	7.0	7.5
Correlation	5.5	9.0	7.5
Original Nature	7.0	7.0	4.5
Curriculum	8.5	4.5	11.0
Physiological Issues	8.5	7.0	4.5
Measurement	10.0	13.5	7.5
Adult Relations	11.0	11.0	12.0
Individual Differences	12.0	11.0	10.0
Home Influences	13.0	11.0	15.0
Extracurricula	14.0	13.5	14.0
Theories	15.0	15.0	13.0

4. 바람직한 인간상

교육학이나 심리학 모두 인간행복의 극대화, 인간의 최대(maximum)·최적(optimum) 발달의 지원, 바람직한 인간상의 육성 등을 목적으로 한다. 그렇다면 바람직한 인간의 모습을 어떻게 설정할 것인가?

〈3-意 8-H 全人像〉

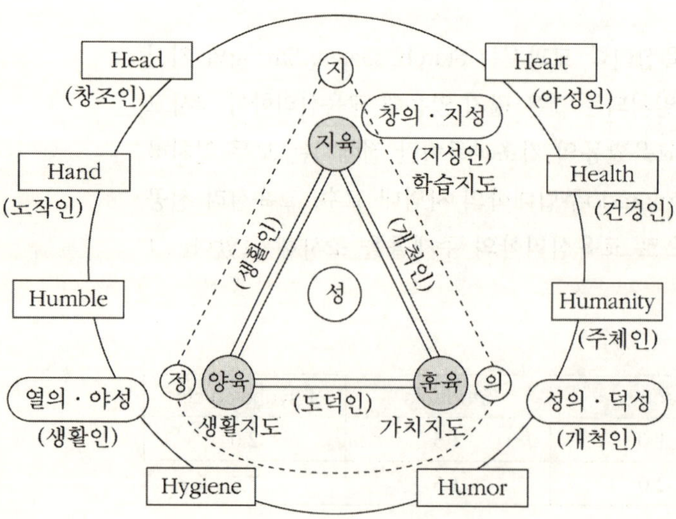

동서양 교육에서 공통적으로 강조한 것은 조화로운 인간, 즉 균형잡힌 인간상이다. Pestalozzi의 三育論은 知·德·體의 온전한 발달이었다. 오늘날도 知(지성인 : 創意), 情(야성인 : 熱意), 意(덕성인 : 誠意)를 균형있게 갖춘 全人像을 모든 학교교육에서 목표로 삼고 있다. 이를 더 구체적으로 제시해 소위 8-H 인간상으로서 Head, Humor, Heart, Hand, Health, Humble,

〈균형잡힌 삶의 도표〉

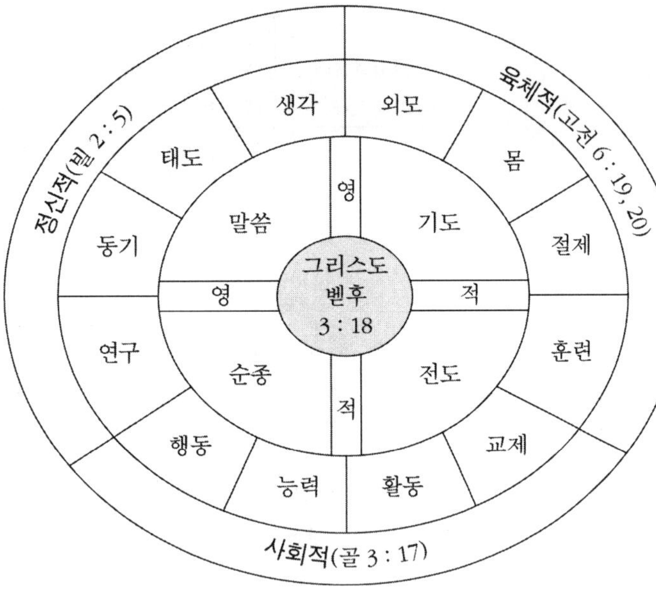

Humanity, Hygiene의 8항목을 규정하기도 하고, 인간의 七氣稟으로서 눈에는 聰氣, 몸에는 生氣, 얼굴에는 和氣, 언어에는 才氣, 행동에는 德氣, 생활에는 潤氣, 그리고 인품에는 香氣가 깃들어야 한다고 주장한 이도 있다.

성경에서도 균형잡힌 인간상을 제시하고 있다. 예수의 어린시절(눅 2 : 52) 모습은 신체적, 정신적, 영적, 사회적 성장의 모습(고전 6 : 19-20, 빌 2 : 5, 벧후 3 : 18, 골 3 : 17)을 보여 주고 있다. 바울사도는 우리들의 神(spirit)과 氣(soul)와 精(body)이 온전히 보전되기를 원하고 있다(살전 5 : 23, 롬 12 : 1-2).

동양교육의 고전인 「大學」의 首章 편에도 3강령(明明德, 新民, 止於至善) 8조목(格物, 致知, 誠意, 正心, 修身, 齊家, 治國, 平天下)이 나온다. 이는 학문활동(교과교육 : 格物, 致知)과 덕행활동(생활지도 : 誠意, 正心, 修身)을 합해서 개인적 차원으로 修己(仁)를 통해 자아실현인이 되라는 것이고 사회봉사 활동(노작교육 : 齊家, 治國, 平天下)을 통해 사회적 차원에서 治人(義)을 이루어 사회봉사인이 됨으로 인류공영을 도모하는 성현군자가 되라는 것이다.

이율곡의 교육입문서인 「擊夢要訣」의 持身章 제3에는 바람직한 인격의 조건으로 외형적 인간조건을 규정한 九容者(足容重, 手容恭, 貌容端, 口容止, 聲容靜, 頭容直, 氣容肅, 立容德, 色容莊)를 조목별로 설명해 놓았고 정신적인 道理와 인간적인 처신을 九思者(視思明, 聽思聰, 色思溫, 貌思恭, 言思忠, 事思敬, 疑思問, 忿思難, 見得思義)로 구별하여 제시한 것이다. 최근 교육정책 자문위원회에서 21세기를 위한 '건강한 한국인 상'의 모습에 대해 9개항으로 특성을 제시한 것이 있다.

① 인간과 자연을 아끼고 사랑하는 마음을 키운다.(인간존중)

② 선을 추구하며 공동체의 유익을 위해 이기적 욕망을 이기는 힘을 키운다.(도덕심, 공동체의식, 극기력)

〈「大學」에서의 교육이념〉

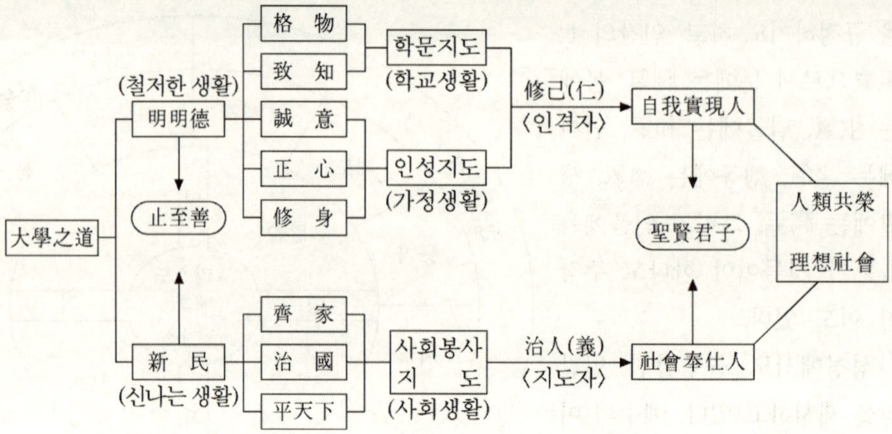

③ 정서적으로 안정되고 아름다움을 추구하는 마음을 키운다.(정신건강)

④ 열린 마음과 창조적 능력을 갖게 한다.(개방성, 창의성)

⑤ 미래 투시적 안목으로 변화에 능동적으로 대응하는 힘을 키운다.(미래지향성, 진취성)

⑥ 자주, 자율적이며 책임있는 자유를 행사할 수 있게 한다.(자주, 자율, 책임)

⑦ 법을 존중하고 질서를 지키는 민주사회의 책임있는 구성원을 키운다.(법치사회 참여, 준법정신)

⑧ 더불어 잘 살기 위해 협동하고 봉사하는 마음을 키운다.(협동봉사)

⑨ 세계 시민적 안목과 책임감을 키운다.(세계 시민자질)

또 다른 연구 중 한국교육개발원의 연구보고서는 '전인교육을 위한 7개 덕목'을 다음과 같이 정리하여 내걸고 있다.

① 건강한 사람(건강한 신체, 건전한 정신, 강인한 의지, 건강한 생활)

② 도덕적인 사람(올바른 가치관, 인간 존중태도, 인류 사랑)

③ 창조적인 사람(기본적인 학습능력, 과학적 사고력, 창의적 생활)

④ 민주적인 사람(민주주의 본질의식, 민주시민 생활의 내면화, 민주주의적인 절차와 과정의 존중)

⑤ 심미적인 사람(문화의식, 미적 감수성, 예술활동의 생활화)

⑥ 기술적인 사람(생활기술의 습득, 건전한 직업의식, 생활정보의 활용)

⑦ 자주적인 사람(자아 정체감, 의사결정 능력, 진취적인 정신, 지도능력 배양)

〈미래사회에 대응하는 전인의 조건〉

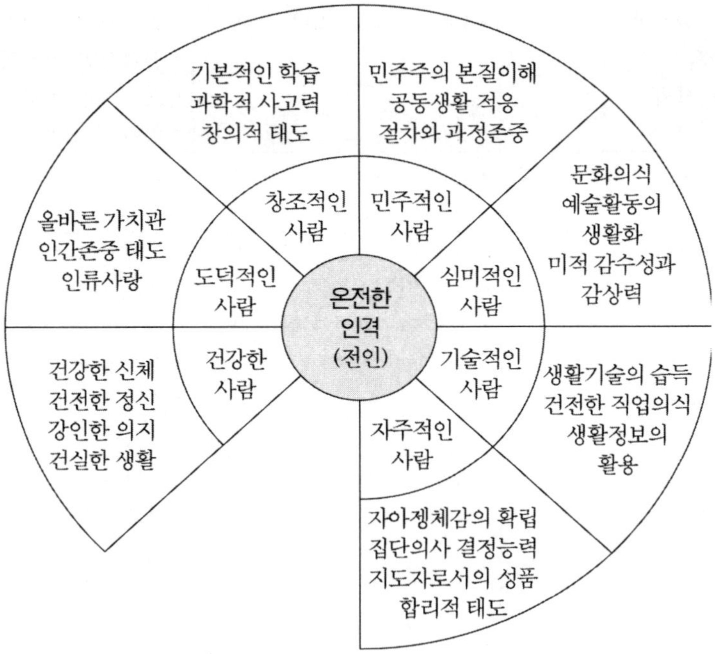

외국 교과서에 반영된 국민성을 보면 미국은 민주사회의 시민상(자아실현, 인간관계, 경제적 효용성, 시민적 책임)을 형성하려고 하고, 인도는 인간평등과 자비심을 강조하며, 스웨덴은 사회복지와 협력을 강조하고, 덴마크는 자연을 숭상하는 향토애를 가르치며, 스페인은 조국애와 단결심을 강조하고, 프랑스는 인류애를 존중하고 평화를 사랑하며, 이탈리아는 종교적 이념을 강조하고 있다.

최근 미국에서는 3C(Competetion, Character, Commitment)를 강조하고 대만에서는 BQ(Brilliant Quotient : 명석지수)로 공무원을 뽑는데 그 내용은 Brain, Beauty, Behavior를 평가한다고 한다.

미래사회의 특징	길러야 할 인간상	북돋워야 할 행동 특성
• 안정된 민주사회 • 번영된 통일국가	• 투철한 민주의식을 지닌 사람	• 자주자립, 주인정신 • 자신의 가치와 능력에 대한 자신감 • 공동체 의식과 그 발전에 헌신하는 태도 • 참여의식

• 고도 산업사회 • 과학 기술사회 • 지식사회 • 정보화 사회	• 창조적인 능력을 지닌 사람 • 1인 1기술을 지닌 사람	• 미래지향성 • 과학적인 사고방식 • 합리성과 독창성 • 진취적인 개척 정신 • 성취 지향성
• 윤택한 삶을 창조하는 문화 사회	• 높은 심미적 안목을 지닌 사람(정신건강)	• 자연과 예술 사랑 • 정서적 안정성
• 국제화 사회 • 개방사회 • 경제 우선주의 • WTO 체제 • 불확실성의 사회	• 국제적인 안목을 지닌 사람 • 주체적인 사람 • 계속 연구하는 사람(평생교육)	• 국제적인 시야 • 세계 시민의식-호혜평등 협력 • 자아정체감 • 강한 민족문화 의식 • 투철한 역사 의식
• 지구촌 사회 • 국제 경쟁사회	• 자유와 평화를 사랑하는 사람	• 건전한 민족주의 의식 • 상호존중감 • 평화주의 • 공생사회 의식

청소년헌장

우리 청소년에게 권리와 책임을

청소년은 자기 삶의 주인이다. 청소년은 인격체로서 존중받을 권리와 시민으로서 미래를 열어갈 권리를 가진다. 청소년은 스스로 생각하고 선택하며 활동하는 삶의 주체로서 자율과 참여의 기회를 누린다. 청소년은 생명의 가치를 존중하며 정의로운 공동체의 성원으로 책임있는 삶을 살아간다.

가정 · 학교 · 사회 그리고 국가는 위의 정신에 따라 청소년의 인간다운 삶을 보장하고 청소년 스스로 행복을 가꾸며 살아갈 수 있도록 여건과 환경을 조성한다.

◉ 청소년의 권리

1. 청소년은 생존에 필요한 기본적인 영양 · 주거 · 의료 · 교육 등을 보장받아 정신적 · 신체적으로 균형있게 성장할 권리를 가진다.
1. 청소년은 출신 · 성별 · 종교 · 학력 · 연령 · 지역 등의 차이와 신체적 · 정신적 장애 등을 이유로 차별받지 않을 권리를 가진다.
1. 청소년은 물리적 폭력 뿐만 아니라 공포와 억압을 포함하는 정신적인 폭력으로부터 보호받을 권리를 가진다.
1. 청소년은 사적인 삶의 영역을 침해받지 않을 권리를 가진다.
1. 청소년은 자신의 생각과 느낌을 자유롭게 펼칠 권리를 가진다.
1. 청소년은 자유로운 의사에 따라 건전한 모임을 만들고 올바른 신념에 따라 활동할

권리를 가진다.
1. 청소년은 배움을 통해 진리를 추구하고 자아를 실현해 갈 권리를 가진다.
1. 청소년은 일할 권리와 직업을 선택할 권리를 가진다.
1. 청소년은 여가를 누릴 권리를 가진다.
1. 청소년은 건전하고 다양한 문화 · 예술 활동에 자유롭게 참여할 권리를 가진다.
1. 청소년은 다양한 매체를 통하여 자신의 삶에 필요한 정보에 접근할 권리를 가진다.
1. 청소년은 자신의 삶과 관련된 정책결정 과정에 민주적 절차에 따라 참여할 권리를 가진다.

◉ 청소년의 책임

1. 청소년은 자신의 삶을 소중히 여기며 자신이 선택한 삶에 대해 책임을 진다.
1. 청소년은 앞 세대가 물려준 지혜를 시대에 맞게 되살려 다음 세대에 물려줄 책임이 있다.
1. 청소년은 가정 · 학교 · 사회 · 국가 · 인류공동체의 성원으로서 자기와 다른 삶의 방식도 존중할 줄 알아야 한다.
1. 청소년은 삶의 터전인 자연을 소중히 여기고 모든 생명들과 더불어 살아간다.
1. 청소년은 통일 시대의 주역으로서 평화롭게 공존하는 방법을 익힌다.
1. 청소년은 남녀평등의 가치를 배우고 이를 모든 생활에서 실천한다.
1. 청소년은 가정에서 책임을 다하며 조화롭고 평등한 가족문화를 만들어 간다.
1. 청소년은 서로에게 정신적 · 신체적 폭력을 행사하지 않는다.
1. 청소년은 장애인을 비롯한 소외받기 쉬운 사람들과 더불어 살아간다.

*1998. 10. 25 새로운 청소년헌장 선포

재능은 선천적인가, 후천적인가

천재는 타고나는 것인가, 만들어지는 것인가.

새로운 생명이 태어나는 순간은 경이롭다. 갓난아이가 토해내는 울음은 세상에 대한 첫인사이자 자신의 존재를 알리는 증명인 셈이다. 이렇게 귀한 아이가 태어나면 부모들은 한없이 기쁘면서도 걱정이 앞선다. 하나의 생명이 태어난다는 것은 곧 무한한 가능성을 가진 또 하나의 세계가 열린다는 것이기에, 부모에게는 아이가 자신만의 세상을 만들어 가는데 꼭 필요한 길잡이가 되어야 할 의무가 더해지는 것이다.

아이를 키우는 부모의 절반쯤은 아이에게는 타고난 재능이 있다고 믿는다. 그래서 아이가 크레용을 쥐고 낙서를 하면 회화에 재능이 있는지를 살피고, 장난감 블록을 제법 높이 쌓아올리면 건축에 재능이 있는지 내심 기대하게 된다. 그리고 한번쯤은 '우리 아이가 정말 천재가 아닐까' 심각하게 고민하기도 한다. 나머지 절반의 부모들은 아이들은 깨끗한 백지와 같다고 생각한다. 그래서 그 하얀 종이 위에 멋진 밑그림을 그려주는 것이 부모의 몫이라고 생각한다. 아이들에게 좀 더 양질의 교육을 받게 해주는 것, 다양한 경험과 학습을 통해 세상을 배워 나가도록 하는 것이 아이들의 미래를 결정하는데 매우 중요하다고 생각한다. 그리고 이들 모두는 과연 자신의 지론이 정말로 옳은 것인지 스스로를 의심하며, 다른 편의 전략에 기웃거린다. 사실 인간의 본성과 양육이 하나의 인격체를 형성하는 데 미치는 영향은 지난 100여 년간 근대 사회를 뒤흔든 논의의 중심이었다.

1996년 태어난 복제양 돌리가 생물학사에서 지니는 진정한 의미는? 돌리의 탄생은 '생명체는 유전자의 발현체다'라는 명제의 최종적이고도 확실한 증명이었다. 돌리는 생명 탄생에 있어 유전자가 얼마나 많은 기여를 하는지를 알기 위해 체세포의 핵은 흰 양에게서, 이 핵을 넣어서 발생시킬 난자와 자궁을 빌려줄 대리모는 얼룩무늬 양에서 골랐다. 결국 돌리는 완벽한 흰색 털을 가지고 태어남으로써, 생명의 청사진이 핵 속의 유전물질, 즉 DNA에 들어 있음을 완벽하게 증명했다. 그리고 그 사실은 어떤 이들에게는 우려를 불러일으켰다. 생명체의 모든 지도가 유전물질 속에 들어 있다면, 인간의 본성은 고착된 것이 되고 양육은 선천적인 특질을 변화시킬 수 없게 된다. 그리고 이는 20세기 전반, 세상에 휘몰아쳤던 우생학의 광풍을 떠올리게 했다. 과연 인간 역시 유전자의 조합으로만 이루어진 표현형에 지나지 않을까?

이런 세간의 우려에 미국 콜드스프링하버 연구소의 객원교수이자 과학저술가인 매트 리들리는 이렇게 말한다. 게놈에 대한 연구는 생물학적 기반지식에 엄청난 변화를 몰고 왔지만 그것이 양육과 본성의 논쟁에서 본성의 손을 들어준 것은 아니라고, 단지 양쪽의 논쟁이 중간에서 만날 수 있을 만큼 풍부한 주장을 갖게 되었음을 의미한다고. 인간의 양육과 본성의 논쟁을 다룬 그의 책 「본성과 양육」(김영사)의 원제가 'Nature Versus Nurturé'가 아니라, 'Nature via Nurturé'인 것에 주목하자. 양육과 본성은 대립적인 성질이 아니라, 유전자는 환경과 반응하면서 자신이 만든 것을 해체하거나 재구성하는 형태로 자연에 적응한다는 것이다.

아이를 키우면서 '우리 아이를 똑똑하게 만드는 비법' 유의 책에 눈이 간다면 그보다는 먼저 리들리의 책을 집어 드는 것이 어떨까. 여기서 한 발 나아가 좀 더 직접적인 정보를 얻고 싶다면, 신경학자 리즈 엘리엇이 자라나는 아이들의 뇌 속 변화를 설명한 '우리 아이 머리에선 무슨 일이 일어나고 있을까?'(궁리)를, 마음먹고 커다란 과제에 도전하는 기분이라면 스티븐 핑거의 「빈 서판(Blank Slate)」(사이언스북스)이 좋은 선택이 될 것이다.

제2장 교육심리학의 발달사

1. 고대 심리학

심리학을 광의로 이해한다면 마음(mind, soul)을 탐구하며 생명의 근본원리에 대해 설명하고자 한 고대 희랍 철학자들의 논의에서 그 기원을 찾아볼 수 있다. 희랍의 Hippocrates(B.C. 460~357)는 정신과정에서 뇌(腦)를 강조하며 이성의 자리로 보았고, 정신병에 대한 미신을 강력히 반대하여 그 원인을 자연적인 것에서 찾았으며, 이미 공포증(phobia), 간질(epilepsy), 조울병(manic), 우울병(melancholy), 편집증(paranoia) 등의 병명을 사용하고 있다. 또한 그는 인간활동의 기초로서 체액론(theory of humors)을 주장하였는데, 신체는 혈액, 황담즙, 흑담즙 및 점액을 갖고 있으며, 건강은 이러한 체액들이 혼합되어 나타난 기질의 결과라 하였다.

Platon(B.C. 427~347)은 하나의 정신물리학적 견해인 심신이원론을 주장하였다. 그는 인간의 영혼은 하나의 정신적 실체이며 관념의 세계와 현상(사물)의 세계로 나누어지고, 관념의 세계에는 고귀한 부분인 이성이 있는데 뇌가 그 자리이며, 현상의 세계에는 저속한 부분인 의지와 정욕이 있는데 육체에 속한다고 하여 아래의 도식으로 요약하고 있다.

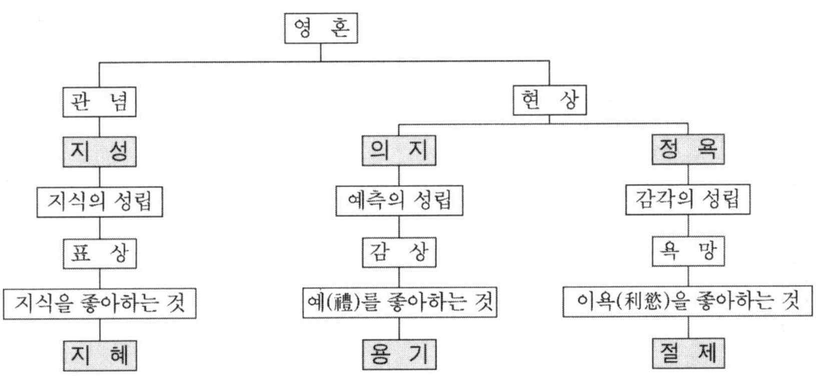

〈심리학의 흐름〉

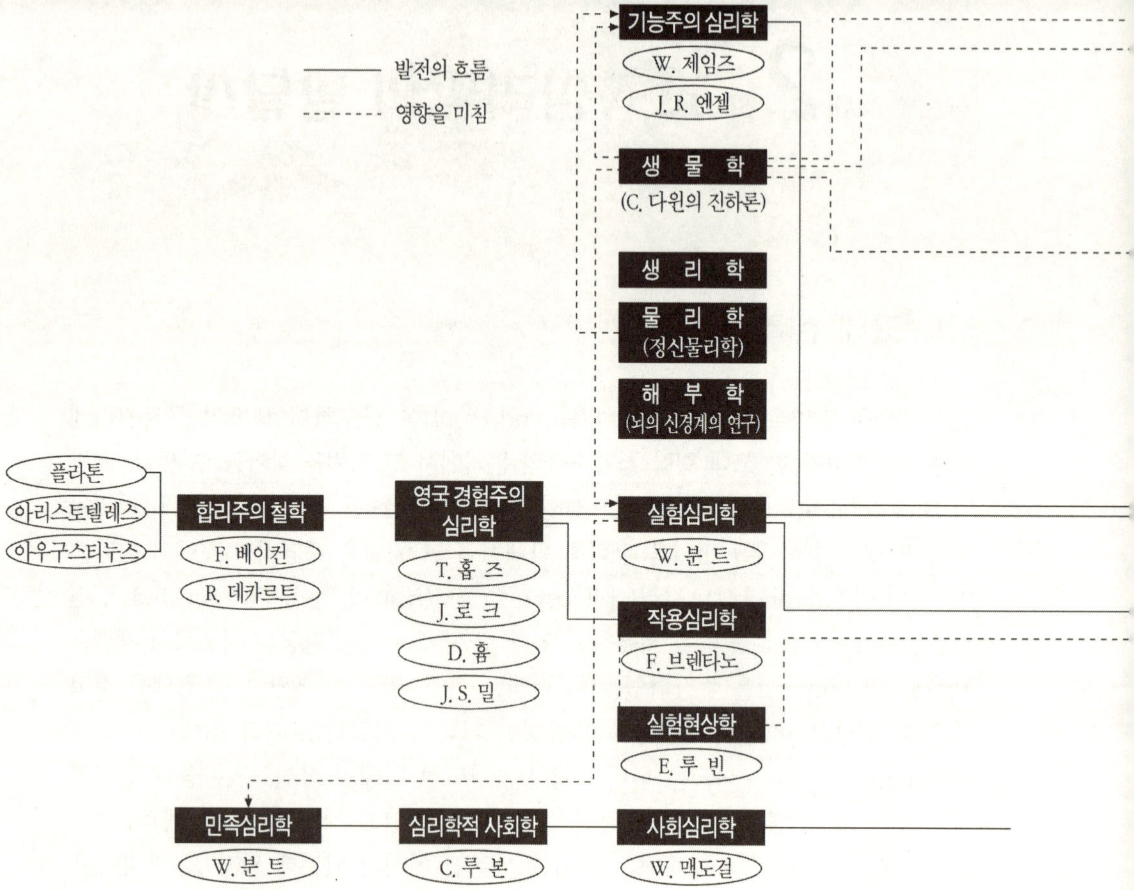

〈심리학의 흐름 · 정신분석편〉

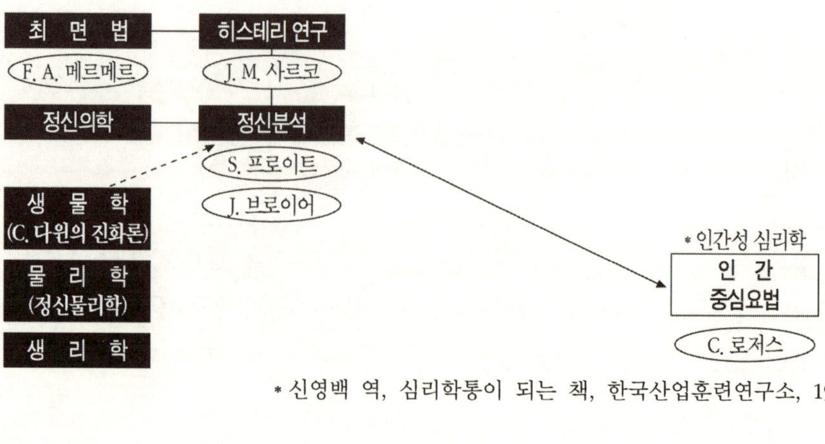

* 신영백 역, 심리학통이 되는 책, 한국산업훈련연구소, 1997.에서 인용.

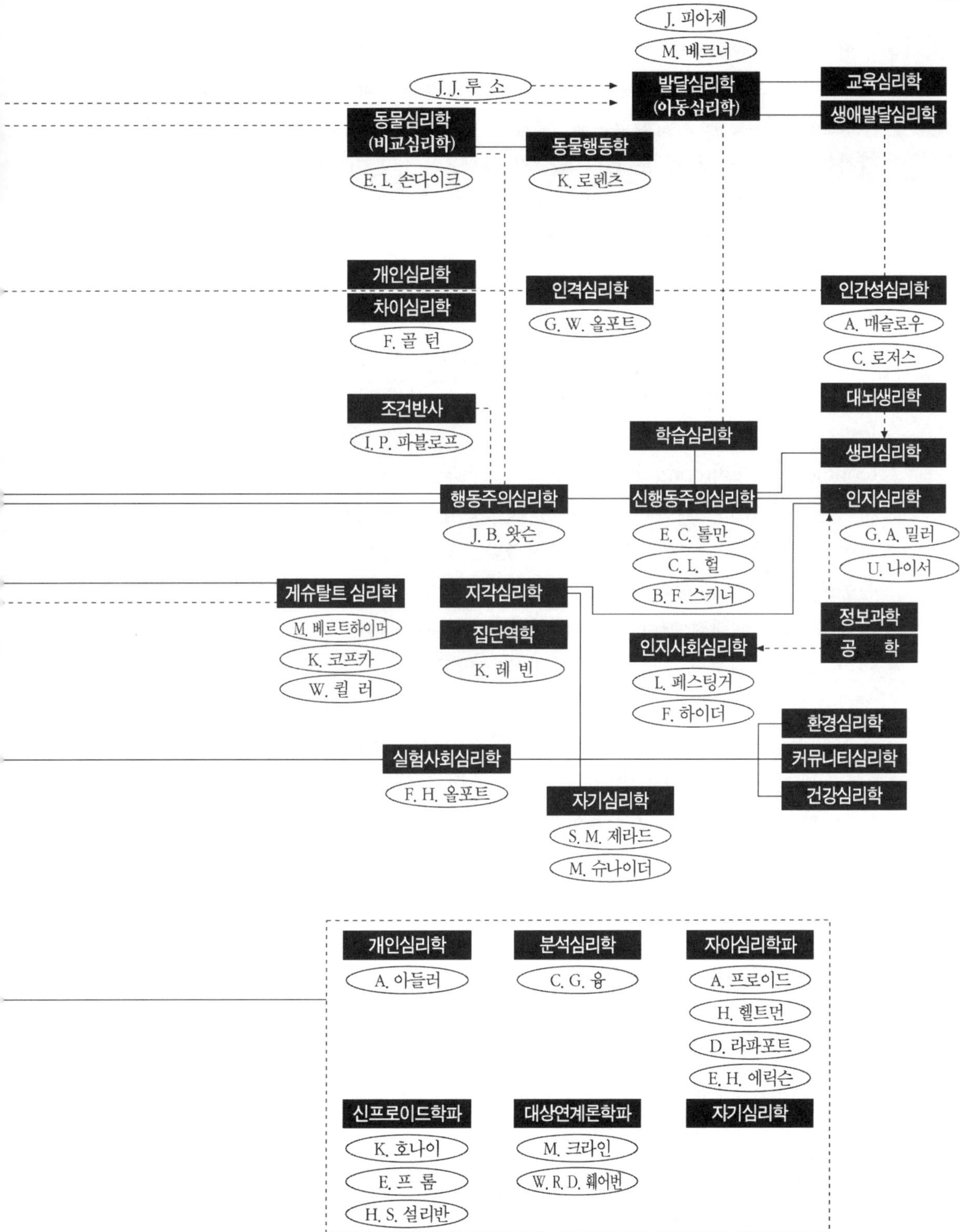
J. 피아제
M. 베르너
J.J. 루 소
발달심리학 (아동심리학)
교육심리학
생애발달심리학
동물심리학 (비교심리학)
E. L. 손다이크
동물행동학
K. 로렌츠
개인심리학
차이심리학
F. 골 턴
인격심리학
G. W. 올포트
인간성심리학
A. 매슬로우
C. 로저스
대뇌생리학
조건반사
I. P. 파블로프
학습심리학
생리심리학
행동주의심리학
J. B. 왓슨
신행동주의심리학
E. C. 톨만
C. L. 헐
B. F. 스키너
인지심리학
G. A. 밀러
U. 나이서
게슈탈트 심리학
M. 베르트하이머
K. 코프카
W. 퀼 러
지각심리학
집단역학
K. 레 빈
정보과학
공 학
인지사회심리학
L. 페스팅거
F. 하이더
환경심리학
커뮤니티심리학
건강심리학
실험사회심리학
F. H. 올포트
자기심리학
S. M. 제라드
M. 슈나이더
개인심리학
A. 아들러
분석심리학
C. G. 융
자아심리학파
A. 프로이드
H. 헬트먼
D. 라파포트
E. H. 에릭슨
신프로이드학파
K. 호나이
E. 프 롬
H. S. 설리반
대상연계론학파
M. 크라인
W. R. D. 훼어번
자기심리학

한편, Aristoteles(B.C. 384~322)의 사상은 과학 전체뿐만 아니라 인간이해—심리학—에도 중요한 공헌을 하였다. 그는 최초의 심리학 저서라 할 수 있는 『De Anima(정신론)』를 저술하였는데, 다음과 같은 견해들을 제시하고 있다. 첫째, 감각들과 아울러 분노, 용기 및 욕망의 정서들은 영혼의 기능들이지만, 이것은 신체를 통해서만 작용할 수 있다고 하여 정신과 육체의 관계—심신관계—에 관심을 가졌다. 둘째, 심리학 및 해부학에 대한 지식은 정신현상의 신체적 상관성, 즉 감각 · 중추기관 등의 의의와 기능 등을 밝히는 데 크게 기여하였다. 셋째, 사람의 정신은 동물의 그것과 별개의 것이 아니고 정도의 차이가 있을 따름이라 하고, 식물의 영혼, 즉 생기에는 영양과 번식작용—조직을 키우는 능력—이 있고, 사람의 영혼에는 앞의 능력에다 이성—사고하고 이해하는 능력—을 함께 가지고 있다고 하여 현대심리학의 연구과제와 비슷한 주장을 하였다. 넷째, 접촉(contiguity), 대비(contrast), 유사(similarity)의 연합원리에 의하여 어떤 장면에서 경험했던 요소가 다른 사태에 나타나면 그 장면과 관계되었던 관념들을 회상한다는 연상작용으로 학습현상을 설명하였다. 다섯째, 감각들은 영혼—정신—에서 운동을 일으키고 운동은 반복을 통해 강도가 커진다. 따라서 감각들의 반복은 사상(事象)들의 내적 패턴들을 확립시키고 기억은 이러한 일련의 패턴들의 회상이라 보았다. 여섯째, 관찰에 의한 지식을 발전시킴으로써 사람에 관한 경험적 지식을 존중하였다.

심리학에 대한 그의 공헌을 요약하면, ① 해부학 및 생리학의 지식 기반을 구축하고, ② 관념연상(觀念聯想)의 3개 법칙(대비/유사/접촉)을 세우고, ③ 무생물(無生物) 동물 및 인간을 3개 특성에 따라 단계적으로 구분한 것, ④ 경험과학(經驗科學)을 발전시켜 인간에 관한 경험적 지식을 존중했다는 사실들이다.

2. 중 · 근세 심리학

Aristoteles 이후 중세(教父時代)에는 종교적, 윤리적 가치에 관한 문제가 관심의 중심이었으며, 인간이해와 과학의 발전은 별 다른 진전이 없었으며, 몇몇 학자들만이 이에 관심을 나타내었다.

Augustine(354~430)은 정신의 기본요소로서 표상(表象 : memoria), 지성(知性 : intellectus), 의지(意志 : volentas)를 들고 특히 의지를 중요하게 보았다. 그

후 Thomas Aquinas(1225~1274)도 과학적 진리는 관찰과 실험에 의해야 한다고 보았으며, 내적 경험과 내성을 중시하였다. 그러나 Augustine이 영혼만이 사람의 본질이라고 본 것과는 달리 사람은 영혼과 육체의 유기적 결합체라 하였다.

희랍과 로마문화가 쇠퇴할 시기에는 아랍문화가 고대문화를 보존하고 발전시켜 왔다고 볼 수 있다. Avicenna(980~1037)는 Aristoteles가 주장했던 바와 같이 영혼에는 식물능력, 동물능력, 이성능력이 있다고 보았다. 식물능력은 영양 · 성장과 생존이 포함되고 동물능력은 운동능력과 인식능력으로, 이성능력은 능동적 지성(intellectus actives)과 사색적 지성(intellectus contemplatives)으로 구성되어 있다고 하였으며, 정신과 육체는 각기 독립적으로 존재한다고 보았다. Alhasan(965~1038)은 광학에 관한 연구로 감각론을 저술하였는데 색채감각, 시 · 공간지각, 안구운동, 통각, 환각, 그리고 물리적 자극과 감각반응 시간과 심리적 과정 등을 해부학적 · 실험적으로 연구하여 현대 실험심리학의 과제와 방법을 일찍부터 보여 주고 있다.

15~16세기부터 시작된 문예부흥과 종교개혁은 근대사상의 새로운 대두를 의미하였다. 스페인의 L. Vivesms(1449~1540)는 경험적 개인의 지성은 간단한 지각에서 여러 단계를 거쳐 발전한다고 보았다. 감각의 결합—지각, 지각의 결합—이라는 의식심리학에서의 견해와 유사한 주장을 하였고, 또한 연상(聯想)의 중요성도 지적했다. 명확한 유사, 접근, 대비의 연상과정에 정서(emotion)가 작용한다고 하였으며, 정서는 기억과 망각의 작용에도 밀접히 관계된다고 하였다. Rene Descartes(1596~1650)는 정신과 신체는 서로 독립적인 실체로서 양자간에는 상호 접촉이 없고, 다만 송과선이 심신의 접촉점이라 보았다. 심신관계를 형(form)과 질(matter)에서 서로 다른 종류로 본 데 비해서 Baruch Spinoza(1632~1677)는 동일한 실체의 두 가지 다른 측면으로 생각하여 사유자(思惟者) 자신은 이 실체를 관념(idea) 혹은 의식(consciousness)으로 이해하고, 외부 관찰자는 신체로 본다는 이원론적 입장을 지지하였다. 이러한 심신관계에 관한 논의는 사람의 정신현상에 대한 연구와 아울러 이에 관련되는 신체적인 작용도 연구하게 되어 현대심리학의 발전에 기여한 바가 크다. 이성적 사유에서 진정한 인식에 도달할 수 있다는 Descartes, Spinoza 등의 이성주의(rationalism)에 반대하여 영국에서는 자연과학 발달의 영향을 받아 경험론적인 입장에선 연상 심리학(associationism)이 발달하게 되었다.

행동주의 심리학자들의 연합법칙은 Aristoteles의 대비, 접촉, 유사의 세 법칙을 기본으로 하고 있는데, 이들의 이론은 학습과정이나 기억과정과 같은 중요한 심리과정에 대한 연구를 통하여 현대 학습심리학, 행동주의 심리학의 연구에 영향을 미친 바가 크다.

이들 행동주의자들과는 달리 독일의 Christian von Wolff(1679~1754)는 여러 가지 정신현상을 심적 능력의 발현으로 보고, 정신현상을 인식능력과 욕망능력으로 분류하여 이것을 정신능력의 기본으로 생각했다. J. Tetens(1736~1807) 등은 정신능력을 지(知) · 정(情) · 의(意)로 나누고 그것들이 각각 독자적으로 작용한다고 보았다. Immanuel Kant(1724~1804)도 이들이 주장한 지(知) · 정(情) · 의(意)의 정신능력을 인정하여 이 입장에 동조하였다. 이러한 능력심리학의 심리과정을 내성적으로 관찰하고 분석함으로 심리학의 내성적 연구기법의 발전에 기여하였다고 보겠다.

능력심리학은 사람의 정신현상이 작용하는 기관(器官)을 찾으려다가 Frang Joseph Gall(1758~1828)이 시작한 골상학(phrenology)으로 발전하는 데 영향을 미쳤다. 이 골상학은 두뇌의 일정 장소와 정신능력의 부분을 관련시켜 정신현상을 설명하려는 주장이다. 또한 이들은 사람의 능력을 훈련하고 성장시키려는 목적에서 능력을 개발시키는 기제를 사용하려 하였는데, 이들의 주장이 현대생리학이나 과학적인 근거와는 상치되지만 이들의 주장을 증명하려는 노력이 생리학적 지식 발전에 많은 기여를 하게 되었다.

(1) 심신관계(心身關係)론

"건전한 정신에 건강한 신체가 깃든다"는 말은 반대로 "신체가 건강해야 정신도 건전하다"고 해도 맞는다.

Aristoteles 이전의 고대 그리스에서는 심신관계에 대해 주로 이원론적(二元論的)이었다. Platon은 세계를 사물의 세계와 관념의 세계로 나누었고 마음을 신체와 똑같은 본체(本體)라고 생각하였다. 기독교가 지배한 시대에는 신체를 중요시하지 않았지만(금욕주의/수도원신앙) 17~18세기에 이르러 과학이 발전할 기운이 싹트게 됨에 따라 심신관계에 대한 검토가 재연되었다. 이에 대한 학설을 요약하면, ① Descartes(1596~1650)의 이원론적인 상호작용설(相互作用說), ② Geulincx(1625~1699)의 이원론인 기회론, ③ Spinoza(1632~1677)의 이원론적 양면(兩面)설, ④ Leibnitz(1646~1716)의 이원론적 병행설 등이 유명하다.

상호작용설은 심신(心身)이 상이한 두 개 본체로서 상호 인과적으로 작용한다는 생각이다. 기회론은 이 양자가 필수적인 인과관계에 있지 않고 필요한 기회에만 서로 영향을 준다는 생각이다. 양면설은 심신이 동일본체(同一本體)의 두 면에 지나지 않는다는 주장이다. 병행설은 이원론이지만 마음과 몸이 인과적으로 관계하는 것이 아니라 정신은 정신대로, 또 신체는 신체대로 인과적으로 작용하는데 이 두 개 작용이 서로 병행할 따름이라고 본다.

(2) 영국의 연상주의(聯想主義) 심리학

인간의 정신현상 자체를 사색하는 사상 중에서 현대심리학에 많은 영향을 미친 것 중 하나가 영국의 연상주의이다. John Locke(1632~1704)는 인간의 마음은 본래 백지(白紙) 위에 쌓여서 관념(觀念)들이 형성된다는 경험론(經驗論)을 주장하였다. 연상심리학들의 사상은 현대심리학에 많은 영향을 주었다. 그들이 주장한 연상법칙(法則)들은 학습과정(學習過程), 기억과정과 같은 중요한 심리과정에 대한 연구를 자극하였다.

(3) 능력심리학(能力心理學)

연상주의자들이 정신현상의 내용을 모색하고 있는 동안 스코틀랜드의 Reid(1710~1796)를 비롯한 몇몇 학자들은 정신현상이 갖는 능력들을 생각하였다. 이들의 사상을 능력심리학이라 한다. 그들은 정신이 지적(知的), 의지적(意志的) 능력으로 되어 있다고 생각하였다. Gall(1758~1828)이 골상(骨相)학의 시조이다. 현대의 해부학적 지식은 Gall의 생각과는 전혀 다른 사실들을 얻고 있으나 그의 노력이 대상심리를 발전시키는 데 커다란 공헌을 했다는 것은 널리 알려져 있다.

그러나 능력심리학은 인간의 정신적 능력만을 찾으려고 노력했으므로 정작 심리학의 연구대상이 되는 인간의 심리자체를 탐구하지는 못했다.

3. 현대 심리학

기독교 사상이 발흥하여 중세에 이르기까지에는 Falenus(131~201)의 '의학적 심리학'을 비롯하여 Paulos의 '종교적 영혼론', Augustinus(354~430)의 종교적 경험에 의한 '내성적 관찰', Thomas Acqinas(1225~1274)의 기독교 신학사상을 중심으로 한 '종교적 사색' 등에 관한 심리학적 연구가 주류를 이루었다. 그러나 문예부흥 이후 근대과학의 발달, 경험주의 철학의 태동 및 기독교 사상이나 종교적 영혼을 중시하던 종래의 사조로부터 발전하여 과학적 심리학으로 변화하는 계기를 맞이하게 되었다. 즉, 근대과학의 발달이 지동설(地動說)을 주장한 Copernicus(1473~1543), 지구의 궤도가 타원임을 증명한 Kepler(1571~1630), 실험물리학의 기초를 닦은 Galileo(1564~1642), 수학 · 물리학 · 천문학의 대과학자인 Issac Newton(1642~1725) 등에 의해서 시작됨과 동시에 여러 가지 과학이 점차로 철학의 산하로부터 독립하기 시작하였다. 이와 같은 과학적 정신의 발흥과 과학적 연구방법의 발달로부터 자극을 받아 철학의 산하에서 최후에 과학으로서의 발전을 꾀한 것이 심리학이었으며, 이 시기는 대체로 19세기 중엽이라고 생각할 수 있다.

한편 18~19세기 전반에 걸쳐서 발달한 생물학, 생리학, 물리학 천문학, 수학 등의 이론에도 심리학적인 문제가 많이 포함되어 있었기 때문에 이들 학문의 발달이 심리학의 과학적 독립을 크게 도왔다.

19세기가 되기까지 심리학은 철학의 영역에서 벗어나지 못하였고 사람의 정신현상에 관한 의문을 사변적인 방법으로 해결하려 했던 까닭에 심리학은 과학으로 간주되지 않았다. 그러나 자연과학의 발전이 이루어지고 유기체에 관한 관심과 지식이 증가됨에 따라, 과학적이며 실험적인 방법과 유기체에 관한 지식을 통하여 사람을 해석하려는 노력이 증가하게 되었으며, 실제로 생리학, 물리학, 수학 등의 연구가 과학적 심리학의 성립에 그 기초를 마련하여 주었다고 볼 수 있다.

Herman von Muller(1801~1880)는 실험결과에서 색채시와 청각에 관한 학설을 발전시키고 신경충격의 속도를 측정하여 반응시간에 대한 연구를 하였다. P. Broca(1824~1894)는 1861년 언어중추가 대뇌 전두엽의 아랫부분에 있음을 발견하였고, 이어 대뇌 생리학과 감각, 개인차의 연구 등이 활발하게 이어져 현대 생리심리학의 발전에 토대가 마련되었다.

물리적 자극과 주관적 감각들 간의 관계에 관한 실험적 연구들을 정신 물리학(psychophysics)이라 하였는데, 감각의 생리적 및 물리적 요소들에 관한 연구는 현대 심리학 발전의 직접적 계기를 이루었다고 볼 수 있다. Ernst Heinrich Weber(1795~1878)는 1834년에 Weber의 법칙을 주장하면서 심리적 작용들의 수량화 가능성을 제시하였다. Gustav T. Fechner(1801～1887)는 감각을 측정하는 방법을 연구하였는데, Weber의 법칙을 보완하여 자극이 기하급수적으로 증가해도 감각은 산술급수적으로 증가한다는 Fechner의 법칙을 수립하였다. 그는 1860년 물리적 자극과 감각을 논하는 「정신물리학 요론(Elements der psychophysis)」을 출판하였다.

Wilhelm Wundt(1832～1920)는 1879년 라이프치히 대학에 최초로 심리학 실험실을 창설하고 실험심리학을 독립적 학문으로 발전시켰다. 이 시기에 영국의 Charles Darwin(1809～1882)은 진화론을 주장하였는데, 이는 유기체에 대한 코페르니쿠스적 전환(Kopernekanische wndung)이라 할만큼 혁명적 이론이었다. 그의 사촌 Francis Galton(1822～1911)은 1869년 영국의 주요 가계(家系)를 조사하여 천재가 유전된다는 사실을 주장하였다. 그는 심리학 연구에서 흔히 사용하는 질문지법을 최초로 사용하였으며, 사례법, 발생학적 방법, 쌍생아 연구의 방법 등을 발전시켰고 검사에 통계적 방법을 도입하였다.

프랑스에서는 주로 이상행동에 관한 연구에서 심리학의 연구가 시작되었다. Philippe Piner(1745～1826)는 정신병을 하나의 질병으로 보고, 이들에 대한 인도적 처우와 치료적 개선 노력을 시도한 이래 이상행동에 대한 관심이 높아지게 되었다.

Alfred Binet(1857～1911)는 1904년에 정신박약아를 선별하기 위한 지능테스트를 제작하였는데, 이 테스트는 지금까지 지능검사 제작에 많은 영향을 미치고 있으며, 그는 이 방면의 선구자로 인정받고 있다.

Edward B. Titchener(1867～1927)는 Wundt의 주장을 미국에 소개하였고, William James(1842～1910)는 1890년에 『심리학의 원리(Principles of Psychology)』를 저술하여 그 후 10여년 간 미국심리학 연구에 큰 영향을 미쳤다.

Stanley Hall(1844～1924)은 미국심리학을 확고하게 정립하는 데 기여하였다. 그는 심리학에 대한 유전학과 진화의 중요성을 강조하였고, 아동, 청년, 노년 등의 발달심리학을 연구했으며 조사연구기법을 발전시켰다.

Wiliam James(1842～1910) : 미국의 철학자, 심리학자, 실용주의 철학운동과 기능주의 심리학 운동의 주도자이다. 1890년 「심리학의 원리」를 저술하여 그 후 10여 년간 미국심리학 연구에 큰 영향을 미쳤다.

심리학의 그 학문적 영역이 넓어지고 실험적이며 과학적인 심리학으로 발전하게 되면서, 심리학 연구에서 얻은 사실들을 종합하여 심리학의 연구대상과 연구방법에 따라 각기 다른 분야에서 연구하며, 또 그 결과를 체계적으로 정리하여 서로 다른 접근방법이 생겨나게 되었다. 그러나 현대심리학에서는 어느 한 학파의 접근방법에 집착하여 그 이해의 타당성만 계속 주장하려 하지는 않는다. 학파간 상호 영향을 주고 받으며 객관적으로 타당한 이론이면 용인하고 받아들이는 경향이다.

4. 교육심리학의 성장

20세기에 들어서면서 미국 심리학자들을 중심으로 교육심리학은 독립된 학문으로서의 체제를 갖추기 시작했다. 1900년대를 전후하여 교육심리학이라는 강의가 개설되고 교재가 출판되기 시작하였다. 교육심리학 강의는 1886년 Oswego에 있는 뉴욕 주립대와 아이오와 대학의 Normal School Department, 인디아나 대학의 교육학과 등에서 실시되었으며, 교육심리학이라는 이름의 교재가 처음 출판된 것은 Hopkins(1886)에 의해서였다. 이 후에 Baldwin(1891)의 「Elementary Psychology and Education」과 Dexter와 Garlick(1908)의 「Psychology in the Schoolroom」 등의 교육심리학 교재가 사용되었으며, 가장 대표적인 저서는 전3권으로 구성되어 있는 Thorndike(1921)의 「교육심리학(Educational Psychology)」이었다.

교육심리학이 독립적인 학문으로 형성되는 데에는 W. James, G. S. Hall 그리고 R. B. Cattell 등 세 명의 심리학자들이 매우 큰 공헌을 하였다.

James(1890)는 기능적이고 실제적인 면을 특징으로 하는 저서 「심리학의 원리(Principles of Psychology)」를 출간하였다. 그는 개별성 · 선택 · 목적 · 습관 등을 심리학적 체제의 중요한 구인으로 다루었으며, 또한 정신을 활동적이고 동시적이며 선택적인 과정이라고 보았다.

Harvard 대학을 졸업하고 Wundt의 Leipzing 실험실에서 연구하였던 Hall은 아동의 지식, 믿음, 태도 등을 주로 연구하였으며, 20년 동안 아이들의 행동에 관하여 194번의 조사연구를 수행하였다. 그의 연구는 20세기 전반기의 아동연구 운동에 중요한 자극이 되었다. 그는 두 권짜리 저서인 「Adolescence (1904)」와 교육심리학 교재인 「교육적 문제들(Educational Problems, 1911)」을 저술하였다.

Columbia 대학의 심리학과 교수였던 Cattell은 「Psychological Review」를 창간하였으며, 다양한 측정방법과 통계적 도구를 사용함으로써 개인차 연구에 공헌하였다.

Cattell(1905~1998) : 최초의 심리학 교수라 평가되어진다. 「Psychological Review」를 창간하고 다양한 측정방법과 통계적 도구를 사용하여 개인차 연구에 공헌하였다.

이상에서 살펴본 세 명의 심리학자들이 교육심리학의 형성에 기반을 구축하였다면, 교육심리학을 독립적 학문으로 발전시킨 학자는 Thorndike이다. Columbia대학의 Teacher College에 재직하였던 그는 학습에 있어서의 주의 집중 · 기억 · 습관의 역할을 주로 연구하였다. 그는 동물의 지능과 학습에 대한 연구, 학습의 법칙, 교육과 심리학에 있어서 통계적 방법, 성취검사의 이용, 집단 지능 검사의 이용, 수업 교재의 준비, 아동의 어휘에 대한 연구, 개인차 등의 다양한 연구를 수행하였으며, 학습곡선, 피드백, 강화, 집단학습 대 개인학습, 망각의 특성 등 중요한 심리학 구인을 발전시키려고 노력하였다.

한편, G. S. Hall에 의해 주도된 아동연구운동(child study movement) 또한 교육심리학의 발전에 중요한 역할을 하였다. 아동에 관한 연구는 Hall뿐만 아니라 Dewey, Thorndike, Parker, Gesell 등에 의해서도 꾸준히 수행되었다.

제2차 세계대전을 기점으로 20세기 후반기의 교육심리학에는 수업설계의 발전, 교수과정에 대한 연구 그리고 인지이론의 발전 등 대략 세 가지의 큰 흐름이 나타났다.

우선, 1957년 10월 4일 러시아가 Sputnik 1호를 성공적으로 발사한 것에 대한 자극으로 수업설계에 대한 관심이 고조되기 시작했다. 미국에서는 국립과학재단과 교육부의 후원으로 물리, 화학, 수학, 생물에 있어 새롭게 교육과정이 개발되기 시작했으며, 이 교육과정에는 Gagné의 위계적 분석 방법이 사용되었다. 초기 단계의 수업설계는 주로 위계적 분석, 자기보속 수업, 분지 등과 같은 개념을 사용하여 연구되었다. 1950년대 후반, Skinner(1958)는 학습속도에만 차별화를 둘 뿐 학습에 있어 개인적 다양성은 고려하지 않는 자기주도의 선형교재를 중심으로 프로그램 학습을 제시했다. 또한 1960년대 후반에 나타나기 시작한 수업체제(system of instruction)에 대한 연구 역시 수업설계의 발전에 큰 공헌을 했다. 그리고 Bloom은 완전학습(mastery learning)을 소개했으며, Flanagan(1971)의 Programmed Learning in Accordance with Needs 에서는 학생의 수업을 처방하기 위한 검사에 컴퓨터 분석을 이용하였다. 1980년대에 들어서면서 수업설계에 대한 연구는 비용과 질의 조절, 컴퓨터 기술, 의사소통, 관리방법 등에 초점을 맞추기 시작했다. 비디오 디스크 체제와 같은 발전된 새로운 기술들이 개별화 교수에 유용하게 사용되고 있으며, 인지 심리학의 개념인 도식, 지식의 기초, 틀,

모드(mode), 조직화된 네트워크 등은 효과적인 수업설계에 활기를 주고 있다.

두 번째 흐름은 교수과정(수업)에 대한 연구이다. 대부분의 현대 사회과학 분야와 마찬가지로 교수에 대한 연구 또한 정밀한 연구설계, 측정의 신뢰도와 타당도, 추리통계, 객관화 등을 통해 일반화 가능한 행동에 대한 객관적 정보를 확인하는 일에 노력을 기울여 왔다. 이러한 연구들은 대개 설문조사, 조작적 실험, 메타분석, 종합연구 등의 방법으로 수행되는데, 이와 같은 방법들 중 교실에서 발생하는 수업과정을 구조적으로 관찰하는 방법이 가장 보편적으로 사용되었다. 이러한 접근에는 학생의 학습뿐만 아니라 교사, 학교, 지역사회 특성 등의 변인들이 고려되며, 교실에서 실제로 일어나고 있는 활동들을 설명하는 정보를 얻을 수 있다는 장점이 있다. 연구자들은 교실에서 발생하는 과정을 관찰함으로써 학생의 수행 혹은 결과물과 교수과정 간의 상관을 밝히려고 하였다. 이로 인해 과정-산출 연구(process-produce research)라는 용어가 생겨났으며, 이러한 연구로부터 외형적인 교사 행동과 학생 성취간의 관계가 검증되기 시작했다.

세 번째 특징은 인지이론의 발전이다. 1960년대에 다시 대두되기 시작한 인지이론은 1940년대의 요인-분석 이론과 행동주의보다 더욱 우세한 영향력을 갖기 시작했으며, 정보처리의 개념은 복잡한 행동을 이해하는 핵심이 되었다. 인지주의적 관점은 '능동적인 학습자(active learner)'라는 개념을 만들어 냈으며, 인지주의 이론가들은 새로운 정보의 처리과정이 학습자의 선수지식과 기존의 정보처리 과정에 영향받으며, 모든 문제해결 과정에는 도식(schema) 혹은 틀(frame)이라 불리는 개인적인 지식 구조가 가능하다고 가정하였다. 또한 인지이론은 초인지를 중요한 정보처리 기술로 이해함으로써 교사들에게 실제적인 시사점을 제공했다.

지난 몇 년 동안 교육심리학자들은 학생들의 지식 구조의 특성과 배열에 점차 더 관심을 가졌다. 이들 연구는 주로 학습에 대한 지식의 양과 질에 있어서의 다양성이 주는 영향에 중점을 두었다. 이처럼 인지이론은 학습의 요인이론과 행동주의 이론으로부터 학습과정을 설명하는 것으로 관심을 옮겨 놓았으나, 특수영역에 있어서의 문제해결과 고급기술 그리고 인지 원리를 실제적으로 적용하는 방법의 개발 등 아직도 해결해야 할 많은 문제들을 가지고 있다.

(1) 구성주의

구성주의(構成主義, structuralism) 심리학은 Wundt에 의해서 최초로 생긴 학파라 할 수 있다. Wundt 이전에는 정신과정을 경외스럽게 생각하였다. 그러나 Wundt는 사고—심신관계—를 자연적인 사상(事象)으로 보았다.

Wundt는 자연과학의 대상인 외적 경험의 대상과는 전혀 다른 내적 경험, 즉 우리 자신의 사고, 감정 그리고 의지를 연구해야 한다고 하여 연구 대상을 의식으로 삼고, 자기의 의식적 경험을 스스로 관찰하여 언어로서 보고하는 내성법(introspection)을 발전시켰으며, 심리학에 대한 구성주의적 접근은 Titchener에 의하여 미국으로 전파되었는데, 엄격한 의식의 구조와 내용의 연구에 대한 이들의 집착은 심리학의 과학적 기초를 확립하는 데 크게 기여하였으나, 엄격한 내성법을 지나치게 강조하고 심리학의 응용과 기능적 유용성에 관한 연구를 외면함으로써 1927년 Titchener의 사망과 더불어 쇠퇴하게 되었다.

(2) 기능주의

기능주의(機能主義, fuctionalism)라는 말은 구조주의와 구별하기 위하여 Titchener에 의해서 만들어진 용어이다. 기능심리학은 심리학의 유용성 연구에 중점을 두었다.

William James와 John Dewey(1859~1952), 그리고 Angel(1869~1949) 등은 시카고대학을 중심으로 한 대표적인 기능심리학자들로서, 기능주의는 생각을 위한 적응행동의 진화과정을 연구한 진화론의 영향을 받았으며, 학습과 문제해결에 관한 초기연구, 지능검사의 연구 등을 포함한 심리측정 연구들은 대부분이 기능심리학자들에 의하여 이루어졌다고 볼 수 있다.

기능주의적 접근에서는 감각 및 지각의 연구에 있어서도 그러한 감각 및 지각능력들이 실제로 어떻게 작용되고 활용되는가 하는 기능적 문제에 대하여 관심을 가졌다. 기능주의 심리학은 사람의 모든 의식적 기능과 작용에 관심을 갖기 때문에 심리학에서의 모든 연구와 실험을 환영하였으며, 생리학을 심리학에 도입시키고 동물심리학, 발달심리학, 발생심리학 등의 발전을 촉진시키게 되었으며, Frank Angel과 Dewey는 이들의 입장을 미국의 교육에 도입하여 미국의 실용주의 교육사조 발전에 많은 영향을 주었다.

기능주의 심리학은 심리학적 탐구의 유용성에 가치를 둔 하나의 태도라 볼 수 있다. 미국 실용주의 철학과 영향을 주고받으며 미국적 개척정신과 부합되어 미국에서 심리학이 새로운 과학으로 자리잡게 하는 역할을 하였다. 그러나 가능주의의 영향을 받았던 Watson이 행동주의를 발표하면서 기능주의는 점차 쇠퇴하게 되었다.

(3) 행동주의

John B. Watson(1878~1958) : 미국의 심리학자. 행동주의를 환경적 사건(자극)과 행동(인간의 반응)의 관계로써 객관적 · 실험적으로 연구해 심리학의 한 접근방법으로 규정하고 이를 널리 확산시킴. 주요 저서로는 「Psychology as a Behaviorist Views it」(1913) 등이 있다.

Watson(1913)은 구조주의와 기능주의에 반기를 들고 행동주의(行動主義, behaviorism)라는 심리학의 새로운 발전 방향을 제시하였다. 행동주의적 접근의 기본적 이론은 생체가 행동적 적응을 학습하며, 그 학습은 연합의 원리에 의해서 지배된다는 것이다. 이러한 자극과 반응의 결합과 습관형성에 초점을 둔 행동주의의 역사적 근원은 Darwin의 진화론, 인간의 관념과 지식은 경험을 통해 축적된다는 Lock의 경험론, 감각, 지각, 학습 등을 생리적 반사행동으로 연구하려는 Vladimir Michailovich Bekhterev(1867~1927)와 Ivan Petrovich Pavlov(1849~1939) 등의 반사학(신경생리학), 그리고 시행착오학습을 주장한 Edward Lee Thorndike(1874~1949) 등에서 찾을 수 있다.

행동적 접근에 바탕을 둔 이론들은 학습된 행동이 환경조건들에 따라 어떻게 변화하는지를 관찰하고 법칙을 발견하며, 이에 따라 원하는 행동을 어떻게 형성할 수 있으며, 원치 않는 행동은 어떻게 제거할 수 있는지를 연구하여 육아에, 교육에, 정신치료에 그리고 사회생활에 응용코자 한다. 행동주의적 접근이 B. F. Skinner(1904~1988), Clark L. Hull, Edward C. Tolman, Joseph Wolpe 등을 거치면서 사람의 주관적 경험요인과 인지과정이 자극과 반응 사이에 개재됨을 인정하는 인지적 행동주의로 발전되어 왔다. 즉, 행동은 환경자극의 영향을 받지만 행위자의 과거의 경험(기억)과 기대, 동기에 의해서도 영향을 받는다는 것이다. 즉, Watson의 자극과 반응 사이에 개재변인이라 부르는 과정을 보충하여 자극과 반응 사이에 생활체의 주체성을 개입시켜서 Watson의 기계적인 주장을 완화시키고 있다. 〈B=f(P · O · E)〉

(4) 형태주의

형태주의(形態主義, Gestalt) 심리학은 구성주의에서 의식을 요소로 분석하는

데 반대해 1912년 Max Wertheimer(1880~1943), Kurt Koffka(1886~1941), Wolfgang Kölhler(1887~1947) 등에 의해 시작되었다. 이들은 지금까지의 심리학을 비판하여 요소를 묶어도 전체가 되지 않으며, 연합에 의하여 의식이 구성된다고 하면, 의식은 내용적으로 관계가 없는 과정의 묶음에 지나지 않고 전혀 무가치한 것이 되며, ③ 의식의 분석은 전체성, 단일성을 잃게 하며, ④ 신경계통의 활동을 기계적인 기제라고 규정한 생리가설은 옳지 않으며, S-R의 단순 반응행동도 인정하기 어렵고다고 하며 관찰자의 주관적 경험이 중요함을 강조하였다.

Wertheimer는 1911년 시(視)운동(파이현상)에 관한 연구를 하였는데, 영화를 볼 때 우리가 보는 운동 동작을 설명하려는 것이 연구과제이었다. Gestalt 학자들의 주장에 의하면, 우리의 지각을 비롯한 정신적인 경험은 감각요소들의 결합만으로 이루어지는 것이 아니라 그 요소들의 전체적 유형화(pattern) 및 경험의 조직양상(organization)에 따라 달라진다는 것이다(파이 현상).

Köhler는 침팬치의 실험 등을 통하여 관계성에 대한 지각능력이 기본적 지각이며, 이러한 관계성을 갑작스럽게 지각하게 되는 일종의 학습현상을 통찰이라 하였다. Kurt Lewin(1890~1947)은 지각과 집단역학에 관한 연구에 기여하였다. 그는 자석에서 자장(磁場)을 형성하는 것과 같이 사람의 지각현상에도 장(場, field)이 형성된다고 보았는데, 장은 조직되어 있는 것이 아니고 우리가 장을 조직하는 것이라 하였다.

형태주의 심리학은 지각의 연구에서 출발하였으므로 지각심리학의 발전에 도움을 주었고 의식의 문제를 그 구조의 분석적인 기초 위에서 이해하려는 것이 아니고 전체의 형태로서, 장(場)과의 관계에서 동적인 측면으로 다룸으로써 종래의 분석적인 심리학에 대항하여 심리학의 연구방향을 전체적이고 상호 관련된 수준으로 옮겨 놓았다. 그리고 주체로서의 인간을 다루려는 현대심리학의 발전에 크게 공헌하였으며, 상담과 심리치료에서 인간관계를 이해하는 기술로서, 또 실천적 이론으로도 널리 활용되게 하였다.

(5) 정신분석적 접근

인간행동을 좌우하는 중요한 역동적인 힘(dynamic forces)의 근원은 무의식에 있으며, 무의식적 갈등이 부적응, 신경증 내지 정신질환이 된다는 정신분석은 정통심리학과는 전혀 다른 분야에서 생겨났지만 심리학의 주요 접근방법으로, 정신치료 상담의 한 방법으로, 인간본성에 대한 철학으로 널리 알려져 있으며, Copernicus의 지동설, Darwin의 진화론, Einstein(1879~1955)의 상대성이론과 함께 인류가 발견한 4대 업적 중의 하나로 인정받고 있다.

Freud는 사람의 행동 근원인 힘을 리비도(libido)라 하고, 성욕 에너지(sexual energy)가 리비도를 이루고 있다고 보았는데, Carl Jung(1875~1961)은 이를 더 넓게 생각하여 리비도를 생활 에너지(life energy)로 보았다. 이러한 이론에 대하여 신프로이드학파에서는 Freud 등이 살던 시대에는 대부분 억압된 욕망이 성적인 것이었지만, 오늘날에는 성적 요인보다도 사회적 · 환경적 요인이 더 크게 작용한다고 하여 리비도의 근원을 사회적 · 환경적인 것으로 보게 되었다.

(6) 신경생리적 접근

인간 정신활동의 근원을 두뇌조직, 신경조직의 형태나 활동에서 찾아보려는 입장이다. 이들은 인간의 정신활동은 약 120억 개의 신경세포로 구성되어 있는 뇌의 활동과 연관되어 있다고 보고 정신활동과 연관된 신경계통이나 신체변화를 연구하려고 한다.

뇌의 좌반구는 언어, 계산, 글씨 등을 조정하며, 우반구는 운동, 감각, 정서, 공간개념 등을 관장한다. 동물의 선택적 번식을 통해 유전과 환경과의 관계를 연구한다. 영리한 쥐와 우둔한 쥐를 따로 골라 18대를 계속해서 선택적 번식을 시킨 후 이들의 지적 행동을 비교한 결과 현격한 차이가 있었으며, 두뇌의 대뇌피질 특정부위의 특수단백질의 양에 차이가 있음도 발견하였다.

이러한 신경생리학적 접근은 사고와 행동의 신경생리학적 근원을 밝혀 이의 이해, 조정, 통제를 가능케 하는 근거를 제공했으며 최근에 활발한 연구가 진행되고 있다.

(7) 인지적 접근

인지심리학(認知心理學)은 구성주의에서 관심을 가졌던 의식의 연구와 형태주의자들의 지각과정들, 그리고 현대 컴퓨터의 발전에 영향을 받아 형성되기 시작했다고 볼 수 있다. 인지란 사람이 지식을 습득하고 사고하며, 문제를 해결하고 계획을 세우는 것과 같은 지각, 기억 및 정보처리 등의 정신과정을 말한다. 따라서 인지심리학에서는 사람이 자극 및 정보를 어떻게 지각하고 해석하며, 또 저장하고 사용하는가를 다룬다.

인지적 접근은 이러한 정보처리 과정들에 대해 연구하고 그 법칙을 찾아내려 한다. 즉, 기억과정, 정보처리 과정, 인지구조의 연구들이 이들의 주요 관심사이며, 최근 20~30여년 간에 걸쳐 크게 발전되어 심리학의 주요 접근방법이 되고 있다.

(8) 실존주의, 인본주의적 접근

자연과학적 방법을 존중하는 의식심리학 및 행동주의 심리학의 지나친 분석적, 결정론적 입장에 반기를 들어 인간의 심리적 과정들에 대한 기계적이고 유물론적 설명들을 거부하고 현대생활의 무의미와 소외에 관심을 가지며 자아정체감과 의지력에 대한 개인의 잠재력을 강조하는 시도들이 생겼다. 실존심리학과 개인의 경험된 현상에 관한 연구에 초점을 두고 있는 현상학적 심리학, 자기 이해와 자아실현에 관심을 갖는 인본주의 심리학 등이 그것이다. 이들을 가리켜 의식을 다루는 심리학, 행동주의 심리학에 대비하여 제3세력의 심리학이라고도 부른다.

제3세력 또는 인본주의적(人本主義的, humanistic tendency) 접근으로 대표되는 이들의 견해는 외부행동보다는 내부 정신과정을 강조하고 있는 점에서 인지적 접근과 유사하다.

제3세력의 심리학자 중에서 Gordon Allport(1897~1967)가 의식에서의 자기(self)나 자아(ego)의 기능을 강조하고 있으며, Abraham Maslow(1908~1970)는 자아실현을, Carl Rogers(1902~1988)는 자아개념과 주체로서의 자기이해를 강조하고 있다.

교육심리학의 이론과 연구는 단순히 인간 행동의 이해에 머무르지 않고, 인간행동에 대한 이해를 바탕으로 교육의 효과성과 목적 달성을 위한 다양한 연구에 기여하고 있다. 따라서 교육심리학 분야는 다양한 학문적 범위와 영역에서 학습자들의 학습활동이나 바람직한 행동발달에 도움을 주고자 노력한다. 교육심리학의 주요접근 방법을 요약하면 다음 표와 같다.

〈교육심리학의 주요접근 방법〉

학파	연대	국명	대상(주제)	연구방법	대표적 학자
구성주의(요소 혹은 내관주의)	1879	독일	의식의 내성(감각)	내성법	Wundt Titchener

기능주의	1898	미국	의식과정 · 기능 (행동 · 학습)	내성법 행동관찰법	Dewey, Angel Woodworth
행동주의 (신행동주의)	1912	미국	행동(동물행동) 자극－반응(S-R) 자극－유기체－반응(S-O-R)	행동관찰법	Thorndike Pavlov, Watson Hull, Skinner Tolman
형태주의	1912	독일	형태(전체) 의식(지각 · 기억)	내성법 행동관찰법	Wertheimer, Köhler Koffka, Lewin
정신분석학	1900	오스트 리아	이상행동 (무의식과정)	임상적 방법	Freud, Jung Adler, Horney
인본주의 실존주의	1940	미국	주체성 · 자기성장 자아의식(전체)	자기인식 통찰	Maslow Rogers
인지심리학	1970	미국	기억과정 · 정보처리과정, 기억구조	실험법	Craik Mayer
신경생리적 접근	1950	미국	신경활동과 정신활동	실험 · 해부	Olds, Sperry

학습자 이해를 돕기 위해 교육심리학은 다음의 영역들을 계속 탐구하고 있다.

첫째, 학습자에 대한 이해이다. 효과적인 교육이 수행되기 위해서는 무엇보다도 학습자에 대한 이해가 선행되어야 한다. 따라서 학습자의 인지적 · 정의적 발달과 지능, 창의성, 성차 등의 개인차 변인을 연구함으로써 보다 정확하게 학습자를 이해하려는 노력을 기울여 왔다.

둘째, 학습에 대한 이해이다. 학습자에 대한 충분한 이해가 이루어졌다고 하더라도 실제적으로 학습이 발생하는 기제를 이해하지 못한다면 효과적인 교육을 기대할 수 없다. 따라서 교육심리학에서는 학습의 본질을 탐구하기 위하여 행동주의와 인지이론을 바탕으로 다양한 학습이론들에 관심을 가져왔다.

셋째, 교수에 대한 이해이다. 효과적으로 가르치는 방법은 학습자의 특성을 이해하고 학습과정의 본질을 아는 것 만큼 중요한 문제이다. 따라서 교육심리학에서는 다양한 교수모형을 연구하고 개발해 왔으며, 이러한 교수모형을 효과적으로 적용하기 위한 노력을 계속하고 있다.

넷째, 생활지도 및 상담에 대한 이해이다. 앞서 언급했듯이 교육현상이란 교과서적인 이론이나 원리를 단순히 적용하는 것 이상을 필요로 하는 다양하고 역동적인 경우가 대부분이다. 따라서 학습자가 경험하는 인지적 · 정의적인 측면의 문제

〈심리학의 발달계보〉

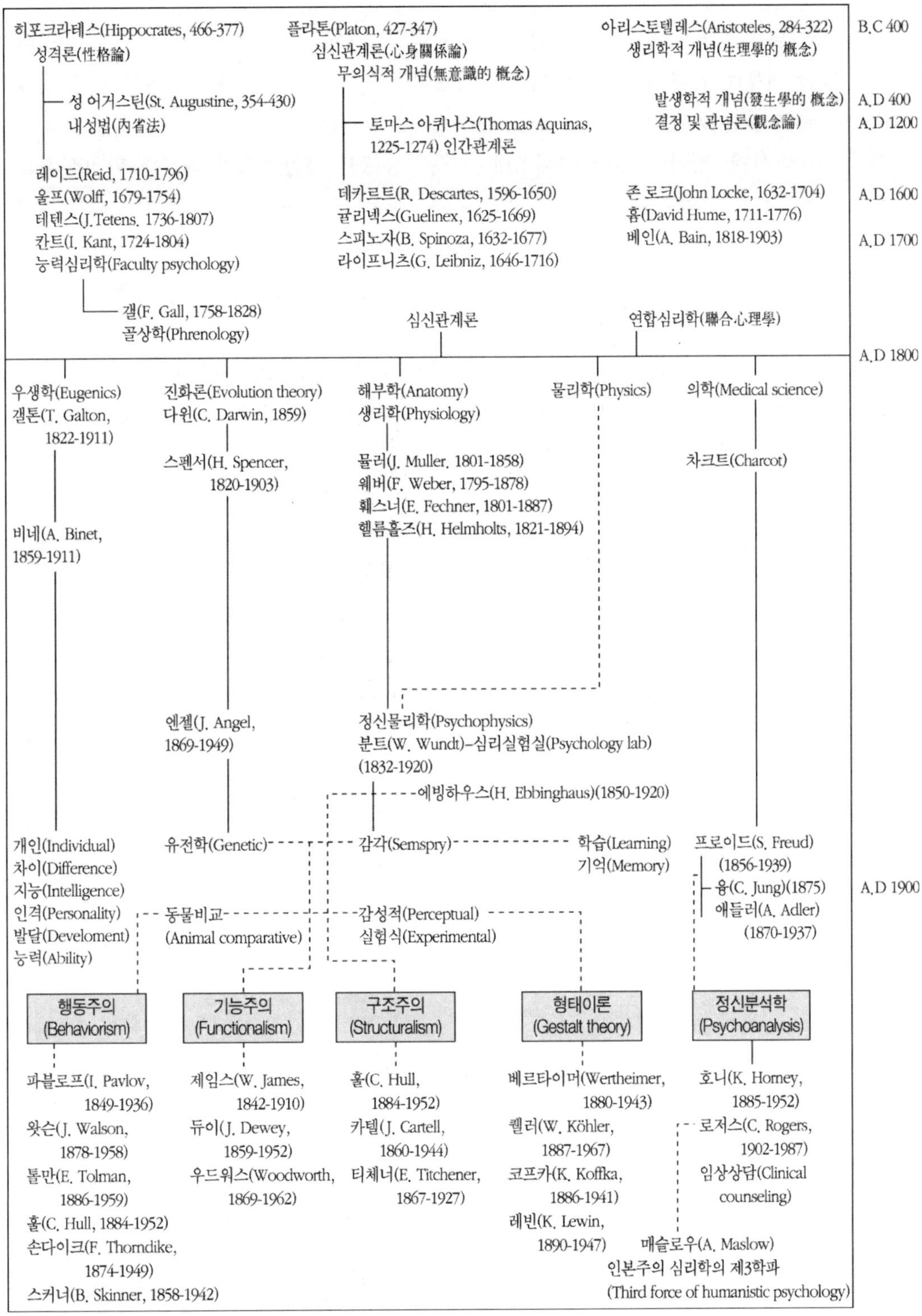

* 이윤상, 상담심리학, 성광문화사, 1992에서 인용.

들을 적절하게 해결하지 못한다면 효과적인 교육을 기대할 수 없을 것이다. 이러한 이유로 인해 교육심리학에서는 학생의 생활지도와 상담에 관한 이론과 기법을 발전시켜 왔다.

다섯째, 평가에 대한 이해이다. 교육현장에서 학업수행의 과정과 학업성취를 측정하고 적절한 피드백을 제공하는 평가활동 역시 교육심리학의 지속적인 관심분야이다. 학습자 성취수준에 대한 정확한 정보는 교수내용과 방법의 효과를 점검할 수 있을 뿐만 아니라 학습자의 다음 학습에도 영향을 미친다는 점에서 중요한 영역으로 이해되고 있다.

이상과 같이 교육심리학은 학습자, 학습, 교수, 생활지도 및 상담, 평가 등 교육과 관련된 광범위한 영역을 이해하고, 이론체계를 확립하며, 효과적으로 적용하기 위하여 다양한 노력을 기울이고 있다.

제3장 교육심리학의 연구법

1. 연구의 본질

교육심리학의 연구법은 교육심리학이 단순한 응용심리학이 아니고 교육적으로 해결해야 할 문제를 심리학적인 방법으로 교육 목적에 어긋나지 않게 해결해 나가는 독특한 학문인 만큼 교육학이나 심리학에서 다루어지는 기본적인 방법(교육연구법)을 기초로 하여 이루어진다.

교육연구법은 교육에 관한 모든 문제에 대하여 얻을 수 있는 가장 좋은 자료에 입각해서 비판적, 반성적 고찰에 의해서 해답을 찾는 일이라고 정의할 수 있다. 교육연구법은 보다 광의로 교육학 또는 교육과학의 방법이라는 의미로 해석될 수 있다. 그러나 문제에 관하여 사실을 파악한다 할지라도 어떠한 문제를 설정하고, 무엇을 문제로 보느냐에 관하여는 가치관적 입장을 고려해야 되므로 교육심리학의 연구법은 교육학과 밀접한 관계가 있다고 할 수 있다.

연구란 인간의 지식을 넓히기 위해서 아직 풀리지 않은 문제를 해결하는 과정이다. 이미 축적되어 있는 자료나 새롭게 관찰한 사실에서 어떤 규칙을 발견하거나, 의미 있는 관계를 찾으려고 노력하는 것이 곧 연구활동인 것이다. 훌륭한 연구를 하려면 타당도와 신뢰도가 높아야 하며, 하나의 체계적인 과정으로 연구를 이끌어 나가야 한다. 이러한 특성들은 연구의 본질을 설명한다는 점에서 연구의 중요한 구성요소가 된다.

(1) 교육연구의 타당도

연구의 형태나 목적에 관계없이 연구는 타당해야 된다. 타당도는 두 가지의 개념을 동시에 포함한다. 연구결과가 정확하게 해석될 수 있는 정도인 내적 타당도와 그 연구가 전집에 일반화될 수 있는 정도인 외적 타당도이다. 만약 연구결과가 정확히 해석될 수 없다면 그 결과가 일반화되기는 더욱 어려울 것이다. 그래서 내적 타당도는 외적 타당도의 선결조건이다. 그러나 내적 타당도가 외적 타당도를 보장하지는 않는다.

연구의 타당도는 언제나 정도의 문제이다. 내적 타당도와 외적 타당도가 완벽한 연구란 실제적으로 불가능하다. 내적 타당도를 높이는 연구설계는 외적 타당도를 낮게 할 수 있고, 그 역도 가능하다. 그래서 연구자들은 이들간의 균형을 유지하는 수준에서, 즉 어느 정도 명료하게 해석될 수 있으면서 어떤 유용한 일반화 가능성도 갖는 연구설계를 마련해야 된다.

(2) 교육연구의 신뢰도

타당도를 이야기할 때 그것과 관련된 개념인 신뢰도를 고려하는 것이 일반적이다. 신뢰도란 연구의 일관성 혹은 그 연구가 복사(replication)될 수 있는 정도를 가리키는 말로써 내적 신뢰도와 외적 신뢰도로 구분하기도 한다. 내적 신뢰도란 똑같은 조건이 주어졌을 때 자료수집, 분석, 그리고 해석이 일관성을 이루는 정도를 의미한다. 외적 신뢰도는 독립된 연구자들이 똑같은 혹은 비슷한 상황에서 그 연구를 복사할 수 있는가의 여부에 관한 문제를 다룬다. 만일 연구를 신뢰할 수 있다면 최초의 연구와 똑같은 방법, 조건 등을 이용한다면 최초의 연구와 같은 결과를 얻어야 한다. 복사가 가능(replicable)하기 위해서는 연구의 절차와 조건에 관한 적절한 정의가 이루어져야 한다. 물론 필요한 정의의 정도는 연구마다 다를 수 있다.

신뢰도는 타당도를 확보하기 위한 필요조건이다. 즉, 신뢰도 없는 연구가 타당할 수는 없다. 어떤 연구를 신뢰하지 못한다면 우리는 그 결과를 신빙성 있게 해석하거나 다른 전집 혹은 상황에 일반화하기 어렵다. 요약해 보면 신뢰도와 타당도는 연구의 신빙성을 구축하는 두 기둥이다. 신뢰도는 연구의 복사 가능성에, 타당도는 연구의 일반화 가능성과 정확성에 초점을 둔다. 이밖에도 객관도와 실용도에 대해서도 고려해야 할 것이다(연구방법론, 교육통계, 교육평가, 연구설계 과목을 참조할 것).

(3) 연구과정

연구의 타당도와 신뢰도를 높이기 위해서는 연구를 하나의 체계적인 과정으로 이끌어 나가야 한다. 연구의 요소와 과정은 해당 연구문제의 성격이나 연구의 유형에 따라 제각기 다를 수 있다. 그러므로 편의상 교육연구에서 비교적 광범위하게 채택되고 있는 하나의 모형을 생각해 보면, 교육학에서 흔히 보는 연구의 일반적 요소와 절차는 9단계로 구분된다. 이러한 각 요소와 단계는 명확히 분리되는 것이 아니어서 어느 정도 중첩되면서 계열적으로 연결되는 일련의 연구활동이다. 특히 연구문제의 발견에서 연구의 설계에 이르는 과정에서는 경우에 따라 위로 거슬러 올라가 그 단계의 연구활동을 재고해야 할 때도 있다. 상황적 변수의 영향을 많이 받기 때문에 연구의 과정은 다양하기 마련이다.

다음의 그림은 이러한 연구 활동의 각 단계와 그들간의 관계를 그 진행과정의 흐름에 따라 화살표로 연결해 놓은 것이다.

〈연구의 일반적 과정〉

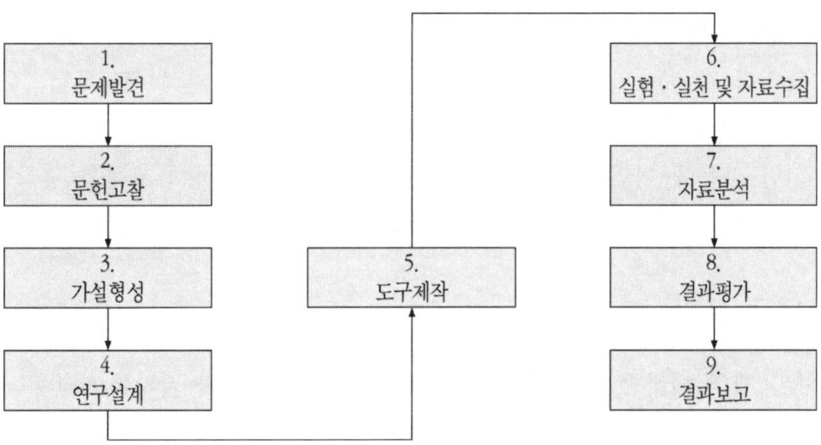

1) 문제 발견

연구문제를 발견하는 것은 연구과정의 시발점이 되며, 가장 어려운 행위이다. 연구는 연구자의 마음 속에 일어난 의문으로부터 시작된다. 연구자는 연구를 하기 위하여 일상생활의 주변에서 우리를 놀라게 하고 의심이나 호기심을 불러 일으키는 수많은 사건과 현상에 대하여 지적 호기심과 의문을 갖고 주의 깊게 관찰하여야 한다. 연구문제를 발견하기란 그렇게 쉬운 일이 아니다. 참신하면서도 수행 가능한 연구문제로서, 이론적으로나 실제적으로 의의 있는 문제를 찾기 위해서는 예리한 통찰력과 해당 연구분야에 깊은 학문적 지식을 갖추고 있어야 한다.

2) 문헌 고찰

연구하려는 문제가 어느 정도 구체화되었을 때, 그 문제에 관련된 이론과 선행 연구를 고찰한다. 물론 문헌 고찰을 통하여 새로운 연구 문제를 발견하는 수도 있고 때로는 이미 연구하고자 선정해 놓은 문제를 변경해야 될 필요성을 깨닫는 수도 있다. 관계 문헌을 고찰하는 주요 목적은 가설을 형성하기 위한 근거를 찾고, 연구방법이나 결과해석에 도움이 될 만한 내용과 자료를 얻기 위한 것이다. 따라서 문헌 고찰을 할 때에는 해결하려는 연구 문제와 직접적으로 관련된 문헌만을 골라서 체계적으로 고찰한다.

3) 가설 형성

가설이란 변인과 변인간의 관계를 알아보기 위하여 실증단계 이전에 연구자가 내린 잠정적 결론을 말한다. 가설을 세울 때 연구자는 일반적으로 문헌 고찰을 통하여 이미 밝혀진 사실이나 이론을 검토하고, 관련된 선행연구의 결과들을 자세히 분석한 다음에 이러한 과정에서 얻은 지식을 근거로 하여 가설을 형성한다. 가설은 변인간의 관계로 진술하되, 경험적으로 검증할 수 있는 것이어야 한다.

4) 연구 설계

연구 문제의 해결방안과 가설을 검증할 수 있는 계획 및 절차를 짜놓은 것이 연구 설계이다. 연구를 할 때에 구체적인 연구 설계를 작성해야 하며, 연구 설계를 작성하는 과정에서 적당한 연구방법이 없거나 실행성이 희박하다고 판단될 경우에는 부득이 이전 단계로 거슬러 올라가서 연구 문제나 가설을 수정 또는 변경시킬 수밖에 없다. 연구 설계를 짤 때 연구자가 충분히 고려해야 할 사항으로는 연구대상의 표집, 자료의 수집과 분석방법, 연구 설계의 실행 방안 등이다.

5) 도구 제작

여기에서 말하는 도구란 크게 두 가지를 의미하는데, 하나는 어떤 현상이나 행동특성을 관찰하고 조사하는 데 사용되는 측정도구를 말하고, 다른 하나는 연구의 조건이나 상황을 제시하고 규정하는 처치도구, 즉 실험 · 실천의 방안을 일컫는다. 측정도구는 연구가설과 변인들에 의해 결정된다. 조사연구의 경우처럼 연구에 따라서는 측정도구만 필요할 수도 있고, 실험연구나 실천연구처럼 측정도구와 처치도구가 다같이 필요할 수도 있다.

연구자가 직접 측정도구를 제작하거나 기존의 것들 중에서 선택할 때는 그 도구의 타당도 · 신뢰도 · 객관도를 고려하여 최적의 도구를 제작 또는 선정해야 한다. 왜냐 하면 연구의 도구가 잘못되어 있으면 그 연구의 결과가 어떻게 될 것인가는 불문가지이기 때문이다. 실험 또는 실천을 위한 처치도구를 구안할 때도 처치의 상황이나 조건을 구체적으로 작성해야 한다.

6) 실험 · 실천 및 자료 수집

이 단계에서는 연구 설계의 계획에 따라 실험연구이면 실험을, 실천연구이면 절차대로 실천한다. 이 때 유의할 점은 조건통제를 잘하여 연구의 타당성을 높이는 일이다. 조건통제의 정도와 실험결과의 타당성간에는 밀접한 관련이 있으므로 연구자는 연구과정에 작용하는 모든 변인들을 잘 관리해야 한다. 또한 미리 설계

자료수집의 20가지 원칙

1. 무엇을 얻고자 하는가(Needs)
2. 어디까지 수집해야 하는가(범위)
3. 어디에 자료가 있는가(출저)
4. 출처를 확인한다(정확성)
5. 비밀을 지킨다(신뢰도)
6. 최대한 신속하게 한다(신선도)
7. 자료제공자를 조직화한다(자료망)
8. 발로 뛰어 자료를 얻는다(현장감)
9. 손을 부지런히 활용한다(스크랩, 메모, 파일)
10. 말을 요령있게 한다(자료 유도)
11. 안목을 갖춘다(종합판단력)
12. 귀를 최대한 활용한다(적극적 경청)
13. 컴퓨터를 잘 활용한다(PC통신, 인터넷)
14. 자료는 찾는자에게만 보인다(정보마인드)
15. 겸손한 태도를 갖는다(수용 태도)
16. 작은 것도 소중히 다룬다(섬세함)
17. 숫자에 현혹되지 않는다(질관리)
18. 자료에 정면 도전한다(미루면 손해)
19. 머리를 쓰라(융통성)
20. 자료를 의사결정과 연결하라(행동화원칙)

한 방법과 도구를 가지고 필요한 자료를 수집하게 되는데, 이 때 연구자는 타당하고 신뢰로우며 객관적인 자료를 얻도록 노력해야 할 것이다. 관찰이나 면접을 통한 자료수집에서는 사전에 훈련을 받은 사람이 이를 담당해야 하며, 표준화 검사를 사용할 때에는 검사실시 요강에 충실히 따라야 한다.

7) 자료 분석

연구의 결과는 자료의 분석을 통하여 얻어진다. 대개 분석하기 전의 원자료는 갖가지 내용이 무질서하게 섞여 있어서, 원자료 그 자체에서 곧바로 연구 문제에 대한 해답을 얻기는 어렵다. 따라서 연구자는 수집된 자료를 체계적으로 정리하고 의미 있게 재조직하고 분석하는 작업을 하게 된다. 자료분석이란 한 마디로 관찰이나 실험 또는 조사 등의 방법으로 수집한 정리되지 않은 상태의 원자료에 어떤 질서를 주는 일이다. 연구 설계를 작성할 때 자료를 어떤 기준으로 분류 · 조직하고 어떤 통계적 방법을 적용하여 가설을 검증할 것인가 등에 관해서 미리 구상하게 되므로, 이러한 사전계획에 따라서 체계적으로 자료를 분석하면 된다. 통계적 분석이 완료되었을 때 연구자는 연구의 결과를 얻게 된다. 분석과정에서 자료의 조작과 요약을 통하여 그 핵심내용만을 추출함으로써 가설을 검증하는 데 필요한 정보를 제공하게 된다.

8) 결과 평가

자료들을 분석하여 결과를 얻게 되면 연구자는 그것들이 제공하여 주는 정보가 무엇인지에 관하여 결론을 도출하여야 한다. 연구자는 결과들을 요약 · 종합하고 분석내용을 해석하여 가설 및 연구 문제들과 관련된 결론을 도출하고 보고서를 작성한다. 즉, 연구 결과의 평가는 연구에서 발견한 사실을 바탕으로 가설의 긍정 여부를 판단하고, 연구를 진행하는 과정에서 있었던 문제들을 전반적으로 검토 · 논의하고 연구의 결론을 도출하는 것이다. 연구자는 도출된 결론을 현존하는 지식과 관련 지우고, 다른 연구결과들과의 일치 또는 불일치 여부를 규명함으로써 연구결과에 대한 가능한 설명을 제시하게 되는데, 연구의 결과가 원래 자기가 기대했던 방향으로 나왔든 그 반대로 나왔든 연구자는 얻은 결과를 있는 그대로 받아들이고 다른 관련 선행연구나 이론과 연관시켜 평가해야 한다. 가령 연구자의 기대에 어긋나는 '부정적' 결과가 나왔어도 그것은 그 나름대로의 가치를 갖는 것이다. 연구자는 지적으로 정직해야 하며, 개방적인 자세로 연구에 임해야 한다. 또한 연구 결과를 해석하거나 결론을 내릴 때 지나친 일반화를 삼가는 것이 바람직하다.

9) 결과 보고

다른 사람들에게 자기가 수행한 연구 결과를 알려주기 위하여 연구자는 연구를 끝마친 다음에 보고서를 작성한다. 연구보고서에는 연구의 목적과 문제, 방법과 절차, 결과 및 해석 등을 포함시킨다. 연구보고서는 문학적인 작품과는 달리 감정적이거나 과장된 수식어로 표현해서는 안되며, 솔직하고 간결하게 오직 사실대로만 기술해야 한다.

이러한 연구의 체계적인 접근법은 연구를 수행하기 위한 '과학적인 방법'에 어떤 맥락을 제공한다. 과학적인 방법은 일반적으로 어떤 문제정의에서부터 시작하여 연구결론을 도출하는 마지막 단계에 이르는 일련의 단계들로 설명된다. 그러나 이러한 과학적인 방법의 단계들은 그 자체가 목적이 아니고 연구 문제를 체계적인 방식으로 해결한다는 수단이 되어야 한다.

(4) 연구의 윤리

연구문제를 해결하기 위하여 연구자는 가능한 모든 수단과 방법을 생각해 낸다. 그리고 연구의 타당성과 신뢰성만 보장된다면 어떤 방법이든지 적용하려는 경향이 있다. 그러나 연구자는 연구의 수행에 너무 집착한 나머지 연구에서의 윤리문제를 소홀히 해서는 안된다. 즉, 피험자의 개인적인 권리나 사생활의 침해 문제, 심신의 상해 문제, 사회적 책임의 문제 등을 고려해야 한다.

1) 심신의 상해 문제

연구자가 우선 생각해야 할 점은 연구에 참여하게 됨으로써 피험자들이 신체적으로나 정신적으로 어떤 피해를 입게 될지도 모른다는 점이다. 예를 들어, 연구를 위해 아동들에게 영양공급을 중단시키거나, 공포나 실패를 조장하여 경험하게 하는 것 등이다. 이러한 문제를 피할 수 있는 대안은 연구 설계를 바꾸는 것과 연구가 끝난 후에 피험자들에게 연구 절차를 이야기해 주는 방법이 있다. 어른들을 대상으로 하는 연구에서는 연구를 끝마친 후에 연구의 목적이나 결과 등을 피험자들에게 알려주는 것이 연구자의 윤리이다. 아무튼 인간을 대상으로 하는 연구에서 연구자가 유의해야 할 것은 연구에 참여하는 사람들이 신체적 또는 정신적으로 어떤 피해를 입지 않을까 항상 조심하고 그들에게 피해를 주지 않도록 노력해야 된다.

2) 사생활의 침해 문제

윤리 문제의 두 번째 중요한 사항은 개인의 사생활과 비밀의 침해에 관한 것이다. 사람을 대상으로 연구할 때 연구자들은 때때로 속임수를 사용하여 피험자에 관한 사적인 정보를 얻어야 하는 경우가 있다. 이러한 방법은 피험자의 권리와 사생활의 보호라는 측면에서 윤리적이고 법적인 문제를 야기시키게 된다.

최근에 연구자들은 이러한 상황에서 일어날 수 있는 사생활의 침해를 점차 의식하게 되어, 사전 동의라는 원칙을 정하였다. 즉, 피험자가 미리 연구의 성격을 듣고 참여 여부를 자신이 직접 결정하게 하는 것이다. 이와 같은 절차를 통하여 피험자는 자신에 관한 정보가 수집되기 이전에 참여를 거절할 기회를 갖게 된다. 비밀보장이라는 면도 연구에 있어서 무시할 수 없는 중요한 면이다. 피험자가 연구에 참여하기로 동의하였다 하더라도, 연구에서 얻어진 자료를 연구자가 활용할 수 있는 범위가 어디까지인가는 다시 고려해야 할 문제이다. 따라서 연구자들은 연구 결과를 보고할 때 대개 피험자를 익명으로 언급하는 것이 보통이다.

3) 사회적 책임 문제

연구자가 유의해야 할 또 하나의 윤리적 문제는 연구의 결과를 발표함에 있어서 그 연구결과가 사회에 어떠한 영향을 미칠 것인가를 고려해야 한다는 점이다. 때로는 지식추구의 과정에서 연구자들이 발견한 연구결과가 사회적 · 정치적인 문제에 대해 중요한 시사를 줄 경우가 많다. 똑같은 연구결과라도 그것이 발표되는 특정한 사회여건과 풍토에 따라서 매우 다른 사회적 영향을 미치게 된다는 사실을 인식해야 한다. 그러므로 연구자는 이 연구가 피험자나 사회에 부정적인 영향을 미치지는 않을까 하는 점을 충분히 고려해야 한다.

2. 연구의 기초와 이론

교육심리학의 연구는 그 연구결과들을 교수와 학습 및 발달에 대한 이론과 결합하여 교실문제를 해결하기 위해서 수행되어진다. 또한 연구는 교수와 학습의 과정을 이해하고 개선하는 교육심리학의 주요 목적을 달성하기 위한 기본적인 도구이기도 하다. 교육심리학의 연구에서 사용되어지는 연구방법이 과학적 방법이므로, 사용되어지는 언어 또한 과학적인 언어이어야 한다. 즉, 연구의 논리적 구조를 이루고 있는 개념 · 변인 · 법칙 · 이론 등의 단어들은 주관적 감정이나 의지를 배제시키고 오직 사실성 · 객관성 · 논리성을 강조해야 한다. 또한 논리의 세계에서 개념 · 가설 · 법칙 · 이론은 자연과 사회의 여러 가지 현상들을 기술 · 설명 · 예측 · 통제하여 그 진위를 검증받게 된다. 이와 같은 과학적 탐구활동의 과정은 다음의 그림에 나타난 바와 같이 순환적으로 끝없이 계속되는 것이다. 즉, 교육심리학의 연구는 현재 있는 사실을 보다 더 이론화하고 또한 그 이론을 현실에 맞게 적용하는 것이다.

(1) 연구의 기초

1) 기 술

과학적 연구의 일차적 목표는 현상을 기술하는 일이다. 기술(description)은 어떤 사건이나 현상에 대하여 관찰한 사실들을 있는 그대로 기록하는 것이다. 따라서 기술은 무슨 사건이 언제 어떻게 발생하였으며, 어떻게 되었는지 등에 관한 정보를 우리에게 제공한다. 기술의 방식에는 세 가지가 있는데, 첫 번째 분류기술의 방식은 개개의 사실이나 현상간에 존재하는 어떤 공통의 특성을 찾아내어 이러한 특성에 따라 유목을 나누고 명명하는 것이며, 두 번째 순서배열식 기술방식은 관찰한 사실들을 대소 · 장단 · 상하 등의 순서에 따라 기술하는 방식이며, 세 번째 상호관계를 나타내는 기술의 방식은 관찰된 사실들 간에 존재하는 관계의 양상이 어떠하며, 그 관계의 정도가 얼마나 밀접한가를 표현하는 것이다.

〈과학적 탐구의 순환과정〉

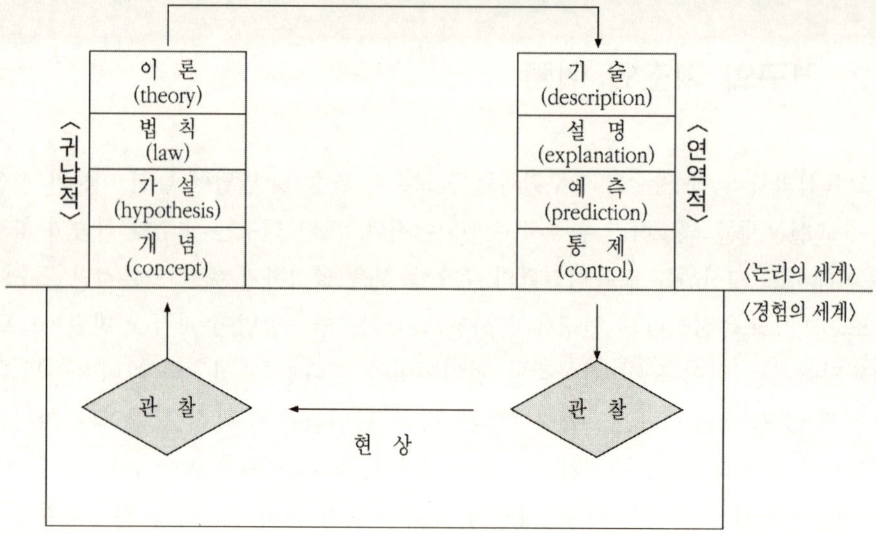

2) 설 명

설명(explanation)은 '왜'라는 의문에 대답하는 것으로서, 어느 특정한 사건 발생의 인과분석이나 사실의 근거를 밝히는 것이다. 과학자들은 그들이 관찰한 현상에 이름을 붙이고, 분류하고, 기술하는 정도에 만족하지 않고 왜 그렇게 되는지 그 이유를 밝히고자 한다. 또한 그들은 각각의 현상을 개별적으로 분리시켜 설명하는 것에 만족하지 않고 더 많은 현상이나 사건을 한꺼번에 설명할 수 있는 일반적인 법칙과 이론을 추구한다. 설명은 이러한 추구에 대한 대답이라 할 수 있다.

3) 예 측

예측(prediction)은 일반 법칙과 사실에 관한 진술이 먼저 있고 이것들로부터 특정한 사건이 발생하기에 앞서서 그 사건을 이끌어내는 것이다. 예측을 정확하게 하기 위해서는 잘 만들어진 법칙과 더불어 많은 자료가 수집되어야 한다. 또한 예측의 정확도는 그러한 예측의 근거가 되는 법칙이 얼마나 타당하고 신뢰할 수 있느냐에 따라 좌우된다. 일반적으로 자연과학 분야에서 발견한 법칙들이 사회과학 분야의 법칙들에 비하여 예언력이 높은 편이다.

4) 통 제

통제(control)는 어떤 현상이나 원인 또는 필수적인 조건을 조작(操作)함으로써 인간의 힘으로 그 현상을 일어나게도 하고 혹은 일어나지 않게도 하는 것을 말한다. 통제를 하려면 필연적으로 가치판단을 하게 되므로, 일반적으로 통제는 철학적·윤리적인 문제를 야기하는 수가 있다.

(2) 연구의 이론

1) 개 념

개념(concept)이란 '어떤 일정한 대상을 지시하는 의미체' 또는 '사물이나 사건에 공통되는 특성 혹은 관계의 분류화'라고 정의한다. 개념은 언어의 기본단위로서, 사건이나 현상을 어떤 공통적 속성에 따라 분류해 놓은 것을 말하며, 논리의 세계에서 우리의 사고활동을 촉진시켜 주고 사고의 범위를 확정시켜 주는 구실을 한다. 개념들 중에는 그 속성이 쉽게 드러나기 때문에 의미가 분명한 것이 있는가 하면, 깊숙이 숨겨져 있어서 분명치 못한 것들도 많이 있다. 개념은 정의에 의해서 그 의미가 분명해진다. 새로운 개념의 형성은 첫째 어떤 공통된 특징을 지각함으로써 형성될 수 있고, 둘째 기존의 개념들을 의미 있게 결합시킴으로써 새로운 개념을 만들 수도 있으며, 또한 여러 현상의 근저에 있는 어떤 상태나 구인(construct)을 추리해 냄으로써 새로운 개념이 형성되기도 한다. 또한 개념은 그 개념의 실체를 우리가 경험적으로 감지할 수 있는 구체적 개념과 논리적으로 도출해 낼 수 있는 이론적 개념으로 구분되며, 내포와 외연의 다소에 따라 단순개념과 복합개념으로 분류되기도 한다.

2) 변 인

그 속성에 따라 여러 수준으로 분류할 수 있거나 다양한 값을 취할 수 있다. 어떤 사건·사물·현상을 나타내는 개념, 즉 가변적인 것과 불변적인 개념 중에서 가변적인 개념들이 연구의 변인으로 쓰인다. 변인의 분류는 여러 가지로 다양하게 할 수 있다. 변인이 지니고 있는 속성을 수량화할 수 있느냐의 여부에 따라서 질적 변인(종류의 차이)과 양적 변인(수준이나 정도의 차이)으로 구분되기도 하고, 변인이 몇 개의 유목으로만 구분되거나 어떤 특정한 값만 갖게 되는 비연속 변인과 주어진 범위 내에서는 어떠한 값이라도 취할 수 있는 연속적 변인으로 구분되기도 한다. 또한 한 연구에서 두 개 이상의 변인들을 취급하게 될 때 실험자가 임의로 조작(操作)·통제할 수 있는 독립변인과 독립변인에 의해 영향을 받는 종속변인으로 구분되기도 한다.

3) 법 칙

법칙(law)은 개별적 사실들을 연결시켜 주는 일반적 또는 보편적 진술로서, 두 가지 이상의 개념 또는 사실들 간의 규칙적 관계를 진술한 것이다. 즉 법칙은 여러 개별적 사실들을 포괄하여 연결시킨 일반적 진술이다. 두 개 이상의 변인들 간의 관계로 진술된 것이 가설이며, 검증된 가설은 법칙으로 성립될 수 있다. 법칙의 주요 기능은 어떤 사건이나 현상의 설명과 예측에 있다. 법칙의 종류는 분류기준을 어떻게 설정하느냐에 따라 여러 가지로 구분되는데, 형식에 의한 분류에는 단순일반화, 확대일반화, 중개일반화가 있으며, 내용에 의한 분류에는 시차적 법칙, 기원적 법칙, 분류적 법칙, 통계적 법칙, 그리고 용도에 의한 분류에는 기술적 법칙과 이론적 법칙이 있다.

4) 이 론

Kerlinger(1973)는 이론(theory)을 '현상을 설명하고 예언하기 위한 목적으로 변인들간의 관계를 규명함으로써 현상을 체계적으로 밝혀주는 개념, 정의 그리고 진술의 집합체'로 정의했다. 몇 개의 법칙들이 일정한 규칙에 따라 논리적으로 연결되어 하나의 이론을 형성한다. 설명하고 있는 법칙들을 공리(axioms)라 하고, 설명된 일반화를 정리(theorems)라 한다. 이론들은 단일하고 단순한 일반화로부터 법칙과 같은 복잡한 공리에 이르는 모든 것을 포함한다. 이론은 체계적 방법을 통하여 현상을 설명하고자 하는 일련의 일반화라 할 수 있다. 일반적으로 이론은 적용연구보다는 기초연구와 밀접하게 관련되어 있다. 이론은 연구문제를 해결하기 위한 출발점이며 연구에 있어서 결정적인 요인들을 밝혀주는 역할을 한다. 즉, 이론은 연구의 다양한 측면들을 체계화하고 내적 관련성을 갖게 하는 길잡이라 할 수 있다.

또한 교육연구에 있어서 이론은 개념들과 단편적 경험들을 더 깊이 이해할 수 있고 폭넓은 의미를 부여하며 광범위한 적용을 가능케 하는 일련의 구성개념들을 결합하는 종합적 기능을 갖는다. 이러한 점에서 이론은 사실들에 의미를 부여하고 적절하게 조망할 수 있도록 해 주며, 이 과정을 통해 연구문제의 본질을 명확히 밝혀 준다. 이론은 설명과 예언의 목적을 지니고 있으며, 검증을 거쳐 실제적으로 적용되거나 후속연구에 사용될 수 있는 일반화를 제공해 주기도 한다. 좋은 이론의 특징은 타당성을 쉽게 검증할 수 있도록 구성되어야 하고, 자폐성과 망라성이 높은 이론일수록 좋은 이론이며, 간단하면서도 많은 것을 포괄적으로 설명할 수 있어야 한다.

3. 연구의 종류

(1) 연구의 분류

교육연구는 여러 가지 기준에 의해 분류될 수 있으며 다양하고 복잡한 분류체계들이 발전되어 왔다. 교육연구의 분류방법은 일반적인 연구방법에 의해 분류하는 기술적 연구와 실험적 연구가 있고, 연구의 목적 또는 목표에 따른 분류로 기초연구와 응용연구, 그리고 개발연구가 있으며, 연구수행의 방법에 따른 분류로 실험연구, 사후연구, 조사연구, 역사적 연구, 문화기술적 연구 등이 있다. 또한 학자들에 따라서 연구방법이 다양하게 분류되어지기도 한다. 그러나 모든 연구들이 각 차원의 양극단으로 나누어지는 것은 아니다. 연구에 따라서는 한 연구가 기술적 연구이면서 동시에 실험적인 방법을 어느 정도 사용하기도 하며, 기초연구로 시작하였지만 응용 가능성이 있는 연구가 될 수도 있다. 이렇게 분류의 각 차원은 양극단이 있는 연속적인 것으로 이해해야 할 것이다.

1) 기술적 연구와 실험적 연구

기술적(記述的) 방법과 실험적 방법을 구분하는 하나의 기준은 연구에 있어 관심이 되는 여러 변인들 사이의 기능적인 관계에 있다. 기술적 연구방법은 변인들 간에 현재 존재하고 있는 기능적 관계를 강조하는 반면, 실험적 연구방법은 특정한 변인이 조작(操作)될 때 어떤 기능적 관계가 '존재할 수 있는가'에 초점을 맞추고 있다는 점에서 차이가 있다.

1 기술적 연구

기술적(記述的) 연구는 간단한 사실조사에서부터 어떤 이론이나 원리를 발견하기 위한 가설검증의 연구에 이르기까지 널리 쓰이는 방법으로, 있는 현상을 사실대로 기술하며 관계를 조사하는 연구이다. 즉, 무엇이 존재하고 있는가를 관찰·조사하여 사실대로 기술하고 해석하는 연구이다. 따라서 기술적 연구를 하는 사람은 그가 관심을 갖고 있는 어떤 현상이나 사건에 대하여 아무런 통제나 조작없이 자연적인 상황에서 있는 그대로를 파악하여 정확하게 기술하는 것을 연구의 목적으로 삼는다.

① **조사연구** : 기술적 연구의 대부분을 차지하고 있는 것이 조사연구(survey research)이다. 조사연구는 무엇이 존재하고 있는가를 파악하여 사실대로 기술하고 해석하는 연구이다. 조사연구를 하는 연구자는 그가 관심을 갖고 있는 어떤 사건이나 현상에 대하여 아무런 조작이나 통제를 가하지 않은 채 자연적인 상황에서 그것을 조사하여 정확하게 기술하는 것을 연구의 목적으로 삼는다. 그리고 어떤 사건이나 현상에 관련된 여러 변인들 간의 관계를 파악하고 분류·분석하는 것도 조사연구의 주요한 기능이다. 조사연구는 일반적으로 조사 목적에 따라 사실발견을 위한 조사연구, 가설검증을 위한 조사연구, 규준을 만들기 위한 조사연구가 있다. 조사연구는 조사의 내용에 따라서 사회조사·여론조사·학교조사 등으로 구분하거나, 자료를 수집하는 방법에 따라서 면접조사·질문지조사·전화조사 등으로 구분하기도 한다. 조사연구는 일시에 많은 양의 정보를 수집할 수 있으며 다른 연구방법에 비하여 비교적 쉽게 수행할 수 있는 장점이 있으나, 자칫하면 피상적인 정보를 얻게 되거나, 표본 조사의 경우 표집에 따른 오차를 수반하게 된다는 단점도 있다.

② **발달연구** : 발달연구는 주로 시간의 경과에 따른 인간의 변화에 관심을 두는 연구이다. 발달의 속도, 유형·한계, 그리고 성장과 발달에 작용하는 여러 요인들 간의 관계를 탐구하는 데 연구의 주요 목적이 있다. 연구자는 몇 개월 또는 수년에 걸친 연구기간 동안 연구 대상자를 관찰하여 개체의 성장과정에 영향을 미치는 여러 변인들을 조사하고 인간과 환경과의 상호작용 양상을 발견하려고 노력하는 것이다. 발달연구를 위한 접근방법은 동일한 연구대상을 오랜 기간 계속 추적하면

서 관찰하는 종단적 접근방법과 동시에 여러 연령층의 대상들을 택해서 필요한 발달 특징을 알아보는 횡단적 접근방법이 있다. 종단적 접근방법은 장기간에 걸쳐 연구하는 것이므로 많은 경비와 노력이 필요하며, 연구대상의 선정 및 관리가 용이하지 않다. 이에 비하여, 횡단적 접근방법은 적은 경비와 노력을 투입하여 짧은 기간 내에 필요한 정보를 얻을 수 있는 장점이 있지만 개인의 성장과 발달과정에 관한 참모습을 알기 어려운 단점을 지니고 있다.

③ **사례연구** : 사례연구는 특정한 개인이나 집단 또는 기관을 대상으로 하여 어떤 문제나 특성을 심층적으로 조사하고 분석하는 연구이다. 즉, 소수의 연구대상을 선정해서 필요한 각종 정보나 자료를 여러 가지 방법으로 조사 수집하고, 이러한 자료들을 기초로 하여 연구대상이 가지고 있는 특성이나 문제점을 종합적으로 진단하고 기술하는 연구이다. 사례연구의 목적은 특정한 사례에 관련된 구체적 사실을 밝히고 그 사례의 모든 측면을 분석하는 데 있다.

④ **상관연구** : 상관연구는 연구에서 수집한 자료들을 통계적으로 분석하고 해석하는 데 초점을 두는 연구로써, 어떤 사건이나 현상에 내재되어 있는 여러 변인들의 일반적인 관계를 규명하는 데 역점을 둔다. 상관연구법은 기술적인 문제나 혹은 윤리적인 이유로 인하여 연구자가 변인이나 조건을 임의로 조작 또는 통제할 수 없는 상황에서 변인들간의 관계를 파악하고자 할 때 흔히 사용하는 방법이다.

⑤ **내용분석** : 내용분석이란 언어나 문자로써 표현된 의사소통의 내용을 객관적 · 체계적 · 수량적으로 기술하기 위한 연구방법이다. 즉, 의사소통의 과정에서 발신자와 수신자 사이에 발생하는 주요 문제를 확인 · 분석하기 위하여 개발된 방법이다. 내용분석을 하려면 분석 목적에 알맞도록 유목을 나누고, 분석단위를 결정하고, 내용을 분석한 결과를 수량화하는 방법을 결정해야 한다.

2 실험적 연구

실험적 연구는 실험방법을 사용하며, 연구자는 관심 있는 변인들을 의도적으로 조작함으로써 변인과 변인간의 관계를 명확히 규명하는 연구이다. 실험에서는 조건의 계획적인 조작과 통제가 필연적이며, 또한 이러한 조작과 통제를 얼마나 완벽하게 해내느냐에 따라서 실험의 성패가 좌우되므로 이 경우에 실험자는 체계적이고 조직적인 방법으로 변화를 일으켜야 한다.

실험에는 최소한 두 개 이상의 변인이 있는데, 실험자가 임의로 조작할 수 있는 것을 실험처치 또는 독립변인이라 하고, 이 독립변인에 영향을 받는 것을 종속변인이라 한다. 실험을 할 때는 독립변인을 조작하면서 아울러 독립변인 이외에 실험결과에 영향을 줄 수 있는 기타의 모든 조건을 통제한다. 실험연구에서는 실험조건의 통제여하와 실험의 타당성 사이에 밀접한 관련이 있기 때문에 조건의 통제가 제대로 되지 않은 실험연구는 그만큼 타당성을 잃게 된다.

〈사례연구, 상관연구, 실험연구의 비교〉

구 분	강 점	제한점
사례연구	1. 실험의 인위성을 피할 수 있다. 2. 인간-환경 관계의 복잡성을 연구할 수 있다. 3. 개인에 대한 심층연구를 할 수 있다.	1. 체계적이지 않은 관찰을 하게 한다. 2. 자료에 대한 주관적 해석을 부추긴다. 3. 변인들간의 복잡한 관계를 밝히기 어렵다.
상관연구	1. 여러 가지 변인을 연구할 수 있다. 2. 많은 변인간의 관계를 연구할 수 있다. 3. 많은 자료를 쉽게 얻을 수 있다.	1. 원인보다는 관계를 밝힐 뿐이다. 2. 지기보고질문지의 신뢰도와 타당도의 문제가 있다. 3. 심층적으로 개인을 연구할 수 있다.
실험연구	1. 특정 변인을 조작할 수 있다. 2. 자료를 객관적으로 기록할 수 있다. 3. 인과관계를 밝힐 수 있다.	1. 실험실에서 연구될 수 없는 현상을 배제한다. 2. 결과의 일반화를 제약하는 인위적 틀을 만든다. 3. 요구특성과 실험자의 기대효과를 야기한다.

출처 : Pervin, L. A., & John, O. P.(2001), *Personality theory and research*(8th ed.). New York : John Wiley & Sons, Inc.

2) 기초연구와 응용연구

연구를 기초연구와 응용연구로 나누는 것은 주로 연구의 목적에 기준을 두고 있다. 기초연구와 응용연구를 엄격히 구별하는 것은 어려운 일이다. 연구의 원래 목적에 비추어 잠정적으로 명칭이 주어지지만 연구의 결과가 처음의 목적과 반드시 일치하는 것은 아니다.

① 기초연구(순수연구)

응용의 성격을 띠지 않는 탐구로서 과학적 지식 자체의 발전을 위한 독창적 연구를 말한다. 이러한 연구는 학습이 어떻게 이루어지는가에 관한 지식을 확장시키는 것을 목적으로 하며 학습교재가 글이나 그림으로 제시되었을 때 나타나는 학습결과의 차이와 같은 학습에 관련된 한 가지 또는 제한된 수의 요인들에만 관심을 갖는다(예를 들면, 지렛대 원리).

② 응용연구(실용연구)

응용연구는 한 가지 특정한 문제를 해결하려고 하거나, 즉시 필요한 정보를 얻기 위해서 그 분야의 일반적 지식을 확장시키며 연구의 결과를 실제 생활에 활용하는 것을 목적으로 하고 있다(예, 지렛대 원리를 이용한 손톱깎이).

③ 개발연구(기획연구)

보다 유용한 재료, 장비, 체계, 방법, 과정 등을 위해 체계적으로 연구한다(정부 주도하의 많은 프로젝트, 암퇴치 연구나 볍씨 품종개량 등).

3) 연구수행 방법에 따른 분류

① 사례 임상적 연구

문제를 가지고 있는 특정 개인에 대해 생활사라든가 가정 사정, 기타 등등 어떤 문제를 야기한 제반요인을 알기 위해서 철저한 조사나 연구를 하는 것이다. 연구의 목적은 곤란이나 부적응의 본질 및 원인을 발견하여 그것을 제거하기 위한 처리방법을 세우고, 실행하는 데 필요한 중요한 항목을 연구하고, 그에 대한 자료를 수집 · 조직하며, 치료방법을 연구하는 수단을 발견하는 데 있다.

② 통계적 연구

연구문제에 관한 여러 가지 사실들을 수집하여 각 변인간의 상관관계를 통계적 방법으로 숫자화하여 비교, 검토하는 연구법이다.

이와 같은 조사를 하기 위해서는 다음과 같은 몇 가지 단계를 거쳐야 한다.

첫째, 조사의 기획단계—조사하는 목적이 무엇인지를 확실히 하는 단계이다. 조사대상의 확정, 조사항목, 조사시기, 조사에 필요한 경비, 조사운영 등을 결정해야 한다.

둘째, 조사방법의 단계—어떠한 방법(전체조사, 표본조사, 모형조사 등)으로 조사를 할 것인지를 결정해야 한다.

셋째, 조사형식을 결정하는 단계—객관성, 신뢰성, 타당성을 높이기 위하여 조사형식(조사표, 면접, 실제조사, 전보, 전화, 통신문 등)을 결정해야 한다.

넷째, 질문형식을 결정하는 단계—자유반응식, 양자택일식, 선다형식, 평정법, 척도법 등 질문지의 형식을 결정해야 한다.

다섯째, 조사시기와 회수를 결정하는 단계

여섯째, 조사운영의 단계—조사를 원활히 그리고 의미 있는 결과가 나오게 하기 위해 위원회를 구성할 수도 있다.

일곱째, 집계와 분석의 단계—능률적 집계처리 방법을 고안한다.

여덟째, 결과의 발표 단계—조사의 여러 가지 조건을 종합 발표, 문서로 남기는 것이 바람직하다.

③ 사전, 사후 연구

종속변인의 관찰을 통하여 독립변인이 종속변인에 미친 영향 또는 독립변인과 종속변인의 관계를 찾아내는 연구이다. 사후연구는 독립변인을 조작할 수 없는 경우, 즉 실험적 연구가 여러 가지 이유로 불가능한 경우에 이루어진다.

④ 질적 연구방법

그동안 자료의 통계학적 분석을 통한 양적 연구가 많았는데 인간과 사회현상에 관해서는 질적 연구방법도 중요하며 최근 질적 연구가 증가추세에 있다. 질적 연구법으로는 관찰연구, 면접법, 담화분석, 망조직 분석, 설명분석, 내용분석, 구조분석, 상징적 상호작용, 임상적 방법 삼각화, 역할놀이 등의 방법이 있으며 질적 연구의 양호도를 알아보기 위해 표면적 타당도, 도구적 타당도, 이론적 타당도, 돈키호테 신뢰도, 통시적 신뢰도, 동시적 신뢰도 등이 활용된다.

(2) 연구자료의 표집 방법

교육의 심리학적 현상에 관한 연구는 어느 방법을 통하여 수행하든 간에 연구의 과정과 결과에 관한 자료를 수집해야 한다. 연구를 수행하기 위해 필요한 자료의 수집을 어떻게 할 것인가를 결정하는 문제는 매우 중요하다. 왜냐 하면 적절한 연구방법을 사용하는 것은 적절한 자료수집의 전제가 되기 때문이다. 자료수집을 위하여 사용할 측정도구는 이미 만들어진 것들 가운데서 적절한 것을 선택하여 쓰거나, 연구자가 직접 만들어야 한다. 교육연구에서 자료수집의 방법에는 여러 가지가 있으나 교육심리학 분야에서 일반적으로 많이 사용하는 방법에는 질문지법(자기보고법), 관찰법, 면접법, 사회성 측정법, 표준화 검사법, 의미분석법, 투사법 등이 있다.

1) 질문지법

어떤 문제에 관해서 미리 작성된 일련의 질문지(또는 설문지라고도 함)에 대해 피험자가 스스로 대답을 기술하도록 하는 자기보고(self-reporting)의 방법이다. 질문지의 용도는 두 가지로 구분해 볼 수 있는데, 객관적인 사실을 알아보기 위한 질문(예, 부모의 직업, 가족수, 수입, 주거지, 생활사 등)과 어떤 문제나 대상에 대하여 응답자가 지니고 있는 의견이나 태도 등 자아관여가 작용하는 내용을 조사하기 위한 질문(예, 교사에 대한 태도, 흥미의 방향, 국가에 대한 감정을 묻는 것)이다. 질문지는 응답 형식에 따라 미리 반응이 나올만한 여러 개의 유목이나 선택지를 주어 선택하게 하는 구조적 질문지(유목형, 폐쇄형 질문지)와 피험자가 주어진 문제에 대해 비교적 자유스럽게 반응하도록 하는 비구조적 질문지(창의형, 자유반응형 질문지)로 분류된다.

구조적 질문지는 선택지의 완전한 목록을 작성하기 어렵고 응답자의 창의적 반응을 얻을 수 없다는 단점을 지니고 있으며, 비구조적 질문지는 응답자가 자유스럽게 창의적으로 반응할 수 있는 장점을 지니고 있다. 또한 구조적 질문지는 통계 처리하기가 쉬운 장점이 있는 반면, 비구조적 질문지는 반응결과를 요약 · 정리하기가 쉽지 않고 응답자들에게 많은 시간을 요구하기 때문에 잘못하면 성의 없는 반응이나 무응답이 나올 가능성도 있다.

① 자유반응형

주어진 질문에 자유스럽게 반응할 수 있도록 되어 있는 문항형식을 자유반응형이라고 한다. 응답자가 아무런 제한을 받지 않고 자유롭게 반응할 수 있다는 장점이 있지만, 다양한 반응을 정리하고 요약하는 데 많은 시간과 노력이 들고 주관적 판단이 개재되기 쉬운 단점이 있다.

② 선택형

한 문항에 두 개 이상의 답지를 주고 그 가운데서 응답자로 하여금 적당한 답지를 선택하도록 하는 방법이다. 선택형은 자유반응형에 비하여 결과 처리가 용이하고 응답자들의 협조를 얻기 쉬운 장점이 있다.

③ 체크리스트형

체크리스트란 어떤 행동이나 특성을 목록화한 것이다. 어떤 한 문제에 10여 개 이상의 항목을 제시하고, 응답자에게 해당하는 항목을 모두 표시하도록 하는 방법으로 어떤 행동특성이나 사건의 발현 여부에만 관심이 있을 때에 사용하는 것이 바람직하다.

④ 평정척도법

응답자에게 미리 정해 놓은 척도에 반응하도록 만든 질문지 형식을 평정척도형이라고 한다. 개인의 행동특성에 관하여 특성의 정도나 질적 수준을 평가하고자 할 때 사용하는 방법으로 의견을 조직적이고 객관적 방법으로 수집할 수 있다. 평정척도는 문항의 성격에 따라 찬성 정도 · 만족 정도 등을 나타낼 수 있도록 만든다. 즉, 정직-부정직, 협조적-이기적, 지배적-복종적 등 행동특성의 단계성, 양극성, 상대성을 척도로 수량화하는 것이다. 평정척도법에는 집중화 경향의 오류, 인상경향의 오류, 논리경향의 오류, 대조경향의 오류, 표준경향의 오류 등 5가지 오류 가능성이 있다.

〈평정척도법 예 1〉

※ 수평저울에서 자기가 어느 쪽으로 기울어져 있나를 생각하고 ( ) 속에 ○표를 해라.
- 지나치게 자신을 낮게 평가하지 않도록 하고 느낌을 자연스럽게 표현하도록 한다.
- 각자는 서로 다양한 위치에 있음을 이해하고 관심을 갖도록 한다.

〈수평 저울표〉

① 말하기	( )	▲( )	듣기		② 생각하기	( )	▲( )	행동하기
③ 지도자	( )	▲( )	추종자		④ 토끼	( )	▲( )	거북
⑤ 모험적	( )	▲( )	안정적		⑥ 놀기	( )	▲( )	일하기
⑦ 주는자	( )	▲( )	받는자		⑧ 우는자	( )	▲( )	웃는자
⑨ 놀부	( )	▲( )	흥부		⑩ 고양이	( )	▲( )	쥐
⑪ 밝다	( )	▲( )	어둡다		⑫ 산	( )	▲( )	바다
⑬ 열매	( )	▲( )	뿌리		⑭ 깊은곳	( )	▲( )	얕은 곳
⑮ 형	( )	▲( )	아우		⑯ 아파트	( )	▲( )	단독주택

〈평정척도법 예 2〉

〈회기평가 질문지(SEQ ; Stiles & Snow, 1984, 1984)〉								
이번 상담시간은――――								
나빴다	1	2	3	4	5	6	7	좋았다
안전했다	1	2	3	4	5	6	7	위험했다
어려웠다	1	2	3	4	5	6	7	쉬웠다
가치 있었다	1	2	3	4	5	6	7	가치 없었다
피상적이었다	1	2	3	4	5	6	7	깊이가 있었다
편안했다	1	2	3	4	5	6	7	긴장됐다
불쾌했다	1	2	3	4	5	6	7	유쾌했다
뿌듯했다	1	2	3	4	5	6	7	공허했다
수월했다	1	2	3	4	5	6	7	강력했다
특별했다	1	2	3	4	5	6	7	평범했다
어색했다	1	2	3	4	5	6	7	순조로웠다
안락했다	1	2	3	4	5	6	7	불편했다
지금 나는 ――――								
행복하다	1	2	3	4	5	6	7	슬프다
성난다	1	2	3	4	5	6	7	즐겁다
감동받았다	1	2	3	4	5	6	7	덤덤하다
불확실하다	1	2	3	4	5	6	7	명확하다
잔잔하다	1	2	3	4	5	6	7	흥분된다
자신만만하다	1	2	3	4	5	6	7	두렵다
호감이간다	1	2	3	4	5	6	7	별반관심이 없다
정열적이다	1	2	3	4	5	6	7	평안하다
빠져있다	1	2	3	4	5	6	7	물러서 있다
잠잠하다	1	2	3	4	5	6	7	깨어 있다

평정척도법에는 평정의 단계를 간단한 어구나 문장으로 나타내는 기술평정척도와 평정의 단계를 그림으로 나타낸 도식평정척도, 그리고 어느 한 집단을 기준으로 했을 때, 그 집단에 속한 개인의 능력이나 행동특성을 평정하여 순위를 매기거나 상대적 위치를 표시하는 등위평정척도가 있다.

⑤ 순위형

이것은 제시된 항목들을 일정한 기준에 따라서 최상위에서 최하위까지 순위를 매기도록 하는 방법으로, 순위를 매겨야 할 항목이 10개 이내의 항목으로 하는 것이 적당하다. 예를 들어, 결혼상대자 선정 기준으로 중요한 것부터 1, 2, 3을 써 보라(건강, 성격, 학벌, 신앙, 가문, 용모, 애정, 나이, IQ, 궁합, ……). 또 직업 선택의 착안 사항으로 중요한 것부터 1, 2, 3을 써 보자(처우, 적성, 장래 발전성, 안전성, 사회기여도, 가업계승) 등이다.

2) 관찰법

연구에서 가장 오랜 역사를 가진 방법인 동시에 연구의 기본 수단이라 말할 수 있고 모든 연구법에 공통적으로 활용하는 방법이다. 특히 유아를 대상으로 하는 연구는 관찰법에 의존하는 경우가 많은데, 그 이유는 유아가 아직 자기의 생각이나 느낌을 제대로 표현할 수가 없어서 다른 방법으로는 필요한 정보를 얻어 내기가 어렵기 때문이다. 관찰법을 사용하는 경우는 첫째, 다른 측정방법으로는 사회적 상호작용의 과정을 방해할 위험이 있을 경우이고 둘째, 행위자 자신이 직접적인 정보원으로서는 부적당한 경우이다. 관찰의 방법은 분류하는 기준에 따라 자연적 관찰과 통제적 관찰, 참여관찰과 비참여관찰 등으로 구분할 수 있다. 관찰법을 사용할 때에는 관찰대상, 관찰시기, 관찰자의 위치, 관찰의 범위, 기록과 해석에 주의해야 한다(허울 좋은 개살구, 뚝배기보다 장맛, 등의 속담이 의미하는 바처럼 관찰이 실속과 다를 수도 있다).

3) 면접법

면접법은 면접대상과 이야기를 나누면서 필요한 자료를 모으는 방법으로 조사연구에서 많이 쓰인다. 즉, 얼굴과 얼굴을 맞댄 접촉 상황에서 조사자가 면접대상자로부터 직접 필요한 자료를 수집하는 방법이다. 면접을 통한 조사에서는 어떤 질문에 대하여 응답자가 이해하지 못하면 조사자가 그것을 설명하여 이해시킬 수 있고 누락된 반응을 보충할 수 있는 장점이 있는 반면, 많은 노력과 비용이 드는 단점을 가지고 있다. 근래에 와서는 면접의 과정 속에서 치료효과를 거두기도 한다(상담면접의 경우).

4) 사회성 측정법

일명 수용성 검사, 교우관계 조사법으로 알려져 있으며 Moreno에 의해서 시작된 측정방법의 하나로 어떤 한 집단에서 그 집단구성원들의 상호작용 양상이나 집단의 응집력을 알아보고자 할 때 이용되는 방법이다. 즉, 이 방법은 특정한 어느 한 집단 내에서 개인의 사회적 위치나 비형식적 집단의 구조를 파악할 경우에 적용할 수 있는 것으로, 한 개인이 그의 동료들에 의해서 어떻게 지각되고 받아들여지고 있는가를 평가하는 데 이용된다. 사회성 측정검사의 결과를 토대로 사회도를 그려봄으로써 집단구성원의 선택과 배척을 시각적으로 명확히 파악할 수 있다. 사회성 측정법은 단순하고 실시하기가 용이하기 때문에 교사들이 유용하게 쓸 수 있는 방법이며 학급운영에서 인간관계 지도용으로도 적절하다.

5) 표준화 검사법

표준화검사는 교사가 만든 시험이나 보통의 질문지와는 달리 누가 사용하더라도 검사의 실시와 채점 및 결과의 해석이 동일하도록 모든 절차와 방법을 일정하게 만들어 놓은 검사를 말한다. 즉, 표준화검사는 주로 규준 지향적 검사로서 예비조사의 과정을 거치면서 검사의 목적에 가장 적합한 검사를 제작하기 위하여 검사문항의 표집과 구성을 엄격히 하며, 검사실시 조건과 채점방법을 일정하게 규정해 놓고, 검사결과의 해석을 표준화시키고, 규준에 비추어 의미 있게 비교할 수 있도록 규준점수를 제시한 것이 특징이다. 표준화 검사는 신뢰도와 타당도가 높은 검사로 인정받기 때문에 연구 진행 때 측정도구로 많이 이용된다.

표준화검사는 검사내용에 따라서 지능검사, 적성검사, 성격검사 등으로 분류하고, 검사의 실시양식에 따라 개인용 검사와 집단용 검사로 구분하며, 검사를 구성하고 있는 문항의 형식에 따라 언어검사와 비언어검사로 나누기도 한다.

6) 의미분석법

의미분석법은 어떤 사상에 관한 개념의 심리적 의미를 분석하여 의미공간상의 위치를 표현하는 측정방법이다. 이것은 Osgood 등이 창안한 것으로 '개념의 함의를 의미공간의 위치로서 측정하는 방법'을 말한다. Osgood 등은 3개의 요인으로 구성되는 의미공간을 가정하고 있다. 즉, 평가요인 · 능력요인 · 활동요인이 각각 독립된 X, Y, Z 축을 이루는 3차원의 의미공간을 구성한다. 의미분석법은 이와 같이 만들어진 의미공간에서 각 개념의 위치를 상대적으로 비교하고 분석하는 방법이다. 의미분석은 많은 시간과 노력, 비용을 필요로 하는 작업이다.

따라서 연구결과의 중요성, 성과 등을 사전에 잘 고려하여 연구에 착수하여야 할 것이며, 신중히 작성된 계획 아래서 진행해야 한다. 내용분석의 수행에 있어서 유의할 점은 객관적이며 주관성의 개입을 최소한으로 줄여야 한다. 또한 내용분석을 하기 위한 표본의 추출에서 나타나는 문제점들에 유의해야 한다.

7) 투사법

투사법은 ① 자극자료의 모호성(ambiguity), 비구조성, 비친숙성, 가소성(plasticity)이라는 특징이 있고 ② 정답이 없기에 자유 반응토록 하며 ③ 결과처리에 있어 집단의 통계적 규준보다 개인중심으로 진단한다. 이 투사적 방법은 개인적인 욕구와 감정 및 그의 특수한 지각 등이 밖으로 나타날 수 있는 자극을 피험자에게 제시함으로써 개인적인 성격 특징을 캐내 보려는 목적으로 사용되고 있다(예, 개인의 욕망, 태도, 가치, 희망 등의 연구).

투사적 방법에 해당되는 대표적인 검사로는 다음과 같은 것들이 있다.

1 로르샤하 잉크반점 검사(Rorschach ink-blot test)

로르샤하 검사는 스위스의 정신과 의사인 H. Rorscharch가 고안한 투사법에 의한 성격 검사이다. 개인의 성격 속에 잠재해 있는 지각적 · 정서적 요인의 상호작용을 밝혀내기 위한 임상적 수단으로써 백지에 떨어뜨려 퍼지게 한 잉크반점에 대한 주관적 인식을 알아보는 것이다(흑백 5매, 부분채색 2매, 채색 3매).

〈로르샤하 검사 그림의 예〉

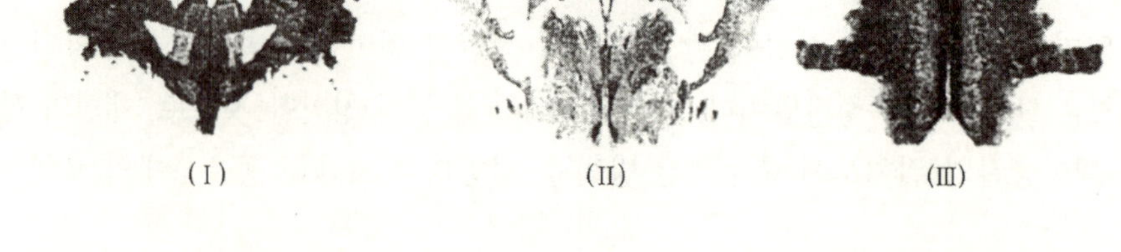

(Ⅰ) (Ⅱ) (Ⅲ)

② 주제통각 검사(Thematic Apperception Test : TAT)

주제통각 검사는 Harvard 대학의 H. A. Murray와 C. D. Morgan이 1935년에 처음 고안한 검사로 30매의 그림과 자유공상을 위한 1매의 백지로 구성되어 있다.

모호하고 다양한 인물이나 풍경이 들어있는 그림을 중심으로 연상적인 이야기를 만들게 하여 개인의 성격 속에 잠재해 있는 모습, 특히 개인의 실생활에 대한 과거 · 현재 · 미래의 여러 가지 상황을 밝혀 내기 위한 검사법이다.

③ 벤더-게스탈트 검사(Bender-Gestalt Test : BGT)

9매의 간단한 기하학적 도형으로 구성되어 있는 그림을 피험자에게 한 장씩 차례로 보여주고 그것을 종이 위에 그리도록 한 다음, 그 결과에 대하여 형태심리학과 역동심리학의 이론을 기초로 개인의 심리적 과정을 분석하고 해석하는 검사법이다.

④ 그림욕구좌절 검사(Picture Frustration Test : PET)

어떤 욕구가 좌절된 상태를 그린 만화와 비슷하고 애매한 그림을 제시하여 개인으로 하여금 반응을 보이게 한 다음 성격내용을 진단하는 검사법이다.

〈그림욕구좌절 검사의 예〉

⑤ 단어연상 검사(Word Association Test)

검사자가 단어를 불러 주고 피험자에게 처음 마음에 떠오르는 단어를 말하게 하거나, 일정한 시간 내에 생각나는 단어들을 적게 함으로써 개인의 콤플렉스적인 성격의 모습을 진단하는 검사법이다.

⑥ 문장완성 검사(Sentence-Completion Test : SCT)

75~100개의 미완성 문장의 일부분을 제시하여 피험자로 하여금 나머지 부분을 채워서 문장을 완성시키도록 한 후 그것을 분석하여 개인의 내면상태를 진단하는 검사법이다.

예) 우리 어머니는 ______________________________ 다.
나는 ____________________ 를 가장 싫어한다.
나는 혼자 있을 때 _______________ 를 느낀다.
내가 좋아하는 사람은 _____________ 사람이다.
내가 싫어하는 사람은 _____________ 사람이다.
사랑은 ____________________________ 것이다.
남들과 비교할 때 나는 _______________ 하다.
대학이란 ___________________ 곳이다.

4. 연구 결과의 보고

연구를 끝마치고 나면 그 결과를 보고하게 된다. 이렇게 다른 사람들 앞에서 발표하거나 글로 보고함으로써 연구내용이 공개되고, 연구결과에 대하여 적절한 공적을 인정받거나 혹은 비평을 받게 되는 것이다. 처음부터 완전무결하게 글을 쓸 수 있는 사람은 흔하지 않다. 대부분의 사람들은 보고서를 작성할 때 쓰고 고치고 다시 고치고 하는 과정을 거치게 된다.

그러므로 서론 부분 몇 장을 완전하게 쓰기 위하여 많은 시간을 소모하기보다는 부족하지만 처음부터 끝까지 다 쓴 일차적 원고를 몇 차례 다듬는 것이 효율적일 때가 많다. 또한 지면 위에 부적절하게 나마 기술해 놓는 것이 머리 속으로만 완전하게 구상하는 것보다 훨씬 낫다는 사실을 인식해야 한다.

(1) 연구보고의 특성

연구보고서(논문)는 연구자가 연구를 시작해서부터 끝마칠 때까지 진행 과정 및 연구내용을 다른 사람들에게 정확히 전달되도록 기술한 글이다. 따라서 연구보고서는 연구의 목적 · 방법 · 절차 · 결과 및 해석이 독자들에게 가장 효과적으로 전달될 수 있도록 작성해야 한다. 연구보고서를 작성함에 있어서 연구자가 유의할 점으로 네 가지 사항을 들 수 있다.

첫째, 논리적 순서에 따라서 연구보고서가 구성되어야 한다. 즉, 연구자가 거친 논리적인 사고과정을 아주 상세하게 전달하되, 그것을 논리적이고 체계적으로 조직해야 한다.

둘째, 독자들에게 연구내용을 효과적으로 전달할 수 있도록 연구보고서를 작성해야 한다. 연구보고서는 독자들의 주의와 관심을 집중시킬 수 있도록 강조점이 명확하게 제시되어야 하고, 연구에서 중요하다고 판단되는 사실을 독자가 쉽게 이해할 수 있도록 간단 명료하게 표현해야 한다.

셋째, 연구보고서는 개인의 의견을 제시하는 글이나 문학작품과는 달리 신뢰롭고 타당한 객관적 근거를 제시해야 한다. 연구보고서를 작성함에 있어서 믿을 만한 자료를 근거로 하여 쓸 것은 물론 인용한 글이나 이론도 그 출처와 근거를 분명히 밝혀야 한다.

넷째, 정확한 표현은 연구보고서를 작성하는데 있어서 필수적 요건이다. 연구보고서는 솔직하고 간결하게 오직 사실대로만 기술하여야 하며, 분명한 의미를 가진 단어를 사용할 것이며 새로운 용어나 개념을 쓸 경우에는 그 의미를 명확히 규정하여야 한다.

연구보고서의 문체는 일반적인 표현양식과 다르며 이해의 정확성을 기본으로 해야 한다. 연구보고서는 성격상 설명적이기 때문에 갖추어야 할 기본 요건은 간결성 · 명확성 · 일관성이다.

(2) 연구보고서 작성의 일반 원리

1) 정보를 제공하라.

연구보고서의 목적은 독자에게 연구에 관한 정보를 제공하는 것이다. 연구자가

설명하고 있는 것을 독자가 이해할 수 있도록 연구의 세부 사실에 대해 밝히는 것이 좋지만 지나치게 세부적인 내용을 전달하게 되면 독자에게 혼란이 일어날 수도 있다. 일반적으로 학위논문은 매우 세부적이어야 한다. 연구 사실을 어느 정도로 자세히 전달할지를 선택하기 위해서 연구자는 자신의 원고를 발표할 저널에 제시된 규정 중에서 적합한 것을 선택하여 자신의 것과 비교해 보는 것이 좋다. 연구에서 행해진 모든 사실을 연구보고서에 발표할 필요는 없으며 단지 독자가 연구를 이해하기 위해서 필요한 정보만을 밝히도록 한다.

2) 솔직하라.

완전한 연구란 존재하지 않는다. 동일한 연구를 다시할 기회가 주어진다면 대부분의 연구자들은 이전의 연구를 바꾸려 할 것이다. 연구자들은 연구의 제한점에 대해서 솔직할 필요가 있으며 어떤 방법으로 결점을 숨기려고 노력하기보다는 한계점을 극복하는 방법에 대해 논의해야 한다. 연구에 치명적인 결점이 발견되었다면 연구자는 그 연구를 하나의 좋은 학습 경험으로만 삼고 발표하지 말아야 한다. 어떤 결점으로 인해 문제가 생겼더라도 연구 결과가 유익한 정보를 제공한다면, 연구자는 연구보고서에 그 결점이 어떻게 연구 결과의 해석에 영향을 주며, 왜 그 연구가 중요한지를 밝혀야 한다. 그러나 이와 같은 판단은 논문 심사위원회, 편집자, 심사자들에 의해 이루어진다.

3) 과장하지 마라.

우리가 행하는 모든 연구가 해당 학문 분야의 코스를 변화시킬 것이라고 믿는 경향이 널리 퍼져 있다. 하지만 교육 연구의 경우에는 단지 하나의 연구가 기존의 지식을 새롭게 변화시키는 것은 극히 드문 일이다. 연구자가 가진 지식은 수많은 연구 결과의 축적에 기반을 둔 것이다. 연구자가 자신의 연구 결과를 바탕으로 교육자들은 기존의 교육 형태를 바꾸어야 하고, 교육 연구자들도 어떤 이론을 폐기해야 한다고 주장하는 것은 삼가야 한다. 어떤 이론을 폐기할 것인지 아닌지는 그 학회의 해당위원회에서 결정하여야 한다. 일반적으로 경력이 짧은 연구자가 다른 사람을 지나치게 비평하는 것은 바람직하지 않다. 어떤 연구자의 공헌과 다양한 사상을 가진 학파의 가치에 대한 판단은 해당 학회가 할 일이다.

4) 논리적이고 조직적이어야 한다.

연구자는 연구보고서의 작성을 통해 자신의 입장을 표명하고, 자신의 주장이 정당하다는 것을 독자에게 설득해야 한다. 조직화와 논리성 확보를 위해 우선적으로 할 일은 보고서(논문)의 개요를 작성하는 것이다. 글을 조직적으로 쓰기 위해서는 첫째, 보고서에서 다루어질 내용의 목록을 논리적으로 간략하게 작성한다. 둘째, 선행 연구와 복잡한 자료에 대한 요약을 제시한다. 직접 써 보는 것이 논리적인 훈련에 도움이 된다. 마음 속으로 완전한 논리성을 갖춘 것처럼 보일지라도 글로 나타내면 비논리적일 수 있다.

5) 적절한 문체를 사용하라.

연구보고서는 흥미로워야 한다. 글의 문체는 그 논문을 발표하는 출판물의 특성에 일치해야 한다. 읽을 만한 보고서의 작성을 위해 고려할 점은 다음과 같다. 첫째, 처음부터 독자의 흥미를 끌도록 해야 한다. 흥미있는 제목과 중요한 원전에서 인용한 자료를 통해 독자의 흥미를 유발할 수 있다. 둘째, 생략은 삼가야 한다. 많은 독자들은 보고서의 한두 부분에 대해서만 관심을 갖는다. 만일 생략된 부분을 이해하기 위해서 이곳 저곳을 찾아야 한다면, 독자들은 더 이상 읽지 않을 것이다. 셋째, 가급적 간단한 단어와 문장 구조를 사용하도록 한다.

6) 반복하여 수정하라.

대부분의 연구자들은 질 높은 연구보고서를 쓰기 위해 자신의 글을 여러 차례 수정한다. 글을 쓰는 방법은 연구자에 따라 다르다. 초고는 빨리 쓰고 수정하는 데 많은 시간을 보내는 경우가 있는가 하면, 처음부터 주의 깊게 글을 써서 보완하는데 드는 시간을 최소화하는 경우도 있다. 어떤 이는 초고를 작성한 이후 오랜 시간이 지난 후에 수정작업을 하기도 한다.

7) 우선 글로 써라.

연구를 즐기는 많은 사람들도 연구보고서 작성을 꺼려하는 경향이 있다. 대부분의 연구자들이 연구보고서를 작성하는 일을 힘들게 생각한다. 무엇을 써야 할지막막할지라도 일단은 글로 써 보도록 한다. 초고는 수정될 수 있고 때로는 폐기될 수도 있다. 일단 몇 쪽이라도 쓰게 되면 이후로 글을 쓰기가 훨씬 쉬워진다.

(3) 보고서의 체제와 작성 요령

1) 체 제

연구의 내용과 연구자의 의사를 독자들에게 정확하게 전달하려면 연구보고서를 장과 절로 적절히 나누어 조직적 · 체계적으로 작성할 필요가 있다. 연구 논문의 체제와 유형은 여러 가지가 있는데, 일정한 형식이 있는 것이 아니라 연구의 내용과 방법, 그리고 특정한 기관이나 학문분야에 따라서 그 양식이 서로 달라질 수 있다. 일반적으로 연구보고서나 학위논문의 조직은 크게 세 부분으로 구성된다. 즉, 앞부분 · 본문 · 참고문헌으로 나누어진다.

1 앞부분

① **연구제목** : 해당 연구의 내용과 특성을 대표할 수 있도록 하되, 될 수 있는 한 간결하게 정하는 것이 바람직하다. 보고서의 표지에는 연구 제목과 아울러 연구자의 성명, 보고서 작성일, 기관명을 기입한다.

② **머리말** : 연구의 중심이 되는 사항을 간결하게 쓰고, 연구수행에 도움을 준 개인이나 기관에 대한 감사를 표시할 수도 있다.

③ **내용 목차** : 내용 목차의 제목은 본문에 기재되는 제목과 일치되어야 하며, 내용 목차를 어느 정도로 자세히 할 것인가는 보고서의 분량에 따라서 결정할 일이다.

④ **도표 목차** : 본문에 나오는 순서대로 각기 분리하여 작성하며, 일련 번호를 붙인다.

2 본 문

연구보고서의 본문 부분은 보고서의 핵심에 해당하는 것으로 연구 내용이나 방법에 따라 다양하게 기술된다. 본문은 주로 연구 문제와 가설을 취급하는 서론 부분을 비롯하여 연구 방법, 결과와 논의, 요약 및 결론을 기술하는 부분으로 구성된다. 그러나 보고서에 포함되어야 할 내용과 주제가 나오는 순서에는 일반적인 관례가 있다. 첫째 부분은 자료가 수집되기 전까지 일어난 절차와 행위로 구성되고, 다음 한 부분은 자료가 수집된 후의 결과에 관한 기술과 해석이다.

① **서론** : 여기에서는 연구의 목적과 내용을 소개한다. 즉, 연구하려는 문제, 연구의 필요성, 연구의 이론적 배경, 연구의 범위를 알리는 것이다. 서론 문체는 직접적이고 간결해야 하며, 그 분량이 너무 길지 않게 쓰고, 많아도 10쪽 이내로 쓰는 것이 좋다. 서론의 주제를 제시하는 순서는 먼저 문제를 진술하고, 연구의 이론적 근거를 설명하고, 연구의 필요성을 알리며, 마지막으로 연구의 기본 가정과 범위를 서술한다.

(가) 관계 문헌의 고찰 —— 문헌 고찰은 서론 부분에 포함시키든지, 분리된 장으로 구성하든지 간에 문헌 고찰의 구조는 같다. 모든 참고 문헌은 현재의 연구 문제나 연구 방법 등과 직접 관련된 문헌의 내용만을 분석하여 조리 있게 기술하도록 한다. 여기서 실증적인 자료에 근거한 선행연구와 일반적인 문헌을 구분하는 것이 잘 쓰여진 보고서이다. 또한 문헌 고찰을 작성할 때에 항상 기억해야 할 점은 본 연구의 맥락 안에서 문헌을 고찰해야 한다는 것이다. 고전이 아닌한 최근 자료들 중심으로 고찰한다.

(나) 가설 —— 가설을 진술하고 가설에 대한 이론적 근거를 서술한다. 가설이 연구자의 경험과 문헌에서 비롯되기 때문에 가설을 효율적으로 서술할 수 있는 곳은 문헌 고찰의 결론 부분이다. 가설은 차이를 예측하는 방법과 차이가 없음을 예측하는 방법이 있다. 가설은 자료가 수집되기 전에 서술되어야 한다. 즉, 가설이란 연구자가 연구를 하기 전에 그 문제에 관한 자신의 의견을 가장 잘 통합한 내용으로 나타내야 하는 것이다.

② **연구 방법**

(가) 용어의 정의 —— 문헌 고찰을 끝낸 후에 해당 연구에서 사용하는 특정한 용어의 정의를 공식적으로 서술하는 것이 일반적이다. 연구보고서에는 용어의 사전적 정의나 조작적 정의가 모두 포함되어야 한다. 선행연구에 어떻게 관계되는지를 나타내면서 자신이 내린 조작적 정의에 대한 이론적 근거를 짧게 다루어야 한다.

(나) 연구 대상 —— 표본의 선정에서 첫 번째로 기술할 사항은 전집을 정의하는 것과 연구에 사용한 표집이 적절하다고 주장하는 이론적 근거를 제시하는 것이다. 그 다음에 표본 선정의 계획을 쓰고, 변인 선택의 이론적 근거를 기술한 후 실제로 사용한 표집 추출 방법을 서술한다. 그리고 표집의 크기에

이론적 근거가 있으면 쓰고, 마지막으로 표집의 특징을 나타내는 가능한 자료를 제시한다. 또한 연구자는 표집의 대표성을 검토하기 위해 제시할 수 있는 자료를 모두 제시한다. 이 부분에서 특히, 표집의 기본 특징을 설명할 때에 표를 만드는 것도 좋다.

(다) 측정 도구 —— 측정 도구에 관해 쓸 때에는 독자가 측정 도구의 타당성과 신뢰성을 평가할 수 있을 정도로 자료 수집 도구에 관해 자세하게 써야 한다. 측정 도구는 표준화된 도구, 표준화되지 않았지만 선행연구들에서 사용된 도구, 현재의 연구를 위해 연구자가 새로 제작한 도구의 세 종류로 구분된다.

(라) 연구 설계 —— 연구 설계의 중요성은 연구의 접근방법에 따라 다양하다. 역사적 연구에서는 연구가 어떻게 계획 · 진행되었는지에 대해 자세히 기술하는 것이 필요하고, 실험 연구에서는 실험 설계가 합리적인 과정이며 독립변인을 합리적으로 검증한 연구 상황이 조성되었음을 독자에게 확신시켜야 하고, 또 다른 연구자가 비교 실험을 설계할 수 있을 만큼 자세하게 서술해야 한다.

(마) 자료의 수집과 분석 방법 —— 자료 수집 방법에 관해서도 모든 점을 자세히 밝혀야 하는데, 예를 들면 자료수집에 사용한 도구의 특성, 자료 수집의 단계, 각 단계에서 실시된 도구, 실시 순서 및 소요 시간 등을 자세하게 쓰고 검사를 실시할 때 사용한 지시를 부록에 포함시켜야 한다. 자료의 분석 방법에서는 어떠한 통계적 방법을 사용했으며, 사용 근거는 어디에 있는지를 밝힌다. 그리고 가설을 검증할 때 적용할 통계적 의의도 수준을 미리 밝히고 자료를 어떤 식으로 제시할 것인가에 관해서도 언급한다.

③ **결과 및 논의**

(가) 결과 —— 결과는 연구의 목적이나 가설의 순서에 따라서 통계적 자료와 더불어 논의하면서 제시한다. 결과의 해석은 이론적 배경 또는 연구자의 주관적 사고에 근거를 두고 얻어진 연구 결과에 의미와 의의를 부여하는 일이다. 일반적으로 연구 결과에 이어서 결과의 하나하나에 해석을 붙이거나, 혹은 결과와 해석을 따로 구분하여 기술하기도 한다. 결과 부분은 완전하고도 공정하게 보고되어야 한다.

◆ 결과의 조직……결과는 연구의 가설에 근거하여 조직하며, 결과에서 제시되는 자료는 최소한 빈도분포표와 같이 정리된 것이어야 한다. 그러나 평균과 표준편차와 같은 통계치로 제시되는 것이 일반적이며, 연구 문제

에 기본적이고 가설에 관련이 있고 이해에 필요한 사항들을 포함시킨다.

◆ 도표의 제시……연구보고서에서 문장은 기본적인 전달의 기능을 하며, 표는 논의를 보충하면서도 독립적인 기능을 갖고 있다. 표의 독립적인 기능은 문장으로 기술하기 쉽지 않은 자료를 자세하게 보고하는 것을 말한다. 연구자는 도표에 제시된 자료의 내용들을 글로 보고해야 한다.

◆ 통계치의 제시……자료 분석에 어떤 통계 절차를 사용했는지를 밝혀야 한다. 또한 흔히 사용하지 않는 공식이나 모호한 통계 절차를 사용했을 경우는 결과를 제시할 때 그 방법을 언급하고 부록에 제시해 주어야 한다. 통계치의 의의도 검증 결과와 수치가 보고되어야 하는데, 얻어진 검증 통계치의 값을 직접 제시하는 방법과 의의도 수준을 적는 방법, 그리고 각 결과가 통계적으로 의의가 있는지 없는지를 밝히는 방법이 있다. 이 중에서 검증 통계치의 값과 의의수준을 함께 제시하는 방법이 바람직하다.

(나) 논의 ── 연구보고에 있어서 연구자의 주관적 견해가 비교적 자유스럽게 개입될 수 있는 부분이 논의이다. 얻어진 연구 결과를 다른 연구와 관련지어 보고, 결과에 대한 일반화의 한계, 문제점을 다룰 수 있고, 또 연구를 진행하는 과정에서 느낀 점, 표집이나 측정 도구의 문제, 연구 방법상의 문제 등을 기술함으로써 다음에 이와 같은 연구를 할 사람들에게 참고할 수 있도록 한다. 논의 부분에서 연구 결과 이외에 중요한 자료는 관련된 참고 문헌이다. 그것은 서론에서 고찰한 선행연구와 이론에 의거해서 자료를 해석하기 때문이다. 연구자는 연구 결과가 어떻게 나왔든지 간에 있는 그대로 해석하고 받아들이는 것이 중요하다.

④ 요약 및 결론

(가) 요약 ── 요약은 전체 보고서를 읽지 않아도 연구의 윤곽을 파악할 수 있도록 간결하면서도 포괄적인 것이 되도록 하며, 연구의 목적 · 가설 · 연구 방법 그리고 결과를 포함시키는데 특히 결과에 중점을 두고 기술한다. 연구의 중요한 요소를 짧게 압축하고 문체는 직설적으로 표현한다.

(나) 결론 ── 결론은 이미 기술한 연구 결과에 근거를 두고 일반적 사실이나 어떤 법칙을 진술하는 것이다. 결론 부분에서는 연구를 자극한 원래의 문제로 되돌아가서 그 문제에 관해 한정적인 진술, 즉 연구 문제에 대해서 최종적인 답을 하는 것이다. 그러므로 이 부분에서 연구자는 결과의 의미에 관해

마지막으로 진술하는 것이다. 결론에서 마지막으로 언급해야 할 것은 해당 연구의 결론에 대한 제한점을 분명히 밝히는 것이다.

3 인용 · 각주 · 참고 문헌

① **인용** : 연구 논문을 쓰는데 있어서 어떤 자료를 소개하거나 증거를 제시할 때에 인용을 한다. 인용에는 원문에 있는 그대로를 옮기는 직접인용과 원문의 내용을 요약하거나 그 뜻을 보고서 작성자의 말로 표현하는 간접인용이 있다. 인용의 출처를 밝힐 때는 해당되는 문장의 끝에 괄호를 하고 그 속에 저자명 · 발행 연도 · 페이지(필요할 경우)를 기입한다. 만약, 저자의 이름이 본문에 나타나 있을 경우에는 저자명의 바로 뒤에 괄호를 하고 해당 연도를 표시한다.

② **각주** : 각주는 대개 본문에서 직접 진술하기 어려운 내용을 보충적으로 설명하는 내용 각주와 인용의 출처를 밝힐 때 사용하는 참고 각주가 있다. 내용각주는 본문의 내용 중 중요한 내용은 아니어서 본문에 싣지 않고 소개하고자 하는 경우이며, 인용 각주는 주로 문헌 연구에서 많이 사용된다. 인용한 자료의 출처를 밝히는 각주의 표기 방식은 단행본과 정기간행물 간에 차이가 있다. 단행본의 경우 출판지명 · 출판사명 · 출판 연도의 내용을 괄호 안에 넣고, 정기간행물의 경우는 출판년월의 사항을 괄호로 묶는다. 또한 서양 인명을 적을 때 각주에서는 약자를 사용함이 없이 있는 그대로의 이름을 먼저 쓰고 성을 나중에 쓴다.

㈎ 단행본의 경우

* 저자의 성명 — 서양 인명은 이름을 먼저 쓰고 성은 나중에 쓴다.
* 단행본의 제목 — 책이름 밑에 밑줄을 긋거나, 책명 양편에 「　　」로 표시한다.
* 판수
* 출판지명 — 출판지명 뒤에 콜론(:)을 찍는다.
* 출판사명
* 출판 연도
* 페이지수 — 한 페이지일 경우에는 p., 두 페이지 이상일 경우에는 pp.라고 표시하고 해당 페이지를 아라비아 숫자로 나타낸다.

㈏ 정기간행물의 경우

* 필자의 성명
* 논문의 제목

* 잡지의 이름
* 권호수
* 출판 연도
* 페이지 수

이미 각주한 참고 문헌을 또 다시 각주할 때에는 상게서와 전게서라고 쓴다. 상게서(영문 표기 : ibid.)는 바로 앞에서 인용한 동일한 저자의 동일한 저서에서 다시 인용할 경우에 저자명과 책명을 생략하고 그 대신 쓰는 기호이다. 전게서(영문 표기 : op. cit.)는 앞에서 한 번 인용한 적이 있는 자료를 다시 인용할 경우 그 사이에 다른 문헌의 인용이 끼어 있을 때에 저자명 다음에 이 단어를 사용한다.

• et al. '000의 다수', 000 등 (and other)
• ed. '000편' (편집자가 두 명 이상일 경우에는 eds. - editor의 약자)
• ibid. '같은 책에', 상게서 (in the same place)
• op. cit. '앞에 인용한 책 속에', 전게서 (in the work cited)

③ **참고 문헌** : 참고 부분은 연구보고서의 마지막에 오는 부분으로서 참고 문헌과 부록으로 구성된다. 이 두 가지는 순서를 바꿀 수도 있다. 참고 문헌록은 연구에서 참고한 여러 문헌을 전체적으로 제시한 문헌의 일람이다. 참고 문헌록에는 직접 인용한 것이 아니더라도 그 연구에서 참조한 문헌을 포함시킨다.

(가) 참고 문헌 —— 연구를 하는 과정에서 참고한 논문이나 단행본 등 참고 서적을 정리하여 제시한다. 참고 문헌은 국내 서적과 양서로 구분하여 한국 서적을 저자 성명의 가 · 나 · 다 순으로 먼저 제시하고, 그 다음에 알파벳 순으로 배열한다. 동일 저자의 책이 둘 이상일 때는 두 번째부터 저자의 성명을 생략하고 그 위치에 「-----」으로 대신 표시한다. 또한 서양 저자일 경우 성을 먼저 쓰고 이름은 대개 머리 글자만 쓰며, 또 출판지명 · 출판사명 · 출판 연도를 (   ) 속에 넣지 않고 그대로 두기도 한다.

(나) 부록 —— 부록은 본문에 넣으면 너무 번잡스러우나 해당 연구의 이해에 꼭 참고가 될 만한 내용을 수록하는 부분이다(질문지나 도구의 내용, 연구 결과의 상세한 통계자료, 실험처치의 내용 등). 부록을 첨부하고 필요한 경우 본문에서는 해당 부록을 참조하도록 하면 된다(강진령, APA 논문 작성법, 양서원 1997을 참고하여 연습할 것).

참고자료

SECTION OF RESEARCH REPORT

▣ Title

▣ Abstract

▣ Introduction

▣ Method

연구 방법 부분은 연구가설을 어떻게 검증할 것인지에 대해서 기술한다. 다시 말해서, 연구가 어떻게 이루어졌는지에 대해 상세히 언급한다. 이러한 면이 상세히 언급되어야 독자들이 ① 연구의 타당도를 결정하고 ② 연구를 복제할 수 있게 된다. 이 부분은 JCP에 실릴지의 여부를 밝히는 데 있어서, 가장 중요하게 고려되는 부분이다. 따라서 이 연구 방법 부분은 잘 쓸 필요가 있다.

전형적으로, 방법 부분은 하위부분(subsection)으로 나뉜다. 비록 방법이라는 제목 하에 포함되는 하위부분들이 고정된 것이 아니라 특정 연구에 따라 적절하게 변형될 수 있을 지라도, 상담연구에서는 일반적으로 주제, 측정(변인, 도구), 자료(materials), 설계, 그리고 절차 등을 포함하고 있다. 방법의 하위부분은 퍼즐처럼 서로 맞추어야 하는데, 마지막에는 무엇이 행해졌고, 그것이 어떻게 이루어졌는가에 대한 그림이 분명히 드러나야 한다. 더욱이, 그 조사자가 자료를 어떻게 분석했는지에 대해 독자가 명백히 알 수 있도록 해야 한다.

1) Subjects

피험자에 대한 하위부분은 최소한 다음과 같은 것들을 나타낸다. ① 전체 피험자수 ② 피험자 선발 방법 ③ 연구 결과와 관련된 피험자 특성(예 ; 나이, 교육 수준, 성별, 종교, 지역적 배경, 기능 수준에 대한 사전검사, 그 외에 연구와 관련되 것들) 등이다. 독립변인의 각 수준마다 할당된 피험자수, 탈락된 피험자 또는 사례, 통계적 검증력, 그리고 피험자들이 참여한 연구의 환경(예 ; 보수, 학점) 등이 언급되어야 할 것이다.

검증력과 관련된 문제에 대해서는 좀더 자세하게 언급할 필요가 있다. 앞장의 연구설계에서 적절한 검증력 수준이 언급되었다. 만약, 필요한 피험자 수를 결정하기 위해서 검증력 분석이 행해졌다면, 이 분석에 관해서 이 부분에서 언급하거나 설계의 하위부분에서 언급해야 한다.

2) Measure(or Variables or Instruments)

측정에 관한 하위부분은 추론된 연구가설에서의 구성 개념을 조작하는 것이 목적이다. 앞서 살펴보았던 Ponce & Atkinson(1989)의 연구를 다시 떠올려 보면, 상담자의 인종, 피험자의 문화변용, 상담 스타일, 그리고 상담자의 신뢰성에 대한 지각 등이 연구가설에 대한 설명에 언급되어 있었다. 인종은 피험자의 특성이었고, 상담스타일은 독립변인으로 조작되었다. 즉, 피험자 문화변용과 상담자의 신뢰성에 대한 지각은 멕시코계 미국인에 대한 문화변용 측정검사(ARSMA : Acculturation Rating Scale for Mexican-Americans)와 CERS : Counselor Effectiveness Rating Scale로 조작화했다. 따라서 Ponce & Atkinson은 도구(instrument)부분에 ARSMA와 CERS에 관해서 논의했다.

측정 부분은 구성 개념에 대한 조작을 논의해야 한다. 특정한 도구를 선택한 이론적 근거가 여기에 제시되어야 한다. 왜 이 도구를 사용했는가? 왜 구성 개념을 하나, 또는 두 개가 아닌 세 개로 측정했는가? 왜 일반적으로 사용하는 방법이 빠졌는가? 더욱이, 이 부분에서는 선택된 각각의 도구에 대해서, 측정 도구의 명칭, 규준(메뉴얼, 논문, 또는 기본적인 것들), 도구에 대한 설명(예 ; 항목의 수나 형태, 채점 방향), 요인, 하위척도, 그리고 심리측정적 성질(타당도와 신뢰도) 등에 관해서 논의해야 한다.

왜냐하면 조작을 정당화하기 위해서, 측정에 관한 하위부분은 방법 부분에 있어서 뚜렷이 드러나야 한다. 그러나, 구인에 대한 조작이 논의의 여지가 있다면 그래서 실험에 대해 비판적이라면, 아마도 도입부분에서 그러한 이슈에 관해서 논의하는 것이 가장 좋을 것이다. 처치연구에서 독립변인의 조작은 필수적이다. 때때로 특별히 개입된 처치의 세부사항을 적절히 기술하는 것이 필요할 때는 모두다 언급하기 보다는 각주를 사용하는 것이 필요하다. 여기에 관해서는 O'Neil & Roberts Carrol, 1988을 보라.

3) Materials

도구(재료) 부분에서는 연구에 사용된 주요 도구들을 제시한다. 도구에 관한 Pilot testing은 여기에 기술한다. 표준적인 도구가 사용되었을 때에는 그 명칭만 정확하고도 상세하게 제시된다. 도구가 복잡하거나 새로운 것일 때에는 도구에 대한 그림을 보고서의 원고에 포함시키는 것이 좋다. 관습적으로 각주에 부가정보나 도구 자체에 대해서 제시한다.

4) Design(or Design and Analysis)

이 부분은 연구에 사용된 설계에 대해 기술하는 부분이다. 이 부분을 읽고 나면 독립변인, 상태(status), 종속변인, 그리고 독립변인에 피험자가 할당된 방법에 대해서 명확히 이해될 수 있어야 한다. 예를 들어, 요인분석이 사용되었다면, 요인들이 명명되고, 요인속의 조건의 수가 명시되어야 하고, 요인의 성질(between인지 within인지, random인지 fixed인지)이 설명되어야 한다. 만약, 분석이 언급되었다면(예를 들어, 양방향 요인설계 등) 하위부분의 이름을 'Analysis'가 포함되도록 바꾸어야 한다. 만약 검증력 분석을 했다면, 그것이 하위부분은 안에 포함될 수 있어야 한다.

설계에 관한 하위부분은 특히 강조하는 것이 필요하다. 설계와 연구가설과의 관계가 명백해야 한다. 설계 하위부분을 읽고 나면, 어떻게 가설이 검증되었는지 알 수 있어야 한다(Wampold, Davis, & Good, 1990). 논문에서는 특히, 연구가설이 조작적인 형태로 진술되어야 한다. 예를 들면, 보고서의 이 단계에서는, 다음과 같은 것들이 포함되어야 할 것이다. 즉, "검증하고자 하는 연구가설—[가설의 진술], 변인의 양방향 분석이 행해졌는지. [설명변인 그리고 종속변인] 상호작용에 대해 통계적으로 유의미한 F test가 행해졌는지."

5) 절 차

절차 부분은 피험자와 관련해서 어떻게 연구가 이루어졌는지에 대해서 설명한다.

피험자에 관련된 것들, 시작과 끝, 피험자에게 한 지시, 집단형성, 그리고 실험적 조작 등 모든 것이 논의된다. 연구가 복제될 수 있도록 자세히 설명한다.

6) 결 과

결과 부분은 자료의 통계적 분석의 결과를 요약하는 것이 목적이다. 일반적으로, 다음의 두 가지 형식 즉, ① 통계적 요약(summary statistic), 예비분석(preliminary analysis) 결과 ② 연구가설과 관련된 결과로 제시할 수 있다. 전형적으로 통계요약은 독립변인의 각 수준에서의 종속변인의 평균과 표준편차를 말한다. 예비분석의 결과는 manipulation checks, 탈락, veriation of stimulus materiasl 등과 관련된다. 연구가설과 관련된 결과는 앞서 언급된 연구가설을 통계적으로 검증한 결과이다. 가설과 통계적 검증 간에 일대일 대응관계가 성립되어야 한다(Wampold, Davis, & Good, 1990).

이러한 체계화는 하위부분들을 적절히 명명할 때 손쉬워진다. 독자들을 위해서 하위부분들은 '주요 분석', '통계요약', '가설 검증 1', '가설 검증 2' 등으로 결과를 명확히 체계화해야 한다. 결과 부분은 발견들을 진술해야 하지만 결과에 대한 논의는 논의 부분으로 미루어 두어야 한다. 그렇지만, 각각의 결과들을 언급함으로써 그 목적들을 분명히 해야 한다. 예를 들어, 왜 예비분석을 실시했는지, 다양한 결과들이 무엇을 의미하는지 나타내야 한다. 종종 이 부분에서 통계적 검증과 관련해서 어떤 정보를 포함할 것인지에 대해 혼동이 있는 듯하다. APA Publication Manual(1983)에는 단락이나 표에서 통계적 검증을 보고하는 것에 대해 자세하게 나와 있다. 그러나, 이러한 상세한 언급이 어떻게 보고할 것인가 보다는 무엇을 보고할 것인가에 대해 나와 있기 때문에 부적절한 것이 대부분이다. 더욱 혼란스러운 것은 결과가 유의미하지 않을 때 중요한 정보를 보고하지 않는 경향이 있다는 것이다. 유의미한 발견뿐 아니라 유의미하지 않은 발견에 대해서도 정확한 확률 수준과 size of test statistics를 보고하는 것이 바람직하다.

Ellis, Robbuns, Shult, Ladany, & Banker(1990) 논문은 지표의 다양한 수준을 제시한 좋은 예이다.

7) 논 의

논의 부분은 ① 자료가 연구가설을 지지하는지의 여부를 설명해 주어야 하고, ② 결론을 진술해야 하고, ③ 한계점을 제시하고, ④ 함축적 의미를 논의해야 한다. 이 부분은 저자에게 발견물들을 확장하고, 앞선 연구의 맥락에서 그것들을 위치시키고, 그리고 주제를 이론화하는 기회를 제공한다. 그러나 이론을 수정하거나 실제를 바꾸기 위해서는 신중하게 해야 한다.

2) 작성 요령

연구보고서를 효과적으로 작성하는 요령 중의 하나는 쓰기 쉬운 부분부터 먼저 쓰기 시작하는 것이다. 보고서를 쓸 때 반드시 첫 부분인 서론부터 쓸 이유는 없는 것이다. 따라서 개념적으로 복잡하며 비구조적인 서론부터 쓰기 시작하는 대신에 덜 복잡하고 구조적인 연구 방법상의 절차 부분부터 쓰기 시작하는 것도 보고서 작성의 한 가지 요령이다. 좋은 연구보고서가 되려면 정확한 표현은 물론, 내용과 체제상에 일관성과 연속성이 있어야 한다.

① 정확성

연구보고서가 보통의 문학적인 글과 다른 것은 정확성이 요구된다는 점이다. 연구보고서에서는 독자가 자료에서 얻기를 원하는 것을 오해의 위험이 없도록 직접적으로 상세하고 명확하게 서술해야 한다. 즉, 애매한 용어나 불분명한 대명사 같은 것을 사용해서는 안 된다. 정확성의 또다른 문제는 질이나 양 혹은 빈도 같은 것을 애매하게 나타내는 용어를 사용하는 것이다. 기본적으로 발견된 사실은 항상 정확한 언어로 보고해야 하며, 숫자로 된 결과를 제시할 경우에는 소수점 이하 한 자리까지만 제시하면 된다.

② 일관성

일단 어떤 특성이나 현상을 나타내는 특정한 용어를 쓰기로 하였으면 보고서 전체에서 일관되게 그 용어를 사용해야 한다(예, 지진아, 학습부진아, 저능아 등). 연구보고서의 작성에는 서술방식의 일관성을 유지하는 것도 중요하다. 또한 숫자를 다루는 데도 일관성이 있어야 한다. 결과를 제시하는 데 어느 정도의 정확도 수준을 일단 결정했으면 일관성 있게 그것을 사용하는 것이 좋다(예, 소수점 이하 두 자리까지).

③ 연속성

잘 쓰여진 연구보고서는 장이나 절이 바뀔 때 단절되는 느낌을 주지 않고 부드럽게 연결되어 독자의 이해를 돕는다. 이처럼 보고서 작성시 연구자의 생각이나 언급하려는 내용이 바뀔 때는 변화를 알려주는 것이 좋다. 그래야 독자가 준비 없이 갑자기 내용이 달라지거나 사고의 변화에 직면하는 느낌을 갖지 않게 된다.

3) 문장과 문체

연구보고서에서 사용하는 문장은 간결해야 한다. 문장의 길이는 될 수 있는 대로 짧게, 구문은 단순하게, 그리고 필요 이상의 형용사나 부사는 제외시키는 등 간단 · 명료한 문장을 쓰도록 한다. 연구보고서가 잘 쓰여졌다는 것은 객관적 입장에서 논리적으로 정확하게 쓰여졌다는 것을 뜻한다.

① 시 제

연구보고서의 시제는 원칙적으로 과거형과 현재형을 사용한다. 선행연구의 결과를 인용할 때와 해당 연구의 방법과 결과를 기술할 때는 과거형을 쓰고, 어떤 이론의 일반적 진술을 인용하거나, 가설을 진술할 때, 개념과 용어의 정의를 내릴 때, 논의 부분에서 연구자의 의견을 기술할 때에는 현재형을 쓴다. 그러나 간혹 가설을 진술할 때 가정법 적인 표현으로서 미래형을 쓸 수도 있고, 연구의 결과를 토대로 어떤 제안을 할 경우에도 미래형을 사용하는 수가 있다.

② 인칭과 숫자

연구논문에서는 일반적으로 삼인칭을 사용한다(예, 필자, 저자, 연구자 등). 숫자는 원칙적으로 아라비아 숫자를 사용하며, 수열을 표시하는 경우에는 첫째, 둘째, ……의 표현을 사용한다.

③ 외래어와 인명

가능하면 외래어는 모두 번역어로 표기하고 특수한 번역어를 사용할 경우에는 괄호 속에 원어를 삽입하며, 이 때는 처음 한번만 표시하고 반복하지 않는다. 원어를 쓸 때에는 고유명사를 제외하고는 모두 소문자로 표기한다. 적절한 번역어가 없을 때는 원어의 음을 한글로 표기하고 괄호 속에 원어를 그대로 쓰도록 한다. 인명의 표기에 있어서 한국사람의 이름은 성명을 모두 기입하고, 기타의 인명은 성만을 기입한다.

4) 도표의 작성

연구보고서의 작성 요령 중에서 자세한 도움을 필요로 하는 것 중의 하나가 도표의 준비와 배치에 관한 것이다. 표와 그림은 독자에게 연구 내용을 간결하게 전달하기 위한 수단이다. 도표의 제시에 관하여 준수해야 할 규칙은 도표에 관한 내용을 본문에서 언급하기 전에 그 도표를 먼저 제시하지 말 것과 가능하면 따로 페이지를 마련하여 도표를 제시하기보다는 본문이 있는 곳에 들어가도록 배려하는 것이 좋다.

그리고 도표에 관해 언급한 후에 곧 그 도표를 제시해야 한다. 그림이나 표는 너무 복잡하게 만들지 않는 것이 좋으며, 각각 일련번호를 붙여야 한다. 그리고 도표는 간결하면서도 분명한 제목을 붙인다.

연습문제

♣ 다음은 연구논문을 평가하기 위한 일종의 평정척도이다. 교육학분야의 논문 세 편을 선정해서 각 논문을 이러한 기준에 따라 평가해 보자.

번호	평가기준	(5) 확실히 그렇다	(4) 대체로 그렇다	(3) 그저 그렇다	(2) 대체로 그렇지 않다	(1) 전혀 그렇지 않다
1	제목은 간결하면서도 연구의 내용을 파악할 수 있을 만큼 적절하다.					
2	연구 문제를 분명하게 서술하였다.					
3	가설을 명확하게 진술하였다.					
4	연구 문제와 가설은 참신하고 중요한 것이라고 판단된다.					
5	연구의 기본 과정과 한계를 분명히 밝혔다.					
6	중요한 개념과 용어의 의미를 명확히 정의하였다.					
7	관계 문헌의 고찰은 포괄적이면서도 심층적으로 이루어졌다.					
8	연구의 설계는 이 연구의 문제 해결에 알맞도록 짜여져 있다.					
9	편집과 표집을 분명히 규정하였다.					
10	표집의 방법은 적절하여 대표적 표집이라고 할 수 있다.					
11	자료수집의 방법과 절차를 명확히 기술하였다.					
12	도구의 신뢰도와 타당도를 제시하였다.					
13	자료수집은 타당하고 신뢰롭게 이루어졌다.					
14	가설 검증에 적합한 통계적 분석 방법을 적용하였다.					
15	통계적 계산 및 추리의 방법은 정확하게 이루어졌다.					
16	연구 결과를 일목요연하게 제시하였다.					
17	실증적 근거에 입각하여 결론을 내렸다.					
18	결론에 따른 제약이나 조건을 명시하였다.					
19	보고서는 논리적 · 체계적으로 조직되었으며 명확히 진술하였다.					
20	보고서의 어조는 객관적이며 과학적 태도를 유지하였다.					

제4장 인간발달론의 이해

1. 인간의 본성

I. Kant는 “인간은 교육을 통해서만 인간이 될 수 있다”고 말했다. 앞의 인간과 뒤의 인간은 어떻게 다른가? 영국 수상 Churchill은 ‘지식 수준이 높은 나라는 망할 수 있어도 교육 수준이 높은 나라는 망하지 않는다’고 했다. 지식 수준과 교육 수준은 어떻게 다른가? 곰곰이 생각해 보자.

동물성과 달리 인간성은 교육에 의해 만들어진다. 그러므로 교육이라는 용어는 인간존재의 특수성을 부각시키는 전문용어라고 할 수 있다. 우리는 교육과 인간을 두 가지 분리된 개념으로 설정하기도 하지만 엄밀히 말하자면 교육은 인간과 불가분의 관계를 갖는다. 따라서 인간에 대한 이해가 전제되지 않는 한 교육에 대한 이해는 불가능하다. 왜냐 하면 교육이라는 구체적인 행위의 출발점이 되는 교육목적은 바로 완성된 인간성이고, 이 완성된 인간성이 무엇인가를 알아야만 올바른 교육이 실천될 수 있기 때문이다. 본래 인간은 최소의 현실성과 최대의 가능성을 갖고 태어난다. 여기서의 잠재적 가능성을 실제적인 현실성으로 개발하고 세련화시키는 것이 교육이다. 그런고로 인간은 교육(훈련)을 통해서만 바람직한 인간이 될 수 있다.

그러므로 교육에 대한 이해와 바람직한 교육활동을 실천하기 위해서는 인간에 대한 이해가 선행되어야 한다. 교육학은 인간에 대한 명확한 본질 규정을 목적으로 하는 인간학을 전제로 해야 한다. 그리고 교육의 본질에 대한 이해와 효율적인 교육 실천을 위해서는 무엇보다도 먼저, 인간에 대한 존재양식, 본성의 관점, 심리학적 관점에 따른 다양한 입장의 이해가 전제되어야 한다.

참고자료

인간학(Anthropology)

인간학은 글자 그대로 인간에 관한 학문을 말하다. 그러나 인간의 어떤 측면을 어떠한 방법으로 연구하느냐에 따라 그 내용은 달라지며 특히, 근래에 와서 학문이 복잡 다양해짐에 따라 여러 갈래의 인간학이 성립되었다. 먼저, 인간의 신체적 측면을 자연과학적, 즉 경험과학적인 방법으로 연구하는 인류학이 있다. 둘째, 인간의 정신적 측면을 경험적으로 연구하는 인성학이 있는데, 그 내용에는 결국 심리학, 성격학이 있다. 끝으로, 인간의 본질에 관하여 통합적으로 연구하려는 철학적 인간학이 있다. 이 철학적 인간학은 인간에 관한 실증적인 연구로서의 생리학 · 생물학 · 심리학 · 사회학 · 문화사 등의 연구결과를 받아들이기도 하지만, 그러한 결과들을 철학적인 관점에서 통합적으로 파악하고자 하는 의도를 가질 때는 실증과학으로서의 인류학이나 인성학과는 구별된다.

(1) 존재 양식에 따른 인간 본성 규정

인간은 그 특성면에서 볼 때 일종의 동물이라고 할 수 있다. 왜냐 하면 인간은 다른 동물들에서 발견되는 생물학적 특성을 지니고 있기 때문이다. 예를 들면, 개체 유지를 위한 식욕, 종족 유지를 위한 성욕 등과 같은 생존의 욕구가 인간에게도 있다. 또, 많은 동물들이 그렇듯이 인간도 자기 중심적인 때가 많으며, 경우에 따라서는 자기의 이익을 위해서는 짐승보다 더 잔인한 행동까지도 하게 된다.

그러나 인간은 이러한 동물적 특성뿐만 아니라 기타의 동물과 근본적으로 다른 존재양식을 가지고 있다. 동물과 구별되는 인간의 존재양식으로는 이성의 존재, 도구의 존재, 유희(play)의 존재, 사회적 존재, 문화적 존재, 상징적 존재, 목적적 존재, 윤리 · 도덕적 존재 등을 들 수 있다.

(2) 본성의 관점에 따른 인간 본성 규정

인간의 본성에 대한 관점은 크게 세 가지로 구분해 볼 수 있는데, 이는 성악설, 성선설, 백지설 등이다. 그러나 이러한 이론적 관점들은 오늘날 과학에서 요구되는 기준에 비추어 볼 때 그리 타당하다고는 할 수 없다. 인간본성에 대한 논의의 대부분은 피상적인 관찰이나 일부 사상가의 독단적인 주장에 그 기초를 두고 있기 때문이다.

그러므로 그와 같은 이론적 토대에서 전개된 인간본성에 관한 제 관점들은 그것을 지지할 만한 객관적이고 구체적인 증거를 제공하지 못하였다. 어떤 것은 인간본성을 특정 사상가의 사상체계에 들어맞도록 연역하였거나 순전한 철학적 사유에 의존하여 논리를 전개한 것에 불과하다.

그러나 이러한 제한점에도 불구하고 제 관점은 교육의 성격을 규정하는 데 중요한 전제조건이 되고 있다.

(3) 심리학적 관점에 따른 인간 본성 규정

인간본성에 대한 종합적인 탐색을 위해서는 현대 심리학에서 그 연구대상인 인간을 어떻게 규정하고 있는가도 살펴볼 필요가 있다. 그러나 이에 대해서 그리 쉽게 대답할 수 없다. 왜냐 하면 현대 심리학은 여러 학파로 구분되며, 이 학파들은 인간에 대해 서로 다른 견해를 가지고 있기 때문이다.

현대 심리학의 세 조류와 그 대표적 학자들을 검토함으로써 인간본질에 대해 논의해 보면, 첫째는 행동주의 심리학이다. 둘째는 정신분석학인데, 이는 그 창시자인 Freud (1856-1939)의 이름을 따서 프로이디안니즘(Freudianism)이라고도 한다. 그리고 셋째는 위의 두 조류에 반발하여 나타난 제3세력 심리학인데, 여기에는 형태주의 심리학, 실존주의 심리학, 인본주의 심리학, 신정신분석학(신프로이드 심리학), 인지주의 심리학 등이 포함된다. 이 부분에 대해 더 공부하려면 이상섭 · 오만록 공저 『인간과 교육』(형설출판사, 1994)을 참고하기 바란다.

2. 인간의 발달

(1) 인간 발달의 의미

발달에 대한 개념 정의는 학자에 따라 다양하게 내리고 있다. 예를 들면 McGraw는 '생물의 유기체 내에 있는 에너지와 환경 내에 있는 에너지가 끊임없이 변전(變轉)하고 교류(交流)한 결과에서 생겨나는 과정'을 발달이라고 규정하였으며, Warren은 '개체가 발생하면서부터 성숙으로 옮겨가는 과정에서 일어나는 구조나 형태의 변화'를 발달이라고 정의했다. 그리고 Hurlock은 정신과 신체의 변화를 발달이라고 정의하면서, 발달에는 크기의 변화(changes in size), 비율의 변화(changes in proportion), 낡은 특징의 소멸(disappearance of old features), 새로운 특징의 획득(acquisition of new features) 등이 포함된다고 하였다. 한편, 가장 일반적으로 받아들여지고 있는 발달의 정의를 내린 학자는 형태주의 심리학자인 Koffka인데, 그는 발달은 "유기체와 그 기관이 양에 있어서 증대되고, 구조에 있어서 정밀화되며 기능에 있어서 유능화되는 것"이라고 정의하였다. 여기에서 양적 증대란 키가 크고 몸무게가 늘어나며 사용하는 어휘수라든가 사고력 · 기억력 · 지각력 · 창의력 등이 증가하는 것 등을 말하며, 구조의 정밀화란 어린이가 처음 태어났을 때는 정신활동이나 전체적인 행동특성이 거칠고 어색하지만 점차 세련되어가고 각 기관이 정밀화되어지는 것과 같은 것을 말하며, 기능의 유능화란 신체적 · 정신적 기능이 보다 정확해지고 효율화되어 가는 것을 말한다. 이러한 개념 정의들을 모두 종합해 보면 발달이란 결국 진보적인 변화과정이라고 할 수 있다.

① 발달은 유기체의 양적 증대, 기능의 유능화, 구조의 정밀화이다(K. Koffka).
② 발달은 순서 있게 전후 맥락을 가진 한 패턴을 이루어 진행되는 점진적인 계열의 과정이다(Hurlock).
③ 발달은 유기체의 분화와 중심화이다(Werner).

- **양적 증대**－키가 크고 몸무게가 늘어나며 사용하는 어휘수가 증가함.
- **기능의 유능화**－신생아기에는 몸을 마음대로 움직일 수가 없지만 차차 혼자 앉고 걷게 된다.
- **구조의 정밀화**－어린이의 거칠고 어색한 행동이 차츰 세련되어지고 각 기관이 정밀화되어 간다.

그러므로 발달에는 양적인 변화뿐만 아니라 질적인 변화가 포함되는데, 이 중 신체적인 변화만을 지칭할 때는 성장이라고 한다. 그런데 이러한 발달은 성숙과 학습에 의해서 이루어지는데, 성숙이란 유전적이며 내발적(內發的)인 요인에 의해 일어나는 점진적인 신체적 · 심리적인 변화를 말하며 학습이란 훈련이나 연습 또는 경험에 의해서 나타나는 가치향상적 변화를 지칭한다.

♣ 인간 발달 개념

인간의 생명은 수정으로부터 시작하여 성숙에 이르기까지 생명체의 변화과정을 거친다. 여기서 발달이란 수정란이 태아로 형성되어, 출생 · 성장 · 노쇠과정을 거쳐 죽음에 이르기까지 신체성장, 체중증가, 운동능력의 변화, 지능의 발달 등이 끊임없이 변화하는 과정을 말한다.

(2) 인간 발달의 정의

교육심리학의 다양한 분야 중에서, 인간발달에 대한 연구는 교육의 효과를 위한 아동의 이해와 인간의 행동을 이해하기 위한 인간의 성장과 변화를 설명하는데 그 초점을 두고 있다(Growth, Mature, Learning, Development의 차이).

성장과 변화를 의미하는 발달(development)에 관련된 연구는 발달심리학이라는 학문 영역 내에서 인간발달, 아동발달, 성인발달, 생애발달 등 다양하게 구분되고 있으며, 이러한 분류에 대한 구체적인 정의는 학자에 따라 약간의 차이가 있다.

1) Steuer(1994)

발달심리학(development psychology)을 인간의 전 생애에 걸친 성장과 변화에 대한 과학적 연구라고 정의한다. 또한, 발달심리학에는 행동과 정신에 관한 연구가 모두 포함되며, 무엇이 변화하는가와 왜 그러한 변화가 일어나는가 혹은 변화가 일어나지 않는 이유는 무엇인가와 같은 문제들이 다루어진다. 그리고 발달 연구자들은 주로 지각, 사고, 유추, 기억, 의사소통, 사회화, 도덕화, 감정의 표현 등에 관심을 갖는다.

2) Berk(1994)

인간이 전 생애에 걸쳐 경험하는 모든 변화를 이해하려는 심리학의 한 분야라고 발달심리학을 정의하면서, 아동발달과 인간발달의 차이를 구분한다. 아동발달(child development)은 태아에서부터 사춘기까지의 인간성장의 모든 면을 이해하려는 연구분야이며, 인간발달(human development)은 인간이 전 생애에 걸쳐 경험하는 모든 변화를 이해하려는 학제적(interdisciplinary) 연구분야이다. 따라서 그는 아동발달과 인간발달의 개념적 차이가 구체적으로 연구대상의 차이라고 지적하는 것이다.

인간발달과 유사한 개념이 되는 생애발달(life span development)에 대해,

Irwin과 Simons(1994)는 사람의 삶에 있어 탄생에서 죽음까지에 일어나는 변화에 대한 연구라고 정의했고, Harre와 Lamb(1983)은 개인이 살아가는 사회적 · 정치적 상황 내에서의 개인에 대한 생애과정에 초점을 맞추는 연구분야라고 설명하면서, 기존의 인간발달 개념과 생애발달이 크게 다르지 않다는 견해를 밝혔다.

(3) 인간 발달의 원리

1) 발달의 상호작용성

T. R. McConnell의 「The General Nature of Growth and Development」에 의하면 발달은 유전과 환경(성숙과 학습)의 상호작용의 산물로서 나타난다. 개체의 발달은 단순한 유전적인 요인에 의한 것만도 아니고 또한, 환경적인 요인에 의한 것만도 아니다. 즉, 발달은 개체의 내부적인 힘인 유전적인 요인과 외부적인 힘인 환경적인 요인이 서로 상호작용한 결과로서 나타난다. 따라서 발달은 성숙과 학습의 소산인 것이다. Lewin은 인간의 행동을 개체와 환경의 함수관계로 설명하면서, 이러한 관계를 B=f(P · E)로 나타냈다. 여기서 B는 행동(behavior), f는 함수(function), P는 개체(person), E는 환경(environment ; 여기에서는 개체를 에워싸고 있는 심리적 환경을 말함)을 의미한다. 또한, Woodworth는 인간의 발달은 생득적으로 타고난 내적인 유전인자와 후천적인 환경조건과의 상호작용에 의하여 이루어진다고 보고, 발달은 유전과 환경의 상호작용으로 표시하여 D=f(H · E)라는 함수관계로 설명하였다. 여기서 D는 발달(development), f는 함수(function), H는 유전(heredity), E는 환경(environment)을 의미한다.

2) 발달의 분화 · 통합성

발달은 초기의 전체적이고 미분화된 기관과 기능이 점차 세분화되고 특수적인 기관과 기능으로 분화되어가는 동시에, 그 분화된 기관 또는 기능은 전체적으로 연결되어 하나의 새로운 체제로 통합되는 과정을 밟는다. 신체적 운동발달에 대하여 예를 든다면 Moro 반사처럼 신생아는 감각기관에 자극을 받으면 그 부분만을 움직이는 것이 아니라 전신적인 운동을 하며 신체 각 부분을 독립적으로 반응시키는 경우는 드물다. 그러나 성장함에 따라서 신체의 각 부분을 독립적으로 움직일 수 있게 된다. 그런데 신체의 각 부분을 독립적으로 기능할 수 있게 되면, 이러한 제반 기능이 종합되어 새로운 하나의 체제로서의 전체적인 활동을 할 수 있게 된다. 또 다른 예를 들면, 전체적이고 미분화된 신체기능이 점차 뛰는 능력, 달리는 능력, 던지는 능력, 받는 능력 등으로 분화된 다음, 다시 이들이 통합되어 농구나 축구를 할 수 있게 되는 것과 같다. 그런데 신체기능 뿐만 아니라 정신기능의 발달도 이 같은 공식의 과정을 밟는다.

3) 발달의 순서 · 방향성

모든 발달에는 일정한 순서와 방향이 있다. 신체 및 운동기능의 발달은 물론이고, 언어나 지적인 발달도 이러한 원리가 적용된다. 특히, 신체 및 운동기능의 발달에 있어서의 순서나 방향은 첫째, 두(頭)→미(尾)의 방향으로 발달된다. 예를 들면, 태아는 머리가 다리 부분보다도 먼저 발달하고 팔이 다리보다도 먼저 발달한다. 둘째, 근처(近處)→원처(遠處)의 방향으로 발달한다. 예를 들면, 중추신경에서 말초신경의 방향으로 발달이 진행된다. 셋째, 전체 운동에서 부분 운동의 방향으로 발달한다. 예를 들면, 근육의 발달은 큰 근육에서 작은 근육으로 발달해 전체적 · 미분화적 운동이 점차 분화된 운동으로 발달한다.

4) 발달의 적기성 · 결정적 시기성

인간의 발달을 장기간에 걸쳐 관찰해 보면 점진적 연속성이 있다는 것을 알 수 있지만, 어떤 특정한 기간 예컨대, 유아기에 한정시켜 보면 발달은 다분히 불규칙적인 것을 알 수 있다. 이것은 기능의 특성에 따라서 가장 적당한 발달시기에 많은 성장 · 발달이 이루어짐을 뜻한다. 이는 일정한 성장 · 발달에는 최적의 시기(optimum period)가 있음을 의미한다. 즉, 신체기관이나 기능 및 정신기능의 발달에 있어서 결정적 시기(critical period)가 있다는 것이다. 그러므로 결정적 시기에 있어서의 발달장애는 영구적인 결함이나 결손을 초래할 수 있다. Erikson은 출생 후 1년간은 다른 사람에 대한 신뢰감의 발달에 있어서의 결정적인 시기이기 때문에, 이 시기에 어머니의 충분한 사랑과 온정을 받지 못하면 신뢰감을 발달시키지 못하고 결국은, 후기에 있어서의 대인관계 행동에 영구히 지장을 받게 된다고 주장하였다. 또한, Bloom도 지적 발달에 결정적인 시기가 있음을 강조하면서 인간의 성장 · 발달에 있어서의 초기경험의 중요성을 역설하였다.

5) 발달의 연속성 · 점진성

체중 · 신장 등의 신체적 발달뿐만 아니라 지식이나 정서 등의 정신적 발달도 비약적인 것이 아니라 연속적이며 점진적으로 이루어진다. 이러한 사실은 지금까지의 각종 측정결과가 명백히 증명해 주고 있다. 발달의 속도는 시기와 분야에 따라 어느 정도의 차이를 보여주지만, 결코 비약적인 발달이란 있을 수 없다. 이는 어느 시점에서의 발달이 기초가 마련되고 그 후 발달이 계속해 이루어진다는 의미이다. 따라서 '발달의 기초'와 '조기교육'이 강조되는 것은 이러한 이유에서이다.

6) 발달의 개별성

모든 인간은 보편적인 순서에 따라 발달한다. 그러나 개개인의 발달을 살펴보면 개인차가 있음을 발견할 수 있다. 이러한 개인차는 발달에 있어서 개인간 차(interindividual difference)와 개인내 차(intraindividual difference)가 존재함을 의미한다. 특히, 개개인을 두고 볼 때 발달의 속도나 정도 또는 질이 동일하지 않다. 아울러 발달에는 성차도 있음을 발견할 수 있다. 이러한 사실들은 교육에 있어서 개별 지도의 필요성과 개성의 중요성을 뒷받침하고 있다.

7) 발달의 상호관계성

개인의 신체적 · 지적 · 사회적 · 정서적 · 도덕적 영역의 발달간에는 아무런 관련성이 없는 것처럼 보이지만, 실제 발달의 각 측면은 상호간에 긴밀하고도 유기적인 관련을 맺고 있다. 그러므로 특정 영역의 발달에 장애가 나타나게 되면 거기에 그치지 않고 다른 영역의 발달에도 부정적인 영향을 미치게 된다. 따라서 각 영역간의 조화로운 발달이 이루어지도록 해야만 원만한 인간발달이 가능하며, 전인(全人)으로서 균형있는 발달이 가능하게 된다.

8) 발달 초기단계의 중요성

생의 초기단계인 영아기 · 유아기 · 아동기까지의 발달은 비교적 급속한 속도로 이루어질 뿐만 아니라 이후 모든 단계의 성장 · 발달을 좌우한다. 예컨대, 개인의 발달 초기에 부모와 따뜻하고 적절한 대인관계를 형성하지 못하면 이후에도 타인과의 원만한 대인관계를 형성하지 못해 적응 곤란을 겪게 된다. 이러한 관점에서 볼 때는 초기의 가정 환경과 유아교육의 중요성은 아무리 강조하여도 지나치지 않다.

또 다른 발달원리에 대한 학설로 A. T. Jersild의 「Child Development and the Curriculum」을 들 수 있다. 여기서는 5가지 원리가 제시되어 있는데 그 내용은 ① 자발적 사용의 원리 ② 전심과 이행의 원리(예 : 수준별 장난감 선택) ③ 발달수정의 원리 ④ 습관고착의 원리 ⑤ 예상의 원리(잘 될 나무는 떡잎부터 알아본다)로 되어 있다. 구체적 내용을 연구해 보자.

〈각인(imprinting)현상〉

♣ 인간발달의 요인

- **유전** — 내적 요인(선천적 요인) → Mendel, Morgan, Galton 등이 연구
- **환경** — 외적 요인(후천적 요인) → 자연적 · 문화적인 모든 외적 조건을 말한다.
- **자아** — 전체적으로 작용하거나 반작용하는 의식적인 선택 활동의 주체를 말한다.

〈개인과 환경의 상호작용〉

개성	경험과 영향			
	생리적	물질적 · 환경적	사회적	문화적
보편성 (사회)	출생, 죽음, 배고픔, 목마름, 배설	중력, 기온, 시간	육아, 집단생활	상징체계, 근친금혼, 살인금지법
집단	인종적 특색, 풍토병, 영양 상태	기후, 지형, 자연자원	인구, 인구밀도, 인구 분포	전통, 예절, 기술, 지식
역할	연령, 성별, 사회계급	물질생활	파벌	문화적 역할
독특성 (개인)	체격, 인상, 내분비선	벼락 등 특수 사건	부모사망, 양자, 인간 관계	사고, 운명에 대한 인식, 샤머니즘

참고자료

인간발달에 영향을 주는 요소들(생물학적 · 환경적 · 심리적 요인)

① 성차－형태적 크기, 기능적 체력, 사회성 등에서 남 · 여의 차이
② 가족 안에서의 위치－출생순서, 무녀독남, 무남독녀, 장자, 막내, 독신

③ 부모와의 상관-크기, 성격, IQ
④ 민족성－한국인과 서구인, 남반구인과 북반구인, 게르만족, 슬라브족, 영향섭취도(육식 · 채식), 민족이동사, 생업(목축업 · 농업)
⑤ 지역차－도시 이동이 사춘기와 언어발달에서 빠르다. 8도민은 각각 기질(충청도인의 특성)이 다르다.
⑥ 기후－적도로 갈수록 키가 작고 적도에서 멀수록 크다. 아프리카 부족은 크고 남방민족은 성적 성숙이 더 빠르다.
⑦ 계절차－기온, 습도, 풍속, 강우량의 차이, 봄엔 신장이 늘고 가을엔 체중이 는다.
⑧ 영양상태－모유가 우유보다 좋고 보육자의 음식섭생이 중요하다.
⑨ 사회경제적 지위(SES)－부모의 교육 정도와 직업 및 종교의 영향
⑩ 운동－사용하지 않는 근육은 위축 · 퇴화한다.
⑪ 질병－전염병, 선천성질환, 성병의 후유증
⑫ 정신건강－스트레스, 입시부담
⑬ 감정요인－충격, 부적응, 부모실직, 시설수용자

모유의 속설과 진실

▷ 젖이 부족하면 더 많이 먹어야 한다. → 며칠간 저열량 식사를 해도 분비량은 거의 변치 않는다.
▷ 물을 많이 마셔야 한다. → 평소처럼 갈증날 때 마시면 된다.
▷ 모유를 먹이는 동안 술을 마셔선 안 된다. → 산모가 술을 마셔도 젖 속의 알코올량은 극히 적다.
▷ 유두에서 피가 나오면 모유를 먹일 수 없다. → 아기가 더 토할 수는 있지만 모유 먹이기를 포기하는 이유가 될 수는 없다.
▷ 작은 유방은 큰 유방보다 젖이 덜 나온다. → 과학적 근거는 없다.
▷ 다시 임신한 산모는 모유 먹이기를 포기해야 한다. → 계속할 수 있다.
▷ 설사하는 아기는 모유를 먹어선 안 된다. → 모유가 오히려 효과적이다.
▷ 쌍둥이에겐 모유 수유를 포기해야 한다. → 세 쌍둥이도 모유만으로 키울 수 있다.
▷ 3~4세까지 모유를 먹은 아이는 비정상적이고 지나치게 의존적이다. → 늦게까지 모유를 먹은 아이의 정서가 더 안정적이고 독립적이다.
▷ 아기가 며칠~몇 주간 젖을 먹지 않으면 산모의 젖이 상한다. → 모유는 여전히 좋은 상태를 유지한다.
▷ 산모가 머리를 염색하거나 파마한 뒤 모유를 먹여선 안 된다. → 과학적 근거 없다.

모유를 먹이면 어떤 점이 좋을까

1. 아기에게 좋은 점
- 완벽한 영양분 제공

- 아기의 면역체계 발달을 돕는 물질 전달
- 정서적 욕구 만족
- 여자 아기가 자라서 유방암에 걸릴 위험 감소
- 지능지수(IQ)와 관련 있음
- 운동능력이 잘 발달됨
- 비만이 될 위험 감소
- 분유보다 소화가 잘 됨
- 천연의 진통제

2. 엄마에게 좋은 점
- 출산 뒤 자궁 수축
- 출산 뒤 출혈 방지, 체중 감소
- 혈당 안정
- 임신성 당뇨병이 성인형 당뇨병으로 발전할 위험 감소
- 혈관 건강에 이로운 HDL 콜레스테롤 수치 증가
- 골다공증 위험 감소
- 폐경기 이전 유방암 감소
- 자궁내막염 · 난소암 · 자궁내막암 발생 위험 감소

〈출생순위에 따른 성격의 차이〉

출생순위	형	아 우	언 니	여동생
발견되는 특징	1. 책임감이 강함 2. 단정치 못함 3. 너그러움 4. 지도적임 5. 째째하지 않음 6. 사려깊음 7. 우쭐함 8. 신경질 9. 말이 없음 10. 의지가 강함	모험을 즐김 반항적임 활발함 버릇없음 무모함 개방적임 성격이 거침 충동적임 경박함 고집이 셈	조용함 따뜻함 이해심이 있음 부드러움 겸손함 침착함 덥적거림 친절함 온화함 신중함	응석을 부림 말괄량이 덜렁거림 버릇없음 활발함 질투심 많음 떠벌이 조숙함 명랑함 낙천적임

(4) 인간 신체발달

1) 신체발달의 특징

① 출생 후부터 유아기에 이르는 단계에서 신체의 발달 속도가 가장 빠르며 그 다음으로는 사춘기와 청년기에 빠르다.

② 아동기와 청년기에는 점진적 증가를 보이나, 청년 후기 말에 이르러 정지되는 것이 보통이다.

③ 신체 및 기관의 발달은 체중이 발달하는 충실기(充實期)와 신장이 발달하는 신장기(伸張期)가 주기적으로 교차한다.

④ 여자는 신장에 있어서 9세~16세, 체중에 있어서 10세~16세 사이에 남자보다 앞서나 그 외의 시기에는 일반적으로 남자가 앞선다.

⑤ 태아기에는 머리 길이가 신체 길이의 1/2, 신생아일 때는 1/4, 성인이 되면 1/8이 되어 균형 잡힌 성장을 이룬다(8등신). 〈신체 주요 부분 성장비율〉

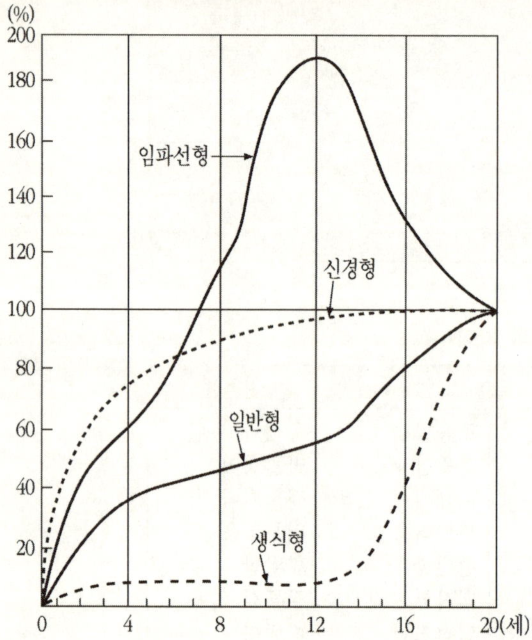

R. E. Scammon에 의하면 정상적인 신체의 제조직에는 그들의 현저한 발달적 변화가 있음을 알 수 있다. 태아기(prenatal period)를 중심으로 출생 전의 발육과 출생 후의 발육상태의 관계를 백분비로 산출해 보면 신체 각 조직의 차이 있는 발육곡선을 작성할 수 있다.

그에 의하면 임파형(淋巴形, limphoid system : 임파선, 분비선)은 청년기의 초기에 그 발달이 현저하며 그 이후는 쇠퇴한다. 신경형(nervous system : 뇌와 각부, 척추, 시각기, 머리의 용적 등)은 6세까지 성인의 약 80%가 발달하며 그 이후부터는 완만하게 된다. 일반형(골격, 내장, 체중) 등은 유아기와 청년기에 현저하게 발육하고 있음을 보여준다. 특히 내장조직이 골격조직과 같은 속도로 자라는데 유아기와 사춘기 때 두 번 성장폭발이 일어난다. 생식형(reproductive system : 고환, 난소, 자궁)은 청소년기까지 완만하다가 그 이후에 급속히 발달한다.

2) 운동 기능 발달의 원리

① **전체에서 부분으로의 원리** : 어린이가 출생하여 움직이는 것을 보면 처음에는 몸 전체가 움직이고 차츰 부분적으로 움직인다.

② **머리(頭)에서 꼬리(尾)로의 원리** : 몸의 상부가 먼저 발달하고 차차 하부로

향하며 발달한다.

③ **근처(近處)에서 원처(遠處)로의 원리** : 몸의 중앙(심장)에 가까운 곳으로부터 먼 곳으로 발달 분화되어 간다(팔 → 손 → 손가락).

3) 연령별로 받아야 할 검사의 종류

건강관리를 위해 신생아부터 중·고교생까지 연령별로 실시해야 할 각종검사의 종류를 보면 다음과 같다.

〈연령별로 받아야 할 검사의 종류〉

단 계	나 이	각종 검사의 종류
신생아기	생후 3~10일	신생아 검진, 선천성 대사이상 검사, 신생아 청력 사전검사, 눈검사, 외안(外眼)부 검사
		0~1주 B형 간염, 0~4주 BCG
	1개월	신장·체중·머리둘레 측정
		B형 간염
영아기	2개월	신장·체중·머리둘레 측정, 다리 이상 여부 검사 및 영유아 발달성 엉덩관절 탈구검사
		B형 간염, DTP(디프테리아 파상풍 백일해), 소아마비
	3개월	눈검사, 외안부 검사
	4개월	신장·체중·머리둘레 측정
		DTP, 소아마비
	6개월	신장·체중·머리둘레 측정, 영유아 발달평가, 구강검진, 다리 이상 여부 검사 및 영유아 발달성 엉덩관절 탈구검사, 눈검사, 외안부 검사
		B형 간염, DTP, 소아마비
	9개월	신장·체중·머리둘레 측정
	1세	신장·체중·머리둘레 측정, 영유아 발달평가, 청력검사, 눈검사, 외안부검사, 구강검진, 빈혈검사, 소변검사, 혈압측정, 남아 외성기 검진
		12~15개월 MMR(홍역 볼거리 풍진), 수두
유아기	1년 6개월	신장·체중·머리둘레 측정, 영유아 발달평가, 자폐증 사전검사, 구강검진
		DTP
	2세	신장·체중·머리둘레 측정, 영유아 발달평가, 혈압측정, 구강검진, 청력검사
		12~36개월 일본뇌염
	3세	신장·체중·머리둘레 측정, 영유아 발달평가, 구강검진, 청력검사, 혈압측정, 눈검사, 외안부 검사, 시력측정, 자폐증 사전검사
		12~36개월 일본뇌염

<table>
<tr><td rowspan="6"></td><td rowspan="2">4세</td><td>신장 · 체중 · 머리둘레 측정, 구강검진, 청력검사, 혈압측정, 눈검사, 외안부검사, 시력측정, 영유아 발달평가</td></tr>
<tr><td>4~6세 DTP, 소아마비, MMR</td></tr>
<tr><td rowspan="2">5세</td><td>신장 · 체중 · 머리둘레 측정, 구강검진, 혈압측정, 청력검사, 눈검사, 외안부검사, 시력측정, 자폐증 사전검사</td></tr>
<tr><td>4~6세 DTP, 소아마비, MMR</td></tr>
<tr><td rowspan="2">6세</td><td>신장 · 체중 · 머리둘레 측정, 구강검진, 소변검사, 혈압측정, 정서 및 행동문제 사전검사, 주의력결핍 과잉행동 장애 사전검사, 눈검사문진표, 외안부 검사, 시력측정</td></tr>
<tr><td>4~6세 DTP, 소아마비, MMR, 6세 일본뇌염</td></tr>
<tr><td rowspan="11">초등학생기</td><td>7세</td><td>신장 · 체중 · 머리둘레 측정, 구강검진, 청력검사, 귀 · 코 · 목 검진, 혈압측정, 눈검사</td></tr>
<tr><td>8세</td><td>신장 · 체중 · 머리둘레 측정, 구강검진, 혈압측정, 눈검사</td></tr>
<tr><td>9세</td><td>신장 · 체중 · 머리둘레 측정, 구강검진, 혈압측정, 눈검사, 정서 및 행동문제 사전검사, 소아우울증, 주의력결핍 과잉행동 장애 사전검사, 눈검사, 소변검사</td></tr>
<tr><td rowspan="2">10세</td><td>신장 · 체중 · 머리둘레 측정, 구강검진, 혈압측정, 눈검사, 청력검사, 귀 · 코 · 목 검진, 혈당검사</td></tr>
<tr><td>10~12세 성인용 Td(디프테리아 · 파상풍)</td></tr>
<tr><td rowspan="2">11~13세</td><td>특발성 척추측만증 검사</td></tr>
<tr><td>10~12세 성인용 Td</td></tr>
<tr><td rowspan="2">11세 이후 매년 1회</td><td>신장 · 체중 · 머리둘레 측정, 구강검진, 혈압측정, 눈검사</td></tr>
<tr><td>10~12세 성인용 Td</td></tr>
<tr><td rowspan="2">12세</td><td>정서 및 행동문제 사전검사, 소아우울증 사전검사, 주의력결핍 과잉행동 장애 사전검사</td></tr>
<tr><td>10~12세 성인용 Td, 12세 일본뇌염</td></tr>
<tr><td rowspan="4">중학생</td><td>13세</td><td>청력검사, 귀 · 코 · 목 검사, 남아성기 검사</td></tr>
<tr><td>13세 이후 매년 1회</td><td>빈혈검사(여성), 소변검사</td></tr>
<tr><td>15세</td><td>정서 및 행동문제 사전검사</td></tr>
<tr><td>16세</td><td>청력검사, 귀 · 코 · 목 검사</td></tr>
<tr><td rowspan="2">고등학생</td><td>17세</td><td>시력측정, 혈압측정, 소변검사</td></tr>
<tr><td>18세</td><td>시력측정, 혈압측정, 소변검사</td></tr>
</table>

(5) 인간 정서 발달

1) 정서(emotion)의 개념

정서란 희로애락에 대한 감정의 흥분상태를 의미하는데, 일반적으로 어떤 외적 자극이나 내적 조건에 의해서 일어난 변화를 계기로 동요되고 흥분될 때에 경험하는 심리적 상태를 말한다. 가슴 속의 정서상태는 인간관계와 행복의 결정에 중요하다. 따뜻하고 긍정적이며 편안한(approachable) 정서, 사랑하고 감동하는 정서 등은 인간에게 있어 지식보다 더 중요하다.

Tomkins는 놀람 · 흥미 · 즐거움 · 분노 · 공포 · 혐오 · 수치심 · 고민의 8가지 기본정서를 제안했고 Ekman은 얼굴표정과 관련해 놀람 · 행복 · 분노 · 공포 · 혐오 · 슬픔의 6정서를 기본정서로 보았다. Plutchik 등은 여기에 수용(기대) · 놀람 등을 넣어 8가지 기본정서를 논했다.

〈플럿칙의 기본 및 고차정서들에 관한 이론〉

플럿칙의 8가지 기본정서

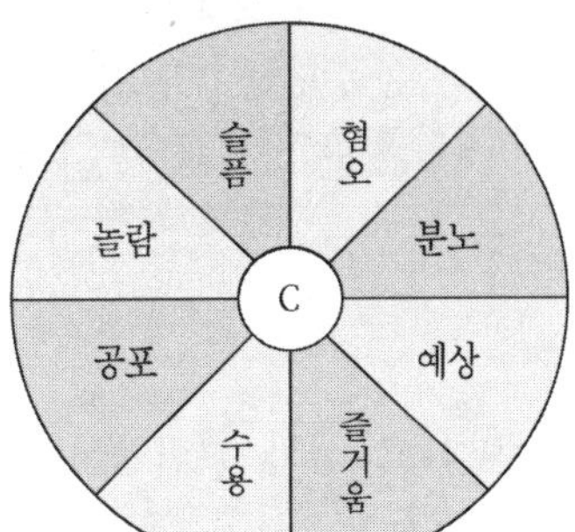

심리사회적으로 통합된 정서

일차적 쌍(정서환에서 인접한 정서끼리)
· 즐거움+수용=친근감
· 공포+놀라움=경악

이차적 쌍(정서환에서 한 칸을 건너뛰고)
· 즐거움+공포=죄책감
· 슬픔+분노=시무룩함

삼차적 쌍(정서환에서 두 칸을 건너뛰고)
· 즐거움+놀람=환희
· 예상+공포=불안

* Plutchik(1980). 정서 : 심리진화적 통합.

초 · 중고생의 체격은 커지고 체질과 체력은 나빠져 간다.

* 교육부 12만명 신체검사 결과

"우리 학생들의 체격은 커지고 있지만 체질과 체력은 갈수록 처지고 있다."
이 같은 사실은 교육부가 전국 480개 초 · 중 · 고교생 12만명을 대상으로 체격 · 체질 · 체력을 검사, 2005년에 발표한 '2004년 학생 신체검사 결과'에서 드러났다.

*근시가 40%…10년 전보다 2배

키는 10년 전인 1994년에 비해 남학생이 평균 2.74cm, 여학생은 1.96cm 성장했다. 2004년 고3 남학생과 여학생의 평균 키를 살펴보면 각각 173.6cm, 161.11cm이었다. 그리고 중3은 남학생 167.84cm, 여학생 159.42cm, 초등 6년생은 남학생 149.08cm, 여학생 150.33cm 성장한 것으로 나타났다. 또 몸무게는 10년간 남학생이 평균 4.35kg, 여학생은 1.99kg 늘어나 청소년들의 체격이 점점 서구화되고 있는 것으로 나타났다.

그러나 체격은 좋은데 반해 체질은 비만과 근시가 크게 늘어나는 등 나빠지고 있다. 정상체중을 50% 초과하는 고도비만율은 0.77%로 1000명 중 8명꼴이었다. 이는 정상체중의 20% 이상을 넘는 학생을 조사한 1994년 경도비만비율(0.71%)을 넘는 것이어서 청소년 비만이 심각해지고 있는 것을 알 수 있다. 특히 고도비만은 초등생이 0.61%, 중학생이 0.87%, 고교생이 0.98%로 학년이 올라갈수록 정도가 심한 것으로 드러났다. 또 초 · 중 · 고교생의 40.2%가 0.7 미만의 근시로 10년 전(22.7%)보다 2배 가량 늘어 시력이 많이 약해진 것으로 조사됐다. 충치와 치주질환 등 구강질환은 1994년보다 5%포인트 오른 55.5%로 늘었고 중이염과 청력장애 등 귀 질환은 0.34%로 전반적인 증가세를 보였다.

*잘못된 식사습관 등이 체력약화를 초래한다.

체력 또한 4년 전보다 체력급수가 1~3급이 5% 가량 줄고 4~5급이 그만큼 늘어난 것으로 조사됐다.

교육인적자원부는 식생활 수준 개선으로 영양상태가 좋아져 체격은 커졌으나 운동부족과 트란스지방 및 당분 과다 섭취 등 잘못된 식습관과 공해, 과도한 TV시청 및 컴퓨터 사용 등 생활환경 변화가 체질 및 체력 약화를 초래한 것으로 분석했다.

♣ 유사개념

- 정서(emotion) — 적응하려는 태세가 강렬하고 심한 교란을 나타낸다.
- 감정(feeling) — 온화하고 온정적으로 나타난다.
- 기분(mood) — 감정상태가 장기간 계속되는 현상이다.
- 정조(sentiment) — 지적 작용이 수반되는 조용한 가치감정이다.

2) 정서(emotion)의 발달

① J. B. Watson의 세 가지 기본적 정서는 공포, 분노, 애정을 말한다.
② 정서 발달 요인은 성숙, 모방, 조건화이다.

〈생후 5년간의 정서발달〉

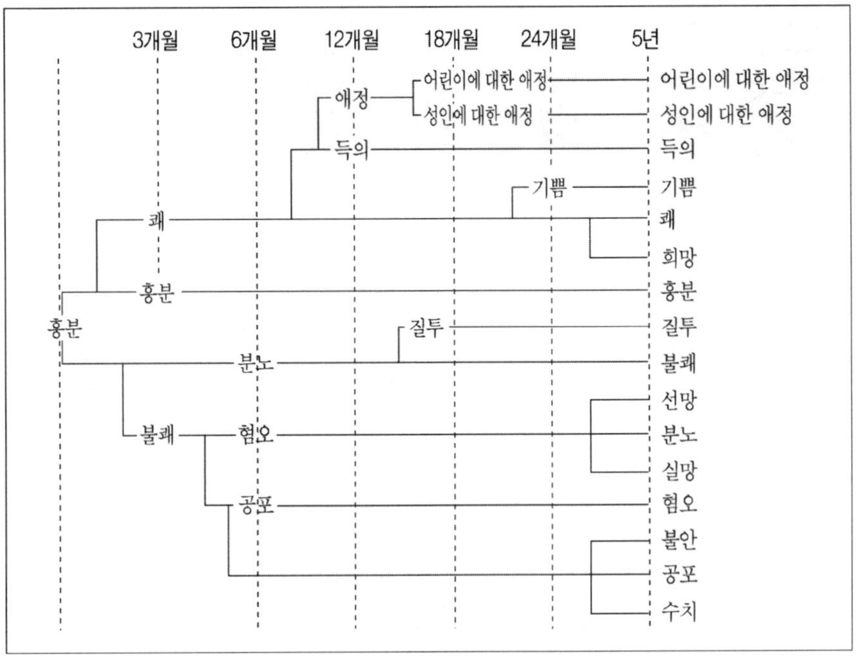

〈인간 정서의 분류〉

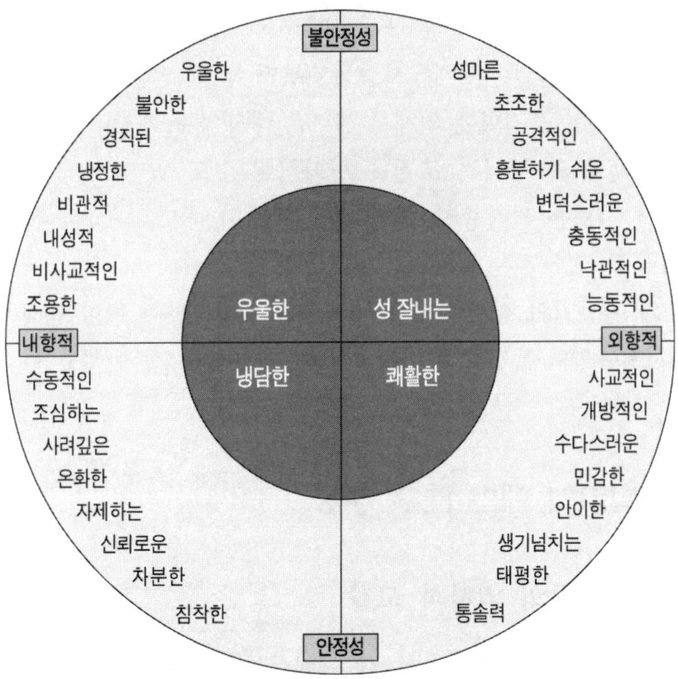

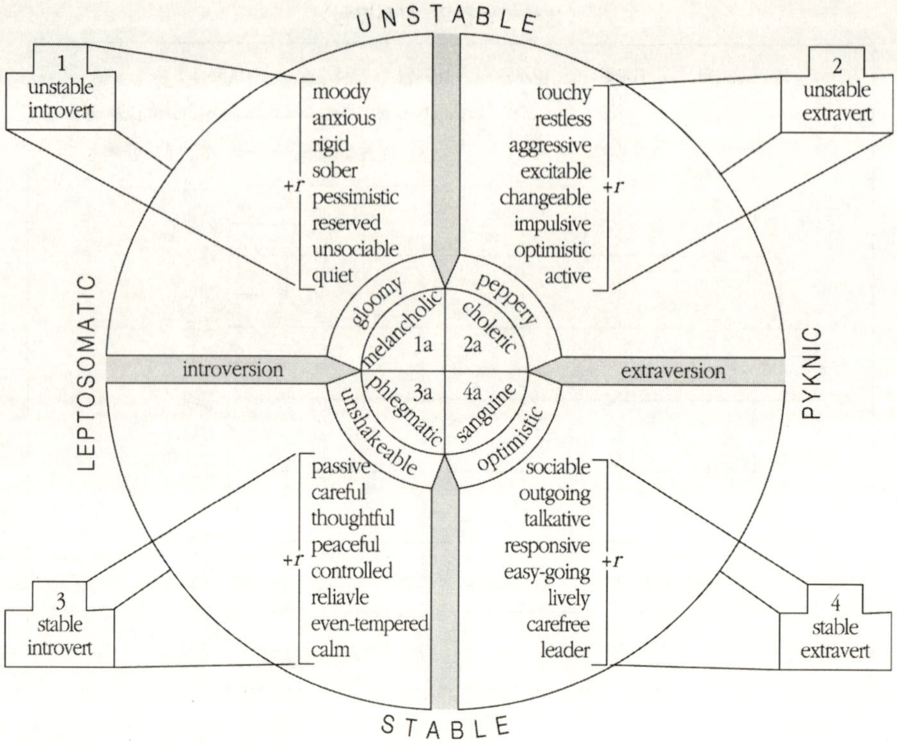

- **성숙** — 성숙은 정서 발달을 규정하게 되는 선천적 조건이다.
- **모방** — 정서의 발달은 주위 사람들로부터 얻게 되는 학습의 결과이다.
- **조건화** — 정서는 조건화에 의해서 새로운 대상에게 그 정서적 반응을 나타내게 할 수 있고 또 정서적 조건을 변화시킬 수도 있다.

③ 정서발달 지도는 건강증진, 환경조성, 건전한 태도, 대상적 활동을 통하여 이루어 진다.

④ 유아기와 아동기의 정서 특징은 일시적이고 강렬하며 변화가 심하고 빈도가 낮다. 그리고 청년기의 특징은 불안정하고 기분적이며 수줍어하고 민감하며 열중한다.

(6) 인간 발달에 대한 연구 동향

1) 인간발달 연구의 역사적 고찰

인간의 발달에 대한 연구는 20세기에 들어와서 과학적인 학문으로서의 토대를 구축하였다. 그러나 철학, 사회학, 인류학 등을 통하여 인간의 본성에 관한 탐구는 이전부터 꾸준히 연구되어 왔으며, 이는 인간발달 연구의 중요한 기초를 제공해 왔다. 20세기에 들어오면서 인간발달에 관한 체계적인 연구가 구체적으로 시작되었다. 미국의 경우, 사회개혁자들은 당시 미국에 산재한 사회문제 중에서도 아동의 복지문제에 관심을 갖고 있었으며, 이들은 아동의 발달유형과 전형적 행동을 진단하고 파악하기 위하여 아동발달에 관한 지식이 절실히 필요하다는 것을 인식하기 시작하였다. 특히, 2차 세계 대전 이후, 정신분석학과 행동주의가 발달심리학의 주축이 되었다. 정신분석학에서는 인간발달을 무의식과 성적인 측면에서 분석하고자 하였으며 부모와 자녀 간의 상호작용에 관심을 두었고, 행동주의는 발달과정에서의 관찰 가능한 행동과 그 환경의 상호작용에 관심을 두었다. 그 후 1960년대에 들어서면서, 인간이란 자신의 경험을 스스로 조직할 수 있는 능동적인 존재라는 믿음을 바탕으로 Piaget의 인지발달이론이 강조되었다. Piaget는 발달을 성숙과 경험 간 상호작용의 산물이라고 보았으며, 그의 이론은 인간발달 연구에 지대한 영향을 미쳤다.

1970년대에는 인간의 사고를 컴퓨터의 정보처리 과정, 즉 정보의 흐름에 따라 상징을 조작하는 복합적인 체제로 이해하려는 정보처리이론이 발전하였다(Klahr, 1992). 발달을 갑작스런 변화가 아닌 점진적이고 연속적인 과정으로 이해하는 정보처리이론이 보다 구체적이고 실제적인 인간발달의 측면을 부각시킨 것은 사실이지만, 근래에는 이러한 정보처리이론 역시 절대적일 수 없다는 비판에 부딪치고 있다.

2) 발달 연구의 최근 동향

인간발달에 관한 최근 연구의 특성은 문화와 상황에 대한 높은 관심이라 할 수 있다. Steuer(1994)는 70년대부터 현재까지 이루어진 인간발달 연구의 가장 두드러진 특징은 인간을 환경과 상호작용하는 존재로 인식하게 된 것이라고 지적하고 있으며, Irwin과 Simons(1994)는 인간발달에 있어서의 주요 이론들을 유기체적 모형, 기계론적 모형, 상황론적 모형의 세 가지로 구분하면서, 최근에는 생물 · 사회 · 역사적 상황에서의 발달, 개인과 환경과의 상호작용, 그리고 유기체적 모형과 기계론적 모형을 통합하려는 시도 등의 상황론적 모형의 연구가 주를 이루고 있다고 설명한다. 이렇듯 최근의 인간발달 연구는 기존의 이론들에 대한 의문을 제기하고 보완하며, 인간발달의 다양한 측면을 보다 적절하게 이해하기 위해 문화와 상황에 대한 중요성을 강조하고 있다(Berk, 1994 ; Irwin & Simons, 1994 ; Santrock, 1995 ; Steuer, 1994).

이와 같은 최근의 연구는 크게 행동생물학, 생태이론 그리고 Vygotsky의 사회문화이론 등 3가지로 분류될 수 있다.

3. 인간발달 각론

(1) 인지발달

인지(cognition)란 넓은 의미로 볼 때, 인간의 지적 또는 정신적 사고과정이라 할 수 있는데, 여기에는 주위 자극이나 사물 또는 사상(事象)에 대한 지각 · 기억 · 개념형성 · 사고 · 문제해결의 과정 등이 포함된다. 또한, 인지과정에는 이외에도 언어가 포함된다. 그러므로 인지발달을 살펴보기 위해서는 지각 · 기억 · 사고 · 문제해결 · 개념형성 · 언어 등의 발달에 대하여 살펴보아야 한다.

Jean Piaget(1896~1980) : 스위스의 심리학자. 어린이가 이해력을 획득하는 과정을 체계적으로 연구한 최초의 학자이며, 20세기 발달심리학의 대표자. 발달단계에 대한 피아제의 개념은 아동과 학습 및 교육에 관한 이전의 견해들을 재평가하게 만들었다. 주요 저서로는 「아동의 언어와 사고 Le langage et la pensée ches l'enfant」(1923) · 「아동의 판단과 추론 Le Jugement et la raisonnement chez l'enfant」(1924) · 「아동의 이해력의 기원 La Naissance de l'intelligence chez l'enfant」(1948) 등이 있다.

인간의 인지발달에 대한 체계화는 Piaget에 의해서 이루어졌다. Piaget는 가장 탁월한 유기체론적 인지발달이론을 체계화하였는데, 그는 본래 '인간의 지식(인지)이 어떻게 생기는가'라는 인식론에 관심을 가졌기 때문에 그의 이론을 발생학적 인식론(genetic epistemology) 또는 발달적 인식론이라고도 부른다. 그는 개체발생 과정에서 지식이 획득되어지는 과정을 분석함으로써 인간의 인지발달의 성격을 밝히려고 하였다.

Piaget에 의하면 인간의 발달은 주위의 제반 환경과의 상호작용을 통한 적응(순응)과정에 의해서 이루어지는데, 이러한 적응과정은 동화(assimilation)와 조절(accommodation)이라는 두 가지 하위과정에 의해 평형화(equilibrium)가 이루어지는 과정이다. 그러므로 인간의 인지발달도 이러한 동화와 조절에 의한 인지적 평형화를 이룸으로써 달성될 수 있는데, 이는 새로운 인지구조(圖式, 이해의 틀 ; schema)를 조직해 가는 원천이 된다. 즉, 인간은 외적 자극이나 지식 또는 정보를 소화 · 흡수함으로써 새로운 인지구조의 조직형태를 발달시키게 된다. 그런데 여기에서 말하는 동화란 새로운 자극 · 정보 · 지식을 기존의 인지구조 속으로 받아들여 조직하고 통합하여 새로운 인지구조를 생성하는 과정을 의미한다. 다시 말하면 외계의 대상을 기존의 인지구조 체계에 맞게 받아들여 소화 · 흡수하는 것을 말한다. 반면, 조절이란 새로운 자극 · 정보 · 지식을 기존의 인지구조 체계로 소화 · 흡수하지 못하는 경우 이 때 기존의 인지구조 체계를 변경하여 그것을 받아들이는 경우를 말한다. 이러한 동화와 조절작용에 의하여 인지구조는 분화 · 발달하게 된다.

인간은 새로운 사태에 직면하게 되면, 필요에 따라 이러한 동화와 조절의 과정을 작동하게 되는데, 이 때 심리적인 내적 상태나 환경적인 외적 상태로 인하여 혼란과 갈등을 겪기도 한다. 이러한 불균형 상태는 적절한 동화와 조절의 과정을 통하여 균형 상태로 바뀌게 되는데, 이를 평형화(equlibrium)라고 한다.

용어정리

- **조직** : 조직이란 별개의 감각들을 구조 속으로 변형시키고 결합하는 능력과 관계 있다. 여기서 구조화라고 하는 것은 바로 두 가지 혹은 그 이상의 요소들을 전체 속으로 조직하는 것을 말함. 즉, 구조화는 연속적인 각 발달단계에 따라 변화함으로써 개인이 각 단계에서 환경과 상호작용하는 방식을 특징짓는다.
- **순응** : 동화와 조절을 필요로 함.
- **동화** : 새로운 대상이나 사물을 인지할 때 기존 인지구조에 맞추어 인식하는 것.
- **조절** : 기존 인지구조를 어떤 새로운 형태나 종류로 변화시키는 것.
- **평형화** : 동화와 조절의 균형을 뜻함. 만약 이들 사이에 불균형이 생기면 이것은 아동들로 하여금 평형을 추구하게 하는 동기유발이 됨.
- **도식(schema)** : 인간으로 하여금 행동 및 사고를 조직하게 하고 환경에 적응하게 하는 심리적 구조임.

이러한 일련의 과정을 통하여 인지발달은 계속 이루어지지만, 인지구조는 질적으로 명확히 구분되는 발달단계를 거쳐서 변화하게 된다. 개인의 경험과 문화의 차이로 인해 한 단계의 발달이 성취되는 연령에는 차이가 있을 수 있으나, 발달단계의 계열은 불변한다는 것이 Piaget의 주장이다.

이처럼 Piaget는 이러한 동화와 조절이라는 과정을 통해 인지발달이 이루어진다고 보았는데, 이러한 인지발달에는 ① 성숙(maturation), ② 물리적 경험(physical experience), ③ 사회적 상호작용(social interaction), ④ 평형화(equilibrium) 등이 영향을 미친다고 보았다. 이러한 요인들의 상호작용에 의해서 미성숙한 사고수준이 성숙한 사고수준으로 발달하게 된다. 미성숙한 사고와 성숙한 사고의 특징을 정리하여 보면 다음과 같다.

미성숙한 사고	성숙한 사고
단순한 일차원적인 사고	복잡한 다차원적인 사고
단편적인 사고	조합적인 사고
절대주의적인 도덕성에 의한 사고	상대주의적인 도덕성에 의한 사고
고정불변적인 사고	유동적인 사고
융통성 없는 완고한 사고	융통성 있는 유연한 사고
자기중심적인 사고	탈자기중심적인 사고(사회적인 사고)
미분화적인 사고	분화적인 사고
성격진단적인 사고	행동진단적인 사고

인간의 능력 중 가장 주목할 만한 것은 복잡한 사고를 할 수 있다는 것이다. 그런데 사고는 장기기억 속에 저장된 내용에 의한 정보처리 과정이다. 장기기억 속에는 객관적인 현실의 사상(事象, event)들이 정신적 표상(mental representation)의 형태로 저장되어 있는데, 이는 의미부호(어의부호 ; semantic code)와 심상부호(imagery code)의 형태로 표상되어 있다. 즉, 장기기억에는 의미부호에 의한 의미기억과 심상부호에 의한 심상기억이 저장되어 있다.

이 중 의미부호는 곧 언어상징에 의한 부호이므로 상징적 표상(symbolic representation ; 언어적 표상, 명제적 표상, 분석적 표상)으로 되어 있으므로 이에 의한 사고과정은 곧 언어과정, 즉 언어적 사고과정이라 할 수 있다. 반면, 심상부호는 실제 사물이나 대상을 유사하게 표현하는 유사적 표상(analogical representation ; 심상적 표상, 회화적 표상)으로 되어 있어 이에 의한 사고과정은 곧 심상과정, 즉 심상적(회화적 · 시각적) 사고과정이라 할 수 있다. 따라서 사고는 이 양자 모두를 통해서 진행될 수 있다. 그런데 인지발달에 영향을 미치는 네 변인 중 어느 하나라도 결핍되었을 때 인지발달은 지연된다. Piaget에 의하면, 성숙 · 물리적 경험 · 사회적 상호작용 · 평형화를 통하여 인지발달은 질적으로 다른 네 단계를 밟아 이루어지는데, 감각운동기, 전조작기, 구체적 조작기, 형식적 조작기가 그것이다. 발상의 전환과 사고의 유연성은 창의성과 밀접하게 관련되어 있다(예 : 북반구에선 남향집이 좋고 북극성을 찾지만 남반구에선 북향집이 좋고 십자성을 찾아야 한다. 내륙에선 생명태를 '물북어'라 하고 해안에서는 북어를 '마른 명태'라고 한다).

〈Piaget의 인지적 발달단계〉

<table>
<tr><th>연령</th><th colspan="7">4~5개월 1세 2세 3~4세 7~8세 11~12세 청년기</th></tr>
<tr><td>하위
단계</td><td>반사와
기본적
습관</td><td>목적과
수단의
분화</td><td></td><td>전개념적
사고</td><td>직관적
사고</td><td></td><td></td></tr>
<tr><td>단계</td><td colspan="2">전지능적 단계</td><td>감각 운동적
지능의 단계</td><td colspan="2">전조작적 지능의
단계</td><td>구체적
조작단계</td><td>형식적
조작단계</td></tr>
<tr><td>시기</td><td colspan="3">감각 운동적 기능의 준비와 조직화의 시기</td><td colspan="3">구체적 조작의 준비와 조직화의 시기</td><td>형식적 조작의
준비와
조직화의 시기</td></tr>
<tr><td colspan="4">Ⅰ. 감각 운동적 기능 단계</td><td colspan="4">Ⅱ. 표상적 기능 단계</td></tr>
<tr><td colspan="4">① 반사로부터 동화의 확장기
② 단순한 습관(1차 순환반응) 형성기
③ 2차 순환 반응 형성기
④ 수단과 목적의 분화기
⑤ 능동적 탐색(3차 순환반응)과 시행착오기
⑥ 감각 운동적 지능의 완성기-활동억제, 주의력 대상 확인, 통찰</td><td colspan="4">① 전조작기 ─ 상징적 사고 단계－모방사고 / 직관적 사고 단계－정적사고
② 조작기 ─ 구체적 조작기(7, 8~11세) 대상 확인, 수개념 / 형식(명제)적 조작기(11~13)체계화의 시기</td></tr>
</table>

〈Piaget의 인지발달 단계〉

발달단계	특 징	연 령
Ⅰ. 감각적 운동기	• 감각 · 동작에 의한 학습 • 어떤 물체를 다른 각도에서 보아도 동일하다는 것을 인식하지 못함 • 의도적인 반복행동 • 대표적 행동 : 대상 영속성	0~2
Ⅱ. 전조작적 사고기 ① 전개념기(2~4) ② 직관적 사고기(4~7)	• 지각과 표상 등의 직접 경험과 체험적인 행동 • 사물을 단일차원에서 직관적으로 분류 • 언어의 발달 • 자기 중심성의 사고와 언어태도 • 비가역성 • 대표적 행동 : 자아 중심성, 물활론적 사고, 보존개념의 획득 시작, 중심화	2~7
Ⅲ. 구체적 조작기	• 동작으로 생각했던 것을 머리로 생각할 수 있음 • 논리적 사고, 가역성의 획득, 언어의 복잡화 • 사고의 사회화, 서열화의 능력과 분류 능력의 출현 • 대표적 행동 : 상대적 비교 가능, 가역적 사고	7~11
Ⅳ. 형식적 조작기	• 추상적 개념의 이해 • 문제해결에 있어 형식적 조작이 가능 • 사물의 인과관계 터득 • 문제해결에 가설 적용 • 가설 검증 능력, 연역적 사고 가능 • 추리력과 적용력의 발달 • 대표적 행동 : 조합적 사고	11~15

1) 감각적 운동기(0～2세)

• 대상영속성(object permanence)

어떤 대상이 감각에서 사라져도 그 대상은 계속 존재한다는 사실을 아는 것이다.

예 생후 4개월된 유아는 바로 눈앞에 있는 장난감이 천이나 종이로 가리워져 자기 눈에 보이지 않게 되면, 마치 대상이 없어져버린 것처럼 장난감에 대한 흥미를 잃고 찾으려고 하지 않는다. 반면, 10개월 정도가 된 유아는 대상이 천이나 종이로 가리워져도 그것을 능동적으로 찾게 되는데, 이러한 현상은 대상이 눈에 보이지 않더라도 계속 존재한다는 사실을 알고 있음을 나타낸다.

2) 전조작적 사고기(2～7세)

① 언어의 출현

이 시기의 유아는 정신적 표상(表象)에 의한 사고를 하지만 아직 개념적 조작능력이 충분히 발달되지 못했기 때문에 어른들과는 다른 방식으로 사물에 이름을 붙이고 행동한다.

예 어떤 움직이는 것을 가리킬 때, 그것이 트럭이든 승용차이든 기차이든(이것은 어른이 부르는 이름들이다) 관계없이 모두 '차'라는 단어를 사용한다(未分化). 자기 삼촌이 군인이면 모든 군인을 볼 때마다 삼촌이라 부른다.

② 지연모방

아동 자신이 마치 '그 모델인 양 행동(pretence)을 하는 것'으로 이는 아동이 상징적 사고(symbolic thought)를 한다고 볼 수 있다.

예 작은 막대기를 입에 물고 아버지가 파이프를 물고 있는 양 흉내낸다.

③ 자아중심성(ego-centrism)

모든 사물을 자신의 입장에서만 보기 때문에 다른 사람의 관점을 이해하지 못한다.

예 자기가 보고자 하는 텔레비전 프로그램이 왜 다른 사람들에게는 재미가 없는지를 이해하지 못한다.

④ **물활론적 사고**(animism)

사물이 모두 살아 있고 각자의 의지에 따라 움직인다고 믿는 생각이다(전조작기의 초기에는 모든 것들이 다 살아 있다고 생각하며, 후기로 가면 움직이는 것들만 살아 있는 것으로 생각한다).

예 초기에는 해는 빛을 발하기 때문에 살아 있는 것이고, 산은 아무것도 하지 않기 때문에 산 것이 아니라고 말하며, 6세 이후가 되면 책상이나 꽃은 움직이지 않기 때문에 산 것이 아니고, 자전거나 구름은 움직이기 때문에 살아 있다고 말한다.

⑤ **보존개념**(conservation concept)

사물의 양은 그 모양이 변하거나 여러 부분으로 나누어지더라도 총량은 변하지 않는 것을 아는 것이다.

〈전형적 보존개념〉

1. 수보존

실험자가 동전을 벌려 놓으면, 전조작기 어린이는 "더 많다"(혹은 더 적다)라고 반응하나, 구체적 조작기 어린이는 같다고 반응한다.

2. 물질보존

실험자가 찰흙공을 소시지 모양으로 늘려 놓으면, 전조작기 어린이는 "더 크다"(혹은 더 작다)고 반응하나, 구체적 조작기 어린이는 "같다"고 반응한다.

3. 부피보존

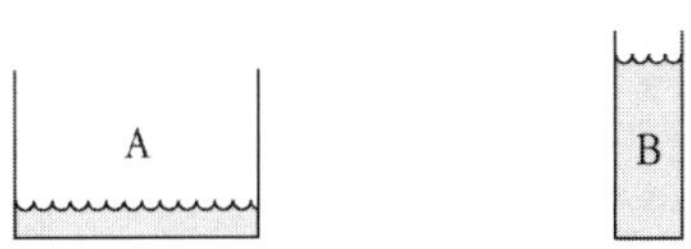

실험자가 A그릇의 물을 B그릇에 부으면, 전조작기 어린이는 "더 많다"(혹은 더 적다)고 반응하나, 구체적 조작기 어린이는 "같다"고 반응한다.

예 모양과 크기가 같은 두 개의 컵에 같은 양의 물을 채운 다음, 그 중 한 개의 컵에 든 물을 길이가 더 길고 가느다란 다른 빈 컵에 모두 부으면 수면은 처음 컵의 물보다 더 높아지게 마련이다. 이렇게 하고 나서 아동에게 두 개의 컵에 든 물 가운데 어느 쪽의 양이 더 많은지를 묻게 되면, 전조작적 사고기의 아동은 수면이 높은 쪽이 더 많다고 대답한다. 이는 아동이 시각적 속성에만 의존하여 사고하기 때문에 양의 보존개념을 알지 못한다는 뜻이다.

6 중심화(centreation)

대상들을 여러 관점에서 보지 못하고 한 가지 방식으로만 보는 것을 말한다.

예 5살 아동에게 27개의 나무 구슬이 들어 있는 상자를 보여 주었다. 27개의 구슬은 흰 구슬이 20개, 갈색 구슬이 7개로 되어 있었다. 이 구슬들에 대해서 아동에게 흰 구슬이 더 많은지 아니면 갈색 구슬이 더 많은지를 질문했을 경우는 아동은 분명하게 흰 구슬이라고 대답을 했지만, 다음에 그 구슬들을 가지고 네모난 구슬이 더 많은지 동그란 구슬이 더 많은지를 물었을 때는 질문을 이해하지 못했다. 아동은 단지 구슬을 색깔이라는 차원으로만 중심화할 뿐 구슬의 모양 등 다른 차원을 고려하지 못한다. 도형에서도 평면도만 보고 측면도나 입면도를 생각하지 못한다.

3) 구체적 조작기(7～11세)

1 상대적 비교 가능

사물의 속성을 다룰 때 그들 사이의 관련성을 판단할 줄 안다.

예 전조작적 사고기의 아동은 하나의 대상에 대해서 검다거나 희다라고만 표현하는 데 반하여, 구체적 조작기의 아동은 ‘이것이 저것보다 검다.’거나 ‘저것이 이것보다 더 검다.’라는 상대적 비교를 할 수 있게 된다(양자비교 가능).

2 유목포함(class inclusion) 문제해결

유목 사이의 관계를 안다. 즉, 구체적 조작기의 아동은 대상의 절대적 속성에 구애받지 않는다.

예 색깔과 모양이 서로 다른 구슬상자를 보여 주면 색깔을 기준으로 많고 적음도 평가하고 모양을 기준으로 분류할 줄도 안다.

③ 서열화(serialization)의 능력

대상을 그것이 지니는 특성의 양적 차원(예 : 크기, 무게, 밝기)에 따라 차례로 나열하는 능력을 갖춘다.

④ 가역적 사고

보존개념 판단의 근거를 제시한다. 즉, 어떤 변화가 그 변화의 과정을 역으로 밟으면 다시 원래의 상태로 되돌아갈 수 있다는 것을 안다.

예 같은 크기의 밑이 넓고 길이가 짧은 비커의 물과 길이가 길고 가느다란 비커의 물이 같은 이유를 첫째, 다른 모양의 비커에 물을 옮길 때 물을 더 더하거나 빼낸 일이 없기 때문에 양의 변동은 없다고 말하거나(일치율), 둘째, 하나는 수면의 높이는 높지만 다른 하나는 밑넓이가 넓기 때문에 양의 변동이 없다고 판단하거나(보상률), 셋째, 원래 있던 비커에 물을 다시 옮겨 부으면 먼저와 똑같아진다고 대답한다(역률).

4) 형식적 조작기(11~15세 이상)

① 조합적 사고(combinational thinking)

하나의 문제에 직면했을 때 모든 가능한 해결책을 논리적으로 궁리해 봄으로써 결국 문제해결에 이르게 되는 사고를 말한다.

예 아동에게 무색의 액체가 들어 있는 5개의 병을 보여 준다. 이 중 세 개의 병의 액체를 섞으면 노란색의 액체가 된다. 아동에게 섞어서 만든 노란색 액체를 보여 주고 5병의 액체들을 섞어서 노란색을 만들어 보게 한다. 그러면 구체적 조작기에 있는 아동은 거의가 무작정 두 액체를 섞어 짝을 지우고는 탐색을 멈추어 버리지만, 형식적 조작기의 아동들은 노란색을 얻어질 때까지 두 가지, 세 가지 액체를 계속해서 조합하고, 또 일단 노란색이 얻어진 뒤에도 남은 조합들을 계속해서 다른 가능성을 찾아본다.

② 연역적 사고

구체적 조작기의 아동이 구체적인 현실에서 출발하여 여러 가지 경험에 의해 일반적 사실에 도달하는 반면, 형식적 조작기에 이르면 일반적인 사실에서 출발하여 특정한 사실에 도달할 수 있게 된다. 즉 '만일 ~이면 ~이다.'라는 연역적 사고가 가능해진다. 이외에도 복잡한 언어문제, 가설적용, 비율, 3자간 비교, 운동량의 보존 등을 이해할 수 있게 된다.

Piaget의 인지발달 이론은, 인간의 인지발달에 관한 이론들 가운데 타의 추종을 불허할 만큼 현격한 위치를 점하고 있다. 그러나 그의 이론에 대한 비판도 제기되고 그에 대한 논쟁도 계속되고 있다. 일부 심리학자들은 Piaget가 주장한 네 가지 사고단계의 존재여부에 대해서 의문을 제기하고 있다. 이 네 단계 분류에 대한 문제점 중의 하나는 아동의 사고에 일관성이 부족하다는 점이다. 만약 네 개의 분리된 단계가 존재하고, 각 단계에 있어서의 아동의 사고가 일련의 특수한 조작에 바탕을 두고 있다면 아동은 그 조작들을 완전히 습득한 후에는 해당 단계의 조작능력을 요하는 모든 문제를 해결하는 데 있어서 매우 일관성이 있어야 하는데 실제는 그렇지 않다는 것이다. 그리고 Piaget는 대부분의 아동이 혼자 힘으로 외부세계를 이해하는 능력을 갖고 있다는 측면에서 아동을 꼬마 과학자라고 생각한다.

그러나 Vygotsky는 아동의 인지발달은 주로 다른 사람 즉, 성인 또는 좀더 능력이 있는 또래와의 상호작용을 통해서 이루어진다고 주장한다. 바꾸어 말하면 이런 사람들이 아동에게 교사 또는 안내자로서의 역할을 하고, 아동이 지적으로 성장하는 데 필수적인 정보나 지식 그리고 자원을 제공해 준다는 것이다. 이러한 조력을 영어로는 흔히 scaffolding 또는 springboard라고 한다. 이 말은 아동에 대한 주위사람들의 조력이 아동의 발달에 필수적 조건이 되는 '발판(도약판)'이라는 의미이다. 이것은 아동이 이들의 도움을 얻어서 어떤 문제를 보다 쉽게 풀고 궁극적으로는 스스로 문제해결 능력을 발달시키는 데 힘이 된다는 뜻이다.

Vygotsky에 의하면 발달과정에는 언제나 아동이 혼자 힘으로 해결할 수 없는, 그러나 조금만 도움을 받으면 해결 가능한 여러 수준의 문제가 존재한다는 것이다. 바로 이 때에 아동이 정신적으로 지속적인 발달을 할 수 있도록 사기를 북돋아주고 논리적이며 체계적인 구상을 하게 해 주고, 실마리를 제공해 주는 등의 촉진자 역할을 주위사람들이 해 주게 되면 인지발달이 왕성하게 이루어질 수 있다고 본다. 물론, 어떤 문제는 아동이 혼자서 해결할 수 있는 것들도 있다. 또 이들 촉진자들이 설사 모든 문제를 아무리 설명해 주어도 해결할 수 없는 문제들도 있다. 우리는 Vygotsky의 이론을 근접발달영역(ZPD ; Zone of Proximal Development)이론이라 부르는데, 이는 아동이 혼자서는 어떤 문제를 해결할 수 없지만, 성인의 지도 또는 지적 발달이 앞선 또래의 협력이 약간만 있으면 성공적으로 해결할 수 있는 영역이 있다는 견해이다. 따라서 이 이론은 인지발달의 가속화에 대한 중도적 입장이라 볼 수 있다.

Vygotsky의 이론은 Hunt의 이론과 맥을 같이하고 있다. 이 이론의 공통된 핵심은 아동이 독자적으로 이해할 수 있는 상황도 필요하지만, 동시에 교사나 다른 아동들과의 상호작용, 협력 및 조력이 있게 되면 발달이 가속화된다. 때때로 가장 훌륭한 교사란 바로 이러한 사실을 숙지하고 이를 실천하는 사람이다. 요컨대, Vygotsky의 이론적 주장에 근거해 볼 때 교사란 바로 학습자에게 발달 중립지역을 조정해 주는, 즉 학습자의 능력과 교육수준을 연계시켜 주는 사람이다. 실제로 현재까지 알려진 바로는 가장 좋은 교육자의 역할은 학생들의 지적발달 수준에 알맞은 학습경험을 제공해 주는 것이다.

한편, Piaget의 인지발달론의 교육에 대한 시사점을 세 가지로 요약해 보면 첫째, 진정한 학습이란 교사에 의해 주어지는 것이 아니라 아동 자신으로부터 나온다는 것이다. 즉, 학습은 능동적인 발견의 과정이 되어야 한다는 것이다. 아동의 인지발달은 자연적이고 자발적으로 이루어지기 때문에 아동은 스스로 외부세계를 탐색함으로써 상당한 인지발달을 이룩하게 된다. 따라서 교사는 아동에게 지식을 주입시키기보다는 흥미와 문제를 제기하는 자료들을 찾아주어 아동 스스로 문제들을 해결하도록 허용해야 한다.

둘째, 아동의 발달수준 특히, 인지발달 수준에 적합한 교육활동을 실시하는데 대해 시사점을 준다. Piaget는 각 단계에서 나타나는 인지적 발달양상을 규명함으로써 해당 단계에서의 효과적인 교육활동의 지침을 제공해 준다.

셋째, Piaget는 Rousseau와 Montessori와 마찬가지로 학습이 능동적인 발견과정이 되어야 하고 동시에 발달단계에 적합해야 한다고 했으나, 어느 면에 있어서는 이들과 의견을 달리하였다. 즉, Piaget는 사회적 상호작용에 대해 커다란 교육적 가치를 부여하였다. 아동은 다른 사람과의 상호작용을 통하여 둘 이상의 관점을 고려하여 두 차원을 동시에 통합함으로써 논리적 사고와 도덕적 원리 등을 습득하게 된다고 보았다.

평 가

- 공헌 — 성장과 발달의 각 단계에서 논리가 사고구조에 어떻게 적용되는가에 대해 밝혔다.

• 문제점

① 인지발달이 자연적 · 자발적이라는 점에 대해 훈련의 효과가 고려되지 않았다는 비판이 있다.

② 모든 아동이 같은 속도로 발달하는 것은 아니라는 점. 발달속도의 차이에 대한 이유를 거의 언급하지 않았다.

(2) 성격발달

성격이라는 말은 일상생활에서 가장 빈번히 사용되고 있는 용어 가운데 하나인데, 그에 대한 개념정의는 학자마다 다르다. Allport는 성격이란 환경에 대하여 독특한 방법으로 적응하려는 개인의 정신물리적 체계(psychophsical system)의 역동적 조직(Personality is the dynamic organization within the individual of those psycho-physical systems that determine his unique adjustment to his environment)이라고 하였으며, Guilford는 성격을 모든 능력의 집합체이며 개인의 일반적 특징, 그리고 적응과정에 따른 행동양식이라고 정의하였다. 또한, May는 성격이란 사회에 있어서 개인의 역할과 상태를 규정하는 모든 성질의 종합이라고 규정하였다. 이상을 종합해 볼 때 성격은 개인의 성질 · 특성 · 가치 · 환경에 적응하는 방법과 같은, 한 개인의 독특하고 일관적인 심리적 특성들의 전체라고 말할 수 있다(성격, 인격, 인품, 인성, 성품, 성질……).

이러한 성격발달은 아주 복잡한 과정이며 신체운동적 · 인지적 · 정서적 · 사회적 · 도덕적 발달들과 상호관련을 가지면서, 하나의 전체로 발달해 간다고 볼 수 있다. 그리고 성격발달은 유전적인 요소가 환경(시간 · 공간 · 인간)과 상호작용한 결과로서 이루어진다고 볼 수 있다.

1) 성격이론

성격에 대한 이론적 접근은 다양한데, 대체로 유형론적 접근, 특성론적 접근, 정신역동적 접근, 행동주의적 접근, 인본주의적 접근 등으로 이루어지고 있다. 따라서 여기에서는 이러한 접근에 대하여 간략하게 살펴보기로 한다.

[1] 유형론적 접근

성격에 대한 유형론적 접근은 성격을 몇 가지 불연속적 범주로 구분하여 개인을 질적으로 분류하려고 한다. 인간의 성격을 유형론적 입장에서 생각하게 된 것은 기원전 Hippocrates(B.C. 460~377) 때부터이다. Hippocrates는 인체는 물 · 불 · 공기 · 흙의 4원소로 되어 있고 인간의 성격은 뇌에 우세한 체액에 의해 결정된다는 체액기질설을 주장하였다. 이러한 생각은 로마의 의사 Galenus(130~200)에 의해 계승되었다. 이들은 기질 특성을 다혈질, 점액질, 담즙질 및 흑담즙질(우울질)로 분류하여, 그 특성을 각각 기술하였다.

William H. Sheldon(1856~1939) : Kretschmer와 함께 성격기질 이론의 대표자. 인간을 체격유형에 따라 비만형, 세신형, 근육형으로 분류하였다.

성격에 대한 고대의 체액기질설(체액병리설)이 부정된 18세기 이후에도 성격의 심리학적 · 현상학적 기술에 널리 활용되고 있다. 또 다른 초기 성격이론 중의 하나는 신체유형과 성격이 서로 상관있다는 성격기질설인데, 이 이론의 대표자로 Sheldon과 Kretschmer를 들 수 있다.

〈체액기질〉

기질형	특 성	체 액
다혈질	현실적, 명랑, 온정적, 정서적, 흥분이 빠르고 가볍다.	혈액
우울질	소소한 데 신경을 쓰며 근심 걱정이 많다. 우울하다.	흑담즙
담즙질	빨리 흥분하고 쉽게 노한다. 행동은 민속하나 오래 못간다. 뽐내기 좋아한다.	황담즙
점액질	냉정하며 침착하고 동작은 느리나 오래 지속한다.	점액

그러나 대부분의 현대 심리학자들은 성격과 신체유형간에 어떤 상관이 있다고 하더라도 그 관계성은 약하다고 생각하고 있다. 하지만 Sheldon의 이론과 연구방법이 강력한 지지를 받지 못한다 하더라도 우리는 신체와 성격간에 어떤 관계가 있음을 간과해서는 안 된다. 즉, 특별한 신체조건이 특별한 성격을 만들어 내는 것은 아니지만, 신체조건이 성격형성에 어떤 역할을 한다는 사실은 쉽게 이해할 수 있다. 그 이유는 신체가 성격을 직접적으로 결정해서가 아니라 한 개인이 외부세계로부터 어떻게 취급받느냐에 대해 그의 신체적 조건이 영향을 주기 때문이다.

그리고 Kretschmer 역시 체격특성이 성격기질을 결정한다고 주장하면서 비만형, 세신형(細身型), 근육형 등으로 나누었다. 즉, 몸이 뚱뚱한 비만형은 사람 사귀기를 좋아하고 활달하며 기분의 변동이 심하고, 몸이 마르고 키가 큰 세신형은 꼼꼼하고 신경질적이며 깔끔하고 혼자 있기를 좋아하며, 근육이 발달한 근육형은 정력적인 성격을 갖는 것이 특징이라는 것이다.

한편, Pavlov는 생리학과 심리학을 접목시킨 현대성격이론의 창시자인데, 그는 신경계 유형론을 주장하였다. Pavlov의 성격유형이론은 신경계통의 강도(strength), 균형성(equilibrium) 및 가동성(mobility)이라는 세 가지 특성을 기초로 하여 이루어졌다.

마지막으로, 가장 유명한 유형론 중의 하나는 스위스의 정신의학자 Jung에 의하여 제안되었는데, 그는 모든 사람들을 내향적인 사람(introverts)과 외향적인 사람(extraverts)으로 분류하였다. 그에 의하면 내향적인 사람은 스스로 움츠러드는데 특히, 스트레스적인 정서적 갈등에 직면하게 될 때 혼자 있기를 선호하며 타인들을 회피하는 경향이 있으며, 수줍어 한다. 반면, 외향적인 사람은 사람들과 사회적 만남에 열중함으로써 스트레스에 반응한다. 이러한 사람은 많은 사람들을 직접적으로 대하는 직업에 익숙하며, 관습적으로 사교적이며 활달하다.

비만형 내배엽형 / 내장 긴장형 easy-going	
1. 이완된 태도와 동작을 한다.	12. 감정의 흐름이 평정하다.
2. 신체적 안락을 즐긴다.	13. 너그러운 면이 있다.
3. 반응이 느리다.	14. 자기만족적이다.
4. 먹는 것을 좋아한다.	15. 수면시 깊이 잠든다.
5. 식사하면서 사교하는 것을 좋아한다.	16. 특색이 없다.
6. 소비하는 것을 즐긴다.	17. 감정의 소통이 자유로울 뿐 아니라 용이하며 외향적이다.
7. 의식적인 것을 좋아한다.	18. 술의 힘을 빌어 사교를 즐긴다.
8. 사교하는 것을 즐긴다.	19. 괴로울 때 타인의 도움을 구한다.
9. 누구에게도 인상이 좋다.	20. 유년기의 가족들과 관계 있는 자에게 마음이 쏠린다.
10. 애정과 칭찬을 요구한다.	
11. 타인에게 마음이 쏠린다.	

근육형 중배엽형 / 신체 긴장형 assertive	
1. 확신 있는 듯한 태도와 동작을 한다.	12. 비정하면서도 섬세한 면이 없다.
2. 신체를 쓰는 일을 즐긴다.	13. 사양함이 없이 소리를 지른다.
3. 강력한 성질을 보인다.	14. 고통에 대하여 아무렇지 않게 느낀다.
4. 운동을 좋아하며 일을 즐긴다.	15. 몹시 떠들어 대는 것을 좋아한다.
5. 사람을 지배한다든가 권력을 쓰는 것을 좋아한다.	16. 나이에 비하여 겉늙어 보인다.
6. 위험을 즐긴다.	17. 횡적 정신 분열과 신체 긴장형적 외향성과 의식적, 무의식적 생활의 분열된 면이 엿보인다.
7. 용감하고 직접적 태도를 취한다.	18. 술에 취하면 기고만장하여 싸움을 잘한다.
8. 다툴 때는 주먹을 먼저 쓴다.	19. 괴로울 때도 활동하기를 즐긴다.
9. 경쟁적이고 공격성이 있다.	20. 유년기의 이상과 활동에 마음이 쏠린다.
10. 정신적인 냉혹성이 있다.	
11. 밀폐된 장소에서 공포를 느낀다.	

세신형 외배엽형 / 두뇌 긴장형 rigid	
1. 엉거주춤한 태도를 취한다.	11. 광장에서 공포를 느낀다.
2. 생리적 반응이 너무 강하다.	12. 태도를 예측할 수 없다.
3. 반응이 지나치게 빠르다.	13. 소리 내는 것을 주저할 뿐 아니라 겁낸다.
4. 틀어박혀 있는 것을 좋아하며 금욕주의적이다.	14. 고통에 민감하다.
5. 내적 정신 활동과 지나친 주의와 지각, 예민성 등이 있다.	15. 수면이 얕을 뿐더러 만성적 피로가 있다.
	16. 태도와 풍채가 젊어 보인다.
6. 감성적인 비밀과 충동을 억제한다.	17. 종적 정신 분열과 내향성이 있다.
7. 눈이나 얼굴을 억제한 모습이 보인다.	18. 술 기타 모든 억제에 대한 저항력이 부족하다.
8. 사교하는 것을 두려워 한다.	
9. 사교할 때 평안한 마음이 억제된다.	19. 괴로울 때에 고독을 즐긴다.
10. 애정에 대한 저항과 자동적으로 행하는 것이 서툴다.	20. 인생의 최종 단계의 목적에 마음이 쏠린다.

② 특성론적 접근

성격에 대한 특성론적 접근은 인간의 성격을 하나의 연속선상에서 양적으로 구분하려 한다. 예를 들어, 공격성의 특성을 양적으로 얼마나 소유하고 있느냐에 따라 한 개인의 성격을 평가한다. 그러므로 이 접근을 지지하는 학자들은 개인들 간에 뚜렷한 성격유형은 없고, 각 개인은 성격차원이나 특성에서 타인에 비해 정도의 개인차를 보일 뿐이라고 주장한다.

Allport와 Cattell 같은 특성이론가들은 연속선상에서 양적 차이를 보여 주는 여러 행동성향들을 확인하려 하였다. Allport에 의하면 특성은 신경학적 토대를 가진 신경 · 정신적 구조이며, 개인의 생각 · 행동 및 감정을 결정하는 데 중요한 역할을 하는 성격구조이다. 또한, Allport는 특성이 여러 상황에서 일관성있게 나타나고 있지만, 단일 특성과 주어진 단일 행동간에 단순한 1 : 1의 관계가 성립하지 않는다고 주장하였다.

그리고 Cattell은 특성존재에 대해선 Allport의 견해를 지지했지만, 특성을 성격의 구조로 보기보다는 성격구조를 형성하는 요인으로 보았다.

한편, Eysenck는 생물학적 성격유형론을 주장하였는데, 그에 의하면 인간의 성격은 내향성-외향성, 정서적 불안정성-안정성 등 두 특질 차원으로 되어 있다.

지금까지 살펴본 바와 같이 성격에 대한 특성론적 접근은 다양한 인간의 행동을 설명해 줄 수 있는 기본적인 성격특성들을 규명하려는 데 초점을 둔다. 그러나 이 특성이론은 몇 가지 문제점들을 가지고 있기 때문에 일부의 성격심리학자들로부터 비판을 받아왔다. 즉, 특성이론은 극도로 복잡한 인간을 설명하는데 충분하지 못하며, 안정된 성격특성 요인이 과연 존재하느냐에 대한 근본적인 의문이 제기되고 있다.

③ 정신역동적 접근

정신역동적 접근에는 Freud의 정신분석학, Adler의 개인심리학, Jung의 분석심리학, Horney의 신경증적 성격이론, Sullivan의 대인관계이론, Murray의 욕구 및 동기이론, Fromm의 성격유형론, Erikson의 심리사회적 발달론 등이 있다.

Freud의 정신분석학적 성격발달론

Freud에 의하면 정신(마음)은 의식 · 전의식 · 무의식으로 구성되는데, 이 중 무의식이 인간의 행동이나 사고에 가장 큰 영향을 미치게 된다. 이러한 무의식은 억압된 본능에 의해서 형성되며, 이는 꿈이나 신경증적 증상, 잠꼬대 또는 실언으로 나타난다. 또한, Freud에 의하면 성격은 본능(원초자아 ; id), 자아(ego), 초자아(superego)의 세 체계로 구성된다. 전체 성격의 이러한 각 영역은 고유의 기능 · 특성 · 구성요소 등을 가지고 있으나, 서로 밀접하게 관련되어 있다. 인간의 행동은 거의 이 세 체계간의 상호작용에 의해서 나타나게 된다.

Sigmund Freud(1856~1939) : 오스트리아의 신경학자, 정신분석학의 창시자. 정신분석학은 인간의 정신 및 정신병 치료에 관한 이론인 동시에 문화와 사회를 해석하는 시각을 제공하는 이론. 반복되는 비판과 논박, 수정에도 불구하고 프로이드의 연구는 그의 사후에도 유력한 분야로 계속 남아 있음. 주요 저서에는 「히스테리의 연구」(1895), 「꿈의 해석」(1900), 「일상생활의 정신병리」(1904), 「성(性) 이론에 관한 세 가지 논문」(1905), 「토템과 터부」(1913), 「정신분석 입문」(1917), 「쾌감원칙의 피안(彼岸)」(1920), 「자아와 이드」(1923) 등이 있다.

성격요소 중에서 본능(원초자아)은 쾌락의 원리(pleasure principle)에 의해 지배되기 때문에 본능적 충동에 의해 지배되는 성격의 부분이며, 자아는 본능(원초자아)의 충동 중에서 비합리적이고 반사회적인 것을 억압하고 현실적으로 가능하고 타당한 방법으로 만족을 얻게 하는 성격의 부분이다. 그렇기 때문에 자아는 현실의 원리(reality principle)에 의해 지배된다고 볼 수 있다. 그리고 초자아는 이상의 원리(ideal or perfection principle)에 의해 지배되는 인간행동의 도덕적 규제를 맡는 성격의 부분으로, 완벽과 이상을 추구한다. 지금까지 살펴본 원초자아 · 자아 · 초자아의 의식성의 유무와 내용 및 기능을 간략히 정리해 보면 다음과 같다.

구 조	의식성	내용과 기능
원초자아 (id)	무의식적임	기본적인 충동(성과 공격) : 결과와 관계없이 즉각적인 만족을 추구함, 이상과 같은 논리는 통하지 않음, 즉각적 · 비합리적 · 충동적임.
자아 (ego)	현저하게 의식적임	원초자아의 충동과 초자아의 억제 사이를 중재하는 집행부 · 현실을 검증함, 공간과 시간을 합리적이고 논리적으로 고려함.
초자아 (superego)	의식적 및 무의식적임	이상과 도덕 : 완전을 추구함, 부모로부터 통합됨(내면화 됨), 만족에 대한 한계를 지움, 개인의 양심이 됨.

Freud는 적응적인 성격이란 이러한 세 가지 성격요소가 균형을 유지하고 있는 상태라고 가정하였다. 왜냐 하면 건강하고 적응하려면 원초자아가 끊임없이 충동의 즉각적인 만족을 추구하는 반면, 초자아는 도덕이나 양심에 비추어 이를 제지하려는 힘을 발휘하는 가운데서 자아가 현실조건을 고려하여 이들을 모두 만족시킬 수 있어야 하기 때문이다. 그러나 이러한 과정은 필연적으로 세 요소간의 갈등상황을 만든다. 이 때 어느 한 요소의 힘이 너무 강하면 자아가 그 힘에 대해 위협을 느끼게 되며, 불안을 경험하게 된다. 어느 요소의 힘에 의해 불안이 야기되었는지에 따라 불안의 종류는 세 가지로 나누어진다. 먼저, 신경증적 불안(neurotic anxiety, 원초자아 불안)은 본능이 원인인 불안으로서 개인이 자신의 본능적 충동을 통제하지 못하고 압도되어 처벌받는 행동을 하게 될 것이라는 위협때문에 경험하는 정서이다. 그리고 현실불안(reality anxiety, 자아불안)은 자아에 관련되는 불안으로서 현실적인 위험이 외부에 실제로 존재할 때 자아가 위협의 신호로서 경험하는 정서이다. 그러므로 이러한 현실불안을 객관적 불안(objective anxiety)이라고도 하는데, 이를 도식으로 나타내면 '외적 위험 → 현실불안'과 같다. 마지막으로 도덕적 불안(moral anxiety, 초자아불안)은 도덕적 행위의 내적 기준에 도달하지 못한데 대한 죄책감이나 자기 비난감, 양심의 가책을 경험하는 정서이다. 이러한 불안들은 근본적으로 원초자아의 본능적 압력(본능에 의한 무의식적인 성적 또는 공격적 소망)과 그에 대한 초자아에 의한 처벌의 위협 사이에서 생겨나는 갈등의 결과이다. 그러므로 불안은 무의식 세계에 있어서의 위험의 존재에 대한 신호로 이해될 수 있다. 이러한 신호에 대한 반응으로서 자아는 의식세계로 떠오르는, 수용할 수 없는 생각과 감정들을 막기 위하여 방어기제(defence mechanism)를 동원하게 된다.

〈베일란트의 방어기제의 수준〉

수 준	내 용
Ⅰ. 정신병적 방어기제 (psychotic mechanism)	망상적 투사(delusionl projection) : 괴롭힘을 당한다는 망상
	부인(denial) : 현실을 인정하지 않음
	왜곡(distortion) : 환상이나 소원성취에 대한 망상을 포함하는 것으로 내적 욕구에 맞도록 현실을 재구성함
Ⅱ. 미성숙한 방어기제 (immature mechanism)	투사(projection) : 자신이 인정하지 않는 감정을 다른 사람의 탓으로 돌리는 것
	분열적 환상(schizoid fantasy) : 환상이나 내면으로 퇴각함으로써 갈등을 해결하는 것
	심기증(hypochondriasis) : 다른 사람에 대한 비난이 신체적 질병에 대한 불평으로 바뀌는 것, 종종 의존요구를 피하거나 무시당하는 것에 대한 불만을 피하기 위해서 사용됨
	수동적 공격행동(passive-aggressive behavior) : 다른 사람에 대한 공격이 수동적으로 간접적이고 효과적으로 표현되거나 자신에게 표현됨
	행동화(acting out) : 무의식적 소망에 따른 감정을 인식하지 못한 채 직접적으로 표현하는 것, 여기에는 비행이나 성질을 부리는 것이 포함됨
Ⅲ. 신경증적 방어기제 (neurotic mechanism)	지성화(intellectualization) : 소망이나 바램을 형식적이고 정서적인 용어로 생각하고 그것에는 영향을 미치지 않는 것
	억압(repression) : 어떤 정보를 인정하지 않거나 기억이 나지 않음, 의식적인 기억에서 지워버림
Ⅳ. 성숙한 방어기제 (mature mechanism)	대치(displacement) : 원래의 대상이 아니라 다른 대상으로 감정을 옮김(예, 사랑하는 사람을 포옹하고 싶을 때 고양이를 안는다)
	반동형성(reaction formation) : 자신이 싫어하는 직장동료에게 예외적으로 친절한 것과 같이 자신이 무의식적으로 정말로 하고 싶은 것과 반대되는 방식으로 행동하는 것
	해리(dissociation) : 성격의 임시적이고 극적인 변화
	이타심(altruism) : 다른 사람에 대해 대리적이지만 건설적인 봉사
	유머(humor) : 불안을 야기하는 생각이나 감정을 다른 사람이 불편하지 않고 불쾌하지 않게 표현하는 것, 빈정거림은 포함되지 않음
	억제(suppression) : 충동이나 갈등을 다루는 것에 대해 의식적으로나 전의식적으로 연기하려고 결정하는 것
	예측(anticipation) : 미래의 문제나 불편함에 대한 현실적 추측과 그에 대한 계획
	승화(sublimation) : 스포츠를 통해 공격성을 표현하는 것과 같이 쾌락을 줄이거나 반대되는 결과를 가져오지 않고 어떤 욕망이나 소망을 간접적으로 표현함

한편, Freud는 Darwin의 적자생존론의 영향을 받아, 인간의 본능을 성욕(sex)과 공격욕(aggression)으로 보았다. 따라서 그는 인간 행동에 있어서 본능의 역할을 강조하였다. Freud는 성욕의 에너지를 리비도라 하고, 이 리비도는 일생을 통하여 정해진 일정한 순서에 따라 상이한 신체부위에 집중하게 되는데, 이 신체부위를 성감대(erogenous zone)라 하였다. Freud는 이러한 성감대의 연령적 변화에 따라 발달단계를 다섯 단계로 나누어 기술하였다.

Freud 이론의 공헌으로서는 ㉠ 무의식에 관한 견해 → 심리학이나 심리치료 분야에 많이 활용되는 점과 ㉡ 초기경험의 중요성 강조 → 유아교육에 많은 시사점을 제공하고 있다.

문제점으로서는 ㉠ 인간의 성적 욕망을 지나치게 강조한 점과 ㉡ 외디푸스 콤플렉스(Oedipus complex) 등은 보편성이 없다는 지적, 그리고 ㉢ 성인환자의 치료과정에서 얻은 자료로 정상 아동의 발달을 역으로 추정 · 설명하다 보니 과학적 정확성이 부족하다는 것이다.

짝수에 집착하는 베컴이 병?

"냉장고에 콜라 캔이 홀수로 있으면 하나를 꺼내 다른 곳에 옮겨 놓아야만 안심이 된다." 얼마 전 축구 스타 데이비드 베컴은 이런 자신의 강박증을 토로해 눈길을 끌었었다. 그는 "음료수와 옷, 잡지 등 모든 물건이 짝수를 이루거나 일렬로 세워져 있지 않으면 불안해서 참을 수가 없다"고 설명했다. 물론 베컴의 정리벽이, 게다가 짝수로까지 맞춰져 있어야 한다고 하니 좀 유난해 보이기는 한다. 그런데 이것을 과연 병이라고 할 수 있는 것일까 하는 생각이 드는 것도 사실이다. 하지만 베컴이 이 문제 때문에 아내 빅토리아와 이혼법정에 갈뻔 했다고 말했던 것을 기억한다면 일상 생활에 심각한 불편을 초래하는 강박증은 쉽사리 넘길 문제가 아니다.

① 사소한 강박증상은 누구에게나 있다.

속옷, 양말 하나하나가 제대로 개어져 정리돼 있어야 하는 사람, 욕실을 쓴 이후에는 머리카락 하나도 바닥에 떨어져 있으면 안 되는 사람, 수건은 반드시 똑바로 걸려 있어야 하고 내가 쓰는 물건은 항상 있던 그 자리에 있어야 하는 사람, 일상생활에서 흔히 마주칠 수 있는 이런 사람들도 일종의 강박증적 증세가 있는 사람이다.

사실 이런 수준의 강박증세는 어느 정도 생활에 도움도 되고 심지어는 주변에서 꼼꼼하고 청결한 사람이라는 칭찬도 받을 수 있다. 그렇지만 본인이 '이렇게까지 하지 않아도 되는데'라는 생각이 들지만 그 행동을 제어할 수 없을 때 이는 병이라 할 수 있다. 또 심한 강박증을 겪는 사람들 상당수는 직장뿐 아니라 가족과의 생활에서도 주변 사람들과 갈등이 생기는 등 사회생활에서 상당한 어려움을 겪게 된다.

② 존재하지 않는 불안을 증폭시키는 병

일종의 불안장애인 강박증은 강박사고와 강박행동으로 나눌 수 있다. 즉 자신의 마음을 불편하게 하는 어떤 생각이 자꾸 머리 속에 떠오르게 되는 강박사고로 인해 불안감이 커지면 이 불안을 없애기 위해 특정한 행동을 반복하는 강박행동이 나타나는 것이다.

예를 들면, 문고리를 잡은 후 '병균이 내 손에 묻었고, 나는 끔찍한 질환에 감염될거야'라는 강박사고가 계속되면 환자는 손을 끊임없이 씻는 강박행동을 하게 되는 것이다. 모든 물건이 '1, 2, 3…', 또는 'ㄱ, ㄴ, ㄷ…' 순으로 정리돼 있어야 하는 사람은 '모든 것은 순서대로 있어야 한다'는 강박사고로 인해, 끊임없이 물건 위치를 확인하고 정리하는 강박행동을 보이게 된다. 그러나 이 두 가지는 각각 하나씩만 나타날 수도 있다.

또 한 사람에 하나씩의 강박사고와 행동이 있는 것이 아니다. 사람에 따라 동시에 여러 형태의 강박행동을 보이거나, 시기에 따라 다른 강박행동, 사고를 보이기도 한다.

한편 강박증이 병이라는 것은 환자 스스로도 이런 생각이 '쓸데 없는 걱정, 행동'이라는 사실을 알면서도 멈출 수 없다는 데 있다. 물건이 반드시 짝수로 있거나 정리정돈돼 있어야 할 합리적 이유도, 문고리를 맨손으로 잡았다고 치명적 질병에 걸릴 가능성이 없다는 것을 스스로 알고 있지만, 자신의 행동은 제어가 안되고 불안감만 커가는 것이다.

③ 뇌 신경 전달 물질의 불균형이 원인

강박증의 원인은 아직 정확하게 밝혀지지 않았다. 그러나 현재까지는 '안와전두엽'(눈 바로 위쪽에 있는 뇌)에서 '기저핵'(뇌의 깊은 부분)으로 이어지는 뇌 신경회로의 이상에 있다. 즉, 선천적 원인에 의한 것으로 분석되고 있다.

강박증은 일반적으로 초등학교 입학 전후에 서서히 발병하게 된다. 증세가 뚜렷하지 않기 때문에 주변에서는 오히려 꼼꼼하고 정리정돈 잘 하는 학생으로 인정되는 수도 많다. 이후 강박증은 10대 후반에서 20대 중반에 최고조에 달하게 되며 이 때부터 증세는 좋아졌다, 나빠졌다를 반복하게 된다.

또한 강박증은 스트레스에 취약한 병이기도 하다. 별 문제가 없다가도 가족 일원의 사망, 이혼, 퇴직, 출산 등 스트레스적 상황이 발생하면 갑자기 강박증이 생기는 것이다. 물론 의학계에서는 이 경우 강박증이 후천적으로 생긴 것이 아니라 이전에 증세가 미약했던 것 뿐이라고 설명한다.

④ 행동치료와 약물치료 병행을

강박증에 대해서는 보통 행동치료와 약물치료가 동시에 이뤄지게 된다.

행동치료는 강박증 환자들에게 강박행동이 불안을 감소하는 유일한 방법이 아니라는 것을 분명히 인식하고, 강박사고를 보다 현실적이고 합리적인 방식으로 재조명할 수 있도록 하는데 초점이 맞춰져 있다.

예를 들면, 더러운 것을 못 참는 사람에게 아예 더러운 곳에서 못 빠져 나오게 잠시 동안 가둬두는 것이다. 물론 경우에 따라 오히려 상태가 악화될 수도 있다. 또 손을 너무 자주 씻는 강박행동일 경우 손이 더러워져도 건강상의 문제는 발생하지 않고, 그리고 '병에 걸리면 약을 먹으면 되지'라는 식으로 생각할 수 있게 유도해야 된다.

약물치료를 할 때는 대뇌의 '세로토닌'이라는 신경 전달 물질이 재흡수되는 것을 막는 약제가 이용된다. 그러나 이 약물의 효과로 증상의 상당한 호전을 볼 수 있으나 약물을 중단하는 경우 재발의 위험이 아주 높아 장기적인 약물 투여가 필요하다.

또 매우 심한 경우에는 신경절단술이나 전기자극수술 등 수술적 치료가 이용되고 있으나 어디까지나 다른 대안이 없는 경우의 최후에 해 볼 수 있는 치료이다.

〈Freud의 성격 발달단계〉

단 계	연 령	특 징
구순기 (oral)	출생~약 1세 (0~8개월)	· 즐거움의 근원은 빨기, 물기, 삼키기, 입술을 움직이는 것이다. · 충동의 즉각적인 만족에 빠진다. · id가 지배한다(쾌락주의). · 수유경험에 의해 애정형/애정기근형으로 갈릴 수 있다.
항문기 (anal)	약 1~3세 (8~18개월)	· 성만족의 근원은 배설물을 보류하거나 배설하는 것이다. · id와 ego가 지배한다. · 대소변 훈련을 너무 철저히 시키면 강박증(정사각형 성격)이 생길 수 있고 비난하면 보류고착증(인색한 성격)이 될 수 있다.
남근기 (phallic)	약 3~6세 (18개월~5세)	· 생식기에 관심을 갖게 되고, 생식기가 성만족의 근원이 된다. · 이성(異性)부모에 애착한다. · 외디푸스(Oedipus)와 엘렉트라(Electra) 컴플렉스를 갖는다. · id, ego, superego가 지배한다. · 인간관계의 질이 결정된다.
잠복기 (latency)	6~11세	· 성 만족에 대한 관심이 없어지고, 동성(同性)의 부모를 동일시한다. · id, ego, superego가 지배한다. · 동성친구끼리 어울린다.
생식기 (genital)	12세 이후	· 병적인 애착과 퇴행을 제외하고 어른의 형태와 같은 성 만족에 관심을 갖는다. · 종족보존 본능과 결혼욕구가 길러진다.

Freud의 성(性)적 발달은 성격발달과 결부시켜 13세 전후의 사춘기까지만 언급되어 있다. 그러나 성적 발달(psycho-sexual development)은 일생동안 중요

한 발달과업이요, 성인들도 성생활이 원만하게 유지되도록 노력할 필요가 있다. 만족한 성생활은 남성과 여성 모두에게 정신(심리)적으로 긍정적인 효과를 둘 수 있다.

① 남성에게 주는 효과

젊음 유지	정서적 만족감으로 젊음을 유지, 실제로 만족한 성생활을 영위하는 남성은 동년배에 비해 젊어 보임(스코틀랜드 에든버러병원에서 3,500명의 남성을 대상으로 연구한 결과)
심장 건강에 도움	1주일에 3회 이상 만족한 성생활을 하면 관상동맥질환(협심증 · 심근경색)이나 심부전으로 사망할 확률이 50% 감소(브리스틀대학에서 2,500명의 남성을 대상으로 연구)
질병 발생 감소	1주일에 1~2회만 만족스러운 성생활을 해도 기분이 좋아지고 면역기능이 강화돼 독감 · 바이러스 감염 등을 극복하는 능력이 커짐(펜실베니아대학 심리학교실 연구)
암 발생 감소	한 달에 6회 이상 만족스러운 성생활을 한 남성은 그렇지 않은 남성에 비해 유방암 발생률 감소(유방암 환자의 1%는 남성인데 여성보다 치명적임. 의학 잡지 '브리티시 저널 오브 캔서'에 발표)
장수 효과	1주일에 2번 이상 만족스러운 성생활을 한 남성은 한 번 이하인 남성에 비해 의미 있게 오래 삶(웨일스의 카디프대학 연구 결과)

② 여성에게 주는 효과

친밀감과 모성애 증가	극치감 땐 옥시토신이 정상 수치보다 5배 증가(옥시토신은 수유 때 분비되는 호르몬, 부드러움, 모성애 등 여성성을 극대화시킴)
기분 고조	극치감을 느낄 땐 여성호르몬 증가→기분 상승→생리 전 증후군 감소, 극치감 땐 엔도르핀도 증가→우울증 해소
휴식	옥시토신이 졸음 유발(여성은 평균 극치감을 느낀 20~30분 후에 수면에 들어감. 남성은 2~5분 후 입면)
통증 완화	생리통 감소, 실제로 극치감을 느낄 땐 통증을 느끼는 역치점(문턱)이 높아짐
스트레스 감소	여성의 스트레스는 성욕과 관련, 즉 성욕감퇴증 환자는 스트레스를 많이 받음. 20분의 성관계로도 스트레스 감소 효과 큼

E. H. Erikson의 심리 사회성 발달론

Erikson은 Jung, Adler 등과 함께 Freud의 이론을 수정 · 발전시켜, 신프로이드 이론을 형성하였는데, 이들은 성격형성에 있어서 성적 본능보다는 사회적 · 환경적 요인을 더 중요시하였다. 특히, Erikson은 인간의 성격발달을 심리사회적 측면에 주안점을 두어 체계화하였다. 즉, Freud는 심리학적 측면을 강조하여 인간의 성격발달을 체계화한 반면, Erikson은 타인과의 사회적 관계에 초점을 두어 인간의 사회성 발달을 8단계로 체계화하였다.

Erik H. Erikson(1902~1994) : 독일 출생의 미국 정신분석학자. 인간 형성을 문화 · 사회와 관련지어 설명했다. 특히 청년기의 '정체성 위기' 해결방법 여하에 따라서 역사의 양식을 창조하는 측면을 밝혀냈다. 정체성 개념에 의해 프로이드 이후의 정신분석학적 자아심리학을 비약적으로 발전시켰다. 주요 저서로 「유아기와 사회」(1950), 「청년 루터」(1958)가 있다.

정신분석학적 성격발달이론으로서의 프로이드와 에릭슨의 이론은 많은 공통점을 갖고 있지만 동시에 여러 가지 측면에서 차이를 보이기도 하는데, 이를 표로 정리해 보면 다음과 같다.

〈Erikson의 심리 · 사회성 발달단계의 이론적 모형〉

구분 / 발달단계	심리 · 사회적 과제와 위기	기본덕목 (활력)	중요한 작용자	사회적 질서의 관련요인	심리 · 사회적 행동 양식	의식화의 개체발생	Freud의 심리 · 성욕적 발달단계와의 비교
1. 유아기 (infancy)	신뢰감 대 불신감	희망 (hope)	어머니 (모성적 인간)	우주적 질서	취하다 되돌려주다	상호간의 유지	구순기 (감각-근육 운동기)
2. 아동기 (childhood)	자율성 대 수치감, 의혹	의지 (will)	부모	법과 질서	유지하다 방출하다	선악의 분별	항문기 (유보-방출)
3. 유희기 (play age)	솔성선 대 무능력감, 죄책감	목적 (purpose)	기본가족 (핵가족)	이상(본보기)의 원형	만들다 ~처럼 만들다	연극적	남근기 (침입-배제)
4. 학동기 (school age)	근면성 대 열등감	적합성 (adequacy)	이웃사람, 학교 내의 인간관계	기술적 요소(원칙)	완성하다 ~와 결부시키다	수행	잠재기
5. 청소년기 (adolescence)	자아정체감 대 역할혼미	충성 (loyalty)	동료, 외부집단 리더십 모형	이데올로기의 전망	움직이다(움직이지 않다) 활동을 공유하다	신념의 공동일치	사춘기
6. 성인 초기 (young adult)	친밀성 대 고립감	사랑 (love)	우정, 사랑, 경쟁협력 관계의 대응자	협력과 경쟁 유형	타인과 관계하다 ~을 발견하다		성기기
7. 성인기 (adulthood)	생산성 대 침체감, 위축감	돌봄 (care)	분업	교육과 전통의 사조	존재하다 돌보다	세대계승적 인정	
8. 노인 성숙기 (mature age)	완전성, 통합성 대 허무감, 절망감	지혜 (wisdom)	인류, 내나름대로의 일들	지혜	있는 그대로 존재하다 죽음(비존재)에 직면하다		

* 출처 : 박아청, 1985a, p. 60.

〈Freud와 Erikson의 성격발달이론 비교〉

이론 기준	Freud의 성격발달이론	Erikson의 성격발달이론
공통점	· 인생초기 경험의 중요성 강조 · 정신분석학에 기초를 둔 이론(정신분석학적 발달이론) · 단계이론	
차이점	· 심리성적 측면 강조 · 원초자아(id) 강조 · 인간관계의 초점을 가족 내의 아버지-자녀-어머니의 갈등적인 삼각관계에 둠 · 인간발달의 부정적인 측면, 즉 유아기의 병리적 경험에서 인간행동의 근본원인을 찾음 · 청소년기까지 성격형성은 종결되기 때문에 그 이후에는 성격의 변용이 어려움	· 심리사회적 측면 강조 · 자아(ego) 강조 (자아의 통합적인 기능이 더 중요한 작용을 하므로 자아와 현실사회와의 관계를 중요시할 뿐만 아니라 사회화 과정에서도 계속적인 경험을 획득하는 자아의 기능을 강조함) · 인간관계의 초점을 가족에서 확대된 사회적 관계에 둠 · 인간발달의 긍정적인 측면(발달적 위기의 성공적인 해결에 초점을 둠) · 전생애 동안 성격은 계속적으로 발달함(평생발달론)

〈Erikson의 인생주기와 자아정체감(自我正體感)의 발달모형〉

	1	2	3	4	5	6	7	8
① 유아기	기본적 신뢰감 대 불신감				단극성 대 조숙, 자기분화			
② 아동기		자율성 대 수치, 의혹			양극성 대 자폐성			
③ 유희기			솔선성 대 무능력감, 죄책감		유희동일화 대 공상정체감(Oedipus) complex)			
④ 학동기				근면성 대 열등감	활동성 동일화 대 정체감폐쇄			
⑤ 청소년기	시간전망 대 시간혼미	자기확신 대 정체감 의식	역할 시험 대 부정적 정체감	성취 기대 대 활동성 미비	자아 정체감 대 역할 혼미	정적 정체감 대 양성적 혼미	지도성의 분극화 대 권위 혼미	이데올로기의 분극화 대 이상의 혼미
⑥ 성인초기					유대감 대 사회적 고립	친밀성 대 고립감		
⑦ 성인기							생산성 대 침체감, 위축감	
⑧ 노인 성숙기								완전성, 통합성 대 허무감, 절망감

이 두 이론은 과학적인 정확성이 결여되고, 그 객관적인 근거가 없다는 비판을 받기도 하지만 인간의 성격발달에 관한 대표적 이론들이다.

Jung의 분석심리학적 성격이론

Jung은 Freud의 제자였으나 고전적 정신분석학에 환멸을 느끼면서 1913년 Freud를 떠나 분석심리학이라는 자신의 학파를 창설하였다. Jung은 여러 가지 방향에서 Freud와 달랐다.

첫째, Freud가 리비도를 성적으로만 정의하는 것을 반대하였다. Jung은 리비도 또는 정신 에너지가 모든 생명의 창조적 힘을 나타내는 것이지 성적 힘만을 나타내는 것은 아니며, 물리적 에너지와 마찬가지로 정상적인 신체의 신진대사 과정에서 발생한다고 주장하였다.

둘째, Freud와 Jung 모두 인간 행동을 결정하는 데 있어 무의식의 역할을 강조하였으나, Freud는 무의식을 자아가 통제해야만 하는 흥분이 들끓는 원초자아의 덩어리로 보았고, Jung은 강함과 생명력이 넘치는 자아의 근원으로 보았다.

셋째, Jung은 개인적 무의식과 집합적 무의식이라는 다른 수준의 두 무의식이 있다고 생각하였다(일본이나 뱀을 싫어함). 이 중 개인적 무의식은 억압된 사고, 망각된 경험 그리고 아직 의식으로 발전되지 않은 아이디어를 포함하고 있다. 그리고 Jung의 가장 독특한 개념인 집합적 무의식은 과거 세대들로부터 물려받은 기억과 행동패턴으로 구성되어 있다. Jung은 인간의 신체가 수백만년 동안 진화의 산물인 것처럼 인간의 마음도 선사시대 이래로 조상들이 일반적으로 가진 경험의 집합적 기억이나 집합적 사고형태를 발전시킨 것이라고 믿었다.

넷째, Freud와 Jung 이론의 또 다른 점들은 Freud는 성의 본능을 강조한 반면, Jung은 이성적이고 정상적인 특질을 강조했다는 것이다.

다섯째, Freud는 아동기에 정신적인 발달이 짜여진다고 생각한 반면, Jung은 충분한 정신적 발달은 중년에 와서야 일어난다고 생각하였다.

여섯째, Jung은 인간 성격의 근원과 과거의 조상으로 확대된다고 믿는 역사적 연속성을 갖고 있기 때문에 인간은 자신의 성격의 여러 부분을 조화로운 전체로 통합하는 쪽으로, 그리고 자아실현의 쪽으로 항상성있게 움직인다고 주장하였다.

한편, 집합적 무의식 이외에 Jung의 독특한 개념으로는 태도유형을 들 수 있다. Jung은 내향성과 외향성이라는 성격의 일반적인 태도유형을 제안하였다. Jung에 의하면 외향성의 사람은 외부세계에 관심이 있고 혼자있기 싫어하며, 적극적인 행동형, 발산형이며 다른 사람과 사건에 흥미를 느끼는 사람이다. 이에 반해 내향성의 사람은 자기 자신의 사적인 세계에 더 관심이 많으며 비사교적이고 본성이 조용하며, 양보, 겸허, 명상, 내실을 기하고 타인과의 교제에서 신뢰감이 부족한 인상을 보여 준다. Jung은 모든 사람은 이 두 태도유형을 어느 정도 다 보여 주나 한쪽 태도가 보다 지배적인 반면, 나머지 태도는 속에 잠복되어 있다고 생각하였다.

또한, Jung은 인간을 합리적 · 비합리적 범주로 나누었다. Jung에 의하면 합리적인 사람은 자신의 행위를 사고와 감정의 심리적 기능에 의해 조절하며, 의사결정시에도 원칙적으로 사고에 의해 지배되며 정서적 요인과 가치판단에 더 큰 비중을 둔다. 이에 반해 비합리적인 사람은 감각이나 직관에 의해 의사결정을 한다. Jung은 모든 인간은 사고 · 감정 · 감각 및 직관의 네 가지 심리적 기능을 어느 정도 다 보여 주나, 이 중 하나 이상이 항상 더 지배적이라고 생각하였다. Jung의 개념은 미래, 삶의 의미의 중요성 및 자아 실현의 성취 등을 강조함으로써 현대의 성격이론에 영향을 주었으나, 그 특유의 상징주의와 신비주의 때문에 그 동안 심리학자들에게 경시되어 왔다. 그의 이론에 근거해 MBTI 성격진단이 나왔다.

Adler의 개인심리학적 성격이론

1911년 Freud를 떠나 자신의 개인 심리학파를 창설한 Adler도 무의식을 강조하였지만, 그의 무의식은 성적 본능이 아니라 사회적 충동이었다. Adler는 인간은 출생의 순간부터 인간관계에 노출되며 일생동안 사회에 적응해야만 하는 사회적 존재로 생각하였다. 그리고 인간은 본능적 충동의 처분만 따르는 것이 아니라 자신의 운명을 선택하고 자신의 인생계획을 창조하며 자신의 목적 성취를 도와줄 특질, 태도 및 능력을 발전시키는 존재로 보았다. Adler는 인간의 공통적인 기본동기를 열등감에 기초한 '우월에의 추구'라고 하였다. Adler에 의하면 유아는 자기에게 음식을 제공해 주며 보호해 주는 성인에 대하여 열등감을 갖고 있으며, 성장하면서 자신의 신체적 결함, 손위의 형제 · 자매들의 존재 또는 불행한 가정생활 등이 열등감 반응을 강화시켜 준다고 한다. Adler는 이러한 열등 콤플렉스(inferiority complex)를 보상하기 위해 아동은 우월감, 충족감 및 권력감을 성취하게 해 주는 개인적 목표를 설정한다고 주장했다. 개인적 목표는 교사나 은행장이 되기를 원하는 것 같은 실현 가능한 것일 수도 있고, 시각장애자가 비행기 조종사가 되기를 원하는 것 같이 비현실적인 것일 수도 있다. 또한, 권력투쟁 같이 건전하지 못한 방법을 사용하여 타인을 지배하려는 신경증적인 것일 수도 있다.

일단 목표가 선택되고 나면 모든 개인의 행동은 의식적 및 무의식적으로 그 목표에 도달하도록 방향 지워지며 목표를 향한 투쟁은 인생의 반동력을 제공해 준다고 보았다.

Alfred Adler(1870~1937) : 오스트리아의 정신의학자. 처음에는 S.프로이드의 영향을 받았으나, 그 후 독자적인 '개인심리학(individual psychlogy)'을 수립하였음. 성본능을 중시하는 프로이드의 설에 반대하여, 인간의 행동과 발달을 결정하는 것은 인간존재에 보편적인 열등감 · 무력감과 이를 보상 또는 극복하려는 권력에의 의지, 즉 우월의 요구라고 하였다. 주요 저서로는 「신경쇠약의 특색에 관하여 Über den nervö sen Charakter」(1912), 「개인심리학의 이론과 실제 Praxis und Theorie der Individual psychologie」(1924) 등이 있다.

④ 행동주의적 접근

앞에서 기술한 성격이론들은 모두 인간의 내면적인 성격요소들을 강조하는 이론들이다. 이에 비해 행동주의적 성격발달 이론은 성격보다는 상황적 조건들을 더 강조한다. 행동주의적 접근에 있어서는 행동을 결정하는 것이 내적 성격이 아니라 특별한 조건이다. 여기에서는 특질을 진정한 실체로 보지 않고 행동패턴을 위해 우리가 창조한 명칭일 뿐이라고 주장한다. 이 이론은 시간과 상황에 관계없이 행동이 일치한다는 특성론자들의 주장을 반박하며, 개인은 자신의 경험에 의해 한 상황이나 조건에서만 일관성있게 행동할 뿐이라고 주장한다.

고전적 조건화이론

행동주의 심리학의 창시자인 Watson은 러시아의 정신생리학자인 Pavlov의 조건화 원리를 가지고 행동의 학습과정을 규명하려고 노력하였다. 중립적인 자극과 무조건 자극이 연합될 때 Pavlov의 고전적 조건화가 형성된다. Pavlov는 이 조건반사를 연구하는 중에 조건반사 가능성(condition ability)의 개인차를 발견했고, 그 개인차의 근원을 기질특성으로 보았다. Pavlov의 연구에서 기질특성과 조건화 원리라는 두 가지 요소를 발견할 수 있다.

Watson은 Pavlov 연구의 또 다른 요소인 조건화 원리에 초점을 맞추었다. '조건형성된 공포' 실험을 통해 Watson은 행동을 만드는 결정적인 요인은 환경이며, 모든 행동은 자극과 반응들간의 연합을 학습한 결과라고 주장했다. 이러한 조건화 원리로서 간단한 행동의 습득 뿐만이 아니라 복잡한 정서반응까지도 설명이 가능하다. 예를 들면, 작은 실수로 많은 관중 앞에서 큰 웃음거리가 되었던 경험이 있는 소년은 대인공포증을 가질 수 있다(예 : 이상한 영어 발음에 대한 학급 친구들의 폭소가 그를 위축시킬 수 있다). 이는 학습에서 말하는 일반화 현상인데, 소년의 이전 경험과 실제로 관련이 없는 다른 사람들에 대해서도 조건반사가 일어난다. 결국 이 소년은 소극적이며 몹시 불안정한 성격의 소유자로 타인에게 보일 것이다.

조작적 조건화이론

Skinner도 인간의 관찰 가능한 행동과 그 행동의 원인이 된 조건간의 관계를 발견하려는데 초점을 맞추었다. Skinner에게 있어서 이 조건은 바로 강화받은 경험이다.

조작적 조건화에서는 강화를 해 주는 행동이 도구의 구실을 한다. 따라서 강화를 받은 행동은 후에도 기대에 의해 빈번하게 일어날 것이고 강화받지 못한 행동은 그 발생빈도가 줄어들거나 소거될 것이다. 예를 들면, 수업시간에 대답에 실패할까봐 두려워하는 아동은 선생님으로부터 질문받을 때마다 '모른다'라는 식으로 반응할 수 있다. 이는 실패에 대한 두려움을 막아주는 학습된 반응이다. 이러한 반응은 결국 이 아동으로 하여금 부끄러워하고 핑계를 잘대며 도피지향적인 성인이 되게 할 것이다.

사회학습이론

지금까지 행동주의 이론은 몇 가지 문제점을 노출하였다. 즉, 개인의 인지적 요인은 무시해 버리고 연합이나 강화같은 외적 조건만을 강조했으며, 인간을 환경적 영향에 무력한 수동적인 존재로만 보았다. 그러나 Bandura와 Rotter와 같은 사회학습 이론가들은 이러한 문제점을 해결하기 위해서는 동기나 인지과정 같은 개체적 변인과 환경적 변인을 다 고려해야 한다고 주장하였다. 특히, Bandura는 행동, 개인, 그리고 상황이 서로 영향을 미친다는 상호결정론을 주장하였다. 또한, 그는 대리적 강화도 주장하였는데, 이는 자신의 직접적 경험없이도 타인이 강화받는 것을 관찰함으로써 학습이 일어날 수 있다는 것이다. 반면, 대리적 처벌도 마찬가지로 설명할 수 있다. 이 같은 학습을 관찰학습 또는 모방학습(modeling)이라고 부른다. 예를 들면, 우리가 보여 주는 많은 일상적 행동은 학습할 목적을 가지고 학습된 것도 아니며 강화받은 결과도 아니다. 이는 부모나 형제 또는 주위의 많은 모델들의 효과적인 행동을 관찰하며 기억해 두었다가 후에 실제로 시행해 보는 것이다. 사회학습이론은 우리의 행동이 강화에 의해서만 아니라 강화받을 것이라는 기대에 의해서도 습득될 수 있다고 본다.

행동주의 이론가들은 기존의 성격연구들이 실험실 연구보다는 주로 임상장면이나 사례연구(case study)에서 발전된 것들이기 때문에 과학적이고 객관적이지 못했다고 보고 있으며 특히, Freud 학파의 가설은 검증 불가능하다고 믿고 있다. 따라서 이들은 성격에 대해 좀더 과학적 접근을 권한다. 그러나 이들도 모든 성격 이론가들이 직면하고 있는 문제에 직면하고 있다. 즉, 통제된 조건하에선 인간에 대한 실제 자료를 얻기 힘들다는 것이다.

⑤ 인본주의적 접근

Freud를 주축으로 하는 정신분석학이나 행동주의 심리학과는 입장을 달리하는 심리학의 제3세력이 인본주의 심리학인데, 여기에는 자유의지의 존재로서 개인의 주관적 체험을 강조한다. 그러므로 인본주의 심리학은 개인이 세상을 어떻게 지각하고 해석하느냐에 주로 관심을 갖기 때문에 현상학적 이론이라고도 한다. 또한 자아라는 개념을 아주 중요시하기 때문에 자아이론이라고도 부른다. 이러한 인본주의 심리학을 대표하는 학자로는 Maslow, Rogers, Combs, Kelly 등을 들 수 있으나 특히, 이 중 대표적인 학자는 Maslow의 자아실현 접근과 Rogers의 인간중심 접근이다.

George A. Kelly(1905~1969) : 인지심리학자. 성격과 심리치료, 정신 이상에 대한 연구에 적용되는 이론을 제시하였음. 1995년에 「개인적 구성 개념의 심리학」을 출간, 단번에 유명해졌다. 우리가 개인적 구성 개념이라고 부르는 인지 구조에 의해 행동한다고 믿었다. 그의 이론은 동기, 무의식, 욕구, 특질, 강화, 발달단계 같은 전통적 성격개념들을 거부하고 사람은 누구나 세상을 이해, 예측, 통제하고자 하는 과학자라고 보았다.

인본주의 성격이론에서 강조하는 원리와 특징을 정리해 보면 다음과 같다.

첫째, 인간은 기본적으로 성장하고자 하는 내적 본성(성장력)을 갖고 태어난다.

둘째, 이러한 인간의 내적 본성은 경험이나 무의식적 사고와 감정에 의해 변화되고 발달될 수 있으나, 이러한 힘(경험과 무의식)에 의해서만 지배를 받는 것은 아니다.

셋째, 인간 자신은 상당한 정도로 자기의 행동을 조절할 수 있는 힘을 지니고 있다.

넷째, 아동들은 자기의 성장과 발달을 즐기고, 또 선택할 수 있는 힘이 있기 때문에 그들 스스로 행동과 발달을 선택할 수 있도록 아동들에게도 자유가 허용되어야 한다.

다섯째, 부모와 교사들이 아동들의 생리적 욕구와 안전 · 애정 및 소속 · 자존의 욕구를 잘 충족시켜 주면 아동들은 스스로 현명한 선택을 하며 발달해 갈 수 있다.

여섯째, 부모와 교사의 역할은 아동들의 성장을 통제하거나 발달을 형성시켜 주는 일이 아니라, 아동들 스스로 성장 · 발달하도록 도와 주는 것이다.

2) 성격발달에 영향을 미치는 요인

개인의 성격 발달에 영향을 미치는 요인은 여러 가지가 있으나, 크게 나누어 볼 때 생물학적 요인, 가정환경적 요인, 사회문화적 · 지리적 요인 등으로 구분해 볼 수 있다.

① 생물학적 요인

성격형성이나 발달에는 개인의 생물학적인 요인이 크게 작용한다고 보는데, 여기에는 유전 · 체격과 외모 · 내분비선 · 성숙도 등이 포함된다.

첫째, 성격형성에 유전적 요인이 어떻게 영향을 주는가는 정확히 알려지지 않았으나, 유전적 특성이 개인의 성격을 어느 정도 결정하는 것으로 보인다. 출생 후 얼마 되지 않은 신생아에게도 일정한 성격특성이 있는 것으로 확인되었고, 행동에 있어서도 어느 정도 일관된 개인차가 있다는 것을 알 수 있다.

둘째, 체격이나 외모 등의 신체조건은 다분히 유전에 의해서 결정되는 경우가 많으며, 또 신체적 특성은 성격과 높은 상관관계가 있는 것으로 밝혀지고 있다. 이러한 입장은 전술한 '성격이론'에서도 확인된 바 있다. 전반적으로 볼 때 체격이 좋고 건강한 사람은 그렇지 못한 사람에 비해 활발하고 명랑하며 자신감이 있고 적극적인 태도를 보인다. 반면, 약하고 신체적 결함이 있는 사람은 수줍음과 겁이 많고 수동적이며 열등감을 지니는 경향이 있다.

셋째, 내분비선의 상태가 개체의 발생 · 성장 · 성숙 · 생식 등과 깊은 관련을 갖고 있으며, 개체의 제반상태를 조절하고 외부환경의 변화에 대응하며 개체를 보존시키는 역할을 하고 있다. 이렇게 볼 때 뇌하수체 · 갑상선 · 부신 · 생식선 등에서 분비되는 호르몬의 상태에 따라 성격특성이 달라진다고 할 수 있다.

넷째, 성숙도는 성격형성과 밀접한 관계가 있다. 일반적으로 조숙한 아동은 긍정적인 자아개념을 가지며 타인에 의하여 잘 받아들여지고 자신감이 있으며 독립적이고 또한, 잘 적응하게 된다. 그러나 미숙한 아동은 부정적인 자아개념을 가지며 부적절하고 거부적인 감정을 갖기 쉬우며 보다 의존적일 뿐만 아니라 때로는 반항적인 성격을 갖는 경향이 있다.

2 가족환경적 요인

성격은 가정의 환경적 요인에 의해서도 많은 영향을 받는 것으로 확인되고 있는데, 이 중에서도 특히 부모의 자녀 양육태도와 방식, 출생순위, 그리고 형제자매의 수와 성비(性比)가 아동의 성격형성과 발달에 지대한 영향을 미친다고 할 수 있다.

첫째, 부모의 양육태도와 방식은 자녀의 성격형성과 발달에 의의있는 영향을 미친다. 부모와 자녀간의 인간관계는 주로 부모가 자녀를 어떠한 태도나 방식으로 양육하느냐에 의해 결정되고, 이는 다시 자녀의 성격 특성에 영향을 미치게 된다. 부모의 자녀 양육태도와 방식에는 여러 가지가 있겠으나, 대체로 수용적 · 민주적 양육태도, 익애적 양육태도, 허용적 양육태도, 거부적 양육태도, 권위적 양육태도, 자유방임적 양육태도, 과잉기대적 양육태도, 불일치적 양육태도, 모순적 양육태도 등으로 구분해 볼 수 있다. 이러한 각각의 양육태도는 자녀의 성격형성에 다른 영향을 미치게 된다. 대체로 부모의 수용적 · 민주적 · 관용적 · 합리적 · 협동적 태도는 자녀의 성격형성에 긍정적인 영향을 미치게 되나, 부모의 익애적 · 간섭적 · 거부적 · 권위적 태도와 무관심 등은 자녀의 바람직한 성격 형성을 저해한다.

둘째, 출생순위에 따라서도 성격은 달라질 수 있다. 이는 엄격히 말해서 출생순위 자체가 직접적으로 아동의 성격형성에 영향을 미친다기 보다는 가족 구성원간에 조성되는 역동적 기능의 차이에 의해서 성격이 다르게 형성된다는 것을 의미한다. 다시 말해서 아동의 출생순위에 따라 가족 구성원 특히, 부모가 의식적이든 무의식적이든 상이한 태도와 기대를 갖기 때문에 아동의 성격형성이 달라지게 된다.

셋째, 형제자매의 수와 성비 역시 성격형성에 유의한 영향을 미칠 수 있다. 외동아이는 형제가 없이 홀로 자라므로 사회성이 결핍되기 쉽기 때문에 대인관계를 포함한 사회적 적응이 쉽지 않을 것이며, 형제자매가 많을 경우는 양보심이나 협동심이 강하면서도 심한 경쟁심이나 질투심을 형성할 가능성이 높다.

또한, 남자 형제가 많은 가정의 아동은 여자 자매가 많은 가정의 아동보다 더 남성적인 성격을 갖기 쉬우며, 같은 남자라 할지라도 남자 형제가 많은가, 여자 자매가 많은가 또는, 여자라 할지라도 남자 형제가 많은가, 여자 자매가 많은가에 따라 성격형성이나 발달은 달라질 수 있다.

③ 사회문화적 · 지리적 요인

성격형성은 아동이 살고 있는 그 사회의 문화적 환경특성과 지리적 여건에 따라서도 달라진다. 먼저, 사회의 문화적 환경특성으로는 정치형태나 경제 또는 산업구조 형태, 가치관이나 규범, 교육관 등이 포함되는데, 이러한 요인들은 직접 · 간접으로 아동들의 성격형성에 영향을 미치게 된다. 사회의 문화적 특성은 일정한 문화기대를 가지고 그 구성원에게 압력을 행사하기 때문에 결국 성격형성에 영향을 미치게 된다.

또한, 사회의 지리적 여건 역시 아동의 성격에 영향을 미칠 수 있는데, 자연환경이라 할 수 있는 토양 · 기후 및 풍토 · 산세 등은 크지는 않지만, 인간의 성격에 유의미한 영향을 미친다고 볼 수 있다. 높은 산이나 바다를 보며 자란 아동은 평야에서 자란 경우와 다를 수 있다.

〈관계 유형의 기본 축〉

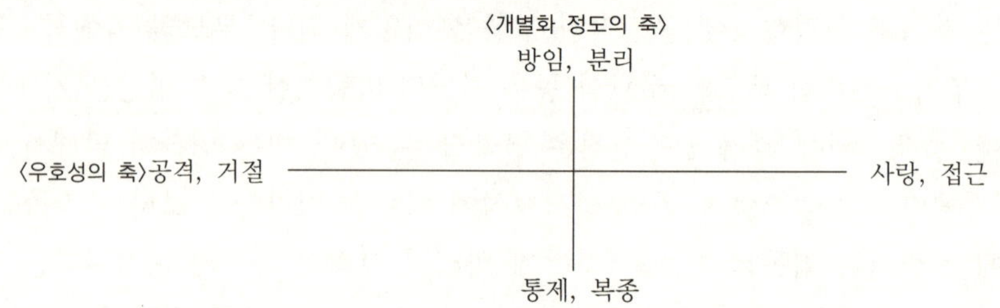

〈타인측면(other surface) 태도 군집 : "타인이 나를(에게) – "〉

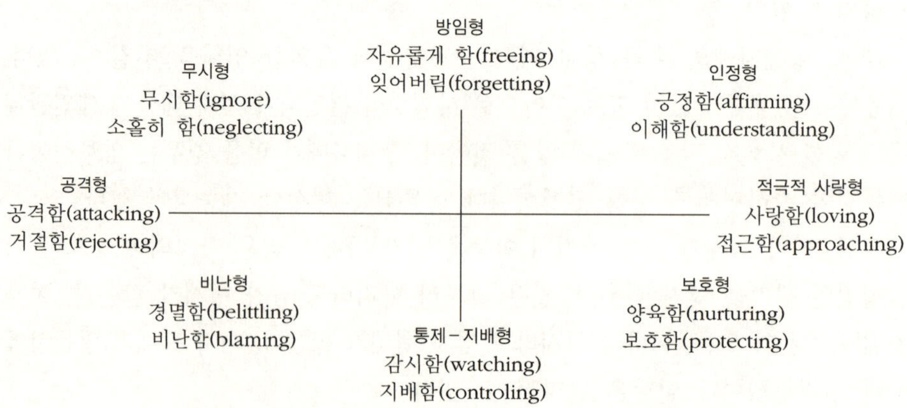

〈자기적 측면(self surface) 태도 군집 : "내가 타인을(에게, 에 대해)－"〉

분리형
주장함(asserting)
분리함(separating)

차단형
차단함(waling off)
거리를 둠(distancing)

개방형
개방함(disclosing)
표현함(expressing)

방어형
항거함(protesting)
움츠러듬(recoiling)

반응적 사랑형
기쁜 마음으로 관계맺음
(joyfully connecting)

부루퉁형
부루퉁함(sulking)
투덜거임(curring)

의존－신뢰형
신뢰함(trusting)
믿음(relying)

복종형
양보함(deferring)
복종함(submitting)

〈심리내적 측면(intrapsychic) 태도 군집 : "내가 나를(에게, 에 대해)－"〉

자기방임형
자발적임(spontaneous)

자기무시형
공상에 빠짐(daydreaming)
스스로 소홀히 함(neglecting of self)

자기긍정형
스스로 수용함(self-accepting)
탐색함(exporing)

자기파괴형
자신을 거부함(self-rejecting)
자기 파괴적임(destroying)

자기사랑형
스스로 사랑함(self-loving)
귀하게 여김(cherishing)

자기비난형
자기 고발적임(self-indicting)
압박함(oppressing)

자기양육형
스스로 양육함(self-nourishing)
계발함(enhancing)

자기억제형
스스로 감독함(self-monitoring)
억제함(restraing)

이 환경적 요소에는 보통 "3間"이 거론된다. 時間환경, 空間환경, 人間환경이 그것이다. 언제, 어디서, 누구와 더불어 살았느냐를 보는 것이다. 교통과 왕래가 빈번하지 않던 옛날에는 사는 곳의 자연환경에 따라 인간성품에 차이가 생겼던 것 같다. 그 한 예로 조선시대 규장각 학사로 일했던 尹行恁의 8도 인물평을 들 수 있다. 경기도 사람은 鏡中美人이라 했다. 도성과 왕궁이 있어서 생활수준이 높고 외부와의 왕래가 빈번해 유행에 민감했고 멋을 내는데 으뜸이라는 것이다. 강원도 사람은 岩下老佛이라 하여 산세가 크고 바위산이 많아 과묵하고 자비로운 성격을 가졌다. 충청도 사람은 淸風明月이라 했다. 산과 물이 좋아 느긋하고 둥근 달처럼 모나지 않은 양반성격으로 후덕한 인품을 지녔다. 함경도 사람은 泥田鬪狗라 했다. 물불 안 가리고 용감하게 싸운다. 오랑캐와 싸움경험으로 불굴의 정신을 갖춰 무인들이 많이 나왔다. 평안도 사람은 猛虎出林이라 했다. 용맹성과 박치기 정신이 있다는 것이다. 황해도 사람은 荒田耕牛라 하여 거친 돌짝밭을 가는 소같이 우직, 근면, 절약, 성실함을 갖추었다. 전라도 사람은 風前細柳라 하여 바람에 하늘거리는 실버들처럼 상냥하고 붙임성, 친절과 부러지지 않는 불굴의 적응력을 갖추었다. 경상도 사람은 泰山喬嶽 또는 雪中孤松이라 하여 높은 산처럼 곧고 굳은 의지와 결단력을 갖추었다고 한다. 요즘같이 왕래가 빈번하고 낳은 곳과 자라는 곳과 사는 곳이 변화무쌍한 사회에서 이런 분류나 비교는 부질없는 일이 될 것이다. 그러나 최근까지 정치적 성향이나 투표행위에서 지방색이나 지역감정이란 말을 많이 들어왔다.

(3) 사회성 발달

인간이 성장함에 따라 접촉하게 되는 사회적 조건은 더욱 넓어지고 복잡해지므로 아동들의 사회성 발달은 원만한 사회생활을 위해 중요하다. 사회성(sociability)이란 타인과의 원만한 대인관계를 맺어 나갈 수 있는 자질이나 능력 및 기술을 말한다. 그러므로 이는 대인관계의 원만성과 사회적 적응성의 정도를 함축하고 있다. 그런데 이러한 사회성은 타인과의 사회적 행동을 통하여 발달하게 되는데, 이러한 과정을 통하여 사회적응과 생활에 필요한 자질, 즉 언어 · 태도 · 가치관 · 신념 · 지식 · 행동 등을 갖추어 나가는 것을 사회화(socialization)라고 한다. 아동의 사회성은 기관적 요인(가정 · 학교 · 사회 등) · 인적 요인(부모 · 또래 · 교사 · 기타 타인 등) · 내용매체적 요인(신문이나 방송 등의 대중매체 · 책 · 영화 등) · 유기체적 요인(유전적 요인 · 생리적 요인) 등의 영향을 받아 발달하게 된다. 아동은 가정생활을 통하여 부모와 형제자매 등의 가족 구성원들과의 상호작용을 통하여 사회생활에 필요한 언어 · 태도 · 가치관 · 신념 · 지식 · 생활습관 등의 기본적인 행동특성을 습득하고, 또래와의 집단생활을 통하여 협동심 · 참여의식 · 평등관계 · 상호인정과 존중 · 책임감 · 준법정신 · 안정감 · 소속감 · 성역할행동 등의 사회성을 함양한다. 그리고 학교에 입학하여 학교생활을 통하여 보다 조직적이고 체계적인 지식 · 기술 · 태도 · 창의력 등을 기르며, 직장생활 등의 사회생활을 통하여 실제적이고 구체적인 행동 특성을 습득함으로써 사회 적응력을 높여 나가게 된다.

1) 사회적 행동의 발달

사회성 발달에 필요한 대인관계의 기초행동에는 울기 · 응시하기 · 옹알이 · 미소짓기 · 모방하기 등의 다섯 가지 행동이 있다. 처음에는 이러한 행동들이 자연발생적으로 나타나지만, 시간이 흐름에 따라 경험하게 되는 내용과 질에 의해 영향을 받게 된다.

첫째, 아동은 의사전달 행동으로써 타인의 도움이 필요할 때 우는 행동을 보인다. 즉, 배가 고플 때, 몸이 아플 때, 화가 날 때, 기저귀에 오줌을 쌌을 때 우는데 그러다가 생후 3주쯤 되면 필요에 따라 분화된 울음소리를 구사하게 된다.

둘째, 생후 몇 일만 지나도 아기는 사물이나 사람에 초점을 맞추고 눈동자로 추적하기도 한다. 약 4주 정도 지나면 사물보다 사람의 얼굴을 쳐다보는 것을 더 좋아하고, 4~5개월이 되면 자기를 잘 보살펴 주는 사람에 대하여 시선을 많이 주게 되는데, 이 때 눈과 눈이 마주치는 것(eye-contact)은 친밀한 대인관계를 형성하는 데 큰 역할을 한다.

셋째, 아동은 옹알이를 함으로써 자발적인 반응을 보이기도 한다. 이 옹알이는 단순한 소리가 아니라 아이가 주위에 대해 사회적 관심을 표시하고, 다른 사람의 주의를 끌고 애정을 받고자 하는 일종의 사회적 표시이다. 이러한 표시에 대하여 주위 사람들이 적절히 대응해 주면 언어발달을 자극할 뿐만 아니라 대인관계의 형성 특히, 어머니와의 초기 애착관계를 형성하는 데 긍정적인 효과를 가져온다.

넷째, 미소는 그 변화양상에 따라 뚜렷하게 세 단계로 구분되는데, 그것은 반사적 미소 · 무선택적인 사회적 미소 · 선택적인 사회적 미소이다. 생후 1개월 정도까지는 그저 무의식적으로 웃는 반사적 미소를 보인다(배냇짓). 그리고 이후에는 누구에게나 미소를 짓게 되는데, 이를 무선택적인 사회적 미소라고 한다. 그러나 약 4~6개월이 되면 얼굴을 식별해서 애착관계가 형성된 사람에 대해서만 미소를 짓게 되는데, 이를 선택적인 사회적 미소라고 한다. 이러한 미소는 사회적 행동의 밑바탕이 된다.

다섯째, 모방하기는 아동이 성인이 되는 것을 배우는 데 있어서 가장 중요한 방법 중의 하나인데, 영아는 사회적 기술을 능동적으로 학습하지 못하나, 생후 1년쯤 되면 모방행동을 통해서 배우게 된다. 이러한 모방은 사회적 관심의 표현으로써 사회적 행동을 유발하는 데 매우 효과적인 방법이다. 모방은 미소처럼 무선택적인 단계를 거치지 않고 처음부터 아기가 애착을 느끼는 친근한 사람에게 선택적으로 지향된다.

이상과 같은 기초행동을 통하여 대인관계에서 애착행동이 발달하게 되어 낯선 사람에 대해서는 불안감을 갖게 되고 애착대상과 격리되면 격리불안을 갖게 된다.

그러나 더 성장하게 되면 애착대상으로부터 벗어나 동반자적 관계를 형성하며, 사회생활에 필요한 지식과 기술을 보다 적극적으로 습득해 나가게 된다.

2) 사회성 발달에 영향을 미치는 요인

사회성 발달에 영향을 미치는 요인은 여러 가지로 생각할 수 있으나, 여기에서는 그 요인을 부모 · 부모의 부재 · 조부모 및 형제자매 · 또래 · 교사와 학교 등으로 구분하여 살펴보고자 한다.

① 부모의 영향

인간의 다른 특성의 발달과 마찬가지로 사회성의 발달에도 가장 깊은 영향을 주는 요인은 역시 부모이다. 부모가 아동에 대해 얼마나 관심을 가지고 있으며, 얼마나 아동의 성장과 발달에 도움을 주려고 노력을 하는가는 아동과 부모의 관계라는 초보적이고 기본적인 관계를 떠나 사회관계의 기술을 발달시키는 첫째 요인이 된다.

아동에 대한 부모의 관심과 지도방법은 아동의 사회성 발달에 큰 영향을 끼친다. 민주적인 지도방법으로 아동의 인격과 의견을 존중하느냐, 아니면 지시와 명령 또는 벌과 배척의 지도방법을 취하느냐에 따라 아동과 부모의 관계가 좌우된다. 아동과 부모의 관계는 아동이 경험하는 기초적인 최초의 사회적 관계로서, 이 관계수립에서의 성공 여부는 대단히 중요한 의미를 가진다. 부모 자신이 성공적으로 사회적 적응을 하느냐도 아동에게 영향을 끼친다. 아동은 부모로부터 사회적 적응기술을 배우기 때문이다. 부모를 비롯한 가족들의 응집력과 가정의 화목도 역시 아동의 사회성 발달에 영향을 끼친다. 가정은 가장 작은 단위의 사회이기 때문에 이 작은 사회에서의 가족관계의 성공은 보다 넓은 사회에서의 인간관계에 성공적 적응으로 확대된다.

우리 아이 사회성 얼마인지 알아볼까요.

□학교 당번 활동에 최선을 다 한다.
□공부나 일을 여럿이 하는 것이 더 좋다.
□복도에서 정해진 규칙을 잘 지킨다.
□공부 계획을 스스로 세운다.

· 채점방법 : 예 2점, 아니오 1점
· 대　　상 : 초등학생
· 60점 이상이면 사회성이 좋은 편으로 점수가 높을수록 사회성이 좋다.

□시키지 않아도 내 할 일은 찾아서 한다.
□어린이회가 정한 봉사활동에 자발적으로 참가한다.
□집안 일 중 스스로 할 수 있는 것을 자진해서 한다.
□학교에서 여러 사람이 같이 하는 일은 어떤 일이든지 열심히 한다.
□내 뜻과 달라도 전체 의견이면 따른다.
□반에서 정한 일은 내가 싫어도 지킨다.
□나는 어디서나 내 생각을 말한다.
□선생님이 시키신 일은 열심히 한다.
□약속을 잊어버리는 때가 가끔 있다.
□숙제는 대부분 해 간다.
□집에서 부지런한 편이다.
□교통 규칙을 잘 지켜서 길을 건넌다.
□선생님이 '공부 열심히 해라'는 말을 내게는 많이 하지 않는 편이다.
□공부를 하다가 친구가 놀면 따라 논다.
□집에 일이 있다면 학교 청소당번을 하지 않고 와도 좋다고 생각한다.
□가끔 휴지를 운동장 등에 버린다.
□만들기를 할 때 손이 많이 가는 귀찮은 일도 끝까지 한다.
□밤늦게까지 할 것이 있어도 잠이 오면 잔다.
□학교 규칙을 조금은 지키지 않아도 된다고 생각한다.
□자습을 할 때 친구와 놀거나 장난치는 때가 많다.
□몸이 불편하면 게으름을 피운다.
□급한 일이 있어도 잠이 오면 잔다.
□내 작품을 다른 사람이 고쳐 주면 싫다.
□뭔가를 할 때 친구를 따라하는 때가 많다.
□싫증이 나서 그만둘 때가 많다.
□책을 제때 반납하지 못하는 일이 가끔 있다.
□주의를 주는 사람에게 말대꾸를 하는 편이다.
□다른 사람이 없으면 규칙을 지키지 않을 때가 있다.
□부모님이 말씀이 없으면 공부를 잘 하지 않는다.
□식구가 일을 시키면 이유를 대며 피하려고 한다.
□나보다 공부 못하는 친구와는 말을 잘 하지 않는다.
□맘에 들지 않는 일이 있으면 주위 사람에게 화풀이를 하는 때가 있다.
□예쁜 꽃이 있으면 다른 사람 것이라도 꺾어 온다.
□식구가 허락하지 않으면 하고 싶은 일을 아무것도 못한다.
□급한 일 때문에 약속을 못 지키는 것은 당연하다고 생각한다.
□싫은 사람이 있으면 공부하기 싫어진다.

자료 제공 : 한결아동발달센터

"공부만 잘하면 그만" '꽉막힌 부모'가 아이를 망친다.

입시만을 위한 획일적 교육 현실과 경쟁을 부추기는 부모들. 시인 김송희 씨(국민독서문화진흥회 사무총장)가 쓴 '자녀교육의 이름으로 저지르고 있는 77가지 죄'(베스트셀러 펴냄)에는 가슴 뜨끔한 지적들이 많다. 김씨가 아래의 것들을 '아이 망쳐놓는 20세기식 교육'으로 지목하고 부모들에게 "이젠 버리자"고 제안한다.

▷ **'글자'만 가르치고 상상력은 죽이는 태도** : 그림카드를 보고 아이가 "이 오리는 지금 어디를 보고 있는 거야"라고 말하면 "그림은 그만 보고 이 글씨를 보란 말이야" 하고 짜증 내기 일쑤. 낱말은 익힐지 몰라도 상상력은 죽어간다.

▷ **"넌 공부만 해라. 나머지는 엄마가 다 해 줄게"라는 태도** : 2000년대는 창의성과 개성이 강조되는 시대. 공부만 잘하면 모든 걸 보장받을 수 있다는 사고방식은 더 이상 통하지 않는다.

▷ **"남보다 뛰어나야 한다"고 강조하는 태도** : 무슨 일에서든 결코 남에게 뒤져서는 안 된다고 생각하기 쉽지만 위대한 삶을 산 사람들은 '남과 다르게' 산 경우가 많다.

▷ **상을 받아와도 만족하지 않는 태도** : "너희 반에서 몇 명이나 상을 받았니?"라고 묻기 일쑤. 초등학교 저학년 때는 어느 정도 아이가 기대치를 만족시켜 줄지 모르나 고학년이 되면 아이 스스로 기대치에 만족하지 못하고 현실에도 적응하지 못한다.

▷ **결과만 중시하고 과정은 무시하는 태도** : 아이가 수학문제를 풀다가 막히면 재빨리 전과에서 해답과 풀이방식을 보고 난 뒤 푸는 방식을 가르쳐 준다. 결과에만 매달리면 아이는 어떻게든 결과에만 도달하려고 요령을 부리게 된다.

▷ **부모는 TV보면서 아이에게는 책 보라고 다그치는 태도** : 아이가 일기 쓰고 공부하는 동안만이라도 엄마도 신문이나 책을 보자.

▷ **자신은 효도하지 않으면서 자식에겐 효도를 기대** : "너희는 이 다음에 엄마 아빠하고 함께 살 거지?" "아뇨. 엄마 아빠도 할머니 할아버지하고 함께 살지 않잖아요. 따로 사는 게 편하다면서요." 효는 책이나 말로 가르칠 수 있는 게 아니다.

▷ **대화는 없고 잔소리만 하는 태도** : "공부하라"고만 하지 '무엇 때문에 왜 공부해야 하는지' 이해시키기 위한 대화는 없다.

▷ **남이 안보면 무엇이든 하는 태도** : 신호등 앞에서 "빨간불이니까 가지 말자"고 하는데 엄마는 "아무도 안보니까"라며 끌고 간다.

② 부모 부재의 영향

부모 중 한 분이 안계실 경우, 아동의 적절한 사회성 발달에 지장을 줄 수 있다. 남아는 아버지로부터 객관적 태도 · 정의 · 관용 · 이성적 행동 등을 배우는데, 이러한 것은 사회관계에서 대단히 중요한 덕목이 된다. 그러므로 아버지가 안계실 경우에 아동은 이러한 덕목을 배우지 못할 뿐 아니라, 남성의 성역할을 배울 기회도 없게 된다. 또, 남아는 어머니로부터 이성을 배우게 되는데, 어머니가 안계실 경우에는 이성을 배울 기회가 없어 이성관계에 적절히 대처하는 기술을 습득하지 못하게 된다. 최소한 안 계신 부모의 역할 대행자라도 있어야 한다.

여아는 아버지를 통하여 첫 이성으로서 남성을 이해하고, 남성과의 인간관계를 수립하는 기술을 배운다. 만약 아버지가 안계실 경우, 여아는 이성과 사회적 관계를 수립할 기술을 제대로 배우기 어렵고, 어머니가 안계실 경우에는 여성으로서의 성역할을 제대로 배우기 어렵다. 더욱이 부모가 모두 안계시는 환경은 남아나 여아 모두의 사회성 발달 및 기타 특성의 발달에도 큰 지장을 주게 된다.

③ 조부모와 형제자매의 영향

먼저, 조부모가 계신 가정의 아동은 젊은 부모로부터 배울 수 없는 많은 것을 배우며 자랄 수 있다. 즉, 여유가 있고, 성급하거나 서두르지 않으며, 여러 종류의 사람들을 포용하며 폭넓은 인간관계를 수립하는 기술을 배울 수 있다. 조부모가 계신 가정의 아동은 노인세대를 이해하고, 노인세대나 연상의 어른들과 적절한 사회적 관계를 수립하는 기술을 배울 수 있다.

그리고 출생순위나 형제의 수, 및 성별도 아동의 사회성 발달에 영향을 준다. 먼저, 출생순위로 보면 첫째, 둘째 및 막내는 서로 다른 특성을 보여 준다. 첫째는 대체로 책임감이 강하고 포용력이 있으며, 동생들을 거느리고 양보하며 권위적이고 지도자적인 경향이 있는데, 이런 특성은 사회적 관계를 수립하는데 큰 영향을 준다. 둘째와 막내 역시 서로 다른 특성을 발달시키기 때문에 사회생활에서 이러한 특성이 은연중에 나타나게 된다.

또한, 형제의 수와 성별도 아동의 사회성 발달과 밀접한 관계가 있다. 여러 형제 속에서 시달리고 양보하며 자란 아동은 비교적 인간관계에서 문제가 적지만, 외동이로 보호받고 사랑을 독차지하며 자란 아동은 집단생활에서의 곤란을 겪게 된다. 자매만 있는 가정의 여아는, 남자 형제만 있는 가정의 여아나, 형제 자매가 골고루 있는 가정의 여아보다 남성을 사귀는데 있어서 사회적 기술이 서툴게 된다. 반대로, 형제만 있는 가정의 남아는 형제 자매가 골고루 있는 가정의 남아보다 여성을 사귀는 기술이 서툴다. Mead의 "2남 2녀" 권고안이 중요한 이유이다.

가정은 하나의 단위 사회이기 때문에 가정에서 습득하고 발달시킨 사회성이 보다 큰 학교사회나 친구관계에 큰 영향을 끼친다.

④ 또래의 영향

유아기에 있어서 또래들과 접촉하는 경험은 아동의 사회성 발달에 큰 도움이 된다. 또래란 단순히 연령이 같다는 사실에 초점을 맞추지 않고 행동의 유형이 거의 같은 수준에서 상호작용하는 아동을 또래라고 한다. 또래의 영향이 어느 시기부터 아동의 발달에 효과를 내기 시작하는지는 정확하게 말할 수는 없지만, 보통 12개월쯤 된 아동은 옆에 또래를 놓아 두면, 서로 쳐다보고 접근하고 탐색하다가 장난감을 같이 가지고 노는 등 몇 초에서 일분간의 짧은 상호작용을 한다. 그러나 2세가 되면 또래와의 상호작용이 보다 복잡해지고 다양해지며 3세가 되면 또래와의 관계를 맺는 데 특징적이고 상당히 안정적인 양상을 보인다. 즉, 어떤 아동들은 부정적인 사회적 성향을 보여, 다투고 때리고 반항한다. 또, 어떤 아동들은 대체로 긍정적이고 친사회적 성향을 보여, 자기 동료에게 물건을 나누어 주고 같이 놀고 애정을 표한다. 그러나 이 때는 접촉의 기간이 대단히 짧기 때문에, 또래들의 사회화 과정에 중요한 기여를 한다고 말하기는 어렵다. 이후 4~5세가 되면 또래와의 사회적 상호작용이 급격히 증가하고 친구의 수도 불어난다. 또한, 이 때는 부모나 성인의 칭찬과 보상뿐 아니라 또래로부터 받는 인정을 매우 중요하게 여긴다. 그리고 5세 이후부터는 또래와의 상호작용이 오래 계속되고 또래에 대한 강한 애착을 형성한다.

유아기에 또래들과 상호작용하고 놀이를 함으로써 아동은 사회적 능력을 습득할 수 있고 자아통제력을 발달시킨다. 즉, 유아들은 또래들과 놀잇감을 나누어 사용하거나 협동적 혹은 경쟁적 놀이를 하면서 서로에 관해서 배우며 대인관계의 요령을 습득하게 된다. 이러한 사회적 경험이 부족한 아동은 자기 자신에 대해서 뿐만 아니라 가족 외에 타인과 관계를 맺는데 대해서 자신감이 없거나 불안하게 된다.

유아들은 또래와의 사회적 경험을 통해서 각자 개인차가 있음을 보게 된다. 즉, 집이 부자인 아동이 있는 반면, 가난한 아동도 있고, 공부를 잘 하는 아동도 있고, 스포츠를 잘 하는 아동도 있음을 경험하게 됨으로써 다양한 개성을 이해하게 된다. 이러한 경험들을 통해서 유아들은 인간과 환경의 다양성을 인식하며, 그러한 다양한 차이 속에서 자신의 위치나 성격이 어느 정도인지 상대적으로 비교해 볼 수도 있다. 유아들은 또래들과의 사회적 경험을 통해서 어떻게 행동하는 것이 또래들의 인정을 받고 인기를 얻을 수 있는지 학습한다. 즉, 아동은 사회적 접촉을 통해서 친절 · 협동 · 타인을 도와 주는 것, 집단의 규칙을 따른 것 등이 사회적인 인정을 받을 수 있는 행동이며 반면, 위축 · 적대적 표현 · 집단규칙 이탈 · 타인의 성취를 무시하는 것 등은 사회적으로 배척을 받는 행동임을 배운다.

이렇게 해서 습득된 대인관계의 전략은 그 후의 사회성 발달에 지대한 영향을 미치는 것으로 알려져 있다.

⑤ 교사와 학교의 영향

교사는 부모 다음으로 아동의 사회성 발달에 큰 영향을 미치는 중요한 존재이다. 특히, 교사의 성격특성은 교사와 아동의 사회적 관계정립에 영향을 미친다. 교사의 아동에 대한 태도와 교육방식은 아동의 사회성 발달에 매우 유의한 영향을 미치는데, 교사가 학생을 칭찬하고 벌 주는 방식과 태도는 저학년일수록 그대로 흡수된다.

교사가 민주적이고 허용적인 학급 분위기를 조성하면, 아동은 주저없이 질문하고 대답하며 구김살 없는 교사–아동의 관계를 수립할 수 있고, 나아가서 교우관계에서도 아동은 또래의 잘못을 수용하고 용서하는 데 인색하지 않게 된다.

그러나 교사의 교육방식과 성격특성이 권위적이고 전제적이면 아동은 교사와 두렵고도 어색한 관계를 수립하게 되며, 나아가서 이런 사회관계 기술이 다른 사람과의 관계에서도 나타나게 되어 사람을 사귀는 데 부적응한 나머지 자신감을 잃고, 타인과의 관계를 수립하는 일을 피하려는 비사교적 특성을 보이게 된다.

한편, 학교의 교훈도 아동의 사회성 발달에 영향을 미치지만 특히, 교과서나 학교의 크기, 학교의 지도방침 등도 아동의 사회성 발달에 큰 영향을 끼친다. 학교가 통제적이고 획일적이어서 아동의 활발한 특성을 규제하는 분위기이면서 아동 수가 많은 학교에서 공부하는 아동은, 작은 학교에서 학교일에 참여하며 가족처럼 생활하는 아동과는 다른 사회성을 발달시키게 된다. 또, 교과서에서 가르치는 덕목이 순종과 질서 정돈을 강조하기보다는, 창의성과 탐구활동 자발성을 더 강조할 때 이 교과서는 아동의 사회성 발달을 도와 주게 된다.

(4) 도덕성 발달

도덕성(morality)이란 개인이나 사회집단이 가지고 있는 행동규범을 말하는데, 이는 행동에 대한 객관적인 기준을 말하는 것이 아니고 개인이나 사회집단이 가지고 있는 주관적 · 자율적인 도덕의식을 말한다. 그런데 이러한 도덕성의 의미에는 인지적 차원 · 정의적 차원 · 행위적 차원이 포함되어 있다고 볼 수 있다. 먼저, 인지적 차원은 도덕개념이나 도덕의식, 도덕판단을 포함한다. 즉, 어떤 특정 행동이 옳은지 그른지, 또는 어떤 사람이 죄를 지은 것인지 아닌지를 파악하고 판단하는 것을 말한다. 그런데 이러한 인지적 차원은 아동이 부모로부터 그리고 자신의 주변 사회환경으로부터 배우거나, 좋고 나쁜 행동에 대하여 갖게 된 내재화된 규칙에 따라 다르게 된다. 반면 정의적 차원에는 도덕감정, 도덕 태도 등이 포함된다. 이는 도덕성의 정서적 부분으로 아동이 가게에서 물건을 훔쳤을 때 어떻게 느끼는가 하는 것과 관계된다. 마지막으로, 행위적 차원에는 도덕 실천력이 포함된다. 이는 아동이 내재화된 규칙에 따라 구체적인 도덕적 행위를 하는 것을 의미한다. 이상을 종합해 볼 때 도덕성이란 사회생활의 규범으로서의 법칙을 따르려는 심성으로서, 선악에 관한 이해와 판단과 같은 인지적 측면, 도덕적 감정이나 태도와 같은 정의적 측면 또, 그러한 법칙을 따르고 실천하려는 행위적 측면 등을 모두 포함한다고 볼 수 있다.

도덕성발달 – 가치의 정의

태문희 씨 가족이 말하는 아름다운 가치사전

1. 첫 번째 가치–나눔

△ 시어머니 : 이웃 독거노인과 정성껏 담근 김치와 따뜻한 밥 한 끼 나눠 먹는 것. 음식을 나누는 것이 아닌 내 마음을 나누는 것이니까.

△ 양아림(딸) : 맛있는 케이크, 내가 다 먹고 싶지만 학교에서 돌아오는 오빠들을 위해 절반을 남겨두는 것.

△ 태문희 : 대가족 아침밥을 위해 쌀을 씻을 때마다 쌀 한 그릇을 '사랑독'에 넣는 것. 그 사랑독은 한 달에 한 번 동사무소 사랑의 쌀독으로 옮겨 담아진다.

2. 두 번째 가치–희망

△ 양승창(아주버니) : 오늘 공장 주문이 밀려 고되고 힘든 밤을 보내겠지만 말일이면 결제가 이뤄지고 그것으로 아들 생일에 작은 책상을 사주는 것.

△ 양인숙(막내시누이) : 자격증을 따기 위해 학원을 다니고 자료준비로 동분서주하지만 합격만 되면 일본어 전문 국제통역사로서 누구보다 자신 있게 살 것.

3. 세 번째 가치–공평

△ 시고모 : 며느리가 솜이불을 뜯어서 햇볕에 말려 주면 내가 직접 꿰매 덮는 것. 나도 움직일 수 있을 때까지 도움이 되고 싶다.

△ 양승종(남편) : 어린이날 딸아이와 조카들 모두에게 똑같은 선물을 나눠주는 것.

△ 양정현(큰집 조카) : 급식 때 친구가 나를 위해 국 당번을 해 주면 다음 번에는 나도 그 친구 대신 국 당번을 해 주는 것.

4. 네 번째 가치-배려

△ 배은하(대학생 조카) : 지하철에서 임산부나 할머니께 자리를 양보하는 것. 에스컬레이터에서 바쁜 사람들을 위해 왼쪽 자리를 내어 주는 것.

△ 이영숙(큰동서) : 동서의 아이가 병원에 입원했을 때 바쁜 동서를 위해 다른 조카들을 돌봐주는 것.

5. 다섯 번째 가치-우정

△ 금다현(시누이네 조카) : 어린이집까지 친구와 함께 손잡고 가는 것. 친구가 좋아하는 반찬을 나눠 먹고 맛있는 사탕도 함께 먹는 것.

△ 배은하 : 혼자 자취하는 친구가 아플 때 약을 사서 찾아가는 것.

△ 양승종 : 집안에 좋지 않은 일이 생겼을 때 발벗고 나서서 도와 주는 사이. 항상 마음속으로 누구보다 먼저 그를 생각하는 것.

6. 여섯 번째 가치-믿음

△ 양승창 : 거래처에서 결제대금을 5시까지 입금한다고 했을 때 기다리는 마음.

△ 양정현 : 친구가 약속시간에 한 시간이 늦었지만 이유가 있을 거라 생각하며 기다리는 것.

△ 태문희 : 아이가 내게 처음 거짓말을 했지만 다신 거짓말을 안 하리라 생각하는 마음.

7. 일곱 번째 가치-사랑

△ 할머니 : 온 가족이 건강하고 화목하게 잘 살기를 바라는 마음.

△ 태문희 : 내 아이가 아플 때 마치 내 몸 아픈 것처럼 고통스럽고 내 아이가 활짝 웃을 때 하늘을 날 듯 기분 좋은 것. 몸 힘들 때 남편이 따뜻한 물로 내 발을 씻어주는 것.

△ 양아림 : 엄마와 아빠가 나를 가운데 두고 양 볼에 뽀뽀해 주는 것. 아침마다 할머니가 나를 힘껏 안아주는 것.

8. 여덟 번째 가치-인내

△ 배은하 : 산을 오를 때 턱까지 오르는 숨가쁨을 참아내는 것.

△ 양승종 : 마라톤에서 마지막 관문까지 참아 견디는 것. 그리고 그 기쁨을 만끽하는 것. 영업을 할 때 남보다 낮추고 더더욱 겸손해야 하는 것.

△ 양아림 : 주사는 아프지만 참고 맞아야 건강하게 된다는 것.

9. 아홉 번째 가치-대화

△ 할머니 : 아이들 말에 귀 기울이고 바른 대답을 해 주는 것. 마음을 통하는 길.

△ 양정현 : 가족에게 비밀을 갖지 않는 것. 고민을 털어놓고 혼자 끙끙 앓지 않는 것. 대화를 하지 않으면 친구도 사귈 수 없다.

△ 양승창 : 진실과 거짓을 느끼는 또 다른 통로. 대화를 통해 얻어지는 것은 어떠한 것보다 귀한 마음.

10. 열 번째 가치-가족

△ 태문희 : 희로애락을 함께하고 진실한 마음을 나누는 것이 가족. 세상에서 단 하나 뿐인 사랑의 연결.

△ 배은하 : 내가 가장 사랑하는 사람들, 나를 가장 아끼는 사람들.

△ 양아림 : 없으면 눈물이 나고 있으면 행복한 것(전에 고모부가 돌아가셨을 때 가족 모두 눈물 흘리던 생각이 나서……). 서로가 서로를 지켜주는 사람.

〈도덕성의 개념들〉

부 호	설 명	국 면
Ⅰ 가치	가치의 소재－행위, 사람, 사태 등에 대해(도덕적) 가치를 매겨주는 양식, 상황의 가치결과를 사정하는 양식	1. 행위판단시의 동기숙고 2. 행위판단시의 결과숙고 3. 가치 사정시의 주관성 대 객관성 4. 원망과 의무의 관계 5. 행위판단시의 행위자 또는 희생자와의 동일시 6. 행위의 도덕적 값어치를 변경할 때의 행위자와 희생자의 지위
Ⅱ 선택	갈등에 대한 각성을 거부 또는 해소하는 기제	7. 다른 사람들에게 책임을 전가함으로써 결과에 대한 행위자의 책임을 축소함 8. 논의와 타협에 의거, 대체로 알맹이가 없음 9. 동조성 행동이 행위자 또는 연루된 다른 사람들의 이해관계를 언제나 극대화하는 것으로 인식되도록 상황을 왜곡함
Ⅲ 제재와 동기	도덕적 또는 일탈적 행위에 대한 지배적 제재력과 지배적 동기	10. 처벌 또는 부정적 조처 11. 개인상호간 관계의 분열 12. 복지에 대한, 즉 타인의 긍정적 상태에 대한 행위자의 관심 13. 자기비난
Ⅳ 규칙	규칙이 개념화되고, 적용되고, 일반화되는 방식, 규칙의 타당성의 기반	14. 일탈행위의 정의(도덕규칙과 규범의 정의) 15. 규칙의 일반성과 일관성 16. 개인적 관계(특수관계) 때문에 규칙 무시
Ⅴ 권리와 권위	사람과 재산을 통제할 기반과 범위	17. 권위로 간주되는 비동기적 속성(지식, 등등)(Ⅲ에서 숙고된 동기적 속성들) 18. 권위자의 권리의 범위와 한계, 자유의 권리 19. 소유 또는 재산의 권리
Ⅵ 적극적 정의	상호성과 평등성	20. 역할동조성을 위한 동기로서의 교환과 상호성 21. 일탈의 동기로서의 상호성(예컨대, 복수) 22. 분배적 정의, 평등성과 공평성 23. 동조성 동기로서의 상대방

1) 도덕성 발달이론

도덕성이란 도덕규범에 일치하는 '개인이나 사회집단의 심성'을 말하는 데, 인간은 태어날 때에는 무도덕하지만, 성장함에 따라 도덕성이 점차 발달되어 간다. 이러한 도덕성발달에 관해서도 학자에 따라 의견을 달리하나, 여기에서는 가장 널리 알려진 Piaget와 Kohlberg의 발달 이론에 대하여 살펴보기로 한다.

1 Piaget의 도덕성 발달이론

Piaget는 도덕성은 인지발달에 의존한다고 본다. 그러므로 인간의 인지발달이 일정한 순서에 따라 이루어지는 것처럼 도덕성 발달도 일정한 단계를 거친다고 주장하였다. Piaget는 도덕적 판단의 변화과정을 확인하기 위하여 양자택일적 판단을 요구하는 폐쇄적인 질문을 짝으로 묶어 면접으로 사용하였는데, 그 실례를 보면 다음과 같다.

이야기 1 : 한 아이는 어머니가 씻어 놓은 그릇을 행주로 닦다가 컵을 여러 개 깼다.

이야기 2 : 한 아이는 어머니가 선반 위에 올려 놓은 사탕을 몰래 꺼내려다 컵을 한 개 깼다.

Piaget는 인간의 도덕성 발달은 크게 볼 때 10세를 중심으로 두 단계로 구분된다고 하여, 10세 미만까지의 단계를 타율적 도덕기(도덕적 실재론 시기 또는 도덕적 현실주의 시기)라 하였고, 10세부터의 단계를 자율적 도덕기(도덕적 상대론 시기 또는 도덕적 상대주의 시기)라 하였다. 그런데 이 두 단계를 더 세분화하여 보면 다음과 같이 다섯 단계로 구분될 수 있다.

① 타율적 시기

㈎ 습관의 단계(habit level) ; 자기 중심적 도덕성 단계(0～4세) —— 4세 이하의 아동은 자기의 만족을 위해서 자기가 하고 싶은 것만을 하는데, 이 시기는 습관에 의해 만족을 채우려 한다. 또, 이 시기의 아동은 다른 아동이 자기를 때리면 자기도 그 아동을 때려야 옳은 것으로 생각한다.

㈏ 성인의 요구나 기준에 동조하는 단계(conformity to adult requirement) ;

성인의 명령에 복종하는 단계(5~7세) —— 5~7세 아동은 자기만이 아니라 성인이 바람직하다고 생각하는 기준에 맞게 행동하려고 한다. 이 시기의 아동은, 나쁜 일을 한 뒤에 자연적인 천재지변이나 불행이 생기면, 이것은 절대자인 신이 처벌하는 것이라고 생각한다. 따라서 자연주의적인 판단을 하며 또, 처벌을 받는 행동은 무조건 나쁜 것으로 생각한다. 그리고 이 시기의 아동은 하나의 행동은 전부 옳거나 전부 나쁘거나 둘 중의 하나라고 판단한다. 따라서 하나의 행동이 부분적으로 옳으나 일부는 옳지 않다는 것을 알지 못한다. 만약, 이러한 자기의 판단에 갈등이 생기면 부모나 다른 성인에게 묻는다. 그리고 이 때 성인의 판단은 언제나 옳은 것이라고 생각한다.

(다) 또래간의 상호적응단계(mutual adjustment of equals) ; 횡적 도덕성의 단계(8~9세) —— 8~9세 아동은 자기와 부모의 종적 관계를 확대시켜 자기와 또래라는 횡적 관계를 이해하기 시작한다. 따라서 또래끼리 상호협동하고 서로를 적응시켜 행동한다. 이 시기의 아동은 나쁜 행동에 대해 처벌을 받지 않아도 그것이 남에게 해를 끼쳤을 때는 나쁘다고 생각하기 시작한다.

② 자율적 도덕기

(가) 동기(의도) 존중의 단계(appreciation of underlined motives) ; 행동의 동기를 강조하는 단계(10~14세) —— 10~14세의 아동은 어떤 행동이 옳고 나쁨을 판단할 때, 그 행동이 가져온 결과만을 생각하지 않고 그 행동 뒤에 숨겨진 동기까지 생각하려고 한다. 즉, 타인을 도와 주려다가 남을 해치게 되었을 때는 그 행동의 동기가 착했다는 것을 안다. 뿐만 아니라 어떤 아동이 자기에게 해를 가했을지라도 과거에 친구로 지냈고, 전에 그 아동이 자기를 도와준 것을 생각하여 보복하지 않는 것이 좋다고 생각한다.

(나) 규칙, 원리 및 이상의 설정 단계(codification of rules, principles and ideals) ; 행동의 원칙(양심)에 준하여 이상을 추구하는 단계(15세~) —— 15세 이후가 되면 아동은 모든 행동을 원리원칙에 따르려고 한다. 그래서 그 원칙에서 벗어나지 않으려고 약속이나 계약을 철저히 지키려 하며, 남의 칭찬과는 관계없이 자기의 위신과 신용을 지키려 한다. 따라서 선악의 판단에 대해서도 사람들간에 의견 차이가 있을 수 있다고 믿고, 또 그런 차이를 기대한다. 뿐만 아니라 좋지 못한 일을 한 뒤에 아무도 그 사실을 모를지라도 스스로 자신이 원칙에서 벗어난데 대해 괴로워한다. Piaget는 인간의 도덕성숙은 자발적 판단을 할 수 있는 시기에 이루어진다고 주장함으로써 모든 사람이

도덕적 성숙수준에 도달하게 된다고 주장하였다. 이는, 다음에 언급할 Kohlberg가 도덕적 최고수준에 도달하는 사람은 전체의 일부(약 10%)에 지나지 않는다고 한 주장과 대비된다.

2 Kohlberg의 도덕성 발달이론

Kohlberg는 도덕성 발달이 인지발달과 관련이 있음을 주장한 Piaget의 주장에 동의하였으나, 그 발달과정은 더 세분화될 수 있다고 보았다. Kohlberg는 도덕성 발달을 확인하기 위해 피험자에게 가상적인 도덕적 갈등상황을 제시하여 판단하게 하는 개방적인 질문을 하였다. 이에 대한 도덕적 판단을 분석해 본 결과, 도덕성 발달은 일정한 단계를 따르는 것으로 확인되었다. 피험자에게 제시한 가상적인 도덕적 갈등상황의 내용은 다음과 같다.

> 하인즈가 약을 훔치다.
> 유럽의 한 부인이 특수한 종류의 암을 앓아 거의 죽어가고 있었다. 그 부인의 병을 치료하는 데는 오직 한 가지 약밖에 없는 것으로 알려져 있었다. 이 약은 같은 마을에 사는 어느 약사가 최근에 발명한 라디움 종류의 약이었다. 그 약을 만드는 데는 원가가 상당히 비싼 데다가, 그 약사는 약값을 원가의 10배나 요구하였다. 라디움을 200달러에 구입해 가지고 그 조그마한 약을 2,000달러에 팔려고 한 것이다. 병든 부인의 남편인 하인츠는 돈을 구하기 위해 아는 사람들을 모두 찾아다녔으나, 그 약값의 절반밖에 안되는 1,000달러 밖에 마련하지 못했다. 할 수 없이 하인츠는 그 약사에게 가서 자기 부인이 죽어가고 있다고 설명하고 그 약을 1,000달러를 받고 싸게 팔거나, 아니면 외상으로라도 자기에게 팔아 주면 다음에 그 돈을 갚겠다고 간청했다. 그러나, 그 약사는 「안 됩니다. 그 약은 내가 발명한 약인데, 나는 그 약으로 돈을 벌어야 합니다」라고 대답했다. 절망에 빠진 하인츠는 결국 약방을 부수고 들어가서 자기 부인을 위하여 그 약을 훔쳐내었다.
> 질문 1 : 남편 하인츠의 행동은 정당하다고 생각하는가?
> 질문 2 : 왜 그렇게 생각하는가?(Kohlberg, 1963)

Kohlberg는 위와 같은 도덕적 갈등상황에 대한 피험자들의 도덕적 판단을 분석하였다. 그런데 이 갈등상황에 대한 피험자들의 직접적 대답에 관심을 두기보다는 그러한 응답 뒤에 함축되어 있는 도덕적 추리에 더 관심을 가졌다. 이에 대한 분석 결과, 인간의 도덕성 발달은 3수준 6단계의 과정을 통하여 이루어진다는 것을 확인하였다.

① 제1수준 : 전인습적 도덕성(전도덕성) 수준

- 제1단계 복종과 처벌지향 도덕성 단계(The punishment-obedience orientation) — 이 단계에서는 준칙을 고정적이고 절대적인 것으로 보기 때문에

그것에 순종 내지는 복종해야 하며, 그렇지 않으면 처벌을 받아야 한다고 판단한다. 도덕적 갈등상황에 대한 판단을 보면 Heinz가 나쁘다고 대부분 대답하였는데, 그 이유를 보면 법에 어긋나니까, 훔치는 것은 나쁘니까, 훔치는 것은 벌을 받을 것이니까 등이다. 한편, 훔친 것에 동의한 어린이는 남편이 처음에 부탁을 했으며, 훔친 물건이 큰 것이 아니기 때문에 괜찮다고 대답하였다.

• **제2단계 상대주의적 쾌락주의 도덕성 단계**(The instrumental-relativist orientation) — 이 단계에서는 자신과 타인의 욕구를 만족시켜 주는 수단으로 도덕성을 판단하기 때문에, 준칙을 더 이상 고정적이거나 절대적인 것으로 생각하지 않고 상대적인 것으로 생각한다. 그러므로 어떤 문제든 한 가지 이상의 측면이 있다는 것을 깨닫게 된다. 모든 것이 상대적이기 때문에 긍정적으로 각자의 욕구와 쾌락에 따라 판단을 하게 된다. 이 단계에 있는 아동들의 대답을 보면, Heinz가 아내를 사랑한다면 약을 훔칠 수 있지만, 더 젊고 예쁜 여자와 결혼하기를 원한다면 약을 훔칠 필요가 없다는 등의 반응을 보였다.

② 제2수준 : 인습적 도덕성(타율적 도덕성) 수준

• **제3단계 착한 소년 · 소녀지향 도덕성 단계**(The interpersonal-concordance orientation) — 아동들이 10세 경이 되면 타인의 인정을 받고 비난을 피하기 위해 즉, 대인관계에서의 조화를 얻기 위해 준칙에 합치되는 행위를 한다. 그러므로 이 때는 남으로부터 칭찬을 받고 싶어하고, 남을 기쁘게 해 주고 도와주려는 방향으로 행동을 하고자 한다. 그리고 단순한 행동의 결과보다는 동기나 의도를 중시하여 행위를 판단하게 된다. 이 단계에 있는 아동들의 대답을 보면, Heinz는 착한 사람으로, 아내를 사랑했으며 그의 생명을 구하려고 애를 썼으나 절망을 했기 때문에 도둑질을 할수 밖에 없었다는 반응을 보였다. 그리고 약사는 탐욕스럽고 자신의 이익만 챙기려는 나쁜 사람이라고 판단하였다.

• **제4단계 사회질서 및 권위유지 도덕성 단계**(Authority and social order maintaining orientation) — 이 단계에 들어서면 공동체의 인정이 중요한 도덕적 기준으로 대두된다. 그러므로 사회질서가 유지되도록 합법적 · 합리적 권위인 법을 준수하여야 한다는 점을 강조한다. 이 단계에 있는 피험자들의 도덕적 판단을 보면, Heinz에 대해 동정은 하나, 약값을 치르고 감옥에 가야 한다는 반응을 보였다. 왜냐하면 법은 사회조직의 결정적 요소로서 존중되어야만 한다는 것이다. 우리 모두가 자기에게는 그럴 만한 이유가 있다고 해서 법을

어긴다면 사회가 어떻게 유지될 것인가라는 반응을 보였다.

③ 제3수준 : 후인습적 도덕성(자율적 도덕성) 수준

- **제5단계 민주적으로 용인된 법지향 도덕성**(The social contract, legalistic orientation) — 이 단계는 4단계와 달리 법을 보다 유동적인 것으로 본다. 즉, 사회계약 정신으로서의 도덕성을 강조하며, 계약에 의해 의무를 규정하고 타인의 권리를 침해하지 않고 공공복리를 증진하기 위한 행위를 강조한다. 그렇기 때문에 법이 사람들이 필요로 하는 바를 충족시키지 못한다면 민주적 절차를 통해 상호동의를 얻어 변경시킬 수 있다고 본다. 이 단계의 반응을 보면, '법에 의하면 훔친 것은 나쁘나, 인간의 살 권리라는 측면에서 보면 Heinz는 나쁘다고 할 수 없다'라는 등의 대답을 하였다.
- **제6단계 보편적 원리(양심)지향 도덕성**(The universal ethical principle orientation) — 이 단계에 이르면 법을 초월하는 추상적이고 보편적인 원리에 대한 명확한 개념화가 이루어지는데, 여기에는 모든 사람에 대한 정당성과 인간의 존엄성이 포함된다. 이 단계에서는 'Heinz가 아내를 위해 도둑질할 권리는 없으나, 생명보호라는 보다 상위의 도덕적 권리를 갖고 있다', '인간의 생명은 고귀하고 존엄하기 때문에 그것을 지키기 위하여 약을 훔칠 수도 있다', '모든 인간은 절대적인 가치를 갖고 있으며, 생명은 고유하기 때문에 우리는 사랑하는 사람뿐만 아니라 어떤 사람이라도 구제할 의무가 있다'라는 등의 반응을 보였다. 그런데 이 단계는 도덕성 발달의 최고상태로서, 이 마지막 단계까지 도달하는 사람은 소수(약 10%)에 불과하다고 Kohlberg는 덧붙이고 있다.

이 외에도 도덕성 발단단계에 대해 McDougall은 충동적 행동의 단계, 상벌의 단계, 사회적 승인과 거부의 단계, 이타주의의 단계로 구분했고, Cronbach는 도덕개념의 발달단계를 연령에 따라 다음과 같이 5단계로 나누고 있다.

① 도덕 이전 단계(the amoral)
② 자기중심적 단계(the self-centered)
③ 모방 단계(the conforming-conventional)
④ 비합리적 양심 단계(the irrational-conscientious)
⑤ 합리적 양심 단계(the rational-conscientious)

이상을 종합해 볼 때 도덕성 발달은 무도덕의 단계에서 자기중심의 단계로, 다시 타율적 단계를 거쳐 자율적 단계로 이루어진다고 할 수 있다.

Kohlberg의 도덕발달론에서는 나이가 늘어난다고 해서 자동적으로 상위 도덕성 발달이 이루어지는 것을 아니라고 보았다.

〈3수준 6단계 도덕성 발달〉

수준	단계	단계의 내용		
		무엇이 옳은가	옳은 것을 행하는 이유	단계의 사회적 조망
수준 Ⅰ 인습 이전	단계 1-타율적 도덕성	처벌을 받기에 규칙을 어기지 않는 것, 복종을 위한 복종, 사람과 재산에 대한 물리적 손상을 피하는 것이다.	처벌의 회피 그리고 권위자의 우월한 힘이다.	자기중심적 관점, 타인의 이익을 고려하지 않거나 타인의 이익이 그 행위자의 이익과 다르다는 것을 인정하지 않음, 두 개의 관점을 관련지우지 않음, 행위는 타인들의 심리적 이해관계보다는 물리적으로 고려됨, 권위자의 관점과 자신의 관점의 혼동
	단계 2-개인주의 도구적 목적, 교환	누군가에게 직접적으로 이익이 될 때에만 규칙을 따르는 것, 자신의 이익과 필요에 부합되도록 행동하고 타인에게도 그렇게 하도록 하는 것, 옳은 일이란 공정한 것, 요컨대 균등한 교환, 거래, 협약이다.	타인들도 제나름의 이해 관계를 가짐을 인정해야만 하는 세계에서, 자신의 필요와 이해 관계를 채우려 하는 것이다.	구체적 개인주의적 조망, 모든 사람이 추구함. 그 자신의 이익을 가지며, 그래서 옳음은 상대적(구체적 개인주의적 의미에서)이라는 의식
수준 Ⅱ 인습 단계	단계 3-개인상호간의 기대, 관계, 개인간 동조	자기에게 가까운 사람들이 기대하는 바를 지키는 것. 즉 아들, 형제, 친구 등으로서의 일반적 역할 기대에 따라 행동하는 것. 선하게 되는 것은 중요하며, 그것은 선한 동기를 가지고 타인에 대한 관심을 보이는 것을 의미한다. 또한 그것은 신뢰, 충성, 존경, 감사와 같은 상호관계를 지키는 것을 의미한다.	자신이나 다른 사람의 눈으로 보아 선한 사람이 되려는 욕구, 다른 사람에 대한 배려, 황금률에 대한 믿음, 관행적인 선한 행동을 뒷받침하고 있는 규칙과 권위를 유지하려는 욕망이다.	다른 사람들과의 관계를 가진 개인의 조망. 개인의 이익보다 우선하는 공유된 감정, 합의, 기대에 대한 의식, 구체적인 황금률을 통해 관점들을 관련지우고 자신을 다른 사람의 입장에 놓아 봄. 일반화된 체제의 조망은 아직 고려되지 않음.

<table>
<tr><td></td><td>단계 4-사회체제와 양심</td><td>스스로 동의한 현실적 의무를 준수하는 것. 법은 확고한 사회적 의무와 갈등하는 극단적인 경우들을 제외하고는 준수되어야 한다. 옳음은 사회, 집단, 제도에 공헌하는 것이다.</td><td>제도의 전반적 기능 인정. “모든 이가 그렇게 한다면”이라는 염원에서 체제파괴를 피하는 것, 우리의 규정된 의미를 완수하려는 양심의 명령 인식(규칙과 권위에 대한 단계 3의 믿음과 수비가 혼동된다)</td><td>사회적 관점을 개인간 합의나 동기로부터 분화시킴. 역할과 규칙을 규정하는 체제의 관점을 채택함. 체제에서 차지하는 위치에 의거하여 개인적 관계들을 고려함.</td></tr>
<tr><td rowspan="2">수준 Ⅲ 인습 이후</td><td>단계 5-사회적 계약 내지 유용성과 개인권리</td><td>사람들은 다양한 가치와 의견을 가지고 있고, 대부분의 가치와 규칙들은 집단에 따라 상대적이라는 것을 의식한다. 그러나 이러한 상대적인 규칙은 대개 불편부당성을 위해 그리고 사회적 계약이기 때문에 유지된다. 그러나 생명과 자유와 같은 비상대적 가치와 권리들은 어떤 사회에서도, 그리고 다수의견과도 관계없이 유지되어야 한다.</td><td>모든 사람의 복지와 권리보호를 위해 법을 제정하고 지키는 사회적 계약 때문에, 성립된 법에 대한 의무감, 가정, 우정, 신뢰, 직무 등에 자유롭게 맺은 계약의 책무성 인식. 법과 의무에 대한 관점은 전체효용의 합리적 계산, 즉 최대다수의 최대이익에 기초해 있다.</td><td>사회 선행적 안목, 즉 합리적 개인의 안목은 사회유대와 계약에 선행하는 가치와 권리들을 의심함. 합의, 계약, 객관적 불편부당성, 정당한 과정이란 형식적 기제에 의해 안목들을 통합함. 그 관점들은 종종 갈등하고 통합하기가 어렵다는 것을 인식함.</td></tr>
<tr><td>단계 6-보편적 윤리적 원리</td><td>스스로 선택한 윤리적 원리를 따르는 것. 특정한 법과 사회적 합의들은 이러한 원리 위에 성립하기 때문에 타당하다. 법이 이 원리들과 충돌할 때 우리는 원리에 따라 행위한다. 원리는 정의의 보편적 원리, 즉 인권의 평등과 개인 인격체로서의 인간의 존엄성에 대한 존경이다.</td><td>보편적 도덕원리들의 타당성에 대한 합리적 존재로서의 믿음, 그 원리들에 대한 개인적 언약이다.</td><td>도덕적 관점에 대한 조망으로부터 사회적 협약이 도출됨. 그 조망은 인간은 그 자체로서 목적이며 또 마땅히 그렇게 대우받아야 한다는 사실과 도덕성의 본질을 인식하고 있는 개인의 조망임.</td></tr>
</table>

도덕성에 관한 위인들의 교훈을 찾아보자.

① “깊이 생각하면 할수록 놀라움과 확고함을 주는 것이 두 가지 있으니 하나는

내위에서 항상 반짝이는 별과 하늘이며, 다른 하나는 내 마음 속의 도덕률이다"(Kant).

② 釣而不綱, 弋不射宿(조이불망, 익불사숙 : 낚시질을 하되 그 물질은 하지 않고, 새는 잡되, 잠든 새는 쏘지 않는다.)

③ 有善必聞, 有惡必見(유선필문, 유악필견 : 착한 일은 소문나기 마련이고, 악한 일은 드러나기 마련이다. 唐나라 韓愈)

④ 問牛知馬(문우지마 : 소의 가격을 물어 보면 말의 가격도 알 수 있다.)

⑤ 莫見乎隱 莫顯乎微(막현호은 막현호미 : 숨겨놓은 것보다 더 잘 보이는게 없고, 미세한 것보다 더 잘 드러나는게 없다. 中庸)

⑥ 行德則興, 背德則崩(행덕측흥, 배덕측붕 : 덕을 행하면 흥하고, 덕을 저버리면 망한다. 大載禮記)

⑦ 欲寡心誠(욕과심성 : 욕심을 적게 가질수록 심성이 성실해진다.)

⑧ 禮無不敬, 法無不肅(예무불경, 법무불숙 : 예의가 없으면 존경받지 못하고, 법도가 없으면 엄숙하지 못한다. 三國演義)

⑨ 戰勝易, 守勝難(전승이, 수승난 : 싸움에서 이기기는 쉬우나, 이긴 것을 지켜가기가 어렵다. 吳子)

⑩ 照顧脚下(조고각하 : 자신의 다리 밑을 보라. 너 자신을 알라)

⑪ 忘人大恩, 記人小過(망인대은, 기인소과 : 남의 큰 은혜는 잘 잊고 남의 적은 허물은 오래 기억한다. 水許傳)

⑫ 憐兒多與捧, 憎兒多與食(연아다여봉, 증아다여식 : 사랑하는 아이에겐 매를 많이 때리고, 미워하는 아이에겐 떡을 많이 주라.)

〈각 발달이론의 비교〉

단 계	연령 범위	주요 특징	인지발달 (J. Piaget)	표현방식 (J. S. Bruner)	성격발달 (S. Freud)	사회성 발달 (E. H. Erikson)	도덕성 발달 (L. Kohlberg)
유아기	0~1세	체위이동, 기본 언어 획득, 사회적 애착	감각 운동기		구순기, 항문기	신뢰감 대 불신감	전도덕기
초기 아동기	1~6세	언어능력 숙달, 성차발달, 집단 유희, 취학준비 완료	전조작기	작동적 표현	남근기 : 외디푸스 컴플렉스	자율성 대 수치감, 솔선성 대 죄책감	복종과 처벌 (제1단계) 상호성 (제2단계)

후기 아동기	6~11세	인지과정이 성인 수준으로 발달(단, 조작속도는 뒤짐), 협동놀이	구체적 조작기	영상적 표현	잠복기	근면성 대 열등감	대인관계의 조화(제3단계) 착한아이
청소년기	11~12세	사춘기로 시작, 성숙이 끝남, 최고 수준의 인지능력 획득, 부모로부터 독립, 인성 관계 형성	형식적 조작기	상징적 표현	생식기	자아정체감 대 역할혼미	법과 질서(제4단계)
성년기	21~25세	직업선택과 가족형성				친밀성 대 고립감	사회계약(제5단계)
장년기	25~50세	직위가 가장 높아짐, 자기 평가, 자녀출가로 인한 '공허감' 위기, 은퇴				생산성 대 침체성(자기도취)	도덕률(제6단계)
노년기	50세 이상	가족과 업적을 즐김, 의존성, 홀아비, 과부, 건강약화				자아통합성 대 절망감	

〈발달이론에 나타난 도덕성의 단계 혹은 유형의 배열〉

저 자	무도덕상태	1. 공포-의존 상태	2. 기회주의 상태	3. 사람에 대한 동조적 상태	4. 규칙에 대한 동조적 상태	5.6. 원리-자율적인 상태
McDougall(1908)	1. 본능적		2. 보상과 처벌	3. 칭찬과 비난의 예상		4. 내적 이상에 의한 조절
J. M. Baldwin(1906)		1. 무이원론적	2. 지적		3. 이상적	
L. Hobouse(1906)	1. 본능적	2. 마술적 금기로서 의무		3. 개인적 덕의 이상으로 의무	4. 사회규칙으로서 의무	5. 합리적, 윤리적 원리
Piaget(1948)	1. 전도덕	2. 성인의 권위에 대한 타율적 복종	3. 자율적 상호성과 평등지향성			4. 자율 이상적 상호성과 평등성
Peck & Havighurst(1960)	1. 무도덕		2. 임시방편적	3. 동조적	4. 비합리 양심적	5. 합리이타적
Kohlberg(1958)		1. 복종 및 처벌 지향	2. 도구적 이기주의 및 교환	3. 착한 아이 지향	4. 권위, 규칙 및 사회 질서 지향	5. 사회계약 합법주의 지향 6. 도덕원리 지향
Fromm(1955) Riesman(1950)		1. 수용적, 전통성지향	2. 개발착취, 무규범적	3. 시장성의 타자 지향적	4. 축적성의 내부지향적	5. 생산적 자율적

C. Sullivan, Grant & Grant(1957)		12. 수동-요청적	13. 동조적(착취적)	13. 동조적(협동적)	14. 권위주의적 죄의식	16. 자기 일관성 17. 통합성
Harey, Hunt & Shroeder(1961)		1. 절대적-평가적	2. 자기-분화적	3. 감정이입적		4. 통합적 독립적
Loevinger(1966)	1. 전사회적	2. 충동지배적 공포적	3. 임시방편적	4. 동조적	5. 양심적	6. 자율적 7. 통합적

2) 청소년기의 발달과업

Havighurst는 청소년기의 발달과업으로서 ① 자기체격 인정과 성역할의 인식 ② 동년배 남 · 녀와의 새로운 관계 형성 ③ 부모(성인)로부터의 정서적 독립 ④ 경제적 독립의 필요를 느낌, 직업선정과 그 준비 ⑥ 시민생활의 자질 함양 ⑦ 사회적인 책임의 주체가 됨 ⑧ 결혼과 가정생활의 준비 ⑨ 가치관, 인생관의 형성을 제시했다.

〈헤비거스트(Robert Havighurst)의 생애 발달과업〉

유아기(0~6세)	① 직립보행 ② 고형질 음식 섭취 ③ 언어능력 연마 ④ 배설작용 통제 ⑤ 성별구분과 성적 성숙 ⑥ 생리적 안정 ⑦ 사회적 · 물리적 환경에 대한 간단한 개념 형성 ⑧ 자신을 부모 · 동기 및 타인과 정서적으로 관련 맺기 ⑨ 선악의 구별과 양심
아동기(6~12세)	① 보통 경기에 필요한 신체적 기능의 학습 ② 성장하는 유기체로서의 자기에 대한 건전한 태도를 가지는 것 ③ 동무 사귀기를 배우는 일 ④ 성(性)의 적절한 사회적 역할을 학습하는 일 ⑤ 읽기 · 쓰기 · 셈하기의 기초기능의 발달 ⑥ 일상생활에 필요한 개념의 발달 ⑦ 양심 · 도덕심 가치척도의 발달 ⑧ 인격적 독립의 성취 ⑨ 사회적 집단과 사회제도에 대한 태도의 발달
청소년(12~18세)	① 자기 체격을 인정하고 자기의 성역할 인식 ② 남녀 동년배의 친구와 새로운 관계를 갖기 ③ 부모 또는 다른 성인으로부터의 정서적 독립 이루기 ④ 경제적 독립의 필요성을 절실히 느끼기 ⑤ 직업 선정을 하고 그에 맞는 준비하기 ⑥ 시민생활에 필요한 지식과 태도를 키우는 일 ⑦ 사회적으로 책임있는 행동을 원하고 이를 실천하기 ⑧ 결혼과 가정생활의 준비 ⑨ 행동의 지침으로서 적절한 과학적 세계관에 맞추어 가치세계를 형성 ⑩ 사회적으로 책임있는 행동을 원하고 수행하는 일

성인초기(18~30세)	① 배우자 선정 ② 배우자와의 동거생활 능력 ③ 가정생활 ④ 육아능력 ⑤ 가정관리 능력 ⑥ 취업 ⑦ 시민책임 감당 ⑧ 마음에 드는 사회집단 모색
중년기(30~60세)	① 성인으로서의 시민 · 사회적 책임수행 ② 생활의 경제적 표준설정 및 유지 ③ 10대 자녀가 행복한 성인이 되도록 뒷바라지 ④ 성인에 필요한 여가활동 ⑤ 배우자와의 인격적 관계 유지 ⑥ 중년기의 생리적 변화수용과 적응 ⑦ 노부모 부양
노년기(60~사망)	① 체력감소 용납 및 건강관리 적응 ② 은퇴와 수입감소에 적응 ③ 배우자 사망에 적응 및 죽음준비 ④ 동년배와 친밀한 관계형성 ⑤ 사회적 · 공민적 책임의 이행 ⑥ 자기 삶의 조건에 만족하기

※ 융(C. G. Jung)의 자기를 실현한 인간의 특징

① 자아의 인식(Coming to selfhood. self-realization

② 성격의 여러 측면 조화(Harmony)

③ 자아통합(Integration of self)

④ 자기표현(Self-expression)

〈메리필드(Merrifield)의 15가지 성인 발달요소들〉

☆ 미발달(~로부터)		★ 발달(~로)
① 의존성(from dependence)	⇒	① 자율성(toward autonomy)
② 수동성(from passivity)	⇒	② 능동성(toward activity)
③ 소능력(from small abilities)	⇒	③ 대 능력(toward large abilities)
④ 소기능(from few functions)	⇒	④ 다기능(toward many functions
⑤ 좁은 관심(from narrow interests)	⇒	⑤ 넓은 관심(toward broad interests)
⑥ 이기주의(from egocentricity)	⇒	⑥ 애타주의(toward altruism)

⑦ 무지(from ignorance)	⇒	⑦ 개화(toward enlightenment)
⑧ 주관성(from subjectivity)	⇒	⑧ 객관성(toward objectivity)
⑨ 자기 거부(from self-rejection)	⇒	⑨ 자기수용(toward self-acceptance)
⑩ 비본질에 관심(from focus on particulars)	⇒	⑩ 본질에 관심(toward focus on principles)
⑪ 무특성자기건설(from amorphous self-concept)	⇒	⑪ 종합적 자기건설(toward integrated self-concept)
⑫ 관심의 정지성(from static concerns)	⇒	⑫ 관심의 확장성(toward expanding concerns)
⑬ 모방성(from imitation)	⇒	⑬ 창의성(toward originality)
⑭ 확실성에의 조급성(from need for certainty)	⇒	⑭ 모호성 극복의 인내(toward tolerance for ambiguity)
⑮ 비이성적(from irrationality)	⇒	⑮ 이성적(toward rationality)

〈연령별 발달특성과 발달지원 착안사항〉

0~3세		
구별	특 성	필 요
신체적	1. 끊임없이 활동적이다.	1. 활동할 수 있는 기회와 공간이 필요하다.
	2. 감각으로 느끼고 싶어한다.	2. 아이들이 보고 듣고 만지고 냄새 맡고 맛볼 수 있는 재료들의 활용이 필요하다.
	3. 즉각적이며 충동적으로 반응한다.	3. 오감을 모두 사용할 수 있는 흥미거리를 제공해야 한다.
	4. 민감한 감각 체계를 가지고 있다.	4. 서두르거나 긴장을 자아낼 만한 요소들을 피하고 정적이며 차분한 프로그램이 요구된다.
	5. 아직 신체적으로 약하고 인내심이 약하다.	5. 건강에 좋은 환경과 적절한 휴식, 간식이 필요하다.
	6. 성장 과정에 차이가 있다.	6. 개인에 맞도록 프로그램을 계획한다.
	7. 근육의 온전한 조절이 아직 불가능하다.	7. 크레용이나 종이 등 아이들에게 이미 발달된 근육을 사용하는 프로그램을 마련해 주어야 한다.
	8. 몸 전체에 비해 다리가 짧다.	8. 의자 크기나 장난감 높이 등을 아이들 신체에 맞게 조절한다.
정신적(인지적)	1. 반복과 매일 하는 규칙적인 일을 좋아한다.	1. 익숙한 것을 사용해야 한다.
	2. 상상적이며 지시받는 것을 좋아한다.	2. 이야기할 때 방법과 수단을 지시해 줄 필요가 있다.
	3. 경험이 제한되어 있고 구체적인 개념과 문자적인 이해를 한다.	3. 경험을 넓혀주며 추상적인 것과 상징적인 것은 피해야 한다.
	4. 지식, 단어가 제한되어 있다.	4. 실물과 그림 그리고 아이들에게 친숙한 단어를 사용한다.
	5. 음악적 능력이 아직 개발되어 있지 못하다.	5. 음악 프로그램을 활용한다.
	6. 집중하는 시간이 제한되어 있다(2.5~3분).	6. 다양한 프로그램의 활용이 요구된다.
	7. 기억력이 제한되어 있다.	7. 중요한 것은 간단한 표현으로 반복해 준다.
	8. 호기심이 많다.	8. 호기심을 자극할 수 있는 재료들을 사용한다.
	9. 질문이 끝도 없이 많다.	9. 상세한 내용을 피하고 간단하게 대답해 준다.

사회적	1. 개인주의적이고 자기 중심적이다. 2. 의존적이고 관심을 사려한다. 3. 흉내를 잘 낸다. 4. 부정적이기도 하고 남의 기분을 맞추려고 하며 "아냐"라는 말을 먼저 배우게 된다. 5. 언제나 놀고 싶어하는 욕구가 강하다.	1. 개개인에게 관심을 보여주며 자유롭게 노는 시간을 주고 사회성을 발달시켜야 한다. 2. 지속적인 감독이 필요하며 자신이 책임을 지고 있지 않다는 사실을 알려주어야 한다. 3. 올바른 행동의 모범, 태도의 중요성, 말과 행동이 일치됨을 보여주어야 한다. 4. 긍정적인 태도와 아이의 행동의 용납, 일정한 규율, 잘한 일에 대한 칭찬 등이 필요하다(부탁하지 말고 명령해야 한다) 5. 교육적이면서 의미있는 장난감을 많이 준비해야 한다.
정서적·신앙적	1. 정서적으로 민감하다. 2. 정이 많다. 3. 영적으로 깨어나는 기간이며 자연스러운 신뢰의 기간이다. 4. 예배드릴 수 있다. 5. 인생의 새로운 경험에 대한 호기심으로 가득 차 있다. 6. 무서움이 있다. 7. 영적인 분위기에 민감하다. 8. 쉽게 감동을 받으며 가르침을 잘 받아들인다. 9. 선과 악에 대한 생각이 발달한다.	1. 비교적 허용적이고 안정적인 분위기를 만들 필요가 있다. 2. 신앙으로 아이들을 인도하며 하나님과 자신에 대한 하나님의 사랑에 대한 인식을 발달시켜야 한다. 3. 개인적인 감정을 중시하며 인격을 신뢰하도록 도와 주어야 한다. 4. 신앙으로 인도하며 그들의 신앙생활을 과소평가해서는 안 된다. 5. 감각적인 경험을 자극하며 색깔과 미적 감각의 발달, 기도의 습관을 배양시켜 준다. 6. 보호해 주시는 하나님과 무서움을 극복한 아이들 이야기를 해준다. 7. 차분하게 그리스도를 닮아가는 분위기를 조성하며 아이들의 필요와 반응에 신경을 써야 한다. 8. 진리를 알려주며 배워서 안될 것은 말하지 않아야 한다. 9. 선과 악을 구별해 주며 선에 대한 보상 및 하나님의 기준에 대해 교육해야 한다.

※ 신앙적 발달은 각 종교에 따라 서로 다를 수 있기 때문에 기독교적 신앙을 중심으로 제시하였다. 다른 종교일 때는 적절히 해당 종교의 교리나 교훈으로 바꾸어 제시하면 좋겠다.

4~6세		
구별	특 성	필 요
신체적	1. 급속하게 성장하며 매우 활동적이다. 2. 세심한 근육 발달 및 조작하는 기술이 어느 정도 발달하게 된다. 3. 건강한 습관을 배워나가며 자신에 대한 책임감을 점점 많이 느끼게 된다. 4. 건강 면에서 예민하며 쉽게 피곤해지고 귀나 눈 등 병에 걸리기 쉽다. 5. 감각기관을 적극적으로 활용한다. 6. 행동을 통해 즉각적으로 반응한다.	1. 계속 변화를 주며 활동과 휴식의 반복이 필요하다. 2. 물감, 크레용, 찰흙과 같은 크고 단단하고 창조적인 재료들을 주며 충분한 크기의 공간을 제공한다. 3. 기독교적 책임감을 배양시킨다. 어린아이 취급을 삼간다. 4. 지나친 긴장이나 자극을 피하며 위생적인 환경을 조성하고, 건강에 문제가 생긴 아이를 격리하며 건강 수칙을 알려줘야 한다. 5. 크고 두꺼운 종이로 만든 그림 등을 이용하여 보고 듣는 것을 통해 배우는 직접 경험이 필요하다. 6. 행동을 억제하지 말고 이끌어 주어야 한다.

정신적(인지적)	1. 관심을 지속시키는 시간이 짧다(5~10분). 2. 정신적인 미성숙. 자기 능력 이상의 것을 하려고 한다. 단어가 제한되어 있지만 빠른 속도로 단어를 배워간다. 3. 알고 싶은 것이 많아 쉴새없이 질문을 해온다. 사고력 초기 개발 단계이다. 4. 시간과 공간에 대해 제한된 개념을 가지고 있다(영원한 현재). 5. 사고가 구체적이고 문자적이다. 머리속에 사물에 대한 그림을 그린다. 6. 상상력이 풍부하다.	1. 게임이나 이야기 프로그램을 계획할 때 이 사실을 염두에 두어야 한다. 2. 아이들이 이해할 수 있는 범위에서 할 수 있는 것들을 제공한다. 3. 솔직하게 모든 질문에 답해 주어야 한다. 질문 뒤에 숨겨진 이유를 알아보며 자신 스스로 생각할 수 있도록 격려한다. 4. 역사나 연대에 대한 언급을 피하라. 현재를 강조하며 아이들이 알고 있는 것들로 설명한다. 그들의 경험을 늘려 주어야 한다. 5. 구체적인 표현을 사용하며 상징의 사용을 피해야 한다. 6. 상상력을 길러 주고 사실과 상상을 구별해 줘야 한다.
사회적	1. 개인주의적이고 부정하는 것이 많다. 2. 언어와 예절과 습관 등이 모방적이다. 교사의 영향이 결정적이다. 3. 그룹에 대한 의식이 생기며 극도로 사회적이다. 다른 사람과 함께 있고 싶어하며 함께 무엇을 하고 싶어한다. 4. 남을 이끄는 것과 다른 사람과의 관계에 적응하는 것을 배워나가고 독립심과 시각이 넓어진다. 5. 사고하며 모성본능을 느낀다. 6. 놀고 싶은 충동을 강하게 느낀다. 7. 남을 즐겁게 해주며 어른에게 인정받고 싶은 욕구가 강하다. 8. 대화하기를 좋아한다.	1. 순종과 바른 것을 행함으로 얻는 기쁨을 가르쳐 준다. 제한과 금지 사항을 받아들이도록 해야 한다. 2. 아이들에게 일관성 있게 본을 보여줘야 한다. 좋은 행동을 가르친다. 아이들이 따라야 할 좋은 안내자와 모범자가 되어야 한다. 3. 그룹으로 함께하는 활동을 격려하며 주고 받는 책임 의식을 가르쳐야 한다. 4. 재치있는 인내와 남을 섬기는 일들을 통해 리더십을 인정해 주며 격려해 주어야 한다. 5. 기독교의 미덕을 가르쳐 준다. 인형이나 동물들과 놀며, 동물 장난감을 가지고 성경 이야기를 해준다. 6. 같이 할 수 있는 다양한 게임을 마련해 준다. 7. 하나님의 인정하심을 대신 전달해 줄 필요가 있다. 8. 이야기할 기회를 준다(학습과정). 생각할 기회도 준다(배운 것에 대한 시험을 통해). 학습 자료로 사용한다.
정서적·신앙적	1. 강하지만 아직 안정적이지 못한 감정 상태이다. 2. 사람에 대한 열망이 있다. 3. 쉽게 믿는다. 4. 경이감에 가득 차 있다. 5. 배우고자 하는 열심이 있다.	1. 부정적인 감정 유발을 피하라. 긍정적인 감정 표현으로 격려해 주어야 한다. 2. 자신들에 대한 하나님의 사랑과 관심 그리고 부모들의 사랑으로부터 얻는 안정감을 강조해 주어야 한다. 3. 진리를 가르쳐 주며 배워서 안 되는 것들은 절대로 가르쳐서는 안 되며 주님을 신뢰하도록 격려해 주어야 한다. 4. 예배하고자 하는 의욕을 자극하고 기도, 성경, 예배당 등에 대한 존경심을 키워주어야 한다. 5. 영적인 진리를 받아들이려는 준비된 자세를 주의깊게 살펴야 한다. 교사들의 시간, 인내, 이해와 참된 관심이 요구된다.

7~9세		
구별	특 성	필 요
신체적	1. 서서히 성장하며 손의 정교한 놀림이 완벽하지는 않지만 계속 발달하는 과정이다. 2. 열심과 생동감에 변화가 많다. 정도에 지나치게 행동하는 경향이 있다. 3. 병에 걸리기 쉽고 저항력이 커지며 전염병에 민감한 시기이다. 4. 행동적이고 안정감이 없다. 5. 예민한 감각.	1. 단순하고 쉽게 완성할 수 있는 과제를 내줘야 한다. 보통 크기의 크레용을 사용하게 한다. 2. 지나친 행동을 절제시키며 균형잡힌 프로그램을 활용한다. 넘치는 열심과 에너지를 분출시킬 방법을 제공한다. 3. 질병에 걸린 아이는 신속히 치료하고 아이들을 초과 수용해서는 안 된다. 4. 다양한 행동을 제공해 주는 프로그램의 활용과 아이들이 직접 참여하여 문제를 해결하는 방법론의 도입이 필요하다. 5. 직접 보고 만질 수 있는 사물들을 제공하며 직접 경험을 늘려야 한다.
정신적(인지적)	1. 책을 읽을 수 있는 능력과 흥미가 다양해진다. 2. 경험의 확대, 능력과 정확성의 향상, 이성적 사고가 발전한다. 3. 구체적이고 문자적으로 사고하며 추상적인 개념에 대한 사고를 시작한다. 4. 자제력이 커지며 자기 평가가 늘어난다. 5. 집중하는 시간이 늘어난다(7~15분). 6. 기억력이 향상된다. 현재의 당면한 현실에 대한 관심에서부터 과거에 대한 관심으로 성장한다. 7. 지나칠 정도로 말이 많아지며 대화를 점점 좋아하게 된다. 8. 지혜롭기보다는 열심이고 호기심이 많아진다. 배우기를 갈망한다.	1. 수준에 따라 교재를 사용한다. 반을 나눌 필요가 있다. 성경 읽는 것을 가르쳐 준다. 좋은 독서 교재를 제공한다. 노래, 리듬, 자연, 실제 이야기, 희극, 라디오, 영화 등을 활용한다. 다양한 교수법을 사용한다. 2. 다양한 경험과 문제들에 대처하며 씨름할 수 있는 기회를 제공하고 자기 문제를 스스로 해결할 수 있는 이성적인 사고 능력을 개발시켜야 한다. 3. 아이들의 능력 밖에 있는 상징을 사용해서는 안 된다. 많은 예화를 사용하라. 4. 자제력(성령의 열매)이 가져다 주는 기쁨과 성령 하나님을 의지하는 것을 가르쳐 준다. 기준을 세워주며 간섭을 최소한으로 줄인다. 5. 사고력을 억압하며 짓눌러서는 안된다. 6. 좋은 기억력 프로그램을 활용한다. 아이들의 성격과 흥미를 이해하며 각자가 있는 수준에서 용납해 준다. 과거의 경험을 통해 교육할 필요도 있다. 7. 자신의 생각을 표현하는 것을 격려해 주며 대화의 기회를 제공해 준다. 8. 적극적이고 직접적인 참여와 구체적인 학습 현장을 통해 가장 효과적인 교육이 이루어진다. 열심과 의욕을 가지고 반응할 수 있게 해 준다.

사회적	1. 점점 의존적인 자세에서 독립적인 자세로 바뀌어간다. 더욱 많은 책임감을 스스로 지게 된다.	1. 단체가 함께 하는 과제를 통해 책임감을 길러준다. 의지하는 것과 독립적인 자세의 균형을 갖게 한다.
	2. 모방력과 창조력이 좋아진다. 연극을 즐기기 시작한다.	2. 상황 연극을 한다. 성경을 위대한 인물들의 영적 특성의 본을 따르게 한다. 직접 노래와 그 가사를 짓게 한다. 성경 말씀을 음악에 맞춰 공부하게 한다.
	3. 비교적 쉽게 친구를 사귄다. 단체에 대한 관심이 커진다.	3. 믿는 사람들과의 교제를 격려하며 그룹 과제를 다른 사람과의 협력을 통해 해낼 수 있도록 해준다.
	4. 동정심이 쉽게 일어난다. 아주 예민하며 사회적 계층에 대한 생각, 인종적 편견 등이 생겨난다.	4. 의견을 표현하는 데 조심할 필요가 있다. 동정심을 성경의 채널로 맞춰야 한다.
	5. 다른 사람을 기쁘게 해주고 싶어하며 잘 하려고 한다. 어른들의 감정에 민감하며 남이 일을 시키는 것을 좋아하지 않는다.	5. 예의와 좋은 습관을 서서히 배양시켜 준다. 어른들의 인정이 필요하다. 어른들로부터의 격려와 많은 칭찬과 온화함과 인내가 요구된다.
	6. 정서적 미성숙. 자기 중심적이며 개인주의적이다.	6. 아이들이 반응할 수 있는 수준 이상으로 가르쳐서는 안 된다. 생활 전역에서 주님의 주권을 인정할 수 있도록 해야 한다.
	7. 친근하고 협조적이다. 전심으로 대한다.	7. 함께 일하는 것을 격려한다.
	8. 공정성이 커진다. 자신의 차례와 권리를 요구한다.	8. 모든 결정에서 공평과 정의가 보여야 한다. 스스로 규율을 정할 수 있도록 격려한다.
정서적·신앙적	1. 감정이 보다 쉽게 살아나며 계속된다.	1. 바르게 사랑하며 미워하는 것을 가르쳐 준다. 아이들을 다르게 다룰 필요가 있다.
	2. 옳고 그름에 대한 관심이 커진다.	2. 하나님의 말씀을 실제 생활에서 결정을 내리는 데 적용하게 해 준다. 틀린 것은 지적해 주고 잘한 일을 보상해 주며 잘못된 것에 대해 엄한 태도를 보여야 한다.
	3. 남의 말을 잘 믿기도 하지만 상충되는 여러 의견 속에서 불확실한 점도 갖게 된다.	3. 믿음이 주님을 향하도록 한다. 꾸준한 친구이고 믿을 만한 분이신 주님 안에서 살아가게 해 준다. 주님께서 권위의 기초가 되셔야 한다.
	4. 죄에 대한 의식 때문에 구원에 대한 의식이 생긴다.	4. 방과 후에 따로 만나서 개인적으로 복음을 제시해 준다.
	5. 하늘 나라와 하나님에 대한 흥미로운 관심이 생긴다.	5. 아이들의 현실 생활 속에서 경험하는 것들을 가지고 영적 교훈을 전해야 한다.
	6. 초자연적인 것들에 대한 관심이 깊어진다.	6. 실제로 일어나는 기적과 같은 신기한 일들에 대해 얘기해 줘야 한다.
	7. 사랑과 안정감에 대한 욕구가 커진다.	7. 아이들을 향한 하나님의 보살핌과 사랑을 가르쳐 준다.

10~12세		
구별	특 성	필 요
신체적	1. 힘이 넘치며 빠른 성장. 일하기를 좋아함. 생각보다 행동이 앞서는 특성을 보인다.	1. 물건 만들기, 활동적인 연극 등 다양하고도 건전한 과제를 준다. 자신들의 행동의 결과에 대해 생각하도록 도와줘야 한다.
	2. 강하고 건강하다.	2. 결석이 드물게 된다. 어려운 것도 시켜 본다. 좋은 건강 습관을 개발한다. 규칙적인 간격을 두고 충분한 휴식과 좋은 음식을 섭취하게 한다.
	3. 시끄럽고 싸우기도 잘한다.	3. 싸움이 시작되기 전에 말려야 하며 조용할 수 있는 과제와 분위기를 제공함으로 진정시킨다.
	4. 밖에 나가는 것을 좋아한다.	4. 자전거 하이킹, 캠핑, 산책, 여행 등을 시킨다.
	5. 개인의 차이와 능력이 드러나는 어렵고 경쟁적인 것들을 좋아하게 된다.	5. 프로젝트를 통해 능력에 도전한다. 경쟁하고 남보다 뛰어날 수 있는 기회를 제공하는 성경에 관한 공부, 게임을 잘 할 수 있는 기술 등을 교육한다.
	6. 아기에 대한 관심과 성에 대한 관심이 조금씩 생기게 된다.	6. 앞으로 경험하게 될 신체적인 변화에 과한 사려깊은 대답이 필요하다. 적절한 수준의 성교육이 필요하다.
정신적(인지적)	1. 지리적·역사적 감각과 사실에 근거한 상상이 아닌 공부에 대한 관심이 발달한다.	1. 성경 연대기와 지리를 가르친다. 여행 행로를 추적하며 지도를 사용하며 연대표 등을 활용한다.
	2. 수집.	2. 가치 있는 취미를 지도해 줘야 한다. 우표, 동전, 신기한 것들에 대한 수집.
	3. 궁금한 것이 많고 다양한 관심을 보이며 공상도 많다.	3. 질문에 답해 주며 여러 방면에 대해 관심을 갖도록 격려하며 현실에 대처해가도록 한다.
	4. 읽고, 쓰고 얘기하는 것을 좋아한다. 능력의 차가 보인다.	4. 좋은 읽을 거리를 제공한다(전기가 좋다). 쓰는 것을 요구하는 성경공부를 한다.
	5. 특별히 어른들에 대해 비판적이다.	5. 사려깊고 친절한 본을 보여야 한다. 그들의 이야기를 들어주고 함께 얘기해 준다.
	6. 논리적이고 이성적인 사고 능력이 발전된다. 다른 생각과 종교에 대해서도 생각하기 시작한다.	6. 합리적인 설명이나 행동을 선택할 수 있는 기회를 제공하며 다양한 교수 방법의 도입. 다른 견해에 대한 평가 등이 필요하다.
	7. 암기력이 가장 뛰어나다.	7. 성경 암송을 격려한다.
	8. 문자적인 사고 체계이며 어려운 상징은 이해하지 못한다.	8. 사고를 돕기보다는 혼동시키는 사물을 활용한 교수법을 피한다.
	9. 잘하고 싶은 욕망이 있지만, 실망되는 일이 있거나 압박을 받으면 흥미를 잃고 만다.	9. 이미 시작한 것을 끝내는 것 뿐 아니라 새로운 활동에 대한 시도를 격려한다. 도전과 칭찬을 계속해 준다.

사회적	1. 책임을 질 수 있다.	1. 특별한 임무나 책임을 맡고 있는 공직자들을 수업 시간에 모셔본다.
	2. 권위를 싫어하고 공의와 명예에 대한 생각이 강하며, 클럽 활동이나 게임 등에 대한 공정성을 따지려 하고 애국심이 생긴다.	2. 협박이나 최후 경고는 삼간다. 명령자보다는 안내자가 필요하다. 재산이나 다른 사람들에 대한 존경에 대해, 생활의 일관성과 징계에 대해, 크리스천으로서 시민 정신과 충성심 등에 대해 논할 기회를 준다.
	3. 집단과 그룹에 대한 애착을 보인다.	3. 반 전체를 하나의 그룹으로 만들고 소속감과 개인적인 관심을 공급해야 한다.
	4. 이성에 대해 비꼬는 태도와 동성끼리의 친한 우정이 생겨난다.	4. 남자와 여자 아이의 협력을 지도한다.
	5. 영웅적인 존재를 흠모하며 영향을 받는다.	5. 교사가 본을 보이며 그리스도를 영웅으로 제시한다.
	6. 자기 훈련이 안 돼 있고 돈을 규모있게 쓸 줄 모른다.	6. 잘 훈련된 습관을 발전시키고 용돈을 잘 벌어 잘 쓸 수 있는 기회를 제공하고, 자기 옷을 입는 것이나 외모를 단정하게 하는 것에 대한 책임을 스스로 지게 한다.
정서적·신앙적	1. 두려움은 거의 없으나 많은 문제를 안고 있다.	1. 두려워 해야 할 것과 두려워 할 필요가 없는 것이 무엇인지 가르친다. 아이들이 세상에 대해 어떻게 느끼는가를 이해하고 개인적인 상담을 해줘야 한다.
	2. 화를 잘 내며 자기 중심적인 경향이 강하다.	2. 공연히 화를 낼 만한 요소들을 제거하며 그리스도 중심의 생활을 하도록 가르친다.
	3. 사랑의 과시적인 표현을 싫어하며 종교의 감상적인 부분을 싫어하게 된다.	3. 영적인 문제에 대한 개인적인 상담을 한다.
	4. 유머 감각이 정교해지며 소란하고 낄낄거리기를 잘한다.	4. 유머 감각을 자극하고 잘 지도해 준다. 참으로 재미있는 것과 그렇지 못한 것을 판단할 수 있도록 지도한다.
	5. 죄를 죄로 인식한다.	5. 예수님을 죄에서 구원해 주신 구세주로 가르치며 선한 일과 좋은 행동을 칭찬해 준다.
	6. 기독교에 대한 질문이 생겨난다.	6. 진실되게 답변하며 스스로 성경에서 해답을 찾도록 도와 준다.
	7. 신앙 생활에 감정이 차지하는 부분이 적다.	7. 감정적인 이야기나 호소를 삼간다.
	8. 자신의 생활 기준을 높게 잡지만 아직 이성적인 기준을 설정하고 있지는 못하다.	8. 고매한 삶의 기준을 교사의 생활 속에 보여주며 성경적인 생활의 기준을 설정한다.
	9. 아주 실제적이고 영적인 격려와 동기의 자극이 필요하다.	9. 들을 뿐 아니라 행동하는 믿음이 필요하다. 기독교는 어떻게 생활 속에서 작용하는가? 가르침과 일상 생활과의 상관 관계에 대한 이해, 영적으로 성숙할 수 있는 활동 등이 필요하다. 경건의 시간을 가질 수 있는 보조 자료들을 제공한다.
	10. 특별히 부모들의 별거·이혼 문제나 계모, 계부와의 문제가 생기게 될 때 가정 생활에 대한 염려를 나타낼 수 있다.	10. 아이의 처해 있는 상황을 잘 이해하며 조심스럽게 대해야 된다. 비웃거나 비판적인 태도를 보여서는 안 된다. 하나님의 무조건적인 사랑을 보여주며 아이 하나하나를 특별한 인격으로 대해야 한다.

13~15세(중학생)	
구 별	특 징
신체적	1. 빨리 자라난다. 2. 여학생들이 남학생들보다 더 빨리 자란다. 3. 많은 신체 변화를 겪고 있다. 4. 보통 외모가 어색한 상태이다. 5. 피곤한 상태와 번갈아 나타나는 끊임 없는 에너지를 가지고 있다.
정신적(인지적)	1. 예리한 기억력을 가지고 있다. 2. 모험이나 발명에 흥미가 있다. 3. 현실적인 사고(추상적인 것으로 나아가는)를 할 수 있다. 4. 종종 권위에 대해 의문을 가질 것이다. 5. 결정을 빨리 내린다. 6. 풍부한 상상력을 가지고 있다. 7. 유머 감각이 뛰어난다.
사회적	1. 어른이 되고 싶어한다. 2. 어른들로부터 독립하기를 갈망한다. 3. 또래집단에 속하고 싶어한다. 4. 강한 충성심을 가지고 있다. 5. 보통 자기 자신을 의식한다. 6. 사회적인 문제들은 학생의 성적인 발달을 반영한다. 7. 닮고 싶은 사람(영웅)을 찾는다.
정서적	1. 자신이 어른이나 동료에게 오해를 받고 있다고 종종 느낀다. 2. 감정의 기복이 심하고 즐겁다가도 쉽게 슬퍼진다. 3. 자신의 감정을 통제하지 못한다. 4. 감정이 매우 격렬하다.
신앙적	1. 현재 처한 상황에 적용되는 실질적인 믿음을 원한다. 2. 영혼이 복음의 메시지를 들을 수 있게 무르익는다. 3. 필요한 사람들에게 봉사하고자 하는 비전을 갖는다. 4. 기독교에 대해 많은 의문들을 가질 수 있다. 5. 생각에서나 사람들의 행동에서 이상을 추구한다.

16~18세(고등 학생)	
구 별	특 징
신체적	1. 외모가 어색한 상태를 벗어난다. 2. 매력적이며 어른과 같은 외모를 가진다. 3. 보통 식욕이 대단하다. 4. 신체적인 습관들이 형성된다. 5. 자신의 성적인 모습에 관심을 갖고 있다.

정신적(인지적)	1. 사고하는 능력이 새로운 국면에 이른다. 2. 토론하고 논쟁하는 것을 좋아한다. 3. 매우 창의적이며 이상적이다. 4. 판단력이 향상된다. 5. 상상력은 보통 지성이나 판단력의 통제 아래 있다.
사회적	1. 파벌이나 배타적인 사회 그룹에 속해 있다. 2. 이성에 대해(항상 그렇지는 않더라도) 끌리게 된다. 3. 얼굴 모습과 외모에 대해 상당한 관심을 가지고 있다. 4. 사회적으로 인정받기를 원한다. 5. 사회에서 자신의 위치를 발견하고자 애쓴다. 6. 보통 다른 사람들을 돕고자 하는 마음이 점점 커간다.
정서적	1. 감정은 여전히 격렬하다. 2. 이제 자신의 감정을 통제할 수 있는 능력을 더 많이 가지고 있게 된다. 3. 감상적일 수 있다. 4. 안정을 원한다. 5. 흥분되는 일이나 즐겁게 노는 것을 좋아한다.
신앙적	1. 종교가 개인적인 것이 된다. 2. 종교가 행동적이다. 3. 종교가 감정적이다. 4. 믿음에 대한 의문들이 많아질 수 있다. 5. 예배의 추상적인 개념들과 분위기를 즐길 수 있다.

3) 청소년기의 문제

Ross Synder는 청소년기의 문제로서 ① 자기확인 대 허무(self-definition vs. vagueness) ② 소속감 대 소외감(belonging vs. isolation) ③ 성숙 대 퇴행(maturity vs. regression) ④ 의미 대 혼동(meaning vs. confusion) 자발성 대 경직성(spontaneity vs. rigidity)을 들었다. 가정에 대한 불만, 학교생활에 대한 부적응, 다듬어지지 않은 성품, 자기조절 능력의 결핍, 인생관이나 신앙의 혼동, 예의범절에 대한 훈련 부족, 스트레스 대응방법의 미숙 등도 현대 청소년의 문제로 지적되고 있는 것들이다.

제5장 지능(IQ)의 이해와 측정

1. 지능의 개념

Bloom(1956)은 교육목표 분류학(taxonomy)에서 인간의 행동영역을 인지적 영역, 정의적 영역, 심리운동적 영역으로 나누고 인지적 영역을 지식-이해-응용-분석-종합-평가 등 광범위한 지적 과정을 모두 포함하는 것으로 정의하였다.

Piaget는 개인의 모든 반응의 기본적 목표는 환경에의 적응이며 모든 반응은 두 가지 필수적인 요소, 정서적 측면과 인지적 측면을 내포한다고 하였다. 그는 정서는 행동의 목표를 설정하고 행동을 방향 지우고 행동의 가치를 결정하며 행동을 일으키는데 필요한 에너지를 공급하는 한편, 지능은 목표 달성의 수단, 기술을 제공하며 행동을 조직하는 인지적 측면이라고 하였다. 따라서 개인의 모든 행동은 정서적 측면과 인지적 측면을 포함하며, 이 두 측면은 구별될 수는 있으나 분리될 수는 없다고 하였다.

이와 같이 인간의 정신능력은 두 가지로 양분되는데 하나는 이성능력이고 다른 하나는 감성능력(정서지능)이다. 이성능력이란 합리적인 사고능력을 가리키는 바 기억력, 이해력, 추리력, 계산력, 창의력 등을 말한다. 이른바 똑똑하고 영리한 사람일수록 이성능력이 높다고 말할 수 있다.

한편 감성능력이란 감정을 다스릴 줄 아는 통제능력을 가리키는 바 인내심, 지구력, 충동억제력, 만족지연 능력, 용기, 절제, 감정이입 능력 등을 말한다. 이른바 참을성이 있는 사람, 신념과 용기가 있는 사람, 자기 절제를 잘 하는 사람일수록 정서능력이 높다고 말할 수 있다. 그러나 이 두 능력이 구분될 수 있다고 해서 완전히 별개로 존재한다고 보기는 어렵다. 이 두 능력의 크기와 양은 사람에 따라 다르게 존재한다고 하여도 이 두 능력은 서로 함께 작용하지 않으면 각자의 독특성을 제대로 발휘하기가 어렵다. 따라서 이성능력과 감성능력은 함께 균형을 맞추어 발달하여야 한다. 그러나 그간 불행하게도 이성능력에는 큰 강조를 두고 중요시해 왔지만 감성능력에는 별 관심을 쏟지 못하였다. 이성능력을 IQ(Intelligence Quotient)라는 말로 부르면서 측정하고자 노력하였고, IQ를 높이고자 애써 왔으며, IQ 높은 사람을 선호해 왔다. 그러나 최근에 이르러 감성능력에 대한 관심이 급증하게 된 바 감성능력을 정서지능(Emotional Intelligence)이라 부르면서 측정할 수 있고 개발할 수도 있다고 한다. 따라서 IQ와 EQ를 각각 나누어 설명하고자 하는데 이 장에서는 IQ에 대해 알아보겠다.

2. 지능(IQ)

(1) 지능의 정의

우리가 지능이라 부르는 용어의 실제적 의미는 인간행동을 예언하고 설명하는데 도움을 주기 위해 창안된 가설적 개념이다(mental capabilities, aptitude, ability, potential 등).

지능의 정의를 이해하는 데 도움을 주는 두 가지 연구가 있는데 하나는 1921년의 미국의 교육심리 학회지의 편집자들에 의해 수행되었던 연구로 Thorndike는 "진리나 사실의 관점에 대한 좋은 반응력"으로 지능을 정의하고 있으며, Terman은 "추상적 사고능력", Freeman은 "환경에 적응하는 방법을 학습하는 능력"으로, Wechsler는 "유목적적으로 행동하고, 합리적으로 사고하고 환경을 효과적으로 다루는 개인의 종합적 능력"으로, 그리고 Woodrow는 "능력을 획득하는 능력"으로, Dearborn은 "경험에 의한 학습능력"으로 지능을 정의하고 있다.

다른 하나는 Sternberg와 Detterman이 주관하는 학회지 「Intelligence」에서 주최한 1986년의 심포지움으로 지능의 모형이 사회적 맥락을 보다 광범위하게 반영해야 한다고 말하고 있다. 이는 보다 사회적이고 범문화적이며 실생활에서의 지능에 대한 강조라고 볼 수 있다. R. Sternberg의 '삼위일체 지능이론'은 메타요소, 수행요소, 지식-습득요소의 기능에 따라, 신기성에 대한 반응 혹은 정보처리의 자동화와 관련하는 경험의 연속선에서, "어떤 지역에서 상황적으로 적절한 행동을 방출하는 정신능력"으로 지능을 정의하고 있다. H. Gardner는 지능을 "한 문화권 혹은 여러 문화권에서 가치있게 인정되는 문제를 해결하거나 산물을 창조해내는 능력"이라고 정의했다. 이 연구 중 1921년의 연구동향은 심리측정학적인 경향을 띠었지만 1986년의 연구동향은 인지적, 생물학적, 상황주의적 경향이 우세한 것으로 비교된다.

이와 같이 지능이 무엇이냐에 대한 정의는 학자에 따라 서로 다른데 총괄적으로 종합하면 다음 세 가지의 기본관점을 발견할 수 있다.

첫째, 지능을 학습능력으로 보는 관점이다. 이 관점에 따르면, 지능이 높은 사람은 지적인 학습을 잘할 수 있는 능력이 있고, 지능이 낮은 사람은 지적인 학습을 수행할 수 있는 능력이 낮아 동일한 과제수행에 보다 더 많은 시간과 노력을 필요로 하게 된다는 것이다.

둘째, 적응능력을 강조하는 관점이다. 이러한 관점에 따르면, 지능이란 그 사람을 둘러싸고 있는 전체 환경에 대한 적응능력으로 새로운 문제와 상황에 대처하는 정신적 적응능력이기 때문에 생활에서 부딪히는 환경의 변화에 대처하는 행동이 보다 효과적이고 적절하게 잘 적응되면 지능이 높고 그렇지 못하면 지능이 낮은 것으로 해석된다.

셋째, 추상적인 개념과 구체적인 사실과의 관계를 잘 맺는 능력으로 보는 관점이다. 예를 들어, 희망이라고 하는 추상적인 개념이 구체화되는 현상을 잘 파악하여 희망이라고 하는 어휘가 나타내는 추상적인 의미를 구체화된 현상에 적절하게 관련시키는 능력을 말한다.

지금까지의 지능이론은 심리측정적인 이론과 인지적인 이론이 중심을 이루어 왔다고 할 수 있는데 이 두 가지의 전통적인 이론들이 그 나름대로 지능을 이해하는데 있어 의미를 갖고 있다고 볼 수 있지만, 각각의 이론만으로는 인간의 지능에 대해 충분한 이해를 할 수 없다는 점이 지적되고 있다. Kail과 Pellegrino와 Carter(1980)는 전통적인 지능의 개념이 현재 지능에 있어서의 여러 가지 논의를 충분히 해결해 줄 수 없다는 점을 지적하고 전통적인 이론에 대한 절충적인 관점에서 지능 개념을 체계화한 이론으로 Sternberg의 삼위일체 지능이론을 들고 있다.

Sternberg(1985)는 종래 대부분의 심리측정 이론들, 특히 1900년대 초 지능이론들은 이론화 형태의 규모가 크고, 성격상 위-아래(top-down) 방식을 따랐지만, 1980년대의 지능이론들은 그 규모가 작고, 성격상 아래-위(bottom-up) 방식을 따른다고 지적한다. 전자의 이론들은 지적 현상을 설명하는 폭이 넓다는 장점이 있는 반면에, 이론들의 상부구조에 지나치게 많은 가치를 부과하여 만일 그 상부구조가 견고하지 않다면 전체 이론이 쉽게 붕괴되는 단점이 있다. 대조적으로 후자의 이론들은 비록 현상을 설명하는 폭이 좁다는 단점이 있지만, 경험적 자료에 밀접하게 연결되어 이론들이 붕괴될 가능성이 그만큼 적다는 장점을 갖고 있다. Sternberg(1985)에 의하면, 삼위일체 이론은 위-아래(top-down) 특징과 아래-위(bottom-up) 특징을 동시에 취하고 있는 구조이다.

Sternberg의 삼위일체론은 또한 이론화의 영역을 요소(내부세계), 상황(외부세계), 경험을 포함하는 것으로 기존에 하나 또는 둘만을 강조했던 이론들을 포괄하고 있다. 또한 삼위일체이론은 이론의 검증을 위해서 주로 일차적으로 자극 변량에 초점을 맞춰 구해진 요소점수(정보처리 혹은 인지방법)를 이차적으로 피험자 변인에 초점을 맞춰 구해진 요인점수(심리측정 혹은 차이방법)와 관련시킨다는 점에서 종래의 대표적인 두 연구방법을 하나로 통합하려 한다.

요컨대, 삼위일체 이론은 과거에 흔히 서로 대립되는 것으로 인식되던 여러 이론들을 이론화의 형태, 영역 및 방법론적인 면에서 통합하는 하나의 종합적인 지능이론이다.

(2) 차이이론의 발달

Sternberg가 주장하는 차이이론의 단계별 발달상황은 다음과 같다.

〈차이이론과 인지이론 비교〉

	차이이론(심리측정학, 상관심리학)	인지이론(실험심리학)
관심영역	차이이론은 기본능력(언어능력, 추리능력 등)의 특성이 각 개인간에 혹은 각 개인 내에 어떤 차이가 존재하며, 그러한 차이가 왜 나타나느냐는 것을 탐색하고, 기술하며, 해석하는데 관심이 있다.	지능의 인지(혹은 정보처리)이론들은 공통적으로 인지과제 수행에 기여하는 정신 과정들과 관련해 인간의 지능을 이해하려는 시도를 한다.
특 징	• 차이이론은 정적인 구조의 실재, 즉 요인(factor)에 기초한다. • 종속변인이 정확성이다. • 주로 지필 검사의 형태로 지능을 측정한다.	• 인지이론은 동적인 과정의 실재, 즉 요소(component)에 기초된다. • 종속변인이 과정의 속도(반응시간)이다. • 실험실 상황에서 지능을 측정했기에 실제생활에서 행해지는 일들을 적절히 대표하지 못하는 면이 있다.

연구방법	상관연구 혹은 요인분석 : 먼저 여러 검사들간의 상호상관을 구하고, 다음에 검사 점수에 관찰 가능한 변량을 야기시킨다고 이론화된, 검사 점수에 기저된 변량의 '잠재적 근원'을 식별한다. 이 개인차의 잠재적 근원은 요인이라 불려진다. 요인들의 개인차로 분해될 수 있고, 각 요인들은 독특한 인간 능력을 대표한다고 가정된다.	Anova방법을 주로 사용한다. 단일처치에 대한 단일효과를 본다.
실험 모형	S-O-R	S-R
응용 영역	개인차 이론, 지능이론	학습이론, 인지심리학이론, 발달심리
대표학자	• Spearman • Guilford • Thurstone • Galton • Binet	• Wundt • Thorndike • Skinner

〈차이이론의 진화〉

	단계의 특징	차이이론의 진화
1단계	이 단계에서 양립하는 두 이론은 지능의 본질을 일원론(주어진 분석단위의 단 하나의 예가 지능에 대한 사고를 지배)으로 보느냐 다원론(주어진 분석단위의 많은 독립적인 예들이 지능에 대한 사고를 지배)으로 보느냐와 관련된다.	• Spearman(1904, 1923, 1927)의 일반지능이론(G이론)은 일원론적 이론의 전형이다. 이 이론에서 일반요인으로 언급되는 하나의 구조요인은 지적 행동을 평가하기 위해 사용되는 모든 다양한 검사와 과제의 수행에 관여한다. • Thomson(1939)의 일반지능이론은 다원론적 이론의 전형이다. 이 이론에서는 일반지능을 반사, 습관, 학습된 연합 등과 같은 것을 포함하는 다수의 독립적인 구조적 '접합체(bonds)'로 구성된 것으로 생각할 수 있다고 제안했다.
2단계	이 단계에서도 경쟁적인 두 종류의 이론이 있다. 하나는 본질적으로 위계적이다. 지능의 분석 단위의 단 하나의 예가 다른 예들을 지배하지만, 실제로 그 단위의 다른 예들은 서로서로 관련된다. 지능의 위계이론은 단계 1의 갈등에 대한 일종의 해결을 나타낸다. 또 다른 하나는 본질적으로 중첩적이지만, 비위계적(주어진 단위의 다수의 예들은 서로 독립적이다)인 것이다.	• Cattel-Horn(1971)의 이론은 Spearman의 G이론의 발전된 형태로 G이론을 Gf(유동적 능력)와 Gc(결정적 능력)로 나누었다. • Vernon(1971)의 이론에서는 g를 실제적-기계적 능력과 언어적-교육적 능력의 두 가지 주요한 집단요인으로 나누었다. • Thurstone(1938)은 기본 정신능력이론을 주장하였는데, 그는 나중에 일반요인의 존재를 인정했지만, 결코 그의 이론이 위계적이라고 보지 않았다. • Guilford(1980, 1982)도 고차요인들(일반요인이 아닌)의 존재를 인정했음에도 불구하고 결코 그의 이론이 본질적인 면에서 위계적이라고 보지 않았다.

3단계	이 단계에서는 분석 단위들의 상이한 등급(위계)의 개념은 분석 단위들의 중첩(비위계)의 개념과 결합된다. 다시 말해서 주어진 단위의 예들은 그 단위의 다른 예들과 상호 중첩될 수도 있고, 동시에 그 단위의 고차원의 예들 안에 포함될 수도 있을 것이다.	Guttman(1965)의 Radex이론이 이에 속한다. Radex 혹은 '복잡성의 방사적 확대'는 단일한 이론에서 두 가지 독특한 개념을 결합시킨다. 하나의 개념은 검사들간의 종류에 따른 차의 개념이고, 또 다른 하나의 개념은 그 정도에 따른 차의 개념이다. 그리하여 Radex는 이 개념들의 각각이 한 검사 베터리 안에서 서로 별개의 구조적 등급의 개념을 생성시킨다는 점에서 이중으로 등급화된 체계이다. 단순하게 등급화된 검사들은 최대로 복잡한 것에서부터 최소로 복잡한 것까지로 혹은 그 역순으로 엄격히 위계적으로 등급화된 검사들이다.

(3) 지능이론

지능을 구성하는 하부 요인에 대한 논의도 지능의 정의와 같이 합의를 이루고 있지는 못하나 대체로 다음과 같은 주장들이 대표적인 이론으로 받아들여지고 있다. 여기에 쓰이는 '요인(factor)'을 '인자(因子)'라고 부르는 이도 있다.

1) Spearman의 2요인설

C. Spearman은 지능을 지적인 능력으로 보고 일반적인 능력을 나타내는 G요인(general factor)과 특수한 기능을 나타내는 다수의 s요인(specific factor)이 있다고 보았다. G요인은 공통적이고 기본적인 지적 능력이며, s요인은 G요인만으로 해결하지 못하는 특수한 지적 상황에 요청되는 특수분야의 능력이므로 G와 s의 결합으로 인간의 정신적인 기능이 이루어진다고 하였다. G. H. Thomson은 G와 s가 겹치는 부분을 group factor라고 불렀다.

Spearman(1923)은 일반요인의 본질을 첫째, 일반요인의 개인차는 각 개인이 지적과제 수행에 사용할 수 있는 정신에너지의 개인차와 관련해서 이해해야 하며 둘째, 일반요인의 개인차는 경험의 포착, 관계의 유출, 상관인의 유출 등과 같은 세 가지의 '질적인 인지 원리'를 사용하는 능력의 차와 관련해서 이해되어야 한다고 하였다.

2) Throndike의 다요인설

Throndike는 지능이란 어떤 공통적인 요인으로 구성되는 것이 아니라 고도로 특수화된 무수히 많은 요인들로 구성된다고 보았다. 그는 지적인 활동은 몇 개의 작은 요인이 서로 결합해서 작용하는 것으로 이러한 지적 능력의 측정은 공통적인 요인을 측정하기 보다는 여러 개의 요인을 측정하는 길이 모색되어야 한다고 보고 있다. 그러나 실제에 있어서는 무수히 많은 요인을 전부 측정할 수 없기 때문에 편의상 문장 완성력, 산수추리력, 어휘력, 지시에 따를 수 있는 능력 등을 묶어 측정하고 있다.

3) Thurstone의 군집요인설

L. Thurstone은 요인분석적인 방법을 적용하여 기본정신능력(PMA : Primary Mental Ability)이라고 불리는 일곱 개의 군집을 추출하였다. 기본정신 능력에 포함되는 일곱 개의 요인은 언어요인, 단어 유창성요인, 수요인, 공간요인, 기억요인, 추리요인, 지각요인이다. 이러한 군집요인설은 지능검사지 작성에 크게 공헌하였으며 많은 지능검사가 일곱 개의 군집으로 분류되는 지능요인을 기초로 제작되었다. 그는 일반요인(G factor)을 부인한다.

① 언어이해요인(verbal comprehension : V factor)
② 수요인(number factor : N factor)
③ 공간요인(spatial factor : S factor)
④ 지각요인(perceptual factor : P factor)
⑤ 기억요인(associative memory factor : M factor)
⑥ 추리요인(reasoning factor : R factor)
⑦ 단어 유창성요인(word fluency : W factor)

4) Guilford의 지능구조론

Guilford에 의하면 지능은 3차원적 형태(입방체모형/SI model)로 이루어져 있으며, 120개 요인으로 구성되어 있다. 즉, 지능은 4가지 내용(contents)차원, 5가지 작용(operations)차원, 6가지 결과(products)차원 등 3차원의 6면체로 구성되어 있다. 따라서 각 차원의 각 요소들이 상호 조합되어 120개의 독특한 지력을 발휘한다. 여기에서 내용은 사고의 대상이고, 작용은 사고하는 방식이며, 결과는 사고의 대상과 방식의 상호작용에 의한 산물인 것이다.

이 중에서 Guilford는 특히 작용차원에 관심을 보였는데 먼저, 인지는 여러 형태의 정보에 대한 신속한 발견, 인식, 재발견, 또는 이해와 다소의 추리력 등을 포함하며, 기억은 인지된 것의 파지를 말한다. 그리고 수렴적 사고는 주어진 자료에 의해서 결정되는 하나의 바른 답을 찾아내거나 가장 적절하고 또 누구나 다 그렇게 생각하는 결론을 찾아내는 능력을 말한다. 반면, 발산적(확산적) 사고는 주어진 자료에 대하여 여러 가지의 각각 다른 답이나 결론이 가능할 때 누구도 미처 생각지 못한 신기한 답이나 결론을 찾아내는 능력을 말한다. 끝으로, 평가는 우리가 아는 것, 기억하는 것 및 위의 두 가지 생산적인 사고(수렴적 사고와 발산적 사고)의 결과가 과연 좋은 것인가, 옳은 것인가, 바람직한 것인가 또는 적절한 것인가를 결정하는 능력을 지칭한다. Guilford는 지능의 이러한 작용차원이 개인의 지능수준을 결정하는 데 결정적인 영향을 미친다고 보았다. 그런데 현재의 지능검사로는 120개의 지능요인 중 82개 정도의 요인만을 측정할 수 있다고 Guilford는 주장하였다.

〈Guilford의 지능구조〉

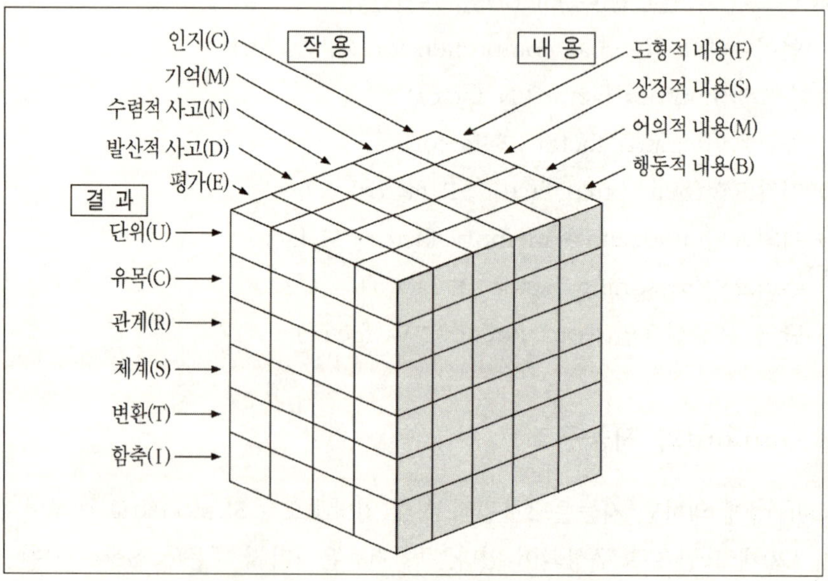

① 작용(Operation, 조작) 지식(정보)의 처리과정에서 인간(유기체)이 행하는 일

㉠ 인지(C=Cognition)—즉각적 발견, 깨달음, 재발견 등 지식의 인식과 이해

㉡ 기억(M=Memory)—저장한 지식을 새롭게 꺼내 활용하는 것

㉢ 수렴적 사고(N=Convergent thinking)—주어진 자료로부터의 논리적 결론, 정답 찾기

㉣ 발산적 사고(D=Divergent thinking)— 다양성, 관련성, 창의성 등의 여러 가지 대안찾기

㉤ 평가(E=Evaluation)— 다양한 지식의 항목 간 비교와 기준에 의한 비교, 평가

② 내용(Contents) : 명백하고 독립적이며 기본적으로 다른 것과 구별되는 지식의 종류, 또는 영역

㉠ 도형(F=Figural)— 지각, 상상한 것으로서의 시각적 · 구체적 지식 형태

㉡ 상징(S=Symbolic)— 스스로는 무의미하나 함축적 의미를 갖는 형태의 지식(숫자, 음악기호, 암호, 마크 등, +, #, b, 등)

㉢ 어의(M=Semantic)— 의사소통의 약속으로서의 언어, 단어의 뜻

㉣ 행동(B=Behavioral)—인간 상호작용에 관련된 태도, 욕구, 의도, 분위기 등

③ 결과(Products) : 인간이 이해할 수 있는 독립적, 기본적 형태의 지식

㉠ 단위(U=Unit)— 상대적으로 분리 · 구분되는 지식(thing의 특성)

㉡ 유목(C=Class)— 공통적 성질을 모아 유목화시킨 집합(set) 개념

㉢ 관계(R=Relation)— 지식 항목과 개념 사이의 상호관계성

㉣ 체계(S=System)— 지식 항목들의 조직적 체계적 공식에 의한 집합과 결합

㉤ 변환(T=Transformation)— 기존의 지식을 다른 용어나 모양으로 바꾸고 이해하는 것

㉥ 함축(I=Implication)— 지식 항목이 내포하고 있는 상황적 관련과 시사점 (콩밥 먹으러 갔다 → 교도소에 수감됐다.)

⟨5×4×6⟩의 Code system으로 종합하여 120개의 지능구조를 만들 수 있다.

예 CMS=Cognition of Semantic System(단어의 의미시스템에 대한 인지)
MMR=Memory of Semantic Relation(단어의 관계성에 대한 기억)
NSS=Convergent Production of Symbolic System(상징적 시스템에 대한 수렴적 산출)

④ 활용(정답의 번호를 찾아볼 것)

CMR－ ㉠ Father is to son as mother is to (㉰).

㉮ sister ㉯ aunt ㉰ daughter ㉱ brother

CFR－ ㉡ ○ is to D as □ is to (㉰)

㉮ ㉯ ㉰ ㉱

DSU－ ㉢ '고'자로 시작되는 말을 가급적 많이 써 보시오.

-tion으로 끝나는 말을 적어 보시오.

DMU－ ㉣ 둥글고 단단한 물건을 가급적 많이 제시해 보시오.

(동전, 맨홀뚜껑, 야구공, 머리통 ……)

CSC－ ㉤ 다음 네 가지 중에서 다른 세 개와 다른 것은 어느 것인가?

㉮ PXNO ㉯ VRIM ㉰ AQES ㉱ GUVC …… (㉰번만 모음 2개)

㉥ 다음 숫자가 공통으로 갖고 있는 점은 무엇인가?

㉮ 15 ㉯ 110 ㉰ 85 ㉱ 30 …… (5의 배수)

㉦ 다음 중에서 다른 세 개와 같지 않은 것은 어떤 것인가?

㉮ 2-6 ㉯ 3-9 ㉰ 4-12 ㉱ 6-15…… (㉱ 처음 숫자의 3배수)

㉧ 왼쪽 부류에 속하는 것을 오른쪽 보기에서 고르시오.

		보기		
㉮ 44, 55, 33	( )			㉮ 22
㉯ 10, 45, 70	( )	421,	53	㉯ 25
㉰ 23, 83, 31	( )	219,	22	㉰ 53
㉱ 89, 49, 109	( )	25,	30	㉲ 219

DSC－ ㉨ 다음 물건들을 묶어서 될 수 있는 대로 많은 조합(분류)을 만들어라.

㉮ 화살 ㉯ 꿀벌 ㉰ 악어 ㉱ 물고기 ㉲ 비행기 ㉳ 돛단배 ㉴ 종달새

날아 다니는 것－㉮ ㉯ ㉲ ㉴

물 속에 있는 것－㉰ ㉱ ㉳

동물에 속한 것－㉯ ㉰ ㉱ ㉴

꼬리가 있는 것－㉰ ㉱ ㉲ ㉴

탈 수 있는 것－㉲ ㉳

EMR－ ㉩ 왼쪽관계와 가장 가까운 관계를 나타내는 것을 골라라.

새－울음 ㉮ 물고기－물 (㉯)

㉯ 사람－글자

㉰ 피아니스트 – 피아노

㉱ 젖소 – 목장

CSS – ㉠ 2, 3, 5, 8, 12, □, □에 들어갈 숫자는 무엇인가? (17, 23)

ESU – ㉢ 아래의 두짝이 같으면 ○, 다르면 ×표를 하라.

㉮ 6 4 10 7 3 9–6 4 10 7 2 9 (×)

㉯ James M. Urban–James M. Urban(○)

㉰ VDNIYOP–VONIYUP(×)

지능구조 이론의 변천사

① Alfed Binet(1905)의 '일반지능설'(general intelligence theory)
② Charles E. Spearman(1927)의 '2요인설'(theory of two factors of inteeligence)
③ Louis L. Thurstone(1938)의 '군집요인설'(theory of multiple factors of intelligence)
④ Cyril L. Burt(1949)와 Philip E. Vernon(1950)의 '계층군요인설'(hierarchical group factor of intelligence)
⑤ Joy Paul Guilford(1956)의 '입방체모형설'(structure of intellect model)

〈C. E. Spearman의 2요인설(1927)〉

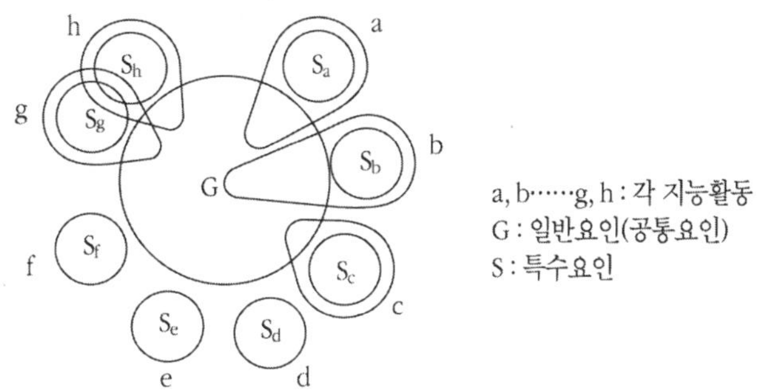

〈L. L. Thurstone의 군집요인설(1938)〉

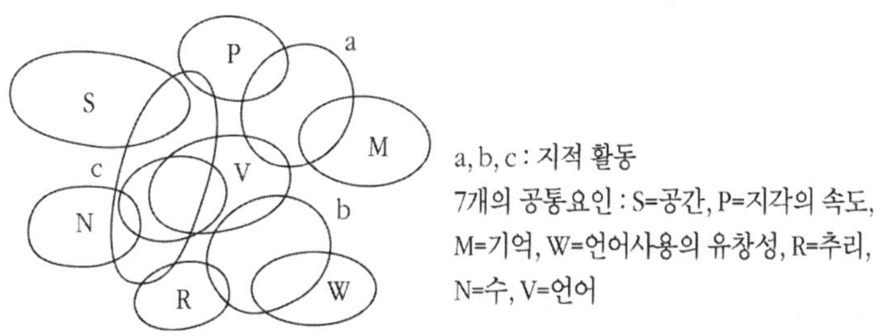

〈지능수준의 계층적 구조(Cyril L. Burt, 1949)〉

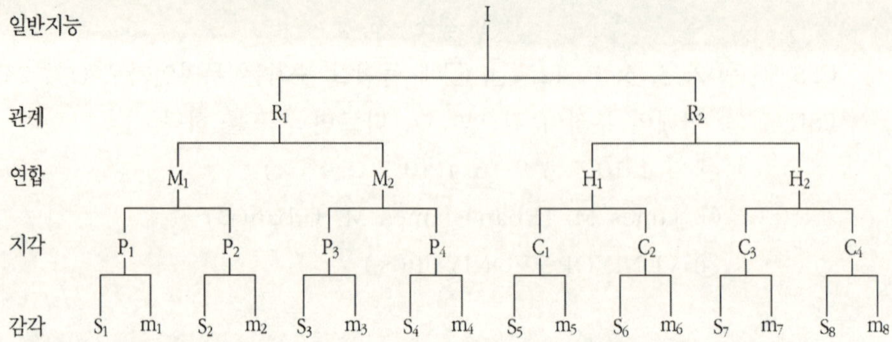

* s, m은 단순한 감각 · 운동을 의미하고, P는 좀더 복잡한 지각을, C는 협응동작을 의미하며, M은 기억을, H는 습관형성을, R은 관계의 이해 · 응용을, I는 일반지능을 의미한다.

〈지능의 격층군요인설(Philip E. Vernon, 1950)〉

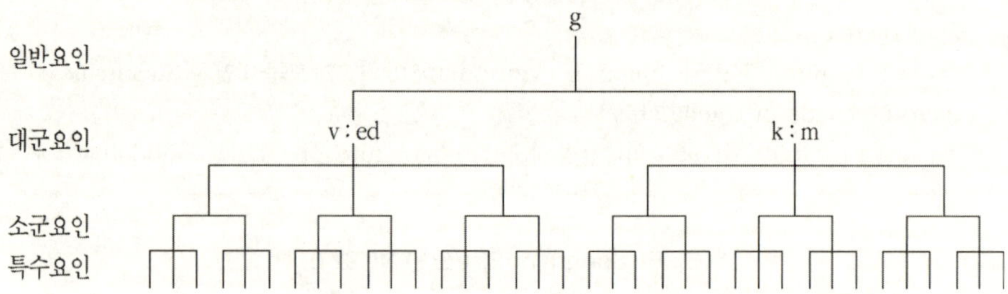

* 2개의 대군요인 가운데서 v : ed는 언어 · 수 · 교육요인을, k : m은 기계 · 공간 · 운동요인을 표시한다.

5) Gardner의 다중지능이론

1 다중지능이론

여러 지능이론 중에서 최근 학교교육의 개선에 실제적인 시사를 주며 이론의 현장 적용을 주도하고 있는 것은 하버드대학교 Hward Gardner 교수가 발표한 다중지능이론(Multiple intelligences theory)이라 하겠다.

Gardner는 지난 100여 년 간 IQ검사를 개발하고 지능이론을 주도해 온 전통적인 심리측정 관점의 문제점을 다음의 세 가지로 요약하였다.

첫째 지능을 단일 요인으로 가정한 것과(지능의 하위요인을 인정한다고 해도 최종 지능지수가 단일 점수로 표현되므로 단일요인으로 취급하는 결과가 된다.), 둘째 지능의 유전을 지나치게 강조한 것(지능의 유전계수 heritability ratio는 흔히

.3~.7로 보고됨), 끝으로 측정방법으로 객관화된 지필검사에 의존한다는 것이다.

이러한 문제점을 지적한 Gardner는 객관적인 사실들에 근거하여 지능을 서로 독립적인 8(9)개로 구분하였다. 이 중에서 자연관찰 지능과 실존지능은 최근에 추가한 것이다.

① **논리-수학 지능(logical-mathematical intelligence)** : 수학, 과학, 논리 분야의 천재들에게서 발견되는 능력으로 수리적, 논리적 사고와 관련된 재능이다.

② **언어지능(linguistic intelligence)** : 문학가나 언론인에게서 나타나는 재능으로 기존의 지능검사의 언어요인에 해당된다. 어휘의 소리, 리듬, 의미, 그리고 언어의 서로 다른 기능을 민감하게 파악하는 능력을 말한다.

③ **음악지능(musical intelligence)** : 작곡가, 연주가, 성악가, 지휘자 등 음악가에게서 발견되는 음악적 재능을 말한다.

④ **시각공간지능(spatial intelligence)** : 건축가, 기술자, 조각가, 미술가에게서 발견되는 재능으로 시각, 공간적 세계를 정확히 지각하고 그 지각한 내용을 머리 속에서 변형, 회전시켜 볼 수 있는 재능이다.

⑤ **신체운동지능(bodily-kinesthetic intelligence)** : 운동선수, 무용가, 마술사에게서 나타나는 재능으로 자신의 신체적 동작을 완벽하게 통제하고 물체를 솜씨있게 다루는 재능이다.

⑥ **대인관계지능(interpersonal-intelligence)** : 카운슬러, 판매원, 석가나 간디, 소크라테스와 같은 종교인, 사상가 등에게서 발견되는 능력이며 근래에 제기된 감성지능(EQ)이나 1920년에 Thorndike가 말한 사회 지능(social intelligence)과 유사하다. 가정이나 집단 등에서 다른 사람들의 기분, 기질, 동기, 의도를 잘 파악하고 적절히 대하는 능력이다.

⑦ **자기이해지능(intrapersonal intelligence)** : 자신의 감정을 잘 알고 다스리는 사람, 신체적 컨디션과 행동을 잘 조절하는 사람, 종교인에게서 발견되는 능력으로 자신의 느낌, 기분, 장단점, 특기, 희망, 지능, 관심 등을 잘 파악하는 재능을 의미한다.

⑧ **자연탐구지능(naturalist intelligence)** : 동식물이나 주변 사물(가령 머리 스타일, 자동차, 운동화 등)을 자세히 관찰하여 차이점이나 공통점을 찾고 분석하는 능력이다. 사냥꾼, 진화론을 세운 다윈과 같은 사람이 대표적인 인물이다. 여기에 9번째로 실존지능을 첨가하기도 한다.

⑨ **실존지능(existentialist intelligence)** : 인간의 존재 이유, 생과 사의 문제, 희로애락, 인간의 본성, 사랑, 행복, 가치 등 철학적인, 어떤 의미에서는 상당히 종교적인 사고를 할 수 있는 능력이다. 이 지능은 뇌에 해당 부위가 없을 뿐 아니라 아동기에는 이 지능이 거의 나타나지 않기 때문에 Gardner는 다른 8가지 지능과 달리 반쪽 지능으로 간주하고 있으며 대개의 경우 이것을 제외하고 논한다.

위의 8(혹 9) 가지 지능은 모든 사람에게 다 있되 각 지능이 나타나는 정도는 사람마다 다르다. Gardner는 각 지능을 어느 정도까지는 발달시킬 수 있으며 특히 아동기의 환경 조성, 즉 훈련 등을 통해 지능발달이 촉진될 수 있다고 본다.

이 지능들은 서로 연합하여 하나의 목표활동을 이룬다. 가령 요리를 하기 위해서는 요리책을 이해할 수 있는 언어지능, 요리과정을 단계별로 구분할 수 있는 논리-수리지능, 손을 자유롭게 놀릴 수 있는 운동감각 지능, 가족의 취향을 감지하여 만족시킬 수 있는 대인관계 지능 등이 필요할 것이다.

또한 어떤 지능이 각 사람에게 어떤 활동형태로 나타나는지는 사람마다 다르다. 가령 운동감각 지능이 목수에게는 손재주로 나타나며, 축구선수에게는 발재주로 나타날 수 있다.

② 지능의 측정

Gardner는 지능을 객관화된 지필검사 같은 한 가지 방법만으로 측정하는 것을 반대한다. 그는 최근의 지능 측정경향과 같은 맥락에서 기존의 지능검사와 달리 실제 상황에서 각 지능의 표현형태인 의미있는 실제 활동을 통해서 측정해야 한다고 주장한다. 가령 운동감각 지능을 측정하려면 직접활동을 시켜 보고, 공간지능을 측정하려면 실제로 그림을 그려보아야 한다는 것이다.

다중지능을 측정하는 대표적인 방법으로 교실에 다양한 종류의 활동 코너를 설치하고 각 코너에서의 아동들의 활동에서 지능의 징표를 찾는 것이다. 다양한 종류의 물건들을 서로 비교하게 하는 자연관찰 코너는 관찰 및 논리적 분석력과 감각 기능을 측정한다. 이야기 코너는 언어지능과 상상력을 잰다. 교실을 꾸미게 하는 건축코너에서는 공간, 운동감각, 인간관계 지능을 측정한다.

그래서 다중지능이론에서는 지능을 검사하는 방법이 기존의 지필검사뿐 아니라 기계조작, 말하기, 그림그리기, 춤추기, 타인의 활동 관찰하기 등 다양한 분야에서 다양한 방법(비디오테이프, 학생 자료철 등)으로 이루어진다.

그러나 학생들의 지능 특징을 발견하기 위해 이렇게 복잡하고 까다로운 방법만을 사용할 수는 없다. 자유 시간에 학생들의 행동을 관찰, 기록하고 서류철을 참고하면 학생들의 지능특징을 발견하기가 어렵지 않다. 언어지능이 높은 아동은 책이나 대화를 선호하고, 운동지능이 탁월한 아동은 쉬는 시간에 주로 운동장으로 갈 것이기 때문이다.

③ 학업에의 적용

지능이론은 교육현장에서 교육 효과를 높이기 위해 활용될 수 있어야 한다. 다중지능이론은 모든 학생은 최소한 하나의 우수한 지능을 갖고 있으며 어떤 과목이든 이 지능을 이용하여 가르치면 성공적으로 학습할 수 있다는 교육철학과 믿음을 갖고 있다. 한 영역에서 영재인 아동이 다른 영역에서는 부진아일 수도 있기 때문에 최대한 각자의 우수한 지능에 맞추어 수업 내용을 제시하는 것이 최선이라는 말이다. 이는 특정 교과를 잘 가르쳐 이와 연관된 특정의 지능을 개발한다는 말이 아니라 기존 교육과정의 각 교과를 모두 가르치되 각 교과의 내용을 각 학생의 탁월한 지능을 활용하여 제시한다는 것이다. 가령 국어시간일지라도 음악지능이 높은 학생에게는 수업내용의 일부 또는 전부를 음악적 방법을 활용하여 제시하며, 공간지능이 높은 학생에게는 음악시간에도 부분적으로 공간지능을 활용하여 수업을 전개한다는 것이다.

다중지능이론에 근거한 수업방법과 교육과정 개발에는 왕도가 없다. 교사가 수업내용과 학생의 지능에 맞추어 창의적으로 개발해야 하므로 한 교과의 수업자료를 학생에게 맞는 지능의 정보처리 체계로 변환하여 가르치는 방법을 마련하는 것이 곧 수업 준비다. 가령 영어 시간에는 영어를 어떻게 그림, 신체 동작, 음악적 방법을 이용해서 가르치는가, 또는 학생간 관계를 함양하는 방향으로 가르칠 수 있는가를 연구하는 것이 그 예이다.

다중지능 수업은 이를 채택하고 있는 학교와 교사에 따라 다양한데 각 지능을 활용하는 수업 전략을 지능별로 예를 들면 다음과 같다.

① 논리·수학 지능을 활용하는 수업은 학습 내용에 나오는 숫자 계산하기, 분류하기, 소크라테스 문답법 활용하기, 문제의 해법 추정하기, 체계적으로 생각하기 등이다.

② 언어지능은 지능 중에서 수업 방법을 찾기가 가장 쉽다. 교과에 관계없이 이 지능을 활용하는 수업으로는 얘기 꾸며 말하기(storytelling), 브레인스토밍

(brainstorming), 테이프 레코딩(tape recording), 시/일기 쓰기/글짓기, 문집/신문 만들기 등이다. 지능 중에서도 언어지능은 특히 자신감의 영향을 많이 받는다. 안정된 분위기에서 교사가 언어의 모델이 되어 동화 구현, 소리내어 읽기 등을 지도해야 한다. 특히 어느 과목을 가르치든 모든 교사가 읽기, 쓰기, 말하기, 듣기에서 국어교사만큼의 수준을 갖추어야 하며, 국어시간에는 다른 과목과 연관시켜 수업을 전개할 수도 있다.

③ 음악지능을 활용하는 수업으로는 학습내용과 연관된 노래하기/리듬치기, 학습 주제와 맞는 음악으로 학습 분위기 조성하기 등이다. 음악은 정서 함양과 밀접한 연관이 있기 때문에 교실에서의 음악은 학습에 정서적으로 긍정적인 효과가 있다. 17개국에서 9학년(우리 나라의 중3에 해당)의 과학성적을 조사한 보고서에 의하면 과학성적이 탁월한 헝가리, 일본, 네덜란드의 3개국은 학교의 기본 교육과정에서 음악과 미술을 심도있게 가르치고 있다. 특히 헝가리에서는 날마다 음악수업을 한다. 음악은 과학 및 수학적 사고와 관련성이 깊은 것으로 알려지고 있다.

④ 시각 · 공간지능을 활용하는 수업으로는 학습내용을 그림, 그래프 또는 심상(image)으로 그려보기, 학습 자료에 색칠하여 요소 구분하기 등이다.

⑤ 신체 · 운동 지능을 활용하는 수업으로는 신체 동작으로 답 말하기(손들기 등), 학습내용을 연극/동작으로 표현하기, 학습 자료를 직접 조작하기, 손가락 등 신체를 활용하여 학습 활동하기(계산 등) 등이다.

⑥ 대인관계 지능을 활용하는 수업으로는 집단학습이나 협동학습 등이 있다. 대인관계 지능 및 개인지각 지능은 전통적인 경쟁 분위기보다는 협력학습, 집단학습과정에서 더 잘 길러질 수 있다. 협력학습을 통해서 학생들이 소속감을 느끼고 자신을 보살펴 주고 있다는 느낌을 받으면 효과적으로 학습한다. 학습은 사고뿐 아니라 감정의 영향도 받는다. 긴장, 공포, 화, 불신 등 부정적 감정은 학습을 방해하는 데 비해 사랑, 유머 같은 긍정적 감정은 학습을 촉진한다.

⑦ 자기이해 지능을 활용하는 수업으로는 수업 도중에 잠깐(1분) 명상하기, 수업 내용을 학생 자신에게 유의미하게 제시하고(이 공부를 내가 왜 해야 하는가?), 수업에서 자신의 목표 설정하기 등이 있다. 학생들에게 숙제나 문제의 양 및 해결 방법 등을 선택케 함으로써 선택의 기회를 많이 제공하며 결심과 책임감을 높이고 마음을 열게 한다. 또한 수업 중에 학생들이 웃고, 분노를 느끼고, 흥분하는 등 강한 감정을 느끼고 표현할 수 있도록 교사는 정서 교육을 해야 한다. 대부분의 수업 장면은 정서 표현이 억제되는 경우가 많다. 정서 교육에서는 때로

교사가 감정 표현의 모델이 되어야 할 필요가 있으며 감정을 유발시키는 영화, 책, 논쟁을 통하여 학생들에게 여러 감정을 경험케 하고, 교실에서 일어난 학생들의 감정은 교실 안에서 처리하도록 해야 한다.

⑧ 자연탐구 지능을 활용하는 수업방법은 수업 자료나 내용에서 요소간 차이나 공통점, 특징을 발견케 하는 것이 좋다. 가령 곤충이나 식물의 특징을 관찰, 발견하거나, 위인의 일생이나 역사적 사건에서 어떤 것을 발견케 하는 것 등이다.

미국에서 실시하고 있는 다중지능 수업은 기존의 수업방법과 크게 다른 것이 아니다. 교사간 팀 티칭, 타 교과와 연계수업 실시, 능력별 조 편성 등 기존의 수업에서 활용하는 방법들이 다중지능 수업에서도 그대로 활용된다.

수업시간 배당을 보면 대부분 전통적인 수업에서처럼 시간별 교과별로 수업을 진행하지만, 어떤 초등학교는 학년에 상관없이 8가지의 지능에 따른 8종류의 학습공간을 마련하여 학생들이 하루 수업시간의 2/3를 이 8가지 학습공간을 순회하면서 공부하게 하는 경우도 있다. 아침에 등교하면 그날 공부할 내용과 주제를 담임교사가 간단히 소개하고 토의한 후 각자 원하는 학습공간으로 가서 한 공간당 25분 정도씩 머무르며 공부한다. 나머지 1/3은 학생 각자가 선택한 프로젝트를 하거나 친구들과 같이 공부한다.

Gardner의 다중지능이론은 몇 가지 점에서 비판을 받고 있음에도 불구하고 수업효과를 높이고 학습에서의 실패를 감소시키는 수업방법임에는 틀림없다. 학생 개개인의 지능을 파악하여 이에 맞게 수업내용을 제시하는 것이 효과적이라는 주장에는 이론의 여지가 없기 때문이다. 그러나 학생 개인의 우수한 지능을 찾는 것이 현실적으로 쉽지 않다는 것과, 각 교과별로 수업내용을 서로 다른 지능의 표현형태로 재구성하여 제시하는 것이 교사 입장에서 결코 수월하지 않다는 점이 다중지능 수업의 문제점이다. 실제로 미국에서 다중지능 수업을 하는 교사들은 수업준비 시간이 기존 수업에 비해 4배 내지 6배까지 소요된다고 한다. 그래서 다중지능 수업 연구비의 상당 부분이 교사들의 수업준비에 대한 수당으로 지출되고 있다.

또한 교사들에게 수업준비 시간이 충분하다 해도 한 시간의 수업내용에서 어느 부분을 어느 지능의 표현 형태로 재구성할지도 문제이다. 한 과목의 수업을 8개의 지능형태로 재구성하여 가르친다는 것은 불가능한 일이다. 실제로 한 시간의 수업에서 4개 이상의 지능과 연관하여 가르치는 것도 쉽지 않다.

교사의 창의성과 준비 시간 외에도 다중지능 이론에 근거한 수업의 성패는 교육과정, 평가, 주변 문화(사회의 인식)에 달려 있다. 국어, 영어, 수학 중심의 교육과정에서 한두 가지의 지능만이 강조되거나, 개별 학생들의 장점과 특기를 살리는 다양한 수업 방법이 어렵게 되어 있다면 다중지능 이론에 의한 교육은 효과를 볼 수 없다.

또한 평가가 전통적인 지필검사에 의해 기억내용의 측정에 머문다면 다중지능 교육의 효과는 기대하기 어렵다. 또 학교교육에 대한 사회적 요구와 주문이 학생들의 특기를 살리기 보다 주어진 교육과정의 획일적인 이수와 지식 교육 위주의 수업을 강조한다면 다중지능 수업은 효과를 거둘 수 없다.

대화와… 놀이로… 8가지 지능을 깨워라.

최근 '다중지능이론'(Multiple Intelligences Theory : MI) 에 대한 부모들의 관심이 높아지고 있다.

다중지능이론이란 하버드대 교육심리학자 '가드너'가 발표한 이론이다. 그에 의하면 사람의 지능은 크게 8가지의 영역(언어자기 지능, 시각공간 지능, 논리 · 수학 지능, 자연탐구 지능, 신체운동 지능, 대인관계 지능, 자기이해 지능, 음악 지능)으로 구성되어 있다. 영유아기 때 8가지 지능을 모두 골고루 자극해 주면 어느 한쪽에 치우치지 않고 모두 계발할 수 있으며 상대적으로 약한 지능들도 적당한 자극을 통해 강하게 만들 수 있다는 것이 다중지능이론이다.

아이의 지능을 계발하는 데 있어 가장 중요한 것은 부모의 관심과 관찰이다. 부모가 아이의 행동에 늘 관심을 보이고, 어떤 지능이 강하고 약한지를 파악하고 생활 속에서 쉽게 접할 수 있는 사물을 활용해 지능을 자극해 주는 것이 좋다.

① 논리 · 수학 지능

논리 · 수학 지능은 기본 개념인 '분류'와 '비교' 개념을 심어주는 게 중요하다. 아이와 함께 엘리베이터를 탈 때에도 "지금 이 엘리베이터 안에 남자가 몇 명, 여자가 몇 명 탔구나"라고 분류해 주고, 아이가 조금 크면 엘리베이터 층수를 2 · 4 · 6층과 3 · 5 · 7(9)층으로 나누어 홀수, 짝수 개념을 심어 준다.

② 언어 지능

언어 지능을 계발하기 위해서는 의성어와 의태어를 많이 사용하고, 아이의 말에 항상 대꾸를 해주는 것이 좋다. 예를 들어, 딸기를 먹을 때도 그냥 딸기가 아니라 '알록달록 새콤달콤 맛있는 딸기'라고 수식어를 붙이고, 리듬감을 실어서 표현하면 아이들이 좋아한다.

③ 음악 지능

클래식, 동요 등을 자주 들려주는 것도 음악지능 발달에 좋지만 가능하면 생활

속 소리들을 자주 들려주는 게 좋다. 예를 들면, 초인종 소리나 세탁기 소리, 새소리나 동물 울음소리를 들려주고, 돌이나 나무토막을 직접 두드리며 소리를 느끼게 하자.

④ 시각공간 지능

시각공간 지능은 아이와 함께 집안 곳곳을 탐색해 보거나 다양한 장소를 접할수록 자극이 많이 된다. 자유롭게 그림을 그리게 하거나 '물건 제자리 놓기' 놀이, 퍼즐 맞추기, 미로 찾기 등의 놀이도 시각공간 지능 자극에 도움이 된다.

⑤ 신체 · 운동 지능

아이의 신체운동 지능을 발달시키려면 아이 뿐만 아니라 부모도 함께 움직여야 한다. 아이와 함께 기어서 집안을 돌아다니고, 아이가 엄마 아빠 몸 위를 기어다니도록 하자.

⑥ 대인관계 지능

종종 새로운 사람과 만나는 기회를 주고, 기본적인 인사와 더불어 '고맙습니다, 미안합니다'라는 표현은 늘 상기시켜 주자.

⑦ 자기이해 지능

자기이해 지능은 모든 지능의 기본이 될 정도로 중요한 부분이다. 24개월 이전에는 항상 칭찬을 해 자신감을 키워 주고, 아이와 한 약속을 반드시 지키도록 한다. 그리고 부모가 해 주기에 앞서 아이의 의사를 묻는 것도 중요하다. 사소한 것이라도 '어느 것 먹을래?'라고 물어 자신의 의견과 주장을 정확히 표현하도록 한다.

⑧ 자연탐구 지능

자연탐구 지능을 발달시키려면 산과 들, 바다로 여행을 자주 가는 것이 좋다. 직접 자연을 느끼면서 흙과 풀, 물을 만져보게 하자.

〈다중지능으로 본 자녀의 특성과 알맞은 직업군〉

번호	분 야	특 성	알맞은 직업군
1	논리 · 수학 지능	· 논리적 과정 문제를 빨리 해결 · 체계적 · 과학적으로 문제를 파악 · 대체로 숫자나 차 번호, 전화번호 등을 잘 기억	연구원, 교수, 과학자, 기업의 기획 업무, 보험계리사, 증권사의 리서치 등(공부 잘하는데 꼭 필요한 지능)
2	언어 지능	· 어려서부터 끝말잇기, 낱말 맞히기 등을 잘함 · 다양한 단어나 어려운 단어, 영어 등 외국어 단어를 잘 외우고 적절하게 사용 · 유난히 말을 빨리 배우고 조리 있게 잘하며 글솜씨가 뛰어남	아나운서, 작가, 개그맨, 방송인

3	음악 지능	· 악기를 연주하거나 노래를 정확하게 따라 하거나 음악을 흥얼거리는 것을 좋아함. · 예민한 청각 능력. 멜로디 · 리듬 · 진동 등을 적절히 변형, 편곡하는 능력도 뛰어남	연주가, 성악가, 작곡가, 뮤지컬 배우
4	시각공간 지능	· 시각적으로 표현하는 디자인 · 그림 그리기 · 만들기 등에 소질 부각 · 방향감각이 뛰어나 처음 방문하는 곳도 잘 찾아감 · 수학 중 도형에 대한 이해가 빠름	건축가, 미술가, 사진가, 인테리어 디자이너(공대 전공에 필요한 지능)
5	신체 · 운동 지능	· 생각 · 느낌을 몸동작으로 표현하는 능력이 뛰어남 · 율동 · 춤 등을 쉽게 따라 하고 무용 · 연극 등을 잘 흉내냄 · 손재주가 있다는 말을 많이 듣고, 몸의 균형감각과 촉각이 다른 사람들에 비해 발달되어 있음	운동선수, 코치, 댄서, 에어로빅 강사(손재주가 필요한 각종 수공 관련 직업)
6	대인관계 지능	· 친구들을 많이 사귀고 사람들과 어울리는 것을 좋아함 · 다른 사람들의 느낌 · 기분을 빨리 읽어내고 공감대 형성 능력이 뛰어남	정치가, 홍보 및 영업담당, 사업가 조직의 리더(사회 생활에서 성공하는 데 꼭 필요한 지능)
7	자기이해 지능	· 혼자 곰곰이 생각하거나 대화를 통해 자기 자신의 특징, 감정상태 등을 잘 이해함 · 자기이해 지능이 현저히 낮을 경우 자폐증 환자가 될 수 있음 · 자기 향상 욕구가 강하고 욕심이 많음	성직자, 심리학자(이 지능이 높으면 성취욕이 높은 편이다)
8	자연탐구 지능	· 자연 친화적이고 하이킹이나 탐험을 즐긴다. · 산 · 바다 · 섬 등에서의 자연물 채집을 즐기고, 자연을 좋아함	탐험가, 환경보호가, 농부, 어부(논리지능과 결합하면 해양 생물학자, 식물학자, 동물학자 등 각종 자연 및 환경 연구가 및 과학자)

〈다중지능 체크리스트〉

1 논리 · 수학 	① 숫자를 가지고 하는 놀이를 즐기고 암산에 능숙하다. ② 수학과 과학이 학과목 중에서 가장 좋아하는 과목들이다. ③ 규칙들을 잘 만들거나 쉽게 이해한다(방학 때 계획 세우는 것을 좋아한다). ④ 어떤 사물이나 현상에 대해 '왜 그럴까?' 하는 궁금증을 자주 가진다. ⑤ 실험하는 것을 좋아한다. ⑥ 두뇌 개발용 게임이나 퍼즐 등에 도전하는 것을 좋아한다. ⑦ 어떤 사실에 대한 예시를 잘 찾아낸다. ⑧ 다른 사람들의 앞뒤의 논리적 연결이 안 되는 부분을 잘 찾아낸다. ⑨ 문제를 해결할 때 단계별로 하나씩 체계적으로 풀어나가는 편이다. ⑩ 물건의 양이 많거나 그룹이 지어져 있을 경우 그것들을 분류하고 그들 사이의 관계를 파악하려고 한다.

영역	문항
2 언 어 	① 단어 놀이와 새로운 말을 배우기 좋아한다. ② 책 읽기를 좋아한다. ③ 말 또는 글로 느낌이나 생각을 표현하기를 좋아한다. ④ 다른 아이들이 나의 이야기를 재미있어 한다. ⑤ 다른 아이들과 이야기할 때 책에서 봤거나 들은 이야기를 자주 말한다. ⑥ 낱말 맞추기나 끝말잇기 등을 좋아한다. ⑦ 다른 아이들보다 단어의 뜻을 쉽게 이해한다. ⑧ 국어 역사 사회 과목이 재미있다. ⑨ 말싸움에 자신이 있다(다른 아이들과의 말싸움에서 이긴 적이 많다). ⑩ 일이나 사물에 대해 말로 잘 설명한다. ⑪ 라디오나 카세트테이프 듣기를 좋아한다.
3 음 악 	① 음악을 듣거나 노래 부르기를 좋아한다. ② 다른 사람들이 나에게 노래를 잘한다고 얘기한다. ③ 세상에서 음악이 사라지면 매우 슬픈 것 같다. ④ 많은 노래를 기억하며 부를 수 있다. ⑤ 음악을 몇 번 들은 후에 쉽게 따라 부르거나 그 멜로디를 쉽게 기억할 수 있다. ⑥ 악기 연주를 쉽고 재미있게 배운다. ⑦ 음악을 들을 때 나도 모르게 음악에 맞춰 손으로 박자를 맞추곤 한다. ⑧ 음악을 듣고 악기들의 소리를 구별할 수 있다. ⑨ 들어 본 영화 음악이나 광고 음악 등이 머릿속에 떠오르고는 한다. ⑩ 음악을 틀어 놓고 일하거나 공부하기를 좋아한다.
4 시각 · 공간 	① 그림을 감상하거나 그리기를 좋아한다. ② 사진을 찍거나 캠코더로 다양한 일들의 기록을 남기는 것을 좋아한다. ③ 골똘히 생각하고 있을 때 나도 모르게 낙서를 하고 있곤 한다. ④ 지도를 보고 길을 찾아가는 것이 어렵지 않다. ⑤ 조각 그림 맞추기나 미로 찾기 게임 등이 재미있다. ⑥ 물건들을 분해하고 다시 조립하는 일에 꽤 능숙하다. ⑦ 학교 수업 중에서 미술 과목을 좋아하고 수학보다는 지리 과목을 더 선호한다. ⑧ 내 생각을 설명할 때 도표나 그림 등을 그려서 설명하고는 한다. ⑨ 어떤 물건을 다른 방향에서 봤을 때 어떻게 보일지를 쉽게 머릿속에 그릴 수 있다. ⑩ 그림이나 삽화가 많이 들어가 있는 책을 그렇지 않은 책보다 더 좋아한다.
5 신체 · 운동 	① 수업 시간 중 체육 시간이나 무언가를 직접 만드는 시간을 가장 좋아한다. ② 운동이나 춤추는 것을 아주 좋아하고 자주 한다. ③ 실내보다 실외에서 많은 시간을 보낸다. ④ 새로운 스포츠나 댄스를 쉽게 배우며 실력이 빨리 향상된다. ⑤ 무언가를 확실히 이해하기 위해서는 직접 다뤄봐야만 한다. ⑥ 혼자 힘으로 무엇을 조립하거나 만드는 등 손재주가 있다. ⑦ 산책 · 조깅 등의 육체 활동을 하면서 잘 안풀리는 문제 등을 생각하고는 한다. ⑧ 놀이 동산에 가면 가장 스릴 있는 것을 골라서 타고는 한다. ⑨ 이야기를 하면서 손짓 또는 제스처 등 다양한 보디 랭귀지를 활용하는 편이다. ⑩ 새로운 것을 배울 때 교본을 읽거나 비디오 테이프를 보는 것보다 직접 경험하기를 좋아한다.

<table>
<tr><td>6
대인 관계
</td><td>① 혼자 집에서 TV나 비디오를 보는 것보다 여러 사람이 어울려서 즐기는 모임에 나가는 것을 더 좋아하는 편이다.
② 사람들과 대화하는 능력이 뛰어난 편이며 사람들의 논쟁이나 말다툼 등을 잘 해결해 주는 편이다.
③ 다른 사람들이 슬픔에 잠겨 있는 것을 볼 때 같이 슬픔을 느낀다.
④ 조깅같이 혼자 하는 운동보다는 농구나 축구처럼 단체 경기를 좋아한다.
⑤ 앞장서서 일하는 것을 주저하지 않고 다른 사람들에게 일하는 방법을 보여 주려고 한다.
⑥ 행복해 하는 사람들과 있을 때 나도 행복해진다.
⑦ 아주 친한 친구가 세 명 이상 있다.
⑧ 다른 사람들에게 조언자가 되어 줄 수 있다는 것을 자랑스러워한다.
⑨ 어떤 문제를 혼자 힘으로 해결하기 위해 끙끙대지 않고 사람들에게 조언을 구하고 협력한다.</td></tr>
<tr><td>7
자기 이해
</td><td>① 홀로 사색하면서 보내는 시간을 좋아한다.
② 미래와 장래의 꿈에 대해 많이 생각한다.
③ 홀로 사색하면서 보내는 시간을 좋아한다.
④ 나의 생각과 느낌들을 메모나 일기로 꾸준히 쓰고 있다.
⑤ 자신과 생활에 대한 중요한 문제에 대해 조용히 생각해 보려고 한다.
⑥ 다른 사람들과 공유하지 않는 혼자만의 취미나 관심사가 있다.
⑦ 스스로의 마음을 가장 잘 알고 있으며 혼자서 생각한 후 결심을 하는 편이다.
⑧ 많은 사람들과 어울리는 것보다 홀로 집에 있고 싶어할 때가 많다.
⑨ 일을 할 때 홀로 심사숙고하는 경우가 많다.</td></tr>
<tr><td>8
자연 탐구
</td><td>① 신체의 주요 기관들의 위치와 작용에 대해 관심이 많으며 잘 알고 있는 편이다.
② 숲이나 산 속을 걸어갈 때 동물의 발자국이나 새들의 둥지 등에 관심을 갖고 날씨 신호를 구분할 수 있다.
③ 천문학, 우주의 탄생, 생명의 진화 등에 대해 관심이 많다.
④ 여러 종류의 나무, 꽃, 식물 등을 구분할 수 있고 이름을 잘 기억한다.
⑤ 애완동물을 키우고 있거나 애완동물을 좋아한다.
⑥ 농부 또는 어부가 되어 있는 자신의 모습을 그려볼 수 있다.
⑦ 세계적인 주요 환경 문제에 대한 이해와 관심을 가지고 있다.
⑧ 자원의 보존이 현대 사회의 중요한 문제라고 생각한다.</td></tr>
</table>

판정방법 : 각 항목마다 상 · 중 · 하로 응답. '상'이 5개 이상이면 해당 지능이 높으며 3~4개는 보통, 2개 이하는 낮은 것으로 볼 수 있다.

6) Sternberg의 삼위일체 지능이론

Sternberg(1985)의 신지능이론에 따르면 "지능이란 메타요소, 수행요소, 지식－습득요소의 기능에 따라, 신기성에 대한 반응 혹은 정보처리의 자동화와 관련하는 경험 연속선에서, 어떤 지역에서 상황적으로 적절한 행동을 방출하는 정신능력"이라고 정의한다.

경험수준이 낮으면서, 과제와 장면의 상황적 관련성이 높고, 지적 요소들의 관련수준이 높은 곳에서 신기성이 발현되며 이곳에서 지능이 최대로 관련된다. 또한 경험수준이 높으면서, 과제와 장면의 상황적 관련성이 높고, 지적요소들의 관련수준이 높은 곳에서 자동화가 발생하며 이곳에서도 지능이 최대로 관련된다. 그러나 어떤 과제나 장면은 그 구속조건들의 전부를 거의 만족시킬 수 없기 때문에, 현실적으로 과제와 장면은 지능을 크거나 혹은 작게 측정하게 되는 것이다. 다음은 송선희 교수(고려대/2000)의 연구를 기초로 삼위일체 지능이론을 요약 정리해 본 것이다.

1 이론의 구조적 특징

Sternberg(1985)는 그 동안 대부분의 지능이론들이 지능의 근원을 개인, 행동, 혹은 행동의 상황 중의 일부로부터 구하려했기 때문에 불완전한 이론이 되었다고 가정한다. 지능이론이 보다 더 완전한 이론이 되려면 이 세 가지를 모두 고려한 이론이 되어야 한다고 주장한다. Sternberg의 삼위일체 지능이론은 개인의 내적 세계에 대한 요소 하위이론, 인간의 외적 세계에 대한 상황 하위이론, 그리고 개인의 내적－외적 세계에 대하여 중재적인 경험 하위이론이라는 세 가지 하위이론으로 구성되어 있다. 이 이론의 구조를 보면 다음과 같다.

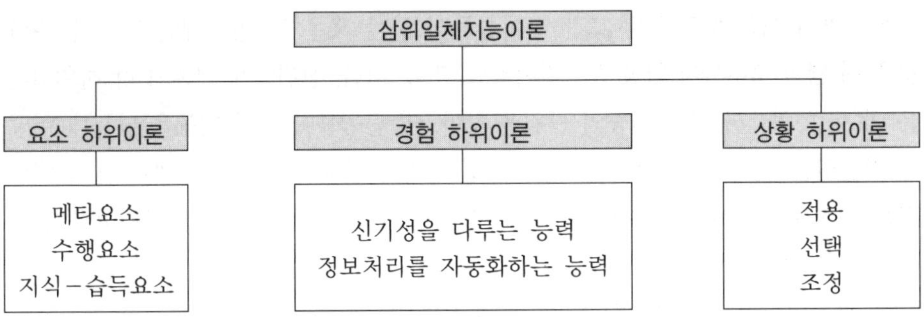

① **요소 하위이론** : 요소 하위이론은 정보처리 이론과 밀접한 관계를 갖고 있고, Sternberg가 이전의 자신의 인지이론을 더욱 발전시킨 것이라 볼 수 있다. 요소는 대상이나 상징물의 내적 표상에 작용하는 기본적인 정보처리의 단위이다. 이것은 지적인 능력을 이해하고 분석하고 측정함에 있어서 개인이 사용하는 기본적인 인지조작이나 선택, 조직, 감동과 인간의 지식습득 기능 등에 대한 이론이라 할 수 있고 모든 개인이나 문화에 보편적으로 적용되는 것으로서 인지에 대한 일반이론이라 볼 수 있다.

② **경험 하위이론** : 경험 하위이론은 신기성과 정보처리의 자동화를 다루는 능력과 관계하는 양면이론이다. 정보처리 능력과 신기성 취급능력은 인간의 지적인

능력을 측정하는데 있어서 좋은 기준이 되고, 서로 상보적인 관계를 갖고 있다.

③ **상황 하위이론** : Sternberg의 상황이론은 지적인 행동과 비지적인 행동을 구분하는 데 있어서 환경과 문화와의 관계성에 주목함으로써 지능에 대한 이해의 폭을 더욱 확장시키는 이론이라고 볼 수 있다.

상황 하위이론은 이전의 지능이론이 다루지 못했던 인간의 외적인 환경을 다루는 요인으로서 적응, 선택, 조정에 관계하는 능력이다. 심리측정적인 지능 연구가 주도적인 영향력을 행사함으로써 사람들이 지능 개념 인식에 있어서 지능이 지능지수가 재어주는 능력이라고 정의하는데 반해, Sternberg의 상황이론을 기초로 한 지능의 개념은 지능이 특정한 문화 안에서 개인이 가치롭게 여기는 실제적인 행동을 강조한다. 그리고 인지심리학은 지능에 대한 이해가 인간의 내적이고 정신적인 과정이라고 보는데 대해서 상황이론은 지능의 이해가 상당한 정도까지 문화적인 가치에 의해 이루어진다는 것을 설명할 수 있다.

2 삼위일체 지능이론의 장점

삼위일체 이론의 장점은 그간의 이론들이 하나 혹은 두 영역에만 관심을 두던 것을 세 영역 모두까지 확장시킨 것이라고 할 수 있다. 삼위일체 이론의 각 하위이론은 이 세 영역에서 각기 지능의 근원을 찾아, 이 근원들이 지적 행동을 낳는데 어떻게 작용하는지를 명시하기 때문이다. 요컨대, 삼위일체 이론은 지금까지 흔히 대립되는 것으로 인식되던 여러 이론들을 통합하는 하나의 종합적인 지능이론이다.

3 Sternberg의 유추 요소 이론의 일반화 가능성

Sternberg(1985)는 "귀납 추리 과정이 유추와 다른 문제들의 수행을 설명할 수 있는가?"에 관한 문제를 가지고 한 실험에서 유추, 서열완성, 유목화 과제에 대한 추리과정 모델을 검증하였는데, 그 결과 ① 반응시간이 세 과제 유형과 높게 상관되었고, ② 신뢰할 수 있는 네 개의 모수치 추정치(부호화, 비교, 정당화, 반응요소)들이 구해졌고(정당화만이 유의한 차), ③ 제안된 정보처리 모델은 세 과제 자료에 대해 훌륭한 적합도를 나타냈다. 따라서 세 과제 수행 전반에 걸쳐 단일한 정보처리 요소가 작용했음을 알 수 있고, 이는 유추 요소 이론이 다른 과제에도 적용될 수 있다는 일반화 가능성을 보여준 것이다.

위의 연구결과들은 문제해결에서 빠른 속도가 높은 지능과 관련된다는 보통사람들의 신념이나 기존 지능이론의 가정들과는 어긋나는 것이다. 따라서 문제해결에 사용되는 요소과정 점수와 심리 측정학에 기초한 참고 능력 점수들 간에 기대 밖으로 낮거나 상반된 상관은 지능에 대한 요소이론의 외적 타당성이 낮음을 뜻한다. 이는 궁극적으로 차이 이론과 정보처리 연구 방법의 통합을 위한 이론적 근거를 위협하기 때문에 지능분야에서 반드시 규명되어야 문제이다.

또한 메타요소가 지적 수행에 관련된 과제들에 대해 일반적이고 정신능력 검사들에서 하나의 일반요인(g)을 규명하는데 전적인 책임이 있으므로 수행요소와 메타요소에 대한 결합 분석을 시도하여 메타요소가 수행 요소보다 지능의 발달에 더 중요한 근원임을 밝혀 지적 수행의 훈련과 지능연구에서 중요하게 다루어져야 할 것이다.

(4) 지능발달

지능발달을 중심으로 유전론과 환경론이 맞서서 오랫동안 논쟁을 거듭해 왔으나 오늘날에 와서는 어느 쪽에 의해서 결정된다기 보다 서로 상호작용을 통하여 결정된다는 입장으로 굳어져 가고 있다. 그러므로 어느 한편의 작용이 결핍되었을 때 원만한 발달이 이룩될 수 없다는 것은 당연한 것이다. 그러나 그 중에서도 유전적인 요인에 의해서 발달에 지장을 가져오는 경우와 환경적인 요인에 의하여 지장이 나타나는 경우로 나누어 볼 수 있을 것이다. 환경적인 요인을 둘로 분류하면 심리적인 특성을 형성하는데 유기적인 영향으로 작용하는 요인과 직접적인 자극으로 작용하는 것으로 나눌 수 있다.

또한 지능은 연령과 더불어 어떻게 발달해 가는 것인가? 이 문제는 금세기초 Binet가 1905년 최초의 지능검사법을 발전시킨 이래 오늘까지 일관되게 지능심리학의 기본적 관심사가 되어 왔다.

지능은 생활연령과 함께 발달하여 그것이 어느 시기에 정지되고 어느 시기부터 하락하는가에 대하여 지금까지의 연구에서는 일치점을 보지 못하고 있다.

Tones와 Conrad는 10~60세까지의 1,191명의 피험자에게 육군 알파 검사(Army Alpha Test)를 실시하였는데 그 결과 지능검사의 득점이 10~16세까지 급속히 상승하고 그 후 완만히 발달하다가 19세에서 하향하기 시작하여 거의 동일한 진행률로서 60세에 이르기까지 내려가고 있었다.

Wechsler는 7~68세까지의 약 3만 명에 대하여 지능검사를 실시한 결과 7세부터 급격히 상승하여 20세 경까지 계속하고, 그 뒤에 서서히 하락하는 지능득점을 보여주고 있다. 이는 뇌의 질량과 동일한 형태의 발달곡선을 나타내고 있는 것으로써 양자의 밀접한 관계가 예상된다.

Thurstone은 종래의 발달곡선의 결점을 숫자적으로 보수하여 절대영점과 균일한 단위에 의한 발달곡선을 만들었다. 이는 13세 경에서 적극적인 가속곡선을 보이며 그 이후에는 소극적인 가속곡선을 보인다. 그리하여 17~18세 경에서 정점에 이른다.

이상의 여러 연구결과를 종합해 보면 지능은 출생부터 15~16세 경까지 급속히 발달하고 그 이후는 서서히 발달해서 18~20세 경 이후는 서서히 하강한다고 말할 수 있다. 그러나 한 가지 주목할 것은 Bayley의 연구결과(Berkeley Growth Study, 1955)를 종합해 볼 때 성인에게서 속도가 득점을 감소시켰다는 것과 성인의 지적 능력에 대해 계속적으로 발달촉진 환경이 주어지지 않았다는 점을 고려하면 성인의 지능도 50세까지는 계속 발달할 가능성이 있다는 것이다.

〈지능의 성장곡선〉(Wechsler, 1958)

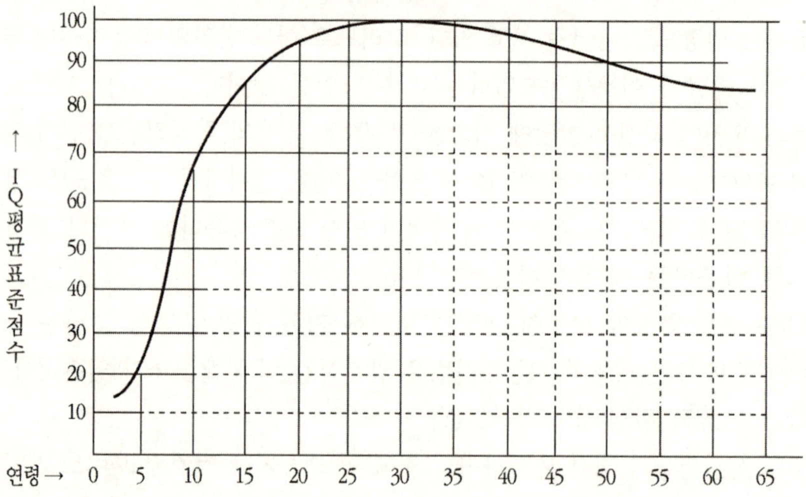

(5) 지능검사

지적 발달을 통합적으로 이해하고 객관적으로 수량화하는 지능검사가 있다. 지능검사는 개인과 환경 사이의 상호작용의 결과를 측정한다. 즉, 한 개인이 무엇을 할 수 있는가를 측정할 뿐이지 그 개인의 지적 잠재능력까지 측정할 수 있는 방법은 없다. 그러나 정신병환자인 어머니에 의해 어두운 방과 침묵 속에서 출생시부터 자라온 아동에게 표준 지능검사를 실시한다면 분명히 0이 될 것이지만 그 아동의 지능이 0이라는 것을 의미하는 것이 아니므로 지능검사는 지적 잠재력을 간접적으로 측정할 수 있어야 한다.

지능검사는 1905년 프랑스의 Binet라는 정신과 의사가 초등학교 교육을 제대로 받을 수 있는 학생과 그렇지 못한 학생을 가급적 초등학교 입학전에 가려낼 생각으로 만들어 내면서 선을 보였다. Binet는 아동의 성장과정에서 일어나는 변화의 한 종류로서 지능을 척도화하기로 하고 정신연령(Mental Age : MA)의 척도단위를 제작하였다. 1908년 Binet는 검사법을 개정함과 동시에 정신연령(MA)이라는 양적개념을 만들어 내었다. 어떤 생활연령에 있는 아동집단의 태반(50~75%)이 정답을 낼 수 있는 검사문제를 미리 해당 연령(예컨대, 9세) 문제로 정해 놓은 다음 검사를 받는 아동이 정해진 규준에 비추어 그 문제의 정답을 내었다고 하면, 그 아동의 생활연령 여하를 불문하고 정신연령은 9세라고 정했다. 1911년 Binet는 2회의 개정을 실시하여 54개의 문항으로 구성된 검사를 발표하였다. Binet의 이 지능검사는 곧 여러 외국어로 번역되었는데 그 중에서도 Standford 대학의 Terman교수가 1916년에 만들었던 Standford-Binet 검사법은 정평이 있는 것이다. 그는 지능지수(Intelligence Quotient : IQ)의 개념을 만들어 실용화하였고 1912년 독일의 W. Stern이 다음과 같이 공식화하여 지능을 계산하였다.

IQ = MA / CA × 100(CA : 생활연령, MA : 정신연령)

이 공식은 현재도 사용하고 있으며 Terman의 검사는 1937년과 1960년에 개정되었다. 평균 정신연령 점수는 출생일로부터 결정되는 나이인 생활연령(Chronological Age : CA)과 비교된다. 명석한 아동의 정신연령은 그의 생활연령을 능가하며, 지체아는 CA보다 MA가 낮다. IQ 100이라 함은 CA와 MA가 균형을 이룬 정상이란 뜻이다. 정상분포곡선 은 면적 비율을 9개의 간격으로 나누어 놓은 것이다. 즉, 1점에서 9점까지의 9개의 간격을 정상분포곡선의 면적 비율에 따라 나누고 그 비율을 %로 나타내면 다음과 같다.

9문제도	1	2	3	4	5	6	7	8	9
정상분포에서 면적 비율(%)	4	7	12	17	20	17	12	7	4

이상 지능검사의 결과를 표시하는 여러 가지 방법을 알아보았다. 이들의 관계를 정상분포곡선에서 서로 비교해 보면 다음 그림과 같다.

〈정상분포곡선과 각종 환산점의 비교〉

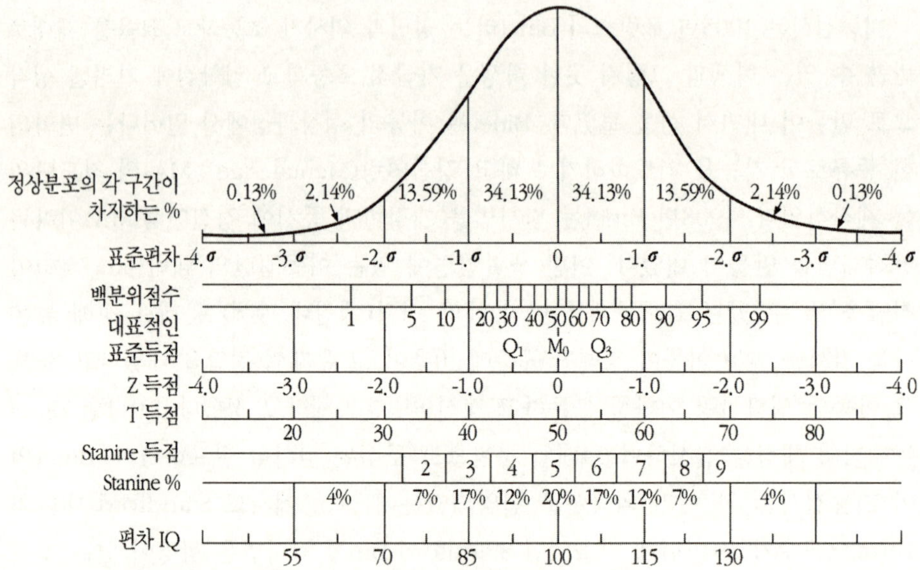

1916년 Stanford 대학의 Lewis Terman은 Standford-Binet 검사로 알려진 초기의 검사에 기초하여 아동용과 청소년용으로 표준화된 지능검사를 완전하게 개작하여 출판했다. Terman의 원본인 Standford-Binet 검사의 특징은 단지 정신연령과 지능지수로서 그 결과를 표현했다는 점이다.

이 공식에 의해 산출된 IQ가 100인 사람은 평균지능을 갖고 있는 것으로 생각할 수 있다. Wechsler나 Binet의 지능검사는 IQ를 산출하는 과정에서 약간 다르지만 개인의 IQ가 높을수록 그 수준 또는 근접한 수준에서 그들 동년배의 백분율은 더 적어진다. IQ의 분포는 개인간의 많은 편차를 보이는 곡선의 형태를 보인다. 소위 종모양의 정상분포곡선, 즉 중간지점에 거의 대부분이 분포해 있고 양극단에는 겨우 몇몇의 숫자만 있는 곡선이다. 지능검사는 분류의 기준이나 목적에 따라 다양하게 나뉘어질 수 있다.

1) Binet 지능검사

표준 지능검사는 20세기 초 Binet에 의해 처음으로 만들어졌다. 이는 정신에 결손이 있는 학생들의 교육에 필요한 도구를 만드는데 도움을 주기 위해서였다. 세계 Ⅰ, Ⅱ차 대전 때에는 군인들의 직군분류용으로 쓰였으며 Army Alpha Test (문자 해득자용)와 Army Beta Test(문맹자용)로 구분되어 있었다.

〈지능지수와 빈도수〉(Robinson, 1965 : Kirt, 1972)

IQ 범위	IQ 범위별 대체로 본 사람의 수
25 이하	1,000명 중의 1명
25~49	250명 중의 1명
50~69	100명 중의 3명
70~79	100명 중의 7명
80~89	100명 중의 16명
90~110	100명 중의 48명
111~120	100명 중의 16명
121~130	100명 중의 7명
131~150	100명 중의 2.5명
151~175	1,000명 중의 1명
175 이상	1,000,000명 중의 1명

〈지능지수와 분포〉(Cronbach, 1960)

IQ	%	분 류
140 이상	1.3	최우수(very superior)
130~139	8.2	우수(superior)
120~129	8.2	
110~119	18.1	평균상(high average)
100~109	23.5	평균(normal average)
90~99	23.0	
80~89	14.5	평균하(low average)
70~79	5.6	장애한계(borderline defective)
69 이하	2.6	정신박약(mentally defective)

2) Standford-Binet 지능검사

Standford-Binet 지능검사는 1916년 Standford 대학의 Terman 교수가 Binet 검사를 미국문화에 알맞게 개정해 표준화한 것이다.

3) Wechsler 지능검사

Wechsler 지능검사에는 WPPSI(Wechsler Preschool and Primary Scale of Intelligence, 아동용), WISC(Wechsler Intelligence Scales for Children, 청소년용), WAIS(Wechsler Adult Intelligence Scale, 성인용) 세 가지 종류가 있다. Wechsler 지능검사는 언어영역과 동작영역의 두 부분으로 구성되어 있다. 언어성 검사엔 기본지식, 숫자 외우기, 이해, 공통성, 산수, 어휘의 6개 부검사가 있고 동작성 검사엔 바꿔 쓰기, 빠진 곳 찾기, 토막짜기, 차례맞추기, 모양맞추기의 5개 부검사가 있다.

4) 집단 지능검사

집단 지능검사는 개인검사에 비해 시간과 비용 면에서 능률적이고 경제적이기 때문에 계속적으로 선호되고 있는 검사이다. Kuhlman-Anderson 지능검사, AGCT 지능검사가 있다. 한국에서는 최근에 충남대의 이종승 교수가 기존의 지능검사 도구를 새롭게 개정하여 제작한 바 있다.

5) 문화 차이와 경제적 차이를 극복하려는 검사

피험자의 문화적 차이와 경제적 배경으로 인해 발생되는 문제들을 극복하고자 시도된 검사로 SOMPA와 아동용 Kaufman 지능검사가 있다. SOMPA는 WISC-R을 보완하여 의료적 요소, 사회적 요소, 문화, 인종, 사회경제적 배경을 고려한 사회문화 척도를 포함하고 있다. 아동용 Kaufman 지능검사는 언어의 영역을 최소화할 수 있는 비언어적 척도를 포함하고 있다.

지능검사가 이로운 영향보다는 오히려 나쁜 영향을 주고 있다라든지 혹은 검사 자체가 없어져야 한다는 등의 비판은 지능검사가 만들어진 이래 계속된 문제들이다. 그러나 지능이라는 개념이 어느 날 갑자기 사라지거나 사장되지 않는 것이라면, 정밀하고 타당한 지능검사를 개발하도록 노력하는 일이 보다 바람직할 것이다.

현재 사용되고 있는 지능검사는 측정하려는 내용이 분명하지 못하다는 약점을 가지고 있다. 이는 불완전하고 제한된 정의로부터 기인하기도 하고, 이론으로부터 검사가 도출되지 못하고 검사로부터 이론이 도출되는 현상 때문이기도 하며, 지나치게 개인 내부에만 지능의 초점을 두는 까닭이기도 하다. 이런 문제점을 극복하기 위해서는 이론적 시도와 함께 폭넓고 타당한 검사내용을 구성하여야 한다. 또한 검사는 통제되고 강제되는 상황에서가 아니라 아동들이 하고 싶어할 때에 실시되어야 한다. 자연스러운 상황에서 검사를 시행하여야 보다 정밀한 결과를 보장받을 수 있다.

IQ 점수는 이미 무시할 수 없는 영향력을 지니고 있으나 지능검사에 대한 맹신이 되지 않도록 검사 결과에 대한 해석에 주의가 필요하다. 일부 학부형이나 교사 또는 심리학자들은 아직 지능검사에서 산출된 지능지수가 어린이의 발달과정을 통하여 변하지 않고 항상 일정한 IQ 수준을 유지한다고 믿고 있다. 그러나 IQ는 환경적인 영향에 의해 발달 과정에서 변한다는 증거가 나오고 있다. IQ의 변화에 미치는 요인을 다음 네 가지 점에서 찾아볼 수 있다.

첫째, 영양적인 요인으로 Poull의 조사에서 보면 41명의 영양실조 어린이들을 대상으로 18개월 동안 실험집단에 대해서는 영양을 향상시켜 공급하고 비교집단에는 그냥 그대로 둔 결과 18~24개월 후에 실험집단에서 평균 IQ가 10점 이상이나 향상되었다는 것을 보고하였다. 또한 특정한 영양분이 학습능력의 향상과 IQ 향상에 직접적으로 작용하고 있다는 연구도 나오고 있다.

둘째, 성격특성 요인이다. 성취동기가 강하고 경쟁적이며 호기심이 많은 집단의 IQ는 계속 상승하였으며, 부모에 대한 지나친 의존도는 지적인 성장에 지장을 초래하고, 어머니가 성취동기를 높여주는 태도를 가질수록 자녀의 지능발달이 높았다.

셋째, 문화적 환경요인이다. 인위적으로 지적발달에 촉진적인 역할을 할 수 있는 문화적인 환경을 조성해 주었을 때와 문화실조의 경우에 IQ의 변화를 볼 수 있다.

넷째, 측정시의 오차요인이다. 현재 우리가 사용하는 지능검사는 결코 완전한 것이 되지 못하고 그 신뢰성으로 보아 측정상의 적잖은 오차를 낼 가능성이 있다. 오차를 내는 이유는 정신현상에 대한 간접적인 측정에 의존하기 때문이다.

(6) 지능에 대한 논의

지능이라는 개념은 학생들의 개인차를 이루는 변인들 중에서 가장 중요하게 생각되어져 왔다. 일반적으로 지능점수는 학업수행 능력을 상당히 높은 정도로 예언해 주는 결정요인으로서 알려져 있다.

지능을 측정하고 활용하는 가운데 발생하는 부정적인 측면에 대한 비판이 있고 따라서 이러한 비판을 극복하려는 많은 이론과 연구가 지속되고 있다. 검사도구 역시 새로운 이론을 바탕으로 제작되고 있다. 앞서 살펴본 바와 같이 최근의 지능 이론은 사회적 맥락을 반영하고 실생활에서의 지능을 강조하고 있다.

이러한 요구를 적절하게 반영하는 최근의 신지능이론이 Sternberg(1985)의 삼위일체이론(triarchic theory)과 Gardner의 다중지능(multiple intelligence)이론이다. Gardner(1983)는 조기개입과 일관성 있는 훈련이 개인의 궁극적 성취수준을 결정하는데 중요한 역할을 한다고 말한다. 그는 어떤 행위가 특정한 문화 내에서 중요시되고 충분한 지원이 이루어지고, 그것을 성취하고자 하는 개인적 동기가 있고, 학습과 훈련의 적당한 도구들이 쓰여지기만 한다면 대부분의 정상적인 아동들은 매우 큰 성취를 보인다고 주장한다.

지능(IQ)의 중요성과 함께 지능의 한계도 알아야 한다.

뉴욕주 시라큐스대학의 공공정책학 교수 빌 코플린은 「USA Today」(2004. 6. 10)에 "소프트기술이 구직의 비밀병기"란 글을 투고했다. 여기서 그는 고용주들의 관심사를 분석했다. 그 결과 전문지식(technical skill)보다 인간 관계기술(people skill)이 더 중요함을 발견했다. 즉 상황분석력, 문제해결력, 컴퓨터능력, 좋은 학점보다 올바른 윤리의식, 원활한 의사소통, 원만한 인간관계와 정보를 수집하는 태도가 더 중요하다고 주장했다. "지식이란 원자재일 뿐이며 비타민을 과용한다해서 건강에 도움이 되지 않듯이 지식을 많이 축적했다고 하여 고품격과 성공을 보장하는 것은 아니다"라고 말했다. KAIST의 로버트 로플린 총장도 "공대의 가치는 기술이 아니라 사람에게 있다며 기술훈련보다 기업가 정신, 개척자 정신, 유연성 등을 배양해야 한다"고 했다.

제 6 장 정서지능(EQ)의 이해와 측정

본 장은 현용수 박사(성산효도 대학원 대학교), 문용린 박사(서울대), 신혜숙 학사(서울대)의 연구를 기초로 재정리하여 작성하였다. EQ(Emotional Quotient)는 감성지수라고 부르는 이도 있다. IQ가 머리(사고)라면 EQ는 가슴(정서)에 해당한다.

1. 지능검사에 대한 반성

1980년대에 이르러 일부 교육학자들이 전통적인 지능검사에 대하여 강하게 비판하고 나섰다. 이들이 지적하는 전통적인 지능검사의 한계점으로는 지능검사가 학업 장면에서는 비교적 높은 예측력을 보이지만 사회적인 성공 등은 잘 예측하지 못한다는 것이다. 따라서 Sternberg, Gardner 및 Epstein & Meier 등 이러한 한계점을 지적하고 그에 대안적인 개념과 새로운 검사도구를 개발하게 되었다. '신지능이론'은 Sternberg(1985)의 삼위일체 이론(triarchic theory)과 Gardner(1983)의 다중지능(multiple intelligence)이 대표적이며, 이 두 이론은 지능의 영역을 확대시켰다는데 큰 의의가 있다. 삼위일체 이론은 상황, 경험, 요소의 세 가지 하위이론들로 구성된 하나의 종합적인 지능이론이다. 이 이론은 전통적인 차이 이론과 인지과정 지능이론을 이론적, 방법론적으로 통합시켰다. 삼위일체 이론의 큰 의의는 사회적 지능(social intelligence)과 실제적 지능(practical intelligence)을 연구함으로써 지능이 포함하는 개념의 영역을 확장시킨 것이다. 또한 Gardner(1983)는 일반능력에 대한 지능의 관점을 부정하면서 지능은 규칙성과 요인의 독립성을 지닌 모듈(module)로서 각 문화적인 상황에 의해서 형성된 분리되고 독립적인 개별능력임을 강조하였다. 따라서 인지적, 정의적, 신체 운동적 영역을 포괄하는 다중지능 이론은 개성 능력에 따른 자아실현에 초점을 둔다. 또한 다중지능의 의의는 지능연구에서 정서의 중요성을 인지하여 '개인적 지능'과 '대인관계지능'을 지능이론에 포함시켰다는 것이다. Epstein & Meier(1989 : 1992) 역시 기존의 지능검사로 측정한 지능이 실제적인 문제 해결이나 인생에서의 중요한 성공 지표들을 잘 예측하지 못한다는 점에 주목한 후, 실용적인 지능(practical intelligence)을 측정하기 위해서는 인생의 여러 문제들에 대처하는 정서적인 문제를 고려해야 한다고 주장하였다.

예일대 교수인 Peter Salovey와 그의 동료인 뉴햄프셔 대학의 John Mayer(1990, 1997), 그리고 Daniel Goleman(1995)은 정서지능이라는 개념이 사회적 지능(social intelligence)이라는 개념에서 보다 발전된 개념이라고 보았다. 사실 사회적 지능이라는 개념은 비록 미국에서 지능검사가 개발되기 시작한 초기부터 다루어져 왔으나, 수십 년이 지난 후에도 개념에 대한 정의와 측정이 확립되지 않았다. 위에서 보듯이 전통적인 지능검사에 대한 비판이 제기되면서 사회적 지능 요소가 강조되었고 이러한 사회적 지능 개념을 보다 세련화시킨 개념으로서 정서지능의 개념이 나오게 되었다. Goleman은 이런 정서지능의 개념을 대중화시키는데 크게 공헌했으며, 1995년에 「정서지능(emotional intelligence)」이라는 책을 펴냈다. 이 책에서 Goleman은 정서지능을 자기인식(self-awareness), 자기조절(self-management), 자기동기화(self-motivating), 감정이입(empathy), 사회적 기술(social skill) 등의 다섯 가지 구성 요소로 규정하고 있는데 그 내용은 다음 표와 같다.

〈Goleman의 정서지능 구성요소〉

정서지능의 구성요소	내 용
자기인식	자신이 느끼는 감정을 재빨리 인식하고 알아차리는 능력으로 정서지능의 초석이 된다.
자기조절	자기조절은 인식된 자신의 감정을 적절하게 처리하고 변화시킬 수 있는 능력이다.
자기동기화	어려움을 참아 내어 자신의 성취를 위해 노력할 수 있는 능력이다. 예를 들어 만족지연과 낙관성 등을 말한다.
감정이입	타인이 느끼는 감정을 자신의 것처럼 느끼고, 타인의 감정을 읽어내는 능력이다.
사회적 기술	인식한 타인의 감정에 적절하게 대처할 수 있는 능력을 말하며, 적절한 정서표현력을 말한다.

2. 지능지수(IQ)와 감성지수(EQ)의 차이

"사회에서의 성공을 위해서는 '지능'보다 '정서지능'이 더 중요하다." "IQ는 성공에 20%만 기여한다." 이것은 1995년 10월 미국의 주간지 및 일간지들이 일제히 크게 보도한 Goleman의 '『정서지능』(EI : Emotional Intelligence, 1995)'이란 책의 주제이다. 이 기사는 삽시간에 전세계로 퍼졌다. 그는 하버드대학에서 심리학으로 박사학위를 받고 뉴욕타임지에서 행동 및 두뇌 과학분야의 전문기자로 일했다.

원래 Goleman의 원저에는 '정서지능'을 'EI(Emotional Intelligence)'로 명기했다. 그러나 뉴욕타임지에서 'IQ'와 대칭되는 'EQ'로 표기하면서 EQ가 일반화되었다. 그리고 정서지능(EQ)은 현재 IQ처럼 측정하여 수치화할 수 없기 때문에 엄격하게 말하면 'EI'라고 표현해야 옳다. 왜냐 하면 정서지능 자체도 여러 지능 중 일부라고 보기 때문이다. 정서지능(EQ)의 요인들은 IQ테스트로서는 측정되지 않는다. 정서지능은 인간사회에서 더 필요한 요인임에도 불구하고 사람들에게는 그 동안 무관심한 분야였다. 약 100여 년 동안 현대교육계에서는 수리, 언어, 창조적 추리 및 논리적 능력을 말해 주는 IQ 위주의 교육에만 전념해 왔기 때문이다. 그러나 머리만 똑똑한 학교의 우등생이 왜 사회에서 성공하지 못하는가에 대한 의구심은 최근에 와서야 강하게 대두되었다.

그러던 중 1990년 초 Salovey와 Mayer가 처음으로 정서지능에 대한 공동 연구로 그 개념을 정리하였다. 그들은 '자신의 감정을 이해하고, 남들의 감정에 공감하고, 그 감정들을 통제하는 능력'이라고 정의하였다. 정서도 하나의 지능으로 IQ처럼 개발할 수 있다는 시도였다. 머리만 똑똑한 우등생보다 정서적인 우등생이 사회에서 더 성공한다는 논리였다. Goleman에 의하면 '정서지능'이란 충동자제 능력, 동기 부여능력, 타인과의 감정 공유능력, 인간관계 능력 등을 말한다.

이러한 능력들을 갖기 위해서는 먼저 자기 스스로 따뜻하고 아름다운 마음, 남을 돕고 싶은 마음, 남을 포용할 줄 아는 넉넉한 마음, 즉 EQ를 가져야 한다. 차갑고 메마른 마음을 가지고 있어서는 안된다. 차갑고 메마른 마음을 가진 사람은 EQ 자체가 빈약한 사람이다. 따라서 이러한 사람은 성숙한 인격을 기대하기 어렵다. EQ가 높은 사람은 자기 자신의 감정상태를 정확히 인식할 뿐 아니라 그 기분에 대한 자신의 생각도 안다. 나 자신의 감정상태를 정확히 알고 그 기분에 대하여 선악간에 분별력이 있는 사람은 실수를 줄일 수 있다. 이는 높은 EQ를 가지고 있을 뿐만 아니라 그 EQ를 계발하고 절제하는 성숙한 EQ를 가진 사람이다. 우리는 가끔 '나도 모르게 그런 일을 저질렀다.'고 말한다. 그가 바로 EQ가 낮은 사람의 경우이다. 또한 EQ가 높은 사람은 타인의 감정을 읽을 줄 알고, 돌발적인 충동을 절제할 줄 알며 분노를 삭일 줄 알고, 사물을 긍정적으로 파악할 줄 알며, 자신의 풍부한 감성을 상대방에게 표현할 줄 아는 능력을 갖고 있다. 따라서 인간은 첫째, 풍성한 EQ를 가지도록 교육해야 하고 둘째, 그 풍성한 EQ가 좋은 열매를 맺도록 다듬어서 성숙한 사람이 되도록 교육해야 한다. EQ가 높은 사람은 행복지수(HQ)도 높다. 왜냐 하면 EQ가 높은 사람은 긍정적인 사고를 가지고 있기 때문이다. 이런 사람은 매사에 자신이나 타인에 대하여 긍정적인 입장에서 용서하고 이해하며 도와준다. 인간의 행복이란 그 사람이 처한 상황보다는 그 상황에서 스스로 어떻게 생각하느냐에 달려 있다. 아무리 물건이 많은 부자라 하여도 항상 부족함을 느끼는 사람은 가난한 사람이고, 설사 가난한 사람이라 하더라도 스스로 풍족하다고 생각하면 풍요한 사람이다.

교육학적으로 IQ가 무엇을 어떻게 아느냐(what to know and how to know)하는 지식의 영역(the cognitive domain)이라면, EQ는 무엇을 어떻게 느끼느냐(what to feel and how to feel), 그리고 어떻게 그 감정을 조절하느냐(how to control his/her feelings)하는 정서의 영역(affective domain)이다. 전자를 논리적 머리 부분이라면 후자는 정서를 느끼는 가슴에 속한다. 인간의 두뇌에는 논리적으로 생각하고 기억하는 부분(IQ)이 있고, 정서를 생산하는 부분(EQ)도 있다.

역사적으로 유명한 학자와 과학자들은 높은 이성능력의 소유자였다. 갈리레이나 아인슈타인, 토마스 에디슨과 뉴턴, 찰스 다윈과 시그문트 프로이드 등은 모두 이해력, 추리력, 계산력이 뛰어난 인물로서 자연세계에 숨어 있는 법칙을 찾아내는데 성공한 사람들이다. 그러나 한편, 역사상 유명한 도덕적 정치가, 예술가 중에는 높은 정서능력을 가진 사람이 많았다. 예컨대, 윈스턴 처칠과 루즈벨트, 간디와 루터 킹 목사, 베토벤과 고갱 등은 모두 인내심과 지구력, 정열과 용기, 신념과 절제력이 뛰어난 인물로서, 자기 자신의 감정을 올바르게 통제하고, 활성화시키는데 성공한 사람들이다.

그러나 이처럼 이성능력과 정서능력을 구분할 수 있다고 해서 이 두 능력이

완전히 별개로 존재한다 보기는 어렵다. 이 두 능력의 크기와 양은 사람에 따라 다르게 존재한다 하여도 이 두 능력은 서로 함께 작용하지 않으면 각자의 독특성을 잘 발휘하기가 어렵다. 예컨대, 아인슈타인이 아무리 논리, 수학적인 지능, 즉 이성능력이 뛰어났다고 하더라도 그 능력으로 인내심과 정열을 가지고 연구에 몰두하지 않았다면 그는 훌륭한 과학적 업적을 이루어 내지 못하였을 것이다. 에디슨도 마찬가지이다. 뛰어난 상상력과 창의력을 가지고 있었지만 만약에 그가 100여 차례 이상의 지루한 반복실험을 해낼 수 있는 지구력과 인내심을 갖고 있지 못하였다면 전구의 발명에 실패하였을 것이다. 처칠은 용기와 정열, 그리고 인내심이 뛰어난 정치가였다. 그러나 그가 사리에 맞지 않는 비합리적인 정책을 추진하였다면 아무리 그가 정열과 신념을 가지고 국민을 설득했더라도 그는 실패했을 것이다. 간디도 마찬가지이다. 인도의 독립과 국민들의 불쌍한 처지에 대한 동정과 사랑의 열망이 넘쳐 흘렀지만 만약 그가 비합리적이고 사리에 맞지 않는 시민운동을 전개하였더라면 인도의 독립운동은 실패하였을 것이다.

따라서 이성능력과 정서능력은 함께 균형을 맞추어 발달하여야 한다. 그러나 그간 불행하게도 이성능력은 중요시해 왔지만 정서능력에는 별 관심을 쏟지 못하였다. 이성능력을 우리는 그간 IQ라고 부르면서, 측정하고자 노력하였고, IQ 높은 사람을 선호해 왔다. 그러나 정서능력에 대해서는 뚜렷한 개념을 제시하지 못했고, 측정하는 방법도 몰랐으며 정서능력을 높이려는 시도도 하지 못했다. 단지 정서능력이 높은 사람을 개인적으로 선호하기는 했으나 선발의 요소로 삼지는 못했다. 그러나 최근에 이르러 정서능력에 대한 관심이 급증하게 되어 정서능력을 정서지능(Emotional Intelligence)이라고 부르면서 측정도 가능하고 개발할 방법도 있다는 주장이 대두되고 있다.

3. 정서지능의 개념

Salovey와 Mayer(1990)는 다양한 인지적 및 사회적 문제해결 과제에는 정서적 정보가 개입되고, 그런 정보는 인지적 정보와는 다르게 처리되며, 또한 그 정보를 다루는데 개인차가 존재한다고 가정하고 정서지능이란 개념을 창안하였다.

> 정서지능이란, 자신과 타인의 정서를 평가하고, 표현할 줄 아는 능력, 자신과 타인의 정서를 효과적으로 조절할 줄 아는 능력, 그리고 자신의 삶을 계획하고 성취하기 위해서 그런 정서를 이용하여 활용할 줄 아는 능력이다(Mayer & Salovey, 1990 : pp. 185-211).

그 정의에 의거한 정서지능 개념 모형 안에는 ① 정서의 언어적 및 비언어적인 평가와 표현, ② 자신과 타인에 대한 정서의 조절, ③ 문제해결에서 정서적 내용의 활용과 같은 3가지 요소가 포함된다. Salovey와 Mayer는 지능이라는 말에 담긴 '과도한 주장(overblown claim)'을 의식해서 정서지능이란 용어 대신에 '정서능력(emotional competence)'이라는 말을 사용하려고 했지만, 그들의 견해를 전통적인 지능문헌과 연계시키기 위하여 지능이라는 용어를 사용했다. 전통적인 지능문헌에서 정서지능과 관련되는 개념은 사회적 지능(social intelligence)이다. 지능연구에서 사회적 지능개념은 한편으로는 Thorndike(1920) 이래로 오랜 역사를 지니고 있지만, 다른 한편으로는 학자들의 관심의 기복이 심한 역사를 갖고 있다(Walker & Foley, 1973). 이것은 지능이론가들이 사회적 구인의 중요성을 인식하면서도 사회적 지능 구인의 본질이 모호해 경험적 연구를 수행하는데 어려움이 있었음을 암시한다. Thorndike는 사회적 지능을 "타인에 대한 민감성과 인간관계에서 현명하게 행동하는 능력"으로 정의하면서, 사회적 능력이 하나의 필수적인 인간능력이라 주장했다.

Cronbach(1960)는 지난 50여 년 간 간헐적으로 수행되어온 사회적 지능연구를 개관하면서, '사회적 지능은 아직 정의되지 않았고, 측정되지 않은 상태로 남아 있다.'라고 회의적인 결론을 내렸다. 그러나 오늘날 사회적 지능에 대한 관심이 여러 지능이론가들에 의해 재개되고 있다(Cantor & Kihlstrom, 1987 ; Epstein & Feist, 1988 ; Ford, 1982 ; Gardner, 1983 ; Sternberg et al., 1981).

Salovey와 Mayer(1990)는 정서지능이 일종의 사회적 지능이고, 사회적 지능은 전통적인 지능 연구에서 오랜 역사를 갖고 있기 때문에 정서와 지능을 결합시켜 정서지능이란 말을 사용하는 것은 모순되지 않는다고 언급했다. 그들은 정서지능 개념이 특히 Gardner(1983)의 MI이론에서 개인지능과 중첩된다고 간주한다. MI이론에서 개인지능은 다시 내성지능(interpersonal intelligence)으로 구분되는데, Gardner와 Hatch(1989, p. 6)에 따르면 내성지능은 자기-지향적인 구인으로서 '자기 자신의 감정과 강점에 접근하고, 그들을 변별하며, 행동을 유도하기 위해서 그들을 끌어들이는 능력이다.' 또한 대인관계 지능은 타인-지향적인 구인으로서 '타인의 기분, 기질, 동기, 욕구를 분별해서 그들에게 적절하게 반응하는 능력이다.' 개인지능의 이런 개념은 정서지능만큼 정서의 역할을 강조하고 있지는 않지만, 다른 사회적 지능이론보다는 자신과 타인의 정서와 감정에 대한 평가와 조절, 그리고 그런 정서적 정보를 활용하는 내용을 담고 있어 분명히 더 중첩되는 개념이다.

EQ에 대한 이와 같은 개념은 인간이해에 새로운 관점과 지평을 열어 놓았으며, 새로운 인생항로를 항진하기 위한 지혜를 제공해 주는 것으로 이해된다. EQ에 교육학적 의의를 부여한다면 우리의 학교교육에 대한 새로운 반성과 'IQ에서 EQ로의 전환' 혹은 'IQ와 EQ의 상호보완'을 요구하고 있다는 사실이다.

그러나 이러한 EQ에 대한 논의는 IQ에 대한 대안이며 인간의 능력평가 기준으로서 좋은 잣대가 될 수 있지만, 워낙 추상적인 면이 있고 수치화될 만큼 발달된 개념이 아니어서 측정하기가 힘들다. 또한 측정했다 하더라도 개인간에 비교해서 서열화하는 것이 바람직하지 못하므로 해석의 어려움도 따른다. 결국 사람의 인성이나 성품을 수치로 측정하기는 불가능한 일이지만 IQ라고 하는 수치적인 잣대로만 평가하는데서 벗어나 '실질적이고 진정한 지능'의 측정이라는 점에서 EQ의 의미를 찾아야 할 것이다.

4. 정서지능의 구성 요소

(1) 정서의 평가와 표현

Salovey와 Mayer(1990)는 자신의 정서를 정확하게 평가하고 표현하는 것이 정서지능의 일부분이라고 보고 있다. 왜냐 하면 보다 정확한 사람들은 자신의 정서를 보다 빠르게 지각하고 반응할 수 있으며, 타인에게 그런 정서를 보다 잘 표현할 수 있기 때문이다. 그런 사람들은 감정을 정확하게 지각하기 때문에 자신의 감정에 보다 적절하게 반응할 수 있다. 그들에 따르면 이런 기술들은 유기체 내부에서 정서적 정보처리를 요구하고, 적절한 사회적 기능을 위해 이런 기술에 대한 최소한의 능력을 필요로 하기 때문에 정서지능의 한 요소가 될 수 있다. 또한 타인들의 정서를 정확하게 평가하고, 자신이 스스로 그 감정을 재경험하는 능력, 즉 공감(empathy)능력 역시 정서지능의 일부분이 된다. 그들의 정서지능

개념에서 공감능력은 가장 중심적 특징을 나타내는 구인 중 하나이다. 요약하면 ① 자신의 정서를 언어적으로 평가하고 표현하는 능력 ② 자신의 정서를 비언어적으로 평가하고 표현하는 능력 ③ 타인의 정서를 비언어적으로 평가하고 표현하는 능력 ④ 감정이입하는 능력을 말한다.

(2) 정서의 조절

정서지능 개념에서 이 요소는 자신과 타인의 정서를 조절하는 것과 관련된 능력이다. 이런 조절능력은 보다 적응적이고, 강화하는 기분상태를 유도하기 때문에 정서지능 구인에 포함된다. 대부분의 사람들은 자신과 타인의 정서를 조절하지만, 정서지능이 우수한 사람은 이 조절 과정에 특히 능숙하고, 특수한 목표를 이루기 위해서 이 능력을 발휘한다. 이런 능력을 적절하게 사용하면 자신과 타인의 기분을 북돋워주고, 타인들을 가치 있는 목적을 향해 동기화시킬 수 있지만, 그릇되게 사용하면 극히 반사회적인 나쁜 목적을 위해 타인의 정서를 조작(manipulate)할 수 있는 위험을 초래한다. 요약하면 ① 자신의 정서를 조절하는 능력 ② 타인의 정서를 조절하는 능력을 말한다.

(3) 정서지능의 활용

이 요소는 사고, 추리, 문제해결, 창의적 과제에서 정서를 적응적으로 활용하는 능력과 관련된다. Salovey에 따르면 정서는 어떤 종류의 문제해결에서 보다 더 적응적인 정신태세를 창출한다. 다시 말해서 각기 다른 정서는 각기 다른 정보처리 양식을 창출한다는 것이다. 가령 Palfay와 Salovey의 연구는 행복한 기분에 젖어 있는 학생은 귀납적 문제를 보다 빨리 푼 반면에, 슬픈 기분에 잠긴 학생들은 연역적인 문제를 훨씬 빨리 푼다는 것을 보여주었는데, 이런 결과는 각기 다른 정서와 기분이 각기 다른 종류의 문제해결을 보다 용이하게 다루는 것을 암시한다. 따라서 정서지능이 우수한 사람은 문제의 성격에 따라 자신의 정서와 기분을 적응시킬 수 있는 능력을 소유한 자이다. 이 요소에 대한 초기 개념모형에서 Salovey와 Mayer는 융통성 있는 계획 세우기, 창의적 사고, 주의집중의 전환, 동기화에 정서를 적절히 활용할 수 있음을 밝혔다. 이상과 같은 1990년 모형의 내용은 1997년 모형에서 수정된다. 요약하면 ① 융통성 있는 유연한 사고를 하는 능력 ② 창조적인 사고를 하는 능력 ③ 주의집중을 할 수 있는 능력 ④ 동기화를 자발적으로 하는 능력을 말한다.

Goleman은 이 10가지를 간단히 줄여서 ① 자아인식 능력 ② 자기조절 능력 ③ 자기동기화 능력 ④ 감정이입 능력 ⑤ 대인관계 기술 등 5가지로 요약했다. 서울대 문용린 교수는 ① 정서인식 능력 ② 정서표현 능력 ③ 감정이입 능력 ④ 정서조절 능력 ⑤ 정서활용 능력으로 설정하고 있다.

〈정서지능의 개념 모형(Mayer & Salovey)〉

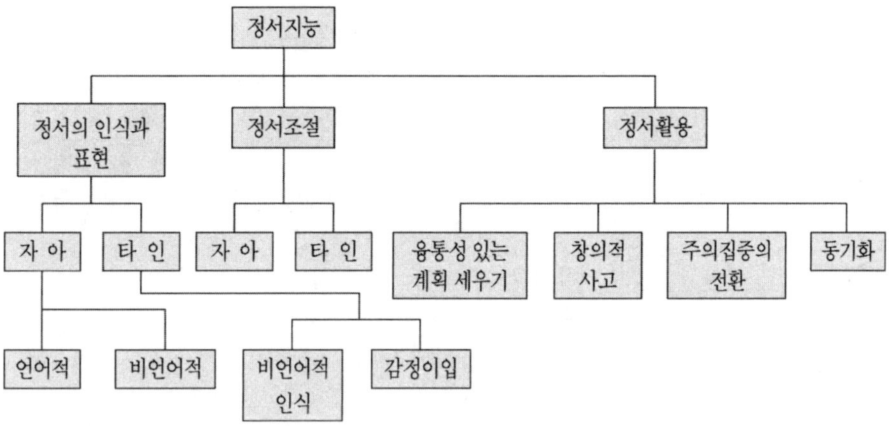

Salovey와 Mayer는 정서지능에 대한 1990년 정의와 모형에서 요소(기술)들의 위치가 모호하고, 또 그 요소들은 오직 정서의 지각과 조절만을 강조하고 '감정에 대한 사고'를 생략했기 때문에 빈약하다고 생각하고, 다음과 같이 지능의 정의를 수정했다.

"정서지능은 정서를 정확하게 지각하고, 평가하며, 표현하는 능력, 감정이 사고를 촉진시킬 때 감정에 접근하고(혹은 접근하거나), 그것을 생성하는 능력, 정서와 정서적 지식을 이해하는 능력과 정서와 지능을 증진시키기 위하여 정서를 조절하는 능력과 관련된다."

위에서 보여준 Mayer와 Salovey의 정서지능 내용을 정리하면 다음 표와 같다.

〈정서지능의 3영역 10개 측면들〉

	영 역	하위 측면	내 용
정서지능	정서의 평가와 표현	언어적이 측면(자아)	정서는 언어에 의해서 평가되고 표현된다. 이 영역에서는 자신의 정서에 대해서 언어적으로 정확하게 평가하고 표현하는 것을 말한다.
		비언어적인 측면(자아)	정서적으로 의사소통의 많은 부분은 비언어적인 경로를 통해서 일어난다. 비언어적인 신호(표정, 몸짓)를 명확하게 인식하는 능력으로서 개인차를 알 수 있다. 자신의 감정을 보다 정확하고 빠르게 인식하는 사람이 타인의 감정도 잘 알아차린다.
		타인의 비언어적인 정서의 인식	타인의 불쾌한 감정을 감지하는 능력뿐만 아니라 타인의 모든 감정을 인식하는 것을 말한다. 이 능력은 안면표정을 통해서 나타난 정서를 해석하는 것으로 개인차를 알 수 없다.
		감정이입	타인의 감정을 이해하고 자신의 내부에서 재경험해 보는 것이다. 그래서 느낌 감정이나 기분을 마치 자신이 느낀 것처럼 인식하는 것이다.
	정서의 조절	자아 속에서의 정서의 조절	자신의 긍정적인 기분을 유지하고 지속시키려 하면서 좋지 않은 기분은 줄이려고 하는 것이다.
		타인의 정서의 조절	타인의 감정을 조절하고 바꾸려는 능력이다. 자신에 대해서 타인이 갖게 되는 인상을 조절하고 통제하기 위해서 타인에게 보여주는 행동방식이다. 대인관계를 원활히 증진시키기 위해 타인과의 부정적인 대화를 억제하는 능력이다.
	정서의 활용	융통성 있는 계획 세우기	기분전환을 통해 좌절상황에 있는 사람들이 미래에 대해 생각하는 것을 도와줄 수 있으며 가능한 다양한 결과에 대해 고려해 볼 수 있도록 한다.
		창조적인 사고	정서는 기억 속에 있는 정보를 조직하고 활용하는데 영향을 줌으로써 문제해결을 도와줄 수 있다. 정보를 유목화함으로써 창조적인 문제해결에 도움이 된다.
		주의집중의 전환	부정적인 강한 감정이 생겼을 때 새로운 문제에 대해 관심을 갖게 되는 것이다. 사람들이 자신의 정서에 대해 주의를 두게 될 때 현재 진행 중인 문제로부터 벗어나 새롭고 더 중요한 문제에 관심을 갖게 된다.
		동기화	정서는 도전적인 과제를 지속할 수 있는 동기를 제공해 준다. 또한 사람들은 좋은 기분을 이용해서 자신의 능력에 대한 자신감을 증가시켜서 어려운 장애나 고통스러운 경험을 극복하고 활동을 지속시키도록 한다.

5. 정서지능의 측정

(1) 정서지능의 측정에 대한 논의

그렇다면 정서지능도 인지지능과 같이 측정할 수 있는가? 지능은 IQ 검사를 통하여 수치로 나타낼 수 있고, 전체 집단에서 자신의 위치를 확인할 수 있다.

Salovey(1996)는 정서지능의 측정이 아직 유아기 단계에 있다고 말했다. 많은 사람들이 'EQ'를 측정하기 위한 도구 개발에 힘쓰고 있지만 현재 'EQ'를 측정할 수 있는 단일의 타당성 있는 도구는 없다. 타당한 정서지능 측정을 위해서는 다원적 차원의 도구가 필요하다. 단일의 일원적인 EQ가 존재할 가능성은 없다. 그리고 자기보고에만 의존하는 도구보다는 과제나 연습에 의존하는 도구가 필요하다.

정서지능의 존재에 관한 연구들을 살펴보면 우리에게 정서지능이 존재하느냐 존재하지 않느냐에 대하여 직접적으로 알려주는 연구는 거의 없다. 이러한 연구들은 다음의 세 가지 기준을 만족시켜야 한다. 첫째, 정서지능으로 언급되는 능력들 중 한 가지 능력을 측정할 수 있어야 한다. 여기서 주지해야 할 것은 이 기준에는 낙관주의나 동기 등과 같이 지능에 대한 정서의 기여 또는 정서에 대한 이해 등과 같은 개인적 특성들이 포함되어 있지 않다는 것이다. 두 번째의 기준은 사람들의 정서지능을 측정할 때 단순한 자기기술(self-description)에 의존하기보다는 능력을 직접적으로 측정해야 한다는 것이다. 지능에 대한 자기기술은 어느 정도 연구가치를 지니지만 지능이라는 개념의 존재여부를 증명하기 위한 것으로는 불충분하다. 연구를 위해 보다 타당한 방법은 사람들에게 실제로 문제를 풀어보도록 요구하는 것이다. 세 번째 기준은 다양한 능력을 서로 연결시키거나 하나의 정서지능 능력을 중요한 기준과 연결시켜야 한다(Salovey, 1996).

위에서 제시된 기준을 만족시키는 연구는 아직 많지 않다. Salovey는 얼굴이나 추상적인 디자인, 그리고 색깔이 포함하고 있는 정서를 인식하는데 있어서 나타나는 개인차를 설명해 줄 수 있는 기본기술이 한 가지 있다는 증거를 발견했다. 또한 이러한 기술에 있어서 높은 점수로 나타난 사람은 정서지능의 일부로 생각되는 자기보고식 척도에서 높은 점수를 나타냈다.

이와 같은 결과는 얼굴, 색깔, 또는 디자인에서 하나의 통일된 정서적 인식이 나타난다는 점에서 정서지각 다이어그램의 첫 영역에서 기술된 정서지능의 실재를 증명하고 있다. 더 나아가 Mayer와 Geher는 상황 속의 인물들에 대한 정서적 지각이 SAT점수와 상관관계를 보였으며 공감능력이나 정서적 개방성과도 상관관계를 나타냄을 발견하였다.

세 번째로 '정서이해'라는 영역은 Averil과 Nunley의 정서적 창의성(emotional creativity)의 연구에서 살펴볼 수 있다. 그들의 연구과제 중 하나에서 참가자들에게 기쁨, 안도감, 스트레스의 3가지 정서를 동시에 느끼게 하는 상황 한 가지를 기술하도록 하였다. 이 과제에서의 성공은 일반지능과 관련되지만 또한 독립적인 것 같다. 이와 같은 몇몇 연구들은 정서지능의 능력들 간에 상호 관련성이 있으며 부분적으로 일반지능과 독립적임을 시사하고 있다. 극복되어야 할 이론적 및 경험적 문제가 심각하기 때문에 더욱 개선된 과제를 만드는데는 많은 시간이 걸릴 것이다. 가장 큰 문제는 '정서지능을 측정하는 검사문항에 대한 정답을 어떻게 찾을 것인가?'인데, 특히 질문에 대한 답이 복잡해질 때 더욱 문제가 된다.

현재 정서지능(EQ)의 총점수는 구해지지 않고 있지만 정서지능의 하위 요소별 측정은 활발하게 진행되고 있다. 만족 지연 능력, 낙관성 점수, 충동성, 도덕성, 인내심과 지구력, 대인관계 능력 등에 대한 측정은 많이 시도되고 있다. 또한 감정이입 능력, 타인의 표정 읽기 능력, 감정 조절 능력 등에 대한 측정도 시도되고 있다. 정서지능의 개념을 처음 공식화하였던 Mayer와 Salovey는 정서의 평가와 표현을 측정하는 척도인 SMMS(State Meta-Mood Scale)와 TMMS(Trait Meta-Mood Scale)를 개발하였다(1990). 또한 Harvard 대학의 심리학자인 Robert Rosental은 감정이입을 측정하는 척도인 PONS(Profile of Nonverbal Sensitivity)를 개발하였다(1990).

문용린 교수도 정서지능의 측정도구를 개발하였는데, 측정하고자 하는 정서지능의 측정 요소는 3개 영역에 걸친 9개 내용이었고, 이를 5개의 하위검사로 묶어서 하나의 정서지능 검사로 엮었다. 1, 2차 예비검사를 실시한 결과, 각 영역의 평균과 표준편차, 내적 합치도, 하위검사 간의 상관계수, 정서지능과 다중지능 간의 상관성, 요인분석을 통해 추출된 정서지능 요인을 분석하여 그 검사가 어느 정도의 신뢰성과 타당성을 가진 검사로 발전될 가능성을 확인했다(문용린, 1996).

최근에 발표된 논문(곽윤정, 1997)을 살펴보면 이제까지 연구된 정서지능의 측정 도구에 대한 정보를 얻을 수 있다. 정서지능은 그 하위영역이 너무도 다양하고 복잡해서 정서지능 전체 개념을 모두 포함한 상태에서 측정하기가 어렵다.

그러한 이유로 정서지능의 측정에 대한 이제까지의 연구는 주로 각 하위 구성 요소에 초점을 두고 진행되어 왔다.

(2) 하위 요소별 측정

1) 정서의 인식과 표현능력에 대한 측정

정서인식과 표현능력에 대한 측정은 대상에 따라 크게 두 가지 방향에서 진행되어 왔다. 첫 번째 방향은 자아(self)의 정서 인식과 표현 능력에 대한 측정이다. 이 방향에서의 측정은 주로 임상 장면에서 이루어져 왔다. 베스 이스라엘 병원 심인성 척도(Beth Israel Hospital Psycosomatic Questionnaire)가 그 예이다. 그러나 이 척도는 주관적인 측정 절차 때문에 신뢰도가 낮다고 한다. 그래서 정서의 인식과 표현능력을 다루는 세 가지 척도가 새롭게 등장하였다. 위에서 언급된 메타무드 상태 검사(SMMS : State Meta-Mood Scale)와 메타무드 특질검사(TMMS : Trait Meta-Mood Scale), 그리고 토론토 감정 표현 불능 척도(Toronto Alexithymia Scale)가 그것이다. 이 척도들은 정서에 관해서 보다 특정한 태도를 측정한다.

비언어적인 단서에 대한 정서의 평가와 표현능력을 측정하는 연구도 있다. 정서표현 척도(The Affect Expression Rating Scale)와 정서적 의사소통 검사(The Affective Communication Test)는 이러한 목적에서 개발되었다. 첫 번째 척도는 아동의 정서 표현성을 측정하는데 사용되었고, 교사가 평정하는 것이다. 또한 이 척도의 성인판이 개발되었으며 이는 자기보고식이다. 이 검사 문항의 예는 다음과 같다.

> 나는 내가 좋아하는 사람을 쓰다듬고 어루만져 주어서 내가 좋아한다는 것을 보인다.
> 나는 내가 각별히 좋아하는 사람과 눈을 자주 마주친다.

두 번째 방향은 타인의 정서 인식과 표현 능력에 관한 측정이다. 이 방향의 초점은 타인의 정서를 정확히 인식함으로써 사람들 간의 협동을 원활히 하는데 있다. 대표적인 척도로는 정서 감수성 검사(The Affective Sensitivity Test)이다. 이 척도의 내용은 비디오 테이프에서 제시하고 있는 인물들의 정서와 사고를 추측하는 것이다. 또한 비언어적인 감수성 프로파일(PONS : The Profile of Nonverbal Sensitivity)은 타인의 정서표현을 정확히 인식하는 능력을 측정하는 가장 좋은 문항이며 이 척도에는 안면, 신체, 그리고 이를 혼합한 내용이 포함되어 있다.

정서의 인식과 표현 사이의 공통 특징은 감정이입(empathy)과 관련된 것으로 보인다. 가정이입이란 타인의 감정을 자신의 것처럼 공감하는 능력으로 이를 위해서는 타인의 감정을 이해하고 적절하게 표출할 줄 알아야 한다. 감정이입이 정서의 인식과 표현 능력의 하위개념에 포함되는 이유가 바로 그것이다. 감정이입을 측정하는 척도는 Hogan의 척도와 Mehrabian과 Epstein의 척도이다. Hogan이 보고한 척도 개발 기법은 복잡해서 감정이입보다는 유머, 상상놀이, 동기에 대한 통찰 등을 포함한 포괄적인 속성들이 준거의 일부를 이루고 있다. Mehrabian과 Epstien은 보다 명확하게 타인에 대한 정서 반응성을 측정했으며 여기에는 정서 감흥성, 무의미한 타자가 가지고 있는 감정에 대한 평가, 타인의 정적 · 부적 정서 경험에 따라 동화되는 것 등과 같은 하위 척도를 포함한다. 이들이 개발한 감정이입 검사의 문항 예는 다음과 같다.

> 나는 거지를 보면 도와 주고 싶다.
> 나는 나와 절친한 사람에게 좋은 일이 생기면 기분이 좋다.
> 나는 책을 보면서 잘 운다.

2) 정서 조절 능력에 대한 측정

정서 조절은 자아와 타인을 대상으로 발현되는 능력으로써 측정에 대한 연구는 자아에 초점을 맞추어 이루어지고 있다. 대표적인 척도는 메타무드 상태 척도와 메타무드 기질 척도로서 이 두 척도는 정서 인식과 표현 능력뿐만 아니라 정서 조절 능력을 측정한다. 전자는 순간적인 기분의 조절을 측정하고, 후자는 장기간의 조절 유형을 측정한다. 이 두 척도는 모두 긍정적인 기분을 유지하고, 부정적인 기분을 제거함으로써 기분을 바꿀 수 있는 내적인 능력을 측정한다. 두 검사 중에서 메타무드 특질척도(TMMS) 검사의 문항 예는 다음과 같다.

> 나는 때때로 우울하거나 슬프지만, 대부분의 시간에는 낙관적인 생각을 한다.
> 나는 화가날 때 내 삶에서 즐겁고 기뻤던 일들을 떠올려 본다.
> 나는 기분이 매우 나쁠 때는 인생이 즐겁고 행복한 일로 가득 차 있다는 말이 공허한 망상으로 들린다.

3) 정서 활용 능력에 대한 측정

정서 활용 능력이란, 자신이 당면한 문제를 해결하기 위해서 정서를 활용하는 능력이다. 이는 사고를 촉진시키며, 과제를 효율적으로 수행하게 하는, 적응과 관련된 중요한 능력이다. 하지만 측정과 관련한 연구는 미미한 상태이다. 이와 관련된 측정연구로서 전형적인 창조성 과제(Standard Creativity Task)가 있으며, 기분의 성격에 따라 정보를 범주화할 수 있는지를 측정한다. 이 척도는 기분이 창조적인 문제 해결에 긍정적인 영향을 미친다는 가정에서 출발한다.

EQ의 측정은 수치로 다룰 수 없다. 그만큼 발달된 개념이 아니다. 첫째 EQ는 그 하위 영역이 너무 복잡하고 다양하다. 따라서 EQ처럼 몇 개의 하위검사 점수를 합산하여 하나의 점수로 계산해 내기가 어렵다. 둘째 EQ는 IQ처럼 정답을 아는가 모르는가가 아니라 정서의 통제능력을 보는 것이다. 즉, 단순한 지필검사가 아니다. 셋째, 이런 EQ를 개인간 비교하여 서열화하는 것은 바람직하지 않다. 개인마다 다양한 정서를 가지고 있기 때문에 이것을 모두 통합하여 하나의 측정치로 나타내는 것은 별 의미가 없다. 오히려 우리는 정서지능을 측정함으로써 그 사람의 세세한 정서능력을 알아내는 것이 중요하다. 이런 이유로 EQ의 수치화는 쉽지 않다. 다만 EQ의 총점수가 아닌 EI의 하위 요소별 측정은 가능하다고 본다. 만족 지연 능력, 낙관성, 충동성, 도덕성, 인내심과 지구력, 대인관계 등에 대한 측정은 시도될 수 있는 것이다. Mayer와 Salovey는 정서의 평가와 표현을 측정하는 척도로 1990년 SMMS(State Meta-Mood Scale)와 TMMS(Trait Meta-Mood Scale)를 개발했다. Robert Rosenthal도 1990년 감정이입 척도인 PONS(Profile of Nonverbal Sensitivity)를 개발하였다. 한국에서도 문용린 교수가 유아용 EQ검사를 개발하고 있다. 앞으로 교육심리학자들이 이를 더 연구하고 개발하여 좋은 측정도구를 개발해야 할 것으로 생각한다.

6. IQ와 EQ로 본 4가지 교육모델

(1) IQ 위주의 교육(IQ 모델)

'IQ 모델'은 IQ만을 강조하는 교육이다. 이는 수리, 지식 및 논리를 강조하여 머리는 발달되어도 가슴으로 느끼는 EQ가 없기 때문에 차가운 사람이 되기 쉽고 도덕 및 윤리성이 낮은 사람이 된다. 가정과 사회에 해악을 주는 영악한 꾀돌이 지식인을 만들기 쉽다. 다라서 'IQ 모델'은 전인교육에서 인성교육 부분이 약하기 때문에 추천할만한 것이 못된다. 지식은 많으나 지혜롭지 못한 고급두뇌 범죄가 나올 수 있다.

(2) 먼저 IQ, 후에 EQ 교육(IQ-EQ 모델)

'IQ-EQ 모델'은 먼저 IQ 교육을 시키고 후에 EQ 교육을 시키는 모델이다. IQ만을 강조하는 교육보다는 낫다고 보겠으나 나이가 든 후에 시키는 EQ 교육은 그만큼 효과가 더디다. EQ 교육은 좋은 감성을 갖게 하고 훈련을 통해 이를 습관화한 EQ의 사람이 되도록 도와 주는 것이 중요하다. 따라서 인성교육의 원천인 EQ 교육은 출생 이전 어머니 모태의 태아교육에서부터 시작하여 출생 후에도 계속하여야 효과가 높다. 그러나 혹 EQ 교육이 늦었다고 생각하더라도 꼭 EQ교육을 시켜야 더 좋은 사람이 될 수 있다. 인간의 전인교육은 평생을 통하여 이루어지는 평생교육이기 때문이다.

(3) EQ 위주의 교육(EQ 모델)

'EQ 모델'은 EQ만을 강조하는 교육이다. EQ만을 강조할 경우 남을 위하여 살고자 하는 풍성한 정은 가질 수 있으나 이성적인 논리가 약하여 인정에 이끌리어 준법정신이 약해지기 쉽다. 이성적인 논리의 발달은 IQ 교육이 있어야 가능하다. 그리고 현대교육(IQ 교육)을 받지 못하면 시대에 뒤지고 경쟁하는 사회에서 생활력이 약화된다.

따라서 EQ만을 고집하는 'EQ 위주의 교육'은 바람직한 교육방법이 아니다.

(4) 먼저 EQ, 후에 IQ 교육(EQ-IQ 모델)

'EQ-IQ 모델'은 먼저 EQ 교육을 시키고 후에 IQ 교육을 시키는 모델이다. EQ 교육을 먼저 시키는 것은 인성교육 위주의 수직문화를 먼저 교육시키고 생활에 필요한 현대교육을 중심한 수평문화를 갖추게 하는 모델이다. 따라서 EQ-IQ

모델의 교육을 따를 경우 학생에 대해 좋은 성품을 갖고 가정과 사회에 유익을 주는 지성인으로 만들 수 있다. 그러므로 가장 바람직한 교육 모델은 EQ-IQ 모델이다. 먼저 인간이 된 다음에 학자가 되라는 것이다.

정통파 유대인은 이 모델을 사용한다. 그리고 유대인의 IQ 교육방법도 두 가지가 있다. 먼저 유대인의 IQ 계발은 성경과 탈무드를 가르치는 과정에서 이루어진다. 물론 이 때에 자녀의 지능만 높아지는 것이 아니고 성경적 수직문화를 함께 교육시키게 된다. 그리고 그 이후에 세상의 현대학문(IQ 교육)을 첨가한다. 이 점이 비유대인 IQ 계발 방법과 틀리다(김언주 · 이군현 외, 우리 아이 EQ 높이기, 학지사 1998을 참고할 것).

IQ와 EQ는 단지 청소년기의 학업(수업)이나 인간관계에만 중요한 것이 아니라 성인들의 경제생활에도 중요한 지표가 될 수 있다.

돈에 관한 IQ와 EQ를 측정하여 경제생활의 유형을 알아보는 것도 흥미로운 일이 될 것이다.

나를 알자(돈 IQ · EQ 지수 측정하기)

〈IQ〉

① 현재 1달러와 1유로가 원화로 얼마인지 알고 있다.
② 내가 내는 세금과 보험료가 연간 얼마인지 정확히 알고 있다.
③ 최근 3개월 동안 구입한 물건 중 가장 비싼 물건이 무엇인지 바로 대답할 수 있다.
④ 두가지 이상의 수입원을 갖고 있다.
⑤ 자신의 총자산과 총부채를 알고 있다.
⑥ 매달 적금을 붓고 있다.
⑦ 주식에 투자하고 있다.
⑧ 금전출납부를 매일 꼼꼼하게 작성한다.
⑨ 손익계산서와 재무제표를 읽을 수 있다.
⑩ 신용카드로 할부 구매했을 때 이자가 얼마인지 안다.
⑪ 내가 든 생명보험 · 손해보험의 보증 내용을 정확히 안다.
⑫ 5년 후 나의 목표 자산, 목표 수입을 세우고 있다.
⑬ 자신의 아이디어로 미래의 사업계획서를 작성한 적이 있다.
⑭ 변동금리란 무엇에 따라 어떻게 변하는 것인지 설명할 수 있다.
⑮ 'ROI'와 'PER'이 무슨 뜻인지 안다.
⑯ 방문 판매 등 불필요한 구매 권유를 확실하게 거절한다.
⑰ 금융과 경제에 관한 책을 매달 세 권 이상 읽는다.
⑱ 개인과 법인의 세금 적용에 있어서 유리한 점과 불리한 점을 각각 들 수 있다.
⑲ 전문적인 금융 교육을 받거나 독학을 한 적이 있다.

⑳ 주식과 부동산 가격이 앞으로 어떻게 변할지 나름대로 전망하고 있다.

* 그렇다 → 5점, 아니다 → 1점

〈EQ〉

① 충동 구매를 하지 않고 안정적으로 돈을 쓴다.
② 식사대접을 하거나 받는 일이 월 5회 이상이다.
③ 매월 고아원 등에 일정액을 기부하고 있다.
④ 나 자신의 즐거움을 위해 매달 일정액을 쓰고 있다.
⑤ 주위 사람 중 '행복한 부자'를 3명 이상 꼽을 수 있다.
⑥ 사업을 시작하면 기꺼이 동업자가 되어 줄 친구가 3명 이상 떠오른다.
⑦ 예정되어 있던 수입이 갑자기 없어져도 침착하게 지낼 수 있다.
⑧ 물건이나 서비스를 구매할 때 가격보다 품질을 먼저 본다.
⑨ 돈을 쓸 때와 받을 때 감사하는 마음이 든다.
⑩ 자신이 평생 부유하게 살 수 있을 거라고 생각한다.
⑪ 불황·실업·명퇴라는 말을 들으면 가슴이 덜컥한다.
⑫ 짜증이 나거나 답답하면 바로 쇼핑을 하러 나간다.
⑬ '지금은 그만한 돈을 낼 여유가 없어'라는 말을 자주 되뇐다.
⑭ '나는 돈과 인연이 없다'고 생각한다.
⑮ 돈만 있으면 지금 가지고 있는 문제의 대부분이 해결된다.
⑯ 나 자신을 위해 돈을 쓸 때 죄책감을 느낀다.
⑰ 돈을 잃어버리거나 많이 쓰고 나면 기분까지 침체된다.
⑱ 부자들은 대체로 마음에 들지 않으며 대부분 불행하게 살 것이다.
⑲ 열심히 일하지 않으면 수중에 돈이 들어오지 않는다고 생각한다.
⑳ 돈 문제를 떠올리면 막연한 불안감부터 든다.

* 항목 1~10 : 그렇다 → 5점, 약간 그렇다 → 2점, 아니다 → 1점
* 항목 11~20 : 그렇다 → 1점, 약간 그렇다 → 2점, 아니다 → 5점

나는 어떤 사람(지수에 따른 4가지 유형)

'쩨쩨한 가난뱅이'형(IQ · EQ 모두 40점 이하)

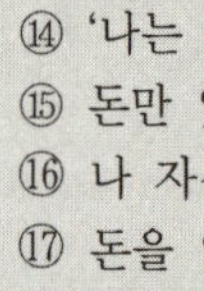

"내가 가난한 건 다 세상 탓이야" 돈의 혜택을 거의 못 받고 살아간다. 돈을 잘 다루지 못하는 자신보다 재산을 물려주지 못한 부모와 '내 돈까지 차지하고 있는' 부자들을 탓한다. 이런 유형은 수입이 생기면 될 수 있으면 쓰지 않으려고 안달한다. 자신의 환경에서 장점을 찾을 생각은 않고 나쁜 점만 보면 불평하는 태도가 가장 큰 문제다.

'짠돌이 사장'형(IQ 70점 이상, EQ 60점 이하)

"마지막 동전 하나까지 쥐어짜야지" 가지고 있는 돈을 어떻게 하면 지킬 수 있을까 전전긍긍하는 타입이다. 열심히 노력해 돈을 버는 노하우를 터득하고 있다. 하지만 많은 돈을 벌어도 그 돈으로 인생을 즐기는 마음의 여유는 없다. 오히려 들어오는 돈이 많아질수록 마음이 불안해지고 인색해진다. 욕심 때문에 어렵사리 번 돈을 잃게 되는 일도 잦다.

'손 큰 어머니'형(IQ 60점 이상, EQ 70점 이하)

"돈은 있다가도 없고, 없다가도 생기는 것" 돈에 크게 집착하지 않는다. "지금은 없지만 돈이 필요해지면 어디에선가 나오겠지" 하며 낙관한다. 친구에게는 돈을 빌려주면서 정작 자신의 자녀에게는 새 옷을 사주지 못한다. 기꺼이 다른 사람을 위해 돈을 쓰므로 인기는 좋지만 자신은 경제적으로 어려운 상황에 처하기 쉽다. 돈을 효율적으로 벌고 지켜내려는 노력이 없다는 것이 당신의 문제다.

'행복한 부자'형(IQ · EQ 모두 70점 이상)

"돈이란 행복해지기 위한 수단에 지나지 않아" 행복과 돈의 공존 상태. 필요한 돈을 효율적으로 벌고, 번 돈은 인생을 즐기기 위해 쓸모 있게 사용한다. "중요한 것은 돈 자체가 아니야. 돈은 행복해지기 위한 수단에 지나지 않아"라고 생각하고 이 믿음을 일상에서 실천한다.

최근에 Goleman은 또 사회지능(SQ : Social Quotient)이란 개념을 제시하고 있다. 그는 「Social Intelligence」(2006년)를 저술하였다. 인간의 상호작용을 지휘하는 신경회로를 '사회적 뇌'라고 지칭한 후 이를 의식 아래서 순간적으로 작동하는 'low road'와 신중하고 조직적인 'high road'로 구별했다. low road는 빠르지만 거칠고 high road는 느리지만 신중하다. 이들이 사회관계망을 형성하는데 이 관계망이 넓을수록 더 행복하고 질병 저항력도 더 크다고 한다. Goleman은 환자와 학생을 '당신(you)' 대신 '그것(it)'으로 취급하는 병원과 학교를 비판한다. 직장인의 생산성과 직장에 머무는 시간을 좌우하는 주요소는 상사에 대한 호감여부라고 주장한다. 일반지능(IQ나 EQ)이 인간 개체의 능력을 다룬다면 사회지능(SQ)은 인간상호간 연결을 통해 일어나는 일들을 한다. 그래서 감정의 전염과 인간의 상호작용이 행복과 성취를 가능케 하는 핵심요소라고 주장한다.

제 7 장 행동주의 학습이론

1. 학습의 의미

인간이 살아있다는 본질에 대한 물음은 그가 무엇인가에 대하여 사고하고 행동한다는 전제 아래 이루어진다. 인간이 다른 생명체와 확연하게 다른 점이 있다면 그것은 아마도 자신의 본래 모습을 확인하려 하며 또한 그 본질을 알고자 하는 점일 것이다. 이러한 인간의 노력은 인간의 학습과 밀접히 연관되어 있다. 학습은 인간이 태어나서 죽을 때까지 삶의 일부로써 행해야만 하는 당위적 경험이며 과정이다. 인간이 발달하고 성장한다는 말은 학습의 과정 안에서만 이해할 수 있다. 인간이 인간 됨으로써의 역할과 기능을 할 수 있는 것은 그 자신 스스로 내 · 외적인 주변환경의 변화를 능동적으로 수용하며, 또한 이를 기초로 하여 창의적으로 계발할 수 있는 능력을 소유하고 있기 때문에 가능한 것이다.

인간은 최소의 현실성과 최대의 가능성을 갖고 태어났기에 가능성을 현실성으로 개발 · 숙련시키는 학습이 필수임무라는 것은 이미 교육학이나 교육학자들에게 널리 알려져 있다. 특히 학습심리학의 과제는 학습과정 속에서 조정 가능한 연결점들을 발견하고, 이를 가르치는 사람들에게 제시하고 그들에게 적용할 수 있도록 도와 주는 것이다. 인간의 학습에 대한 관심은 일반적인 지식의 범주로부터 시작하여 과학적인 학문의 영역까지 다양하다. 인간에 대한 과학적 심리학의 학문적 기여는 학습이론에 지대한 영향을 미친 것이다. 학습에 대한 경험과학적 논리는 선험적 이해를 전제로 인간본질에 관심을 갖는 형이상학적 관념주의나 실존주의적 인식론과는 다르다. 실증적 명제와 가설 그리고 이에 대한 거짓화(falsification)와 검증화(verification)를 통하여 학습의 유용성과 효율성에 학문적인 관심을 두는 것이 학습이론이다.

본 장에서는 일명 연합이론(association theory)이라고 불리우는 행동주의 학습 이론에 대하여 논하려 한다. 다른 학문분야도 그렇듯이 교육심리학에서도 행동주의 학습이 차지하는 비중이 큰 만큼 이에 대한 비판 또한 많다. 그래서 본 연구에서는 기본적인 학습의 개념과 행동주의 학습에 대한 이론적 의미를 명확하게 이해하도록 구성할 것이다.

2. 학습의 개념과 정의

인간의 학습은 어떻게 이루어지는가? 삶에 대한 필요성에 따라 외적인 자극과 내적인 동기유발이 형식적인 과정의 학습을 가능하게 한다. 자극은 하나의 촉진을 위한 전제조건이며, 반응은 행위표현의 결과이다. 인간의 학습은 인식적인 하나의 변화과정과 행위적인 실천을 동반한다. 학습의 효과는 모든 필요조건이 충족되는 한에서 최적의 상태를 유지하는 것이다. 자극과 반응은 학습에 대한 행동주의적 관심의 핵심이다.

〈수업과 학습의 관계〉

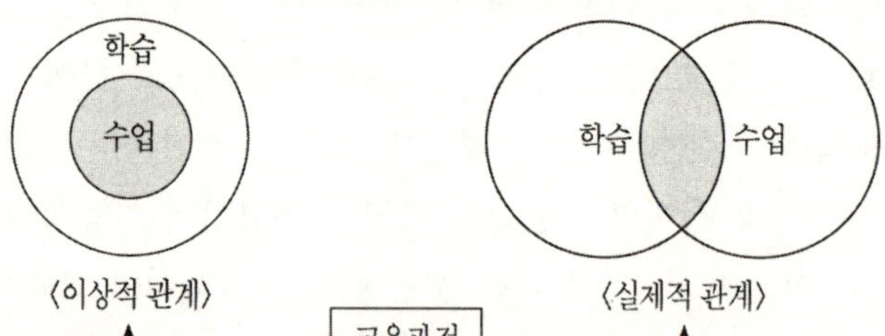

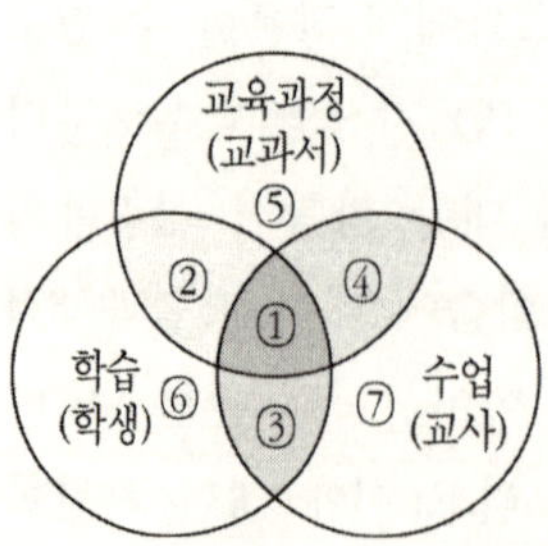

① 교육과정, 수업, 학습이 일치됨.
② 교육과정을 수업하지 않았는데 학생은 학습을 함.
③ 교육과정에 없는 것을 수업했고 학생은 그것을 학습함.
④ 교육과정에도 있고, 교사가 수업을 했으나 학생은 학습하지 않음.
⑤ 교육과정에 있으나 수업도 안했고 학습도 안됨.
⑥ 교육과정에도 없고 수업도 안했으나 학생은 학습을 함(독학자습).
⑦ 교육과정에 없는 것을 수업했는데 학습은 안됨(독일, 철학자 K. Muller의 정상적 커뮤니케이션에서의 불일치).

〈가르친대로 배우는 것이 아니다〉

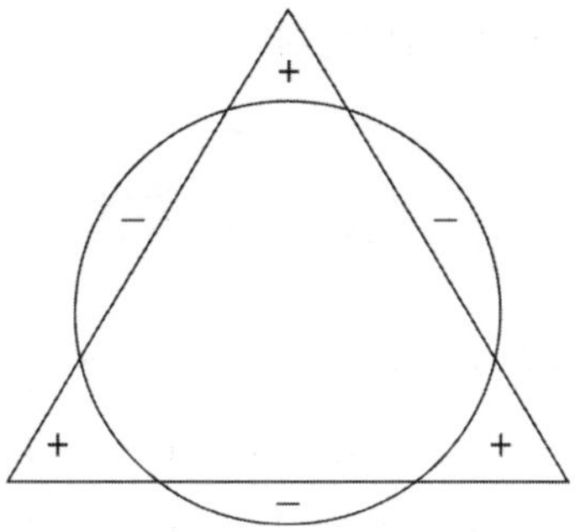

㉠ 표현자(교사)는 O처럼 표현(교육함).
㉡ 수용자(학생)는 △처럼 학습함.
㉢ + 부분은 표현하지 않은 것을 수용・학습함.
(오해, 곡해, 첨가, 부수적 학습)
㉣ − 부분은 표현한 것을 못받아 들임(결손학습).
㉤ 원으로 가르쳤는데(교수) 삼각형으로 배웠다(학습).

학습과 수업의 관계를 보면 학습 속에 수업이 내포되는 것이 이상적이지만 실제는 학습과 수업이 부분적으로만 일치된다. 그 일치도가 넓을수록 좋은 수업이 되는 것이다.

(1) 학습에 대한 개념

우리가 알고 있는 학습이란 학교 같은 교육기관에서 행하는 수업을 받는 가운데 이루어지는 것만이 아니라 인간의 일상적인 생활 속에서 이루어지는 일상적 과정이다. 일상생활 속에서 학습의 개념은 수많은 현상들과 연관되어 있다. 우선 학습이라는 개념에 대해 몇 가지의 학습 관련용어를 통하여 살펴볼 수 있다.

첫째, 학습에는 학습내용이 있다. 학습은 우리가 시나 전화번호를 외운다든지, 숫자를 세거나 하는 하나의 기억 활동으로 볼 수 있다. 학습에는 신체적 기능의 변화를 지칭하기도 한다. 달리기를 연습한다든지, 자전거, 자동차, 스키를 탄다든지 또는 컴퓨터 키보드를 두드리는 등 전체적으로 행동의 지속적인 연습에 의해 이루어지는 숙련 과정도 학습의 범주에 포함된다. 정신적 변화를 주도하는 활동 역시 학습의 내용이 된다. 말하자면, 언어를 배우거나 어떠한 개념 형성을 만들어 내는 것, 그리고 논리적으로 생각하는 것이나 사물에 대한 판단도 학습의 중요한 요소이다.

둘째, 학습에는 학습의 장소가 있다. 가정은 기초학습의 장소이며 학교는 체계화된 공교육의 장이다. 학습을 하기 위해 학급이 형성되고 대학에는 학습을 위해 강좌가 개설된다.

셋째, 학습에는 학습자가 있다. 학습자는 학습의 대상이며 주체이다. 이들 주체자들은 어린이, 학생, 대학생, 도제, 성인학습에 있어 학습참여자, 운동가 등으로 교육의 주체인 가르치는 사람에 의해 자극을 받고 배우게 된다.

넷째, 학습에는 학습의 종류가 있다. 우리가 알고 있는 암기식의 학습, 학습기술, 확산적 사고, 인상법 등이 배우는 방법의 유형으로 나타난다.

(2) 학습에 대한 정의

학습과 연관된 다양한 표현유형과는 반대로 학습에 대한 정의는 모든 학습유형이나 학습 가능성 안에서 전형적인 공통점을 발견할 수 있다. 마찬가지로 학습으로 생각할 수 없는 유사한 과정들과는 명확하게 구분이 된다. 학습심리학에서 사용하고 있는 학습에 대한 수많은 정의들은 다소간에 이러한 조건을 충족하는 선에서 이해된다.

우리는 학습을 "경험을 기초로 한 상대적으로 지속적인 행동의 변화"라고 규정할 수 있다. 이 경우에 행동이라는 개념은 넓은 의미에서 외적으로 인식할 수 없는 행동방식(예를 들어, 사고과정)이나 행동의 소질들(잠재적인 학습)을 포괄한다. 여기서 '지속적'이라는 의미는 단기간에 있게 되는 행동의 변화를 학습으로 보지 않는다는 뜻이다. 또한 유사한 의미분석으로 '상대적'이라는 의미는 본래 우리를 당황하게 하는 표현이다. 왜냐하면 상대적이란 말에는 기간의 한계가 분명하게 확정되어 있지 않다. 학습의 기간은 학습상황에 따라 다양하다. 그래서 학습의 정의로서 경험을 통하여 이루어지는 행동의 변화는 질병이나 사고에 의한 우발적 행동 변화나 비이성적인 환각에 의한 행동 변화는 포함하지 않는다.

우리는 위에서 규정한 학습에 대한 정의에서 다음과 같은 두 가지 중요한 사실을 알게 된다.

첫째, 학습은 경험조건적이다. 경험은 필현적으로 인식과 행위를 포괄한다. 그래서 학습은 정보에 대한 수용, 작업, 저장에 의해 이루어진다.

둘째, 학습은 행동변화적이다. 학습은 단지 행동을 변화시키는 곳에서만 가능하다. 왜냐하면 많은 학습에서 행동변화가 간접적으로 나타나기도 하기에 학습은 적어도 하나의 변화로서 또는 변화경향으로 이해되어야 한다. 예를 들어, 동물의 경우에 본능적 체계에 고착되어 있을수록 학습의 가능성은 적어진다.

여러 학자들의 학습에 대한 정의를 살펴보자.

첫째로 학습을 행동의 변용이라고 주장하는 학자들의 말을 적어 본다. N. L. Munn은 학습이란 일정한 활동 · 훈련 · 관찰 등의 결과로서, 즉 일정한 경험에 의하여 행동이 다소 지속적 · 진보적인 변용을 하는 것이라고 하였다.

T. R. McConnell은 학습이란 경험과 훈련에 의한 행동의 진보적 변용이라고 하였으며, R. S. Woodworth는 "학습이란 행동의 변화"라고 하였다.

W. S. Hunter는 동일한 자극장면의 반복에 의하여 행동이 점진적 변화 또는 진보적 경향을 나타내는 경우 이것을 학습이라고 하였으며, C. Humphrey는 학습이란 계속하여 행하여지는 활동 중 후의 활동이 전의 활동보다 개체에게 유익하게 되는 변화라고 말하였다.

Skinner는 학습이란 행동의 진보적인 적응과정이라고 하였으며, L. J. Cronbach는 학습이란 경험의 결과로 행동에 어떤 변화가 일어난 것이라고 말하였다.

둘째로 학습을 자극과 반응의 결합으로 보는 학자들의 말을 적어 본다.

E. L. Thorndike는 학습이란 심리적 기능이 연습에 의해서 결합(connection)되는 것이라고 하였다. 다시 말하면 그 결합이란 자극과 반응과의 결합(S-R Bond)인데 생리학적 기제로서는 신경원(神經原) 간의 결합을 의미하는 것으로 한 그룹의 신경원에서 일어나 다른 신경원에 결합되는 것을 말한다.

E. R. Guthrie와 C. L. Hull은 학습을 자극과 반응과의 새로운 결합의 형성과정이라고 하였다.

셋째로 학습을 장(場)의 재체제화(reorganization)로 보는 견해를 적어 본다. Gestalt 이론을 채택한 W. Köhler나 K. Koffka는 학습을 지각과정과 그 흔적이 복잡한 구조 속에서 체제화되는 지각적 재체제화라고 말하였다.

K. Lewin은 학습을 場의 인지구조의 변화로서 포착하고 있다. 즉 학습이란 어떤 것이 어떤 것으로 이끌려가는가를 아는 것이라 했으며, E. C. Tolman은 학습을 기호(sign)－형태(gestalt)－기대(expectation)의 형성 혹은 기호(sign)－의미관계(signification relation)의 형성으로서 어떤 것이 어떤 것으로 바뀌어가는가의 행동의 통로를 배우는 것이라고 생각하였다.

위와 같이 학습에 대한 견해는 여러 가지가 있으나 그 중에서도 학습을 '행동의 변용'으로서 보려는 경향이 일반적이다.

3. 학습이론

일반적으로 학습(learning)은 지식이나 기능을 확득하거나 습관, 태도, 선택력,

변별력, 판단력, 사회적 적응력 등 여러 가지 형태의 능력 및 이상과 가치관 등을 습득, 형성하는 것을 포함한 광범위한 의미를 내포하고 있다. 예를 들어, 어린이가 글을 배운다든지 혹은 더하기를 배우는 것 등은 단순하게 보일 수 있지만 다양한 학습과정이 결합될 때 가능하다. 위에서 언급한 것처럼 실제로 학습에 관한 명확한 개념을 규정하기란 쉬운 일이 아니다. 다만 학습의 결과는 그것이 어떠한 변화이든 의식적으로 또는 관찰되지 않은채 무의식적으로 이루어진다. 우리가 학습을 경험에 의한 비교적 지속적인 행동의 변화로 정의한 것은 행동주의적 관점에서 학습의 의미를 살펴본 것이다.

〈학습이론에 대한 개요〉

비교점	행동주의	인지주의	인본주의	사회학습 이론	구성주의
학습 이론가	Guthrie, Hull, Pavlov, Skinner, Thorndike, Tolman, Watson	Ausubel, Bruner, Gagné, Koffka, Kohler, Lewin, Piaget	Maslow, Rogers	Bandura, Rotter	Candy, Dewey, Piaget, Rogoff, Glasersfeld, Vygotsky
학습과정에 대한 견해	행동의 변화	내적 정신과정(통찰, 정보처리, 기억, 지각 포함)	잠재력을 충분히 발휘하려는 개인의 행동	사회적 맥락에서 다른 사람을 관찰하고 그들과 상호작용함	경험으로부터 의미를 구성
학습의 중심	외적 환경의 자극	내적 인지구조	정서적 인지적 욕구	개인, 행동, 환경의 상호작용	개인에 의한 현실의 내적 구성
교육의 목표	바람직한 방향으로 행동의 변화를 유발	더 잘 학습하기 위한 능력과 기술을 개발	자아실현과 자율성의 성취	새로운 역할과 행동의 모방	지식의 구성
교사의 역할	바람직한 반응을 유발하기 위한 환경을 만듦	학습활동의 내용을 구조화	전인적 발달을 촉진	새로운 역할과 행동을 이끌고 모델이 됨	학습자에게 의미를 촉진
학습에의 공헌	행동주의적 교육목표, 능력주의 교육, 기술발달과 훈련	인지발달, 연령의 기능으로서의 지능, 학습, 기억, 학습하는 방법의 학습	앤드라고지, 자기주도적 학습	사회화, 사회적 역할, 멘토링, 통제부위	경험학습, 자기주도적 학습, 관점전환, 반성적 실천

〈Representative Theories of Learning〉

Theory of Learning	Assumption Concerning Basic Nature of Man	Representative Psychology or Outlook	Basis of Transfer	Key Persons	Contemporary Exponents
1. Mental discipline(형식도야설)	bad-active (mind substance)	faculty psychology	exercised faculties, transfer automatic	St. Augustine John Calvin J. Edwards	many Hebraic-Christian fundamentalists

2. Mental discipline	neutral-active(mind substance)	classical-tradition	cultivated intellect	Platon Aristotles	R. E. Brennan M. J. Adler
3. Natural unfoldment	good-active (natural)	romantic naturalism	recapitulation, no transfer	J. J. Rousseau F. Froebel	extreme progressivists
4. Apperception	neutral-passive(mental)	structuralism	apperceptive mass	J. F. Herbart W. M. Wundt E. B. Titchener	many teachers, supervisors, and administrators
5. S-R Bond	neutral-passive(physical or mental)	connectionism	identical elements	E. L. Thorndike	J. M. Stephens A. I. Gates
6. Conditioning	neutral-passive(physical)	behaviorism	conditioned response	J. B. Watson	B. F. Skinner E. R. Guthrie
7. Reinforcement	neutral-passive(organism)	reinforcement	equivalence of stimuli and responses	C. L. Hull	K. W. Spence
8. Goal insight	natural-ctive or neutral-interactive	Gestalt psychology	transposition of insights	M. Wertheimer K. Koffka	W. Köhler E. E. Bayles
9. Cognitive-field	neutral-interactive (psychological)	field psychology or relativism	continuity of life spaces, experience or insight	Kurt Lewin E. C. Tolman J. S. Bruner	R. G Barker A. W. Combs H. F. Wright

(1) 행동주의 학습이론

우리는 실험적으로 젖먹이 유아에게 작은 곤충을 주고 놀게 할 수 있다. 다음에 곤충이 나타날 때마다 주위에서 비명소리를 들려 주면 유아는 곤충이 나타날 때마다 두려움을 갖게 된다. 사람이 어떻게 학습을 하느냐 혹은 어떠한 조건에서 효과적인 학습을 성취하는가의 문제가 행동주의 학습의 이론적 중심이다. 행동주의 학습이론을 체계화하는 데 공헌한 사람은 J. B. Watson이다. 그는 인간에 대한 이해가 관찰 가능한 외형적인 행동과 그러한 행동을 이끌어내고 강화시키는 사건들에 의해 과학적 관찰에 근거를 두어야 한다고 주장하였다(임규혁, 1996).

행동주의적 학습의 형태는 크게 고전적 조건화(classical conditioning)와 조작적 조건화(operant conditioning)에 의해 이루어지며, 이 두 가지 유형의 학습은 어떤 대상이나 사건과 같은 특정 자극에 대해 새로운 반응을 형성하는 것이다. 그래서 행동주의 학습이론은 인간의 외현적 행동의 변화에 초점을 두어 환경의 중요성이나 인간의 기본적인 욕구충족의 전제조건이 학습에 미치는 영향에 관심을 두고 있다.

1) Pavlov의 고전적 조건형성

I. P. Pavlov(1849~1936) : 러시아의 생리학자. 조건반사에 대한 개념을 발전시켰고, 조건형성의 중요성을 강조함과 동시에 인간의 행동을 신경계와 관련시킨 선구적인 연구를 수행하면서 이와 비슷한 개념적 접근을 전개시켜 나갔다(→인간행동). 1904년 소화액 분비에 관한 연구로 노벨 생리학·의학상을 수상했고(→생리학, 고전적 조건형성), 「조건반사학 강의」(1928), 「조건반사 연구의 20년」(1932) 등의 주요 저서가 있다.

러시아의 생리학자 Ivan Petrovich Pavlov(1849~1936)는 학습현상에 대한 연구에 중요한 전기를 마련하였다. 현대의 생리심리학자들(physiological psychologist)은 그의 이론을 고전적인 것으로 간주하고 있으며 그가 사용했던 방법이나 발견도 높이 평가받고 있다. 특히 개의 소화계 생리 연구로 1904년에 노벨 생리학상을 수상하였다. Pavlov는 개의 소화 생리에 관한 일련의 실험과정에서 개의 입속에 먹이가 들어간 후에 자연적으로 타액이 분비되나 수회에 걸쳐 같은 실험이 반복되는 동안 그 개가 음식을 맛보기 전에 음식만 보아도 타액이 분비되고 나중에 음식을 가져오는 사람의 발소리만 듣고도 침을 흘린다는 사실을 관찰하고는 정신적 과정(psychic process)의 간섭이 존재한다는 것을 발견하였다. 이를 학습에 적용하면 학습자가 환경에 반응한다는 사실은 곧 환경을 적절히 조작함으로써 원하는 학습을 성취할 수 있다는 단서를 제공한다.

〈Pavlov의 조건형성의 장치〉

고전적 조건화의 내용을 구체적으로 알기 위해서는 고전적 조건화를 구성하고 있는 자극과 반응의 형태를 이해해야 한다. 자극은 중성자극(neutral stimulus : NS), 조건자극(conditioned stimulus : CS), 무조건자극(unconditioned stimulus : UCS)으로 나누어지며 반응은 무조건반응(unconditioned response : UCR), 조건반응(conditioned response : CR)으로 나누어진다.

Pavlov는 배고픈 개에게 고기를 주면서 동시에 종소리를 들려 주었다. 이 실험에서 종소리는 중성자극으로 개에게 물리적 반응인 타액을 분비하도록 자극을 주지 못한다. 이와 반대로 고기를 주면 개는 고기에 반응하여 자연적으로 침을 흘리게 되는 정향반사(orienting reflex)를 한다. 그래서 고기는 무조건자극(VCS)이 되며, 또한 고기에 반응하여 자연적으로 흘리게 되는 침은 무조건반응(UCR)이 된다. 두 번째 단계에서 종소리를 들려준 직후 개의 입에 고기을 넣어 주면, 개는 당연히 침을 흘린다. 종소리와 고기를 짧은 시간간격으로 함께 제시하는 짝지움을 어느 정도 반복한 후 실험은 세 번째 단계에 들어 간다. 이 세 번째 단계에서는 고기를 주지 않고 종소리만 제시한다. 그 결과 고기없이 종소리만 들려 주어도 침을 흘리게 되는 정신반사(psychic reflex)를 하게 된다. 이제 종소리는 더 이상 중성자극(NS)이 아니다. 이 때 종소리는 중성자극이 아닌 조건자극(CS)으로 작용하며, 또한 종소리만으로 침을 흘리게 되는 것을 조건반응(CR)이라고 한다. 즉, 고기(UCS)와 침(UCR) 사이에는 무조건적인 관계성이 존재하는 반면, 종소리(CS)와 침(CR) 사이에 조건화(conditoning)가 형성된 것이다. 이러한 조건화 과정을 간략하게 다음과 같이 도식화할 수 있다.

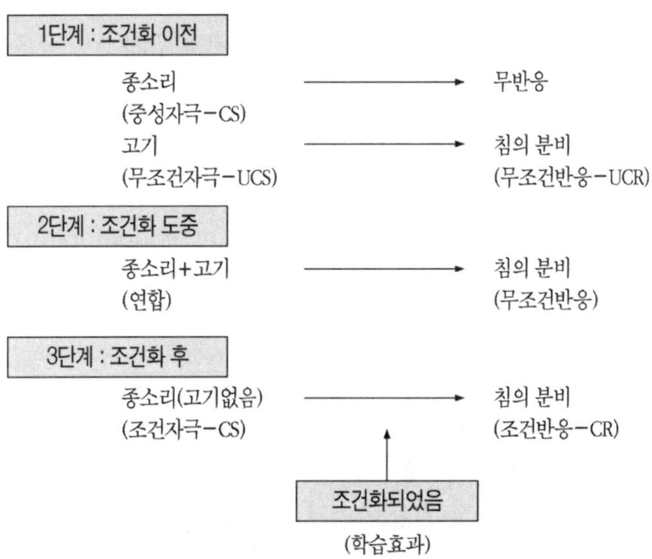

Pavlov의 실험과정과 결과는 아주 간단하여 흔히 고전적 조건화를 기계적인 과정으로 간주하는 사람도 있다. 또한 실질적으로 고전적 자극을 통하여 학교생활에서 두려움과 염려를 배우게 된다는 명백한 증거는 없다고 한다. 그러나 여러 가능성을 생각해 볼 수 있다. 놀이터에서 처음에는 아무 두려움 없이 놀던 한 어린이가 그네에서 아주 고통스러운 일을 당했다고 하자. 후에 이 어린이는 아마도 그네를 타는 것을 거절하거나 다른 놀이기구에도 두려움을 보일 수 있다. 이전의 중성 자극제인 그네는 이제 자동적으로 두려움이라는 반응을 유발한다. 이와 유사하게 학교에서 아주 곤욕스러운 경험을 가진 아동은 그 이후에 학교에 가기를 싫어할 수도 있다. 물론 긍정적인 감정의 반응도 학습이 될 수 있다. 만약 학생이 때때로 학교생활에서 성공적인 경험을 하게 된다면 그들은 걱정보다는 확신을 가지고 새로운 과제를 학습하는 반응을 보일 것이다. 이렇듯 고전적 조건화의 이론은 학습에 대해서도 시사하는 바가 크다. 학습의 원리로써 ① 동시간의 원리(principle of the time) ② 强度의 원리(principle of the intensity) ③ 계속성의 원리(principle of the continuity) ④ 일관성의 원리(principle of the consistency)가 조건자극과 무조건자극 사이에 필요하다고 보았다.

2) Thorndike와 Skinner의 조작적 조건형성

E. L. Thorndike(1911~1970) : 미국의 심리학자. 프래그머티즘의 창시자인 W. 제임스 밑에서 동물 실험에 종사하였다. 고양이를 사용한 '문제상자'의 실험으로 시행착오법이라는 학습이론을 세웠다. 또 어휘(語彙)의 치, 환자에 대해 무조건적인 긍정적 관심, 일치된 공감적 이해를 중시했다.

우리는 Pavlov의 고전적 조건형성의 이론을 통하여 인간학습에서 나타날 수 있는 두려움, 걱정, 긴장완화와 같은 정서적 반응에 대한 비교적 수동적, 즉 자동적 반응양상을 살펴보았다. 그러나 인간의 학습은 이런 형태만이 아니다. 학습자가 학습과정에서 매우 적극적으로 계속해서 의도적이고, 능동적인 행동을 할 수 있다. 다시 말해서 그들은 자신의 환경을 '조작(操作)'한다. 조작적(작동적) 조건형성(operant conditioning)이란 이러한 의도적, 능동적, 조작적 행동을 포함하는 또 다른 행동주의적 학습과정이다(이군현, 1990).

조작적 조건형성의 이론을 정립한 행동주의 학자는 Edward Thorndike(1911~1970)와 B. F. Skinner(1904~1990)이다. Thorndike는 동물이 지능을 가지고 있는가에 대한 의문점을 해결하기 위해 그 스스로 설계하여 만든 문제상자(puzzle box)로 실험하였다.

그는 고양이를 문제상자에 넣어 고양이가 지렛대를 밟고 밖으로 나올 때까지 소요된 반응잠재기를 측정하였다. 문제상자 속의 고양이는 상자에서 벗어나 바깥에 놓인 음식물을 얻기 위해서 다양한 반응을 한다. 고양이는 그 상황을 스스로 능동적으로 대처해야만 한다. 상자가 닫힌 후에 한동안 광적인 움직임을 보이다가 고양이는 결국 우연히 밖으로 나오게 되는 행동을 하게 된다. 이런 과정이 여러 번 반복된 뒤에 고양이는 거의 즉각적으로 정확한 반응을 하는 것을 배우게 된다. 이렇게 시행의 횟수가 증가됨에 따라 탈출 잠복시간이 짧아지는 학습을 시행착오학습(trial and error learning)이라고 한다. 이 실험에서 Thorndike는 학습의 중요한 법칙의 하나로 효과의 법칙(law of effect)을 주장하였다. 이 효과의 법칙은 어떤 주어진 상황에서 만족할 만한 효과를 만들어내는 어떤 동작은 그런 상황하에서 계속 반복되는 경향이 있는데 이것을 강화(reinforcement)라고 한다. 즉, 강화는 정확반응을 점차적으로 많이 나타내는 것을 의미한다(미로학습도 비슷한 원리이다).

Skinner는 Thorndike의 조작적 조건형성의 실험을 기초로 하여 오늘날의 행동주의 심리학을 교실에 적용하는 데 중요한 관점을 제시하고 있다. 그는 고전적 조건형성의 원리는 학습행동의 극히 작은 부분만을 설명한다고 보았으며, 많은 행동은 자극에 대한 단순한 반응이라기보다는 오히려 의도적인 동작 또는 조작적인 행동이라고 믿었다.

B. F. Skinner(1904~1990) : 미국의 심리학자. 스키너상자, 티칭머신의 고안으로 유명하다. 가설의 구성이나 설명보다도 조작주의적 분석에 의해, 선행 조건과 귀결과의 관계만을 기술하는 입장을 주장하여 스키너학파를 이루었다. 주요 저서로는 「The Behavior of Organism」(1938), 「Science and Human Behavior」(1953), 「Verbal Behavior」(1957), 「Beyond Freedom and Dignity」(1971) 등이 있다.

잘 통제된 상황 아래에서 과제의 수행결과가 행동에 미치는 영향을 연구하기 위해서 Skinner는 새장과 같은 특별한 장치를 고안해 내었다. 이 상자는 방음장치가 된 것으로 한쪽 벽에 표적을 장치해 놓았는데, 이 표적은 반응을 자동적으로 기록하는 장치와 먹이통이 연결되어 있다. 비둘기가 표적을 쪼으면 알맹이로 된 먹이가 그 밑의 먹이 그릇에 자동적으로 떨어지게 되어 있다. 비둘기를 이 상자 속에 넣으면 그는 새로운 환경을 탐색하면서 여러 행동을 하게 된다. 그가 여러 가지 탐색적 행동을 하다가 우연히 표적을 쪼게 되면 먹이통에 자동적으로 먹이가 나와 그 반응을 보상해 준다. 이 절차가 반복됨에 따라 그는 표적을 쪼는 반응을 학습하게 된다는 것이다. 이런 연속적 접근방법(successive approximation)을 이용하여 그는 행동 결과가 다른 행동에 미치는 효과에 대하여 연구하였다. 인간의 대부분의 행동은 조작적 조건형성에 의해 학습된다. 학습자가 다양한 자극이 있는 복잡한 상황에 있을 때, 그 중의 어떤 특수한 자극이 반응을 일으키게 하는 것이 아니라 학습자가 반응을 스스로 방출하게 된다. 그 반응이 보상되면, 다시 일어날 확률이 높아지고, 보상이 되지 않으면 그 확률이 낮아진다. 조작적 조건화에서 Skinner는 학습자가 학교에서 획득해야 할 행동은 조작적으로 유형화될 수 있다고 본다. 학습자가 과제를 수행하고, 문법에 맞는 작문을 하고, 시를 암송하고, 개구리를 해부하고, 자습을 하는 등의 모든 행동은 교사가 점진적으로 강화를 계획하고 재조정해 줄 때 바르게 형성될 수 있다고 시사한다.

Thorndike는 결합이 강화되는 과정에 대해 ① 연습의 법칙(law of exercise) ② 효과의 법칙(law of effectiveness) ③ 준비성의 법칙(law of readiness)이라는 3대 학습법칙을 제시했고, Pavlov는 결합이 이루어지는 기본원리로써 ① 강도의 원리 ② 일관성의 원리 ③ 동시간의 원리 ④ 계속성의 원리를 제시했다.

E. L. Hull은 이러한 연결에 인간유기체(organism)의 주관적 의식이 함께 작용한다 하여 S→R을 S→O→R로 표시하기도 했다. 한편 Skinner는 조작적 조건형성을 강화하는 훈련으로 ① 보상훈련 ② 도피훈련 ③ 회피반응훈련을 제시하고 있다.

〈고전적 조건화와 조작적 조건화의 비교〉

특 징	고전적 조건형성	조작적 조건형성
자극-반응의 계열	자극이 반응 앞에 온다.	반응은 효과(또는 보상) 앞에 온다.
자극의 역할	반응은 추출된다(elicited).	반응은 방출된다(emitted).
자극의 자명성	특수한 반응은 특수한 자극이 일으킨다.	특수한 반응을 일으키는 특수한 자극이 없다.
조건형성과정	한 자극이 다른 자극을 대치한다.	자극의 대치는 일어나지 않는다.
내용	정서적, 부수의적 행동이 학습된다.	목적 지향적, 수의적 행동이 학습된다.
학습의 원리	강도, 일관성, 동시간, 계속성	연습, 효과, 준비성

3) Bandura의 사회학습이론

A. Bandura는 행동주의 이론이 지나치게 행동의 결과에만 집착하고 있다고

지적하며 사회학습이론(social learning theory)을 주장했다. 사회학습이론은 관찰학습(observational learning)과 대리경험(vicarious experiences)을 중요시한다. 그래서 이 이론은 행동의 단서, 즉 모델에 의해 표현되는 효과를 강조한다. 대리경험이 행동에 영향을 준다는 그의 주장은 학습자 내부에서 학습과정이 진행된다는 것을 암시한다. 그래서 사회학습이론은 다른 행동주의 이론에 비해 보다 인지적인 경향성을 띠고 있다.

Albert Bandura(1925~) : Iowa대학에서 초기에는 임상심리학에 흥미를 가졌으며, 초기 연구의 초점은 심리치료과정, 가족상황에서의 아동의 공격성 등에 있었다. Kenneth Spence의 영향을 받은 이래로 행동수정, 모델링, 관찰학습, 자기조정, 자기효능 등에 관해 연구해 왔다. 주요 저서로는 「사회학습과 성격발달과정」, 「사회학습이론」 등이 있다.

예를 들어, 한 자동차 세일즈맨 김모씨가 다른 동료인 이모씨의 훌륭한 영업활동에 의해 좋은 실적을 올리는 것을 보았다고 가정해 보자. 김모씨는 이모씨의 독특한 영업활동이 고객의 구매에 의해 강화되는 것을 관찰하고, 김모씨 역시 이모씨의 방식을 본받으려는 성향을 나타내게 된다. 하지만 여기서 실제로 강화를 경험한 사람은 김모씨가 아니라 이모씨이다. 고객의 구매는 이모씨의 독특한 행동성향을 강화시켜야 하지만 김모씨의 그러한 성향 역시 간접적으로 강화시킬 수 있다.

Bandura(1988)는 관찰학습에는 다음과 같은 중요한 네 가지 과정이 있다고 한다.

첫째, 주의(attention)의 과정이다. 관찰을 통해 학습하기 위해서는 다른 사람의 행동과 이에 따르는 결과에 주의를 집중해야 한다.

둘째, 파지(retention)의 과정이다. 다른 사람의 행동을 관찰한 후에 길게는 몇 년 동안 관찰한 반응을 사용할 기회가 없을 수도 있다. 그러므로 관찰한 것에 대한 정신적 표상을 기억 속에 유지하고 있어야 한다.

셋째, 재생(reproduction)의 과정이다. 관찰한 행동을 필요할 때 스스로 행하기 위해서는 기억 속에 저장된 정신적 표상을 외현적 행동으로 전환시킴으로써 반응을 실제로 수행하는 능력 또는 기술이 있어야 한다.

넷째, 동기(motivation)이다. 반응을 하려는 동기가 없으면 관찰한 반응을 재생하지 않을 것이다. 관찰한 반응이 자신에게 이익이 될 수 있는 상황이라고 판단될 때 동기유발은 잘 될 것이다.

우리는 학교 교실에서 학생의 관찰학습이나 모델링이 수업 중 인식하지 못하는 사이에 일어날 수 있다는 사실을 종종 잊게 된다. 이런 사실은 때때로 의도하지 않은 학습결과를 가져올 수 있음을 암시한다. 교사는 학생들이 교실에서 관찰이나 모델링을 통해서 학습한다는 사실을 항상 기억하고 있어야 하며, 이러한 학습에 대해서도 신중한 주의를 기울여야 한다.

4. 행동주의 학습이론의 원리

(1) 강 화

우리는 이미 고전적 조건형성과 조작적 조건형성에서 강화(reinforcement)의 기능을 살펴보았다. 고전적 조건형성에서의 무조건 자극은 조건반응을 이끌어내는 데 필수적이고 아울러 강화적 기능을 한다. 조작적 조건형성에서 Thorndike의 고양이나 Skinner의 쥐는 특정한 반응이 강화를 이끌어내는 데 조작적 기능을 한다.

강화는 정적 강화(postive reinforcement)와 부적 강화(negative reinforcement)로 분류된다. 여기서 정적 강화는 특정한 자극이나 반응 뒤에 어떤 가치가 있거나 좋은 것을 제공함으로써 바람직한 행동의 강도나 빈도를 증가시키는 것을 의미한다. 예를 들어, 교실에서 일어날 수 있는 정적 강화는 학생과 교사 모두에게 일어날 수 있다. 좋은 성적, 교사의 웃는 표정, 칭찬, 게시판에 전시된 학생의 작품 등은 학생들에게 정적 강화물로 작용한다. 또한 학생들이 보여 주는 성실한 수업태도나 질문, 학부모나 교장으로부터의 인정 등은 교사에게 정적 강화물이 된다. 부적 강화는 바라지 않는 어떠한 것을 제거하여 바람직한 행동의 강도나 빈도(frequency)를 증가시키는 것을 의미한다. 부언하면, 부적 강화는 바람직한 행동을 증가시키기 위해 학생이 싫어하는 어떠한 것을 제거한다는 뜻이다. 그러므로 부적 강화는 행동을 약화시키거나 감소시키려고 의도된 벌과는 구별된다.

강화의 종류에는 크게 계속적 강화(continuous reinforcement) 혹은 전체적 강화(total reinforcement)와 부분 강화(partial reinforcement) 혹은 간헐적 강화(intermittent reinforcement)가 있다. 많은 연구에서 계속적인 강화는 학습을 촉진시키는 반면에 강화가 중지되면 소거가 빨리 오고, 부분 강화는 계속적인 강화보다 소거가 느린 것으로 나타난다. 이러한 원리에 의하면 처음 학습시에는 계속적인 강화를 주고 완전히 학습한 뒤에는 부분 강화계획으로 바꾼다면 긍정적이고 바람직한 행동은 쉽게 소거되지 않을 것이다. 이러한 현상을 부분 강화효과(patial reinforcement effect : PRE)라고 한다. 그래서 강화는 다음과 같은 여러 변형적인 강화계획에 의해 이루어진다.

첫째, 계속적 강화계획(continous reinforcement schedule : CRS)은 정확한 모든 반응을 보일 때마다 100% 보상을 주어 완전히 학습할 때까지 계속적으로 강화해 주는 것이다.

예 학생이 손을 들 때마다 그 학생을 지명하는 식으로 모든 반응에 강화를 준다.

둘째, 고정간격 강화계획(fixed interval schedule : FIS)은 일정한 시간이 지난 다음 올바른 반응을 하게 되면 강화하는 것이다.

예 시험에 당면한 학생이나 어떤 일의 마감일자가 가까우면 맹렬하게 일하는 것과 유사하다.

셋째, 고정비율 강화계획(fixed ratio schedule : FRS)은 특정한 수의 반응을 할 마다 보상을 받는다.

예 학생이 10번 문제를 풀 때마다 한 번의 강화를 준다.

넷째, 변동간격 강화계획(variable interval schedule : VIS)에서는 동물이 평균 3분마다 강화를 받지만 어떤 때는 강화를 받은 후 즉시 또 다른 강화를 받을 수도 있고 어떤 때는 30초 또는 7분이 지나서야 보상을 받는 경우도 있다.

다섯째, 변동비율 강화계획(variable ratio schedule : VRS)에서는 특정한 수의 반응을 한 뒤에 보상을 받는다. 그래서 평균적으로 10번 반응한 뒤에 보상을 받지만 어떤 경우는 2번 반응한 뒤에 보상 받기도 하고 어떤 경우는 20번 반응해도 보상을 받지 못한다.

예 학생이 2번 문제를 풀면 한 번, 3번 문제를 풀면 또 한 번, 이런 식으로 강화를 준다.

이러한 강화계획을 응용한 Premack 원리는 빈번하게 일어나는 특정한 행동이 상대적으로 자주 일어나지 않는 행동을 강화하기 위하여 이용되는 것을 말한다. 이 원리는 보상이 될 수 있는 것이 개인들마다 다르며 개인 내에서도 언제든지 바뀔 수 있다는 것을 보여 준다. 그래서 교사에게는 아동을 주의깊게 관찰하고 그들이 가장 선호하는 것으로 보상하는 세심함이 필요하다.

(2) 일반화와 변별

조작적인 반응이 반응의 결과에 따라 통제되지만 그 반응에 선행하는 자극 또한 조작적 행동에 영향을 미칠 수 있다. 일반화(generalization)란 조건자극으로부터 발생하는 조건반응이 그와 유사한 자극에 의해서도 발생한다. 예를 들어, 길을 걷다가 우연히 낯선 사람을 만났는데, 그 사람이 당신의 오랜 친구와 비슷하게 생겼다면 당신은 친구를 만난 것처럼 미소를 지을 것이다. 이것이 일반화이다.

변별(discrimination)은 일반화와 반대되는 개념으로 한 자극에 대한 반응결과 강화를 받고 다른 자극에 대해서는 반응을 하여도 강화를 받지 못하거나 훨씬 적은 강화를 받는다면, 학습자는 두 자극 사이를 구분하여 상이한 반응률을 나타낼 것이다. 이것이 바로 변별이다.

(3) 소 거

소거(extinction)란 고전적 조건화의 경우 무조건적 자극이 없는 상태에서 조건자극만 계속될 때 발생하며, 조작적 조건화에서는 행동에 대해 강화를 멈추었을 때 발생한다. 예를 들어, 당신이 옆자리의 동료에게 식사 때마다 같이 하자고 요청하는 버릇을 가지고 있다고 가정해 보자. 만약 당신의 요청에 대해 그 동료가 몇 차례 계속해서 거절했을 때 당신은 계속해서 동행을 요구하겠는가? 아마도 당신은 더 이상 요청을 하지 않을 것이다.

어린 아이가 사탕을 달라고 울며 떼를 써도 계속 들어주지 않으면 그가 더 이상 떼를 쓰지 않을 것이다. 무반응으로 인해 떼쓰기가 소거된 것이다.

(4) 벌

일반적으로 벌(punischment)이란 바람직하지 않은 행동을 약화시키거나 감소시키기 위해 시도된다. 이러한 벌에는 수여성 벌(presentation punischment)과 제거성 벌(removal punischment)이 있다. 여기서 수여성 벌은 바람직하지 않은 행동을 감소시키기 위해 불유쾌한 자극을 제공하는 것을 의미한다. 교실바닥에 습관적으로 휴지를 버리는 행동을 억제시키기 위해 교사가 꾸지람을 하거나 체벌을 하는 것 등이 수여성 벌의 대표적인 예가 된다. 수여성 벌은 대부분 물리적인 경우가 많기 때문에 효과가 즉각적이라는 이점이 있다. 제거성 벌은 정적 강화를 받지 못하게 하거나 좋아하는 것을 제거함으로써 바람직하지 않은 행동을 약화시키거나 감소시키기 위한 것이다. 또한 제거성 벌과 부적 강화를 비교해 볼 때,

부적 강화는 싫어하는 행동을 제거하는 반면, 제거성 벌은 기대하고 바라는 행동을 제거한다. 제거성 벌의 가장 일반적인 유형은 고립의 형태로 나타난다. 바람직하지 않은 행동을 하는 학생에게 방과 후에 학교에 남아 있도록 하거나 떼쓰는 아이를 독방에 가 있게 하는 것은 제거성 벌의 예가 될 것이다.

5. 행동주의 학습이론의 적용

행동주의 이론과 원리가 인간학습에 많은 공헌을 한 것은 사실이지만, 이 이론에 대한 비판도 적지 않다. 행동주의 이론을 교육에 적용하는 데는 다음과 같은 점을 유의해야 한다.

첫째는 일반화와 변별 형성에 유의해야 한다. 일반화의 원리는 학생의 학습에 유용한 시사점을 제공한다. 기본적인 원리를 이해함으로써 비슷한 상황에 잘 적용하는 것은 시간과 노력을 절약시켜 줄 수 있다. 예를 들어, 도형을 처음 공부하는 학생들에게 정사각형, 직사각형, 평행사변형 혹은 정삼각형, 이등변삼각형 등의 개념을 동시에 가르칠 수 없다. 우선 사각형과 삼각형을 범주화시킨 다음, 도형을 사각형과 삼각형으로 일반화시킬 수 있도록 하고, 다양한 종류의 도형을 변별할 수 있도록 하는 것이 중요하다. 여기서 일반화와 변별의 과정을 성공적으로 이루는 데 있어 가장 중요한 것은 교사의 피드백이다. 효과적인 피드백은 세부적이고 즉각적이어야 하며 교정적인 정보를 제공해야 한다.

둘째는 강화와 벌에 대해 유의해야 한다. 실제 교실에서 사용되는 행동주의 원리들은 교사의 전문성이 뒷받침되어야 한다. 교사는 자신이 행하는 모든 기법들에 세심한 주의를 기울일 필요가 있다.

셋째는 강화계획의 효과적 적용이다. 계속적인 강화계획은 새로운 행동을 처음 학습할 때 효과적으로 사용될 수 있다. 하지만 이는 강화물이 제거되면 급격히 소거된다는 단점을 갖고 있다. 그래서 고학년의 학습자들에게는 행동을 계속 유지하도록 하기 위해 간헐적 강화계획으로의 전환이 필요하다. 고정강화 계획은 역시 강화물이 제시되는 바로 직전에 행동이 증가하지만, 일단 제시된 후에는 다음 시점까지 행동이 감소된다는 단점을 가지고 있다. 이와 더불어 강화물의 사용 횟수가 효과성에 영향을 미친다는 사실을 교사는 항상 유념해야 한다.

교실수업에서 행동주의 학습이론을 적용하는 형태는 다양하다. 우선적으로 프로그램 학습(program learning)이나 컴퓨터 보조수업(computer assisted instruction : CAI) 그리고 개별화 수업체제(personalized system of instruction : PSI) 등이 있다.

프로그램 학습은 1932년 Sidney Pressey에 의해 고안되었으나 Skinner가 그의 논문 「학습과학과 교수기법」(the science of learning and art of teaching, 1954)에서 학생이 교사의 조력을 적게 받으면서 스스로 학습할 수 있게 하는 자기수업 전략(self-teaching strategy)으로서의 시스템을 개발했다. 프로그램 학습의 유형에는 직선형 프로그램(linear program)과 분지형 프로그램(branching program)이 있다. 직선형 방법은 흔히 스키너식의 프로그램 구성법으로 불리며, 학생은 하나의 개념에서 다른 개념으로 가급적 실패하지 않고 넘어가도록 구성된 계열적 프레임을 따라 학습이 진행된다. 만약 학생이 오답을 한 경우에는 즉각 오답에 대한 학습을 한 후 정답을 알게 되고 다음 프로그램으로 계속 이동한다. 이와 달리 분지형 프로그램은 학생에게 여러 개의 반응 선택지를 주기 때문에 선다형 프로그램이라 한다. 각 선택지는 학생에게 더 많은 정보를 주는 프레임으로 이끌어 준다. 학생이 정답을 한 경우에 '잘 했어요! 다음 문제를 풀어 보세요.' 하고 프레임을 계속 앞으로 진행하지만, 오답인 경우 이를 교정해 주는 보충적인 프레임으로 되돌아가게 해서 다시 그 프레임으로 복구시키는 것이다.

프로그램 학습은 다음과 같은 기본 원리를 제시한다. 첫째, 학습자가 달성해야 할 구체적인 목표가 제시되어야 한다. 둘째, 자료에 대한 세심한 시험적 예비검증이 있어야 한다. 셋째, 학습자가 자기의 학습속도에 맞게 자료를 이동하게 하는 자기보조(self-pacing)를 할 수 있어야 한다. 넷째, 학습자의 분명한 반응을 요구한다. 다섯째, 학습자가 정답반응을 알려 주는 즉시 송환(immediate feedback)이 있어야 한다. 여섯째, 작은 단계로의 세분화가 필요하다.

지금까지 우리는 학습이 무엇이며, 어떤 종류의 학습이 있는가를 살펴보았다. 학습은 인간의 적응과 생존에 아주 필수적이며, 인간이 효율적으로 살아가기 위해서는 생존에 유리하고 편리하게 살아갈 수 있는 방법을 배워야 한다. 학습은 후천적인 경험이나 연습을 통하여 이루어진다는 것이 사실이다. 이러한 행동의 변화는 즉시 행동으로 나타나기도 하고 잠재되어 있다가 나타나기도 한다. 불을 때면 물이 끓지는 않아도 물 속 온도는 계속 상승하는 것과 비슷하다. 행동주의 이론과 실천은 인간의 학습에 하나의 효과적인 방법과 방향을 제시하려는 근본적인 목적을 가지고 있다. 모든 학습이론에 장점과 단점이 있듯이, 행동주의 학습이론도 단순히 자극과 반응, 조건형성, 조작적 응용 등의 차원으로만 본다면 논의의 한계가 있다. 행동주의 이론과 원리를 기초로 한 학습의 과정을 이해하기 위해서는 좀더 다양한 변화 가능성의 실천적 방법론을 찾아야만 한다.

제의견으로는 '가르친다(教)'는 말 속에 ① 갈다(磨) ② 가르다(分別) ③ 치다(調/育)의 중요한 교육활동이 포함되어 있고, '배우다(學習)'는 말 속에 ① 배다(胎)의 잉태(확대 재생산)와 ② 배어들다(內面化/人格化)의 뜻이 있다고 본다.

사실을 배운 다음 원리를 터득하고 그것이 자기행동의 기준으로 구체화되는 데까지 발전해야 된다. 즉 Fact-Concept-Value의 심층화가 되었을 때 비로소 가르치고 배우는 일이 실제로 발생하게 된다는 것이다. 이는 知·情·意의 3육론이나 知·德·體의 전인교육론과 뜻을 같이 한다(김형태 외, 「청소년 학업상담」, 한국청소년 상담원, 1997을 참고할 것).

제8장 인지주의 학습이론

1. 인지주의 심리학의 개관

행동주의 학습이론은 학습의 의미를 외적 자극과 외적 반응간의 관계 안에서 규명하려고 노력하였다. 이와는 반대로 어떤 심리학자들은 외적 행동을 불러 일으키는 내적 과정에서 학습의 의미를 찾으려고 한다. 이러한 관심의 방향을 가진 심리학을 일명 인지심리학이라 한다. 인지심리학자들은 외적 행동이란 인간정신 속에서 일어나고 있는 것을 추론하기 위한 단서에 불과하다고 주장한다. 말하자면, 인지심리학자들은 인간의 외적 행동을 통해 학습현상을 추론할 수 있으나 그 외적 행동이 곧 학습은 아니라고 주장한다. 따라서 외적인 행동을 일으키는 내적 과정의 측면에서 학습의 의미와 과정을 분석하고 규명해야 한다고 주장한다.

여기서 잠시 현대 심리학의 원류를 심리학자의 계보로서 따져 보면 과학적 심리학의 출발점은 브인트를 중심으로 실험심리학의 흐름을 만들었으나 현대 심리학은 반 브인트의 Gestalt 심리학과 행동주의 및 Freud의 정신분석에 원천을 두고 있다. 또 브인트의 Gestalt 심리학에 대한 비판이나 전쟁에 따른 학자들의 이민과 망명 등의 영향으로 심리학은 유럽에서 미국으로 그 중심을 이동하였다. 그리고 그 후 미국에선 Watson이 제창한 행동주의가 현대 심리학에 큰 영향을 주었다.

2. 인지주의 학습이론

인지주의 관점에서는 행동주의에서처럼 인간을 환경적 상황에 의해 영향을 받는 수동적 존재가 아니라 능동적이고 적극적인 존재로 본다. 다시 말해 인간은 문제해결을 위한 정보를 적극적으로 탐색하며 이미 알고 있는 것을 재배열하고 재구성함으로써 새로운 학습을 성취하는 것이다. 이 때 가장 중요한 것은 학습의 장(場)에 학습자가 무엇을 가지고 오느냐 하는 것이다. 인지주의 학습이론으로서는 Köhler의 통찰이론, Lewin의 장이론, Tolman의 기호형태론 및 Atkinson과 Shiffrin의 정보처리이론 등이 있다.

〈인지주의 심리학〉

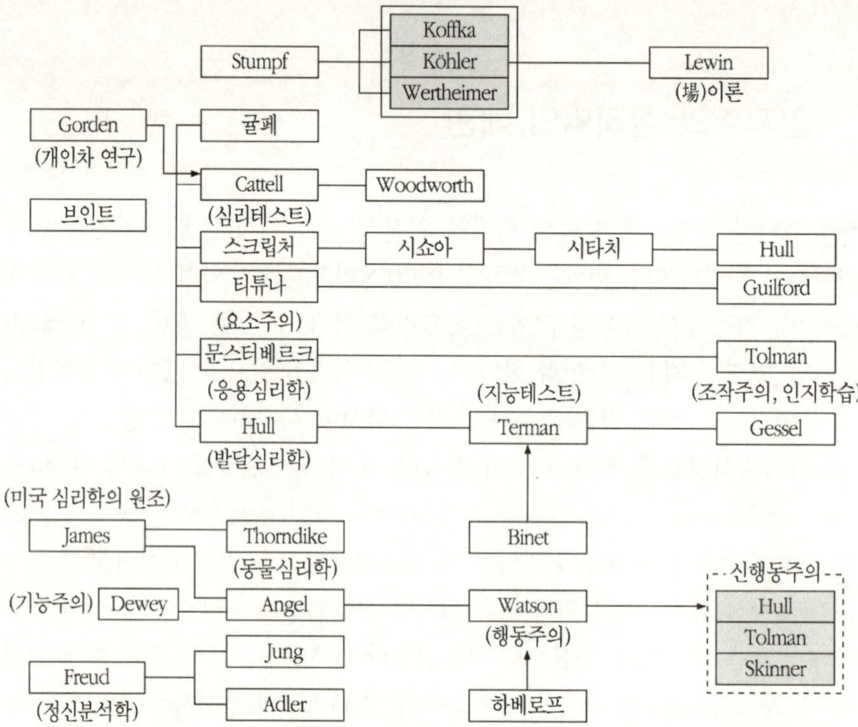

이와 같이 인지학습이론에서는 학습에 있어 학습자가 가지고 있는 기존 지식의 역할을 강조한다. 즉, 학습자가 지금 배우려는 학습과제의 기초가 되는 지식을 가지고 있느냐 하는 것이, 학습 도중에 무엇을 얼마나 배울 수 있느냐를 결정하는 중요한 요건이 된다.

(1) 인지이론의 학습법칙

인지학습의 이론적 기원을 마련한 것은 현대 심리학의 아버지라고 불리는 독일의 W. Wundt(1832~1920)이다. 그는 인간을 이해하기 위해서는 그가 느끼고 있는 의식의 내용이 무엇인가를 밝혀야 된다고 생각하였다. Wundt는 화학자가 물질의 최소단위로서 원자를 확인하고 이 원자들이 어떻게 결합되어 있는지를 연구하는 것과 같이 다른 영역의 과학자들이 사용하고 있는 분석적 연구방법을 받아, 인간의 의식도 그 구성요소와 결합 구조를 분석해 낼 수 있다고 확신하여 체계적이고 과학적인 분석방법을 고안하였다. 이 방법을 내성법(introspection)이라고 하는 데 이는 의식의 내용을 스스로 관찰하여 언어로 보고하는 방법이다. 그는 이 방법에 의하여 아무리 복잡한 의식 내용이라도 엄격한 내성법에 의해 구성요소를 분석할 수 있고 그렇게 함으로써 의식을 이해할 수 있다고 보았다. 이러한 Wundt의 심리학을 구성주의(structuralism) 심리학 혹은 내성 심리학이라고 한다. 인지심리학은 이러한 연구로부터 시작되었다.

이미 널리 알려진 심리학자인 W. James(1842~1910)나 J. Galton 등 초기 인지심리학자들은 학습을 학습자 스스로에 의해 완성되는 것으로 이해하고 있었으며, 학습자는 학습이 일어나는 동안 신체적 · 정신적으로 활발히 기능하고 있다고 가정하였다. 이러한 인식은 학습자를 수동적으로 보는 행동주의자들의 가정과는 상이한 접근이었다. 초기의 인지심리학은 제2차 세계 대전까지는 실질적 영향을 미치지 못하였다.

인지주의 학습이론에 중요한 기초를 제공한 형태심리학(Gestalt psychology)은 1912년 독일의 철학자이며 심리학자였던 M. Jr. Wertheimer(1880~1943)에 의해 정신과정의 조직과 관계되는 형태심리학을 발표했다. 그는 인간의 의식이란 Wundt가 생각한 것과 같이 구성요소의 가산적 종합이 아니라 통합된 전체로서 작용하는 존재라고 주장하며 의식의 분석적 입장을 거부하였다. 그의 핵심개념은 독일어의 Gestalt로 표현되었는데, 이는 "조직된 형태, 윤곽 또는 부분의 집합과는 대조되는 조직된 전체를 뜻하는" 것이다. 말하자면 학습은 사물의 부분들을 개별적으로 공부하는 것만으로는 부족한 것이며 가능한 전체를 이해할 때 비로소 가능하다는 것이다.

Wertheimer에 의하면 학습자가 문제상황을 지각할 때에는 여러 부분을 어떻게 조직하고 연결시키는가에 따라 지각이 달라지게 되는 것이며, 여러 부분을 조직하여 하나로 연결시키는 데는 어떤 법칙을 따르게 되는 것으로 설명하면서 그 법칙을 의미의 법칙(law of fragrant)이라 불렀다. 즉, 어떤 것을 지각함에 있어서 떨어져 있는 무의미한 단편이 아니라 어떤 종류의 조직된 전체의 형태(gestalt)로 지각하려는 경향을 보인다는 것이다. 여기에는 유사성의 법칙, 근접성의 법칙, 폐쇄성의 법칙 및 연속성의 법칙 등이 포함된다. 이해를 돕기 위하여 다음의 그림을 통하여 설명하고자 한다.

〈지각형성의 예〉

①

R Z R Z R Z
R Z R Z R Z
R Z R Z R Z
R Z R Z R Z
R Z R Z R Z
R Z R Z R Z

③

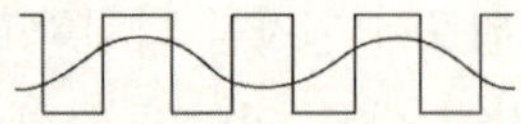

②

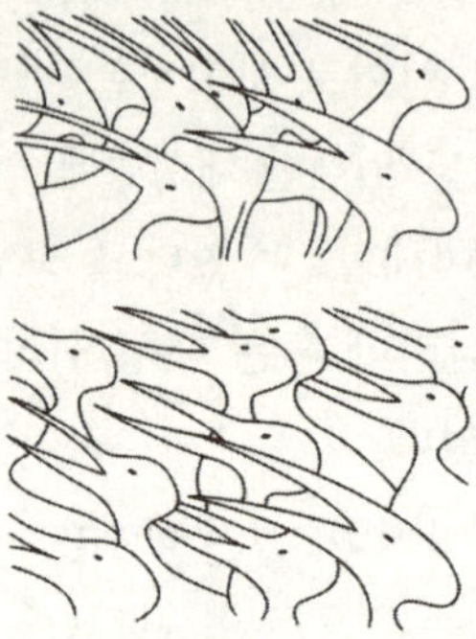

(어린양과 오리)

④

(두 여인)

어떻게 보이시나요?

생각을 바꾸면 세상이 달라집니다.

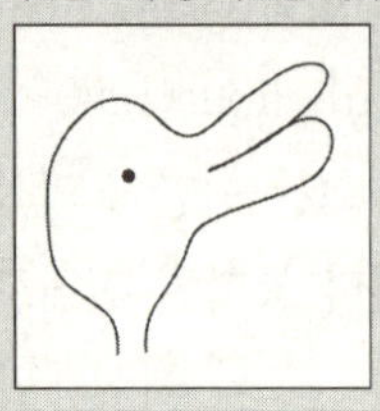

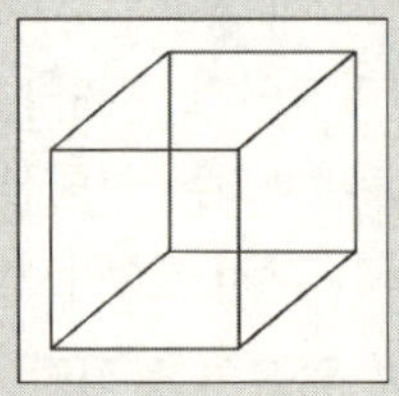

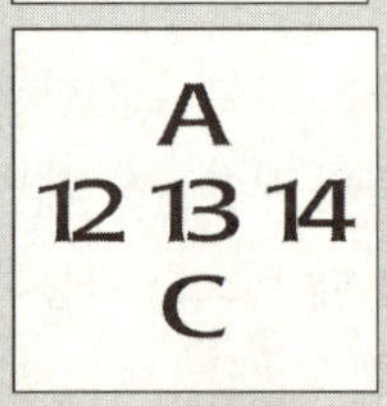

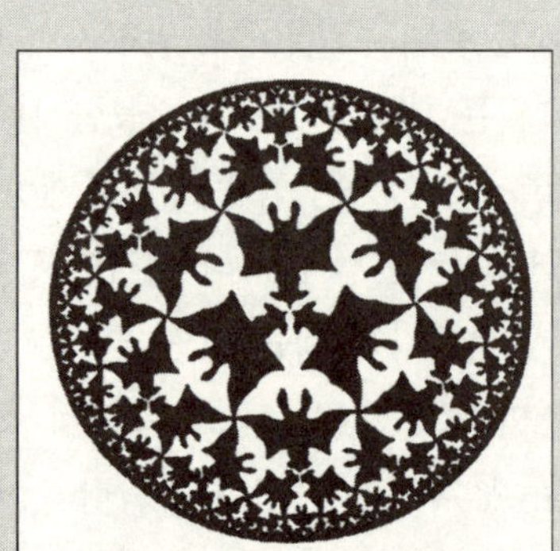

(비둘기와 박쥐)

어떻게 보이시나요?

다음 그림들을 옆으로 돌려보거나 위 아래를 뒤집어 보면 다른 모양의 그림을 볼 수 있다.

여인의 얼굴은 어디에 있을까요
살바도르 달리의 '편집증적 얼굴'(1931년). 달리는 자신의 예술창작 방법을 밝히면서 사막의 원주민들을 찍은 사진을 단순화해 사람의 얼굴을 닮은 새로운 이미지를 얻는 과정을 설명했다. 오른쪽으로 돌려보세요.

구체제 귀족의 두 얼굴
1800년경 그려진 풍자화 '반혁명의 도래를 믿는 귀족/혁명을 저주하는 귀족'. 위 아래를 뒤집어 보세요.

위 아래를 뒤집어 보세요.

"죽음을 기억하라"
1700년경에 제작된 주세페의 '메멘토 모리'. 터번을 두르고 길게 수염을 기른 사내의 얼굴을 뒤집어 보면 해골이 나타난다.

이 그림을 보고 무엇이라고 지각됩니까? 삐에로인가요? 그림을 돌려가며 자세히 관찰해 보세요.

1) 유사성의 법칙(law of similarity)

이는 어떤 것을 지각함에 있어서 개개의 독립된 부분 중 비슷한 것끼리 연결시켜 통일된 하나로 이루어가면서 지각하는 경향을 말한다. 그림 ①에서 본다면 RZRZR을 지각함에 있어서 RZRZ의 수평적 연속으로 지각하는 것이 아니라 R은 R끼리 Z는 Z끼리 연결시켜 수직적으로 지각하는 경향을 지칭한다.

2) 근접성의 법칙(law of proximity)

지각장에서의 독립된 부분들의 조직은 가까운 것끼리 연결되어 하나의 의미있는 형태를 형성해 가는 경향이 있다는 것이다. 우리는 그림 ①에서 RZ의 짝의 연속으로 지각된다는 것이다. 그림 ②는 새와 영양(羚羊)이 뒤섞인 그림임에도 우리는 영양보다는 새로 지각되는 것은 근접되어 있는 것으로 지각되는 경향이 있기 때문이다.

3) 연속성의 법칙(law of continuity)

형태화함에 있어 개개의 부분을 조직하는 것은 처음 시작한 것에 따라서 동일한 형태로 계속해서 완성해 가는 경향을 말한다. 그림 ③에서 본다면 그것을 지각함에 있어서 직선과 곡선의 혼합으로 지각하는 것이 아니라 곡선은 곡선대로 직선은 직선대로 지각하게 되는 것이다.

4) 폐쇄성의 법칙(law of closure)

독립된 부분의 조직 및 연결에 있어서는 약간 불완전한 부분이 있어도 완전한 것으로 보아 연결해 가는 경향이 있다. 그림 ④에서는 불완전한 원인데도 완전한 원으로 지각하거나 같은 그림을 보면서도 서로 다르게 지각하는 것이다.

Wertheimer는 이렇게 지각의 조직 및 연결에서 나타나는 경향성 등은 인간의 다른 행동에도 적용되는 것으로 보았으며 학습도 이러한 법칙에 따라 일어난다고 보았다. 또 그가 말하는 지각의 장 혹은 문제상황은 개인이 이해하고 경험하는 장을 말하며 부분과 부분간의 관계에 작용하는 것을 통찰(insight)로 보았던 것이다.

Wertheimer의 이러한 인식은 K. Koffka(1886~1941), W. Köhler(1887~1967)

그리고 K. Lewin(1890~1947) 등에 의해서 더욱 구체화되었다.

형태주의자들은 복잡한 현상들을 단순한 요소로 분해하는 것이 필연적이기에 현상에 대한 과정을 무시하게 만든다고 주장하였다. 그래서 "전체란 단순히 부분의 합이 아니라 그 이상을 의미한다"고 주장한다. 그들은 인간의 감각기관을 통해 들어오는 정보를 인지하고 해석하는 인간의 지각(perception)에 대해 관심을 갖는다. 인지주의 심리학은 Köhler의 통찰이론(insight theory)과 Lewin의 장이론(field theory)으로 대표된다.

(2) 통찰설

통찰설은 독일의 Wolfgang Köhler(1887~1967)에 의하여 주장된 학습이론으로 형태심리학을 대표하는 이론이다. Köhler는 Frankfurt 대학에서 Wertheimer와 함께 지낸 적도 있고 1913년에는 26세의 젊은 나이로 독일이 설립한 아프리카 북서부에 위치한 Tenerrife섬의 유인원 연구소의 소장으로 부임하게 되어 거기서 유명한 동물실험을 하게 된 것이다. 즉, 그는 거기서 일련의 실험을 통하여 1917년 유인원의 지각실험의 결과를 발표하였다. 흔히 이 실험은 "Köhler의 통찰력 실험"이라고도 불리워지는 것으로서 침팬지의 문제해결 과정을 설명하는 실험이다. Köhler는 문제해결은 여러 번의 시행착오(trial and error)를 통하여 이루어지는 것이 아니라 단번의 통찰을 기초로 하여, 어떤 관계를 지각함으로써 문제가 해결된다고 보았다. 이를 알아보기 위하여 7마리의 침팬지를 데리고 실험을 하였던 것이다.

그는 원숭이를 우리에 가두고 우리 안에는 바나나를 천장에 매달아 놓고 두 개의 상자와 막대기를 우리 안에, 바나나는 우리 밖에 놓아두고 침팬지가 바나나(목표)를 어떻게 얻는지, 즉 문제해결 과정을 관찰하였다. 실험장면은 우회로 실험, 도구사용의 실험, 도구제작의 실험, 도중목표를 경유하는 실험(또는 형태파악의 실험) 등으로 구성하였다.

다음은 Köhler의 실험을 이해하기 위한 상황의 설명이다.

Sultan(Köhler가 실험에 동원하였던 가장 영리한 침팬지의 이름)이 우리 속에 웅크리고 앉아 있다. 그는 짧은 막대를 가지고 있어 우리 밖의 과일을 끌어 올 수가 없었다. 우리 밖에는 약 2m되는 기다란 다른 막대기가 놓여 있던 바, Sultan은 처음에 작은 막대기로 과일을 끌어 당기려 하였고, 다음에 우리 안의 철사를 끌어보려고 시도하다가 실패했다. 그 후 우두커니 바라보던(이런 실험의 경우 항상 긴 휴식이 있다. 그 동안 전체의 지각 장면을 분석함) 침팬지는 갑자기 작은 막대기로 긴 막대기를 끌어당기고 이 긴 막대기를 보조물로 사용하여 과일을 끌어당긴다. 그가 긴 막대기를 바라보는 순간 문제해결을 시도한 것이다. 이는 그것 자체로서 완전하고 분명한 행동이긴 하지만 순간적으로 주저하고 의심을 품은 것 같기도 하다. 그러나 이 행동은 확실히 갑자기 생기고 곧바로 최종 목표를 달성하는 방향으로 넘어간다(Hilgard와 Atkinson, 1979).

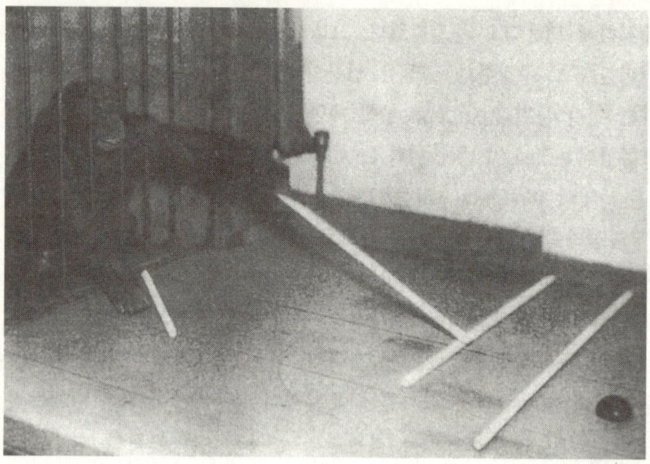

방에 상자가 하나 있고, 천장에는 침팬지의 먹이로 바나나를 끈에 매달아 놓는다. 문제는 상자를 먹이 밑에 옮겨 그 위에서 먹이를 취하는 것이다. 이 실험에서 Sultan만이 자력으로 과제를 해결하였고, 다른 여섯은 서로의 도움으로 해결하였다. 그 다음 과제는 상자 위에 다른 상자를 쌓아 올려 바나나를 취하는 것이었다.

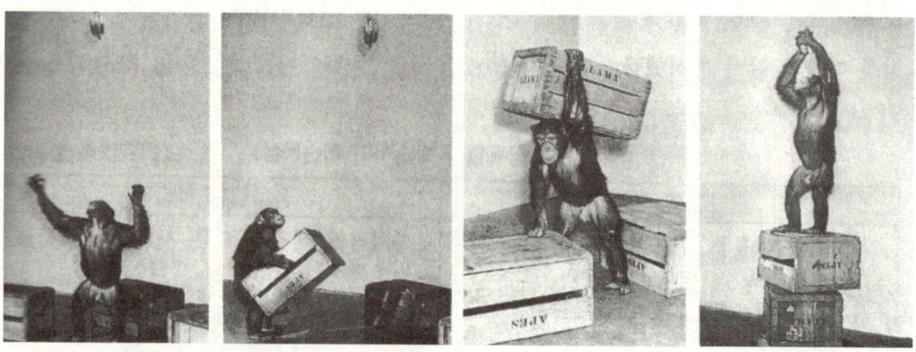

이렇게 막대를 사용한다거나 길게 연결한다거나 또는 상자를 이용하거나 상자 위에 상자를 쌓아 올려 문제를 해결한다고 하는 것은 통찰이 생겼기 때문에 가능하다는 것이다. 침팬지는 본래 시행착오적인 행동을 반복하지 않았으며 바나나와 막대기를 분리된 부분으로 보지 않고 하나의 전체로서, 새로운 관계 속에서 구조적으로 파악했기 때문이라는 설명이다. 문제해결에 기여된 통찰은 지각의 재구조화 후에 있었던 것이며 이는 '아하'라는 경험(Aha! experience) 혹은 현상(Aha! phenomenon)으로 불리워지는 것이었다. 그는 이 통찰은 과거의 경험에 의존하는 것이 아니라고 보았다.

(3) 장이론

Kurt Lewin(1890~1947) : 독일 태생 미국의 사회심리학자. 레빈은 자아(自我)에 대한 지각과 환경에 대한 지각 사이의 긴장 때문에 개인차가 있기는 하지만 인간행동은 연속성의 일부로 파악해야 한다고 주장했다. 말년에는 집단이 개인행동을 바꾼다는 믿음 아래 집단역학을 연구하는 일에 전념했다.

사회심리학자인 Lewin은 인간의 행동을 개인과 환경의 함수관계로 보아 場理論을 제시하였다. 그에 의하면 인간은 어느 시점에서 특정한 목표를 추구하려는 내적 긴장에 의해 행동하게 된다고 한다. 그리고 인간은 특정한 목표를 가질 때에만 그 목표를 달성할 수 있는 방법, 즉 무엇을 초래할 것이며 어떠한 노력은 어떠한 결과를 가져올 것인가에 대하여 어느 정도 나름대로의 신념을 갖게 된다고 한다. 이처럼 관계에 대한 개인의 지각을 그 사람의 생활공간(life space)의 한 부분이라고 한다. 장(場)의 이론은 형태심리학에서와 마찬가지로 학습을 재조직 또는 재구성으로 본다. 부언하면 인간은 새로운 지식으로 세상에 대한 이해를 구체화하고 새로운 요소들을 도입하여 그리고 원하는 것, 좋아하는 것, 싫어하는 것에 변화를 가함으로써 자신의 인지를 재구성한다는 것이다.

현대의 인지학습이론의 뿌리는 형태심리학으로부터 출발하여 통찰이론이나 장의 이론까지 이르러 전성기를 맞고 있다.

Wookfolk 등도 Witkin 등의 연구를 인용하여 장독립형과 장의존형 학습자의 학습특성을 제시하고 있다.

〈장의존형-장독립형 학습자의 학습특성〉

장의존형 학습자	장독립형 학습자
· 사회적인 내용을 다룬 자료를 잘 학습한다.	· 사회적인 내용을 다룬 자료에 집중하는데 외부의 도움을 필요로 한다.
· 사회적인 정보를 더 잘 기억한다.	· 사회적인 정보를 이해할 때 맥락을 이용하는 방법을 학습해야 한다.
· 외부에서 설정한 구조나 목표, 강화를 필요로 한다.	· 자신이 설정한 목표나 강화를 갖는 경향이 있다.
· 외부의 비판에 많은 영향을 받는다.	· 비판의 영향을 적게 받는다.
· 비구조화된 자료를 학습하는데 어려움을 겪는다.	· 구조화되지 않은 상황을 자기나름대로 구조화할 수 있다.
· 기억조성술을 활용하는 방법을 배울 필요가 있다.	
· 주어진 조직을 있는 그대로 받아들이고 재조직하지 못하는 경향이 있다.	· 상황을 분석하여 재조직할 수 있다.
· 문제해결 방법에 대한 보다 명료한 지시를 필요로 한다.	· 명료한 지시나 안내 없이도 문제를 더 잘 해결할 수 있다.

(4) 기호-형태설

기호-형태설(sign-gestalt theory)은 미국심리학자 Tolman에 의해 제안된 학습이론이다. Tolman의 학습이론은 학자에 따라 목적적 행동주의 이론(purposive behaviorism theory), 기호-학습설(sign-learning theory), 기호-의미설(sign-significate theory) 또는 기대설(expectancy theory) 등 다른 이름으로 불리기도 한다.

Edward C. Tolman(1886-1959) : 미국의 심리학자. 신행동주의 창시자의 한 사람이다. J. B. 손의 요소주의 · 생리주의 · 기계론에 반대하여 행동을 거시적 · 목적론적으로 파악할 것을 주장하였다. 또 학습 성립의 메커니즘으로서 헐학파의 강화설에 반대하고, 기호형태설(記號形態說)을 주창하였다. 「Purposive Behavior in Animals and Men」(1932), 「Collected Papers in Psychology」(1951) 등이 있다.

Tolman은 Pavlov나 Watson 그리고 Skinner와 같은 행동주의자들이 행동이라는 큰 덩어리(segment)를 보다 작은 덩어리로 나누어 분석한다고 비난하면서 행동주의 학습이론을 반대하였다. 그는 행동이란 대단위의 움직임으로써 크고, 전체적이며, 의미있는 형태를 취하지만 내성방법으로 연구될 성질은 아니며 객관적인 방법으로 연구되어야 한다고 주장하였다. 그래서 그는 행동주의적 방법으로 인지론적 행동을 연구한 사람이다. 그러나 Tolman은 학습현상을 연구하기 위해 매개변인(intervening variables)의 개념을 사용하였다. 행동주의자들은 단순한 형태의 학습은 자극과 반응의 단순한 결합으로,

복잡한 학습은 복잡한 S-R의 관계로 학습되어진다고 보았으나 Tolman은 형태주의 이론에 입각해 학습이란 환경 내에 있는 인간의 인지구조가 무엇 때문에 변화되는지를 발견하는 것으로 보았다.

인간은 환경 내에서 자기가 이용할 수 있는 일종의 그림형태의 지식체계(인지도 : cognitive map)를 발달시킨다고 보았다. 인간은 목표에 도달하기 위해 반응 하나하나 또는 개개의 길을 보는 것이 아니라 전체적인 상황에 대한 인지도를 발달시켜 가장 짧은 길이나 가장 비용이 적게 드는 길을 선택한다. 이것을 '최소 노력의 원리(principle of the least effort)'라 하였다.

그러면 인간은 인지도를 어떻게 형성하며 발달시켜 나가는가? 이 물음에 대한 답으로서 Tolman은 '기대(expectation)'라는 개념을 제시하였다. 기대란 어떤 변화가 무엇 때문에 일어난다고 하는 것에 대한 예감이다. 처음의 잠정적인 기대는 '가설(hypotheses)'이라 하며, 이는 경험에 의해 확인된다. 이 때 확인된 가설은 인지 속에 남아있게 되며 이러한 과정을 통해 인지도가 형성되고 발달된다. 이렇게 확인된 기대는 '신념'으로 발달되고 인간은 어떤 방식으로 행동하면 어떤 결과가 따른다는 것을 알게 된다. 즉 어떤 기호(자극)는 어떤 다른 기호를 가져오게 될 것인지를 알게 된다. 이 '기대의 확인'은 행동주의자들의 보상 개념과 유사하나 보상이란 행동을 수행하도록 하는 변인(수행변인)이지 학습변인은 아니다. 그는 이러한 주장을 확인하기 위해 잠재적 학습(letent learning)에 관한 실험을 하였다(1930).

즉 세 집단의 쥐에게 미로(maze)를 학습시켰는데, 첫 번째 집단에게는 아무런 보상을 주지 않았고, 두 번째 집단에게는 매 시행마다 보상을 주었고, 세 번째 집단에게는 학습을 마친 뒤 11일 후에서부터 보상을 주었다. 그 결과 ① 첫 번째 집단의 수행은 약간 향상되었으며, ② 두 번째 집단의 수행은 꾸준히 향상되었고, ③ 세 번째 집단의 수행은 크게 향상되었는데 두 번째 집단, 즉 실험기간 동안 늘 보상을 받았던 집단보다도 훨씬 높은 수준을 보였다. 이로써 보상이란 수행변인에 지나지 않으며 학습에는 그리 중요하지 않음을 알았다. 수행은 학습한 것을 행동으로 전환시키는 것이다. 배워서 아는 것이 학습이라면 그것을 실행에 옮기는 것은 수행이다. 따라서 어떤 행동 변화를 위해 학습이 필요하나 학습된 것이 모두 수행되는 것은 아니다.

학습이란 인간이 인지도를 형성·발달하는 과정이고 학습변인으로는 ⓐ 환경변인 ⓑ 개인차변인 ⓒ 매개변인이 있다.

(5) 정보처리 이론

새로운 정보가 투입되고 저장되며 기억으로부터 인출되는 방식을 연구하는 이론이 정보처리 이론(information-processing theory)이다. 이 이론은 정보와 관련된 인간의 내적 처리과정을 컴퓨터의 처리과정에 비유하고 있다.

정보처리 이론가들은 환경으로부터 자극을 받아들이고, 의미로운 정보로 변형시키고, 기억 속에 저장하고, 필요시에 인출하며, 또 관찰 가능한 행동으로 번역되어가는 방법을 연구함으로써 학습을 이해하려고 노력했다. 정보처리 과정은 다음과 같이 3단계로 이루어진다. 첫째는 정보를 모아서 저장될 수 있는 상태로 변형시킨다. 이를 부호화(encoding)라고 한다. 둘째는 부호화된 후에 그 정보는 저장된다(retention). 이를 정보의 저장, 즉 파지라고 한다. 셋째는 필요할 때마다 저장된 정보를 인출해서 사용된다(retrieval). 이를 정보의 인출이라고 한다.

정보처리 과정이론은 전형적인 개념모형이다. 정보처리 모형의 기본적인 가정은 인간은 정보를 처리하는 구조를 가지고 있다는 것이다. 이러한 구조는 눈과 귀 등의 감각수용기(receptors), 지각수용을 위한 감각등록기(sensory register), 단기기억(short-term memory), 장기기억(long-term memory) 장치 등을 포함하고 있다.

정보처리 모형을 간략하게 도식으로 그리면 다음과 같다.

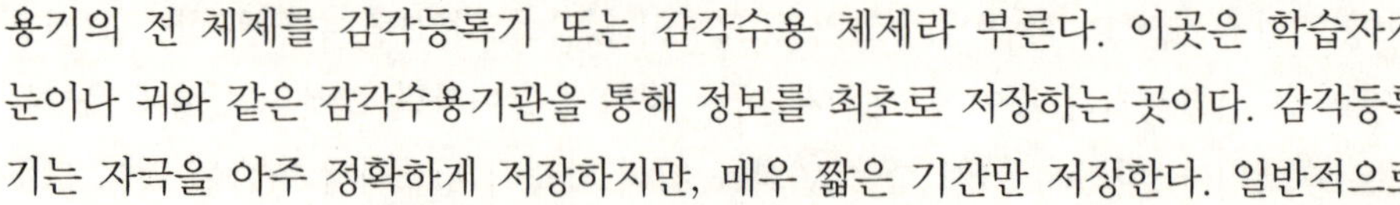

환경자극들(빛, 소리, 냄새 등)은 끊임없이 우리의 감각기관을 두드린다. 감각수용기는 시각, 청각, 미각, 후각, 촉각 등의 5관의 감각기관으로 되어 있다. 감각수용기의 전 체제를 감각등록기 또는 감각수용 체제라 부른다. 이곳은 학습자가 눈이나 귀와 같은 감각수용기관을 통해 정보를 최초로 저장하는 곳이다. 감각등록기는 자극을 아주 정확하게 저장하지만, 매우 짧은 기간만 저장한다. 일반적으로 시각인 경우 약 1초 정도, 그리고 청각인 경우엔 약 4초 정도 정보를 저장한다.

이미지(image)나 소리(sounds)의 형태로 변형되면 감각등록기에 있던 정보는 단기기억으로 들어간다. 들어온 정보는 감각기억보다는 오래 지속되지만 시연

(rehearsal) 등의 의도적인 노력이 없으면 곧 사라지고 만다. 단기기억의 특성 중 하나는 정보를 언어적(verval)으로 기억한다는 것이다. 시각 자극조차도 음성적(phonetically)으로 부호화하여 저장하는 특징을 가진다. 단기기억의 용량은 기억폭(memory span)을 측정함으로써 알 수 있다. 기억폭이란 정보를 한 번 제시한 후에 회상해낼 수 있는 항목의 수이다. 단기기억에서의 기억폭은 7±2 항목으로 7이란 숫자가 단기기억의 저장용량의 한계를 나타낸다. 그러나 우리는 7개를 훨씬 넘는 글자로 구성된 문장도 읽거나 듣고 충분히 파악할 수 있다. 이것이 가능한 것은 단기기억의 한정된 용량을 묶음(chunking)을 통해서 확장시킬 수 있기 때문이다. 묶음이란 주어진 정보를 우리가 알고 있는 기존지식을 이용하여 보다 큰 단위로 묶는 것을 의미한다. 단기기억에서의 정보는 시연(rehearsal) 등의 노력이 없으면 짧은 시간 내에 사라지게 되어 망각현상을 나타낸다. 이것은 단기기억에서 정보가 쇠퇴(decay)하기 때문이다. 이와 유사한 설명으로 간섭(interference)과 대치(displacement)가 있다. 이미 들어와 있는 정보는 새로 들어오는 정보들과 간섭을 일으키거나 새로운 정보에 밀려나 사라지게 된다.

장기기억에 들어갈 수 있도록 하는 정보변형은 가장 중요한 학습의 하나다. 우리에게는 과거의 경험을 보존하고 그것을 이용하여 현재의 삶을 영위할 수 있는 능력이 있다. 이것이 장기기억의 역할이다. 장기기억은 단기기억과 여러 면에서 차이가 있다. 첫째는 단기기억이 청각적인 부호화를 사용한다면 장기기억은 의미로 정보를 부호화한다. 둘째는 단기기억에서의 정보는 얕은 수준에서 처리되는데 장기기억의 정보는 보다 깊은 수준에서 처리되기 때문에 기억이 오랫동안 지속된다. 셋째는 단기기억 용량은 7±2로 제한적인데 반하여 장기기억은 거의 상상하기조차 어려울 만큼 거대하다.

장기기억에서의 체제화는 도서관에서 책들을 일련의 분류기준에 의해 정리하는 것에 비유될 수 있다. 장기기억에서의 기억체제화(memory organization)는 의미(meaning)나 개념(concept)을 기준으로 이루어진다. Bruner나 Ausubel이 기술한 같은 개념적인 위계 안에 그 정보를 배치할 수도 있다. 혹은 다른 방법, 즉 도표, 그림, 이미지, 문장, 연상, 일련의 삽화내용 등을 이용하여 부호화될 수 있다. 장기기억의 유형으로는 일상기억(episodeic memory), 의미기억(semantic memory)과 진행기억(procedural memory)이 있다. 일상기억은 주로 개인의 경험을 보관하는 저장소이다. 일상에서의 정보는 주로 이미지로 부호화되며, 정보가 발생한 때와 장소를 기초로 조직된다. 이러한 일상기억은 기억되는 경험이 매우 의미 있는 경우가 아닐 때에는 종종 인출에 실패하는 경향이 있는데, 이는 보다 최근에 발생한 정보로 인해 인출이 방해를 받기 때문이다. 의미기억에는 문제해결 전략과 사고기술, 사실, 개념, 일반화, 규칙 등이 저장된다. 학교에서의 학습은 대부분의 내용들은 장기기억 가운데서도 의미기억에 저장한다. 이 때 의미기억에 저장되는 정보들은 서로 연관을 맺으면서 체계적인 네트워크(network)가 구성되는 데, 이는 교육과 관련하여 매우 중요한 함의를 갖는다. 진행기억은 일을 어떻게 수행하느냐에 대한 지식을 말한다. 걷거나 층계를 올라가는 것과 같은 운동기술이나 피아노를 연주할 때 진행되는 사고와 움직임이 진행기억의 예가 될 것이다. 또는 논리적 문제를 해결할 때와 같이 순수하게 정신적일 수도 있다.

인지처리 과정(cognitive process)이란 어떠한 정보를 하나의 저장소에서 다른 저장소로 옮기는 내부적이고 지적인 활동을 의미하며, 주의집중(attention), 지각(perception), 되뇌기(rehearsal), 부호화(encoding), 인출(retrieval)과 망각 등의 처리과정이 포함된다. 이미 위의 설명에서 일부는 소개되었지만, 좀 더 자세하게 살펴보기로 한다.

주의집중(attention)이란 자극에 반응하는 것을 의미한다. 주의집중의 특성은 그것이 선택적이라는 것이다. 감각등록기에 들어온 수많은 자극들은 주의집중을 하지 않으면 곧 유실된다. 학습은 주의 집중함으로써 시작되며, 학생들 주위에 많은 자극들이 존재하고 또한 감각등록기의 용량이 무한하다고는 하지만, 관심을 두지 않으면 학습은 결코 일어나지 않는다는 사실은 교사와 학습자 모두에게 매우 중요한 암시이다.

지각(perception)이란 경험에 의미와 해석을 부여하는 과정이다. 감각등록기에 들어온 자극에 일단 주의집중을 하면 곧 지각을 하게 된다. 지각이 일어난 자극은 그것이 '객관적인 실재'로서의 자극이 아니라 개인마다 다르게 받아들이는 '주관적인 실재'로서의 자극으로 바뀐다.

되뇌기(rehearsal)는 단기기억 안에서 이루어지는 처리과정이다. 정보를 소리내어 읽든지 속으로 되풀이하든지 간에 그것이 형태와 관계없이 계속해서 반복하는 것을 의미한다. 단기기억 안으로 들어온 정보는 되뇌기를 통해 파지가 되기도 하고 장기기억으로 전이될 수도 있다.

부호화(encoding)란 장기기억 속에 존재하고 있는 기존의 정보에 새로운 정보를 연결하거나 연합하는 것으로, 단기기억에서 장기기억으로 정보를 이동시키는 과정도 의미한다. 부호화는 정보처리 모델에서 가장 중요한 인지처리 과정이다.

인출(retrieval)은 장기기억에서 정보를 찾는 탐색과정이며, 부호화와 밀접하게 관련되어 있다. 이는 효과적으로 부호화되지 않으면 효과적인 인출이 될 수 없음을 의미한다. 따라서 교사는 효과적인 정보 저장 및 정리에 수업의 초점을 두어야 한다. 저장된 정보가 장기기억 어느 곳에 분명 존재하고 있더라도 그 정보를 인출할 수 있느냐가 더 중요하다. 설단 현상(tip-of-the-tongue)은 장기기억에 존재하는 특정한 정보에 대해 정확하게 접근할 수 없는 것을 가리킨다.

(6) 신경망이론

신경망이론(neural network theory)은 인간의 기억이 신경망으로 구성되어 있고, 기억내용들이 노드(node) 사이의 연결강도로 저장된다는 이론이다. 신경망이론에서는 단기기억과 장기기억이 기억 마디들의 활성화 정도에 따라 구분된다고 설명한다.

1) 신경망이론의 구조

정보처리이론은 인간이 정보를 기호에 의해 처리하는 것으로 전제하고 있지만, 인간은 기호처리(symbolic processing) 이외에 다른 형태로도 정보를 처리할 수 있다. 예를 들어, 우리는 코끼리를 인지할 수 있지만 코끼리의 생김새를 정확한 기호로 묘사하는 것은 거의 불가능하다. 뇌의 신경계에 관한 연구는 이와 같은 정보처리이론의 한계점을 극복할 수 있음을 보여준다.

신경망은 기본적으로 정보처리 요소(information processing element)와 연접경로(interconnect)로 구성된다. 정보처리 요소는 정보 전송로인 지향성 링크(link)에 의하여 서로 병렬로 연결되어 있다. 정보처리 요소는 뇌의 뉴론(neuron)을 모형화한 것이고 연접경로는 뇌의 시냅스(synapse)를 모형화한 것이다. 다음에 있는 그림처럼 하나의 뉴론은 다른 많은 뉴론으로부터 여러 개의 입력신호를 받지만 단 하나의 출력신호만을 낸다. 이러한 출력신호는 여러 개로 복사되어 분기되며, 분기된 출력신호들은 제각기 다른 뉴론의 입력신호로 분산된다. 뉴론 사이의 정보를 전달하는 경로는 뇌세포의 시냅스를 모형화한 연접경로이다. 연접경로는 두 개의 뉴론을 쌍으로 연결하고 있으며 각각 연결강도(connection strength)가 다르다.

〈신경망의 기본 구성〉

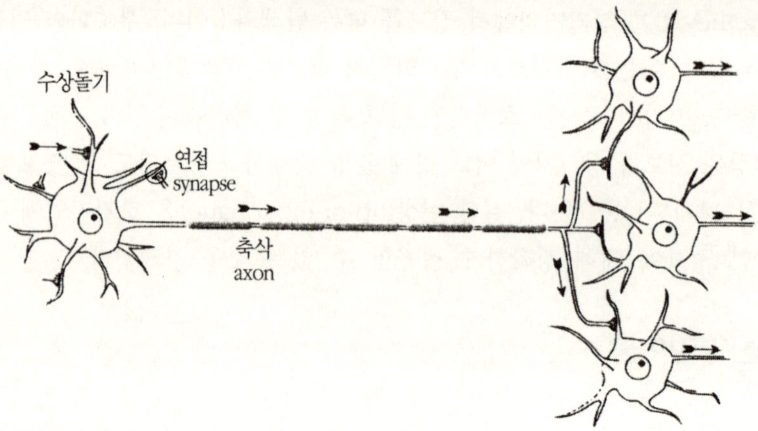

신경세포는 생명체 유지에 필요한 대사와 합성을 진행하는 기관으로 '대사체', '수상돌기', '축삭', '시냅스'로 이루어져 있다. 신경세표의 중심에 해당하는 '대사체'는 핵과 유전자(DNA), 미토콘드리아를 가진 세포로 다수의 신경돌기와 한 개의 축삭을 갖고 있다.

신경세포를 특징짓는 뚜렷한 특징은 '신경돌기(신경섬유)'라는 독특한 구조에 있다. 세포에서 실처럼 늘어진 섬유인 신경돌기는 두 가지 종류로 이루어져 있다. 세포에서 실처럼 늘어진 섬유인 신경돌기는 두 가지 종류로 이루어져 있다. 하나는 정보를 받아들이는 기능을 담당하는 '수상돌기(가지돌기)'이고 다른 하나는 정보를 전달하는 기능을 담당하는 '축삭'이다. 수상돌기는 튼튼하고 두꺼우며 나뭇가지처럼 여러 개로 이루어져 있는 반면, 축삭은 가늘고 약한 하나의 줄기다.

신경망이론은 기본적으로 다음과 같은 가정을 한다.

첫째, 뇌의 기억은 분산저장에 의해 의존하고 있다. 정보처리이론은 장기기억에 정보가 저장된다고 가정하는 반면 신경망이론은 인간의 뇌에 저장된 다량의 정보가 각각 서로 다른 위치에 분산되어 저장된다고 가정한다.

둘째, 뇌의 시냅스(synapse)는 그 자체가 정보의 저장에 사용된다. 그리고 인간의 기억에 가장 많이 영향을 주는 요인은 시냅스 내부에서 일어나는 전기적 · 화학적인 변화이다. 신경망이론은 정보처리이론의 설명과 달리 정보를 저장하는 요소와 정보를 처리하는 요소를 별도로 분리하지 않는다.

셋째, 뇌의 내부신호는 디지털(digital) 형태와 아날로그(analog) 형태가 혼합된 것으로 가정한다. 왜냐 하면 뇌가 복잡한 정보를 항상 정확하게 처리하는 것은 아니기 때문이다.

넷째, 신경망의 비상안전 기능이란 몇 개의 뉴론이 손상된 경우에도 기억의 회상이 가능하다는 것을 의미한다. 이는 정보가 뉴론과 시냅스에 분산 저장되어 있기 때문이다.

2) 정보처리 모델과 신경망 모델의 차이

신경망 모델은 전형적인 정보처리 모델과는 근본적으로 다르다. 정보처리 이론은 각각의 기억단계가 분리되어 있으며, 정보처리 과정도 선형적 구조를 갖는다. 말하자면 정보처리 이론에서는 인간이 정보를 처리하는 방식을 대부분 순차처리(sequential processing)로 설명하지만, 신경망이론은 본질적으로 병렬처리(pararell processing)를 한다. 그래서 선형적인 정보처리 이론은 논리연산에 의해 가부가 확실한 의사결정을 하는 반면에, 신경망이론은 불완전한 자료에 근거하여 상황에 따라 최적의 의사결정을 한다. 정보처리 모델은 엄격하게 정해진 순서에 의해서 자료를 다루고 있기 때문에 언제나 행동을 통제할 수 있으며 결과의 예측도 가능하다. 신경망이론에서는 자료를 처리하는 방법에 관하여 스스로 규칙을 만들어야 한다고 설명한다.

3. 인지주의 학습이론의 적용

인지이론은 학습을 이해하는 데 있어 행동주의에서 설명할 수 없는 인간 내적인 과정에 초점을 맞추고 있다. 이러한 인지이론을 실제 학교 현장에서 적용하는 것이 교육적으로 중요하다고 볼 수 있다.

(1) 정보처리이론의 교육적 적용

인지처리 과정은 다음과 같이 효과적인 학업성취에 중요한 교육적 의미를 제공한다.

첫째, 투입된 정보는 매우 짧은 시간 감각등록기에 머무르며 즉시 처리되지 않을 경우 곧 유실된다. 학습의 예에 있어 학생들은 종종 여러 자극을 동시에 수용하는 것을 어려워한다. 따라서 수업 중에 동시에 두 가지 이상의 감각정보가 제시되는 것은 바람직하지 않다.

둘째, 교사들은 학생들이 종종 책을 읽을 때, 그 내용을 전혀 이해하지 못한 채 그저 읽기만 하고 있는 것을 볼 수 있다. 이러한 문제를 해결하는 좋은 방법의 하나는 자동성(automaticity)의 개념이다. 자동성은 정보나 원리를 많이 연습함으로써 습득될 수 있다. 일단 자동성을 획득하게 되면 속도가 빨라지고, 노력이 적게 들고, 자율적이 되며, 항상성을 갖고, 의식적으로 조절하지 않아도 된다.

셋째, 장기기억에 존재하는 정보가 네트워크의 구조로 형성된다는 사실은 교사들에게 중요한 암시를 준다. 즉, 교사는 학습자에게 개별적인 사실만을 제공하지 말고 사실들의 관계성에 대해서도 설명해야 한다.

넷째, 주의집중을 유도하는 방법에는 대개 물리적 유형, 흥미유발적 유형, 감정적 유형, 강조적 유형 등이 있다. 교사는 인간의 주의집중력이 쉽게 저하될 수 있다는 사실을 인지하고 있어야 한다. 따라서 교사는 학생들의 주의집중을 유지할 수 있는 수업계획을 세워야 한다.

다섯째, 학생의 지각은 과거의 경험과 지신의 기대로부터 영향을 받는다. 교사는 교실에서 배경지식이 부족하여 문제를 바르게 이해하지 못하는 학생들을 볼 수 있다. 이러한 경우, 정보가 매우 풍부하고 정교해도 학생은 자신의 과거 경험에 의해 제한을 받게 된다. 따라서 교사가 수업의 내용에 들어가기 전에 지난 시간에 학습한 내용을 잠깐 동안 복습시키는 것만으로도 학생들에겐 많은 도움이 된다.

여섯째, 교사는 시연(rehearsal)에 관한 일반 원리를 알고 있어야 한다. 시연과 관련된 중요한 원리는 정보에 대한 기억이 시연하는 반복의 횟수에 영향을 받는다는 것이다. 시연을 실행하는 시기는 역시 교사가 고려해야 할 원리이다. 일반적으로 일정한 간격을 두고 시연을 하는 것이 한 번에 몰아서 하는 것보다 효과적이다.

일곱째, 교사는 학생의 부호화를 유의미하게 일어나도록 도와야 하며, 교사는 학생의 유의미화에 도움을 줄 수 있어야 한다는 것이다. 정보의 유의미성을 높여 부호화의 처리과정을 촉진시키는 수단으로 능동성, 조직화, 정교화, 기억술 등이 있다.

(2) 신경망이론의 교육적 적용

신경망이론을 옹호하는 사람들은 인간의 학습과 하등 유기체에서 일어나는 학습의 원리가 유사하다고 생각한다. 즉, 학습에 대한 신경망 이론가들의 가정은 행동주의 학습이론의 기본 가정과 동일하다. 따라서 신경망이론은 행동주의에서 설명하지 못했던 학습의 다양한 원리를 보다 적합하게 보완해 주고 있다.

정보처리 이론에서는 입력된 정보의 부호화된 표상들이 장기기억 속에 저장되는 것을 학습으로 보고 있지만, 신경망이론에서는 정보처리 요소 사이의 연결강도의 변화를 학습으로 간주한다.

신경망이론은 학습과 관련하여 학습자의 주의(attention)를 강조한다. 신경망이론에 의하면 학습이 일어나기 위해서는 여러 개의 정보처리 단위들, 즉 노드가 동시에 활성화되어야 한다. 이러한 노드들이 동시에 오랫동안 활성화될수록 그들 사이의 연결은 강화된다. 이처럼 노드들이 활성화된 상태가 바로 주의상태이다. 학습은 강화에 의해서 이루어지는 것처럼 보이지만 결국 학습을 야기시키는 것은 강화가 아닌 주의집중이다. 그러므로 강화물은 주의집중을 유발할 수 있는 것이어야 한다.

4. 인지주의 학습이론에 대한 평가

(1) 학습에 대한 의미

인지주의 지지자들은 학습이란 외부세계를 이해하기 위한 인간 노력의 결과라고 믿고 있으며, 또한 인간은 외부세계를 이해하기 위한 모든 정신도구를 마음대로 이용한다고 단언한다. 그래서 그들은 학습을 "문제를 구성하는 요소들 사이의 내적 관계를 발견하는 과정"이나 "문제를 구성하는 요소와 쉐마(schema) 사이의 외적 관계를 발견하는 과정"으로 정의하고 있다(김언주, 1987). 여기서 언급하고 있는 내적 관계란 문제 속에 내포된 요소들끼리 상호 관련되어 있는 방법을 의미하며, 외적 관계란 주어진 문제가 문제해결자의 기억 속에 존재하는 개념이나 아이디어들과 관련되어 있는 방법을 의미한다. 전자는 흔히 구조적 이해(structural understanding)라는 말로 표현된다. 이 말은 문제의 구성요소들간 상호관계를 파악하여 그들 간의 관계를 재구성하는 것이다. 후자인 문제요소와 쉐마 간의 외적 관계의 이해는 학습의 의미를 주어진 문제와 그 문제에 관련된 학습자의 인지구조 혹은 쉐마 간의 관계로 본다. 예를 들어, 어떠한 글을 두 집단에게 준다. 집단 A에게는 그 글의 제목을 미리 제시해 준데 반하여 집단 B에게는 글을 읽은 다음 제목을 준다. 실험이 끝난 후의 이해력 검사에서 집단 A는 집단 B에 비하여 글에 구체적인 내용들을 더 많이 기억하는 것으로 밝혀졌다.

(2) 학습의 종류

행동주의 학습이론과 마찬가지로 인지주의 학습이론도 몇 가지 가정으로부터 출발한다.

첫째, 연구대상에 관한 가정이다. 인지주의 학자들은 환경과 행동간의 중간 과정인 인간의 내적 과정(인지과정)을 연구대상으로 상정한다.

둘째, 학습단위와 방법에 관한 가정이다. 인지주의 학자들은 학습의 단위를 '요소들 간의 관계' 또는 '요소와 쉐마 간의 관계'로 보고, 이러한 관계는 통찰에 의해 발견된다고 가정한다.

셋째, 인간과 동물의 차이에 관한 가정이다. 인지주의 학자들은 행동주의 학자들과 달리 인간의 학습과 동물의 학습간에 양적인 차이가 있는 것이 아니라 질적인 차이가 있다고 가정한다.

넷째, 전체는 부분의 총합 이상이라는 가정이다. 일반적으로 인간은 환경을 지각할 때 낱낱의 자극체로 지각하는 것이 아니라 요소들 간의 관계를 기초로 전체를 지각한다는 것이다.

이러한 가정 하에 통찰학습(insight learning), 잠재학습(latent learning)으로 인지주의 학습 가능성이 넓어진다.

통찰학습은 Köhler에 의해 주장된 것으로 학습은 시행착오가 아닌 인지현상이며 학습자는 문제해결에 대한 모든 요소를 생각해 보고 문제가 해결될 때까지 여러 가지 방식으로 생각하게 된다. 결과적으로 문제란 미해결 상태이거나 해결상태로 남게 된다. 해결상태란 인간이 문제해결에 대한 통찰을 얻은 것이다. 어느 순간 갑자기 인지하게 되는 이런 경험적 상태를 아하효과(Aha effect)라고 한다.

잠재학습은 수행으로 전환되지 않은 학습이다. E. C. Tolman은 복잡한 미로(complex maze)의 출발지점에 선 쥐는 목표지점을 향해 전진할 때 다양한 방향의 갈림길에서 어떤 길을 선택해야 하는 상황에 놓인다. 그는 쥐는 미로를 통과하면서 특정한 선택지점에 놓일 때마다 목표상자로 가는 인지도(congnitive map)를 뇌 속에 그려간다고 주장하였다. 그래서 쥐가 새로운 자극은 목표상자로 가는 길이 맞는지 틀린지의 신념을 갖게 하고 올바른 길로 찾아들면 다음에 어떤 자극이 나타날 것인지, 즉 기대를 학습한다는 것이다.

(3) 인지론적 학습이론의 평가

인지주의 관점에서 본 학습이론은 행동주의 학습이론과 달리 인간의 내면적 요소를 중요시한다. 인지적 과정이 제공하는 교육적 암시 역시 이러한 면을 발견하는 데 있다. 학생의 학습 곤란은 비효과적인 인지과정일 수 있다. 따라서 교사는 학생이 무엇을 배울 것인지를 알아야 할 뿐만 아니라 그들이 어떻게 배우는 것을 시도하는지를 알아야 한다. 또한 교사는 수업의 주제와 방법을 계획할 때 학생의 인지발달 수준을 고려해야 한다.

인간은 항상 교육을 과신해선 안 된다. 교육에 있어 이론과 실천 사이의 괴리는 쉽사리 조화를 이룰 수 없는 것이다. 심리 · 과학적 사고의 유형은 교육에서 이상적 요소를 요구하고 있지만 현실의 교육은 상황적 변화에 더 좌우된다. 진정한 인간교육은 학습의 효율성과 결과성에 있는 것이 아니라, 학습의 과정성과 신뢰성에 있다. 학습은 항상 인간의 내면을 이해하는 관심으로부터 시작하여야 한다(김형태 외, 청소년 학업상담, 한국청소년상담원, 1997을 참고할 것).

제9장 학습의 관련 요인

1. 동기의 이해

(1) 동기의 개념

동기(motivation)는 '움직인다'는 의미의 라틴어 Movere에서 유래되었으며, 인간의 행동을 일으키는 근원적인 힘으로 이해되고 있다. 유사한 용어로 요구(need)와 충동(drive)이 있다. 그러나 동기에 대한 개념은 학자들에 따라 약간씩 다르게 본다.

- Atkinson(1958) — 행위의 방향과 강도 및 지속에 대한 직접적인 영향을 말한다.
- Young(1961) — 인간과 동물의 행위를 결정짓는 요인을 말한다.
- Morgan & King(1971) — 유기체 내에서 어떤 목표를 향해 행동을 일으키는 원동력을 말한다.
- 임규혁(1996) — 인간행동 과정에서 행동의 활발성을 증감시키고 행동의 방향을 정해 주는 심리적 요인으로서 개체의 행동을 특정한 목표로 이끄는 내적 충동상태를 말한다.

이러한 내용들을 종합해 볼 때 "동기란 개인의 활동과 행동의 활발성을 증가시키기도 하고 감소시키기도 하는 요인으로서 개인의 행동 수준 또는 강도를 결정하는 심리적 구조이며 과정" 또는 "개인의 행동을 발생시키고, 행동의 방향을 결정하고, 행동의 수준이나 강도를 결정하는 내적 상태 또는 과정"이라고 정의할 수 있다.

(2) 동기의 분류

1) 일반동기(general motivation)

학습상황에서 지식의 습득과 기능의 숙달을 위해 노력하는 지속적이고 폭넓은 경향을 의미한다. 이 때 '지속적'이라는 말은 상당히 중요한 의미를 갖는데, 그 이유는 일반동기가 일단 형성되기 시작하면 초등학교와 중등학교를 거쳐 대학과 직장 그리고 그 밖의 사회 생활에까지 계속 유지되기 때문이다(Mason & Stipek, 1989). 또한, '폭넓은'이란 의미는 일반동기가 교육과정 전반에 영향을 준다는 뜻으로 과목에 따라 약간의 차이가 있을 수는 있겠지만 긍정적인 동기유발은 특정 과목이나 주제영역을 뛰어 넘어 광범위한 영역에서 활성화될 수 있기 때문이다.

2) 특수동기(specific motivation)

학습에 있어서의 특수동기는 특정 과목 혹은 특정 수업시간의 학습에서만 학생들의 학습을 촉진시키게 된다. 따라서 특수동기는 교사의 통제 범위 안에 들어 있다고 볼 수 있으며 특정 전략에 의해 변화될 수 있다.

3) 외재적 동기(extrinsic motivation)

학습자가 외부로부터 받을 수 있는 강화자로서의 동기를 의미하는데, 이 때 학습자는 활동 그 자체에는 관심이 없고 활동의 결과에만 관심을 기울일 수 있다. 따라서 외재적 동기는 학습자의 내재적인 면에 긍정적인 영향을 줄 수도 있지만 대체로 학습자 내부의 동기를 감소시키거나 학습자에게 낮은 자기인식과 편협한 초점을 형성시킬 수 있다는 점에서 비판을 받을 수도 있다(Eggen & Kauchak, 1992).

4) 내재적 동기(intrinsic motivation)

학습자가 본질적으로 가지고 있는 동기로서 학습자의 흥미나 호기심과 같은 요인에서 비롯되는 스스로의 욕구에 대한 반응을 의미한다. 따라서 내재적 동기는 학습자가 학습과제에 대한 외부의 보상과는 상관없이 능동적으로 활동에 참여할 때 형성된다. 학생들의 성취동기나 자아실현의 욕구 또는 포부수준 등은 내재적 동기의 대표적인 예이다.

학습과제 수행과정에서 갖는 내재적 동기와 외재적 동기의 정도는 학생들에 따라 차이가 있기 때문에 교사는 이러한 두 가지 동기에 의한 내재적 보상과 외재적 보상을 이용하여 학습 활동에 대한 동기를 유발시켜 주어야 한다. 참고로 내재적 보상과 외재적 보상을 설명하면 다음과 같다.

1 **내재적 보상**(intrinsic reward)

학습활동에 대하여 성공감이나 만족감을 느끼는 것으로 활동에 있어서의 성취감으로 인해 자아존중감(self esteem)의 향상을 가져오게 된다.

2 **외재적 보상**(extrinsic reward)

학습활동 자체와는 관계없이 타인에 의해서 통제되는 돈이나 음식 그리고 특권 등이 주어지는 것을 의미한다.

그러나 이 때 내재적 보상과 외재적 보상은 서로 독립적이기 때문에(Deci et al., 1991) 교사가 이러한 보상을 동시에 사용할 경우에는 매우 신중을 기해야 한다. 대체로 행동주의자들은 외재적 보상을 중요시하고, 인지주의 심리학자들은 내재적 보상을 중요시하고 있지만, 교사는 학생이 갖고 있는 최소한의 내재적 동기에 대해서 최대의 자신감이나 성취감을 갖도록 사회적 지지를 해줌으로써 내재적 동기를 육성시켜 주어야 한다(Brophy, 1988).

2. 동기이론

동기는 행동의 근원이 되고 활력을 불어 넣어 주며 방향을 제시해 주기 때문에 인간의 행동을 이해하고 변화시키는데 중요한 요소이다.

이러한 동기이론은 인간을 대신한 동물연구에서 성립된 이론, 임상심리학에 의한 이론, 인간을 대상으로 한 게임풀이에서 정리된 이론 등 다양하다. 그러나 여기에서는 행동의 전반적인 면을 이해할 수 있는 일반적인 동기이론과 학교학습 활동에 필요한 학습동기 이론을 살펴보도록 하겠다.

(1) 일반적인 동기이론

이것은 인간의 행동이해를 위한 동기이론으로서 행동주의적 입장과 인본주의 측면에서 다루고자 한다. 따라서 이러한 이론들은 행동의 일반적인 경향을 이해하는 데 도움이 되고 학교학습 수행을 계획하는 데 기초가 된다.

1) 행동주의 동기이론

행동주의 심리학자들에 의해 전개된 이 행동주의 동기이론은 인간은 누구나 자신의 동기를 유발하게 하는 생리적 욕구 — (배고픔, 갈증, 성(性)과 같은 것) — 를 가지고 있다고 가정한다. 이러한 욕구는 음식과 같은 일차적 강화인자(primary reinforcers)에 의해서 충족되는데 이러한 욕구가 충족될 때, 어떤 사건과 경험이 고전적 조건화의 과정을 통해 일차적 강화인자와 연합이 된다. 이러한 연합된 사건은 이차적 강화인자(secondary reinforcers)가 된다(예, 부모들이 우리에게 음식을 주고 길러줌으로써 애정이 음식과 연합되는 경우). 따라서 행동주의 견해에 따르면, 일차적 강화인자와 이차적 강화인자를 얻기 위해서 그리고 벌을 피하기 위해서 행동의 동기가 이루어진다는 것이다.

Clark L. Hull(1884~1952) : 미국의 심리학자. 신행동주의 또는 행동이론의 중추적 학자였다. 학습이론 연구에 많은 업적을 남겼다. '생체의 환경 적응'이라는 생물학적 견지에서 요구저감(要求低減)을 원리로 하는 반응설(反應說)을 주장, E. C. 톨먼의 인지설(認知說)에 맞서기도 했다. 주요 저서는 「행동의 원리」(1946), 「행동체계」(1952) 등이 있다.

원칙론적인 행동주의자들의 주장은 반드시 관찰 가능한 행동만을 연구해야 한다는 것이었다. 그러나 이러한 전통적인 행동주의자들의 주장은 인간의 행동을 이해하는데 많은 제한점을 가져 왔다. 따라서 전통적인 행동주의의 기계적인 행동이해에 대한 보완적인 연구로서 신행동주의(neo-behaviorism)가 제기되게 되었다.

신행동주의의 대표적인 학자인 Clark L. Hull(1951)은 사람들의 모든 행동이 욕구나 충동으로 인한 긴장을 감소시키는 방향으로 진행된다는 충동감소이론(drive reduction theory)을 제안했다. 충동감소이론에서는 인간의 활동량을 증가시키는 내적 욕구 상태인 충동(drive)이라는 개념을 일차적 충동과 이차적 충동으로 구분하여 설명한다. 즉, 일차적 충동(primary drive)은 근원적인 충동을 말하며, 이차적 충동(secondary drive)은 획득적인 충동으로 일차적 충동과의 연합과정에서 발생하는 충동을 말한다. 따라서 이차적 충동은 생존에 필요한 일차적 충동을 넘어서는 것이며, 일차적 충동과의 결합을 통해 형성되는데 이와 같이 형성된 이차적 충동은 충동을 감소시키는 방향으로 행동을 유발시킨다. 이때 자극에 대한 반응은 감소된 충동으로 인해 자극과 반응간의 짝지어지는 정도를 습관강도(habit strength)라 한다.

그러나 습관강도에 의해 형성되는 행동이라도 상황에 따른 인간의 구체적인 충동과의 관계에 보다 큰 영향을 받게 되는데, 이러한 현상을 반응경향성이라 한다.

반응경향성은 다음과 같이 충동과 습관 강도와의 함수관계로 나타낼 수 있다.

$$\text{반응경향성} = \text{충동} \times \text{습관강도}$$

따라서 신행동주의는 인간의 행동을 자극에 대한 수동적인 반응으로 이해하는 전통적인 행동주의 이론을 보완하고 확대시켰으며, 다양한 인간 행동의 원인을 이해하려는 동기 연구에 중요한 접근방식을 제공하였다. 그러나 신행동주의 이론은 일차적 충동과 이차적 충동을 명확하게 구분하기가 어려우며, 인간을 수동적으로 보는 행동주의적 관점에서 완전히 벗어나지 못하는 단점을 보이고 있다.

이러한 비판으로서는 과제에 대한 외재적 보상은 내부의 흥미와 동기를 저하시킨다는 것(Calder & Staw, 1975 ; Morgan, 1984), 문제의 선택에 있어서도 그 문제에 대해 정답을 말했을 때 보상을 받는 경험이 많다는 것(Harter, 1978), 고학년 학생의 경우 쉬운 과제를 완성했을 때 교사의 과도한 칭찬은 오히려 학생 자신이 낮은 능력을 가졌다고 느끼게 할 수 있다는 것(Graham, 1991)들을 고려해 볼 수 있다.

그러므로 교사는 이러한 비판점을 염두에 두고 동기유발을 위한 강화계획을 세워야 하며, 즉각적인 행동의 변화를 이끌어낼 수 있는 외재적 동기의 적절한 사용을 통해 학습의 증진과 함께 행동수정에 중요한 기능을 발휘하도록 하여야 할 것이다.

2) 인지주의 동기이론

동기에 대한 인지주의 관점은 인간이 세계에 대해 이해하려는 욕구를 지니고 있다는 것으로부터 시작하며, 인간의 기본적인 욕구가 무엇인가에 대해서는 여러 관점들이 있으나 대부분 질서와 감각에 대한 욕구라는 것에 동의한다. 따라서 인지주의 동기이론은 인간을 능동적이고 적극적으로 사고하는 이성적인 존재로 보며, 인간의 동기를 외적인 힘에 의한 수동적인 것으로 인식하는 행동주의적 입장과는 대조적인 차이를 보인다.

대표적인 인지주의 동기이론 귀인이론과 자아효능감이론이 있다.

1 귀인이론

성공이나 실패에 대하여 자신의 행동에 대한 원인을 귀속시키는 경향성에 대한 이론을 귀인이론(attribution theory)이라 한다. 대표적인 사람인 B. Weiner(1979, 1980)에 따르면 귀인이론이란 학교에서 학생들이 그들의 성공과 실패를 어떻게 설명하는가에 대해 체계적으로 이해하려는 것이다. 그는 인간은 자신의 성공과 실패의 원인을 알고자 하는 특성이 있다고 가정한다. 이러한 입장에서 Weiner는 사람들이 자신의 실패나 성공의 원인으로 가장 많이 제시하는 것으로써 능력, 노력, 운, 과제의 난이도라는 네 가지 요소를 설정한다.

그리고 이러한 귀인들은 원인의 소재, 안정성, 통제 가능성이라는 3가지 차원의 모형을 기준으로 분류될 수 있다.

① **원인의 소재**(locus of causality) : 성공이나 실패의 원인이 사람들의 내부에 존재하는지 아니면 외부에 존재하는지에 따라 원인의 소재가 달라진다. 여기에는 내적(internal) 원인과 외적(external) 원인 두 가지로 나뉘어지는데, 노력이나 능력 등은 개인의 내부에 존재하는 원인이기 때문에 내적 원인이 되며, 노력과 능력이라는 원인에 성공과 실패를 귀인시키는 사람들은 내적으로 지향되어 있다고 분류된다. 반면에 운이나 과업의 난이도 등은 성공이나 실패를 외부에 귀인시키는 전형적인 외적 원인들이다.

② **안정성**(stability) : 귀인을 변화시킬 수 있는 가능성의 정도를 가리켜 안정성이라 하는데 그 정도에 따라 안정적(stable) 귀인과 불안정적(unstable) 귀인으로 분류된다.

③ **통제 가능성**(controllability) : 성공이나 실패를 통제할 수 없는 선행사건에 귀인시키는가 혹은 통제할 수 있는 선행 사건에 귀인시키는가에 따른 분류를 말한다. 예를 들면, 운이나 지능지수는 통제 불가능한 원인의 한 예가 될 수 있고 노력은 통제 가능한 원인이 될 수 있다. 따라서 통제 가능성은 통제가능

(controllable) 귀인과 통제불가(uncontrollable) 귀인 두 가지로 나눌 수 있다.

이와 같이 귀인은 모두 3가지 차원으로 분류되며, 앞서 살펴본 대표적인 귀인 4가지를 다음과 같이 나타낼 수 있다.

〈귀인과 각 차원과의 관계〉

요소	원인의 소재	안정성	통제 가능성
능력	내적	안정적	통제불가
노력	내적	불안정적	통제가능
운	외적	불안정적	통제불가
과제의 난이도	외적	안정적	통제불가

② 자아효능감 이론

자아효능감 이론에서는 학업과제에 대한 내재적 동기가 피험자의 능동적이고 자율적인 상태와 관련되어 있다고 본다. A. Bandura(1986)는 자아효능감(self-efficacy)이란 어떠한 과제를 성공적으로 조직하고 실행하는 자신의 능력을 지각하는 특성이라고 정의한다.

자아효능감은 다양한 수준에서 교사와 학생에게 영향을 주며, 특히 학생들이 느끼는 자아효능감은 스스로에게 긍정적인 감정을 경험하도록 하여 보다 상위의 과제에 도전하려는 열정을 갖게 한다. 이 때 열정은 학생의 동기와 직결되며, 학생들의 학업성취는 이러한 동기에 영향을 받게 된다. 자아효능감은 학습을 하는 동안에 진행되는 학생들의 사고뿐만 아니라 과제를 회피하거나 접근하려는 경향성에도 영향을 주게 된다. 효능감을 지니고 있는 학생은 과업에 직접적으로 집중하지만 그렇지 않은 학생들은 스스로 무력감을 느끼게 되어 과제를 회피하려 한다(Schunk, 1990). 또한 높은 자아효능감을 가진 학생들은 자아효능감이 낮은 학생에 비하여 실제 자기 능력보다 높은 성취를 가져 왔다는 연구결과(Collins, 1982)는 교사들이 학생들에게 높은 자아효능감을 갖도록 지도해야 함을 가르쳐 준다.

그러나 자아효능감은 단순히 학생들에게만 영향을 미치는 것이 아니라 교사의 수행에도 영향을 미치는데, 자신의 능력에 신뢰감을 느끼고 있는 교사와 그렇지 않은 교사가 학생들의 학업성취에 상이한 영향을 미친다는 연구결과(Dembo & Gibson, 1985)는 자아효능감이 교사의 수업태도에도 중요한 요소가 된다는 것이다.

3) 인본주의 동기이론

인본주의 견해는 1940년대 당시 지배적이었던 행동주의와 Freud학파인 정신분석학에 대한 반동으로 발전되었기 때문에 종종 제3세력 심리학(third-force psychology)이라 불리기도 한다.

인본주의 심리학자들은 동기심리학에 큰 영향을 준 Maslow의 이론을 중심으로 내발적 동기의 중요성을 강조하며, 자기존중이나 자아실현의 욕구와 같은 욕구의 역할이 중요하다고 본다. Maslow(1943)에 의하면, 인간은 내적 욕구를 갖고 태어나고 이 욕구를 만족시키기 위해 노력하는데, 이러한 노력의 궁극적인 방향은 단순히 생물학적 만족이나 긴장감의 감소가 아니라 자아실현의 추구라는 것이다. 이것은 곧 인간의 긍정적이고 지적이며 상향 지향적인 측면을 강조하는 말이기도 하다.

따라서 Maslow(1970)의 욕구위계는 인간행동에 있어서 명확한 방향성을 보여주고 있는 데, 다음과 같이 생리적 욕구에서부터 자아실현이라고 할 수 있는 미적, 인지적 욕구를 지향하는 욕구위계를 제시하고 있다.

또한 그는 모든 사람이 자아실현을 위해 노력한다고 믿었으며, 우선 하위의 욕구들이 충족됨으로써 그 다음 상위의 욕구를 자유롭게 추구하게 되고 궁극적으로는 자아실현에까지 이르게 된다고 결론지었다.

〈Maslow의 욕구위계설〉

<table>
<tr><td colspan="3">자아실현 : 한 인간으로서의 역할을 충분히 발휘하는 인간(학생)이 되고자 하는 욕구를 표현하기</td></tr>
<tr><td rowspan="2">신체적, 조직적 욕구</td><td>① 생존욕구 : 지금 당장의 의식주와 신체적 필요를 고려하기</td><td rowspan="4">성장욕구</td></tr>
<tr><td>② 안전욕구 : 내일의 의식주를 고려하기</td></tr>
<tr><td rowspan="2">애정, 사회적 욕구</td><td>③ 소속욕구 : 타인이 나를 알아주고 그들과 집단 속에서 사귀기</td></tr>
<tr><td>④ 자존욕구 : 자기존재의 중요성과 의미 발견하기, 자기역할 인지하기</td></tr>
<tr><td rowspan="2">성취, 지적 욕구</td><td>⑤ 자아실현욕구 : 정보와 학문에 접근하기, 일하는 방법을 알기, 사상이나 상징의 의미를 알기</td><td rowspan="2">관계욕구</td></tr>
<tr><td>⑥ 인지욕구 : 광범위한 이론 속에 표현된 관계, 체계, 과정 등에 관한 지식을 통합하기</td></tr>
<tr><td>심미적 욕구</td><td>⑦ 심미욕구 : 인생의 모든 질서와 균형, 미적 감각, 모든 것에 대한 사랑을 평가하기</td><td>존재욕구</td></tr>
</table>

〈Maslow의 욕구위계〉

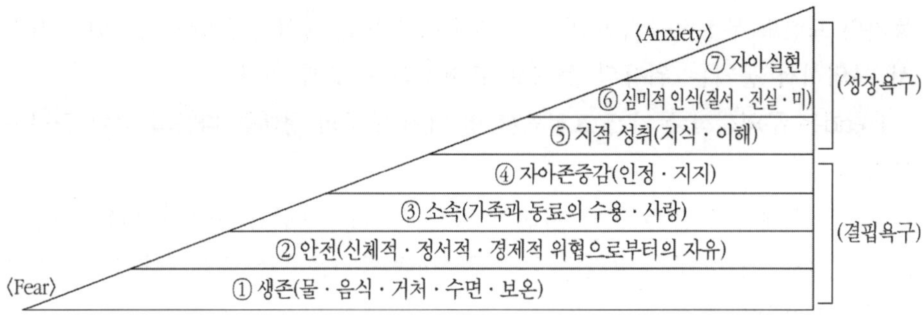

이와 같은 인본주의 동기이론은 사람들이 반드시 위계에 따라 행동하는 것은 아니라는 점에서 그 비판을 받고 있으며, 사랑하는 사람을 위험에서 구하기 위하여 자신의 목숨을 포기하는 사람들의 경우를 Maslow의 이론 비판의 증거로 삼기도 한다. 그러나 인본주의에서는 동기를 모든 인간 존재의 성장과 발달의 원인이 되는 내부적이고 활동적인 힘으로 본다. 따라서 인본주의 입장에서는 동기화되지 않는 학습자란 있을 수 없으며, 교사는 학생의 성장과 발달 그리고 새로운 경험을 종합하는데 도움을 주기 위하여, 이미 내재되어 있는 궁극적인 자아실현 경향성을 증진시키는데 최선의 노력을 기울여야 한다.

4) 정신분석학적 동기이론

정신분석은 신경증질환의 치료법인 동시에 인간동기이론이다. 이것은 Freud의 「꿈의 해석」(The Interpretation of Dreams, 1900)에서 시작되어 점차적으로 전개되어 왔다. Freud는 모든 행동이 두 개의 반대그룹의 본능에서 나온다고 믿었는데, 그것은 생명과 성장을 증진시키는 삶의 본능과 파괴로 밀어내는 죽음의 본능이다. 삶의 본능의 에너지는 리비도(libido)로서 이것에는 주로 성과 그에 관련된 활동이 포함되며, 죽음의 본능은 자살이나 기타의 자기 파괴적 행동의 형태로 내부로 지향되거나 타인에 대한 공격의 형태로 지향될 수 있다.

따라서 Freud는 두 가지 기본적 인간동기, 즉 성욕과 공격욕이 있다고 믿었다. 그는 성욕과 공격욕의 조짐은 아동의 인생 초기에 발견된다고 믿었다. 즉, 성은 신체의 민감한 부위의 자극에서 오는 쾌락으로 표현되고, 공격은 물어뜯거나 때리는 것으로 표현된다. 부모가 성과 공격성 모두에 금기(禁忌)를 두면, 그것들의 자유스런 표현은 억압되게 되고, 충분한 의식적 표현을 찾는 대신에 무의식적 동기로 남아서 작용한다. 성은 보통 공격성보다도 더 심하게 억압되지만, 어느 동기의 표현도 부정적인 부모의 태도 때문에 아동을 불안하게 만들 수 있다. 따라서 무의식적 동기는 위장된 형태로 표현방식을 찾게 된다.

Freud는 무의식적 동기가 표현되는 몇 가지 행동의 형태를 다음과 같이 규정하였다.

① 꿈 속에서 인간은 흔히 자신이 알지 못하는 욕망과 충동을 나타낸다.

② 무의식적인 버릇과 말의 실수는 무의식적 동기를 무심코 나타내거나 숨겨진 동기를 나타낸다.

③ 병의 증후(특히 정신질환의 증후)도 흔히 그 사람의 무의식적 욕구를 도와줄 때가 있다.

따라서 무의식적 동기는 정신분석이론의 초석의 하나로써, 인간의 행위는 흔히 의식수준 이하에서 작용하는 내재적인 힘과 충동에 의해 결정된다는 것이 정신분석학적 관점이다.

(2) 학습동기 이론

1) 학습동기의 개념

Morgan & King(1971)은 동기란 유기체 내에서 어떤 목표를 향한 행동을 일으키는 원동력이라고 정의하고 있다. 이 때 행동을 일으키는 원동력이라는 개념 속에는, ① 유기체 내면의 동기적 상태, ② 이러한 상태가 행동을 유발하거나 방향을 결정 지으며, ③ 행동이 목표를 향하게 하는 세 가지 면을 포함하여 목표가 달성되면 행동은 그친다고 설명하고 있다.

따라서 Morgan 등의 주장에 따르면 동기는 ① 시발적 기능(lenergetic function), ② 지향적 기능(directive function), ③ 강화적 기능(reinforcement function) 기능을 갖고 있다.

Mednick(1964)은 동물이나 사람의 실험을 통해서 동기가 어떻게 작용하는가를 ① 동인(動因)으로서, ② 자극, 즉 내부감각으로서, ③ 충족되어야 할 욕구로서의 세 측면에 걸쳐 보여 주고 있다.

학습에 작용하는 동기로서는 다음과 같은 것이 있다.

2) 성취동기

성취동기(achievement motivation)는 Murray에 의해서 처음 제시되었는데, 그는 인간의 행위를 사람과 환경의 상호작용의 결과로 나타난다고 전제하고 성격 구조의 핵심은 요구 또는 동기이며 환경의 작용은 개인이 지각하는 압력(press)으로 개념화할 수 있다고 보았다. 또한 그는 성취동기를 비롯한 인간의 요구와 압력의 정도를 측정할 수 있는TAT(Thematic Apperception Test)를 만들어 그것으로서 동기의 종류, 방향, 그리고 강도를 측정하였다.

이후 성취동기는 D. McClelland와 J. Atkinson에 의해 보다 체계적으로 발전하였다. 성취동기의 측면에서 Murray는 정의적인 측면을 중시하고 있는데 반하여 McClelland와 Atkinson은 기대－가치라는 인지적인 측면을 강조한다. McClelland(1985)는 아동에게 성취에 대한 보다 높은 욕구를 형성시킬 수 있다고 믿고 있었으며, 이러한 믿음을 기초로 성취동기 육성 프로그램을 개발하기도 하였다. 성취동기가 높은 사람의 행동특성은 다음과 같다(정범모 · 방용현, 1972).

① 과업지향성

성취동기가 높은 사람은 성취결과로 얻게 되는 보상보다 성취해 가는 과정을 만족스럽게 여기며, 자신의 능력을 겨루어 볼 수 있는 어렵고 힘든 일 자체에 흥미를 갖는다.

② 적절한 모험심

성취동기가 높은 사람은 그의 능력과 기능을 고려하여 너무 어렵거나 너무 쉽지 않은 적절한 모험성이 포함된 과업을 선택하여 자력으로 성취하고자 한다.

③ 자신감

성취동기가 높은 사람은 보다 높은 자신감을 갖고 있다. 이들은 이전에 경험해 보지 못한 일에 대해서도 일단 자신감을 갖는다.

④ 정력적 · 혁신적 활동성

성취동기가 높은 사람은 자기가 하는 일에 보다 열중하고 더 많은 새로운 과업을 찾고, 계획하며, 이를 성취하기 위해 온갖 노력을 경주한다.

⑤ 자기 책임감

성취동기가 높은 사람은 과업의 결과가 어떻게 되었건 자기가 계획하고 수행하는 일에 대해 자기 자신이 책임을 진다. 과업이 실패했을 때도 성공했을 때와 마찬가지로 자신의 책임으로 여기며 책임을 회피하지 않는다.

⑥ 결과에 대한 지식

성취동기가 높은 사람은 그가 수행하는 과업의 진행상황 및 그 결과에 대하여 구체적이고 객관적인 정보를 계속 추구하여 정확한 판단을 하려고 한다.

⑦ 미래지향성

성취동기가 높은 사람은 장기적인 계획을 세우고, 미래에 얻게 될 성취만족을 기대하면서 현재의 고통 및 갈등을 극복하고 작업에 열중한다.

성취동기

자신의 성취동기 수준을 알아 보기 위한 척도이다. 보기를 참고로 하여 응답해 보자.

〈보기〉

1	2	3	4	5
전혀 그렇지 않다		그저 그렇다		매우 그렇다

일

1. 비록 동료들은 그렇지 않더라도 내가 맡은 일을 할 수 있는 한 잘 해내는 것이 중요하다. 1 2 3 4 5
2. 나는 내가 할 수 있는 한 최상으로 일하는 데 만족감을 찾는다. 1 2 3 4 5
3. 일이 훌륭하게 수행되어지면 만족감을 느낀다. 1 2 3 4 5
4. 다른 사람을 능가하지는 못했을지언정, 이전에 내가 했던 것보다 더 잘 해내는 것에 만족감을 찾는다. 1 2 3 4 5
5. 나는 열심히 일하는 것을 좋아한다. 1 2 3 4 5
6. 내가 즐거움을 느끼는 것 중의 하나는 이전에 내가 했던 것보다 더 잘 해내는 것이다. 1 2 3 4 5

숙달

1. 나는 힘들고 까다로운 것보다는 자신있고 편안한 것을 하는 편이다.* 1 2 3 4 5
2. 내가 속한 집단에서 어떤 활동을 계획할 때면, 단지 옆에서 보조를 하거나 다른 사람에게 시키는 것보다는 내 스스로 앞장서는 편이다. 1 2 3 4 5
3. 나는 까다로운 생각을 요하는 게임보다는 쉽고 재미있는 게임을 배우는 편이다.* 1 2 3 4 5
4. 뭔가 서투른 것이 있다면, 내가 잘 할 수 있는 다른 것으로 건너 뛰기 보다는 서투른 것을 통달할 때까지 계속 노력한다. 1 2 3 4 5
5. 일단 하나의 일을 맏게 되면, 끈기있게 매달린다.
6. 나는 높은 수준의 기술이 요구되는 상황에서 일하는 것을 선호한다. 1 2 3 4 5
7. 나는 내가 잘 할 수 있을 것이라고 믿는 일보다는 잘 할 수 있을지 확신이 없는 일을 종종 시도하곤 한다. 1 2 3 4 5
8. 나는 내내 바쁜 것을 좋아한다. 1 2 3 4 5

경쟁

1. 나는 다른 사람들과 경쟁하는 상황에서 일하는 것을 즐긴다. 1 2 3 4 5
2. 다른 사람보다 일을 더 잘 해내는 것이 중요하다. 1 2 3 4 5
3. 나는 업무에서나 게임에서나 이기는 것이 중요하다고 생각한다. 1 2 3 4 5
4. 다른 사람이 나보다 더 잘하는 경우에는 마음이 편치 않다. 1 2 3 4 5
5. 다른 사람과 경쟁하게 되면 다른 때보다 더 열심히 노력한다. 1 2 3 4 5

채점방식 : * 표된 항목은 점수를 역으로 계산합니다(예 : 5점은 1점으로)

해석방식 : 위의 척도는 Work & Family Orientation Questionnaire(Spence & Helmreich, 1983)입니다. WOFO는 3가지 하위요인으로 분류됩니다. 일요인은 "열심히 일하고 싶은 욕망과 잘 해내고 싶은 욕망"을 나타냅니다. 숙달요인은 "까다롭고 힘든 일은 더 선호하고 탁월하게 일을 수행해야 한다는 내적 기준을 충족시키려는 것"을 나타냅니다. 경쟁요인은 "대인간 경쟁을 즐기는 것과 이기려는 욕망"을 나타냅니다. 3가지 하위요인에 대한 각 점수는 해당 하위요인의 항목들에 표시한 점수들의 합을 구하면 됩니다. Spence와 Helmreich가 상이한 네 집단을 통해서 구한 평균은 다음과 같습니다.

	일		숙달		경쟁	
	남	여	남	여	남	여
대학생	19.8	20.3	19.3	18.0	13.6	12.2
대학 운동선수	21.2	21.9	20.4	20.9	15.7	14.3
실업가	21.1	20.7	22.3	22.1	14.6	13.8
심리학자	21.1	21.9	21.5	22.4	11.7	11.1

출처 : Burger, J. M. (2000). Personality(5th ed.). Belmont, CA : Wadsworth/Thomson.

또한, Atkinson은 성취하고자 하는 욕구를 실패 회피동기와 함께 설명함으로써 성취동기를 이해하는 데 보다 유용한 시각을 제시하였다. 특히 Atkinson은 학생들의 성취동기를 성공 추구동기(Ms)와 실패 회피동기(Maf)로 설명하고 있는데, 즉 성공 추구동기가 높은 학생들은 실패 회피동기가 높은 학생들에 비해 중간 정도의 난이도 과목에 접근하려는 경향이 두드러지며, 실패 회피동기가 높은 학생들은 과목에 대한 실패를 감수하면서도 어려운 과목을 선택하는 경향성이 있다.

그러나 이것은 자신의 실패를 과목의 난이도에 귀인시키려는 목적이며 이러한 현상이 학생들의 실제적인 학업성취에 도움을 주지는 못한다. 반면, 성공 추구동기에 의해서 동기화된 학생들은 지나치게 비현실적인 어려운 과제에 도전하지 않는다. 따라서 성공 추구동기가 높은 집단은 적절한 학습동기를 형성함으로써 학교학습 수행능력을 높일 수 있다.

다음의 표에서 볼 수 있듯이 성공 추구동기를 갖는 학생들은 학습과제를 실패했을 때 성취동기가 증가되고, 실패 회피동기를 갖는 학생들은 학습과제를 성공했을 때 성취동기가 증가한다. 일반적으로 성취의 욕구가 높은 학생들은 도전적인 과제물, 높은 기준, 명백한 피드백, 재도전의 기회 등에 의해 동기화되는 경향이 있으며, 실패회피에 높은 욕구를 가진 학생들은 성공을 위한 여러 강화, 자유로운 평가, 실패로 인한 당황으로부터의 방어 등에 동기화된다.

〈동기유형과 과제의 성공, 실패 함수로서의 동기 변화〉

	Ms>Maf	Ms<Maf
성 공	동기 감소	동기 증가
실 패	동기 증가	동기 감소

이러한 차이점들을 이해하는 것은 서로 다른 욕구를 가진 학생들의 지도에 적절한 도움을 주는 것이며, 결과적으로 모든 학생들을 보다 효과적으로 도울 수 있을 것이다. 따라서 교사는 학생들에게 적절한 난이도의 과제를 배분시켜 학생들의 성공경험과 실패경험을 조절해 줌으로써 성취동기를 향상시키고 유지시켜야 한다.

Atkinson의 성취동기 연구는 후에 Weiner의 귀인이론과 통합되어 학습상황에서의 성취결과를 보다 자세하게 설명하고 있다. 이것은 대체로 성취동기가 높은 학생들은 성공과 실패의 원인을 내적으로 귀인시키는데 반하여, 성취동기가 낮은 학생들은 외적으로 귀인시키는 경향이 있음을 알게 되었다.

최근에는 교육현장에서 성취동기를 설명할 때 목표의 개념이 도입되어 Atkinson의 성취동기 이론을 보완하고 있다. 성취동기에서의 목표 제시를 보면 Dweck(1986)은 수행목표(performance goal)와 학습목표(learning goal)에 따라 달라진다고 보고 있으며, Nicholls(1984)에 의하면 성취목표가 자아개입(ego involvement)을 위한 것인지 혹은 과제개입(task involvement)을 위한 것인지에 따라 학습자의 동기가 달라진다. 또한 Ames(1984)는 성취목표이론(achievement goal theory)을 제시하여, 학습자의 목표를 과제목표(task goal)와 능력목표(ability goal)로 구분하여 성취동기를 이해해야 한다고 지적했다.

이상과 같은 이론에 근거하여 수업상황에서 교사는 학생들의 다양한 성취동기를 이해하고 증진시키는 데 노력해야 하며, 이를 위하여 구체적으로 다음과 같은 역할을 해야 한다.

첫째, 과제수행의 성공에 대한 기대치를 높여준다.

둘째, 학습결과를 평가하는 과정에서 학습의 성공과 실패를 내적으로 귀인시켜 준다.

셋째, 학습과제 수행에서 실패했을 경우라도 벌을 최소화하고, 가능성과 시사점을 구체적으로 명시하여 성취동기를 북돋워준다.

3) 각성과 동기

각성(arousal)이란 주의, 기민성, 혹은 경계성과 같은 인간행동 반응의 질을 의미하는 것으로 신체적 · 심리적 반응을 모두 포함한다. 각성 수준은 한 인간이 깨어 있는 정도를 나타내는 말이며, 이러한 각성수준은 일어나는 일에 따라서 수면 상태의 각성수준에서부터 극도의 흥분상태의 각성수준까지 매우 다양하다.

실제로 교실에서 교사가 학생들의 주의와 관심을 불러일으켜 학습할 수 있도록 동기를 유발시켜 줄 몇 가지의 방법을 살펴보자.

① 흥미와 호기심의 자극

학습경험이 학생들의 흥미와 관련되어야 함은 당연한 것 같지만 항상 손쉽거나 바람직한 전략이 아니다. 학생들은 전혀 내적 흥미를 갖고 있지 않아서 기초적 기능을 숙달하지 않으면 안될 때도 있다. 그럼에도 불구하고 만일 교사가 학생들의 흥미가 무엇인지 알고 있다면, 흥미를 자극하는 것은 하나의 수업전략이 될 수 있다.

따라서 교사는 학생들의 흥미를 어떤 유형이든지 교육과정에 알맞게 각색하여 여러 형태로 연결지워줄 수 있어야 하며, 또한 교과의 가치를 찾아 흥미와 연결지워줄 수 있어야 한다. 그러므로 학생들의 호기심을 불러일으키기 위해 고안된 전시회나 활동, 학습내용과 관련된 대상이나 물체의 조작과 탐색, 구조화된 질문이나 요약, 역할놀이(role-play)와 시뮬레이션(simulation) 등은 호기심을 자극시키는 효과적인 방법이 될 수 있다.

② 교실에서의 불안

교실은 학생들이 학습을 하고 평가를 받는 곳이기 때문에 불안이 생기는 곳이다. 과제를 만족스럽게 완성할 수 없게 될 것이라고 판단되면 매우 각성수준이 높은 학생들은 불안감 혹은 '일반적인 불편함, 지루함, 긴장감'(Hansen, 1977 : 91)을 경험한다.

Yerkes와 Dodson(1908)으로부터 현재에 이르기까지 불안이 학업성취도에 미치는 영향의 연구는 한결같이 모든 교과의 학업성적과 불안간에는 부적(負的) 상관이 있음을 보고하였다(Covington & Omelich, 1987). 특히 Hill과 Eaton(1977)의 조사는 경쟁적 상황에서의 패배 혹은 과제해결의 실패에 대한 불안을 조성하는 상황은 불안이 높은 학생들에게 최악의 결과를 초래하도록 만든다는 것을 보여준다. Williams(1976)의 경우도 실패에 대한 개인적 희생을 제거시켰을 때, 매우 불안이 높은 학생들이 다른 어떤 집단보다도 우수한 성취를 보였음을 밝혔다. 이밖에도 Sigmund Tobias(1979)는 불안이 학습과 검사수행을 어떻게 방해하는가를 설명하기 위한 하나의 모형을 제시하였는데 그것은 학생들이 새로운 자료를 학습할 때 주의 집중이 상당히 중요하다는 것이다.

따라서 교사가 학생들의 불안을 줄여 줄 수 있는 방법은 대부분의 학습활동을 경쟁보다 협동적인 학습활동으로 구조화시키고, 학생들의 실수를 자연스럽게 받아들이는 것이다(Johnson, 1979).

③ 자극체로서의 교사

교사가 학생들이 전혀 기대하지 않았던 수업활동을 하거나, 음성의 강도, 억양, 고저, 등을 변화시키거나, 혹은 학습내용을 학생들에게 전달할 때 사용하는 의사소통의 방법을 변화시킴으로써 학생들의 각성과 주의의 수준을 높일 수 있다. 이에 대하여 Rosenshine(1971)은 교사의 열정이 학생들의 학업성취도와 관계가 있다고 말한다. 즉, 교사가 자신의 경험이나 어떤 학생의 이름을 예로써 사용하는 것은 강의와 토론 및 발표하는 동안에 학생들의 주의를 집중시킬 수 있다는 것이다.

또한 잠시 동안이라도 교사가 언어를 통한 의사소통을 시각적인 것으로 바꾸면, 학생들의 주의기제(attention mechanism)를 쉽게 변화시킬 수가 있다.

④ 모순, 비교효과, 부조화

학생들의 주의를 집중시키고, 이를 유지하는 방법 중의 하나가 놀랄만한 일이나 부조화스러운 것을 제시하는 것이다. 학생들이 가지고 있는 기존의 인지구조와 제시된 새로운 정보간에 모순이 있거나 혹은 기존의 인지구조에 비추어 새로운 정보를 예측할 수 없을 때, 일반적으로 각성과 주의가 생긴다. 많은 인지심리학자들에 따르면, 기존의 경험이나 지식에 새로운 정보가 들어맞지 않을 때 인지구조와의 모순(불균형)이 높은 각성수준을 유발하게 하며, 이것이 학생들의 호기심을 민감하게 만든다.

그러므로 교사는 극적이면서 재미있는 예를 적절히 사용하고, 의도적인 실수도 하고, 이를 지적 당하면 당황한 체하고, 학생들이 올바른 대답을 하면 놀라는 표정 등 여러 가지의 방법을 사용할 수 있다. 이와 같이 교사는 사고의 모순, 단순함과 복잡함의 대비, 구체적인 것과 모호한 것의 비교 그리고 불일치되는 것 등을 제시하여 학생들의 주의를 집중시킬 수 있다.

⑤ 질문의 제시

학생들의 각성수준을 높이기 위한 유용한 방법 중 하나가 강의나 설명 또는 발표 사이에 학생들에게 질문하는 것이다. 일반적으로 질문에 대한 학생들의 반응수준을 높이고 유지시키는 일은 바로 주의와 학습을 촉진시키는 일이며, 강의나 설명을 하는 동안에 가끔 학생들에게 질문을 하는 것은 다양한 효과를 가져온다. 대체로 다음과 같은 질문이 학생들의 각성수준을 높이는데 좋다.

① 질문은 특별한 주의를 기울일 만한 가치가 있다는 것을 내포하고 있어야 한다.

② 질문에 대한 반응에서 학생들이 최근의 지식을 활용할 수 있도록 해야 한다.

③ 질문에 대한 반응을 통하여 학생들이 주어진 학습과제를 어느 정도 학습하였는가를 알 수 있어야 한다.

④ 질문은 학생들의 주의집중을 높여 주는 것이어야 한다.

⑤ 질문은 학생들이 듣고 있는 강의 내용을 다시 검토해 보는 데 도움을 줄 수 있어야 한다.

4) 귀인과 동기

귀인이론(attribution theory)은 관찰된 행동의 원인을 기술하는 일반적 법칙으로서 인간행동에 대한 설명과 예측을 가능케 하려는 하나의 동기이론이다. Kelley(1973)는 귀인이론을 사람들이 어떻게 인과론적(因果論的) 설명을 하며, '왜'로 시작되는 질문에 그들이 어떻게 대답하는 가에 관한 이론이라 하였다. 여기에서의 인과론적 설명, 혹은 '원인으로 돌리기'(causal ascription)란 성공과 실패에 대해 지각된 이유를 의미한다(Weiner, 1974).

1 인과적 차원

학생들은 자신들이 경험해 온 학교 성적에서의 성공과 실패를 주로 능력(ability), 노력(effort), 과제 곤란도(task difficulty), 운(luck)의 네 가지 원인으로 설명하려 한다(Heider, 1958 ; Rotter, 1966 ; Weiner, 1984). 이들 원인들을 원인의 소재(locus of caus- ality), 안정성(stability), 통제 가능성(control ability)의 세 가지 차원에 따라 분류될 수 있다(Weiner, 1984). 이것을 도식화하면 다음과 같다.

〈Weiner의 귀인모형〉

소재 / 안정성	내적 통제	외적 통제
안정 요인	능력	과제 곤란도
불안정 요인	노력	운(재수)

여기에서 원인의 소재 차원이란 원인을 학생의 자신(내부)에서 찾느냐 외부에서 찾느냐의 문제로서 내적-외적(internal vs. external) 차원으로 특징지어진다.

원인의 안정성 차원이란 찾아진 원인이 시간이 경과되거나 상황이 바뀌어도 비교적 항상성을 띠는 안정적인 것이냐, 아니면 때와 장소에 따라 수시로 변화될 수 있는 것이냐의 문제로서 안정적-불안정적(stable vs. unstable) 차원으로 특징지어진다. 원인의 통제 가능성 차원이란 찾아진 원인이 학생의 의지에 의해 통제될 수 있느냐, 아니면 통제될 수 없느냐의 문제로서 통제가능-통제불가능(controlable vs. uncontrolable) 차원으로 특징지어진다.

② 귀인과 학생의 동기

동기유발에 있어 가장 큰 문제는 학생들이 실패를 내적, 안정적, 통제 불가능한 원인으로 귀인할 때 일어난다. 이런 경우에는 실패에 대한 절망감을 갖고 우울해지며 무력감에 사로잡히게 되는데 이것이 곧 동기유발이 안된 상태이다. 이들 학생들은 자신의 부적절성에 더 중점을 둠으로써 실패에 대해 반응한다. 따라서 학습자가 가지는 극도의 부정적 자아개념인 학습된 무력감은 귀인양식과 관련이 있으며, 학교학습 상황에서 볼 때 노력과 성취는 무관하다고 보는 학생들을 가리킨다. 즉, 이들은 아무리 노력하더라도 성공할 수 없을 것이라고 생각하는 학생들이다. 그러므로 교사들은 학습된 무력감을 지닌 학생들을 찾아내어 교육체제에 대처하는 새로운 방법을 제공해 줌으로써 귀인양식을 개선시켜 주어야 한다.

③ 능력에 관한 신념

능력을 보는 관점에는 실재적 견해와 증가적 견해의 두 가지가 있다. 실재적 견해(entity view)에서는 능력이란 외적이고 안정적이며 통제 불가능한 특성으로 생각한다. 반면에 증가적 견해(incremental view)에서는 능력이란 내적이고 불안정적이며 통제 가능한 것으로 본다.

사람은 이러한 두 가지 견해 중에서 어느 하나를 지지하거나, 아니면 상황에 따라 그 신념이 바뀔 수도 있다. 그것은 대부분의 사람들이 자신의 능력을 개선할 수 있다고 생각하지만(증가적 견해), 다른 사람의 성취행동에 대해서는 고정된 능력으로 설명할 수도 있기 때문이다(실재적 견해). 또한 사람은 누구나 지적 능력은 고정된 것이지만, 스키 타기와 같은 신체적 능력은 증진될 수 있다고 믿을 수 있다.

어린 아동들의 경우에는 능력에 대해 오로지 증가적 견해를 취하려는 경향이 있으나, 지능에 대해 실재적 견해를 갖고 있는 학생들은 수행목표(performance goals)를 설정하고, '영리하게 보일 수' 있는 상황을 추구하는 경향이 있다. 그리고 능력에 자신이 없는 실재적 견해를 취하는 학생들은 실제의 위험이 없는 아주 쉽거나, 아니면 어느 누구도 성공할 수 없는 아주 어려운 수행목표를 설정하는 경향이 있다. 반면에 증가적 견해를 취하는 학생들은 학습목표(learning goals)를 설정하고, 자신의 기능을 증진시킬 수 있는 상황을 추구하는 경향이 있다. 왜냐하면 증진은 보다 더 영리해지는 것을 의미하기 때문이다.

"American"은 I can.으로 끝난다. "Korean can do"를 뜻하는 「Korando」는 한국인의 자신감을 표현하려는 것이었다.

④ 귀인, 성취동기와 자기평가

Covington과 그의 동료들은 성취욕구, 성공과 실패에 대한 귀인, 능력에 관한 신념과 자기가치(self-worth) 사이에 상호관련성이 있음을 상술하고 있다(Covington, 1984 ; Covington & Olemich, 1984, 1987). 그들은 이러한 요인들에 따라 다음과 같이 세 종류의 학생이 있음을 제안하고 있다.

① **성취지향(mastery-oriented)의 학생** : 이들은 성취를 가치롭게 여기고 능력을 개선할 수 있는 것으로 보는 경향이 있으며, 자신의 기능과 능력을 증진시키기 위해 학습목표에 중점을 둔다. 또한 이들은 실패하는 것에 대해 두려워하지 않는데, 왜냐 하면 실패는 그들의 능력과 자기가치감에 위협이 되지 않기 때문이다.

② **실패회피(failure-avoiding)의 학생** : 이들은 능력에 대해 실재적 견해를 가지고 있으며, 수행목표를 설정하는 경향이 있다. 그러나 이들은 자신감과 자기 가치감이 결여되어 있다. 이들은 유능감을 갖기 위해서 실패로부터 자기 자신과 자아상을 보호해야만 한다.

③ **실패수용(failure-accepting)의 학생** : 이들은 자신의 문제가 낮은 능력에서 기인하며, 거의 변화에 대한 희망이 없다고 굳게 믿는다. 따라서 이들은 이제 더 이상 이같은 결론으로부터 자기 자신을 보호할 수 없다고 생각하여 우울하고 냉담하며 무기력하기 때문에, 교사는 이들에게 새롭고 보다 현실적인 목표를 찾도록 도와 실패수용의 학생으로 악화되는 것을 막아야 한다.

3. 학습동기를 증진시키는 방법

(1) 교사역할에 대한 변인

성취의 기회는 학교, 가정, 운동장, 무대 등 다양한 장소에서 주어지게 된다. 따라서 어떤 이론가들은 성취동기를 안정적인 특성, 즉 개인에 따라 그 정도의 차이는 있지만 변화가 경미한 특성으로 개념화하기도 하며, 또 다른 면에서는 학생이 성취하려는 동기를 교사가 극대화시킬 수 있는 기회가 상당히 많다고 주장하기도 한다.

교사 역시 교실의 사회적 풍토뿐만 아니라 수업의 여러 측면들을 조절할 수 있기 때문에 학생들의 동기를 증진시킬 수 있다. 따라서 이러한 성취동기를 증진시키는 데 있어서 다음과 같이 교사역할의 측면을 살펴볼 수 있다.

1) 교사의 열정

Wlodkowski와 Jaynes(1990)는 교사의 열정(enthusiasm)이란 가르치는 내용이 중요하다는 사실을 끊임없이 학생들과 의사 소통하는 것이라고 정의한다. 교사의 열정은 교과목에 대한 흥미를 전달함으로써 학생들의 동기를 증진시킨다. 일반적으로 교사는 언어적 행동과 비언어적 행동 모두를 사용하여 자신의 열정을 학생들에게 전달할 수 있다. 이와 같은 방법들이 사전에 고안되고 계획되는 경우 교사의 열정은 증가된다. 또한 이로 인해 학생들의 수업참여가 증진된다는 연구결과(Bettencourt, Gilletty, Gall, & Hull, 1983)는 교사의 열정이 학생들의 동기증진에 중요하다는 사실을 보여 준다.

2) 교사의 온정과 감정이입

학생들은 교사가 자신들에게 보여 주는 관심을 가장 가치 있는 교사 특성으로 생각하고 있다는 Cromer(1984)의 연구는 교사와 학생간의 인간관계가 중요하다는 것을 시사한다.

이러한 관계성을 바람직한 방향으로 유도하고, 학생들의 동기화를 증진시킬 수 있는 변인이 교사의 온정과 감정이입이다. 온정(warmth)은 교사가 학생들을 따뜻하게 대우하고 관심을 보여 주는 능력이며, 감정이입(empathy)은 학생들의 느낌과 그들의 생각을 공감할 수 있는 능력을 의미한다. 결국, 온정과 감정이입은 민감하고 섬세한 정서적 측면으로 학생들과 연결되며, 학생의 긍정적인 태도와 밀접하게 관련되기 때문에 교사는 자신의 온정과 감정이입에 특별한 관심을 가져야 한다.

3) 교사의 기대

교사의 기대 역시 학생의 동기화에 중요한 요인으로 작용한다. 이러한 교사의 기대는 흔히 자성예언이라는 용어로 설명되는데 자성예언(self-fulfilling prophecy)이란 교사가 학생에 대한 기대수준에 근거하여 학생을 판단하며, 그러한 판단에 근거하여 학생을 대하는 것을 의미한다(Good & Brophy, 1991).

교사의 기대가 학업성취에 영향을 미친다는 사실은 Rosenthal과 Jacobson(1968)의 연구로 처음 밝혀졌는데, 그후 Brophy(1987)는 우수한 학생을 배출하는 교사와 그렇지 않은 교사를 구분하는 가장 중요한 변인은 학생들이 학습할 수 있다고 믿는 교사의 기대라고 주장한다. 따라서 교사는 학생들에게 긍정적인 동기를 부여하고 효과적인 학업성취를 이루도록 도와 주기 위해 편견 없이 학생의 개인차를 고려하여 개인의 능력을 최대한으로 이끌어 주도록 해야 하며, 교사의 학생에 대한 기대가 학생의 자아인식에 영향을 준다는 점을 언제나 고려해야 한다. 결국 교사의 높은 기대는 학생을 위하여 교사가 가능한 모든 노력을 기울이고 있음을 보여 주는 것이며, 이로 인해 학생의 동기와 자아존중감은 높아진다.

(2) 교수방법에 대한 변인

학생들의 동기를 증진시키고 최대의 학업성취를 이루는 데 있어서 교수방법 역시 매우 중요한 역할을 한다. 학생들의 동기를 증진시킬 수 있는 교수방법으로 완전학습과 협동학습에 대한 다양한 연구들이 있다. 완전학습은 과제를 완전하게 숙달할 수 있도록 도와줌으로써 학생들을 동기화시킬 수 있으며, 협동학습은 학생들의 능동적인 참여를 유도한다는 점에서 최적의 동기를 형성할 수 있는 교수방법이다.

먼저 완전학습(mastery learning)은 어떠한 학생이라도 그들이 학교에서 수행해야 할 과제를 모두 학습할 수 있다고 가정하는데, 이러한 가정은 완전학습이 최적의 학생 동기화를 조장할 수 있는 잠재력을 가진 대안적 교수방법임을 암시한다. 이에 대하여 Nicholls(1979)는 완전학습이 학문적 어려움을 경험한 학생들의

〈교수방법의 종류〉

교수방법	내 용
강의법	· 전통적 교수방법으로 설명식 교수법이라고도 함. · 다량의 사실이나 지식을 다수의 학습자들에게 짧은 시간에 체계적으로 전달할 수 있으므로 학습경제상 유리함.
토의법	· 공동학습의 한 형태로, 집단토론을 통하여 협력적으로 문제해결을 하며 집단사고를 통해 결론을 이끌어내는 방법임. · 문제해결력 향상, 토의과정을 통한 파지와 전이에 도움이 됨. · 표현력 향상, 정답이 존재하지 않는 분야의 학습에 효과적임. · 정보전달이 매우 느리며, 교사의 인내심과 참을성이 많이 요구됨.
문제해결법	· 학습자가 생활하고 있는 현실적인 장면에서 당면하는 문제들을 스스로 해결해 나가는 과정에서 지식 · 기능 · 태도 · 기술 등을 종합적으로 획득하도록 하는 학습지도 방법임. · 능동적 · 자발적 학습이 이루어지며 사고력 · 창의력 등의 고등정신 기능을 기를 수 있게 함.
계통학습법	· 인류가 장구한 세월에 걸쳐 축적한 여러 가지 지식을 체계적으로 정리하여 그것을 학습자들에게 학습시킴. · 본질적인 지식이나 이해를 얻는데 도움, 효율적인 학습임. · 학습이 수동적이어서 사고력을 기르는데 약하며 교사의 자발성을 강조.
발견학습법	· 교사의 지시성을 최소한으로 줄이고 학습자 스스로가 자발적인 발견과정을 통하여 기본 개념 · 원리 · 법칙을 학습하도록 하는 방법임. · 학습하는 방법과 태도를 배양, 내발적 동기를 유발, 교과내용의 전달을 용이하게 하고 고등정신기능의 배양을 촉진함. · 기본개념이나 원리 또는 법칙을 스스로 발견하기 어렵고 능력이 낮은 학습자에게는 비효과적임.
프로그램학습법	· 학습자 스스로 학습할 수 있도록 꾸며진 학습 자료를 책이나 기계장치로 제시하여 학습하도록 하는 학습방법임. · 체계적이고 우수한 프로그램을 작성하기 쉽지 않음. 경험을 통한 학습이 어려움. 교수기계를 이용할 경우 경비가 많이 듦.
탐구학습법	· 마시알라스와 콕스는 탐구를 '발견의 과정, 공정히 표현하는 과정 그리고 사람과 그의 환경에 대한 판단과 중요한 아이디어를 검증하는 과정'이라고 정의함. · 탐구학습에서 교사는 일종의 중재자. 관찰과 기록에 주의를 기울여야 함.

동기화에 가장 큰 효과가 있다고 주장하고 있으며, Guskey(1985)는 완전학습이 학생들에게는 개인적인 자존심과 확신 그리고 행복의 느낌을 갖도록 하며, 교사에게는 만족감과 열정을 가져다준다고 한다. 또한 Block & Burns(1976)의 연구 역시 동기화와 관련된 완전학습의 유용성을 보여 주고 있지만, 이들은 여기에서 최적의 동기화를 조성하기 위하여 교사가 완전학습 프로그램을 사용할 경우에는 신중하고 세심한 주의를 해야 한다는 점을 말하고 있다.

다음으로 협동학습(cooperative learning)은 학생들 간의 경쟁을 줄일 수 있고 자신의 학습에 대하여 보다 강한 책임감을 제공할 수 있는 교수방법이다(Nicholls 1983). 협동학습에서는 공통적인 학습목표를 향해 공부할 수 있는 동료를 만들어 줌으로써 과업에 초점을 맞추는 긍정적인 태도와 높은 자부심, 흥미 등의 분위기를 형성할 수 있는 장점이 있다(Johnson, 1987). 그러나 이와 같은 협동학습 집단을 구성할 때 교사는 학생들의 성, 능력, 연령을 고려해야 하며, 학생들이 능동적으로 학습에 참여할 때 그들을 북돋워주는 것도 매우 중요하다.

(3) 강의식 교수방법의 장단점

이 방법은 교사중심의 교수법이므로 학습자가 능동적으로 학습 활동에 참여할 수 없고, 교사에게만 의존하게 만들어 수동적으로 되게 한다는 비판을 받고 있으나, 학교와 다양한 교육현장에서 널리 이용되는 교수법이다. 따라서 강의식 교수법을 무조건 외면하기보다는 단점을 보완하고 장점을 살릴 수 있도록 수업에서 적절하게 조정함으로써 수업의 효과를 높일 수 있다. 강의식 교수방법의 장단점을 살펴보면 다음과 같다.

1) **강의식 교수방법의 장점**(차경수, 2002)

① 중요한 많은 정보를 다수의 학생에게 체계적으로 전달하는데 매우 효과적이다.

② 훌륭한 강의는 학생들의 주의를 집중하고 큰 감명을 줄 수 있다.

③ 복잡한 문제를 소개하는 서론 격으로 사용할 때 강의는 효과적인 수단이 될 수 있다.

④ 학생에게 인기가 없으나 중요한 내용을 종합하여 교수할 필요가 있을 때 강의는 유용한 수단이 된다.

⑤ 학급관리가 용이하다.

⑥ 복잡한 학생들의 개인적인 요구에 응하는 수업을 준비하는 것보다 전체를 대상으로 하는 강의 준비가 오히려 용이하다.

⑦ 수업자료에 없는 내용을 강의로 보충할 수 있다.

⑧ 강의는 학생들에게 하나의 모형을 제공할 수 있다.

⑨ 강의는 학생들이 기대하는 정보를 제공함으로써 학생들에게 안정감을 줄 수 있다.

2) 강의식 교수방법의 단점(차경수, 2002)

① 학생이 수동적인 위치에 머물게 된다.

② 학생들의 주의집중을 유지하기가 쉽지 않다. 대개 20분이 주의집중 유지 가능시간으로 알려져 있지만, 이것으로는 부족하다.

③ 좋은 강의를 준비하는데 시간이 많이 걸린다.

④ 강의로 들은 정보와 지식은 망각하기 쉽다.

⑤ 상당수의 학생들은 강의에 흥미가 없다.

⑥ 강의는 정보의 획득과 같은 저급차원의 사고력에 적합하고, 분석, 종합, 비판, 창조, 의사결정과 같은 고급사고력의 향상에는 적합하지 않다.

⑦ 좋은 강의는 언어적 표현, 조직과 구성력, 자신감 등 몇 가지 조건과 능력을 가진 사람이 할 수 있는데, 이러한 사람이 흔하지 않다.

3) 토의식 교수방법의 장단점

먼저 토의식 교수방법의 장점(이희도 외, 1996)으로는 다음과 같은 점을 들 수 있다.

① 교사가 학생들에게 스스로 사고하는 훈련을 시킴으로써, 학생들이 주어진 과제에 여러 관점에서 접근하는 방법을 학습하는데 도움이 된다.

② 학생들이 그들 자신이나 다른 사람들의 입장에서 제기된 논리와 논거를 평가하는 방법을 학습하는데 도움이 된다.

③ 학생들에게 원리의 실제적인 적용을 수행하는 기회를 부여한다.

④ 학생들이 자신의 의사소통 기술을 연습할 훌륭한 기회를 제공한다.

⑤ 학생들의 토의 과정에서 학생 개개인의 학습 이해 정도를 파악할 수 있다.

⑥ 학생들에게 자신의 사고를 분명하게 하는데 도움을 준다.

⑦ 문제해결을 위한 좋은 실습기회를 제공한다.

⑧ 학생들에게 민주적 과정의 훈련을 가능케 한다.

토의식 교수방법의 단점(정인성, 1993)으로는 다음과 같은 점을 들 수 있다.

① 학생이 선정한 주제들 대개가 부적절한 경우가 많다. 적절한 주제의 선택을 위한 교사의 역할이 요구된다.

② 집단이 크면 목표로 하는 상호작용의 효과를 기대할 수 없다.

③ 보다 총명한 학생들에게 자기 과시의 기회를 제공하기 쉽다.

④ 토의의 리더가 토의에 미숙하면 비생산적 활동이 되기 쉽다.

⑤ 토의식 수업에서 학생들의 능동적 참여를 유도하기가 어렵다.

⑥ 토의식 수업에서는 교사가 수업을 일괄적으로 조절, 관리하기가 힘들다.

⑦ 토의식 수업은 강의식 수업에 비해 시간과 노력이 더욱 필요하다.

⑧ 토의식 수업에 활용할 도구와 자료들이 부족하다.

⑨ 많은 양의 학습내용을 다루어야 할 때에는 부적절할 수 있다.

(4) 학습동기화에 대한 쟁점

학생들의 각성수준과 행동수준, 좌절과 그 원인, 그리고 시험불안 등은 모두 학생의 학습동기를 증진하는 데 고려해야 할 변인들이다. 우선, 학생들의 각성수준과 행동수준 사이의 관계를 이해하는 것은 학습동기를 증진시키는 데 중요한 기초가 된다. 학생들은 일반적으로 과제에 대한 그들의 각성수준이 최적일 때까지만 행동이 개선되고 그보다 높은 상태의 각성수준에서는 오히려 행동이 저하된다. 따라서 과제를 자각하는 각성수준은 학생들의 학습동기를 증진 또는 감소시킬 수 있기 때문에, 각각의 학생들에게 최적의 각성수준을 제시함으로써 최적의 동기수준을 찾아주는 교사의 노력이 필요하다.

다음으로, 학생들이 경험하는 좌절의 느낌 역시 최적의 동기화를 조성하는데 고려해야 할 변인이다. 좌절이란 진행되는 행동이 방해를 받거나 이전에 강화되어 왔던 반응이 더 이상 강화되지 않을 때 발생하는 심리적 반응이다. 따라서 좌절이 계속될 경우 학생들의 학습과제는 더 이상 지속되지 않으며 학습수행이 소거될 수 있다. 교사는 학생들이 겪게 되는 좌절의 느낌을 현명하게 극복할 수 있도록 도와 주어야 한다.

시험불안(test anxiety) 또한 학생들의 동기수준에 영향을 준다. 그 동안 대부분의 학생들이 경험하는 시험에 대한 불안감은 부정적인 것으로 인식되어 왔으나, 시험에 대한 적정한 불안 수준이 학생들의 동기를 증진시킬 수 있다는 점은 매우 중요한 함의를 갖는다. 따라서 시험에 실패한 학생들이 자신의 실패를 외부적으로 기인할 때 보다 불안 수준이 증가한다는 Arkin과 Maruyama(1979)의 주장은 학생들의 불안수준이 교사에 의해 적절히 조절될 수 있다는 것을 시사한다.

美 교사들이 제안하는 '교사를 위한 유용한 정보'

교사가 뭔가를 이야기할 때 학생이 듣기 싫다는 식의 표현을 한다면, 혹은 버릇없이 군다면 어떻게 해야 할까. 다음은 전미교육협회(NEA) 월간지 'NEA Today'에 최근 실린 '교사들을 위한 유용한 정보' 가운데 핵심내용을 정리한 것이다.

'교실기강' 자가진단 테스트

교실의 기강을 잡는 방법을 스스로 점검해 보세요. 이 테스트는 NEA의 'I Can Do it' 학급경영 연수프로그램의 일환으로, 캘리포니아 교원단체에 의해 개발된 것입니다. 각 문항에 점수를 매긴 후 모두 더합니다. '보통'은 4점, '가끔'은 2점, '전혀'는 0점입니다(90 이상 우수, 80~88 양호, 70~78 보통, 70 미만 부족).

1. 수업시작 전 학생들을 집중시킨다.
2. 떠드는 것을 무시하고 이야기하기보다 주목할 때까지 기다린다.
3. 학생들이 빠른 시간 내 과제를 행하도록 한다.
4. 분명하고 구체적인 지시를 준다.
5. 과제 수행에 시간을 정한다.
6. 학생들이 공부하는 동안 살펴본다.
7. 수업시간에 사적인 대화를 자제한다.
8. 친절하고 정중하기 위해 노력한다.
9. 교실에서 조용히 이야기한다.
10. 학생들에게 기대 행동을 상기시키기 위해 다양한 신호를 쓴다.
11. 내 신호를 학생들에게 알려준다.
12. 학생들의 동기부여를 위해 교실을 장식한다.
13. 주의를 집중시키기 위해 교실을 깨끗이 한다.
14. 내 옷차림, 목소리, 움직임이 아이들에게 미칠 영향을 알고 있다.
15. 태만한 학생을 조용히 바로잡기 위해 학생의 이름을 이용한다.
16. 잘 지도하기 위해 학생들에게 다가가는 방법을 이용한다.
17. 학생들이 모범적인 행동을 하도록 긍정적인 기대를 전달한다.
18. 학생들을 가르칠 때 분명하고 구체적인 규칙을 가지고 있다.
19. 학생들에게 위협이나 애걸을 하지 않는다.
20. 규칙을 실천하기 위해 지속적으로 노력한다.
21. 기대하는 것을 알리기 위해 '나-메시지(I-messages)'를 자신있게 이용한다.
22. 내 느낌을 전달하기 위해 '나-메시지'를 인간적으로 이용한다.
23. 구체적이고 인격적인 칭찬을 통해 내가 좋아하는 행동에 반응을 보인다.
24. 비언어적 · 사회적 활동 강화책을 사용한다.

① **역학을 바꿔보라** : 수학교사 쉴라는 산만한 학생에게 "네가 수업을 진행해 보면 어떻겠니? 자료를 줄테니 집에 가서 수업준비를 해오렴. 모르는 게 생기면 언제든지 찾아와도 된다"고 말했다. 그 후 학생은 크게 달라졌다고 한다.

② **꾸짖음이 효과가 없을 때는 임무를 맡겨라** : 뉴저지의 말시 트린 교사는 소위 '문제 학생'에게 심부름을 시킨다. 학생이 돌아올 때 쯤이면 교사는 다시 일에 집중할 수 있는 상태로 돌아와 있다고.

③ **계획하고, 계획하고, 또 계획하라** : 몽고메리 센트럴고 헤이즌 교사는 단어가 적힌 종이조작들을 컵에 넣고, 하나씩 꺼내 누가 빨리 사전에서 뜻을 찾아내는지 경쟁시켰다. "아이들이 바쁠수록 교실 분위기를 흐릴 여지가 없어져요. 그러니 다양한 계획들을 많이 준비해 둬야죠."

④ **수업에 양념을 쳐라** : 코너스 에머슨 학교의 카렌 바터 교사는 매년 2학년을 대상으로 '손 씻기 실생활 수업'을 실시한다. 아이들은 세면대, 문 손잡이, 자신들의 손에서 박테리아를 채취하고 그 수를 세는 데 열중한다. "친구의 손에 1만 마리의 박테리아가 있다고 누가 생각했겠어요? 아이들은 완전히 혼이 나갔죠."

⑤ **변명을 용납하지 마라** : 랜디 고든 교사는 학생이 숙제를 하지 못하는 이유를 늘어 놓으면 이해한다는 뜻으로 고개를 끄덕이며 "그래도 해"라고 말한다. "변명을 해도 아무런 반응을 보이지 않는 것이 중요해요. '잃어버리지 말랬지, 책가방에 잘 넣으라고 했잖니'라며 잔소리를 하기 시작하면 아이들은 말을 듣지 않아요."

⑥ **카드를 보내라** : 테네시주의 헤이즌 교사는 수업시간 전, 각 가정에 보낼 엽서에 주소를 써둔다. 그리고 몇 주에 걸쳐 짬짬이 간단한 메모를 엽서에 적는다. "주소를 적어 놓으면 그 다음은 2분도 안 걸려요."

⑦ **규칙을 정하라** : 학부모에게도 아이에 대한 교사의 기대치를 밝히는 것이 중요하다. 학기초 웨더스푼 교사는 각종 규칙과 이를 어겼을 때 따르는 결과를 적은 일종의 계약서를 각 가정에 보내 학생과 학부모의 사인을 받는다.

⑧ **보너스를 제공하라** : 마이클 다마토 교사는 모든 시험의 학습가이드를 만들고, 시험 이틀 전 아이들과 함께 이를 복습한다. 아이들이 부모나 다른 가족과 가이드를 복습하고 사인을 받아오면 보너스 점수 5점을 준다. "공부한 내용에 대해 아이들에게 간단한 퀴즈를 내는 것은 가족들에게도 그다지 성가신 일이 아니에요."

⑨ **원인을 파악하라** : 캐서린 비숍 교사는 아이들의 그릇된 행동을 꾸준히 관찰해 그것이 언제 발생하는지 보라고 한다. 이 방법을 통해 원인을 쉽게 찾아낼 수 있을 것이다.

⑩ **아이들에게 혼자만의 공간을 주라** : 워싱턴주 무어 교사의 교실에는 아이들이 앉아서 마음을 가라앉힐 수 있는 작은 의자가 마련되어 있다. 또한 혼자서 조용히 마음을 진정시킬 수 있도록 학교 운동장을 돌게 하기도 한다.

(한국교육신문 2006. 1. 23)

이상에서 살펴본 바와 같이, 학업성취에 영향을 주는 학생들의 동기에 작용하는 변인들은 매우 다양하다. 따라서 교사는 이와 같은 다양한 이론들을 이해하고 실질적으로 적용할 수 있도록 노력해야 한다. 왜냐 하면 학교 현장에서 학생의 동기는 그들의 성공과 실패를 결정하는 가장 기본적인 변인이기 때문이다.

4. 기억과 망각

(1) 기억의 의미

기억은 과거의 경험(언어, 감정)이 어떤 형(形)으로 미래의 행동에 영향을 주는 작용이라고 정의할 수 있으며(이충원, 1983), 학습으로 경험한 사실 및 내용을 머리에 간직했다가 다음의 학습활동에서 변용하지 않고 그대로 재생할 때까지의 심리적 과정이라고 말할 수 있다(김제한, 1985).

보통 기억에는 의도적으로 하는 것과 무의도적으로 되는 것으로 나누어 생각할 수 있으나, 경험한 사건의 인상(印象)을 암기하는 작용(memorizing)이 있어서 어떤 기간 파지(把持)되는 작용(retention)이 다시 의식면에 떠올라 나타나는 재생작용(recall)과 현재에 있어서 경험한 사실을 과거에 경험한 사실과 현재의 위치에서 동일시하는 재인작용(recognition)이 포함되고 있는 것이다.

따라서 기억은 기명(記銘)－파지(把持)－재생(再生)의 세 가지 단계로 구분할 수 있는데 기명이란 어떤 사실을 습득하고, 파지란 선행경험의 잔존(殘存)이 존속하는 것이며, 재생은 그것이 반응으로서 재현되는 현상이다.

이렇게 볼 때 기억은 넓게는 과거 경험이 현재까지 남아 있어서 현재의 활동에 영향을 주는 것이라고 말할 수 있다. 기억과 망각에 대한 이론으로 ① G. A. Miller가 제시한 소멸설(Decay theory)－망각현상은 시간의 경과에 따라 대뇌피질의 기억중추에 있는 기억흔적이 점차 소멸돼 간다는 것, ② B. J. Underwood가 말하는 간섭설(Interference theory)－대뇌피질의 기억 흔적이 새로운 학습에 의해 방해되거나 밀려난다는 설(역행적 제지작용 · 전진적 제지작용), ③ R. C. Atkinson이 제시한 기억저장설(Memory Store theory)－단기저장고에서 반복연습을 통해 장기저장고로 이행되는가의 여부에 따른다는 설 등이 있다.

(2) 기억의 구조

인간의 기억체계에 대한 접근은 구조론적 입장(Atkinson & Shifftrin, 1968, 1971 ;

Waugh & Norman, 1965)과 과정론적 입장(Craik & Lockhart, 1972)으로 대별된다. 즉, 기억의 구조를 강조하는 학자들은 정보처리 체제의 성질이 곧 그 체제 내에서 처리되는 정보의 흐름을 제한시키는 것으로 보고 시간적 순서에 따라 감각기명장치, 단기기억 장치 및 장기기억 장치로 정보의 흐름이 이어진다고 한다.

이와 반면에 과정의 중요성을 강조하는 학자들은 약호화(略號化)의 다양성과 깊이에 주안을 두고 수용된 정보에 적용되는 정보처리 방략과 정보처리 체제의 전체적인 기능을 강조하는 입장을 보인다.

1) 단기기억과 그 과정

감각기억 장치에 저장된 정보는 곧 소멸되나 일부의 정보는 분류되고 단기기억에로 전이되는 데, 다음과 같은 과정을 거친다.

① 정보의 전이

기억장치에 저장된 정보가 다른 기억장치에 복사되는 것을 전이라 하고, 감각기억에서 단기기억에로의 전이는 자극분석 기제에 의해 자극의 구성을 추출하거나 주사(蛛査, scaning)한 후 장기기억 정보에 비추어 명령하고 이를 다시 단기기억으로 보내는 과정이 포함된다.

② 정보의 기명

단기기억에서도 시 · 청각적 속성뿐 아니라 의미적 속성까지를 포함한 다양한 속성이 처리되고 표상되는 것으로 보인다. 그러나 여기에 머무르는 시간은 수십초에 불과하다.

③ 정보의 저장

단기기억은 그 정보의 수용능력이 크게 제한되어 있다. 그러나 많은 단어와 숫자의 정보단위를 기억할 수 있으며, 하위수준의 정보단위를 상위수준의 정보단위로 조작하고 재부호화하는 묶음(chunk)의 과정에 의해서 가능하게 된다.

④ 정보의 망각

단기기억에 저장된 정보는 쉽게 망각된다. 이러한 망각현상을 설명하는 입장에는 소멸설(decay theory)과 제지설(inhibition theory)이 있다.

2) 장기기억과 그 과정

단기기억에 저장된 정보는 다시 다음과 같은 과정을 거친다.

① 정보의 전이

부호화와 암송기제(暗誦機制)에 의해 이루어진다(Atkinson & Shiffrin, 1968). 여기에서 부호화란 단일문항의 암송을 의미하는 것이고, 암송이란 단기기억 정보의 보존을 위해 문항을 반복적으로 외우는 것을 말한다.

② 정보의 약호화(略號化)

정보를 종류별로 분류하고 표상하는 과정을 말한다. 즉, 정보가 어떻게 표상되는가에 따라 그 정보의 인출의 용이성과 망각의 가능성이 결정되는 것이다.

③ 정보의 저장

장기기억에서의 정보의 저장은 저장될 정보의 내용 그 자체가 곧 정보의 저장위치 결정에 필요한 정보까지 포함하고 있는 것으로 믿고 있다. 따라서 동일한 정보는 항상 동일한 위치에 저장된다. Bower(1972)는 정보의 저장에 대하여 두 가지 방략(반응제한가설 : response-restriction hypothesis과 재배치가설 : realocation hypothesis)이 적용된다고 말한다.

④ 정보의 망각

단기기억과 같이 소멸과 간섭의 이론은 다같이 적용되며 또 망각을 인출의 실패로 보는 단서 의존적(端緖依存的) 망각의 이론도 적용된다. 단서 의존적 망각이론이란 망각은 저장과정에서 뿐만 아니라 인출과정에서도 일어나는 것으로, 반응결합이나 반응양식의 간섭은 곧 인출의 실패에 기인하는 것이다.

⑤ 정보의 인출

기억내용은 지각적 분석과 약호화에 따라 저장되고 저장된 내용이 곧 그 저장내용의 효율적인 접근에 필요한 인출단서를 결정한다고 본다. 따라서 정보의 성공적인 인출은 약호화 과정에 포함되어 있던 정보단서의 여부에 의존한다(Tulving & Thompson, 1973).

3) 단기기억과 장기기억의 비교

장기기억의 수단은 조직화에 의해 좌우된다. 어떤 전략이나 단서는 기억재생(recall, 회상이라고도 부름)을 위해 필요하다. 반면에 단기기억의 항목들은 즉각 이용 가능하다. 따라서 단기기억의 정보는 양적으로는 제한되지만 매우 신속하게 그 기억체 속으로 들어간다. 하지만 장기기억은 무수한 정보를 가지고 비교적 느리게 기억체제 속에 들어간다. 이것은 다음 표에서 자세히 설명하고 있다.

〈단기기억과 장기기억의 비교〉

기억유형	용 량	지속성	회상수준	정보투입 속도
단기기억	제한	극히 짧음	즉각적인 회상	매우 신속함
장기기억	무제한	비교적 영속성임	조직화에 의존함	비교적 완만함

〈기억의 기본과정 모형〉

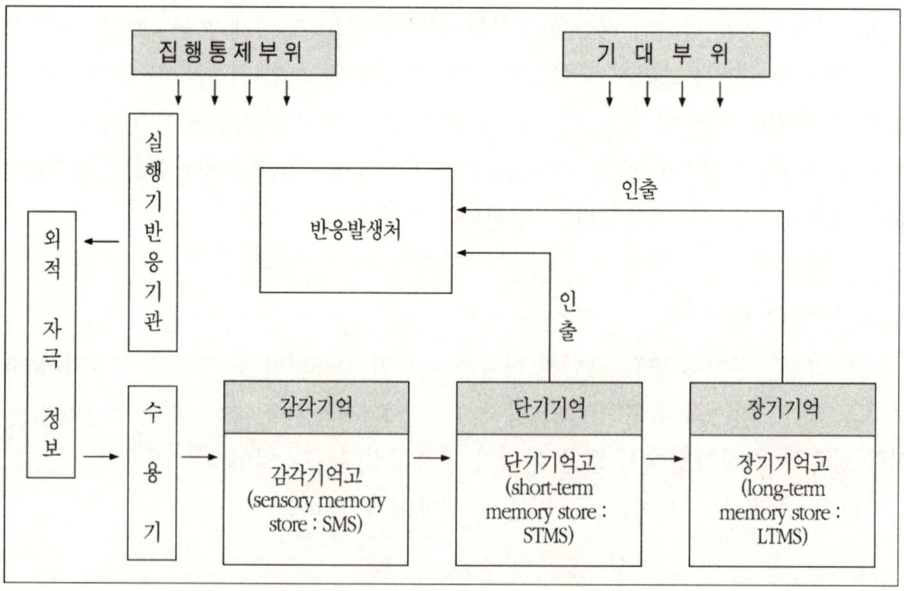

기억에 관하여 주의할 점은 기억이란 과정(process)과 저장(storage)의 두 측면을 가지고 있기 때문에 기억장소가 두뇌 전반에 관련되어 있다는 것이다. 따라서

신경의 형태, 신경활동, 그리고 대량의 정보를 저장할 수 있는 잠재력을 가진 DNA 및 RNA 같은 큰 분자(large molecules) 등 기억기능이 전체에 걸쳐 일어나고 있다는 점을 이해해야 한다.

항목＼종류	감각기억	단기기억	장기기억
용량	대량 또는 무제한	7개 항목 (7±2 항목 : 7±2 chunk)	무제한
저장양상	감각 그대로의 형태(원상태)	시·청각적 부호 (visual-acoustic code)	심사부호(imagery code, 심상적·회화적 표상–심상적 기억)와 의미 또는 어의부호(semantic code, 언어적 표상–의미적 기억) 나름의 주관적 체계화에 의해 저장함
지속시간	순간적(1/4초에서 수초)	일시적(20초에서 30초 정도)	장기적 또는 영구적
소멸	시간의 경과	암송 또는 치환의 실패	기억 흔적의 쇠퇴나 간섭에 의한 인출 실패

여기에서 보는 바와 같이 개인이 외부로부터 받은 자극이나 정보는 그의 수용기(시각·청각·후각·미각·촉각·기관)를 통해 수용되어 감각기억고(감각기록처)를 거처 신경계로 들어감으로써 지각된다. 이 감각기억고에 기록되는 것은 본래의 자극이나 정보의 물리적 형태 그대로 전달되는데, 이것을 감각기억이라 한다. 이 기억이 지속되는 시간은 순간적인데, 이러한 기억은 성인이나 유아간에 차이가 없으며, 기억용량은 대량 또는 무제한이다. 이 감각기억 내용 중 일부는 주의집중을 하게 되면 단기기억고로 들어가는데, 이 정보는 개념적 형태로 변환되어 시·청각적으로 부호화된다. 단기기억고에는 비교적 간략한 형태로 몇 초 동안 저장되나, 시연, 즉 내적 시연(rehearsal)을 거치게 되면 더 오랫동안 저장(최고 30초 정도)되기도 한다. 이 내용은 필요에 따라 인출(재생·회상)되어 정보처리나 문제해결에 활용될 수 있다.

(3) 연령증가와 기억발달

1) 발달의 일반성향

M. M. Shirley는 재인 검사 결과를 통해 어린아이들의 기억력은 생후수주(生後

數週)에 우유병을 기억하는 것으로부터 알 수 있다고 말하고 있다. 그러나 H. E. Burtt는 사람의 기억은 점진적으로 감소하고 있다는 사실을 말해 주고 있다. 그의 기억기능의 변화를 좀 더 자세하게 고찰하면 기계적 기억으로부터 부분적인 의미기억으로 발달하는 것은 남자 11~12세, 여자 10~11세이며, 재료기억으로부터 점진적 의미기억으로의 변화는 남자 14~15세, 여자 13~14세라고 주장한다.

2) 연령증가와 기억발달

직접기억(immediate memory)과 옛기억(old memory)으로 나누어 볼 수 있는데 전자의 경우는 어떤 소재를 제시한 후 감소 혹은 수일내 또는 수주간 정도의 보유기간을 두고 재생시키는 것이며, 후자의 경우는 보유기간이 수년 또는 수십년의 폭을 두지만 이 기간 중에 학습내용을 돌이켜 경험하는 경우와 그렇지 않은 경우를 포함하게 된다. 기억은 연령층의 증가에 따라 다음과 같은 내용을 살펴볼 수 있다.

① 기계적 기억(mechanical memory)

이것은 일종의 암기로서 습관성(習慣性) 기억이다. 비교적 어린 나이에 많이 사용하는데 의미 없이 외우는 경우다.

② 이론적 기억(logical memory)

재료 중에서 의미를 포착하여 기억하거나 무의미한 것에는 의미를 붙여 기억하는 것으로, 소위 기억술이라는 것에 가깝다.

③ 심층 심리적 기억(depth-psychological memory)

어렸을 때의 기억을 성장한 후 기억해 내거나 어렴풋이 알아내는 경우를 말한다. 이러한 기억은 비현실적이고 자동적인 것이 징후이다.

(4) 파지(把持)와 망각(忘却)

1) 기억현상에 있어서 파지와 망각의 위치

파지(retention)란 선행의 경험이나 반응행동이 재생, 재인되거나 또는 그 외의 기억 사실로서 서서히 떠오르는 것을 이해하기 위하여 구성된 개념으로서, 기억기능을 고찰하기 위해 필요한 과학적 개념이다. 따라서 파지는 경험적 사실이 아니고 경험적 사실을 이해하기 위한 기능적 사실(function facts)이다.

망각(forgetting)은 경험한 내용, 학습한 행동 등의 파지가 저하되는 것과 이전에 경험한 인상이 희미해지거나 소멸되는 것을 말하는데 결국 파지와 망각은 동일과정에 관한 것으로서 학습된 행동이 지속되는가의 성패에 관계하는 것이다.

2) 망각의 원인

학습한 내용을 모두 파지할 수 없기 때문에 시간이 경과됨에 따라 학습한 것이 망각되어진다. 시간이 경과함에 따른 파지량 또는 망각량의 변화를 최초로 연구한 사람은 Ebbinghaus인데 그는 무의미 철자의 학습을 토대로 하여 망각곡선을 그렸는데 그의 망각곡선을 보면, 학습한 직후에 가장 많이 망각되고, 시간이 경과함에 따라 망각의 정도가 완만해 진다는 것을 알 수 있다. 망각의 원인을 설명하는 이론에는 다음과 같은 내용들이 있다.

1 흔적 소멸설(trace decay theory)

기억이란 학습한 것이 기억흔적으로 남은 것이며, 망각은 이 기억흔적이 쇠퇴하는 현상으로서 특별한 조치를 취하지 않으면 시간이 경과함에 따라 기억이 희미해지거나 저절로 소멸된다고 한다.

2 간섭설(interference theory)

망각이 단순히 시간의 경과에 의하여 일어나는 것이 아니라 파지기간(학습후의 기간)중에 파지를 방해하는 특수한 외부적 영향이 있기 때문에 간섭이 일어나서 망각현상이 촉진된다는 것이다.

3) 망각의 방지

망각을 방지하기 위해 다음과 같은 내용들을 고려해 볼 수 있다.

첫째, 학습은 처음부터 완전히 습득한 후에 다음 학습으로 들어 갈 것.

둘째, 학습 직후부터 반복연습을 시킬 것(복습의 중요성).

셋째, 학습내용의 분량, 난이도에 대한 차이는 있겠지만 분산학습이 집중학습보다 망각을 방지하기에 유리하다.

넷째, 선행학습과 후행학습이 서로 간섭, 방해, 억제가 이루어지지 않도록 학습 간의 관계를 적절히 할 것.

다섯째, 학습내용을 유의미, 논리적인 지식체계로 유도하여 학습할 것.

여섯째, 학습경험을 항상 흥미롭게 하고 쾌감이 따르도록 할 것.

Preparing for examinations

Discuss how important you think the following are when sitting an exam.

- Timing - equal allocation of time per question.
- Checking if there are compulsory questions.
- Reading the instructions at the top of the exam paper.
- Bringing the right equipment.
- Revising up to the last possible second.
- Doing the correct number of questions.
- Turning up to the exam after everyone else has gone in and started.
- Allowing enough time to check through your answers.
- Clarity in setting out figures in mathematical exercises.
- Looking up the location of the exam room just before the exam starts.
- Clear handwriting.
- Start writing as soon as you see a question you can answer.

시간 관리 점검

TEST ON YOUR PRESENT TIME MANAGEMENT

Answer the following question '○' or '×' and check your responses with Answer Key.

Question	○	×
1. Do you make a calendar and plan your course work for the entire semester?		
2. Do you follow a weekly time schedule?		
3. Do you use a daily calendar or notebook to keep you aware of high-priority times to do now?		
4. When you take a course do you know how you will be given a grade?		
5. Are there times when you have difficulty starting to study?		
6. Is it often necessary for you to cram for a test?		
7. Do you have trouble getting to class on time?		
8. Do you have difficulty concentrating on an assignment?		
9. Is it often hard for you to finish term papers reports, and projects on time?		
10. Are you easily distracted when studying?		
11. Do you become bored with the subject when studying?		
12. Do you reward yourself when you have studied effectively?		
13. Do you schedule large blocks of time for study?		
14. Do you have a comfortable place where you study regularly?		
15. Do you put off starting a big assignment because you think it is too hard?		
16. Do you use short periods of free time for studying effectively?		
17. Do you plan time for rest periods when studying?		
18. Do you plan time for recreation and relaxation?		
19. Do you panic or become anxious in test situations?		
20. Do you study your hardest subjects when you are most alert?		
21. When you have a high-priority assignment, do you work at smaller routine jobs instead of the important one?		
22. When you start to study, do you set a goal of really getting something finished rather than just working for a certain amount of time?		

Answer Key.

1. ○ 2. ○ 3. ○ 4. ○ 5. × 6. × 7. × 8. × 9. × 10. × 11. ×
12. ○ 13. ○ 14. ○ 15. × 16. ○ 17. ○ 18. ○ 19. × 20. ○ 21. × 22. ○

유형별 학습지도 방법

1) 자신감 부족한 영진이

"영진이(중2)는 그 동안의 성적이 저조한 탓에 늘 자신감이 부족하다. 공부를 하려고 수학책을 펴면 풀 수 없는 문제가 태반이다. 열심히 해보려고 했던 마음도 사라지고 포기하고 싶은 생각만 든다."

⇨ 좋아하는 과목 집중 자신감 생기면 술술

학생에게 중요한 것은 자신감을 갖도록 하는 것이다. 영진이 같은 경우 그나마 본인이 좋아하고 쉽게 여기는 과목부터 공략해 '나도 할 수 있다'는 자신감을 키워주는 게 필요하다. 영진이는 자신이 좋아하는 사회 과목 공부에 노력을 집중했고, 그 결과 전 과목 평균은 60점대였지만 사회는 94점을 받았다. 그러자 다른 과목에도 욕심을 내기 시작했다.

2) TV 좋아하는 기철이

"기철이(중3)는 집에 있으면 컴퓨터 게임을 하는 데 시간을 허비하기 일쑤다. 친구들과 휴대전화 문자를 주고받느라 시간을 흘려 보내는 경우도 많다. 거실에서 TV 소리가 들려오면 참지 못하고 방문을 연다."

⇨ 컴퓨터 · TV 끄고 온가족이 함께 공부를

집안의 환경이 학습에 영향을 줄 수밖에 없다. 컴퓨터나 휴대전화 조절이 학생 의지만으로 되지 않는다면 부모의 도움이 필요하다. 컴퓨터를 아이의 손이 덜 가는 곳으로 옮기는 것도 좋은 방법이다. 아이가 공부하는 시간 만큼은 가족이 TV 시청을 자제하는 배려가 필요하다. 온 가족이 면학 분위기를 조성해 주면 학생은 자연스럽게 책을 펴게 된다.

3) 느릿느릿 공부하는 희수

"희수(고1)는 공부하려는 의지도 있고, 학교나 학원 수업도 열심히 듣고 숙제도 잘 해 간다. 그러나 시간 관리에 문제가 있다. 뭔가를 시작하기까지 시간이 오래 걸리고 금방 끝낼 수 있는 것도 오래 붙잡고 있다."

⇨ 학습계획 촘촘히 짜 속도 붙이기 연습을

시간 관리가 잘 되지 않을 경우 가장 좋은 방법은 시간 단위를 좁혀 학습계획을 세우는 것이다. 희수의 경우 전에는 '5~7시까지 수학 문제집 12~15쪽 풀기'라고 세웠던 계획을 '5시~5시 30분엔 12쪽, 5시 30분~6시 13쪽'하는 식으로 바꿨다. 그랬더니 학습 속도가 빨라졌다. 목표가 명확하고 구체적일수록 집중력이 향상되는 것이다.

4) 공부 싫어하는 주현이

"주현이(중2 · 여)는 시험 기간 외에는 공부를 해 본 적이 없다. 막연하게 공부를 잘했으면 하는 바람은 있지만 그만큼 노력하기가 싫은 것이다. 시험 기간도 아닌데 학교에서 배운 걸 복습하기보다 친구와 노는 게 더 좋다."

⇨ 보상으로 '동기' 자극……공부하는 습관 키워야

주현이처럼 공부하는 습관이 잡혀 있지 않은 학생에게 무조건 공부하라는 것은 반발 심리를 부추길 뿐이다. 사춘기 때라면 아예 공부와 멀어지게 할 수도 있다. 이런 경우 학생의 '1차적 동기'를 파악해 자극하는 게 중요하다. 학년이 어릴수록 물질적인 것이 동기가 되는 경우가 많다. 주현이의 경우 시험을 잘 보면 갖고 싶었던 것을 사주는 것으로 보상을 제시해 성적이 향상됐다. "성적이 오르면 엄마 · 아빠가 너를 자랑스러워 할 거야" 같은 정신적 보상 제시도 중요하다.

5) 산만하고 부산한 대영이

"대영이(중1)는 책상에 앉으면 30분을 버티지 못한다. 화장실 가기, 물 마시기 등 30분 중에도 들락날락하기 일쑤다. 억지로 책상에 붙들어 매려고 해도 얼마 지나지 않아 책가방을 뒤적이든가 손톱을 물어뜯는 등 산만하다."

⇨ 공부량 조금씩 늘려 흥미 · 집중력 길러야

대영이처럼 산만한 학생들은 대개 많은 양의 공부를 해 본 적이 없다. 이런 경우 아무리 시험 기간이라 할지라도 무리하게 학습량을 제시하면 시작도 하기 전에 질려서 손을 놓게 된다. 따라서 아이와 상의해 "이 정도면 할 수 있겠다"라는 정도의 학습량을 정하는 게 좋다. 대영이의 경우 한 번에 20~30분 정도 학습량을 주고 매번 확인했다. 정해진 학습량을 해내면 칭찬을 아끼지 않았고, 칭찬에 힘입어 5분 쉰 다음 또 정해진 양의 학습을 진행할 수 있었다.

⇨ 공부를 못하는 이유와 그 해결책은

공부할 마음이 없다.
⇒ 학습 동기 파악해 자극하기
자기 공부에 소신이 없고 불안하다.
⇒ 꼼꼼한 계획으로 마음의 안정을 찾아야
지구력이 부족하고 산만하다.
⇒ 단시간으로 적절한 분량을 학습시키고 확인, 칭찬
자신감 부족으로 의욕이 없다.
⇒ 성적 올리기 쉬운 과목부터 공략, 부모의 격려
시간관리를 제대로 하지 못한다.
⇒ 최대한 시간 단위를 좁혀 학습계획 세우기
덤벙대고 실수가 많다.
⇒ 계산 문제는 연습장에 정리하면서 풀기, 평소 공부할 때도 시험이라 생각하고 검토하는 습관들이기
딴 생각들로 집중력이 부족하다.
⇒ 부모가 옆에서 같이 공부하거나 지속적으로 학습 내용 점검

컴퓨터, 휴대전화, TV가 문제다.

⇒가족의 도움 필요, 학습 분위기 조성

이성친구 문제로 고민이 많다.

⇒무조건 다그치기보다는 마음을 터놓고 대화해야

공부에 방해되는 친구들이 있다.

⇒노는 것으로 유혹하는 친구들과 자연스럽게 멀어지도록 부모가 도와야 잠이 많다.

⇒의지 부족 때문인지, 체력 저하 때문이지 원인부터 파악

윤정은 컨설턴트/중앙일보 2006. 5. 10

제10장 학교교육과 정신건강

현대의 학교는 교육을 담당하고 있는 기관으로 교사와 학생이 모두 그 안에서 생활하고 있고, 날마다 만나는 세계이며, 학생들의 학습경험과 학습효과를 크게 좌우하는 환경이다. 학생들의 지적, 정의적 발달을 촉진하기 위하여 학교에서의 교과학습지도와 생활지도가 효과적으로 운영되어야 한다는 것은 당연한 일이며 학습지도와 생활지도가 효과적으로 운영되기 위해서는 먼저 학교환경이 교육적으로 구성되어 있어야 한다. 또한 학생들의 발달에 영향을 미치는 것은 정규 교육활동 뿐만 아니라 학급의 분위기, 교사-학생간의 인간관계를 포함하는 학교의 환경적인 조건이 크게 작용한다는 것이 사실이다.

한편 정신적으로 건강하다는 것은 건전한 성격을 가지고 있음을 의미한다. 물론 정신건강의 개념은 교육을 통하여 길러내고자 하는 이상적 인간상에 비추어 규정되어야 하겠지만 교육의 궁극적인 목적의 하나가 심리적으로나 정신적으로 건강한 인간을 양성하는데 있음이 사실이다.

여기서는 학생들의 생활과 밀접한 학교교육을 살펴보고 학생들의 정신건강에 미치는 학교의 영향에 대해 생각해 보고자 한다.

1. 정신건강의 개념

(1) 정신건강의 정의

정신이 건강하다는 것은 건전한 성격을 가지고 있다는 것을 의미한다. 또한 정신건강은 건전한 개인생활의 유지와 원만한 대인관계, 그리고 성숙한 사회생활의 기초가 되는 개념이다. 미국의 정신위생위원회에서는 정신건강을 정신적 질병에 걸려 있지 않은 상태 뿐 아니라 만족스러운 인간관계를 형성하고 이를 유지해 나갈 수 있는 능력으로 정의하였다. Jahoda(1950)는 정신건강에 대해 개인이 자신의 환경을 적극적으로 극복하고 성격의 통일성과 일관성을 나타내며 환경을 현실적으로 지각할 수 있는 상태라고 정의하고 있다. Bower(1962)에 의하면 정신건강이란 물리적, 사회적, 심리적 환경을 처리하는 개인성격의 탄력성과 원상회복을 뜻한다.

Wolman(1985) 등은 정신건강의 개념을 정의하는데 고려해야 할 다섯 가지 요소를 다음과 같이 보았다. 첫째, 성취동기화 요소로 개인을 정신적, 육체적으로 건강하게 발달시켜 주어진 과제를 수행하도록 동기화된 상태를 말한다. 둘째, 정서적 균형 요소로 외부의 자극에 대해 정서적 반응을 할 수 있는 상태를 갖추어야 한다는 것이다. 셋째, 인지적 기능 요소로 외부세계에서 일어나는 사건이나 자신의 신경상태를 바르게 인지하는 것을 말한다. 넷째, 사회적 적응 요소로 타인에 대한 이성적 행동을 할 수 있고 때로는 자기 방어적이기도 하며 상호적 관계와 박애적인 신념을 가질 수 있는 능력을 의미한다. 다섯째, 자아존중감 요소는 자신의 가치에 대한 인정을 의미한다.

(2) 건전한 성격

Gordon W. Allport(1890~1948) : 미국의 사회심리학자. 개인심리학의 입장에서 사회심리학을 다루었다. 개인을 떠난 사회심리의 존재를 주장하는 것을 '집단오류(group fallacy)'라고 칭하며 사회학자와 논쟁을 벌였다. '동조행동(同調行動)'의 연구로 유명하다. 주요 저서로는 「Social Psychology」(1924) 「Institutional Behavior」(1933) 등이 있다.

성격이란 개인의 행동결정에 주체적 의미를 지니게 되는 요인으로 비교적 안정되고 지속적인 특성을 지니고 있으나 발달단계와 학습에 따라 변화되는 경향이 있다. 한 개인의 정신건강 수준을 평가하기 위해 표준화된 기준을 세우는 것은 어렵지만 다음 여러 심리학자들의 견해를 살펴보고자 한다.

1) Allport의 성숙한 인간

Allport는 건전한 성격을 성숙한 인간이라 보고 다음의 7가지 기준을 내세우고 있다.

① 자아의식의 확대로 의미 있는 여러 가지 활동에 관여하고 참여한다.

② 따뜻하고 깊게 자기를 타인과 관계지울 수 있다.

③ 정서적 안정 : 자기승인이나 자기감정을 통제한다.

④ 현실적인 지각 : 세상을 객관적으로 보며 실재를 있는 그대로 받아들인다.

⑤ 기술과 과업 : 일과 책임은 삶의 의미와 삶의 지속감을 준다.

⑥ 자기 객관화 : 자신을 알고 이해하며 자신의 현재 행동과 반응이 과거에 있었던 유사한 경험에 의해서 영향을 받고 있음을 알고, 그들간의 관련성을 깨닫고 자신의 약점을 웃어 넘길 수 있는 능력과 여유를 갖고 있다.

⑦ 통정된 생활철학 : 종교적이든 아니든 자신의 중요한 활동에 알맞는 의미와 책임을 부여하는 기준을 가지고 있다.

2) Rogers의 만족한 역할수행자

Rogers는 만족한 역할수행자(fully functioning person)를 건전한 성격의 소유자라 보고 5가지 구체적인 특성을 제시하고 있다.

1 경험에 대한 개방성

그것이 긍정적이든 부정적이든 자기의 경험과 존재에 대해 가감없이 인정하고 고백하면서도 마음에 불편을 느끼지 않는다.

2 실존적인 삶

존재하는 순간순간마다 의미를 느끼며 최선을 다해 산다. 어제의 추억이나 내일의 계획이 아니라 지금-여기에서의 삶에 충실히 임한다.

3 자신의 유기체에 대한 신뢰

인간은 가장 멋있게 창조되었고 문제를 해결할 자생력을 갖고 있다고 믿는다.

4 자유의식

사고와 행동에 있어서 아무런 제약이나 금지없이 자유롭게 선택할 수 있고 삶에 대한 개인적인 지배감을 즐기며 미래는 자기 자신에게 달려 있다고 믿는다.

Carl R. Rogers(1902~1987) : 미국의 심리학자. 인간(人間) 중심의 상담요법 또는 비지시적(非指示的) 카운슬링의 창시자이다. 치료적 변화를 위하여 필요한 상담자의 태도를 중시했다. 주요 저서로는 「문제 어린이의 임상적 치료」(The Clinical Treatment of the Problem Child, 1939), 「내담자 중심치료」(Client-centered Theraphy, 1951) 등이 있다.

⑤ 창조성

주변환경의 변화에 적응할 수 있는 창의성과 자발성을 갖고 있다.

Erich Fromm(1900~1980) : 미국 신프로이드학파의 정신분석학자이자 사회심리학자이다. 프랑크프루트학파에 프로이드이론을 도입하여 사회 경제적 조건과 이데올로기 사이에 사회적 성격이라는 개념을 설정하고 이 3자의 역학에 의해 사회나 문화 변동을 분석하는 방법론을 제기하였다. 주요 저서에 「자유로부터의 도피」, 「선(禪)과 정신분석」 등이 있다.

3) Fromm의 생산적인 인간

Fromm은 건전한 성격의 소유자를 '생산적인 인간'이라 보고 다음과 같은 특성을 제시하였다.

① 자신을 사랑할 수 있는 능력을 갖고 있다.

② 다른 사람들과 진정한 인간관계를 확립할 수 있다

③ 이성으로써 세상을 파악하고 이해한다.

④ 생산적인 일을 할 수 있다.

⑤ 보람있고 가치있는 일을 한다.

4) Maslow의 자아실현의 인간

Maslow는 자아실현이 잘 성취된 사람들을 연구하여 그 특성을 다음과 같이 제시하였다.

① 보다 더 적절한 현실지각을 가지며 현실과 보다 더 바람직한 관계를 맺고 있다.

② 자기 자신과 타인 그리고 인간 본성의 현실을 그대로 받아들인다.

③ 사고, 정서, 행동 등에 있어서 보다 더 자발적이다.

④ 과제 중심적이다.

⑤ 개인적인 생활을 즐긴다.

⑥ 고도로 자율적이다.

⑦ 사물에 대한 인식과 이해가 늘 새롭다.

⑧ 신비로운 혹은 절정경험을 자주 갖는다.

⑨ 인류를 돕고자 하는 욕망과 인간에 대하여 강하고 깊은 애정을 갖고 있다.

⑩ 몇 사람의 친구나 사랑하는 사람들과 아주 밀접한 대인관계를 맺고 있다.

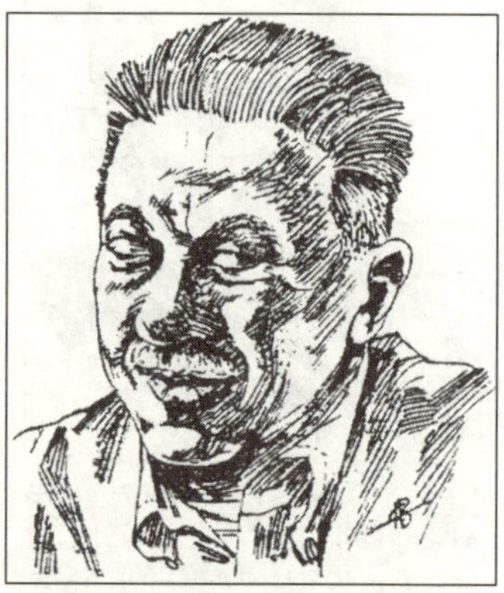

Abraham H. Maslow(1908~1970) : 미국의 심리학자 · 철학자. 인본주의 심리학의 창설을 주도하였으며, 기본적인 생리적 욕구에서부터 사랑, 존중 그리고 궁극적으로 자기실현에 이르기까지 충족되어야 할 욕구에 위계가 있다는 욕구 5단계설을 주장하였다. 주요 저서에 「인간의 성격에 대한 심층접근」(1971) 등이 있다.

⑪ 민주적인 인성 구조를 가지고 있다.

⑫ 수단과 목적, 선과 악을 구별하는 등 논리의식이 강하다.

⑬ 적개심이 없는 유머 센스를 가지고 있다.

⑭ 창조적이다.

⑮ 문명 및 문화의 영향에 휘말리지 않는다. 즉, 문화의 모순이나 사회의 부당성에 대한 비판적인 태도를 가질 수 있다.

5) Jung의 개별화된 인간

Jung은 인간이 '자기'가 될 때, 즉 '실존의 목적과 의미를 발견한 책임 있고 독자적인 인간'이 될 때 비로소 건전한 성격의 소유자가 된다고 보았다.

① 자각 : 의식적이든 무의식적이든 자기 자신을 알고 있다.

② 자기수용 : 자신의 강점과 약점을 있는 그대로 받아들인다.

③ 자기통합 : 성격의 모든 측면들이 통합되고 조화를 이루고 있다.

④ 자기표현 : 자기 자신의 사고나 감정을 자유스럽고 솔직하게 표현한다.

⑤ 인간관용 : 인류에 대하여 보다 관대하고 보다 많은 연민의 정을 느낀다.

⑥ 미지와 신비의 수용

⑦ 보편적인 성격을 갖고 있다.

C. G. Jung((1875~1961) : 스위스의 심리학자, 정신과 의사. 지크문트 프로이드의 정신분석학에 영향을 받아 분석심리학의 기초를 세웠고, 외향성 · 내향성 성격, 원형(原型), 집단무의식 등의 개념을 제시하고, 발전시켰다. 그의 업적은 정신의학과 종교·문학 관련 분야의 연구에 영향을 미쳤다.

6) Frankl의 자아초월의 인간

인간 실존을 위해서는 의미에의 의지가 중요하다고 하는 Frankl은 건전한 성격을 '자신에게 초점을 두는 것으로부터 초월한 인간'이라고 보았다.

① 자신의 행위과정을 자유롭게 선택한다.

② 살아가며 행하는 행위와 운명에 대해 취하는 태도에 스스로 책임을 진다.

③ 자기 외부의 힘에 의해서 지배당하지 않는다.

④ 자기에게 적합한 삶의 의미를 가지고 있다.

⑤ 자신의 삶을 의지적으로 잘 통제한다.

⑥ 창조적 · 경험적 혹은 태도적 가치를 표현할 수 있다.

⑦ 자신에게 관심을 두는 것을 초월한다.

⑧ 미래의 목표와 문제에 관심을 두는 미래지향적이다.

⑨ 일에 전념한다.

⑩ 사랑을 주고 받을 수 있다.

7) Perls의 '여기 그리고 지금'의 인간

Gestalt 치료를 발전시킨 Perls는 '여기 그리고 지금'(here and now)의 인간을 건전한 성격으로 보았다.

① 현재 실존의 순간에 안정되게 그 바탕을 두고 있다.

② 자기가 누구이고 어떤 사람인가에 대하여 충분한 인식을 하고 받아들인다.

③ 억제나 죄악감 없이 개방적으로 자신의 충동과 욕망을 표현할 수 있다.

④ 자신의 삶에 대하여 책임질 수 있다.

⑤ 자신의 인생에 대하여 다른 어느 누구에게 책임을 전가시키지 않을 뿐더러 누구에 대해서도 책임을 지지 않는다.

⑥ 자기의 감각과 감정 그리고 주변에서 일어나고 있는 것과 접촉을 한다.

⑦ 솔직하게 분노를 표현할 수 있다.

⑧ 자기 삶의 외부적 간섭이나 초점으로부터 자유롭다.

⑨ 상황의 모든 면을 현실적 · 객관적으로 감지한다.

⑩ 위축된 자아경계가 없다.

⑪ 행복의 추구에 열중하지 않는다.

이들이 공통적으로 지적하고 있는 건전한 성격의 특성을 요약해 보면 다음과 같다.

첫째, 건설적으로 현실을 대처해 가는 능력으로 한 개인이 자신의 능력과 한계를 인정하고 거기에 따라 행동한다.

둘째, 변화에 대처하는 능력으로 세계가 끊임없이 변화하는 것을 알고 앞으로의 계획을 세우고 미래를 두려워하지 않으며 산다.

셋째, 포괄적인 미래지향적 선택능력으로 먼 안목의 가치를 위하여 일시적인 만족을 억제하는 능력이 있다.

넷째, 합리적이고 적절한 독립심을 갖고 있다.

다섯째, 긴장과 불안의 억압으로부터 자유롭다.

여섯째, 다른 사람에 대한 관심이 깊다.

일곱째, 만족스러운 대인관계를 유지한다.
여덟째, 사랑하는 능력이 있다.

2. 정신건강의 요인

(1) 신체와 정신의 상호작용

최근의 생리나 신경심리학에서는 신체와 정신이 양분될 수 없다는 입장을 지지하고 있다. 이러한 입장은 다음의 두 가지 관점으로 설명될 수 있다. 첫째, 신체적 건강상태가 정신에 영향을 미친다는 관점이다〈精(肉) ⇒ 氣(魂) ⇒ 神(靈)〉. 이는 정신의 문제가 신체의 문제에 근거해야 함을 의미하는 것으로 지각, 사고, 감정 등을 포함한 정신은 대뇌와 간뇌, 그리고 말초신경 등의 신경계통에 의해 가능하다. 둘째, 정신상태가 건강에 영향을 미친다는 관점이다. 일반적으로 사람들은 불쾌한 기분이나 근심이 생기면 식욕이 없어지고, 안색이 나빠지며, 심하면 머리가 무거워지면서 두통이 생기기도 한다(精 ⇒ 氣 ⇒ 神). 이와 같이 정신과 신체는 상호관계를 갖는 하나의 구성체이며 이러한 두 요인은 하나의 통합체로 이해해야 한다.

(2) 인간발달과 정신건강

인간발달과 정신건강은 상호 밀접한 관계를 맺고 있다. 그러나 인간발달의 이론들은 발달 단계마다의 강조점이 다르기 때문에 건강한 정신에 영향을 주는 시기에 대한 논의도 조금씩 다르다.

Freud(1959)는 정신분석학적인 입장에서 발달단계 중 유아기의 중요성을 강조하였고 Piaget(1959)는 유아기에서의 인지적 경험과 인지적 발달의 중요성을, 그리고 Carroll(1965)과 Bloom(1971)은 학교학습이 시작되는 아동기에 있어서 학습활동의 확대경험을 강조하였으며, Erikson(1968)은 자아정체감이 발달하는 청소년기의 위기경험을 중요시하고 있다. 또한 Havighurst(1972)는 「발달과업과 교육」이라는 저서에서 인간발달에는 각 단계마다 습득해야 할 발달과업이 있으며 이를 습득하게 되면 다음 단계에 적응력이 생기고 정신적으로도 건강할 수 있으나 그렇지 않으면 부적응 상태에 처하게 된다고 보면서 각 발달단계에서 습득해야 할 발달과업을 제시하였다.

(3) 가정환경과 정신건강

정신건강을 위한 가정환경의 문제는 부모의 부부관계, 형제 및 가족 구성원과의 관계, 부모-자녀관계, 가정의 분위기, 가정의 사회 경제적 지위에 따른 가족문화 등이 중요한 변인들이다.

영유아기의 가정환경과 초기환경에서의 경험이 인간의 지능을 결정하는 중요한 원인이 되고(Hunt, 1961) 이러한 인지적 발달은 다시 정의적 특성과 상호작용하게 된다(Bloom, 1967). 예를 들면, 학생의 성격형성에 미치는 가족의 영향과 부모의 양육태도는 매우 밀접한 관련이 있다. 부모의 거부적 태도, 자녀에 대한 과대평가, 지나친 기대, 과보호, 방임적 태도, 과격한 부모의 성격 등과 같은 것들은 자녀의 바람직하지 못한 심리적 행동특성의 원인이 되어 학생은 적응곤란, 신경증, 공격성, 정서불안 등의 특성을 나타낸다. 이와 같이 가정과 정신건강의 관련성은 부모-자녀관계가 중요하다(Block, 1978). A. S. Neill은 문제아동은 없다. 다만 문제 부모, 문제 가정이 있을 뿐이다라고 말했다.

(4) 학교환경과 정신건강

학교생활 역시 정신건강의 중요한 요인으로 학업성취, 학교문화에 대한 적응, 교사와의 관계 그리고 교우관계 등에 연관되어 있다. Stringer와 Glidewell(1967)은 학교학습에 있어서 학업성취와 정신건강 사이에 유의한 상관이 있고 정신건강 증세의 약 2/3 정도가 학업성적 때문이라고 보고하고 있다.

그리고 교사가 학생의 학습과제를 해결해 주는 교육과정 중 교사와 학생간의 인지적 측면의 접촉으로부터 교사의 역할이 시작된다. 이러한 인지적 측면의 지도는 정의적 측면의 지도효과 여부에도 영향을 미치므로 인지적, 정의적 측면의 상호관계가 중요함을 시사한다. 즉, 수업 중 교사가 학생들에게 작용하는 교육적인 태도와 성격적 반응형태가 학생들에게 매우 중요하게 받아들여지고 있다.

한편 학교의 물리적 환경 또한 학생들의 정신건강에 중요한 영향을 미치고 있다. 물리적 환경의 구성 요소는 채광, 온도, 기류, 건물, 도로, 소음 등이며 이러한 환경요소들은 대부분 인간과 관계를 맺고 상호작용하여 인간의 행동변화에 작용하는 것들이다.

(5) 스트레스와 정신건강

정신건강의 요인 중 스트레스는 이미 일상적인 개념이 되었다. 많은 사람들은 스트레스로 인한 정신적 압박감을 느끼며, 어떤 형식으로든 잦은 스트레스를 경험하게 된다. 사람들은 스트레스에 직면할 때마다 정서적으로 흥분 혹은 각성상태를 경험하면서 정신적으로 어려움을 겪게 된다.

스트레스는 과다한 자극으로 인한 신체와 정신의 불균형 상태라고 할 수 있다.

다음은 사람들이 경험하게 되는 스트레스의 일반적인 요인들이다. 스트레스는 첫째, 인간발달 과정의 각 단계마다 스트레스가 존재한다. 둘째, 가정에서의 스트레스로 인한 현대사회의 핵가족화 현상이나 가정 내 폭력, 이혼율의 증가는 스트레스의 원인이 되고 있다. 셋째, 현대사회의 변동과정으로 도시화, 가치관의 변화, 문화의 대중화, 소외감의 증가, 일탈행위의 증대 등이 스트레스가 되고 있다. 그러나 다양한 환경에 대하여 개인의 반응은 질적으로 다르게 나타나고 동일한 환경일지라도 행동반응에 있어서는 개인마다 차이가 있기 때문에 스트레스의 원인과 그에 따른 개인의 정신건강 상태는 다양한 양상을 보인다.

〈인생의 사건과 스트레스〉

사 건	스트레스 크기	스트레스 강도
배우자의 죽음 이혼 또는 별거 수감 가족 구성원의 죽음 상해나 질병 결혼 실직 이사		매우 높음
재혼 은퇴 가족구성원의 심각한 질병 임신 성 문제 출산 이직 경제 문제 친한 친구의 죽음		높음

가족 간의 불화 큰 채무 채무로 인한 법적 조치 직장에서 보직 변화 자녀가 집을 떠남 인척 간의 불화 뚜렷한 개인적 성취 아내의 취업 또는 퇴직 입학 또는 졸업 생활환경의 변화 개인적 습관의 교정 상사와의 불화		중간
업무시간이나 조건의 변화 학교에서의 변화 여가활동의 변화 교회활동의 변화 사회활동의 변화 작은 채무 수면 습관의 변화 가족 간의 교류나 관계의 변화 식습관의 변화 명절 사소한 법규 위반		낮음

스트레스에 대한 감정 반응

주의해서 살펴야 할 가장 중요한 변화는 긴장, 짜증, 우울한 기분이 드는 것이다. 스트레스가 가득한 상태에서는 사소한 것도 참을 수 없어 큰 분노나 싸움으로 이어질 수 있다. 퇴근 후 쉬고만 싶은데 보드게임을 하자고 졸라대는 아이들에게 몹시 화를 내게 될 수도 있고, 차에 시동이 걸리지 않을 때 차를 때려 부수고 싶다는 생각에 사로잡혀 있는 자신을 발견할 수도 있다. 토스터 기계가 말썽을 부릴 때 기계를 내동댕이치고 싶은 마음을 자제해야 할 때도 있다.

1 스트레스에 대한 감정 반응

- 압박감
- 정신적으로 고갈된 느낌
- 흥분과 불평
- 욕구 불만과 공격성
- 눈물이 많아짐
- 항상 긴장되어 있음
- 두려움
- 갈등의 감정
- 집중력 및 업무 처리 능력이 현저하게 떨어짐
- 우울해지고 의심이 많아짐

· 결정을 내리지 못함
· 어디론가 도망쳐 숨고 싶은 충동
· 금방이라도 졸도하거나 쓰러지거나 죽을 것 같은 공포
· 사회적으로 난처함을 겪거나 실패하는 것에 대한 두려움
· 기쁨이나 즐거움을 느끼는 능력이 부족해짐

2 스트레스에 대한 신체 반응

· 근육의 긴장
· 빠르고 불규칙하거나 세찬 심장 박동
· 빠르고 얕은 호흡
· 땀 흘림
· 동공 팽창
· 지나친 경계
· 식욕의 변화
· 근육 약화나 근육 떨림
· 위에서 느껴지는 메스꺼움
· 수면 장애
· 신경과민
· 두통
· 팔다리에 힘이 빠짐
· 소화불량
· 잦은 소변(빈뇨)
· 가슴이 답답함
· 일시적 아픔, 통증, 경련
· 변비나 설사
· 피로감과 몸에서 힘이 빠지는 느낌
· 오래된 불편과 통증의 악화
· 지속적인 불안 및 조바심
· 요통
· 손이나 발이 저리고 따끔거리는 느낌
· 입이나 후두의 건조
· 위경련

신체 반응을 알아차리려 노력하며, 반응이 느껴지면 근육 이완을 시도한다. 예를 들어, 어깨에서 힘을 빼고 얼굴과 배의 근육을 이완시킨다. 하던 일을 멈추고 휴식을 취하면서 마음을 조용히 가라앉히고 주의를 다른 곳으로 돌리는 훈련을 하며 깊은 호흡과 근육 이완을 시도한다. 숨을 깊이 들이마신 후 셋을 셀 때까지 숨을 멈춘 다음 천천히 내쉰다.

이 훈련을 반복하면서 1분에 10회 정도의 느리고 긴장을 푼 호흡을 계속한다. 편안함을 느끼면 여섯까지 세는 6초 호흡까지 증가시킬 수 있다(빠르고 얕은 호흡은 스트레스에 대한 신체 반응을 증가시킬 수 있다). 주의를 다른 곳으로 돌리고, 상황에 어떻게 대처할지 등을 건설적이고 긍정적으로 생각하면서 천천히 깊은 호흡을 계속한다.

스트레스에 대한 이완 대응

스트레스 상황에서는 행동 양식이 변할 수 있다. 혼자 있는 것을 싫어하고 가족과 친구들의 도움을 구하기 위한 노력을 할 수도 있고, 집에 틀어박혀 모든 일에 무관심해질 수도 있다. 다른 사람에 대한 관심을 잃은 것처럼 보이거나 초대를 거절하기 시작하는데 사람들과 어울리면 많은 문제가 일어날 것처럼 느껴지기 때문이다.

1 이완을 위한 준비

· 중간에 방해받지 않을 조용하고 따뜻한 방에서 편안한 의자에 앉거나 눕는다(눕는

것이 더 좋다).

· 의자에 앉은 상태라면 신발을 벗고 다리를 꼬지 말며, 두 팔을 의자 팔걸이에 편하게 걸친다.

· 누워 있는 상태라면 등을 바닥에 붙이고 팔을 양 옆으로 한다. 편안한 베개를 사용해도 좋다.

· 눈을 감고 천천히 신체 구석구석을 느껴 본다. 어떻게 호흡하고 있으며 어느 근육이 긴장 상태에 있는지 점검한다. 편안한 상태인지 다시 한번 확인한다.

2 이완을 위한 호흡

턱과 어깨에서 힘을 뺀다. 천천히 깊게 숨을 쉰다. 코로 들이쉬고 입으로 내쉰다. 숨을 들이마실 때는 복부를 팽창시키고 더 많은 공기가 들어갈 수 있도록 흉곽을 들어올려 폐에 공기가 가득 찰 수 있게 한다. 들이마신 다음 3~6초 정도 숨을 참은 후, 흉곽과 복부가 이완하고 폐가 완전히 빌 때까지 숨을 천천히 내쉰다.

· 긴장하지 말라 – 훈련을 계속하면 점차 쉬워진다.

· 이완을 하는 동안 느리고 깊고 리듬감 있는 호흡을 계속한다.

숨을 깊게 쉬는 것을 잊지 말며, 이완을 할 때 육체적 편안함과 나른함이 신체 구석구석에 퍼지는 느낌을 알 수 있어야 한다.

3 이완

5~10분이 지나 호흡 주기가 일정해지면 다음 단계를 시작한다. 숨을 들이마시면서 신체 각 부분을 긴장시키고, 근육의 긴장을 유지하면서 10초간 숨을 참다가, 이완과 동시에 서서히 숨을 내쉰다.

4 이완의 순서

① 발가락을 힘주어 둥글게 말고 발로 바닥을 누른다.
② 발꿈치로 바닥을 누르고 발을 위로 구부린다.
③ 장딴지 근육을 긴장시킨다.
④ 무릎을 곧게 펴고 다리에 힘을 주어 허벅지 근육을 긴장시킨다.
⑤ 엉덩이를 단단하게 죈다.
⑥ 복부를 일격에 맞서듯 긴장시킨다.
⑦ 팔꿈치를 구부려 팔 근육을 긴장시킨다.
⑧ 어깨를 구부리고 머리를 베개나 쿠션에 누르듯 묻는다.
⑨ 입을 단단히 다물고 눈을 바짝 긴장시킨다.
⑩ 모든 근육을 동시에 긴장시킨다.
⑪ 10초 후 근육을 이완한다.
⑫ 눈을 감는다.
⑬ 계속 천천히 깊게 숨을 쉬면서 검은 배경에 흰 장미를 떠올린다. 30초 동안 주의를 집중하여 장미를 가능한 한 정확히 보려고 노력한다. 숨을 참을 필요는 없으며 하던 대로 호흡을 계속한다.

⑭ 임의로 다른 평온한 대상을 시각화하여 13번 단계를 반복한다.
⑮ 마지막으로, 눈을 뜨면 자신이 완전히 편안하고 활기찬 상태가 될 것이라고 스스로 주지시킨다.
⑯ 눈을 뜬다.

마음 속 걱정의 정리

걱정은 무의미한 활동이며 아무것도 해결하지 못한다. 걱정에 맞서는 세 가지 방안을 소개한다.

1 문제해결

걱정을 보다 건설적으로 활용한다. 정말 중요해 보이는 한두 가지 문제를 선택해 해결을 위한 계획을 세운다(친구와 함께 하는 것이 도움이 될 수 있다). 필기도구를 준비하고 다음의 단계에 따라 문제의 해결을 시도한다.

- 문제가 무엇인지 정확하게 적는다.
- 그 문제에 대한 대여섯 개의 해결책을 적는다. 떠오르는 방안들은, 비록 좋은 방안이 아니더라도 모두 적는다.
- 각각의 방안에 대해 장단점을 검토한다.
- 자신의 필요에 가장 부합하는 해결책을 선택한다.
- 문제해결을 위해 밟아야 하는 단계들을 정확하게 계획한다.
- 계획을 실천에 옮기려 시도한 후 노력의 결과를 평가한다(스스로 칭찬하는 것을 잊지 말라).
- 성공적이지 못하면 다시 시작하되 이번에는 다른 해결책을 시도한다.

2 불쾌한 경험의 재고

'땀이 난다, 팔의 털이 쭈뼛 선다, 가슴이 두근거린다, 비명이 터져나올 것 같다, 다리에 힘이 없다, 정신을 잃을 것 같다' 등 불쾌한 경험의 특징들을 목록으로 만든다.

- 이런 불쾌한 느낌에 얼마간 머물도록 한다. 느끼는 바를 자신에게 정확히 전달하고 그 느낌들이 정점에 이른 후 나아질 것이라고 주지시킨다.
- 새로운 불쾌한 경험의 상황을 설정한다. 가슴이 두근거리고 호흡이 빨라지고 흥분되는 상황을 상상한다.
- 자신에게 발생할 수 있는 최악의 상황을 설정한다(쓰러지거나 소리를 지르고 구토를 하거나 소변을 지리는 등). 그런 일이 실제로 일어나면 어떻게 대처할지 계획을 세운다. 불쾌한 감정을 보다 쉽게 극복할 수 있고 훈련과 관찰을 통해 불안을 통제하고 극복하기 시작하는 것을 알게 될 것이다.

3 걱정을 해결하는 지침

- 일상생활에 몇 가지 목표를 설정한다(아침 9시에 일어난다, 친구를 만난다, 신문을

읽는다 등).
· 하루의 건설적인 계획을 채운다.
· 현재의 성취와 관심을 과거의 것과 비교하지 않는다. 현재와 미래에 집중한다.
· 계획을 실천하는 것이 어려워 보인다고 절망하지 않는다. 쉬운 단계들로 나누어 천천히 다시 시작한다.
· 무엇보다 자신의 노력에 대해 스스로 상을 준다.
· 작은 일을 성취해낼 때마다 주위 사람들로부터 격려와 칭찬을 받을 수 있도록 노력한다.

4 식욕 감퇴 치료방법
· 좋아하는 음식을 조금씩 먹는다.
· 천천히 먹는다.
· 식사에 대한 압박을 느끼게 만드는 상황을 당분간 피한다.

이용 가능한 치료 유형

1 보조적 정신치료
① 지속적으로 확신과 격려를 제공하는 것을 목표로 한다.
② 치료과정은 정해진 형태를 갖지 않으며 정식 정신치료에 비해 횟수가 적다.

2 상담
① 왜 그런 행동을 하는지 이해하고, 감정적 · 실제적으로 현실을 극복하는 방법을 계획함으로써 스스로 문제를 해결하는 것을 목표로 한다.
② 현재의 문제와 실제적 해결 방안을 논의함으로써 스스로 선택한 삶을 살아갈 수 있도록 돕는다.
③ 몇 주 또는 몇 달에 걸쳐 지원을 제공한다.

3 정신치료
① 말하기가 치료의 주요 수단이다. 치료자에 따라 환자의 상태에 대해 듣고자 하는 측면이 다르다.
② 치료는 대체로 6~9개월에 걸쳐 주 1회 실시한다.

4 행동치료
① 행동은 '학습된' 것이므로 잊혀지거나 변화될 수 있다.
② 도움이 되지 않거나 원하지 않는 방식으로 행동하는 것을 그만두고, 생활을 보다 즐겁게 만들어줄 새로운 유형의 행동을 학습하게 하는 것을 목표로 한다.
③ 특정 방식으로 행동하게 된 이유보다 현재 어떻게 행동하고 있는가에 집중한다. 대체로 몇 달에 걸쳐 치료가 지속적으로 이루어진다.

5 인지치료(인지행동치료)

① 감정과 행동의 변화는 발생한 사건을 어떻게 생각하느냐에 의해 결정된다는 이론에 근거하고 있다. 인생을 우울하거나 자신을 위협하는 것으로 본다면 모든 것을 부정적으로 해석하게 될 것이다.
② 우울하고 도움이 되지 않는 사고방식을 인식하고 변화시키는 것을 치료의 목표로 한다.
③ 행동치료의 일부를 포함한다. 평균 12~20개 과정으로 되어 있다.

6 가족치료

① 가족이나 유사한 사회 집단의 일원으로 환자를 바라본다.
② 가족이나 집단 구성원들이 의사소통을 하고 관계를 맺는 방식에 관심을 갖는다.
③ 여러 달에 걸쳐 다양한 정신치료 기법을 이용함으로써 비난이나 책망 없이 괴로움과 갈등을 해결하는 것을 목표로 한다.

7 집단치료

① 알지 못하던 사람들이 모여 치료 전문가와 함께 문제해결을 돕는 치료법이다.
② 집단은 같은 문제를 지닌 사람들로 구성될 수도 있고, 각기 다른 문제를 지닌 사람들로 구성될 수도 있다. 또 같은 성별을 지닌 사람들끼리 또는 혼성으로 구성될 수도 있다.
③ 집단 구성원들은 문제를 가진 것이 자기 하나만이 아니라는 것을 알게 되고 다른 구성원들로부터 많은 지원을 받을 수 있다. 대체로 여러 달에 걸쳐 치료가 계속된다.

8 정신분석

① 개인의 행동과 정신 상태가 아동기의 초기 경험에서 기원한다고 믿고 있다.
② 정신분석 유파에 따라 환자의 말을 다르게 해석한다.
③ 환자와 치료 전문가 사이의 관계를 형성하는 데 상당한 시간이 소요된다. 즉 이 과정은 환자와 환자의 어머니나 아버지처럼 인생의 초기에 중요한 역할을 하였던 사람들 사이의 관계를 재연하기 위해서이다.
④ 정신치료는 몇 년에 걸쳐 한 주에 수차례 실시되며, 상당한 시간과 비용이 요구된다.

3. 학교교육과 정신건강

학교교육의 목적은 단지 지적능력의 발달이나 특정 지식과 기술의 습득으로 제한되는 것이 아니다. 바람직한 인격의 형성과 사회적 적응능력의 배양 또한 학교교육의 중요한 기능이다. 따라서 학생들의 전인적 발달을 위해서 지적발달과 동시에 정신건강의 측면도 학교교육의 중요한 사명으로 다루어야 할 필요가 있다.

(1) 학교환경과 정신건강

학교환경이란 학생과 상호작용하는 학교의 다양한 요소를 의미한다. 학교의 물리적 환경, 교사-학생의 인간관계, 교우관계 그리고 학업성취 등은 학생의 정신건강에 영향을 미치는 학교환경의 중요한 요소들이다.

1) 학교의 물리적 환경

학교의 물리적 환경은 크게 실내환경과 실외환경으로 구분된다. 책상과 의자의 크기 및 배치 상태, 벽면에 부착된 게시물, 유리창의 크기와 모양, 칠판의 상태, 교실의 통풍, 채광, 습도, 소음, 공기오염 상태 등과 운동장의 배치, 화단의 모양이나 건물의 배치 등이 고려된다.

학교의 환경은 거의 주어진 조건이다. 교실은 학생들이 학교생활에서 대부분의 생활을 보내는 곳이며, 말하자면 '가정'과도 같은 곳이다. 그러자면 교실의 시설 및 설비는 학생들의 움직임과 더불어 움직일 수 있어야 하며, 학생들의 성장과 함께 변화될 수 있어야 한다. 학생들은 하루가 다르게 성장하며 발달하는데 학교의 교실이 계속 정적이라면 학생들의 학습의욕이나 건전한 발달을 방해하는 요인이 될 것이다. 예를 들면, 신체적으로 움직일 수 있는 공간의 영역이 넓을수록 지배성이나 성취욕이 높으며 자기만의 공간이 작을수록 의존하고 복종하는 경향이 높을 수 있다는 연구도 있다. 학교 교실의 채광상태의 경우 어둡고 침침하다면 학생들의 분위기가 침체되고 명랑하지 못할 수 있다. 이러한 물리적 환경요소들은 학생의 생리적 욕구나 신체적 건강에 영향을 미칠 뿐만 아니라 정신활동과 정서적 반응에도 영향을 준다. 잠재적 교육과정도 매우 중요한 교육요소이다.

2) 교사와 학생과의 인간관계

교사는 학생의 인지적 측면뿐만 아니라 정의적인 측면에 있어서도 중요한 역할을 담당하며, 동시에 교사는 학생의 행동에 의해 영향을 받기도 하면서 교사와 학생들 사이에는 상호작용이 형성된다. 교사와 학생의 관계에 대한 많은 연구들은 교사-학생 사이의 상호작용을 강조한다. 즉, 학생의 교사에 대한 역할 인식이 교사의 행동에 영향을 미치며 교사의 행동 역시 학생의 인지적 측면과 정의적 측면에 영향을 미친다. 결국 교사와 학생의 관계는 학생의 학업성취, 학교에 대한 태도, 학문적 자아개념 그리고 정신건강 등에 직접적인 영향을 주게 되는 것이다.

교사의 학습분위기 조성 유형을 분류하여 이들의 행동특성을 연구한 Lippit-Shite의 보고서에 의하면 교사의 학급분위기 조성의 유형을 전제형, 민주형, 방임형으로 나눈다. 일과 양의 성취도는 전제형 집단에서 가장 높고, 방임적 집단에서 가장 낮은 경향이 있었으며, 작업에 대한 동기는 민주적 집단에서 가장 강하였으며, 전제적 집단에서 공격적 행동과 불만이 가장 많은 반면 민주적 집단은 전제적 집단에 비해 보다 행복하고 자율적인 경향이 있었다.

3) 교우관계

학급사회에서 생활하는 동안 정의감, 책임감, 협동심, 그리고 지도성 등의 성격특성이 길러진다. 이것은 학급 구성원들간의 인간관계에서 비롯되는 것으로 교육과목 이상으로 정신건강이나 성격특성에 중요한 영향을 미치는 요인이다. 같은 동료집단과의 인간관계를 통하여 수정 보충하는 자기 조절에 의하여 더욱더 사회화의 과정을 밟아 주어진 환경에 슬기롭게 적응하는 성격으로 발달하게 되는 것이다.

Frandsen에 의하면 학급은 아동, 학생들이 사회성을 학습하는 기회를 갖게 된다고 하며 사회적 요구의 충족, 자아발견적 사회성 학습과 그 발달, 효율적 집단 행동과 문제해결의 기술을 학습하도록 지도, 분화된 사회적 역할의 학습, 사회적 동기에 대한 책임감의 발달, 건전한 자아개념, 자아 수용성의 발달 등을 지적하고 있다. 이러한 요인들은 성격형성에 있어서 다양한 영향을 미치게 된다고 보아도 좋을 것이다.

학생간의 사회적 관계를 연구할 수 있는 대표적인 방법이 사회측정 방법이다. 이 방법은 집단 내 또는 학급 내에서 학생들 사이에 존재하는 수용과 거부의 유형을 측정하여, 학생간의 사회적 관계를 분석하는 것이다. 이러한 방법을 사용한 연구들은 가장 문제가 되는 아동은 학교에서 사회적 관계에 실패한 고립아동이라고 밝히고 있다. 학령기의 발달단계를 아동 전기, 아동 후기, 청년 전기, 청년 후기의 네 단계로 볼 때, 고립아동은 학년이 높아질수록, 즉 청년후기로 갈수록 더 많이 나타나고 있다. 이러한 현상은 학년이 높아질수록 학업에서의 경쟁의식, 긴장의식과 자아존중감 등의 심리적 현상으로 인해 교우간에 경쟁적, 배타적인 면을 보이기 때문이라고 생각된다.

4) 학급집단

학생들이 진급하는 시기에 교사는 학생들의 전 단계 수준을 파악하여 학교의 전체 학생들을 대상으로 학급을 구성한다.

Glasser(1990) 등의 연구에 의하면 학습자의 감정적 적응과 학업성취에 대한 집단과정의 효과를 연구하여 개인의 학문적 업적과 학업성취는 수준 높은 집단의 보조와 협동에 근거하고 있음을 보여주었다. 따라서 교사들은 학생들의 형식, 비형식 집단의 구조와 역할 및 그 집단이 학생들의 행동과 정서적 측면에 미치는 영향에 대하여 세심한 주의를 기울여야 한다.

(2) 학업문제

위의 다양한 요인 중에 학생들의 정신건강에 보다 직접적인 영향을 미치는 요인은 학업성취의 문제이다. 성취결과에 대한 과도한 긴장감이나 실패에 대한 두려움은 학생의 정신건강에 부정적인 영향을 준다. 즉, 과제의 수행과정에서 갖게 되는 정서적 내면화 수준은 학습과제 수행결과의 성취를 결정하는 시험불안에 깊이 관계하고 있기 때문이다.

학습문제는 단순히 학업성적의 부진이나 장애로 국한되지 않을 수 있다. 학습에 부적응을 보이는 학생들은 전반적인 학교생활에 대해 많은 어려움과 고통을 겪는다. 이러한 아이들은 존중이나 수용을 받지 못하고 또래나 다른 교사들에 의해서 따돌림을 받는 경우가 많다. 차별과 편견은 아동의 가능성을 실현하는데 장애요소가 될 수 있다. 또한 학습문제가 있을 경우 일상적으로 부딪히는 문제들 보다 많은 좌절을 느끼며 육체적으로 심리적으로 힘든 상황에서 참을성이 적고 과잉반응을 할 수 있다. 또한 학업성취 뿐만 아니라 자아개념, 성취동기 등 정서적인 부분에도 여러 가지 부적응을 유발할 수 있다.

1) 성적부진

학생들 대부분은 학교생활에서의 학업성취를 가장 중요한 심리적 문제로 인식하고 있으며 그리고 교사나 학부모들도 학습활동과 학업성취 과정에 큰 비중을 두고 있다. 즉, 학생들은 학교와 사회로부터 우수한 학업성취를 강요받고 있는 것이다. 이는 학생의 학업성취 수준을 중심으로 상급학교로의 진학이 이루어지며 학력에 따라 사회적 대우가 등급화되는 현실을 극명하게 반영하기 때문이다. 이러한 현실은 동료간의 경쟁을 유도하고 학업성취의 결과에 대한 과도한 긴장감을 일으키기 때문에 학생들의 정신건강에 커다란 영향을 준다.

2) 시험불안

불안은 알려져 있거나 현실적으로 존재하는 대상이 없음을 특징으로 하는 복잡한 정서형태이다. 불안의 한 형태인 시험불안은 자신의 능력에 대한 평가를 받는 시험이라고 하는 특수한 상황에서 개인의 경험과 결부되어 나타나는 여러 종류의 신체적, 감정적 또는 행동적인 반응이다. 시험불안은 개인이 시험을 어떻게 평가하며 어떻게 하면 더 좋은 성적을 얻을 수 있는가 하는 근심 정도에 따라 달라지게 된다. 시험불안을 느끼는 경우에는 대개 시험을 어렵고, 위협적인 상황으로 받아들이며, 자신에 대하여는 현재 처해 있는 상황에 대하여 적절하게 대처할 능력이 부족하며 항상 실패를 걱정하고, 다른 사람들의 평가에 대해 예민하게 반응하는 경향이 있다.

김남성(1988)은 시험불안의 외적 원인으로 사회 문화적 조건과 교육적 조건을 들고 있다. 학문숭상의 문화적 풍토, 높은 교육열, 대학 진학을 위한 치열한 교육적 경쟁, 부모의 자녀에 대한 높은 기대 등이 학생들로 하여금 학업성적 향상에 대한 압박감을 일으키고 그것은 바로 시험불안으로 연결되는 것이다. 시험불안의 내적 원인으로는 낮은 지적 능력, 학업에 대한 실패감, 내지는 성공감 결여, 부적절한 학습방법, 충동성, 그리고 불안에 대한 높은 감수성 등을 들 수 있다.

3) 학교 공포증

학교공포증은 학교에 있는 것에 대해 심한 불안감을 가지고 있어 학교 가기를 싫어하거나 학교 가기를 아예 거부하는 현상이다.

(3) 학교 스트레스

인간은 외부환경과의 접촉과정에서 다양한 스트레스를 경험하게 되며, 특히 장기간의 학교생활을 거쳐야 하는 학생들에게는 학교환경이 스트레스의 중요한 원인이 된다. 이 스트레스는 적정수준으로 주어지면 인간의 성장을 위한 원동력이 되기도 한다. 스트레스가 전혀 없는 상황은 활동력을 저하시키며 과도한 스트레스는 개인의 정신과 행동에 장애를 준다.

1) 학생 스트레스의 이해

한준상(1995)은 청소년의 스트레스 유발인자를 인지발달 과정 스트레스, 자아중심성 스트레스, 자립성확인 스트레스, 자아정체감 발달 스트레스, 신체적 성숙 스트레스 등의 다섯 가지로 구분하였다. 인지발달 과정의 스트레스는 인지구조에 의해 외부세계에 대한 새로운 시각과 비판을 가지며, 기존의 가치와 규범에 대해 저항하는 과정에서 청소년들이 스스로에게 유발시킨다. 자아중심성 스트레스는 청소년기에 접어들면서 유아기나 아동기 때의 또다른 자아중심성으로서 심리적 특징이 나타나 유발되는 것이다. 자립성 확인 스트레스는 청소년으로 성장한 학생들이 자신 특유의 독립된 개체를 찾으려는 경향이다. 즉, 부모나 보호자, 간섭자들로부터 벗어나 자신들만이 누릴 수 있는 문화와 가치가 있다고 생각하여 이상적인 세계에 대한 모델을 만들어 놓으려고 한다. 자아정체감 발달 스트레스는 자신에 대한 인식을 시작함으로써 자아정체성이 형성되는 과정에서 경험하게 되는 스트레스를 말한다. 신체적 성숙의 스트레스는 청소년기에 급격히 나타나는 신체발달이 인지발달이나 성격발달과 균형을 이루지 못하여 불안과 초조감을 갖게 되고 그로 인해 경험하게 되는 스트레스이다.

학교 스트레스 연구 결과를 종합한 Sears와 Navin(1983)은 등교불안, 불량학생, 전학, 교사와의 갈등, 높은 성적과 상을 받기 위한 경쟁, 수업 중 여러 사람 앞에서의 발표나 보고, 학부모의 학교 성적에 대한 무관심, 학습장애, 숙제, 형제들보다 우수해야 한다는 강박감, 친구의 놀림이나 따돌림, 학업성취에 대한 부모의 기대, 시험에 대한 걱정, 친구들보다 우수한 능력 발휘를 해야 한다는 부담 등의 다양한 요인들을 보고하였다. 청소년들이 겪게 되는 스트레스 상황으로 다음과 같은 것들을 살펴보아야 한다.

① 부모님이 별거하거나 이혼할 때
② 약물 · 가스 · 본드 등을 남용하여 조절이 안될 때
③ 미래가 불확실하다고 느낄 때
④ 재혼하신 새 부모와의 사이가 나쁠 때
⑤ 성적 부진으로 상급학교 진학의 희망이 안보일 때
⑥ 가족 중의 한 사람이 갑자기 죽었을 때

⑦ 선생님이 친구들 앞에서 내게 모욕적인 말을 할 때
⑧ 부모님의 사업이 갑자기 도산했을 때
⑨ 아버지가 어머니를 심하게 구타하거나 학대할 때
⑩ 미래에 대한 희망이 없다고 느껴질 때
⑪ 선생님께서 내게 욕하고 심하게 대할 때
⑫ 부모님이 갑자기 실직했을 때
⑬ 이유없이 선생님께 매맞을 때
⑭ 학교 가기 싫을 정도로 친구가 괴롭히거나 놀릴 때
⑮ 장래에 무엇을 해야 할지 모를 때
⑯ 이성친구가 입대하거나 임신을 했을 때
⑰ 친구들이 따돌릴 때
⑱ 선생님이 다른 아이들과 나를 심하게 차별할 때
⑲ 친구가 없을 때
⑳ 중요한 시험(예 : 고교, 대학진학 등)에 실패했을 때

2) 스트레스의 대처

일반적 의미의 스트레스 대처란 일상적으로 직면하는 생활의 문제들로 인하여 개인의 균형이 깨어질 때 불균형한 상태를 회복시키고 다시 일상에 적응하는 과정을 뜻한다. Lazarus(1966)는 스트레스를 환경적인 압력이 개인의 적응범위를 넘어서는 상태라고 보며 대처방식을 단기적인 대처방식과 장기적인 대처방식으로 분류하였다. 스트레스 대처방식으로 방어적 대처와 문제중심 대처로 구분하고 스트레스의 부정적 영향을 완충시켜 주는 사회적 지지를 강조했다.

방어적 대처는 상황 자체를 변화시키기 보다 스트레스로 인한 정서적 고통을 감소시키려는 노력이다. 인간은 희망과 낙관을 유지하기 위해, 사건의 실제의미를 부인하기 위해, 발생한 일의 중요성을 낮게 인식하기 위해 정서중심의 대처를 하게 된다.

문제중심적 대처는 스트레스를 일으키는 상황을 평가하고 변화시키기 위해 노력하는 것을 의미한다. 이러한 스트레스 대처방안은 환경의 압력, 장애물, 자원, 절차 등을 바꾸는 환경지향적인 전략과 열망 수준의 변화, 대안적인 만족 구하기, 새로운 행동 기준의 개발, 대인관계 기술과 같은 새로운 기술습득 등 내부 지향적인 전략을 포함한다. 스트레스에 효과적으로 대처하기 위하여 고려해야 할 것은

첫째, 평소에 대처능력을 향상시키는 예방적인 준비가 필요하다. 둘째, 특정한 스트레스 상황에 적절하게 대처하는 방법을 익히는 것이다. 셋째, 스트레스와 직접 관련이 되는 도전이나 위협을 다루려고 노력해야 한다.

사회적 지지는 학생들이 스트레스 상황에서 자신을 도와 줄 지원자를 찾을 때 학생에게 정서적, 물질적 지원을 할 수 있는 사람이 있다면 학생들에게 미칠 수 있는 스트레스의 부정적 영향을 감소시킬 수 있다는 것이다. 사회적 지지의 긍정적 효과는 개인의 사회 관계망이 광범위하면 개인은 일상생활에서의 긍정적 경험이 누적될 뿐만 아니라 공동체 내에서 안정되고 사회적으로 대우받는 역할체제를 제공하기 때문에 개인의 심리적인 안정에 도움이 된다고 한다.

지금까지 살펴본 바와 같이 학교생활을 통한 학생들의 스트레스에 효과적으로 대처하는 방법은 스트레스에 대한 학생들의 대처능력을 향상시키고, 특정한 학교 스트레스에 대처하는 방법을 가르치는 것이다. 물론 학교 스트레스에 효과적으로 대처하기 위해 가장 중요한 점은 학생 자신의 마음가짐일 것이다. 긍정적으로 모든 스트레스는 해결이 가능하다라는 자세를 가진다면 교사와의 관계라든가 학우들간의 경쟁의식 등은 극복될 수 있을 것이다. 다음으로 학교 스트레스가 성장을 위한 도전이라고 생각하는 것이다. 스트레스는 위협적이고 부정적인 면이 있으나 이런 스트레스를 극복함으로써 자기성장의 기회가 된다는 사실을 이해하는 것이 중요하다. 또한 개인이 스트레스를 받으면 대처하기 위해 활용 가능한 자원을 고려해야 한다. 이상의 대처방안을 적절히 이용한다면 학교 내에서 정신건강을 유지하며 스트레스에도 효과적으로 대처할 수 있을 것이다.

3) 스트레스에 대한 자기 진단

다음 증상들 가운데 최근에 여러분이 경험한 것이 있는지 생각해 보라.

① 1분 동안에 1마일 이상 달려야겠다는 조급한 생각

② 신체가 팽팽하게 조여드는 듯한 긴장감

③ 손바닥이 끈적끈적할 정도로 땀이 났던 일

④ 심장이 방망이 치듯 두근거렸던 일

⑤ 위(胃)가 놀라 요동쳤던 일

여러분이 주로 경험하는 정서는 어떤 종류의 것인가? 불안, 노여움 아니면 좌절감인가? 이런 것들이 흔히 거론되는 정서들이지만 이와는 전혀 다른 정서도 경험할 수 있다. 최근 여러분은 어떤 사람에 대해 진정한 사랑의 감정을 느꼈거나 어떤 사건에 대해 짜릿한 흥분감이나 지적인 흥미도 느꼈을 것이다.

몹시 '당황(upset)'하거나 '흥분(excite)'할 때 신체는 스트레스를 경험하게 된다. 이 가운데 당황할 때를 부정적인 정서라고 부르고, 흥분할 때를 긍정적인 정서라고 부른다. 이 스트레스 관리 프로그램의 목적은 당신이 경험하는 부정적인 스트레스는 되도록 줄이고 긍정적 스트레스는 보다 충분하게 즐기며, 또 이들 스트레스들을 보다 적절하게 평가할 수 있도록 하자는 데 있다.

오늘날과 같은 후기 산업사회에서 가장 심각한 문제로 대두되고 있는 것은 스트레스의 정도가 나날이 심해지고, 위태로워져 간다는 것이다. 즉석 음식(fast food), 고속 여행(fast travel), 즉흥 놀이(fast fun)와 같은 급속성이 판을 치는 분위기 속에 살아가는 우리들은 보다 짧은 시간에 보다 많은 것을 이루어야겠다는 조급한 마음이 생길 수밖에 없다. 더구나 기술혁신에 따라 정보나 통신수단은 나날이 그 전파성을 가속시키고, 대기오염, 소음공해, 대도시의 과밀집과 같은 환경상의 스트레스와 마감시간에 맞추지 않으면 안되는 업무 압력, 짧은 시간에 해치워야 할 엄청난 업무과중과 같은 직업상의 스트레스도 나날이 늘어나고 있다. 그런데 불행하게도 오늘날의 사회에서는 야망과 박력, 투철한 목표 지향성과 치열한 경쟁정신과 같은 스트레스를 부추기는 행동들이 오히려 바람직한 행동이라고 칭찬받는다. 이러한 스트레스 지향적 행동들은 현존하는 환경적 · 물리적 스트레스 요인과 결합하여 스트레스 효과를 기하급수적으로 높혀간다.

같은 스트레스 상황에서도 개인의 성격에 따라 정도와 반응양식은 달라질 수 있다.

〈A형 행동특성들〉

- 두 가지 일을 한꺼번에 생각한다.
- 적은 시간에 많은 일을 성취하려고 계획한다.
- 아름다운 것을 잘 알아내지 못하거나 관심없어 한다.
- 다른 사람으로 하여금 말을 빨리 하도록 재촉한다.
- 줄서서 기다리거나 천천히 가는 차 뒤에서 운전하는 경우 지나치게 화를 낸다.
- 무슨 일이든 자신이 직접해야 속이 시원하다.
- 말할 때 제스처를 많이 쓴다.
- 가만히 있지 못하고 무릎을 흔들거나 손가락을 두드리는 등의 행동을 한다.
- 격정적인 언어패턴을 갖고 있다.
- 정해진 시각을 꼭 준수하려 애쓴다.
- 가만히 앉아 있는 것을 거부해 하며, 항상 무엇인가를 해야만 한다.
- 게임을 하면 항상 이겨야 하고, 어린이와 할 때도 이겨야만 직성이 풀린다.
- 다른 사람들이 하는 일을 보면서 자신이 더 빨리, 더 잘 할 수 있다고 생각되면 조급해진다.

〈C형(암유발성) 성격검사〉

이 검사는 선천적으로 타고난 암유발성 성격특징의 수준을 이해하는데 도움을 주기 위해 제작된 것입니다. 아래 문항을 읽고 자신의 생각이나 느낌을 '예' 혹은 '아니오'에 ∨표 하시오.

문항	예	아니오
1. 나는 혼자의 힘으로 살아가는 것이 매우 어렵다고 생각한다.	□	□
2. 나는 내 주장을 하기보다는 다른 사람의 의견을 따르는 편이다.	□	□
3. 나는 내가 하고 싶은 것보다는 나와 친한 사람의 기대를 더 채워 주려고 노력하는 편이다.	□	□
4. 나는 다른 사람과 원만히 지내기 위해서 내가 하고 싶은 것을 포기하거나 양보하는 편이다.	□	□
5. 나는 다른 사람에게 내 마음이나 생각을 공개적으로 말하는데 어려움이 있다.	□	□
6. 나는 내가 좋아하지 않는 상황에서 일하게 되어도 반대하지 않고 받아들이는 편이다.	□	□
7. 나는 남에게 화를 내거나 싫은 행동을 하지 못하고 주저하는 편이다.	□	□
8. 나는 기분이 나빠져서 혼란스러운 경우라도 그것을 표현하지 않는 편이다.	□	□
9. 나는 기분이 한 번 나빠지면 잘 풀리지 않는 편이다.	□	□
10. 내가 사랑하던 사람이 죽는 것같은 끔찍한 일이 일어나더라도 나는 감정을 전혀 나타내지 못한다.	□	□

채점 및 결과의 해석

'예'에 ∨표한 수를 센다. 이 점수가 많을수록 자신은 성격상으로 암유발 가능성이 많다는 것을 의미한다. 그러나 이 점수가 암을 진단하는 절대적인 기준은 아니다. 암을 진단하는데 참고자료로 활용할 수 있을 뿐이다.

출처 : 이현수(1996). 생활습관이 건강을 좌우한다. p. 209.

이러한 스트레스적 사회는 이른바 'A 유형의 행동(A typed behavior pattern)'이라는 새로운 인간 유형을 탄생시키게 되었다(Friedman & Roseman, 1974). 그러면 A 유형의 행동특징은 어떠한 것인가를 한번 살펴보기로 하자.

① 재빨리 움직이고, 급하게 먹고, 급하게 걷는다.
② 황급하게 문장의 종결을 지으려 한다.
③ 모든 일이 순조롭게 진행되어 가는데도 조급증을 낸다.
④ 2~3가지 일을 동시에 행하고 생각한다(예컨대, 운전을 하면서 면도를 하거나

빵을 먹는 것과 같은 것).

⑤ 아무 일도 하지 않고 쉬고 있으면 게으른 사람이 아닌가 하여 스스로 죄의식을 갖는다.

⑥ 휴가기간에도 즐기지 못하고 사업이나 일을 생각한다.

⑦ 짧은 시간에 많은 일을 하려고 계획한다.

⑧ 자기 자신에 대한 생각에만 골돌하여 다른 사람의 이야기를 들을 수 없다.

⑨ 무엇을 성취하기 위해 너무 많은 시간을 보내다 보니 놀 시간이 없다.

⑩ 성공이란 일을 재빠르게 하는 능력이라고 믿기 때문에 모든 일을 빨리 해치우지 못할까봐 두려워한다.

일반적으로 A유형의 사람들은 공격적이고 외향적이다. 즉, 이들은 매우 강한 성격을 가지며, 남과의 대화에서도 주도적인 영향을 행사한다. 또한 지나치게 경쟁적인 욕구와 시간적으로 계속 쫓기는 기분을 가지며, 쉽게 화를 낸다. 이들은 야망에 가득차 있고, 지독하게 서둘러 대며, 충동적이다(Pellerier, 1976).

스트레스는 타인에 의해서 일어날 수도 있고(예컨대, 가까운 사람들 중에 꽥꽥 소리를 질러대며 화를 돋구는 사람이 있는 것처럼), 순전히 나 자신에 의해서도 생길 수 있다(나는 죽어도 어떤 것은 배우지 않겠다고 짜증을 부리는 경우처럼). 중요한 것은 스트레스의 원인이 무엇이며, 스트레스에 의해 나타나는 공통적인 증상이 무엇인가를 알아내는 것이다. 그리고 나서 이 프로그램이 제시하는 여러 가지 제안들을 접한 후에 스트레스를 경감시키거나 스트레스를 대처하는데 가장 이상적인 방법을 택할 수 있을 것이다.

스트레스를 완전히 제거할 수 있는 방법은 없으며, 또한 즐거움이나 흥미를 전혀 느끼지 못하고 살아갈 수도 없다. 싫으나 좋으나 우리는 미친 듯이 경적을 울려대는 광적인 운전사들과도 어울려 살아야 한다. 이런 와중에서 할 수 있는 것은 스트레스에 의한 과다한 반응을 낮출 수 있는 기술을 배우고, 스트레스를 집이나 직장에서, 심지어는 취미로 하는 놀이에서도 겪게 되는 필요악으로 생각하는 것이다.

이러한 스트레스를 경감시키기 위해서는 자동차의 속도 조절을 위해 기어를 바꾸어 주듯이 하루의 삶을 주기적으로 변속시켜 주어야 한다. 그러기 위해서는 생활태도를 바꿀 수 있는 시기와 바꿀 수 없는 시기 사이를 구분할 수 있어야 하며, 바꿀 수 있는 시기라고 느껴지면 자기에게 맞는 방법을 통해 이를 적극적으로 바꾸어 주어야만 한다.

스트레스 증상들

다음 스트레스 증상들 중 여러분이 경험하는 것은 어느 것인가? 적절할 숫자에 ○표를 해 보자. 숫자 뒤 괄호 안의 글자는 스트레스 증상이 생리적인 것인지(P), 정서적인 것인지(E), 또는 행동적인 것인지(B)를 나타낸다.

1 : 전혀 없음 2 : 가끔 3 : 때때로 4 : 자주 5 : 언제나			
두통	1 2 3 4 5(P)	위통 또는 위경련	1 2 3 4 5(P)
요통	1 2 3 4 5(P)	목과 어깨가 뻣뻣함	1 2 3 4 5(P)
혈압 상승	1 2 3 4 5(P)	피로감	1 2 3 4 5(P)
울음	1 2 3 4 5(P)	건망증	1 2 3 4 5(P)
고함질	1 2 3 4 5(P)	비난하기	1 2 3 4 5(P)
자기과시	1 2 3 4 5(P)	강박적인 껌 씹기	1 2 3 4 5(P)
강박적으로 음식먹기	1 2 3 4 5(P)	걱정	1 2 3 4 5(P)
우울감	1 2 3 4 5(P)	흥분	1 2 3 4 5(P)
조바심	1 2 3 4 5(P)	분노	1 2 3 4 5(P)
좌절감	1 2 3 4 5(P)	고독감	1 2 3 4 5(P)
무력감	1 2 3 4 5(P)	굽힐 수 없음	1 2 3 4 5(P)
강박적인 흡연	1 2 3 4 5(P)	이빨갈기	1 2 3 4 5(P)
기타			1 2 3 4 5(P)

4) 나의 스트레스 진단

사람마다 스트레스의 종류도 다를 것이고, 상황마다 스트레스 강도도 다양할 것이다. 어떤 스트레스든지 반복적으로 오랫동안 노출되면 사람들의 적응능력이 떨어지고 효율적으로 기능하지 못하게 된다. 우선 신체적인 피로가 쌓이게 될 것이고 자신의 능력을 최대한 발휘하지 못하게 되며, 자신감을 잃게 되고 부정적인 생각을 많이 하게 된다. 이런 상황이 심각해지면 신체적, 정신적 건강도 해칠 수밖에 없다.

무엇보다 먼저 자신의 스트레스 반응을 민감하게 알아차려 미리 스트레스 상황을 조정하고 대처하는 예방법이 최고이다. 자신의 스트레스 반응들을 점검해 보자.

① 생리적 반응들

- 두통, 피로감, 목 등과 턱의 근육긴장, 두근거림, 빠른 호흡, 질병
- 수면 패턴의 변화, 떠는 행동
- 어지럼증, 소화불량, 토하는 행동
- 잦은 소변, 입이 마름, 목이 마름
- 식욕의 변화

② 행동적인 반응들

- 말더듬, 신경질적인 행동, 평소보다 더 많은 사고 발생
- 흡연의 증가, 알코올 섭취의 증가, 커피와 차가운 음료의 증가, 높은 칼로리의 스낵을 더 많이 섭취
- 대인관계에서 유연성 부족, 회피하기
- 난폭한 말의 증가
- 과제완수를 하지 못함.
- 평소보다 과제수행을 위해 더 노력

③ 정서적인 반응들

- 공포감, 불안, 분노감, 좌절감, 공격성, 초조함, 과도한 흥분, 우울감과 슬픈 감정
- 감정의 부인, 지루함

④ 인지적인 반응들

- 한 방향으로만 생각
- 주의 집중력 부족
- 과거나 미래에 관심 집중
- 계획을 세우지 못함
- 부정적인 사고, 경직된 사고, 백일몽

5) 스트레스의 정체는

① 일상생활에서의 중요한 변화

중·고등학교와는 다른 대학생활, 지방학생의 도시생활 등 생활환경 변화에 적응해야 할 때 스트레스를 유발한다. 가까운 사람의 죽음, 결혼, 이혼, 직장의 이동 등도 스트레스를 주는 생활에서의 변화들이다. 스트레스는 부정적인 변화와 더불어 승진, 결혼, 임신, 대학입학과 같은 긍정적인 상황에서도 스트레스를 느낄 수 있다.

2 일상생활내에서의 스트레스원

① 가정

· 부모의 높은 기대
· 부모의 통제나 간섭
· 부모와의 심각한 갈등
· 형제간의 갈등
· 가족 내 해결되지 않은 지속적인 문제
· 경제적인 어려움

② 학교

· 보고서 작성(과도한 숙제)
· 학과 공부의 어려움
· 각종 시험 답안을 작성하는 어려움
· 시험 공부
· 시험성적이 떨어지는 것
· 수업시간에 발표를 하는 것
· 학급 분위기에 적응하기 어려움
· 졸업 후의 계획이 불확실한 것

③ 사회생활

· 친구 사귀기, 선·후배 관계의 어려움
· 사회적인 생활이 그리 신나지 않음
· 사회적 상황이 날 불편하게 만듦-교통지옥, 식당에서의 혼잡스러움 등.

3 환경적 사건들

쓰나미 같은 자연재해, 테러, 교통사고, 굶주림, 화재, 재난과 같은 비교적 흔치 않은 일이면서 예측할 수도 없는 일들이 발생하여 일시적 혹은 지속적으로 외상 후 스트레스 장애(post traumatic stress symptom)를 경험하기도 한다. 외상 후 스트레스 장애의 특징은 악몽에 시달리거나 과거 충격적인 경험이 떠오르는 것,

사건이 떠오를 때 고통스러워하는 것, 화를 내는 것, 주의집중의 어려움, 전반적인 무반응 등이다.

6) 효과적인 스트레스 대처 방략들

1 스트레스 줄이기

① **포기할 줄 알기** : 열심히 최선을 다하는 자세는 중요하지만 노력에도 불구하고 잘 안 되는 일이나 힘든 상대는 포기하는 것도 지혜다. 반복적인 실패와 좌절은 자존감을 저하시키고 자기 비하만 증가된다. 포기도 하나의 선택이고, 용기를 필요로 한다. 포기하는 순간 새로운 결정이 시작될 수 있다.

② **자신의 욕구를 재조정하기** : 스트레스에 잘 대처하기 위해서는 문제에 따라 자신이나 타인과 잘 타협해야 한다. 내가 너무 무리한 목표를 세운 것은 아닌가? 한꺼번에 너무 많은 것을 성취하려고 한 것은 아닌가? 내 자신의 한계점을 너무 간과한 것이 아닌가? 이런 질문들을 통해 자신의 욕구를 한 번 더 점검하고 우선 순위를 정해 본다. 우선 순위 결정시에는 현실적으로 성공가능한 것부터 선택한다.

2 사고방식의 변화

스트레스를 느끼는 것은 단지 상황 때문만이 아니라 개인이 상황을 바라보는 사고방식이나 비합리적인 생각과도 관련이 있다. Pamela Butler는 비합리적 믿음(기대)을 세 가지로 보았다.

① **몰아부치기** : 세상 일들이 자연스러운 속도로 유지하지 못하게 하는 것으로 때로는 보상을 주기도 하지만 늘 긴장 속에서 피곤하게 하고, 에너지를 고갈하여 좌절감을 느끼게 한다.

예 · 내가 하는 모든 일이 완벽해야 한다.
· 시간이 충분한 것이 아니다.
· 강한 인상을 주어야 된다. 결코 나약한 모습을 보이지 말자.
· 내가 할 수 있는 것에 대해 한계를 정하지 말라.

② **가로막기** : 행동을 취하지 못하게 하는 것들로 행동을 자제하게 하고 항상 하는 대로 행동하게 한다.

예 · 어떤 것도 상황을 바꿔 놓을 수가 없어.
· 내 사고방식과 느낌을 바꿀 이유가 없어.
· 다 시도해 봤지만 제대로 되는 게 없어.

· 내가 이 문제를 처리하는 데는 시간이 많이 걸릴꺼야.

③ **왜곡하는 것** : 자기 자신과 다른 사람들 그리고 시간에 대해 현실적이지 못한 극단적이거나 이분법적 사고, 과잉 일반화와 같은 비합리적인 생각을 발달시키는 것이다.

예 · 실패 아니면 성공이야.
· 이런 일이 나에게 일어나는 것은 끔찍한 일이야.
· 난 이번에 잘 하지 못했으니까 다음 번에도 마찬가지일거야.
· 내가 뭘 하든지 간에 잘 안 될꺼야.

⇒ 위와 같은 생각들은 과도한 걱정, 긴장, 우울감, 흥분하는 행동, 외로움, 갈등과 같은 부정적인 정서를 일으킨다. 스트레스를 조정하고 줄이기 위해서는 현실을 수용하고 현실에 근거한 합리적인 사고로 변화시키는 연습이 필요하다.

③ 효율적인 시간관리

"조금만 시간이 더 있다면", "할 일은 많은데 시간이 모자라서." 그러나 시간관리를 잘 하는 사람은 시간이 중요한 게 아니라 시간을 어떻게 활용하는가가 더 중요하다고 본다. 시간관리를 위해서는 자신의 생활을 조직하고 자신이 성취하고자 원하는 것들에 대한 우선순위가 필요하다. 그 시간에는 일과 함께 휴식의 시간도 포함되어 자신의 목표도 달성하면서 여가 시간을 통해 긴장으로부터 이완시킬 수 있는 시간도 따로 계획하는 것이 중요하다.

④ 이완훈련

지속적인 스트레스로 인해 정신적, 신체적 긴장감이 지속되면 근육 긴장, 두통, 소화기 장애 등이 생기는데 이를 해소하기 위해 좋은 방법은 이완훈련이다. 이완훈련을 하기 위해서는 가능한 한 혼자 있을 수 있는 장소에서 편안한 자세로 실시한다. 이완훈련은 복식호흡이 중요한데 가슴으로 숨을 쉬는 것이 아니라 배로 크게 숨을 들이쉬고 내쉬는 연습을 반복한다. 신체 각 근육의 긴장과 이완을 반복해서 연습한다.

⑤ 사회적 지지 구하기

자신이 힘들 때 누군가 내 옆에서 내 감정에 귀를 기울여 주고, 이해해 준다면 한결 문제가 가벼워지고 편안해질 수 있다. 혼자서 문제를 안고 끙끙 앓는 것보다 주변에 자신의 이야기를 들어줄 만한 사람을 찾아 정서적 지지를 구하는 것도 스트레스 감소에 도움이 된다.

참고자료

정신기제(Mental Mechanism)

① 정의

정신기제란 자아(ego)의 기능으로써 무의식적(unconscious)으로 작용하는 심적과정(psychic process)-지각, 기억, 논리적 사고 및 방어기제(defense mechanism)가 여기에 포함됨-에 대한 총칭이다. 여기에서는 방어기제만을 기술하겠다. 나비가 보호색을 갖고 있는 것은 주위환경에 적응함으로써 자신의 생명을 보호하려는 것이다. 인간도 역시 해부학적 생리학적 적응을 하고 있다. 여기에 더하여 인간은 심리적인 적응도 하고 있는 것이다. 이런 심리적인 적응 장치가 있기 때문에 인간은 자신의 안정을 유지하고, 자신의 욕구를 신체저긴 위험이 닥쳐올 때 자동적으로 교감신경의 흥분을 비롯한 생리적인 자기 방위인 기제가 작용하듯이 사람은 자신의 안정과 자존심에 위협을 받을 때 방어기제가 작용한다.

② 형성

이와 같은 방어기제는 오랜 성격발달의 과정을 거침으로써 자신을 방어하고, 서로 이해가 엇갈리는 충동 사이에서 타협을 찾고 마음 속의 긴장과 불안을 덜려고 가지가지의 심리적인 자동 바위장치와 기술을 갖게 됨으로써 형성된다. 즉, 이를 통해서 성격은 불안, 좌절, 적의, 공격심 등을 조절하는 방어를 배우고 갖추게 되는 것이다.

이와 같은 것은 자아의 기능에 의하여 자동적이며 무의식적으로 이루어지게 된다. 정신분석학적 용어를 빌리면 초자아(superego)의 요구에 순응하는 한도 내에서 이드(id)의 본능적 무의식적 욕구를 부분적으로 만족시키는 자아의 기능을 방어기제라고 할 수 있다.

이와 같은 방어기제들이 얼마나 성공하느냐는 경우에 따라 다르다. 또한 방어기제 그 자체를 병적이라고 할 수는 없다. 건설적이며 유용한 경우도 있고 그렇지 못한 경우도 있다. 모든 정서장애에서는 승화(sublimation)를 제외한 한두 가지 이상의 방어기제를 사용하고 있다. 그리고 정상인에서도 사용되나 그 정도는 훨씬 적다. 정신병(psychosis) 환자의 경우는 투사, 부정, 현실의 왜곡을 가장 많이 사용한다. 원래 방어기제는 Sigmund Freud에 의해서 기술되었고 후일 그의 딸 Anna Freud에 의해서 더 자세히 설명되었다.

③ 불안

방어기제를 설명하기 앞서 먼저 알아 두어야 할 용어가 있다. 그것은 알력(conflict)

과 불안(anxiety)이다. '알력'이란 자라면서 집안, 학교, 교회 등에서 배운 가치체계나 도덕과 자신이 속마음으로 원하는 것이 다른 경우 진퇴유곡에 빠지게 되는데 이런 마음의 딜레마를 말한다. '불안'이란 알력에서 비롯된 것인데 바꾸어 말하면 임박한 위험에 대한 신호로서 느껴지는 것이다. 즉, 용납될 수 없는 무의식적인 태도가 의식으로 뛰쳐 나오려고 할 때의 경고가 곧 불안이다. 바로 이런 불안을 막기 위해서 여러 가지 방어기제가 사용되는 것이다.

④ 각론

빈도와 중요성에 따라 방어기제의 순서를 아래와 같이 기술했다. 그런데, 각 기제들 간에 중복되는 부분이 많다는 것을 염두에 두어야 한다.

① 억압(repression) : 억압은 모든 방어기제의 기초가 되는 가장 보편적이고 일차적인 자아의 방어이다. 아래에 설명하는 다른 방어기제는 억압을 도와 주고 유지시켜 주는 자아의 활동이다. 억압을 통해서 자아는 위협적인 충동, 감정, 소원, 환상, 기억 등이 의식되는 것을 막아준다. 억압이 실패하면 증상이 생긴다. 죄의식, 창피, 또는 자존심의 손상과 결부된 경험들은 그것이 고통스러운 불안을 불러 일으키게 됨으로 특히 억압되기 쉽다. 억압된 충동들은 그것이 사회적으로 또는 그 개인의 의식에 용납 안됨으로써 겉으로 나타나지 않았을 뿐 그 에너지가 없어진 것이 아니다. 가장 흔히 볼 수 있는 억압의 예는 가슴 아프거나 귀찮은 것을 듣지 못했다거나 잊어 버렸다는 것이다. 대개 억압이 많으면 많을수록 그는 그 억눌린 생각들이 뛰쳐나오지 못하게 더 많은 편견이나 선입관을 갖게 된다.

억압과 혼동하기 쉬운 것으로는 억제(suppression)가 있는데 이는 억압처럼 무의식적이고 자동적인 것이 아니라 잊고 싶은 기억이나 용납피지 알은 욕구나 생각을 잊으려는 의식적 인 노력이다.

② 합리화(rationalization) : 합리화란 그 행동 속에 숨어있는 실제 원인 대신에 자아가 의식에서 용납할 수 있는 그럴 듯한 이유, 즉 가장 경우에 맞고 합리적이며 의식에 부합하며 도덕윤리관에 어긋나지 않는 이유를 대는 방어기제를 말한다. 예를 들어, 친구의 잘못을 상관에게 보고한 것은 내가 그렇게 해야 할 의무 때문이라고 그럴 듯한 이유를 대지만 실제 이유, 즉 그의 마음 속 깊이 숨어 있는 까닭은 친구를 이기려고 하는 욕망이다. 동료에 대한 적대감의 표시인 것이다. 이밖에 이솝우화의 신포도도 좋은 예이다.

합리화는 거짓말과는 다르다. 거짓말을 할 때 그 사람은 이유가 허구라는 것을 충분히 의식적으로 알고 있다. 합리화가 아주 흔한 자기 보호와 체면유지를 위한 심리기제이지만 자기 기만이 지나치고 병적으로 악화하면 망상을 형성하게도 될 것이다. 이 용어는 Ernest Jones가 소개한 용어이다.

③ 승화(sublimation) : 승화는 방어기제 중 가장 능률적이고 창조적인 것으로 본능의 힘 특히 성적, 공격적 에너지를 개인적으로나 사회적으로 유용하게 돌려 쓰는 기제를 승화라고 한다. 다시 말하면 승화의 기제는 다른 것들과 달리 이드를 반대하지 않고 오히려 그것을 도우며 자아의 억압이 없고 충동에 있는 에너지가 그대로 사회적으로 쓸모 있게 적용되는 기제이다. 그러면서도 원래의 무의식의 충동은 결코 의식되지 못하므로 사람들은 자신의 건설적인 활동이 사실은 생물적이고 이기적이고 공격적

인 또는 성적인 본능에 비롯한다는 것을 인식하지 못한다. 예를 들면, 대변으로 장난치고 싶어하는 유아기의 항문기적 충동이 진흙(냄새 없는 대변)을 조각하는 것으로 바뀌거나 성적 충동이 체육생활, 시, 음악 등으로 승화되기도 한다.

여기서의 승화라는 뜻은 정신적 사랑(platonic love)의 뜻으로 쓰이는 일상용어의 승화와는 구별되어야 한다. Freud는 정신적 사랑은 목적이 억압된 사랑이라고 보고 있기 때문이다.

④ **투사**(projection) : 투사란 자아가 받아들일 수 없는 이드의 충동을 인정하지 않고 그것을 다른 사람 때문이라며 남에게 내던지는 것을 말한다. 즉, 받아들일 수 없는 느낌이나 욕구를 자기 자신 것으로 의식하기에는 마음이 아픔으로 주관을 객관화하고 자기 감정을 남에게 뒤집어 씌움으로써 자신은 마음 편히 눈가림하고 있게 된다. 이 기제는 영아나 어린아이들에게는 정상적이라고 간주할 수 있지만 성인에게는 심한 현실의 왜곡이 있어서 결과적으로 망상형 정신분열증이 초래될 수 있다. 예를 들면, 남편 이외의 남자와 성관계를 갖고 싶은 강한 충동을 가진 부인이 자신의 남편이 부정하다고 말하거나 남자는 모두 믿지 못할 것들이라고 주장하는 것이다.

⑤ **전위**(displacement) : 전위는 전체가 부분에 의해 표현되거나 그 반대의 과정을 말한다. 또한 어떤 생각이나 이미지가 그것과 감정적으로 관련이 있는 다른 것으로 대치되는 것(반드시 논리적인 것은 아니다)을 말한다. 예를 들면, 부모나 배우자에 대한 적의는 의식하기에는 너무나 강력하므로 그를 닮은 제3자에게 쏟음으로써 위험한 생각이나 느낌을 억누르고 있을 수 있게 한다. 꿈에서는 여러 가지 상징과 함께 감정의 전위가 빈번하다. 일상생활에서는 무의식적인 것을 농으로 대함으로써 의식을 방어하는 것이다.

⑥ **동일화**(identification) : 동일화란 충동이 용납될 수 없는 것일 경우 충동 그 자체는 부정되지만 그 충동을 갖고 있는 어떤 사람－일면을 느낌으로써－과 동일화하여 받아들이는 과정을 말한다. 예를 들면, 강한 공격적 충동을 억압하고 있는 사람이 강력하고 공격적인Hitler 같은 사람과 동일화하거나 또는 강한 성적욕망이 있는 여자가 화려한 생활을 하는 여배우와 동일화하는 것이다. 동일화는 자아와 초자아의 성장에 가장 큰 역할을 한다.

⑦ **합일화**(incorporation)와 **합입**(introjection) : 이것은 동일화의 원시적인 형태이다. 합일화란 원하는 대상이나 인물을 상징적으로 삼켜서 자기 몸과 일체가 되게 하는 과정을 말한다. 영아에서 볼 수 있다. 합입은 합일화와 같은 의미로 쓰이며 투사의 반대말로 사용되는 용어이다.

⑧ **퇴행**(regression) : 스트레스를 받게 될 때 현재의 성장시기보다 어린 시절의 행동으로 물러나게 되는 것을 퇴행이라고 한다. 예를 들면, 대소변 가리기가 끝난 5살 아이가 동생이 태어나자 소변을 가리지 못하고 바지를 적실 때 이를 항문기로 퇴행했다고 할 수 있다.

⑨ **자신으로 향함**(turning against the self) : 만약 존경하는 어떤 사람(예, 부모나 선생님)에게 어떤 공격적인 행동을 가하게 된다는 것은 있을 수 없는 것이므로 대신 자기 스스로를 해치는 것을 말한다.

⑩ **격리**(isolation) : 격리는 가슴 아픈 기억, 생각, 기억과 같이 오는 감정이나 느낌을 의식에서 몰아내는 과정으로 가슴 아픈 사건이나 생각은 기억이나 그 기억에 수반된 감정은 기억되지 않는 것을 말한다. 강박 신경증에서 흔히 본다.

⑪ **반동형성**(reaction formation) : 무의식의 밑바닥에 흐르는 생각, 소원, 충동이 너무나 받아들여질 수 없는 것일 때 이와는 정반대 방향의 것을 강조함으로써 의식되지 않도록 하는 과정이다. 예를 들면, 적개심과 공격심을 덮기 위해 무골호인으로 행사하는 일, 또는 이와는 반대로 깊숙히 뿌리 박힌 불안한 것을 없애기 위하여 공격적으로 나오는 일 등이다.

⑫ **대리 형성**(substitution) : 감정의 전위와 비슷한 기제로서 전위에서보다는 좀더 용납될 수 있는 형태로 대리 형성하는 것이다. 예를 들면, 살인의 충동이 조금만 공격적 행동으로 대신 되거나 다른 건설적 행위로 그 충동이 배설되는 것이다.

⑬ **상환**(restitution) : 잃어버린(이별, 사별) 대상으로 대치하는 것인데 대리형성의 특수한 형태이다. 예를 들면 사랑하는 부인과 사별한 남편이 그 부인에게 얻은 무의식적 및 의식적 욕구를 채워줄 수 있는 여인이 나타날 때까지 불행하게 지내는 것이다.

⑭ **저항**(resistance) : 자아가 관여하기에는 너무나 괴롭고 불안한 일이 더 이상 드러나지 않도록 피하는 것이다. 예를 들면, 정신치료 중 환자가 오랫동안 말을 하지 않고 있는 것이다.

⑮ **상징화**(symbolization) : 어떤 특징을 가진 중립적인 대상(neutral object)이 금지된 어떤 면을 가진 다른 대상을 대신하는 과정을 말한다. 정신과환자의 여러 증상은 그것이 가진 뜻이 억압된 무의식이라는 점에서 상징화라고 할 수 있다. 예를 들면, 길게 튀어나온 것(마천루, 뱀동)이 무의식 속에서는 남근을 말하는 생식기 상징이라 할 수 있다.

⑯ **증상의 형성**(symptom formation) : 증상의 형성은 타협의 형성이라고도 불리는데 자아가 금지된 충동과 그것에 대항하는 자아의 반응들을 모두 만족시키려는 병적인 방어기제 이다.

⑰ **전환**(conversion) : 심리적 갈등이 신체증상으로 전환되는 과정이다. 예를 들면 화가 나서 상관을 칠까 걱정하는 사람에게 오른팔이 마비되는 것을 볼 수 있다.

⑱ **해리**(dissociation) : 성격의 어느 국면이 그 사람의 지배에서 벗어나, 즉 의식에서 떨어져 나와 하나의 독립된 기능을 하는 경우를 해리라고 한다. 예를 들면 Dr. Jekyll과 Mr. Hyde 같은 이중 인격이다.

⑲ **대상**(compensation) : 몸의 어느 한 곳에 장애가 있는 경우(예, 심장판막증) 이것을 대상하기 위한 신체변화(예, 심근비대)가 일어나듯이 자신의 이미지(성격, 지능, 외모) 상에 부족한 점을 메우기 위해 자신의 강점이라고 생각하는 면을 지나치게 강조하는 것을 대상이라고 한다. 예를 들면, 키가 작은 사람이 작은 체구가 암시하지 못하는 힘과 권위를 찾기 위해서 공격적인 언동을 하고 덤벼드는 성격이 되는 것이다.

⑳ **부정**(denial) : 부정은 의식적으로 참을 수 없는 생각이나 욕구 또는 현실의 존재가 무의식적으로 부정되는 과정이다. 예를 들면 암에 걸린 환자가 자신의 병이 죽을병이 아니라고 부정하고 미래에 대한 계획을 세우는 것이다.

(4) 청소년 정신건강의 실제

최근 학교사회에서 문제영역으로 인식되고 있는 집단 따돌림, 약물오 · 남용, 자살, 성적일탈 등 몇 가지 영역에 대해 상담자와 교사, 그리고 부모와 친구들이 참고할 수 있는 예고 조짐의 관찰법을 생각해 보고자 한다.

관찰법은 교육심리학이나 상담학에서 가장 오랜 역사를 가진 방법이며 가장 널리 그리고 다른 학문에서도 기본적으로 활용되고 있는 연구법의 하나이다. 특히 어린이를 대상으로 하는 연구는 거의 관찰법에 의존한다. 관찰법을 사용할 때 연구자는 현상과 특징을 관찰하되 숲도 보고(거시적 접근), 나무도 보는(미시적 접근) 지혜를 발휘해야 한다. 따라서 관찰대상의 결정, 관찰시기, 관찰자의 위치, 관찰의 범위, 관찰의 기록과 해석에 전문적 식견과 경험을 갖고 있어야 한다. 관심 없이 스쳐 지나가면 아무 것도 발견할 수 없다. 학생들의 얼굴 표정, 눈동자, 앉고 서는 자세, 옷매무새, 걷는 모습, 쉬는 시간이나 방과 후의 어울리는 정도, 수업시간에 과제수행 능력과 집중력, 출결사항 등을 체계적으로 살펴보아야 한다. 문제가 발생되거나 깊어진 뒤에 다루는 것보다 예방 지도로 접근하는 것이 훨씬 바람직하다. 한번 박힌 못은 빼더라도 자국이 남기 때문이다.

1) 집단 따돌림의 관찰법

학교 폭력, 집단 따돌림, 집단 괴롭힘, 왕따 등의 용어는 1997~8년 학교사회의 유행어였다. 지금은 '왕따보험'이 생길 정도이며 학교폭력은 피해-가해 학생 모두에게 상처의 낙인을 남긴다. 교육부가 발표(98. 10. 11)한 초중고교 학교 폭력 실태를 보면 98.1~9월까지 집단 괴롭힘을 당한 학생은 5,414명으로 97년 672명의 8배나 증가한 상태이다(중학생 2,190, 초등생 1,971명, 고교생 1,253명).

이들이 빼앗긴 금품도 4억6천여 만원이나 된다. 피해학생들은 대개 스스로의 방어능력이 없다. 어벙벙하거나 몸이 약하고 체구가 왜소한 경우, 외모가 예쁘고 공부를 잘하는 경우, 교사 앞에서 잘난 체 하는 경우(왕자병, 공주병), 돈을 많이 갖고 다니는 경우, 식사 때 혼자서 먹는 경우, 성격이 모난 경우도 있다. 충남교육청(98. 11. 17)에서는 '왕따'의 행동 특성을 다음과 같이 분석해 놓았다.

학교에서의 행동은 ① 안색이 좋지 않고 기운이 없어 보인다. ② 혼자 멍하니 있는 경우가 많다. ③ 무엇인가 두려워하는 기색이 있다. ④ 친구의 심부름을 자주 한다. ⑤ 참으면서 여러 사람을 잘 따라간다. ⑥ 친구로부터 나쁜 말을 들어도 반항하지 않고 아부하듯이 웃는다. ⑦ 넓은 장소에서 혼자 청소한다. ⑧ 소풍이나 교외 견학 등 행사를 피한다. ⑨ 못난 놈, 멍청이란 소리를 자주 듣는다. ⑩ 냄새가 난다, 이상한 놈이다 등의 말을 듣는다. ⑪ 결석이 잦고 성적이 떨어진다. ⑫ 도시락을 싸오지 않거나 점심시간에 교실을 피한다. ⑬ 가끔 눈물을 글썽거린다. ⑭ 내성적이고 낮은 자존감과 자폐적 사고의 소유자이다. ⑮ 남의 평가에 너무 민감하고 자신감이 약하다.

가정에서의 행동은 ① 귀가 후 피곤한 듯 털석 주저 앉는다. ② 집안 돈을 몰래 가져간다. ③ 옷이 자주 망가지고 손발에 작은 상처를 갖고 있다. ④ 노트나 가방에 낙서가 많다. ⑤ 내성적이고 소심하며 초조한 기색이 있다. ⑥ 학교 가길 싫어하고 두려워한다. ⑦ 다른 아이들이 괴롭힘의 피해자가 된 일을 자주 말한다. ⑧ 두통이나 복통을 호소한다. ⑨ 일부러 학교를 늦게 가려 한다.

이런 학생을 발견하면 상담시간을 통해 원인을 규명해 주고 자신감을 갖도록 격려, 칭찬을 하고 과보호를 삼가야 한다. 반면 가해학생들은 열등감이나 피해의식을 폭력이나 따돌림으로 해소하는 경우가 있다. 또 남을 괴롭힘으로 우월감이나 쾌감을 추구하는 반사회적 성격의 소유자일 수 있기에 역시 특별지도를 해야 한다.

세상을 어둡게 보고 남몰래 술과 담배를 남용하거나 교복을 변형시켜 입어 차별화를 꾀한다. 어른들에게 당돌하게 대하고 화장이나 악세사리를 한다. 사복착용과 여럿이 어울려 다니는 일이 자주 있다. 피해학생이 발견되면 안심시키고, 진단서 및 사진을 확보하며 학교가 끝까지 보호하겠다는 의지를 보여줘야 한다. 가해학생이 발견되면 우발적인지 계획적인지를 분별하고 원인을 파악하며 상담을 실시하고 그 다음엔 전문기관에 위탁하거나 특별지도 프로그램에 참여시킨다. 교사는 한 학기에 2번 정도 사회측정법(sociogram)을 실시해 체계적으로 학생들의 교우 선호도 정도를 파악해야 한다.

참고자료

'왕따'의 원인

청소년들은 자신의 선택에 따라 친구를 사귀는 '선택적 교우관계'를 유지하며, 선택의 기준은 유사성이다. 즉 자신과 비슷한 언어, 옷차림 등과 같이 자신과 공통성을 가진 친구를 사귀는 경향이 많다. 그리고 이 유사성에서 벗어난 친구에 대한 거부반응이 일어나고 그것이 행동으로 나타나는 것이 따돌림이다.

1 '왕따' 피해학생의 특성

첫째, 일반적으로 내성적이며 자기 주장을 하지 못하는 경우가 많이 있다.

둘째, 자기의 이익만 생각하는 이기주의, 학교성적만을 중요하게 생각하는 학생, 친구를 차별하는 학생들도 따돌림의 대상이 될 수 있다.

셋째, 왕따 피해학생은 가족에 대한 공격적인 행동을 보이기도 한다. 따돌림을 가하는 학생들에게 직접적인 반응을 보이지 못하다가 가정에서 기물을 파손하거나 동생, 어머니 등 자신보다 약자라고 생각하는 사람에게 폭행을 가해 가정을 불안하게 만드는 경우도 있다.

넷째, 피해학생의 대처행동에서 또래들에게 환심사기 행동을 보이는 경우가 있다. 친구에게 먹을 것을 사주거나, 학용품 주기, 심부름해 주기 등의 행동을 통해 따돌림에서 벗어나 그 집단에 들어가려는 행동을 보이는 경우가 있다.

2 '왕따' 가해학생의 특성

첫째, 심리적인 면에서 외향적 성향과 자기 성취욕이 높은 편이며, 자기중심적 사고를 가지는 경향이 많다. 따돌림을 하는 중심학생은 또래집단 내에서 활동력이 많아 친구를 많이 가지고 있는 경향이 많으며, 또래집단이 자신을 중심으로 뭉치게 하는 성향을 가지고 있다. 또한 또래집단에서 다른 친구가 자신보다 뛰어날 경우 따돌림을 주도하는 경향이 있다.

둘째, 행동적인 특성을 보면 상황에 대해 임기응변이 뛰어나고, 말을 잘하며, 리더십이 있다. 즉 자신에게 불리한 상황일 경우 위기를 잘 모면하며, 이야기를 잘해 친구를 주위에 몰리게 하는 힘이 있고 친구들 사이에서 항상 주도적인 역할을 하는 편이다.

셋째, 학교에서의 생활을 보면 평범한 학생과 비행행동을 보이는 학생들을 모두 포함하고 있다. 평범한 학생의 경우 5~6명의 소집단 내에서 자신의 의사대로 따라하지 않을 경우와 자기에게 이익이 되지 않을 경우에 따돌림을 하는 경우가 많다.

넷째, 가정에서 부모가 부적절한 자녀교육을 한 경우가 많다. 즉 자녀에 대한 과잉보호, 지나친 간섭, 부모의 거짓말 등이 많은 편이며, 이기적인 부모가 많았다. 특히 자녀가 따돌림을 한 것을 알았을 때도 자녀를 지도하기보다는 피해를 당한 쪽에 문제가 있다는 말을 많이 한다. 이는 부모들이 자신의 자녀를 일단 보호하자는 잘못된 생각에서 비롯된 것으로 보이며 뉘우치기보다는 정당화할 수 있는 근거를 주고 있다.

2) 약물 오·남용의 관찰법

전쟁 없이 한 나라를 망하게 할 수 있는 것이 마약을 중독시키거나 성병을 감염시키는 일이라고 한다. 레이건 정부가 마약과의 전쟁을 선포하고 부시대통령이 외교적 비난을 무릅쓰면서까지 파나마의 실권자 노리에가의 체포작전을 벌인 이유가 여기에 있다. 우리 나라 청소년들도 음주, 흡연 및 약물 비행에 연결될 위험을 갖고 있다. 청소년 약물 오·남용의 징후들을 살펴볼 필요가 있는 것이다.

참고자료

교내폭력은 왜 일어나는가

-괴로운 학교생활을 교사는 알아주지 못한다.-

◐ 일본에서 학교폭력은 1974년경부터 불어나기 시작하여 검거자가 8,756명이란 최고를 기록한 1974년을 절정으로, 차츰 감소되는 경향을 보이고 있다. 교내폭력에는 교사에 대한 폭력, 수업방해, 교실·설비의 파괴·훼손, 학생간의 폭력 등이 있지만, 그 중에서도 가장 심각한 문제로서 주목을 받는 교사에 대한 폭력도 감소되는 경향이다.

교내폭력을 일으키는 학생들의 90% 이상이 중학생이고, 의무교육기간(일본에서는 중학교까지 의무교육이 실시됨)이므로 퇴학 등 엄격한 처분을 받을 위험이 없는 보호된 장소에서 일어나기 때문에 응석받이 폭력이라고 볼 수도 있다. 경찰에 붙잡히거나 엄격한 처벌을 받게 된다고 한다면 자취를 감출 것이다. 그렇다고 해서 억압한다고 되는 문제는 아니다. 현실에 있어서 관리와 단속을 강화함으로써 교내폭력을 진정시킨 학교도 있지만, 그 대신 이면에서 학생끼리는 괴롭힘이 증가하는 경우도 많은 듯하다.

더욱 근본적인 문제는, 그토록 매력이 없는 학교생활에 그들을 묶어 놓고 있는 것이 의미가 있는가의 문제를 생각해 보는 것도 필요하지 않을까. 현실사회에서는 아무런 역할도 할 수 없는 추상적인 공부가 고통스러워서 견디기 어려웠던 자가, 퇴학해서 다른 일을 하게 되면 매우 생기가 나고, 또는 어떤 자격을 취득하기 위한 공부에는 매우 의욕적인 예가 적지 않다는 것을 잊어서는 안 된다.

총리부가 일반 중학생과 고등학생을 대상으로 실시한 조사에 의하면, 선생을 때려주고싶다고 생각했던 자가 29%, 수업을 방해하고 싶다고 생각했던 자가 20%나 있었다. 일반학생들의 4분의 1내지 3분의 1이 교내폭력의 충동을 경험했다고 한다. 그러나, 실제로 폭력을 행사한 자는 10%에 미달하고, 특히 선생을 때린 자는 1.5%로, 대부분의 학생들은 참고 견딘다. 실제로 선생을 때린 자의 심리적 특징으로 나타나는 것은 폭력을 인정하는 태도이다. 다른 학생들과 비교해서 "얻어 맞았으면 때려 주는 것이 사나이다." "상대가 선생이나 부모라 할지라도 이유가 되면 때려도 좋다." "텔레비전이나 만화책의 폭력 장면을 보는 것이 좋다." 등의 생각을 인정하는 자의 비율이 압도적으로 높았다.

또, 다른 조사에 의하면, "교내폭력에 대하여 어쩔 수 없다."고 한 자가 40%나 되고, 그 이유로서 "교사가 학생의 형편을 알아주지 못한다"(50%), "교사의 꾸짖는 태도나 말이 나쁘다"(32%) 등을 들고 있다. 또 교내폭력을 하고 싶다는 자와 그렇지 않은 자의 학교생활 감정을 비교해 보면, 어떤 학생은 '분하다'(87%), '되받아 치고 싶다'(75%), '조급하다'(72%), '초조하다'(71%) 등과 같이 교내폭력을 생각했던 자의 비율이 높은 것이 눈에 띄고, 수치가 크게 높지는 않지만 '체념'(55%), '인정받고 싶다'(48%) 등의 교내폭력의 무경험자에 비해서 크게 상회하고 있다.

결국 유아기 이래의 가정환경 및 매스컴의 영향에 의한 성격의 비뚤어짐(욕구불만, 인내성의 약함, 폭력의 인정적 태도)이 현재의 학교생활의 불만(학업부진, 교사가 알아 주지 않음)과 결부된 곳에 교내폭력이 발생하고 있다고 할 수 있다.

① 학교성적이 갑자기 떨어지거나 결석이 잦아진다.
② 전반적인 행동이나 태도에 갑작스런 변화가 있으며, 남의 눈치를 살핀다.
③ 비정상적으로 화를 내거나 감정 폭발을 한다.
④ 옷차림 등 외모가 변하거나 개인 위생에 무관심해진다.
⑤ 졸린 듯한 태도나 멍청한 모습으로 앉아서 허공을 바라본다.
⑥ 검은 눈동자가 동그랗게 커져 있거나, 작아져서 풀려 있다.
⑦ 부모나 친구한테 평소와는 달리 돈을 자주 빌리며, 때로는 훔친다.
⑧ 담배나 술의 사용이 증가한다.
⑨ 밥을 잘 먹지 않고 물을 자주 마신다.
⑩ 코에서 이상한 냄새가 난다고 하며, 자주 가래를 뱉는다.
⑪ 생활이 불규칙하며, 방문을 걸어 잠그고 잘 나오지 않는다.
⑫ 접착제나 휘발성 물질을 찾고, 손톱이나 주머니 속에 접착제가 묻어 있다.
⑬ 숨쉴 때 휘발성 물질의 냄새가 난다.
⑭ 콧물과 눈물을 많이 흘리고, 코나 입 주위에 발진이 있다.
⑮ 발음이 분명치 않다.
⑯ 신체적 쇠약감을 호소하고 자주 잘 넘어진다.
⑰ 침울해지고 취미활동이나 운동 및 주변의 일에 대하여 무관심해진다.

구체적으로 본드, 부탄가스, 접착제, 아세톤, 구두약 등의 남용자 단서로는 ① 접착제나 휘발성 물질들을 찾는다. ② 손톱이나 주머니 안쪽에 접착제가 묻어 있다. ③ 몸에서 휘발성 물질의 냄새가 난다. ④ 접착제가 묻은 헝겊이나 긴 양말을 소지하고 있는 경우 등이다. 진정제(몰핀, 아편, 헤로인, 메사돈) 남용자들은 ① 주사기와 바늘을 찾는다. ② 각족 대용주사기를 소지하고 있다. ③ 지혈대(고무줄끈)를 갖고 있다. ④ 약물을 녹이는데 쓰인 그을린 숟가락, 병마개 등을 갖고 있다. ⑤ 옷소매에 주사로 인한 핏자국이 있다. 신체(주로 팔꿈치 안쪽)에 주사 자국이 있다. ⑥ 반복 주사로 인한 상처가 있다. ⑦ 주사 자국 근처에 문신이나 진한 화장을 한다.

대마초(마리화나) 남용자는 담배처럼 피우거나 코로 흡입하는데 ① 숨쉴 때 코에서 풀잎 탄 냄새가 심하게 난다. ② 각종 흡연 파이프를 갖고 있다. ③ 주머니 안에 작은 씨앗이 있는 경우가 많다. 약물남용은 황홀감에 도취되거나 담력이 생겨 비행을 유발하고 환각, 환청, 환시 등으로 자살이 쉬우며 간경화, 성불구, 기형아 출생, 혈전증, 축농증, 코뼈 뚫어짐 등의 합병증을 일으킬 수 있다.

〈경험을 바탕으로 한 약물에 대한 태도와 인식(advantage-disadvantage matrix)〉

프로그램 내용					
	약물을 사용한다면	약물을 끊거나 사용하지 않는다면		약물을 사용한다면	약물을 끊거나 사용하지 않는다면
장점	기분이 좋다 7 스트레스 해소 2 잠이 잘 온다 4 겁이 없어진다 4 재미있다 1 시간이 빨리간다 1 맞아도 안 아프다 1 걱정거리가 없어진다 1	정신이 맑아진다 2 건강이 좋아진다 6 불안감 해소 4 기분이 좋아진다 1 일이 전보다 잘 된다 1 기억력이 좋아진다 1 하루를 보람있게 보낸다 1 체력이 떨어지지 않는다 1	단점	몸이 아프다 4 체력 감소(건강이 나빠짐) 4 대인관계만 어려워짐 4 정신적으로 불안 4 살이 빠진다 4 피부질환 4 식욕감퇴 4 옷버림 4 손이떨림 4 소화불량 4 머리가 아프다 4 기억력이 떨어짐 5 정신없음 4 장래가 없어진다 1	시간이 안 간다 4 할 일이 없다 2 심심하다 1 하고 싶어진다, 하지 못해 언짢아진다 1
합계	21	16		54	8

3) 성적 일탈의 관찰법

IMF 이후 20대 여성의 10% 이상이 '최악의 경우 유흥업소에 취업할 수도 있다.'고 말함으로써 생계유지를 위해서 향락산업 진입 가능성도 있음을 예고했다. 성인들의 윤락업소로 퇴폐 이발소, 티켓 다방, 유흥 주점, 증기탕, 안마 시술소, 단란주점 등이 활용되고 있어 여성 공급의 필요성을 높이고 있다.

중앙일보(98. 9. 26)에 의하면 일본서 건너온 철없는 윤락으로 중년과 10대가 매춘 교제를 진행시키고 있다고 한다. 원조 매춘이란 말도 나왔다. 신세대 대학가에 계약동거를 하는 소위 共居族(장래 약속 없이 한방에서 생활하며 학교 생활을 병행하는 새로운 형태의 남녀관계)이 늘고 있다.

우리는 구성애씨의 '아우성(아름다운 우리들의 성)' 강좌를 통해 청소년의 성 문제에 보다 관심을 갖고 적극적 상담대응을 해야 할 것이다. 조기 성교육이 불장난을 막고 성폭력을 예방하며 성병 전염을 차단할 수 있다고 믿는다. 학생들이 화장이나 머리염색, 야한 옷맵시를 하면 일단 눈여겨 보아야 한다. 음주, 흡연도 성(sex) 문제와 사촌간이다. 수업시간에 다른 생각을 하거나 포르노 비디오나 성관계 잡지류를 탐독하는 경우도 관찰 대상이며, 성적이 계속 하강하는 경우도 주시해야 한다. 필요 이상으로 용돈을 헤프게 쓰는 경우도 주시해야 한다. 임신 징후가 있는 경우도 물론 지도 대상이다.

지난 10여년 간(1984~1993) YMCA 청소년 상담실에 나타난 청소년들의 성문제를 살펴보면 다음 표에서 볼 수 있는 바와 같이 성지식(18.2%)과 자위행위(18.2%)가 가장 높은 빈도수를 차지한다. 다음으로 성심리 · 성욕구(10.3%), 이성관계(7.4%), 직접적 성관계, 이성관계 순이고 여자 청소년들은 성지식, 이성관계, 성피해 순으로 나타났다.

청소년 성 문제 유형의 연도별 추이에서는 성지식, 자위, 성심리, 성욕구 등 2차 성징을 나타내는 신체변화와 연관된 문제는 감소하는 반면 성피해, 직접적 성관계, 근친상간 등 성행위와 관련된 문제는 증가하고 있는 것으로 나타났다. 이는 청소년 성문제의 변화를 드러내는 현상이다.

〈10년간 청소년 성상담 문제 유형(서울 YMCA, 1995년 인용)〉

	남	여	합 계
성지식 : 성기관 기능	2,972(11.0)	283(4.0)	3,255(9.5)
생리 현상	1,213(4.4)	368(5.2)	1,581(4.6)
임신 출산	849(3.1)	388(5.6)	1,237(3.6)
자위 행위	5,885(21.7)	251(3.6)	6,136(18.0)
이성 관계	1,654(6.1)	853(12.2)	2,507(8.0)
성심리 성욕구	2,809(10.3)	119(1.7)	2,928(8.6)
이신	384(1.4)	399(5.7)	783(2.3)
성병	647(2.4)	51(0.7)	698(2.0)
성도착	859(3.2)	27(0.4)	886(2.6)
근친상간	873(3.2)	105(1.5)	978(2.8)
직접적 성관계	1,977(7.3)	303(4.3)	2,280(6.7)
성피해	316(1.1)	655(9.4)	971(2.8)
침묵	3,587(13.2)	871(11.2)	4,458(13.1)
학업	651(2.4)	518(7.4)	1,169(3.4)
진로	340(1.2)	424(6.4)	764(2.2)
교구관계	348(1.3)	499(7.1)	847(2.5)
기타	1.675(6.1)	851(12.2)	2,525(7.4)
합계	27,039(100.0) 79.8	6,963(100.0) 20.2	34,002(100.0) 100.0

4) 자살 충동에 대한 관찰법

1996년 8,632명이 자살해 95년의 7,709명에 비해 11.9%가 늘어났는데, 이는 하루에 24명이 자살하는 셈이다. 미국, 일본을 앞서 세계 4~5위이다. 그 중 10대 자살은 615명인데 증가율은 29.2%로 아주 높다. 학교 성적에 대한 비관, 학원폭력, 자기비하 등이 많고 부모, 사회, 친구에 대한 '무언의 항의'로 감행하기도 한다. 이는 자극이나 어려움 앞에서의 나약한 심성의 표출이기도 하다. '대한정신건강상담실'에서는 '청소년의 자살은 부모나 사회의 권위에 대한 분노의 표현이며 내가 이렇게 어렵다는 것을 나타내고 싶어하는 억압된 심리의 표출'이라고 진단하고 있다.

다음은 청소년 자살을 예측할 수 있는 위험 신호들이다.

① 감정 변화의 폭이 들쑥날쑥하다.
② 소지품을 모두 나누어준다.
③ 갑자기 죽음에 대해 질문을 하곤 한다.
④ 웃음이 없어지고 식욕을 잃어버린다.
⑤ 일기장이나 노트에 '죽고싶다'는 낙서를 자주 한다.
⑥ 밤에 잠을 설치고, 불안 초조해 하는 일이 자주 있다.
⑦ 몸에 상처나 멍 자국이 발견된다.
⑧ 이사 혹은 이민을 가자고 조르거나 전학시켜 줄 것을 강력히 요구한다.
⑨ 얼굴 표정에 근심 걱정이 발견된다.
⑩ 외박을 하거나 가출 경험이 있다.
⑪ 자기 방 살림과 책꽂이 등을 갑자기 정리정돈한다.
⑫ 이별하듯, 유언을 남기듯 하는 용어를 자주 쓴다.
⑬ 본드, 부탄가스 흡입의 증거가 있다.

5) 학교폭력에 대한 관찰법

자녀와 학생들이 폭력을 당하고 있는지 알아보기 위한 착안점으로 다음을 살펴보자.

① 상처나 멍자국이 있는데도 그냥 넘어진 것이라고 한다.
② 좋은 옷, 운동화, 안경 등을 자주 망가뜨리거나 잃어버렸다고 한다.
③ 노트나 책에 '죽어라' '죽고 싶다' 등의 낙서가 쓰여 있다.

④ 돈을 요구하는 횟수가 늘어나거나 부모의 지갑에서 돈이 없어진다.
⑤ 평소 좋아하던 음식에 손대지 않는다.
⑥ 두통, 복통 등을 호소하며 학교 가기를 싫어한다.
⑦ 풀이 죽어 있거나 자기 방에 틀어 박혀 나오려고 하지 않는다.
⑧ 전화가 오면 난처한 표정을 짓거나 자주 불려 나간다.
⑨ 갑자기 전학이나 이민을 들먹인다.
⑩ 잘 때 식은 땀을 흘리면서 잠꼬대나 앓는 소리를 한다.
⑪ 도시락을 안가져 가려고 한다.
⑫ 갑자기 성적이 떨어진다.

참고자료

개인보다 적응을 강요하는 학교

– 놀고싶은 마음이나 반항심으로 성급하게 답을 구하지 말자 –

인생의 초창기인 청소년의 자살은 통탄할 일이다. 우리 나라에서는 연간 100명 전후의 중학생과 150~200명 정도의 고교생이 목숨을 끊고 있다. 옛날에는 생각할 수 없었던 초등학교 학생의 자살도 연간 10수건씩 일어나고 있다.

자살하는 자의 마음은 고독감에 짓눌려 있다. "혼자서 다만 허물어지는 것을 기다릴 뿐"이라고 표지에 쓴 12세에 자살한 어느 소년의 시를 쓴 노트를 살펴보니 누구와도 서로 이해할 수 없어 절망하고, 오로지 혼자 외톨이라고 느끼면서도 다른 사람과의 만남을 절실히 바라고 있는 쓸쓸함이 전해지고 있다.

사춘기에 자살하는 소년들은 어릴 때부터 장난치거나 까불거나 하는 일이 적고, 자제력이 강하고, 부모나 교사를 애먹이지 않는 착한 아이로 자라난 소년들이 많다.

등교거부나 학교 내의 폭력을 쓰는 아이들과 마찬가지로 부모의 기대에 부응하고자 생각한 나머지, 성실하고 모범적이며 꼼꼼하지만 자발성이나 유연성이 부족하고, 섬세하고 내성적인 성격을 가지고 있다.

섬세한 아이들은 현실생활의 모순을 발견하지 않을 수 없다. 말을 할 수 있기에 자연에서 또는 타인으로부터 벽을 쌓은 인간은 고독을 느끼지 않을 수가 없다. 지적인 아이는 점점 관념의 깊은 곳으로 빠져들어, 고독감이 강화된다. 유연성을 터득하여 특히 마음이 풍부한 아이라면 일상생활에서는 적당하게 얼버무리면서 다른 곳에 또 하나의 자신을 살려 나갈 수가 있다. 얼버무리고 있다는 것을 어디까지나 잊어서는 안 되지만, 또 말의 마력에 휩싸이면 관념의 세계에서 성급하게 삶의 의미를 구하기 쉽다. 그러나, 인간이란 자연을 초월한 면과 자연 그대로 살아가는 면을 조화시키면서 살아가는 존재이다. 아는 것만을 성급하게 구하지 말고, 괴로워하면서도 회답을 연장시키면서 느긋하게 살아가는 것이 중요하다.

그런데, 아이들의 자살에는 학교생활에서의 좌절과 관련이 많다. 학교가 매우 싫다/

모두가 목숨을 걸기 때문에/선생은 더욱 싫다/약해지는 마음을 짓밟으니까, 라는 말을 남기고 세상을 떠난 중학교 3학년 소녀의 선생은 학생들을 평가하기 위한 거대한 잣대를 가지고 시험에서 점수따기만 가르쳐 주고, 그러한 사람에게 평가당하고, 그 평가가 자신들의 일생을 좌우하는 것은 슬픈 일이라고 말한다. 지금의 학교생활이 아이들에게 얼마나 비뚤어진 생활방식을 강요하고 있는가를 짐작할 수 있다. 이 경우에도, 학교에 적응하지 않아도 다른 생활방식이 있다고 느끼는 유연성과 반발력이 있으면 구제되었을지 모른다. 자신을 지워버리는 것이 아니라, 학교를 지워버린다는 발상을 하면 어떨까.

1983년에 일본 각지의 초등학교에서 교과서 가져오는 것을 잊어버리는 '물건 잊는 병'이 유행하여 수업을 중지하는 경우가 많았다. 그 후 책가방마저 잊어버리고 오는 아이들이 대량으로 발생하는 학교도 있었다 한다. 억압적인 학교를 거부하라는 경고가 무의식적 예지로 발동한 것인지도 모른다.

제11장 교육의 측정과 평가

1. 교육평가의 기초 개념

(1) 교육평가의 의의

교육평가란 교육의 이념 · 목표를 향해서 학습자의 학습경험과 행동 및 그 외의 교육사상이 바람직한 방향으로 진행하고 있는가를 알아보는 가치적 판단 과정이라고 정의할 수 있다. 그러므로 참다운 교육활동이라 함은 교육목표에서 시작하여 교육평가로 종결되는 일련의 의도적, 계획적 과정이라고 할 수 있다. 따라서 교육활동이 이루어지는 한, 평가는 빼놓을 수 없는 과정이다. 교육평가(education evaluation)는 학습자의 능력이나 상태를 측정해서 얻은 자료에 의해 다음 학습목표를 결정하기 위한 것이다. 즉, 적절한 측정을 통해서 자료를 수집하고, 그것을 기초로 하여 교육평가가 이루어진다. 그러므로 교육과정에서는 교육목표—교육내용—교수과정—교육평가의 일관성이 강조되고 있다. 교육목표를 세우고 그에 따른 학습경험을 학습자에게 제공하여 목표했던 성과를 얻었는지 평가하며 그 결과에 따라 다음의 새로운 교육목표를 재수립해야 한다.

이와 같은 견해는 교육활동이 평가에서 끝나지 않고 또다른 교육목표 설정으로 되돌아간다는 것을 의미한다. 이와 같이 교육평가는 현재의 학습자를 올바르게 이해하고, 그 능력이나 성격에 맞는 학습활동을 실시해 그 성과를 알아보는 동시에, 다음의 교육목표를 설정하기 위한 기초 자료를 얻기 위한 과업이다.

(2) 측정과 평가

측정(measurement)과 평가(evaluation)라는 말은 종종 같은 뜻으로 쓰이기도 한다. 그러나 이 두 용어는 서로 밀접한 관련이 있으면서도 엄밀한 의미에서 다르다.

첫째, 측정은 측정도구(검사) 및 기술로서 객관식 수량적 자료를 얻기 위한 활동이며, 평가는 측정을 통해서 얻어진 수량적 결과 및 그 밖의 자료를 가지고 종합적으로 해석과 가치판단을 내리는 일이다.

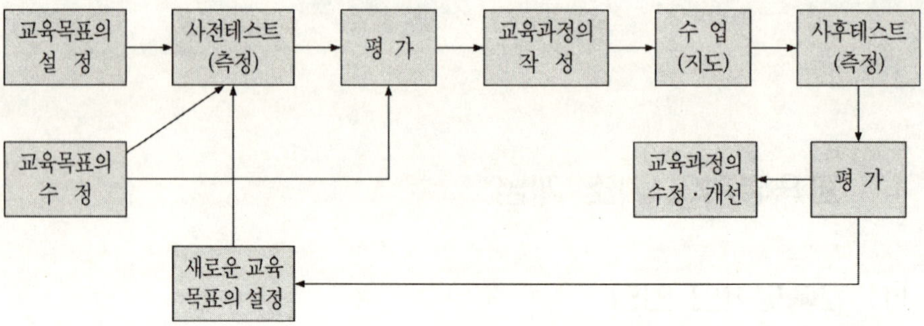

전자는 어느 정도인가의 양적(how much/more) 수량을 뜻하는데 반하여, 후자는 어떠한 것인가의 가치(what value/better)를 말한다.

둘째, 평가의 개념은 측정이라는 개념보다 한층 광범위하고 포괄적이다. 평가 속에 측정의 개념이 포함된다. 측정은 측정으로 그치는 것이 아니라, 다음에 오는 평가를 위한 수량적 자료를 제공하는 것이므로, 평가는 측정이라는 수단적 방법을 통해서 가치판단 또는 의미해석을 하게 되는 것이다. 그러므로 평가와 측정을 분리해서 생각할 것이 아니라, 평가는 측정을 내포하고 있는 포괄적인 개념으로 받아들여야 할 것이다.

셋째, 평가의 개념은 측정의 개념보다 뒤에 발달된 개념이다. 한 마디로 말해서 평가의 역사는 교육측정 운동에서 출발하여 교육평가 시대로 발전된 것이다. 1864년 영국의 G. Fisher는 척도부(scale book)를 만들어 20세기 초부터 급속한 발전을 이룬 '정신 및 사회측정 이론에 관한 서론'(1904)을 내었다. 이어서 1918년 발표된 논문에서 '이 세상에 존재하는 모든 것은 무엇이든 양적으로 존재한다. 양적으로 존재하는 모든 것은 측정할 수 있다.'라는 대명제를 내세워, 측정도구로서 각종 표준화검사의 제작 · 실시 · 채점 이후 새로운 심리학이론의 개발과 새 교육운동을 발전시킴으로 교육측정 운동에 일대전환을 가져오게 되었다.

넷째, 평가는 재야 할 것을 재고 있느냐 하는 타당도(validity)와 관련된 개념이며, 이에 반하여 측정은 얼마나 정확히 재고 또 객관성 있게 표현하고 있는가 하는 신뢰도(reliability)와 관련된 개념이다. 이러한 의미에서 측정과 평가의 관계는 양과 질의 관계라고 할 수 있으며, 측정과 평가는 상호 연관된 작업이다. 측정이 없는 평가는 생각할 수 없으며 평가가 없으면 측정 또한 무의미한 것이다.

(3) 교육평가의 목적

교육평가에서 가장 중요한 것은 어떤 목적으로 평가가 이루어지냐는 것이다. 요컨대, 누가, 어떤 교육 결정을 내리기 위한 자료로 사용할 수 있는가를 충분히 고려해야 한다. 이 같은 관점에서 목적별 교육 평가의 종류로 다음과 같이 7가지를 제시할 수 있다.

① **교육행정 자료로서의 평가** : 지방교육행정기관이나 국가의 교육정책을 결정하기 위한 자료로 사용된다.

② **학교의 관리, 운영의 자료로서의 평가** : 학급편성의 방법, 교사가 학습을 지도할 때 우열을 고려하기 위한 참고자료가 된다.

③ **교사의 학습지도의 자료로서의 평가** : 교사가 학습이나 개인지도를 어떻게 하면 좋을가를 판단하는 참고자료로 한다.

④ **아동에게 정보를 제공하기 위한 평가** : 평가의 결과를 아동에게 알려주고, 아동은 그 정보를 좋은 목적(학습의 노력, 학습의 방법, 선택 등)에 사용하도록 기대한다.

⑤ **부모가 참고하기 위한 평가** : 부모가 아동의 발달이나 학습에 대한 실상을 이해하고 필요에 따라서 조력하기를 기대한다.

⑥ **학생의 처우 결정을 위한 평가** : 학생에 대해 비교적 장기간 동안 처우를 결정하고 관리하기 위한 평가이다.

⑦ **교육과정(教育課程) 결정을 위한 평가** : 여기에는 종합평가와 형성평가가 있다. 종합평가는 제품의 최종검사와 같은 것으로 교육과정의 최종 단계로서 그 장점과 결점을 명확히 알아보는 평가이다. 한편, 형성적 평가는 교육과정 진행 도중에 어느 방향으로 가는 것이 좋은지, 현재 진행 상황은 적절한지를 판정하는 평가이다.

1) 학생지도의 자료

아동(학생)이 지도의 목표에 도달하게 하였는가를 알아보아야 한다.

① 아동 · 학생의 개인차를 밝히기 위하여
② 학습자로 하여금 자기 발전의 정도를 알게 하기 위하여
③ 학습자의 학습동기를 유발하기 위하여
④ 아동 · 학생들의 전반적인 경향을 알기 위하여
⑤ 아동 · 학생의 환경이나 배경을 알기 위하여

2) 교사의 반성 자료

① 교육활동에 적용된 원리의 타당성을 검토하기 위하여
② 교육과정, 교수법, 교과서 등의 평정을 위하여
③ 교사의 연구자료를 얻기 위하여

3) 교육 관리의 자료

① 교육의 성과를 확인하고 개선에 필요한 점을 지시하기 위하여
② 사회생활을 영위함에 필요한 교육의 수준을 유지하기 위하여
③ 지역사회의 협력을 구할 수 있는 자료를 얻기 위하여

(4) 측정 및 평가의 용어

평가 및 측정의 개념을 보다 명확히 하기 위하여 다음과 같은 몇 가지 전문적 용어를 미리 이해해 두는 것이 중요하다.

1) 검 사

검사란 능력, 지식, 기능 그 외의 심리적 특성의 유무나, 그 정도를 밝혀낼 목적으로 일정한 조건하에서 미리 정해진 문제나 작업을 검사대상자로 하여금 치르게 하여 그 결과를 기술하는 수단이며, 또는 주어지는 문제나 작업 자체를 뜻할 때도 있다. 검사의 목적은 개인간 및 집단적 차이를 나타내고, 또한 집단 내에서의 개인의 상대적 위치를 정하기 위해서 쓰여지는 심리학적 측정법 중의 하나이다. 검사에는 그 대상 인원수에 따라서 개별검사와 집단검사로, 문제경향에 따라서 논술형 검사와 객관형 검사 및 구두형 검사로, 또는 해답방법에 따라서 필답형 검사와

작업형 검사로 나눌 수 있다.

2) 표준화검사

협의의 검사로서 선정된 일정한 표준집단에 실시하여 기준을 가지고 있는 검사를 말한다. 이는 개인의 검사득점을 일정한 집단에 비추어서 이해하고 해석하려는 데 필요하다. 왜냐 하면 이 경우 개인의 득점만으로는 의미가 없고, 개인이 비교하려는 집단에 대해 어느 위치에 속하는가를 알 수 있도록 환산된 척도(예컨대, 백분척)가 있어야만 위의 것이 가능하기 때문이다. 표준화검사의 종류에는 지능검사, 학력검사, 성격검사, 흥미검사, 적성검사 등이 있다.

3) 기 준

한 측정도구에 의하여 얻어진 득점을 소점 또는 원점수(raw score)라고 하는데 이 소점만으로서는 평가의 의미가 없다. 즉, 어떤 검사에서 얻어진 소점을 의미있게 해석할 수 있도록 비추어 볼 수 있는 척도(자)를 기준이라고 한다. 이와 같은 기준은 백분위, 백분위점, 표준점수, T점수 및 C점수로 환산된 척도치로 되어 있다.

4) 문 항

한 검사를 작성하는 필답 및 질문의 내용을 문항이라고 한다. 문항을 작성하는 데는 그 유형과 양호도가 매우 중요하며, 문항의 양호도를 검토하는 것을 문항분석(item analysis)이라고 하는데, 그 결과 문항의 곤란도, 문항의 변별력(discrimination) 등이 산출된다.

5) 백분위점수

한 점수가 표준화 집단에 비추어 보았을 때 서열(순위 ; rank)로 따져 몇 % 위치에 속하는가를 표시하는 점수이다. 즉, 집단 전체를 100명이라고 보고 그 중에서 차지하는 서열을 의미하며 백분위순위라고도 한다. 우리 나라에 있는 대부분의 표준화검사는 이 백분위점수 기준을 사용하고 있다.

6) 표준점수

환산점수 중에서 가장 타당한 것으로 간주되고 있는 것이 바로 표준점수이며, 이것은 정상분포 곡선의 개념과 평균치 및 표준편차를 기초로 하여 산출된 것이다. 표준점수(Z)를 산출하는 공식은 다음과 같다. 이 공식에서 보는 바와 같이 표준점수는 개인의 점수가 평균치로부터 얼마나 이탈되어 있는가를 표준편차로 나타내 보자는 것이다. 따라서 표준점수에서는 집단의 평균=0, 표준편차=1이 된다. 이와 같은 표준점수가 이루는 척도를 표준척(standard scale)이라 한다.

$$\text{표준점수(Z)} = \frac{(\text{개인의 득점} - \text{집단의 평균점})}{\text{집단의 표준편차}}$$

7) T점수

Z점수는 여러 이점이 있는 반면, －의 부호가 있거나 소수점이 있다는 단점이 있다. 이 단점을 시정하기 위하여 생각해 낸 것이 T점수이다. T점수를 산출하는 공식은 다음과 같다. 이 공식에서 －의 부호를 없애기 위하여 50이라는 상수(常數)를 더해 주고, 또 소수점을 없애기 위하여 10을 곱해 주는 것으로 되어 있다. 따라서 T점수의 평균은 50이고, 한 표준편차의 거리는 10이 된다.

$$\text{T점수} = \text{표준점수(Z)} \times 10 + 50$$
$$= \frac{(\text{개인의 득점} - \text{집단의 평균점}) \times 10}{\text{집단의 표준편차}} + 50$$

8) C점수

일종의 표준척으로 5를 단위로 하여 원점수척을 11단계로 구분, 각 단계를 아래서부터 0, 1, 2, 3, …… 9, 10의 척도치로 표시한 것을 C점 수척이라고 하고, 이 때의 0, 1, 2, …… 9, 10의 척도치를 C점수라 한다. 이의 장점으로는 표준점 척도나 T점 수척의 장점을 다 가지고 있다는 것이다. 반면, C점 수척(數尺)은 점수단위가 너무 거칠어 자세한 단위를 요하는 데에는 좋지 않다는 단점이 있다.

2. 교육평가의 영역과 기능

(1) 교육평가의 영역

실제 교육평가 활동에서 무엇을 평가의 대상으로 삼느냐가 교육평가의 영역이다. 대체적으로 교육평가의 영역은 다음 네 가지 분야로 나누어 생각할 수 있다.

1) 능력평가

학습자의 후천적 소질의 측정에 중점을 두고 있다. 즉, 학생의 발달가능성(potentiality) 을 측정하여 현재 및 장래를 이해 예견하기 위해 행하는 평가이다. 지능검사, 적성검사 등의 표준화 검사들이 이에 속한다.

2) 학력평가

학력이란 개념은 학업 성취도와 학업성적 등 학습에 의해서 획득된 능력(ability), 문제 해결적인 사고력 또한 장래 도달하려는 잠재적 가능성(capacity) 등 여러 의미로 사용되고 있다. 그러므로 학력의 내용을 분류하는 데는 두 가지가 있다. 하나는 독해력, 감상력, 듣는 힘과 같은 학습내용에 의해 분류하는 경험영역에 의한 분류이고, 다른 하나는 지식 · 이해 · 기능 · 태도라고 하는 추상적인 능력 개념에 의한 분류이다. 학력의 평가는 교육평가에 있어서 가장 중요하게 다루는 영역이다. 각 교과학습 지도의 성취 능력을 측정하여 교육목표의 달성 여부, 교육과정과 지도 계획 및 방법 등의 검토 개선을 위한 평가나 학업부진아의 판별 및 특별지도를 위한 진단 · 평가하는 일 등이 이 평가에 속한다. 교사 작성 학력 테스트, 즉 교사 자신이 작성한 학력 검사인데 이 테스트는 작성자의 기술에 의존하며 득점의 비교는 가능한 같은 학교의 같은 학년에 국한된다. 그러나 아동 개개인의 학력상의 결함을 분석하고 교사의 지도방법의 개선에 직접 도움이 될 수 있다. 이 테스트에는 논문식과 객관식이 있다. 표준 학력검사는 전국의 아동 · 학생을 대표하는 것과 같이 일정 집단에서 얻은 검사 결과를 기준으로 표준화한 것으로서 타당성, 신뢰성이 높고 실시 방법이나 채점 방법이 충분히 검토되어 있는 검사이다. 따라서, 개인과 학급의 학력을 전국의 표준과 비교할 수 있고, 또 과목도 비교할 수 있다. 이와 같이 개개 학생의 성적을 비교하고 집단의 평균을 기준으로 개인을 집단의 분포와 비교하여 평가하는 방법을 상대평가(相對評價)라고 한다.

3) 성격평가

학습자의 능력 및 학력은 지적인 면인데 대하여, 성격은 비지적인 면이다. 측정 및 평가의 절차나 방법이 간접적으로 이루어지며 내면과 행동적 측면, 즉 흥미 · 태도 · 가치관 · 도덕성 · 적응성 등을 평가하여 생활지도의 기초자료로 활용된다.

4) 신체평가

신체적 조건, 즉 체격 · 체력 · 체질 · 건강 · 위생 등의 평가로서 신체검사 및 체력검사에 의한 측정이 바로 이 평가이다. 이상 네 가지 교육평가의 영역을 고찰하였지만 각각 독자적으로 평가되기 보다는 상호 긴밀한 관련을 지어 이해되고 평가되어야 한다. 그리고 학습자의 심신의 조화적 발달을 조성하는 평가라는 관점에서 본다면 위의 네 가지 영역 외에 가정환경 조사, 학교경영 평가, 교육지도 평가 등 교육과정 전반에 걸쳐서 평가가 이루어져야 하며, 또 교육이 행하여지는 곳에서는 반드시 평가기능이 필요하다는 것을 알아야 한다.

(2) 교육평가의 기능

1) 학습촉진의 기능

학습을 촉진하기 위해서는 무엇보다 학습동기를 유발시켜야 한다.

첫째, 학습의 목적을 밝힘으로써 학습을 촉진시킬 수 있다.

둘째, 학습결과의 진보상황을 확인시킨다든가 또는 학습성과에 대한 성취감의 경험여부가 학습의욕을 불러일으키는 동기가 된다.

셋째, 학업상의 부진 및 부적응에 대한 원인을 진단하고, 그 장애적 원인을 치료 제거함으로 학습을 촉진시킬 수 있다.

2) 학습지도 개선의 기능

평가를 통해서 예상과 기대했던 수준에 미치지 못했다든가 어떤 결함이 있는 것을 발견하게 되면, 그 결함의 원인을 수정 · 제거하여 개선방법을 강구하게 된다. 이것을 평가와 관련지어 보면 다음 몇 가지 점을 지적할 수 있다.

첫째, 평가에 의해서 예상대로 학습목표에 도달했는가를 가려내는 것이 교육평가의 중요한 기능이다.

둘째, 학습경험의 선정과 지도방법에 결함이 있는가 없는가를 평가를 통해서 알 수 있다.

셋째, 학습결과가 기대했던대로 이루어졌는지 못했는지의 여부를 밝히는 것도 교육평가의 기능이라고 하겠다.

이와 같이 학습목표, 학습경험, 학습지도, 학습결과는 교육평가에 의해서 그 결함의 유무, 적부 등에 대해서 검토 분석하고 그 결함이나 장애적 요인을 제거하거나 개선방법을 모색하게 된다.

3) 생활지도의 기능

오늘날 학교교육은 교과지도에 의한 학습자의 지적 발달만을 기대하는 것이 아니라, 생활지도에 의한 바람직한 행동, 태도, 가치관, 적응, 정서적 안정, 교우관계, 건강, 성격지도, 흥미 및 취미생활, 직업선택 등도 중요한 지도영역이라고 하겠다. 그런데 생활지도는 학습자의 능력 · 성격 · 태도 · 흥미 · 환경 등을 검사와 관찰 및 면접 등 여러 가지 교육 측정 및 평가의 방법에 의해 자료를 조사수집하게 되고, 실제 생활지도 및 상담활동에 좋은 기초 자료를 제공해 주고 있다.

4) 교육정치의 기능

교육정치(教育定置 : educational placement)라는 용어는 학생의 능력, 적성 기타 조건 등에 비추어 그들에게 알맞은 학급과 학년 또는 직업현장에 배치한다는 뜻이다. 구체적으로 입학 · 진급 · 능력별 반편성 · 분단조직 · 특별활동반 구성 등의 문제가 이에 속한다. 개인능력에 보다 알맞은 집단이나 학급에 배치해야 되기 때문이다. 그리고 또한 개인차나 적성에 맞게 지도하는 교육상황에 있어서 교육정치는 더욱 필요하다. 특히 교육정치가 개인차를 최대한으로 존중하는 현대 교육의 기본 원리에 부합되도록 이루어져야 하기 때문에 그것은 개인문제에 관한 여러 가지 측정과 시험 등의 평가자료를 전제로 이루어지고 있다는 것은 당연한 일이다.

3. 교육의 평가

(1) 심리측정

1) 개인차의 측정

교육에서는 측정 및 평가를 통하여 학생의 개인차의 범위와 정도를 밝힘으로써 학생 개개인의 특성을 이해하고, 보다 효과적인 학습지도 및 생활지도를 할 수 있게 한다.

2) 교육에서의 심리측정

① 심리측정과 교육평가

일반적으로 심리측정(psychological measurememt)과 교육평가(educational evaluation)를 혼동하는 경우가 많다. 그러나 엄밀한 의미에서 두 개념은 다르다. 측정은 개인의 어떤 행동 특성을 관찰 또는 검사하여 수량화하는 것을 의미한다. 반면 평가는 어떤 특성 · 활동 · 프로그램 등이 얼마나 가치가 있는가를 판단하는 과정이다. 즉, 측정을 통하여 학생 특성의 양을 밝힐 수 있으며, 평가를 통하여 그것이 얼마나 바람직한 수준인가를 판단할 수 있다. 측정은 평가에서 필요한 체계적이고 객관적이며 합리적인 근거를 제공하기 때문에 순서나 개념의 발달에서 평가개념의 앞에 온다. 평가는 측정에서 얻은 자료를 근거로 판단하는 보다 종합적인 과정이다. 또한 측정은 얼마나 정확히 재고, 또 객관성 있게 표현하고 있는가 하는 신뢰도에 관련된 개념임에 반하여, 평가는 재어야 할 것을 재고 있느냐 하는 타당도에 관련된 개념이라고 할 수 있다. 그래서 측정과 평가는 서로 다른 개념이다.

2 심리측정의 특징

첫째, 심리측정은 간접적이다. 물리적 특성은 저울이나 자 등을 이용하여 직접 측정할 수 있으나, 심리적 특성은 실제로 보거나 만질 수 있는 물체가 아니고 어떤 과정이나 기능면으로 나타나기 때문에 직접 측정할 수 없다. 지능의 측정도 검사문항이라는 자극에 대한 반응에서 나타난 해답을 통하여 짐작하는 것이다. 이렇게 심리측정이 간접적으로 짐작하는 과정을 거치기 때문에 물리적 측정보다 오차 발생 가능성이 높다.

둘째, 측정하기에 불명확한 인간의 특성에 조작적 정의(operational definition)를 내리고 이에 준하여 측정한다. 인간의 특성은 사고력 · 태도 · 도덕성 · 성격 등과 같이 명확히 정의될 수 없는 속성을 가지고 있다.

셋째, 측정이 불완전하다. 측정에는 검사하고자 하는 일정 영역이나 내용에 대하여 문항의 모집단을 모두 사용하지 못하고, 소수의 문항만을 선택 · 표집하여 검사를 구성하고 있다. 우리가 사용하는 어휘는 수천 수만 개가 있으나 이것을 모두 검사 문항으로 사용할 수 없기 때문에 50개 혹은 100개 정도의 소수 문항으로 검사를 구성해야만 한다. 그러므로 검사결과의 해석에서도 그 검사결과 만을 전부로 생각해서는 안 되며, 다른 자료를 참고하여 활용하는 것이 좋다.

넷째, 측정은 인간의 특성을 수량화하는 과정이다. 심리 특성의 측정에 있어서 공헌이 큰 Thorndike는 모든 물체는 양적으로 존재하고, 양적으로 존재하는 것은 측정 가능하다고 생각했으며, 심리적 특성도 측정할 수 있다고 주장하였다. 심리측정 운동이 시작된 이후 자연과학에서 사용하는 여러 가지 양적인 방법을 과감하게 도입하여 상당한 발전을 이룩하였다.

다섯째, 심리 측정은 상대적이다. 반대로 물리적 측정의 척도는 절대적이다. 예컨대 서울에 있는 높이 60미터의 건물과 뉴욕의 60미터 건물은 그 높이가 같다. 그러나 심리적 측정은 대상자에 따라 그 결과가 상대적으로 적용된다. 예를 들면, 학력검사에서 한국인이 받은 60점과 뉴욕 사람이 받은 60점이 같은 의미를 지닌다고 할 수 없다. 학교에서 사용되는 측정도 역시 집단 기준에 비추어 설명되고, 집단원의 상대적인 관계(위치)를 밝혀 주는 지수의 역할을 한다.

3 심리측정 도구의 조건

올바른 측정을 하기 위해서는 측정도구를 사용해야 하는데 좋은 측정도구는 타당도 · 객관도 · 실용도를 갖추어야 한다.

① **타당도** : 어떤 검사가 측정하고자 하는 특성 혹은 현상의 본질을 얼마나 충실하게 측정하였는가를 말한다. 타당도는 비교하는 준거(criterion)가 있어야 검증할 수 있다. 타당도를 검증하는 방법은 다음의 몇 가지가 있다.

첫째, 내용타당도(content validity)는 측정도구가 재려는 내용을 어느 정도 측정하고 있는지를 이론적으로 분석, 추출하려는 것이다. 여기서 측정하려는 내용은 대개의 경우 교육목표가 된다. 지능검사의 경우에는 정의된 지능을 어느 정도로 잘 측정하느냐 하는 것이 내용타당도가 된다.

내용타당도의 결정은 다음과 같다.

- 측정도구가 처음 의도했던 목표에 비추어 적절한가,
- 문항 내용이 중요한 것을 보편적으로 빠뜨리지 않고 포괄하고 있는가,
- 문항의 난이도가 학생 집단의 수준에 비추어 적절한가,
- 문항의 표본이 모집단을 잘 대표하고 있는가에 따라 이루어진다.

둘째, 예언타당도(predictive validity)는 검사의 결과가 미래의 행동을 얼마나 정확하게 예언하느냐에 의해 검증하는 것이다.

셋째, 공인타당도(concurrent validity)는 검사에서 측정하는 행동과 그 검사 이외의 어떤 행동준거와 일치하는 정도를 검증한다. 예를 들면 작문검사의 성적과 학생이 쓴 편지의 측정과의 상관을 내어 보거나, 흥미검사에서의 음악적 흥미점수와 실제 음악활동 결과와의 상관으로 공인타당도를 측정할 수 있다.

넷째, 구인타당도(construct validity)는 비교적 새로운 개념이며 가장 과학적인 발전 가능성을 열어주는 타당도 검증방법이다. 조작적으로 정의된 개념에 대한 타당도를 의미 한다.

② **신뢰도(reliability)** : 측정도구가 일관성을 갖고 있는지, 즉 측정의 오차가 얼마나 적은지를 나타내는 것이다 그러므로 신뢰도는 항상성 · 일관성 · 정확성이란 말과 같은 뜻이라고 할 수 있다.

그러나 아무리 정확하게 재었더라도 절대적 엄밀성은 있을 수 없으며 어느 정도의 오차가 있음을 인정해야 한다. 대표적인 지능검사에서도 ±5 정도의 오차는 있다고 한다. 신뢰도는 상관계수(correlation)로 표시되며, 다음과 같은 검증방법이 있다.

첫째, 동형검사 신뢰도(equivalent-form reliability)는 미리 두 개의 동형 검사를 제작하여 그것을 같은 피험자에게 실시하여 얻어진 두 검사 점수 사이의 상관

계수를 산출한다.

둘째, 재검사 신뢰도(retest reliability)는 한 검사를 동일집단에게 일정한 시간 간격을 두고 실시하여 얻어진 점수 사이의 상관계수를 산출한다.

셋째, 반분 신뢰도(split-half reliability)는 한 검사를 어떤 집단에게 실시한 후 그것을 전반부와 후반부, 혹은 홀수 문항과 짝수 문항 등 적당한 방법에 의해 두 부분으로 나눈다. 이 나누어진 두 부분을 독립된 검사로 생각해서 그 사이의 상관계수를 산출한다.

넷째, 문항내적 합치도(inter-item consistency)는 피험자가 각 문항에 반응하는 일관성 · 합리성에 그 기초를 두고 있다.

③ **객관도** : 측정결과에 대하여 여러 검사자 혹은 채점자가 어느 정도 일치된 판단을 하느냐의 정도를 말한다. 검사자의 편견 · 의견 · 감정이 작용하지 못하도록 하는 일은 측정의 실제에서 중요하다. 같은 학생의 논문식 답안지를 여러 사람이 채점한 결과 채점자간에 차이가 심하거나, 같은 교사가 같은 피험자의 논문식 답안지를 오늘 채점한 결과와 며칠 후 채점한 결과가 일치하지 못한 경우가 많이 있다.

첫째, 측정도구를 객관화시켜야 한다. 검사의 객관도를 유지하기 위해서는 객관형 검사가 적절하다.

둘째, 검사자의 평가 소양을 높여야 한다.

셋째, 검사자의 인상 · 편견 · 추측 · 어림짐작 · 착오 등 주관적 요인을 최소한으로 줄여야 한다.

넷째, 비객관적 측정 도구는 가능하면 여러 사람이 채점해서 그 결과를 종합하는 것이 객관도를 높일 수 있다.

④ **실용도(usability or practicability)** : 실제적 지표인데 심리측정 도구의 이론적 지표가 아무리 완벽하다 할지라도 검사의 실제적 가치가 적다면, 그 검사는 실제 현장에는 거의 사용되지 못할 것이다. 실용도란 시간 · 용이성 · 비용의 정도를 말한다.

아무리 훌륭한 검사라도 시간이 너무 많이 소요되거나, 실시방법 · 채점방법 · 해석이 너무 복잡하고 어렵거나, 필요한 비용이 너무 비싸다면 실제 현장에서 활용하기가 어려울 것이다.

(2) 지능의 측정

1) 지능의 정의

아동 · 학생의 지적 능력과 학습 특성을 미리 파악하고 있으면 교사는 그것을 참고로 하여 최적(最適)의 교수계획을 작성하고 효과적인 수업활동을 전개할 수 있다. 이러한 지적 능력의 중심을 이룬 것이 지능이다. 지능은 ① 학습하는 능력 ② 새로운 환경에 적응하는 능력 ③ 추상적인 사고능력 ④ 자기의 환경을 능률적으로 처리하는 총괄적 · 전체적 능력의 4가지 유형으로 분류할 수 있다.

2) 지능의 구조

Spearman의 2요인설, Thurstone의 다요인설, Guilford의 지능구조 모델, Gardner의 다중지능이론, Sternberg의 삼위일체지능이론 등이 있다.

3) 지능검사

지능검사는 프랑스의 심리학자 A. Binet가 시작하였다. 그 계기가 된 것은 초등학교에 입학해서 수업을 감당하기 힘든 아동(오늘날의 정신박약 아동에 해당됨)을 입학 이전에 분별할 수 없는가를 연구하라는 파리 교육국의 의뢰에서 발단되었다. 그는 협력자인 의사 T. Simon과 함께 학업성적의 기초가 되는 지적 능력을 측정하는 척도로서 1905년에 30개의 문제를 난이도의 순서로 배열한 지능검사를 고안하였다. 그 후 1911년에 제 2차 개정을 할 때, 성인도 할 수 있는 문제를 추가하였다. 그 후 미국의 L. M. Terman은 Binet의 지능검사에 새로운 문제를 많이 추가하여 2300명의 아동과 성인을 대상으로 대규모적인 표준화를 거쳐 1916년에 Standford-Binet 지능검사를 발표하였다. 그 후 수차의 개정을 거쳐 오늘날과 같은 일반적인 지능검사가 되었다.

(3) 표준화 검사

1) 표준화 검사의 특성

표준화 검사(standardized test)란 측정 전문가에 의하여 만들어진 검사로서 행동의 표집을 객관화하고 표준화된 절차에 의하여 행동 특성을 측정함으로써 행동을 전집에 미루어 짐작하며 그것을 기초로 두 사람 이상의 행동을 비교하는 체계적인 절차를 말한다. 표준화 검사의 특징은 다음과 같다.

① 표준화 절차를 따른다. 검사의 실시부터 채점과 해석에 이르는 모든 절차가 단일화 · 균일화되어 있다.

② 객관성이 있다. 검사의 실시 · 채점 · 해석의 전 과정이 객관성을 유지할 수 있도록 구조화시켜 누가 실시하든 누가 채점하든 같은 결과를 기대하도록 고안된 검사이다.

③ 규준이 있다. 어떤 검사를 실시하여 얻은 원점수는 실제적으로는 의미가 없으며 이를 규준집단에 비추어 해석할 수 있는 점수로 변환했을 때 의미가 더 뚜렷해진다.

2) 표준화 검사의 제작과정

표준화 검사를 제작하는 과정을 몇 개의 단계로 나누어 보면 다음과 같다.

① 검사제작 계획의 수립 단계이다. 검사의 목적과 측정 대상자의 학년 또는 연령의 범위를 정한다.

② 예비검사를 만든다. 검사의 목적과 측정 대상이 확정되면 이에 따라 문항의 형식과 문항의 수를 결정하고 실제 문항을 만든다. 문항이 만들어지면 이를 편집하여 실험형의 예비검사를 만든다. 예비검사의 문항수는 본 검사보다 훨씬 많아야 한다.

③ 장차 활용하려는 대상자를 대표할 수 있는 실험집단에게 예비검사를 실시하고 통계적 검증을 한다. 실시한 예비검사 결과에서 문항동질도 · 문항곤란도 · 문항변별도 · 문항타당도 등의 통계적 검증을 한다.

④ 최종적인 표준화 검사를 만든다. 위의 통계적 검증을 거쳐 양호한 문항으로 판단된 것만을 골라 최종적인 표준화 검사체계로 만든다(너무 쉬운 문항이나 너무 어려운 문항은 제외).

⑤ 최종적 표준화 검사를 표준집단에서 실시하여 이를 기초로 규준을 만들고 타당도와 신뢰도를 검증한다.

⑥ 검사의 액세서리를 준비한다. 표준화 검사의 액세서리에는 검사용지 · 답안지 · 검사요강 · 채점반 등이 있다.

3) 표준화 검사의 분류

표준화 검사는 검사의 내용 · 목적 · 형식 · 실시방법 등에 따라 여러 가지로 분류할 수 있다.

① 검사의 내용에 따라 크게 지능검사 · 적성검사 · 학력검사 · 성격검사 · 흥미검사로 나눌 수 있으며, 기타 검사로서 태도검사 · 가치검사 · 가정환경검사 · 교사자질검사 등이 있다.

② 검사의 목적에 따라 진단검사 · 분석검사 및 개관검사로 나눈다.

③ 문항의 형식에 따라 언어성검사와 비언어성검사로 나뉘어진다.

④ 응답형태에 따라 지필검사와 동작성검사로 나뉘어진다.

⑤ 검사 대상자의 인원수에 따라 개인용검사와 집단용검사로 나뉜다.

⑥ 처리방법에 따라 배터리(battery)와 인벤토리(inventory)로 구분된다.

⑦ 측정방법에 따라 속도검사와 역량검사로 나눈다.

⑧ 요구하는 작업의 내용에 따라 최대 작업검사와 전형적 작업검사로 분류된다.

4) 표준화 검사의 활용

표준화 검사를 올바로 활용하기 위해서는 검사의 이용 과정에서 다음과 같은 점에 유의하여야 한다.

① 검사하려는 목적을 명확히 확인하고 난 다음 그 목적에 가장 적합한 검사를 선택한다.

② 검사의 타당도 · 신뢰도 · 객관도 · 실용도가 높은 검사를 선택해야 한다.

③ 검사의 실시 · 채점 · 해석은 반드시 그 검사의 실시요강에 따라야 한다.

④ 검사결과는 가능한 한 학생이나 부모에게 알려 주고, 결과해석은 표준화 오차대(standard error band)의 범위를 두고 설명해 주어야 한다. 학교 교육에서 표준화 검사의 결과는 매우 광범위하게 활용되고 있다. 표준화 검사 결과가 활용되는 측면을 살펴보면 다음과 같다.

첫째, 표준화 검사는 학생들을 이해하기 위한 기초자료로 활용될 수 있다. 일반적으로 지능 · 적성 · 인성 · 흥미검사 등의 모든 검사가 학생 이해를 위한 기초자료가 될 수 있다. 둘째, 표준화 검사는 학생의 학업지도는 물론 학업부진의 발견과 진단에 활용된다. 셋째, 표준화 검사를 통하여 적응상의 문제를 발견하고, 이것의

해결을 위한 지도 및 상담을 위한 기초 자료를 얻을 수 있다.

(4) 상대평가와 절대평가

심리학이나 교육학에서 사용하는 많은 검사들은 상대평가(norm referenced evaluation)와 절대평가(criterion referenced evaluation)의 입장으로 나뉘어진다. 상대평가는 각 개인의 점수를 그가 속한 전체집단의 점수와 비교한 것이다. 그래서 표준화 검사는 상대평가이다.

절대평가는 절대적인 행동기준에 어느 정도 도달했는지에 바탕을 둔다. 상대평가는 교수 목표의 달성에 대한 정도보다는 집단 내에서의 상대적 서열성에 관심을 두고 있기 때문에 개인차를 변별하기 위해서나, 혹은 다수 중의 일부를 선택할 때에는 유용한 방법이기도 하며, 또 이러한 평가 방법은 경쟁심을 자극하여 동기유발적(動機誘發的) 효과도 가져 올 수 있다는 것이 장점으로 설명된다. 그러나 이 평가방법에 대하여 비판하는 입장에서는 이 방식의 평가는 ① 학교교육에서 지적 계급의식, 또는 지적 귀족주의 이념을 고취하는 것이고 ② 학생들에게 경쟁의식을 조장하여 줌으로써 경쟁을 당연한 논리로 받아들이게 하며 ③ 이 방법으로는 진정한 의미의 학습효과를 비교할 수 없고 ④ 경쟁과 분류를 강조함으로써 학습자의 정신적 건강에 위해를 줄 수 있다.

절대평가의 평가제도는 지적 성취의 평등성과 가능성을 강조하며, 경쟁보다는 협동을 중시하며, 학습이론에 일치하는 것이며, 평가 결과는 진정한 의미의 학습효과를 측정할 수 있다는 것이다.

그 장점을 보다 구체적으로 열거하면 ① 평가의 결과는 무엇을 알고 있으며, 또 무엇을 할 수 있느냐의 구체적 정보를 제공해 준다는 것이며, ② 교수목표의 달성도를 직접적으로 나타내는 것이어서 다음 단계의 학습에서 요구되는 것을 근거로 하여 학습결손에 대한 정보도 얻을 수 있다는 장점이 있다.

그러나 평가의 기준이 되는 교수목표를 누가 어디서 정하느냐에 따라서 달라질 수 있어 그러한 문제를 적절히 해결해야 하는 점과 통계를 내는 문제를 가지고 있다. 일정한 수의 학생을 선발하거나, 학생들을 능력에 따라 분류하고자 할 때는 상대평가 방법이 유리하다. 반면 특정한 학력을 평가하고자 할 때는 상대평가보다 절대평가가 유리하다.

(5) 학습과정의 평가

1) 교육목표의 명확화

① 목표의 수준

교육 활동의 결과(교육의 소산)로서 기대하는 학습자의 변화를 교육목표라고 한다. 즉, 교육목표가 명확하지 않다면 이에 따른 교육평가도 유효성이 결핍되고 만다. 교육목표를 행동목표로 표현한 것은 학생이 목표를 달성했는가를 조사하고 검사하는 판정의 규준이 되어, 교수 · 학습 활동에 명확하고, 직접적으로 기여한다. 그러므로 교사들은 목표를 행동 수준까지 분석하여 기술하는 방법을 알 아야 한다.

② 교육목표의 분류화

교육목표를 명확히 하는 방법은 두 가지가 있다. 하나는 전술의 행동목표의 방법이고, 다른 하나는 목표를 분류, 정리하는 것이다. 즉 용어의 좌표계(座標系)를 마무리하고 무엇인가 생기게 하려면 그 좌표계 상의 위치를 지정함으로써 용어의 의미를 명확히 하는 방법이다. B. S. Bloom은 제2의 방법으로 교육목표의 분류학을 제시했다. 교육목표를 인지적(認知的) 영역, 정의적(情意的) 영역, 정신운동적(精神運動的) 영역의 3가지 영역으로 구분하였다.

2) 학습의 평가

학습의 평가란 학생이 교과의 목표를 어느 정도 달성했는가를 판정하는 것과 아울러 교육목표나 지도 방법의 적절성까지 판정하는 것이다. 그러므로 학습의 평가는 교수 · 학습과정의 최종목표가 아니고 출발점이라고 생각하는 편이 좋을 것이다. Bloom은 교육활동과 관련하여 학습평가를 진단적 평가 · 형성적 평가 · 총괄적 평가의 세 가지로 대별하고 각각의 특성을 다음과 같이 정리하였다.

구분 \ 유형	평가의 유형		
	진단적	형성적	총괄적
기능	〈학급배치〉 · 필요로 하는 기능이 있는가 없는가의 확인 · 미리 습득한 수준의 확인(학습 전 성취 수준의 결정) · 각종 교수방식에 관계된다고 생각되는 여러 가지 특성에 의한 학생의 분류 · 계속적으로 학습 곤란의 원인 결정 배치	· 학생의 학습의 진전에 관한 상태를 교사와 학생에게 피드백 · 학습 단위의 구조에 따라 오류를 확인함으로써 교정, 교수 방법의 대안을 제시	· 단원 · 학기 · 과정이 종료될 때 단위를 인정하고 성적을 내기 위한 전체적 평가
실시시기	· 교수도중 : 정상수업으로는 학생이 계속해서 도움을 못받을 때 수업 전에 실시한다.	· 교수활동 진행 중 실시한다.	· 단원 · 학기 · 학년의 종료시 실시한다.
평가에서 강조한 점	· 인지적 · 정의적 및 정신운동적 능력 · 신체적 · 심리적 · 환경적 요인	· 인지적 능력(지적 행동)	· 일반적으로 인지적 능력 · 교과로서는 정신, 운동적 능력이나 정의적 능력도 강조
평가방법의 유형	· 예비 테스트와 형성적 테스트와 총괄적 테스트 표준학력 테스트 표준진단 테스트 교사작성 테스트 관찰 체크 리스트	· 학습목적에 맞게 특별히 제작한 형성적 평가도구를 활용	· 기말시험 또는 총괄적 · 정기적 시험 종합
평가목표 표본방법	· 요구한 개개인의 능력에 관한 특정의 샘플 · 중요시하는 과정목표군의 샘플 · 특정의 교수방식에 관계가 있다고 생각하는 학생측의 변수의 샘플 신체적, 정서적, 환경적 요인과 그에 관련된 능력의 샘플	· 학습단위의 위계에 포함된 모든 관련있는 과제의 구체적 표본	· 비중을 둔 교과 목표의 표본

항목의 곤란도	· 요구하는 기능과 능력의 진단에는 쉬운 항목을 많이 사용한다. 65% 이상의 통과율 기대	· 미리 구체화할 수 없음	· 대단히 쉬운 항목부터 어려운 항목까지 35%~90%에 이르는 범위에 평균적 통과율 적용
채점	· 집단표준 또는 달성기준에 바탕을 둠	· 달성기준을 바탕으로(목표 지향)	· 일반적으로 집단표준에 바탕을 두거나, 달성기준에 바탕을 둔다.
득점의 보고법	· 하위 기능별 개개인의 측면	· 각 과제에 대한 통과, 실패의 개인의 모형	· 종합득점, 또는 목표 등의 하위득점

(6) 학습결과의 평가

평가(evaluation)란 교육의 결과가 처음 의도했던 교육목표에 얼마나 일치했는지를 재려는 것이다. 즉, 학습자에게 일어나는 변화를 판단하는 일련의 절차라고 할 수 있다. 여기서 변화란 향상을 뜻하는 바람직한 변화, 가치있는 변화를 의미한다.

1) 교육관과 평가

교육관이란 보는 시각이나 입장에 따라 여러 가지 형태가 있을 것이나 학습의 평가와 관련시킬 때에는 선발적 교육관과 발달적 교육관으로 구분하는 것이 보통이다. 이 두 가지 교육관에 따라 선발적 교육관은 상대평가의 유형을, 발달적 교육관에서는 절대기준평가 유형을 취하게 되는 것이다. R. L. Ebel(1972)은 이 두 가지 교육관의 차이를 밝혔다.

분 류	발달적 교육관	선발적 교육관
명 칭	인본적 교육관, 실험적 교육관, 발달적 교육관	지적 교육관, 전통적 교육관, 보수적 교육관
주요 관심	학생, 개인적 요구, 감정, 흥미, 학습과정	교과, 사회적 요구, 사고, 업적, 학습결과
강조점	지각, 행동, 적절성, 창의성, 확산적 사고	지식, 이행, 성취, 숙달, 수렴적 사고
목 표	학생의 결정, 적응, 개성	교사의 정의, 자격, 우수성
교사의 역할	동기유발, 촉진, 우정	추종, 지도, 학식
학생의 역할	선도, 생활, 참여	추종, 학습, 연구
검사의 목표	학습, 진단, 지도	측정, 평가, 정치(定置)

2) 교육평가의 기능

[1] 평가의 일반적 기능

평가는 처음 의도했던 교육목표에 얼마나 도달했는가 하는 학습결과의 평가에 주된 관심을 두며, 동시에 이 학습을 증진시키기 위해 투입된 교육과정 · 교과목 · 교사의 교수방법 · 교수교재의 효과를 평가한다. 학교 학습과 관련해 본다면 평가의 기능은 일반적으로 학습촉진의 기능, 학습지도 개선의 기능, 생활지도의 기능, 교육정치의 기능으로 나누어 생각할 수 있다.

① **학습촉진의 기능** : 일반적으로 학습결과의 평가를 학습자에게 알려 주는 것은 학습 의욕을 높이는 효과를 가져온다. 그 중에서도 중요한 것은 학습자가 학습결과에 대해 만족을 얻게 될 때 학습의욕이 높아진다는 것이다. 학생들은 수업을 통해서도 학습이 이루어지지만, 평가를 받기 위한 준비과정에서도 학습의 많은 부분이 이루어진다. 한편 학업성취의 평가를 통하여 학생이 자신의 결점이나 부족한 점을 인식하게 됨으로써 학습장애의 원인을 발견할 수도 있고, 반성과 분발의 계기를 갖게 할 수도 있다.

② **학습지도 개선의 기능** : 만약 어떤 학습에 참여하였던 많은 수의 학생들이 평가에서 의도한 교육목표 수준에 도달하지 못했다면 학습경험의 선정과 학습지도 방법에 결함이 있었다고 볼 수 있다. 이 때 교사는 평가결과를 기초로 어떤 점이 적합하지 않았었는지를 분석적으로 고찰해야만 한다. 즉, 교재 및 교구의 활용, 교사의 교수행동 및 교수 프로그램 설계의 효과를 평가해 보는 것이다. 교사는 이러한 평가과정을 통하여 자신의 학습지도 과정을 반성하고, 학습지도 방법을 개선 및 향상시킬 수 있을 것이다.

③ **생활지도의 기능** : 생활지도 활동은 대상 학생에 대한 이해에서부터 출발한다. 학생 개개인의 학력 · 성격 · 적성 · 흥미 · 태도 · 가치관 · 가정환경 등의 여러 가지 정보를 알게 되므로 조직적인 생활지도를 할 수 있다.

④ **교육정치의 기능** : 교육정치(定置)는 개인차를 고려한 학습지도와 개인적 지도를 요구하는 교육상황에서 더욱 필요한 것이다. 개인차를 최대한으로 살리기 위해서는 개인적인 특성에 적합하도록 배치하는 일이 우선되어야 한다. 교육정치는 개인차를 전제로 한 교육적인 배려이다. 따라서 과학적이고 합리적인 교육정치가 이루어지기 위해서는 개인에 관한 타당하고 신뢰로운 측정과 평가 자료를 근거

로 해야 한다.

2 학습과정에서 평가의 기능

학교학습과 관련하여 학습평가를 운위할 때에는 다음과 같은 전제조건을 고려하고 평가활동이 이루어져야 한다. 그 첫째는 학습목표의 달성의 측정이며, 둘째는 상담자적인 학습지도에 영향력을 둘 수 있으며, 셋째로는 교육기능의 증진 등을 들 수 있다. 일반적으로 학습과정과의 관계를 고려한 학습의 평가는 진단평가 · 형성평가 · 총괄평가의 세 단계로 나눌 수 있다.

① **진단평가** : 교사는 진단평가를 통하여 어느 수준에서 수업을 시작해야 하는가 하는 출발점 행동을 알고, 수업의 절차와 방법 및 수업전략을 결정하게 된다. 진단평가는 다음의 세 가지 기능을 가지고 있다.

- 학습할 과제와 관련하여 선행학습의 결손을 진단하고, 장애요인을 발견하고 이를 기초로 교정학습과 보충학습을 제공하는 기능을 가지고 있다.
- 현재의 학습과제를 얼마나 달성하고 있는지를 알기 위한 평가적 기능을 가지고 있다.
- 학습자가 가진 현재의 학습 수준을 비롯한 지능 · 적성 · 흥미 · 성격 등 기초기능을 진단함으로써 이에 맞는 교수방법의 채택을 위한 기능을 가지고 있다.

② **형성평가** : 형성평가란 학습이 진행되는 동안에 학습이 의도한 교육목표에 부합하게 잘 진행되고 있는가를 점검해 보는 평가이다(일일고사 · 주말고사).

형성평가의 주요 기능은 다음과 같다.

- 형성평가는 학생들의 학습진행 속도를 적절하게 조절하는 역할을 한다.
- 교과나 교사의 기대수준을 구체적으로 파악하는 데 도움을 준다.
- 아직 목표를 달성하지 못한 학생들에게 무엇을 더 학습해야 하는지 등 학습곤란의 발견에 도움을 준다.
- 형성평가는 교사로 하여금 자신의 수업과정을 검토해 볼 근거를 제공한다.

③ **총괄평가** : 총괄평가란 주어진 수업목표의 학습이 끝났을 때 학습목표의 달성 정도를 알아보기 위한 평가이다. 총괄평가는 다음과 같은 몇 가지 기능을 갖고 있다.

- 성적을 결정한다. 총괄평가의 우선적 기준은 그 교육목표에 비추어 절대적인 수준에서 얼마나 성취했느냐가 논의되어야 하기 때문에 절대평가를 하여야 한다.

- 장래의 성적을 예측한다. 학생들의 과거와 현재의 성취, 현재의 성취와 미래의 성취는 높은 상관관계가 있다.
- 교수방법 개선을 위한 정보를 제공한다.
- 학습결과에 따른 상대평가의 결과에서 그에 대한 종합대책을 찾고 반영한다.
- 교육의 방법으로서 투입효과에 따른 비교와 학급별 · 학교별 · 지역별 성취도를 분석하여 그 차이의 원인을 찾고, 학업성취의 방해요소를 제거한다.

3) 교육평가의 절차

① 교육목표의 확인

평가의 첫 단계에서 우선 측정하려고 하는 교육목표가 무엇인가를 분명히 해야 한다. 즉, 측정하고자 하는 교육목표를 확인하고, 확인된 교육목표를 다시 구체적이고 분명한 용어로 진술하여 우리가 바라는 학습의 증거를 명백히 해야 한다. 교육목표를 교과 또는 단원의 내용과 궁극적으로 원하는 행동으로 이원 분류한 후 그것을 표로 만드는 것을 교육목표 이원 분류표라 한다.

② 평가장면의 선정

평가장면이란 우리가 측정하려고 하는 교육목표의 달성도가 표현되고 행동의 증거로 나타날 수 있는 장면을 말한다. 학교 사회에서 활용될 수 있는 평가장면은 교육목표의 성질에 따라 여러 가지가 있다. 가장 대표적인 필답고사를 위시하여, 질문지법 · 표준화검사 · 면접법 · 관찰법 · 평정법 · 사회측정법 · 작품분석법 등 다양하다. 이러한 평가장면은 모두 각각 특징이 있기 때문에 어느 장면을 사용할 것인가는 평가의 목표에 따라 결정되어야 할 것이다.

③ 평가도구의 제작 또는 선정

교육목표가 확인되고 평가장면이 선정되면, 세 번째 단계는 목적에 맞는 평가도구를 제작하거나, 이미 만들어진 측정도구 중에서 가장 적합한 것을 선정하는 일이다. 이미 제작된 측정도구를 선택할 때에는 적절한 판단기준에 의하여 목적에 적합한 도구를 선정해야 한다. 즉, 검사의 타당도 · 신뢰도 · 객관도 및 실용도를 고려하여야 한다. 이 때 도구의 특색을 기술한 검사요강을 충분히 검토하는 것이 도구의 판단에 도움이 될 것이다.

④ 검사 실시 및 결과처리

검사 실시상 중요한 것은 우선 래포오(rapport)를 형성하는 것이며, 다음은 검사실시에서의 기본조건을 갖추는 일이다. 래포오란 학생들이 검사에 흥미를 가지며, 검사의 지시에 따르고, 자발적으로 협조할 마음이 생기도록 하는 것이다. 검사실시의 기본조건으로서 중요한 점은 모든 피험자가 최대의 능력이나 정확한 정보를 제시할 수 있는 조건을 마련해 주되, 그 조건이 피험자 전원에게 동일해야 한다는 것이다. 검사실시가 끝나면 얻어진 자료를 채점해서 통계적으로 처리하여야 한다. 채점의 생명은 객관성과 신뢰성에 있기 때문에 정확하게 채점에 임해야 한다. 채점에서 얻어진 원점수는 그 자체로서는 의미가 약하기 때문에 통계적으로 처리해야 한다. 따라서 교사는 적어도 이에 필요한 통계처리 능력을 갖추어야만 한다.

⑤ 결과의 해석과 활용

통계처리를 통하여 얻어진 점수는 원점수를 변환시킨 변환점수로서 이것은 어떤 기준에 비추어 해석할 수 있는 점수이다. 변환점수를 이용하여 보다 정확하고 깊이 있는 해석이 가능하며, 학생의 문제점이나 결함을 발견할 수 있고, 또 그 개선을 위한 방법도 제시될 수 있다. 평가결과의 해석에서 항상 유의해야 할 것은 변환점수의 특성을 정확히 알아서 적용하며, 과대해석이나 과소해석을 피하고, 되도록 사실에 부합된 해석을 내려야 한다. 교육평가는 교육 향상과 개인의 발달을 위해서 활용할 때 평가의 존재 의의가 더 높아진다.

(7) 학업성취의 평정

1) 평정의 기준

상대평가에서는 교육목표의 달성과 관련없이 검사에서 얻어진 개개인의 점수를 순위별로 배열하고 상위로부터 일정한 비율에 따라 '수' · '우'…… 혹은 'A' · 'B'……로 평정하고 있는데, 이는 그 집단의 점수 분포에 따라 결정되는 것이다. 그러기 때문에 상대평가의 입장에서는 상대적 서열이 학업성취 평정에 기준이 되는 것이다. 그러나 절대기준평가에서는 한 개인이 교육목표를 어느 정도 달성했느냐에 따라서 '수' 혹은 '미' 등으로 평정되는 것이기에 집단 구성원의 점수 분포에 구애

되지 않고 평정되는 것이다. 최근에는 학업성취의 평정기준을 교육목표의 달성에 근거한다. 즉 절대기준평가를 권장하고 있다. 그러나 이에 대한 비판도 있다.

2) 평정과 관련된 문제

평정을 할 때 흔히 학업성취와 학습태도 혹은 노력을 관련시키는 사례가 종종 발견되고 있는데, 학업성취 정도는 항상 교육목적에 근거하여 평가(評價) · 평정(評定)되어야 하기에 태도나 노력까지 함께 통합될 수 없는 것이다.

또 하나의 문제는 성취와 성장의 문제이다. 사실 학업성취의 평정은 엄밀한 의미에서 볼 때 성취의 정도보다 더 중시되어야 할 것이 성장의 정도문제이다. 또 하나의 문제는 평정과 관련된 성취점수의 종합방식이다. 다음의 문제는 검사점수들의 종합문제이다. 우리는 한 집단에 실시한 개개 교과목의 점수분포, 평균 혹은 편차가 같을 수가 없는 것이고, 또 단위가 다른 것이어서 같은 점수라 하여도 의미상의 차이가 있음을 알아야 한다. 때문에 이런 점수의 총합은 사실상 어려운 것임에도 불구하고 점수를 임의로 합산 조작하는 바, 이는 가급적 피하여야 할 것이다.

3) 성적표의 기능과 문제점

월말 · 학기말 또는 학년말에 교사는 학업성취와 학생의 행동발달 상황을 평정하여 이를 가정에 통지하게 된다. 이를 흔히 생활기록부라고 하는데, 이것은 여러 가지를 평가한 결과를 통보하는 기능 이외에도 학부모나 학생의 교육적 관심과 의욕을 자극하는 효과가 있다. 또 교사와 학부모간 의견교환의 통로로서 구실을 하게 된다. 성적표로 인한 문제는 다음과 같은 것이 있다.

① 성적표로 인하여 교사와 학생간에 마찰이 생길 수 있다.

② 학생들간에 적대감이 나타날 수 있다.

③ 학업성취의 평정이 곧 학생의 노력이나 능력의 정도를 표시하는 것으로 잘못 이해될 수 있다.

④ 학습의 목적과 결과에 혼돈을 유발하기 쉽다.

⑤ 학업성취의 평정결과가 때때로 사회적 상황에서의 적응능력이나 장래의 생활에서 성공의 가능성을 시사하는 것으로 간주되기도 한다.

때문에 평가결과의 통지, 활용에서 좀더 신중을 기하고 객관적이며, 신뢰롭고 교육적인 고려를 바탕으로 하여 긍정적인 효과가 발생될 수 있도록 작성되고 활용되어져야 하는 것이다. 지금은 석차나 점수보다 언어로 표현된 성취수준과 발달상황을 알리도록 되어 있다.

(8) 성격의 평가

1) 성격검사

성격검사는 정의(情意)적 측면(감정, 의지)을 측정하는 것이다. 그러나, 성격은 복잡한 구조를 갖고 있으므로 그 측정에는 한계가 있으며, 또 테스트의 종류에 따라 측정한 내용도 대단히 상이하다. 또한, 성격검사는 지능검사나 학력검사에 비해 타당성 · 신뢰성 등에 많은 문제점이 있으므로 그 사용에 있어서도 세심한 주의가 필요하며 주관적인 판단에 따른 편견의 왜곡을 시정하기 위해서 참고 자료의 범위로 국한시켜야 한다.

1 질문지법

이것은 피검사자에게 많은 항목을 제시하고 자기가 어떻게 느끼며, 어떻게 생각하고 있는가를 자기평가하는 것이다. 또한, 의도적으로 결과를 왜곡되게 할 수도 있으므로 이것을 방지하기 위하여 항목수를 늘리거나 항목 자체에 가치 개념이 들어 있지 않도록 하며 또 타당성 척도를 설치한다.

① **MMPI(Minnesota 다면적 성격 목록)** : 이것은 원래 정신장애가 있는 자에 대한 임상용으로 작성된 것이다. 특징은 질문의 의미를 이해하였는가, 부주의해서 의미를 이해하지 못하였는가, 답을 왜곡하고 있지 아니한가 등 해답의 타당성을 측정하는 척도(의문점, 허구점, 타당성점, 수정점)를 갖고 있다.

② **EPPS(Edwards Personal Preference Schedule)** : A. Edwards는 사회적으로 바람직한 것을 배제하기 위하여 바람직한 정도가 같은 항목을 일대일로 하는 질문지법을 고안하였다. 이것은 달성 · 복종 · 질서 · 계시 · 자율 · 친화 · 수용 · 구호 · 양호 · 변화 · 인내 · 이성 · 공격 등의 15가지 욕구를 측정하도록 되어 있다.

2 작업검사법

일정한 조건하에 작업을 하도록 하여 그 과정이나 결과(관찰 · 측정)로서 거기에 반영된다고 생각되는 성격을 진단하려고 하는 것이다.

3 투사법

이것은 애매한 자극을 주고 특별한 경계심을 일으키지 않도록 하여 자유롭게 반응시켜 개인의 욕구 · 감정 · 경향 등을 알아보려고 하는 방법이다.

① **Rorschach Test** : 스위스의 정신의학자 H. Rorschach는 언어자극에 따른 연상검사는 논리적 문화적인 것으로 작용하도록 하고 정서면의 측정은 모호하다고 생각한 잉크반점(ink blot)을 사용해서 연상의 연구를 하였다. 그리고 10년간 연구한 결과를 1921년에 정신진단 학회지에 발표하였다. 자극도판(刺戟圖版)은 10매인데, 5매는 흑회색이고 2매는 흑과적색, 3매는 여러 색으로 그려져 있다. 이것을 어떻게 보는가를 연상해서 말하도록 한다.

② **TAT(주제 통각 검사)** : 이것은 주로 인물이 등장하고 있는 애매한 그림을 보여 주고 피험자에게 공상의 문장을 만들도록 하는 테스트이다. H. A. Murray는 Need(개인)－Press(환경)의 통일적인 역동관계가 테마에 투영된다고 생각하여 이것에 따라서 피험자의 환경으로부터의 압력 · 감정 · 갈등 · 컴플렉스 등을 측정하려고 한다.

4 기타의 투사법

문장완성 테스트는 미완성 문장을 주고 그 공백을 자유롭게 보충하여 완성시키도록 그 보충 내용에서 잠재적인 태도 · 감정 · 심리적 갈등을 측정하는 것이다.

2) 행동과 태도의 평가

학생의 일상적 행동이나 생활태도 및 학습태도를 관찰하고 평가하는 것도 교사의 중요한 일이다. 이 행동이나 태도를 평가하는 방법으로서 여러 가지가 있으나 특히 교사에 의한 직접 관찰이 기본적인 것이다. 그러므로 직접적으로 측정하기 어려운 질적인 행동특성을 간접적으로 수량적으로 이해하기 위하여 평정 척도법이 고안되었다.

1 평정척도법

이것은 몇 개의 단계가 있는 일정한 척도를 미리 설정하고 관찰된 행동특성이나 태도가 어느 단계에 위치하는가를 평정하는 방법이다. 보통 5단계가 많으나 3단계, 7단계의 경우도 있다.

2 평정척도의 작성과 실시상의 주의

평정척도의 작성에 있어서는 첫째로 채택된 특성을 될수록 구체적으로 관찰 가능한 행동 수준으로 기술하고, 둘째로 각 단계도 행동상이 구체적으로 파악할 수 있도록 해야 한다. 또 실시할 때에는 첫째로 후광효과(後光效果 : hallo effect)를 피하기 위하여 동일한 개인을 연속으로 평정하지 않고 1개의 특성으로서 전원을 평정하고, 둘째로 관찰자를 다수로 해서 그 평정 평균을 취하는 등 평정결과의 객관성을 높이도록 해야 한다.

제12장 적응과 적응지도

1. 적응과 부적응의 의미

Shaffer는 "적응이란 개체의 요구와 사회환경과의 조화"라고 말했다.

이렇게 볼 때 적응이라는 말에는 두 가지의 요소가 포함되어 있는데 하나는 개인이 자기 자신과 환경 사이에 보다 조화로운 관계를 조성하기 위하여 자기의 행동을 변화시켜 가는 계속적 과정이며, 다른 하나는 개인의 행복과 만족을 얻으려는 상태, 즉 적응에 도달하려는 의도적인 노력을 말한다.

이 때 전자의 경우에는 개인의 생활과정 그 자체로서의 적응을 뜻하며, 후자는 보다 넓은 뜻으로 교육 또는 지도로서의 적응을 말한다. 이와 반대로 개인이 주위 환경이나 사회규범 및 요구에 대해서 만족하게 대응하지 못하던가 아니면 다른 사람에게 인정을 받지 못하고 갈등, 불안 및 불만이 쌓여 있는 사람을 부적응(maladjustment) 행동을 가진 사람이라고 할 수 있다.

따라서 적응은 부적응의 요인을 제거하고, 사람들로 하여금 자기 일을 성공적으로 수행하는 습관을 길러 주어 바람직한 성격을 형성하고 유지시켜 나가는 것을 말한다. 그러나 적응 또는 부적응은 개인의 욕구와 사회적 · 환경적 요인에 따라 달라진다. 학교교육에 있어서 볼 수 있는 적응아와 부적응아와의 차이는 본질적으로 결정적인 것이 아니고 가능성의 차이라 할 수 있다.

이러한 적응과 부적응에 관한 내용을 살펴보기 위해서는 먼저 다음과 같이 사람의 기본적인 욕구를 알아보아야 할 것이다.

2. 기본적 욕구

유기체의 유지와 보존을 위해서는 다양한 욕구가 필요하다. 인간이 반드시 충족하여야할 최소한의 욕구를 우리는 기본적인 욕구라 한다. 이러한 욕구에는 생리적 · 심리적 · 사회적 욕구가 있다.

(1) 생리적 욕구

생리적 욕구(physiological need)는 주로 인간의 기본적 욕구와 관련된 것으로 이것을 유기체 욕구라고도 하며, 인간의 생명유지와 종족보존을 위한 욕구로써 일차적 욕구(primary need)라고도 한다. 생리적 욕구로써는 갈증, 배설, 활동, 휴식, 보온, 수면, 성욕, 고통 및 불쾌에서의 회피 등을 들고 있다. 이러한 것들은 생리적인 것이기 때문에 욕구라기보다는 본능이라고 할 수 있다. 따라서 사람에게 생리적인 욕구가 충족되지 않고 저지될 경우에는 신체적 발달에 장애가 올 뿐만 아니라 심리적 · 정서적 부적응을 초래하게 된다. 특히 일차적 욕구가 충족되지 않으면 활동력이 저하되고 의욕과 흥미, 동기가 약화될 뿐만 아니라 정서적 불안정으로 성격에도 크게 영향을 미치게 된다. 성욕 역시 식욕 못지 않게 정서적으로 강한 자극과 종족 보존을 위해 필요 불가결한 욕구라 할 수 있다. 수면과 피로의 회복은 정신적 · 육체적 활동이나 작업에 의하여 개체의 심적 기능이나 동작 등에 관한 변조의 현상을 재조정하기 위한 욕구이다.

이러한 현상은 신체적 또는 심리적으로 불균형의 상태에서 균형화하려는 동질정체(homeostasis)의 현상으로 이해될 수 있을 것이다.

(2) 사회 · 심리적 욕구

사회적 욕구를 심리적 욕구 또는 인격적 욕구라고도 한다. 사회적 욕구는 성장과정에서 환경과 경험에 의하여 변화되고 규제되기 때문에 생득적 욕구에 비하여 매우 다양하고 복잡하다. 또한 사회적 욕구는 사회적 관계에서 학습경험으로 획득된 욕구의 결과이기 때문에 획득적 욕구, 성격적 욕구라고 부르기도 한다. 이러한 의미에서 사회적 욕구는 이차적 욕구에 포함된다. 사회적 욕구는 그 원인이나 동기가 고정적, 불변적인 것이 아니라 사회생활을 하는 과정에서 학습된 것이며, 또 학습에 의해서 변용되어 간다. 이러한 과정에서 획득되는 목표의 대부분은 사회적 가치를 갖게 되는데, 사회의 승인, 제도, 금기 등에 의하여 형성되어 가는 것이다. 이러한 차원에서 인격적 욕구(personality need)를 다음과 같이 자아적 욕구와 사회적 욕구의 두 종류로 구분할 수도 있다.

1) 자아적 욕구

자아적 욕구(ego needs)는 자기의 발전과 완성을 지향하는 것으로 다음의 것을 들 수 있다.

1 탐구의 욕구(exploration need)
미지의 세계에 접촉하고 새로운 경험을 얻고 싶어하는 욕구이다.

2 성취의 욕구(achievement need)
가치있는 일에 종사하여 남보다 뛰어나게 그 일에 성공하고 싶은 욕구이다.

3 독립의 욕구(independence need)
타인에게 제약되지 않고 자기의 책임 하에서 결정하며, 행동하는 자유를 확보하자 하는 욕구이다.

Henry Murray(1919~) : 미국의 심리학자. 성격이론과 진단에 이바지, 의학과 생물학을 공부했고 대학원에서 심리학에 관심을 가지게 되었다. 머레이는 프로이드나 융의 이론 등 몇 가지 심리학적 접근방법을 종합해, 정확하게 기술된 종류의 욕구, 즉 기본동인력에 근거해 극도로 상세한 인간 성격 이론을 정립했다. 또한 인성평가를 위해 '주제 통각검사'(統覺檢査)라는 혁신적인 방법을 개발했다(분석심리학).

2) 사회적 욕구

사회적 욕구는 사회생활의 안정과 충실을 지향하는 것으로써 다음과 같은 것을 들 수 있다.

1 애정의 욕구(affection need)
사랑을 주고받고 싶은 욕구, 남과 더불어 서로 애정이나 호의를 나누면서 살아가고 싶어하는 욕구이다.

2 집단 소속에 대한 욕구(belongingness need)
집단에 가입하고 집단 안에서 가치 있는 성원으로 인정받으며, 협동생활을 하고 싶은 욕구이다.

③ **사회적 승인의 욕구**(social approval need)

자기의 행위와 인격이 타인으로부터 승인되고 칭찬과 존경을 받고 싶은 욕구이다.

Murray(1968)와 Maslow(1970)는 욕구를 다원적으로 설명하고 있는데 전자는 욕구의 변인을 굴종(abasement), 성취(achievement), 친애(affiliation), 공격(aggression), 과시(exhibitionism), 성(sex), 자율(autonomy)의 욕구 등 7가지로 나누었으며, Maslow 역시 위계적 욕구(hierarchy of need)를 제안하고 있다.

한편 R. C. Challman은 아동의 정서적 안정과 건전한 성격 형성에 중요한 영향을 주는 기본적인 사회적 욕구로서 다음과 같은 것들을 들고 있다.

① **정서에 대한 욕구** : 어른으로부터 귀여움이나 사랑을 받으려 하는 욕구이다.

② **집단 소속에 대한 욕구** : 사회적 존재로서 어떤 사회적 집단에 소속하고자 하는 욕구

③ **성취감에 대한 욕구** : 어떤 행동목표를 달성하고자 하는 욕구이다.

④ **독립에 대한 욕구** : 자기 일에 대하여 자기 스스로 책임을 지고 수행하며, 모든 것을 스스로 선택함으로써 만족을 느끼는 욕구이다.

⑤ **사회적 인정에 대한 욕구** : 많은 사람으로부터 인정받거나 칭찬받고 싶어하는 욕구이다.

〈Murray의 욕구목록〉

욕 구	내 용
비하 (abasement)	외부적인 힘에 수동적으로 복종하는 것. 상해, 비판, 비난, 벌을 감수한다. 운명에 따른다. 열등감, 실수, 잘못이나 좌절을 인정한다. 스스로를 비난하고, 경시하거나 망쳐 놓는다. 고통과 벌, 질병, 불행을 추구하며 즐긴다.
성취 (achievement)	어떤 어려운 일을 해내는 것. 물체, 인간, 아이디어를 잘 이해하고 다루거나 조직한다. 장애를 극복한다. 다른 이들과 경쟁하여 능가한다.
소속 (affiliation)	우정과 유대관계를 형성하는 것. 이웃과 즐겁게 협력하거나 서로 주고받고 가까이 다가간다. 친구와 우정관계를 맺고 유지한다.
공격 (aggression)	힘으로 상대편을 이기려고 하는 것. 상대방과 싸우고, 공격하고 상처를 입히거나 죽인다. 비난하고, 중상하고, 깎아 내리거나 악의에 찬 웃음을 보낸다.

양육 (nurturance)	무기력한 타인을 돕고 보호하는 것. 수치감을 느끼고 나약하고, 무능력하고, 지치고, 경험이 부족하고, 쇠약하고, 외롭고, 기가 죽었거나 정신적으로 혼란스러운 사람이나 유아에게 동정을 베풀고 이들의 욕구를 만족시킨다.
질서 (order)	일이나 사물 등을 정돈하는 것. 물건을 순서대로 놓는다. 깨끗함, 정렬, 조직화, 균형, 단정함, 정확함을 추구한다.
유희 (play)	편안함과 즐거움을 추구하며 일탈과 흥미거리를 찾는 것. 목적 없이 흥미만을 위한 행동을 한다.
거절 (rejection)	자신보다 열등한 사람을 배제시키고 무시하고 냉대하는 것. 방치하거나 소외시키고, 무관심하게 대한다. 다른 이를 무시하거나 내팽개친다.
감각(sentience)	감각적인 느낌을 추구하고 즐기는 것.
성욕 (sex)	성욕을 자극하는 관계를 추구하고 형성하고 유지하는 것. 성적 관계를 갖는다.
의존 (succorance)	도움, 보호 그리고 동정심을 구하는 것. 보살핌 받고, 지지를 받으며, 격려를 받고, 둘러싸여 보호받고, 사랑받으며, 인도, 조언, 용서받거나 응석부리며 위로받는다. 헌신적인 보호자와 밀접한 관계를 유지한다.
이해 (understanding)	보편적인 문제들을 제기하거나 답을 구하려는 것. 사건을 분석하고 개괄하는 경향이 있다. 분석하여 논박하고 이유와 논리를 강조한다. 꼼꼼하게 견해를 진술한다. 과학, 수학, 철학에서 이론적인 공식화에 흥미를 보인다.
자율 (autonomy)	강압과 간섭에 저항하는 것. 억압을 버리고 자유를 추구하거나, 억제에서 벗어난다. 충동에 따라 행동하여 자유롭고 독립적이다. 인습에 반항한다.
반작용 (counteraction)	재도전을 통해 실패를 극복하거나 보상하는 것. 재시도를 통해 수치감을 없앤다. 나약함을 극복하고 두려움을 억누른다. 극복할 어려움과 장애를 찾는다. 높은 수준에 이르렀다는 자존심과 자부심을 유지한다.
방어 (defendance)	공격, 비난, 질책으로부터 자신을 방어하는 것. 그릇된 행동, 실패, 수치감을 감추거나 정당화한다.
존경 (deference)	자기보다 월등한 사람을 존경하거나 지지하는 것. 관계 맺은 사람의 영향력에 기꺼이 따른다. 관습에 따른다.
지배 (dominance)	자신의 환경을 통제하는 것. 암시, 유혹, 설득, 명령을 통해 다른 사람의 행동에 영향을 주거나 방향을 제시한다. 서로가 협력하게 한다. 자신의 견해의 정당함을 납득시킨다.

과시 (exhibition)	자신에 대한 좋은 인상을 남기려는 것. 자신에게 시선을 집중시키거나 말에 귀기울이게 만든다. 다른 이들을 흥분시키고, 놀라게 하고, 매혹시키고, 즐겁게 해주고, 충격을 주며 호기심을 자극하거나 유혹한다.
위해회피 (harmavoidance)	고통, 신체적 상해, 질병, 죽음을 피하려는 것. 위험한 상황에서 벗어나려 한다. 예방책을 강구한다.
열등회피 (infavoidance)	수치심을 피하는 것. 난처한 상황에서 벗어나려 하고 다른 이의 경멸, 비웃음, 무관심을 야기할 수도 있는 상황을 피하려 한다. 실패의 두려움 때문에 행동을 억제한다.

3. 부적응 행동과 욕구불만

(1) 부적응 행동의 원인

부적응 행동의 원인을 밝혀 내기는 상당히 어렵다. 왜냐 하면 같은 원인도 개인에 따라서 다른 반응(표현 및 행동)을 나타내며, 또한 같은 개인에게도 때에 따라서 표현 방식이 다를 수 있기 때문이다. 그러므로 부적응 아동의 치료(지도)는 그 원인을 제거하면 되지만, 같은 증상이라 해서 동일한 치료나 지도를 해서는 안 된다. 그것을 바라보는 관점이나 판단에 따라서 전혀 다른 방향의 처리나 지도를 해야 할 때가 있기 때문이다.

일반적으로 부적응 행동을 일으키는 원인들을 열거해 보면 다음과 같다.

1) 신체적 장애자

① 감각기관의 장애자
② 지체 불구자
③ 허약자
④ 언어 장애자
⑤ 기타 신체상의 장애자

2) 정신적 결핍자

① 지적 우수자(천재, 수재, 특수지능)
② 지적 지체자(정신박약, 학업부진아, 정신적 부적응아)
③ 정신적 이상자
④ 성격적 결핍자

3) 가정, 사회적 결핍자

① 가정환경의 결핍자(가정불화, 애정결핍)
② 사회적 · 경제적 · 정치적 조건의 혼란 및 불안정

(2) 욕구불만과 갈등

여러 가지 원인과 장애로 말미암아 자기의 욕구와 소망을 이루지 못하게 되는 경우가 있다. 이러한 심적 상태를 가리켜 '욕구불만'(frustration) 또는 '욕구좌절'이라 한다. 따라서 욕구불만은 개인의 마음 속에 생긴 어떠한 욕구가 충족되지 않아 긴장이 해소되지 않은 불안한 상태를 말하는 것이다. 또한 둘 혹은 그 이상의 상반된 욕구 중에서 양자택일을 해야 할 때 일어나는 일종의 심리적 불안상태를 갈등(conflict)이라고 부른다. 칡(葛)은 넝쿨이 반 시계 방향으로 감기며, 자라고 등(藤)나무 넝쿨은 시계 방향으로 감기며 자란다. 이 두 식물이 복잡하게 얼킨 모습을 가리켜 갈등(葛藤)이라 부른다. 이와 같은 욕구불만과 갈등은 부적응 행동을 일으키는 원인이 되기도 하며, 어느 면에서는 욕구불만을 일으키는 원인이 부적응 행동을 빚어내는 장애의 원인이 되기도 한다.

A. I. Gates 등은 일반적으로 욕구불만을 일으키는 요인, 즉 조건으로서 다음과 같은 점을 말해 주고 있다.

1) 외적 요인

① 환경의 물리적 요인(시간, 공간의 제한)
② 사회적 요인(관습, 통제, 금지, 법률, 등의 제한)

③ 경제적 요인(경제적 빈곤)

2) 내적 요인

① 개인적 결핍(지적 능력의 부족)
② 너무 높은 이상 또는 너무 높은 목표 설정
③ 개인의 도덕적 규준(規準)

개인의 욕구에 대한 태도가 접근적이냐 회피적이냐에 따라 그 갈등의 기본적 유형에 대하여 장(場)이론을 전개한 K. Lewin은 갈등의 유형을 적극적이고 유익한 자극에 대한 접근(approach)과 소극적이고 유해한 자극에 대한 회피(avoidance)의 두 경향성에 두고 유인가(valance)에 따라 다음과 같이 네 가지 유형으로 분류하고 있다.

[1] 접근-접근 갈등(approach-approach conflict)

접근-접근 갈등은 긍정적 유인가(plus valance)를 가진 두 개의 목표가 동시에 존재할 때 생기는 갈등이다. 일정한 금액으로 물건을 구입하려 할 때 어느 회사의 상품을 살 것인가를 결정해야 하는 경우가 이에 해당된다. 이런 경우 결정을 내리기까지 상당한 스트레스를 경험하게 된다. 그러나 이러한 갈등은 부정적인 유인자극이 없으므로 가장 쉽게 해소된다.

[2] 회피-회피 갈등(avoidance-avoidance conflict)

회피-회피 갈등은 부정적 유인가(minus valance)를 지닌 두 개의 상호배타적인 행동목표가 존재할 때의 갈등이다. 두 가지 행동목표가 모두 하기 싫은 것인데도 그 중 하나를 선택해야 하는 경우이다. 예를 들면, 학교에는 가기 싫고 결석 후 선생님께 야단맞는 것도 싫은 경우이다. 이러한 갈등의 해결은 그 개인의 성숙정도와 밀접하게 관련되는데, 성숙한 개인일수록 자신이 내린 결정에 끝까지 책임을 지려고 한다. 그러나 이와 같은 갈등은 대체로 주저기간이 매우 길고 가능하면 선택과 결정을 기피하려는 경향이 있다.

[3] 접근-회피 갈등(approach-avoidance conflict)

동일한 행동목표가 한편으로는 긍정적 유인가를 지녔고, 다른 한편으로는 부정적 유인가를 지녔을 경우에 해당된다. 소위 양극성을 띠었다고 말하는 경우인데,

강의와 숙제 제출 및 시험 공부는 싫으면서 좋은 성적을 유지하여 좋은 직장을 가지고 싶은 경우가 이에 해당된다. 이와 같은 갈등 장면에서는 도피함으로써 문제가 해결되지 않으며 긴장상태가 비교적 오래 지속된다.

④ 이중 접근-회피 갈등(double approach-avoidance conflict)

두 가지 행동목표가 각각 긍정적 및 부정적 유인가를 동시에 지니고 있을 때 일어나는 갈등이다. 두 사람의 결혼 대상자를 두고 그들이 지닌 장·단점을 비교하며 선택을 망설이고 있는 경우가 바로 이에 해당된다. 유인가에 대한 가치판단이 이뤄지지 않으면 부적응 현상이 유발될 가능성이 높으며, 선택이 이루어진 후에도 계속해서 포기한 쪽에 미련을 가지게 된다.

(3) 갈등의 유형

1) 정신분석학적 갈등

갈등의 개념을 최초로 제시한 것은 Freud이다. 그는 성격의 기본적인 활동영역을 원초자아(Id), 자아(Ego), 초자아(Superego)로 나누고 정상인간은 이 삼자가 한 단위로서 작용하지만 신경증환자에게는 성격 영역간에 부조화가 발생하는데 이것을 갈등이라고 보았다.

Freud의 이론에 의하면 원초자아는 쾌락원리에 따르는 원망(願望)이라고 생각하며, 자아는 원초자아의 원망을 현실원리에 입각하여 충족시키는 기능을 갖는다고 본다. 따라서 성격이 통합된 성인에게 있어서 이 양자는 일체화로서 작용하지만 원초자아의 충동적 표출에 대하여 자아가 충동을 조화 있게 억제하지 못할 때에는 갈등이 생긴다고 보는 것이다. 초자아는 성격형성에 있어서 사회적 규범을 투입하는 것으로서 양심과 이상아(理想我)를 포함한다. 자아가 초자아의 규칙을 파괴하였을 때 갈등이 생기지만 자아가 초자아에 대하여 복종적이고 원초자아와 조화가 이루어졌을 때는 갈등이 생기지 않는다. 이와 같은 Freud의 정신분석학적 이론은 그 후에 Lewin에 의하여 계승되었다.

2) 장(場)이론적 갈등

여기에서의 갈등은 상호 동등한 세기(强)의 장(場)의 힘끼리 대립되었을 때 생기는 심리적 상태를 말한다. 즉, 유기체에 작용하는 동등한 힘이 동시에 대립적으로 지향되는 상태가 곧 갈등인 것이다. 이 갈등의 세기는 2개 또는 그 이상의 목표가 정(正)의 유의성(+유의성)을 갖느냐 또는 부(負)의 유의성(−유의성)을 갖느냐에 따라 다음과 같은 갈등 상태를 결정하는 것으로 본다.

첫째, 2개의 목표가 다같이 정의 유의성을 가질 때는 목표의 중간에 유기체가 있는 접근-접근 갈등이 된다.

둘째, 부의 유의성을 갖는 2개의 목표 중간에 유기체가 있을 때에는 회피-회피 갈등이 된다.

셋째, 1개의 목표가 동시에 정과 부의 유의성을 갖고 그 강도가 똑같이 존재할 때에는 접근-회피 갈등이 된다.

3) 행동 이론적 갈등

Hull과 Miller를 중심으로 한 이론으로 2개 또는 그 이상의 반응경향이 동시적으로 생기고 그것이 방향을 정하지 못하는 상태를 말한다. 이와 같은 상태를 Miller의 목표구분가설의 기본에 의하여 설명한다.

① 접근구분(approach-gradient)은 어떤 일정한 목표에 접근하려는 경향으로서 그 개체가 목표에 접근할수록 강하다.

② 회피구분(avoidance-gradient)은 어떤 일정한 목표를 두고 그것으로부터 멀어지려는 경향으로 그 유기체가 목표에 가까우면 가까울수록 강하다.

③ 회피의 경향은 접근의 경향에 비하여 보다 급격히 증대된다.

④ 접근 혹은 회피의 강도는 동인(動因)이 강할 때 증대한다.

4) 갈등에 의한 성격변화

갈등을 일으키면 인간의 심리적 안정을 기하기가 어렵고 오래 계속되면 이상행동을 초래하는 것은 당연한 사실이다. 이와 같은 사실에 착안하여 Cattell과 Sweney는 갈등을 일으켰을 때의 심리적 변화과정을 다음과 같이 설명하고 있다.

① 갈등이 높으면 과도하게 억압적으로 되던가 또는 과도하게 고양(高揚)적으로 되는 경향이 강하다.

② 갈등이 높으면 불안 혹은 욕구불만이 생기며, 그것을 도피하려고 하거나 또는 공상적으로 되기 쉽다.

③ 갈등이 높으면 기억행동이나 선택행동에 모순이 생기기 쉽다.
④ 갈등에 의하여 생기는 원인은 다른 행동에 대치되기 쉽다.
⑤ 갈등이 높으면 행동이 충동적으로 되기 쉽다.
⑥ 갈등이 높으면 유머나 농담에 과민하고 또는 회피 경향이 잘 일어난다.
⑦ 갈등이 높으면 행동의 결정이 둔하고 또한 결정 후 취소하는 수가 많다.

이상과 같은 것들 이외에 갈등이 심하면 좌절감과 행동 이상이 생기기도 한다.

4. 적응의 기제(10장 학교교육과 정신건강 부분을 참조할 것)

인간의 행동적응 과정에서 목표에 도달하지 못하고 문제사태에 부딪혔을 때 갈등이나 욕구 불만상태에 생기게 되는데, 이러한 부적응 상태에서 목표를 수정하거나 문제사태를 우회 내지 대리적 목표(vicarious goal)를 설정하고 긴장이나 불안을 해소하려고 한다. 이와 같은 해소 방법이나 혹은 반응, 행동양식을 적응기제(adjustment mechanism)라 한다. 적응기제에는 다음과 같은 내용들이 있다(Shaffer & Shoben, 1956).

(1) 방어기제

어려운 현실에 당면하여 문제의 직접적인 해결을 시도하지 않고, 현실을 왜곡시켜 체면을 유지하고, 심리적 평형을 되찾아 자기를 보존하려는 것을 방어기제(defence mechanism)라고 한다.

1) 보상(compensation)

욕구좌절로 인한 스트레스로부터 벗어나 이를 해소하여 자기를 보호 방어하되 다른 어떤 만족한 것으로 대치하여 불만 등을 보상하여 자기를 안전하게 방어하려는 적응기제를 보상이라 한다. 예를 들면, 신체적으로 결함이 있는 아동이 학업면에서 뛰어나려고 노력한다든지, 용모에 자신이 없는 여성이 복장이나 소지품으로 다른 사람의 눈을 끌려고 하는 것 등이다. 이러한 보상행위는 현실을 무시한 병적인 것일 수도 있으나, 지체장애아가 자신의 신체적 결함을 극복하기 위해 학업에 열중하여 대성했다는 예는 전화위복의 사례가 될 것이다.

2) 합리화(rationalization)

자기변명이나 그럴듯한 이유를 들어서 정서적인 불안이나 당면하고 있는 난처한 입장, 결점 등을 은폐함으로써 사회적으로 용인받으려는 행동을 합리화라 한다. 예를 들면, 시험 성적이 좋지 못한 학생이 시험공부를 열심히 하지 않았다든지 자기의 학습능력이 미흡하다든지의 이유를 들지 않고 시험채점이 불공평하다든가, 선생님이 자기를 언제나 밉게 본다든가 등의 변명을 하는 경우이다.

합리화는 방어기제의 양식에 따라 다음과 같이 몇 가지로 나눌 수 있다.

① 신 포도형(sour grapes)

어떤 행동목표를 달성하려 했으나 실패한 사람이 자기는 처음부터 그것을 원하지 않았다고 자기변명을 하는 것이다.

② 달콤한 형(sweet lemon)

현재 자기의 입장이나 적응 방법이 자기가 바로 원하던 것이라고 믿는 것이다.

③ 투사형(projection)

자기의 결함이나 실수를 다른 사람이나 대상의 책임을 전가시키는 현상이다.

④ 망상형(delusion)

자기가 뜻하는 대로 원하는 일이 성취되지 못했을 때 자기의 능력을 허구적인 수준으로 굳게 믿으려는 것이다.

3) 동일시(identification)

다른 사람에 대한 감정적 결합으로써 보다 원시적인 현상으로 서로 다른 사람의 여러 가지 특별한 성질을 자기 내부로 끌어들이려는 경향을 뜻한다. 동일시 현상을 세분해 보면 다음과 같다.

① 자기애적 동일시(narcissistic identification)

이는 자기 자신에게 집착하는 경우로 자기의 신체적, 성격적 특성이나 혹은 특수한 소유물 등에서 만족을 구한다.

② 목표 지향적 동일시(goal-oriented identification)

본래 자기가 원하는 목표의 사람이나 대상과 말을 하거나, 사인을 받거나, 그 사람과 같은 특징을 가지므로 그 인연으로 하나가 된 듯 느끼는 심리적 현상이다.

③ 대상상실 동일시(object-loss identification)

잃어버린 신용이나 권위를 되찾기 위하여 그전과 같은 행동을 하는 현상이다.

④ 공격자와 동일시(identification with the aggressor)

자기를 위협하는 대상이나 잠재적 적이나 공격자의 욕구에 복종하고 항복하여 불안을 피하려는 동일시이다.

4) 투사(projection)

투사는 외형적 행동은 합리화와 비슷하나 내적으로 차이가 있다. 자기의 불만이나 불안을 해소시키는 방법으로서 그 이유를 다른 사람이나 다른 장면과 연결시킴으로써 자기를 방어하려는 기제이다. 예를 들어, 시험에서 부정행위를 하는 것은 옳지 않다는 것을 잘 알고 있는 학생이 다른 학생이 하니까 나도 별수 없이 한다고 하며 도리어 선생님의 감독이 불충분하다고 분노하는 경우이다.

5) 승화(sublimation)

승화는 곤란이나 문제 혹은 불만을 잘 극복하여 사회적으로 승인받는 가치 있고 윤리적인 활동으로 대치(displacement)하여 인정을 받는 것이다. 정신적 갈등이나 불만을 해소하려는 방어기제인데 개인의 욕구불만을 종교적, 예술적, 사회봉사적 활동으로 발전시키는 것으로 사회적, 윤리적으로 만족할 수 없는 욕구를 발산하여 자기를 방어하는 것인데 교육적으로 잘 활용하면 부적응 행동을 치료할 수 있다.

〈방어기제〉

보 상 (compensation)	자신의 결함과 무능에 의하여 생긴 열등감이나 긴장을 해소하기 위하여 장점을 들어서 보충하려는 행동태세를 의미한다. · 배우지 못한 부모가 전답을 매매하여 자녀를 교육시키는 경우이다. · 몸매에 자신이 없는 여성이 복장, 소지품 등으로 관심을 끌려는 경우이다. · 공부를 못하는 학생이 운동을 잘하는 경우이다. · 신체장애 학생이 공부를 열심히 잘하는 경우이다. · 자녀가 없는 노부부가 동물 기르기를 좋아하는 경우이다.
합리화 (rationalization)	자신의 실패나 약점을 그럴듯한 이유를 들어서 남의 비난을 피하고 또한 자위도 하는 방어기제를 의미한다. · 시험에 실패한 수험생이 배우지 않은 범위에서 출제되었다고 변명하는 것이다. · 어떤 학생이 연애의 상대가 없으면서 나는 이성을 싫어한다고 말하는 것이다. · 이솝우화에서 여우와 신포도 이야기의 경우이다.
동일시 (identification)	자신이 실현할 수 없는 어떤 일을 타인이나 어떤 집단에서 발견하고 자기 자신을 타인, 혹은 집단과 동일한 것으로 느끼면서 만족감을 느끼는 경우이다. · 자기 아버지를 자랑함으로써 우쭐되는 경우이다. · 소설 혹은 연극의 주인공처럼 행동하는 경우이다. · 자기 아빠 친구가 모교육청 장학관이시다라고 말하는 경우이다. · 교사의 행동특성을 의도적으로 닮으려고 하는 경우이다.
승 화 (sublimation)	욕구좌절 상태의 행동특성이 사회 문화적으로 가치있는 목적을 향하여 노력하여 욕구 충족을 하는 것이다. · 독신남녀가 예술활동에 전념하는 행위를 지칭한다. · 이혼녀가 각종 사회구제, 봉사활동을 전개하는 상태를 지칭한다. · 주먹대장이 권투선수로 출세한 상태를 지칭한다. · 성직자의 고행생활을 지칭한다.
투 사 (projection)	자신의 불만, 불안을 해소하기 위해 제3자에게 책임을 전가시키는 행위를 의미한다. · 교사를 미워하는 학생이 거꾸로 교사가 자신을 미워한다고 말하는 경우이다. · 아동이 장난감 말을 타고 놀다가 떨어지면 그 말을 발길로 치는 경우이다. · 밤중에 겁을 집어먹고 걸어가는 사람에게 길거리의 나뭇가지가 유령으로 보이는 상태를 의미한다. · 계모가 전처소생의 자녀를 미워하면서 전처소생 자녀들이 자기를 미워한다고 하는 것을 지칭한다.

반동형성 (reaction formation)	개체의 한 본능이 그 대립물에 의하여 의식면으로부터 감추어지는 경우를 의미한다. · 외설잡지에 매우 매료된 사람이 죄책감을 보충하기 위해 외설잡지 반대운동에 적극 참여하는 것을 말한다.
치 환 (displacement)	어떤 감정이나 태도를 취해 보려고 하는 대상을 다른 대상으로 바꾸어서 향하게 하는 적응기제를 의미한다. · 누나에 대한 애정을 연상의 여인에게서 느끼는 경우이다. · '종로에서 뺨맞고 신촌에 가서 눈흘긴다'는 상태를 의미한다. · 부모님에 대한 반항적 태도가 교사에게 대치되는 경우이다.

(2) 도피기제

도피기제(escape mechanism)는 욕구불만에 의하여 발생된 정서적 긴장이나 불안감을 해소하기 위하여 비합리적인 행동을 하거나 비현실적 세계로 벗어나 정서적 안정을 추구하는 현상을 말한다.

1) 고립(isolation)

고립은 자기의 안정을 얻기 위하여 욕구불만의 대상으로부터 도피하여 가급적 접촉기회를 피하려는 행위이다.

2) 퇴행(regression)

욕구를 실현할 수 없을 때 유아시절의 감정이나 태도 등의 행동으로 되돌아가서 자기 욕구를 충족해 보려는 기제이다.

3) 억압(repression)

자기의 욕구가 쉽게 달성될 수 없을 때 스스로 억압하여 의식에서 말살 배제시키어 없는 것과 같이 생각하여 긴장을 해소하는 기제이다. 이는 반동형성(reation formation)과 역형성(reversal formation)을 가져온다.

4) 거부(negativism)

욕구불만에서 빠져나가기 위하여 자기폐쇄를 통해 외부세계와의 접촉을 거부하는 기제를 말한다.

5) 백일몽(day-dreaming)

욕구를 성취할 수 없을 때 현실을 꿈과 같이 공상의 세계로 도피시켜 자기욕구를 직접 충족시켜 보는 경험을 상상해 보아 욕구불만을 발산하고 긴장을 해소하며 일시적으로 안정을 얻는 기제이다.

6) 강박관념(compulsive conception)

무엇을 잊으려해도 더욱 분명하게 되살아나는 현상이다. 불합리하다고 생각하고 그렇게 생각하지 않으려고 할수록 더욱 분명해지는 강박행위로 도피의 반대적 심리현상이기도 하다. 강박관념은 부모나 자식간, 부부간에 부도덕적인 공격적 행동에 대한 우려, 건강이나 병에 대한 지나친 걱정, 극성스런 신자 등에서 흔히 볼 수 있는 도덕과 의지에서 벗어난 사고에서 나타난다.

〈도피기제〉

고 립 (isolation)	개체가 욕구좌절되었을 때 현실을 피함으로써 곤란한 상황을 극복하려는 것을 의미한다. · 사업에 실패한 사업가가 두문불출하는 상태이다. · 키가 작은 학생이 큰 친구와 같이 사진을 안 찍는 경우이다. · 용모에 자신없는 여자가 화려한 파티에 초대받았을 때 가지 않는 상태이다.
억 압 (repression)	욕구불만, 갈등으로 생긴 욕구를 의식밖으로 배제함으로써 얻는 행동을 의미한다. · 결혼에 실패한 여자가 남성에 대한 이야기만 나와도 피하는 상태이다. · 운동선수가 자기보다 실력이 우수한 선수가 도전해 왔을 때 거절하는 상태이다. · 고민을 잊기 위해 술을 마시는 상태이다.
퇴 행 (regression)	개체가 욕구 좌절인 어떤 사실을 어린 동작, 유치한 행동특성으로 욕구충족을 하는 적응기제이다. · 결혼한 여자가 남편과 싸우고 친정 집에 돌아가는 경우이다. · 어른이 난처할 때 지나치게 의존하는 행동상태이다. · 신경질이 많은 여자가 화가 나면 막 우는 행동이다. · 동생이 생겼을 때 말을 잘했던 어린애가 말을 더듬거나 어리광을 부리는 경우이다.

백일몽 (day-dreaming)	현실적으로 도저히 이루어지지 않는 희망, 욕구를 공상의 세계에서 만족을 얻으려는 행동태세를 의미한다. · 사업에 실패한 사람이 꿈 속에서 백만장자가 되어 보는 경우이다. · 짝사랑하던 소녀가 장미꽃을 들고 와 사랑을 고백하는 것과 같은 경우이다. · 임용고사 준비생이 시험에 합격하여 실제 강의를 하는 것을 상상하는 행동태세를 의미한다.
고 착 (fixation)	미발달 단계에 머무는 상태를 의미한다. 즉 선행 행동 특성에 고정되는 것을 지칭한다.

(3) 공격기제

방어나 도피기제가 수동적인 것이라면 이는 능동적 태도로서 어떤 욕구불만에 대해 그 방해요인에 대해 공격함으로써 정서적 긴장을 해소하려는 기제이다. 예컨대, 싸움에 지고 난 후 축구공을 차면서 마치 싸움대상을 차는 기분으로 불만을 해소하는 것은 공격기제의 하나이다. 공격기제(aggression mechanism)는 싸움, 폭행, 폭언, 반항, 불순종, 무시, 보복, 적대시, 파괴 등이 행동으로 나타나기 때문에 사회 도덕적으로 용납되지 않거나 법에 저촉될 수 있으므로 불만행동을 승화하도록 지도할 필요가 있다.

공격기제도 물리적인 힘에 의하지 않고 간접적인 공격기제가 되도록 할 필요가 있으며, 제 삼자가 피해를 보지 않도록 해야 한다.

참고자료

갈등 대응 유형

1유형 회피/보류형 : 갈등해결의 필요성은 인식하지만 문제가 없는 듯 무시하거나 회피하여 넘어감. "긁어 부스럼 만들지 말자"는 식이다.

① 토론에서 잠시 벗어나 불편한 긴장상황을 피하는 사람
② 다름이나 차이가 일을 진행함에 있어 크게 걸림돌이 된다고 생각하지 않는 사람
③ 내 의견을 절대로 강요하지 않으며, 남의 요구에 조금 뒤로 물러나는 사람
④ 다른 사람과의 직접적 접촉을 줄이고, 적당하고 안전한 거리를 유지하는 사람

2유형 경쟁/대립형 : 자신의 방법과 주장이 강하여 목표를 이루기 위해 입장을 고수

하고 상대방과의 관계를 별로 중요시하지 않음. "My Way" 지향적이다.

① 모든 사람을 기쁘게 할 수 없음으로 나의 의견과 입장을 남들에게 분명히 이해시키려 노력하는 사람
② 다른 사람이 어떻게 느끼는지 보다 가장 중요하다고 보는 목적에 우선순위를 두는 사람
③ 남의 기분에 맞추기보다 나의 신념이 다른 사람에게도 진리로 보여질 수 있도록 최선의 노력을 기울이는 사람
④ 우선 결정해야 할 상황을 해결하고 나중에 관계개선을 위해 노력하는 사람

3유형 **타협/절충형** : 쌍방의 실익을 생학해 적당한 선에서 타협안을 찾음. 실과 손을 어느 정도 감안함. "반쪽이라도 먹는 게 먹지 못하는 것보다 낫다."는 식이다.

① 내 입장을 분명히 하지만, 그 수위를 조금 낮추어 어느 정도의 시점에서 해결책을 찾을 수 있도록 하는 사람
② 어느 정도 양보하고 얻을 수 있는 것을 얻는 사람
③ 내 주장만을 고집하지 않고 이성적으로 행동하지만, 내가 반드시 찾아야 할 부분을 찾는 사람
④ 중용과 타협을 이끌어 냄으로써 일을 해결하고 다음 단계로 진행될 수 있도록 하는 사람

4유형 **양보/순응형** : 자신의 주장을 내세우기보다는 상대와의 관계를 중시하여 상대의 요구나 입장을 주로 수용함. "내가 좀 희생하지 뭐!" 하는 식이다.

① 내 개인적 목표보다 다른 사람의 감정에 더 많이 신경 쓰는 사람
② 나의 의견이 다른 사람과의 관계에 영향을 주지 않도록 고려하는 사람
③ 내 주장은 잠시 접어두고 다른 사람과의 관계에 더욱 신경 쓰는 사람
④ 다른 사람의 감정을 풀기 위해 필요한 모든 조치를 취하는 사람

5유형 **협동형** : 서로가 목표를 충족하면서 관계도 유지하는 협동적인 문제해결과정의 형성, "Win-Win Solution 추구" 방법이다.

① 현저한 의견차가 있을지라도 모든 의견을 동등하게 고려하고 검토하는 사람
② 나의 의견을 설명하는 만큼 다른 사람의 의견도 이해하려고 노력하는 사람
③ 나 뿐만 아니라 다른 사람의 요구가 수용될 수 있도록 더욱 활발하게 토론에 참가하는 사람
④ 다른 사람의 요구를 수용하는 만큼 나의 요구도 관철되도록 노력하는 사람

5. 자아개념과 적응지도

인간행동에 작용하는 비지적(非知的) 요인은 많다. 동기, 정서적 안정, 태도, 습관 등이 이에 속한다. 이중에서도 가장 많이 논의되고 중요시되는 변인은 성취동기(成就動機)이다.

자아개념(self concept)이란 자기가 자신을 어떻게 생각하고 어떻게 평가하고 있는가 하는 것이다. 따라서 개개인이 가지고 있는 자아개념은 실제의 자기와 일치될 만큼 객관적이거나 신뢰도가 높은 것은 아니다. 이는 어디까지나 자신에 대한 주관적인 인지 내용이다. 자아개념을 고찰해 보는 이유는 긍정적인 자아개념의 형성을 위해서 어떠한 지도를 해나가야 할 것이며, 바람직한 지도를 통해서 정신건강을 강화시키고 잘 적응된 생활을 할 수 있게 하기 위해서다.

(1) 자아, 자기 그리고 자아개념

자아(ego)와 자기(self)의 문제를 심리학에서 제기한 사람들은 1890년에 W. James, 1900년에 Freud, 1930년에 Jung 그리고 1934년에 G. H. Mead들이다.

James는 자기란 자기감정(self feeling) 그리고 자기요구(self seeking)와 자기보존(self presservation)의 행동이라는 두 성분으로 나눈다. 자기란 객체와 구별되는 주체에 대한 자기의식으로 감각적, 개념적, 인식적, 정서적인 면을 통합한 전체로서의 자기의식을 뜻하고 객체에 대한 주체의 자기경험이나 감정을 뜻한다. 또한 Freud는 자아(ego)란 객체와 구별되는 주체에 대한 자기의식이기 보다는 현실 원리에 따라 환경에 작용하는 주체의 기능이며 역할이라고 본다.

그러나 Rogers(1959)는 유기체와 자아개념 그리고 자아개념간의 조화와 부조화가 개인의 적응과 밀접한 관계를 지닌다고 주장했다. 특히 그는 자아개념과 유기체의 경험간에 조화가 깨졌을 때 개인은 위험과 불안을 느끼고 그는 방어적으로 행동하며 그의 사고는 위축되고, 완고해 진다는 것이다. 예컨대 자기 자신은 유능하고 쓸모 있는 자라고 인지하고 있는 데 실제 어떤 일에 부딪쳐 그를 해결하거나 그에 대응하는 행동이 효과적이지 못하거나 남보다 뒤질 때 위협과 불안을 느끼고, 사고도 위축되고, 소극적이고, 주저하게 된다는 것이다. 뿐만 아니라 자아개념간의 부조화에도 마찬가지의 부적응을 초래한다고 보는 데, 즉 있는 그대로의 자기, 즉 실제적 자기(real self)와 자기가 이상으로 삼고 되고자하는 자기, 즉 이상적 자기(ideal self)간에 부조화가 오면 역시 위협과 불안 그리고 위축되고, 소극적이며, 자기 방어적인 행동을 일으킨다는 것이다.

(2) 자아개념의 지도

긍정적 자아개념을 가진 사람은 부정적 자아개념을 가진 사람에 비해 그의 에너지가 항상 발전과 향상을 위한 강한 추진력으로 작용한다. '나는 유능하다.' '나는 쓸모 있다.'는 식의 긍정적인 자아개념을 가진 사람은 매사에 자신이 있고, 용기가 솟아나고, 어떤 일에도 주저함이 없이 박력 있게 도전하고 실천한다. 그러나 부정적인 자아개념을 가진 사람은 매사에 자신이 없고, 주저하고, 소극적이며, 때로는 반항적이고, 반사회적이고, 자학적으로 행동할 가능성이 있는 성격이다. 따라서 자녀나 학생들에게 긍정적인 자아개념을 갖도록 지도해야 하며, 부정적 자아개념이 형성될 요인을 제거해 주어야 한다.

긍정적인 자아개념을 갖게 하기 위해서 장점들을 주의 깊게 관찰하고 이것을 칭찬해 주는 방법과 좋은 행동이나 업적을 보일 때마다 상을 주고 인정해 주는 방법 등을 들 수 있다. 또한 부정적 자아개념을 형성케 하는 요인을 제거해 주는 지도는 긍정적 개념의 형성을 돕는 지도보다 더욱 중요하다. 우리는 흔히 부모의 양육태도나 지도방법이 그 자녀들에게 부정적 자아개념을 형성하도록 만드는 경우를 본다. 학습지도의 과정에서 동기유발이나 강화방법을 성적의 향상에만 치중한 나머지 경쟁심을 강조하여 개인 대 개인을 직접 비교하여 꾸짖거나, 성적이 나쁘거나 선생의 질문에 바른 답을 못했을 때 비난과 질책이 곁든 꾸중들이 바로 이러한 예 들이다.

그러므로 부모나 교사는 그 자녀나 제자들의 장점을 깨우치고, 칭찬하여 그것을 길러 나가므로 단점이 밀려 자연 소멸되도록 도움으로써 긍정적 자아개념의 형성을 돕는 동시에 부정적 자아개념의 형성을 예방하도록 하여야 한다.

이밖에도 이상적 자아개념과 실제적 자아개념의 격차 문제도 고려하지 않을 수 없다.

자기이상상(自己理想像) 또는 이상적 자아개념은 자신이 되고자 하거나 동경하는 모습을 말하며, 이에 대해 현재의 나는 이런 사람이다라고 판단한 자아개념을 실제적 자아개념이라 한다. 우리의 경우에 외부의 사물이나 사건에 대한 이해나 평가가 그리 정확하거나 객관적이지 못한 경우가 많다. 더욱 자기 자신에 대한 이해나 평가는 이보다도 더 부정확하고 주관적이다. 따라서 자기 열등감, 우월감인 문제도 있고, 긍정적 자아개념이니 부정적 자아개념이니 하는 문제도 있다. 이것이 바로 실제적 자아개념과 이상적 자아개념의 격차 문제이다. 이와 같은 이상적 자아개념과 실재적 자아개념의 격차가 크면 클수록 현재 생활에 적응하기 어렵고 문제 행동을 일으킬 가능성이 크다.

그러므로 우리는 학습자가 가지는 이상적 자아개념과 실제적 자아개념의 격차를 좁히도록 지도해야 한다. 특히 이상적 자아개념을 높게 설정하고 있는 자녀나 학생들은 대체로 설정 준거가 없고 공상이거나 망상적인 생각에서 이상적 자아개념을 설정하였거나, 아니면 현실을 무시하고 지나친 욕구수준이나 포부수준에 따라 이상적 자아개념을 설정하는 경우가 많다. 따라서 이러한 자녀나 학생들에 대한 지도는 먼저 이상적 자아개념의 설정준거를 검토하도록 지도해야 한다.

이 때 설정준거는 자기 자신의 능력이나 성질에 대한 정확한 이해에 바탕을 두도록 지도해야 하며, 현실을 정확하게 이해한 현실감각을 그 준거로 하도록 지도해야 한다. 그리하여 자신이 얼마만큼 지향할 수 있고 발전할 가능성이 있는가를 추정하여 그보다 약간 높은 이상적 자아개념을 갖도록 지도해야 한다.

그러기 위해서는 객관적으로 측정되는 각종 심리검사를 사용하여 자신의 능력이나 적응 그리고 성격들을 정확히 알게 하는 방법이 효과적인 방법이다. 또한 진로나 일반사회에 대한 자료와 정보들을 제공하여 사회에 대한 현실감각을 높이도록 하는 것도 좋은 방법이 될 수 있다.

실제적 자아개념도 과대평가하거나 과소평가하지 않도록 지도해야 한다. 그러기 위해서는 각종 심리검사를 사용할 수도 있고, 타인에 대해서 정확하고 객관적인 평가를 하도록 지도하는 것이 효과적인 방법이다.

결국 지금까지 살펴본 바와 같이 이상적 자아개념과 실제적 자아개념의 성질에 따라 그 양자간의 간격을 좁히도록 지도해야 한다. 특히 자녀의 능력수준이나 가능성 등은 고려하지 않고 자녀에 대한 지나친 부모의 요구는 오히려 부적응과 비행을 초래할 수 있다는 점을 기억해야 한다.

(3) 적응지도

인간이 행동과정에서 문제에 부딪혀 목표에 도달할 수 없는 경우, 즉 부적응

상태가 생길 수 있다. 부적응의 원인은 본인 자신에서 오는 원인, 사회적 요인, 교육적 요인 등 다양하다. 한편, 부적응 유형은 현상학적 측면에서 비사회적 부적응과 반사회적 부적응으로 나눌 수 있다. 생활주변에서 자주 발견되는 부적응 유형은 외형적 유형과 내면적 반응으로써의 유형, 공격적 · 퇴행적 · 신체적 이상, 자기 과시적 유형 등이 있다.

개체의 적응 지도를 위해 기본적으로 고려되어야 할 점들은 다음과 같다.

첫째, 환경과 상황요인의 조정이 필요하다. 욕구불만 때문에 강한 긴장이 발견되었을 때는 그 원인이 되고 있는 환경이나 상황적 조건을 조정함으로써 정서적 안정을 도모해야 한다.

둘째, 적응의 자기평가가 필요하다. 상황 내의 자기존재의 의의를 찾게 하고 자기를 검토하여 자기 신뢰감, 자기 가치감을 확립시켜 주어야 한다.

셋째, 욕구좌절 내성의 강화가 필요하다. 내성을 기르기 위해서는 적응에 유용한 지식, 기술, 의지, 태도 등을 학습시켜야 한다.

넷째, 스트레스나 병리현상을 수용하고 문제해결 방법을 인지적으로 수정하게 한다.

다섯째, 과학적인 자료에 의해 전문적으로 지도하고 협력하여 연구 지도하여야 한다.

고려대 안창일 교수는 문제행동의 원인을 개체와 환경간의 상호작용에서 찾고 있다. 즉, 개인은 자신의 여러 가지 욕구를 환경의 조건과 상호작용을 통해 충족시키려 하며 조화를 이루어 나가려 한다. 그런데, 이 둘 사이에 상호작용의 균형이 깨어질 때 문제행동이 일어난다는 것이다.

이런 관점에서 볼 때, 문제학생의 성격특성으로는 다음과 같은 것을 지적할 수 있다.

1) 자아기능의 약화

자아(ego)란 현실 지향적이어서 원초자아의 불합리하고 쾌락추구적인 욕구를 억제하여 현실적으로 가능한 범위 내에서 조절하며, 동시에 초자아의 현실에서 너무 벗어난 이상주의적 · 완전주의적 압력에 대항하여 현실적인 수준으로 조정하는 기능을 담당한다. 따라서, 자아의 기능이 강해야 원초자아(id)와 초자아(super-ego) 사이의 균형을 유지하고 성격의 조화를 이루어 적응행동을 할 수 있는 것이다.

그런데, 문제행동을 하는 학생들은 지나치게 쾌락추구적이든가 아니면 지나치게 억압적이어서 현실에 효과적으로 대응하지 못한다. 그 원인은 어릴 때 부모로부터 적절한 훈육을 받지 않고 너무 자기중심적으로만 행동했거나 또는 지나치게 억압을 당하여 누적된 욕구불만 상태에 있거나 하는 데서 찾아볼 수 있을 것 같다.

2) 욕구불만의 누적

문제 학생의 특성으로 욕구불만의 누적 현상을 들 수 있다. 인간은 누구나 여러 가지 욕구를 가지고 있다. 그리고, 이러한 욕구들을 사회체제 속에서 현실적으로 충족시켜야 한다. 그렇지 못할 때 현실에 대한 불만감이 생기고, 이런 것이 쌓이고 쌓여서 문제행동을 일으킨다. 그러나, 욕구를 너무 지나치게 충족시켜도 자아기능이 약화되고 자신의 행동에 대한 통제력을 잃게 되어 문제행동을 하게 된다. 따라서, 욕구는 현실적인 상황 속에서 적절히 충족되고 또 적절히 좌절되기도 해야 한다.

욕구불만이 누적되면 행동이 두 가지 방향으로 나타난다. 하나는 자포자기하여 모든 일에 의욕을 잃게 된다. 모든 것을 부정적으로 보고, 어떤 문제에 부딪치면 미리 포기하는 무능력한 성격을 형성한다. 또 하나는, 지나치게 공격적인 행동으로 표현될 수도 있다. 목표 추구적인 행동이 방해받게 되면 더욱 강한 힘으로 목표를 추구하는 것이다. 욕구불만이 쌓이고 쌓이면 언젠가는 폭발하게 되는데, 그 때는 엄청난 힘이 작용하여 부적응 행동을 유발하게 되는 것이다. 문제학생들은 욕구불만의 누적으로 현실에 대해 부정적 태도를 갖게 된다.

3) 문제해결 능력 부족

문제학생의 또 한 가지 특성은 문제해결 능력의 부족이다. 인생을 살아가노라면 여러 가지 문제를 경험하게 된다. 이 때, 그 문제를 얼마나 효과적으로 해결하느냐에 따라 적응 여부가 결정된다.

효과적인 문제해결의 과정은 대체로 문제를 정확히 지각하고 문제해결에 관련된 여러 가지 정보를 종합하여 몇 가지 가설을 세운 다음 이 가설들을 하나하나 검토하여 가능한 결과를 예측하고 가장 바람직한 해결책을 선택하는 일련의 정보처리 과정을 경험하는 것이다. 그런데, 문제학생은 이러한 과정을 밟기에는 인내심도 부족하고, 지적인 면에서도 기능을 하지 못하고, 또 문제해결에 필요한 기술도 습득하지 못하여 부적응 행동을 하게 된다.

4) 지각의 비현실성

문제학생은 사태를 지각함에 있어서 현실적으로 객관적으로 지각하지 못한다. 사태를 있는 그대로 지각하고 그와 관련된 여러 가지 요인들을 객관적으로 파악할 수 있는 능력이 부족하다. 여기에 더하여 문제학생들은 자기 자신을 지각하는 데도 비현실적이다. '나는 누구인가?'라는 질문에 대해 정확한 답을 할 수 있어야 하는데 자신을 실제보다 훨씬 못하게 부정적으로 지각하거나, 또는 현실보다 훨씬 높여 지각함으로써 욕구좌절감을 느낀다. 즉, 현실적 자아와 이상적 자아 사이의 간격이 너무 크게 벌어져서 현실에 적절히 대응하지 못하는 것이다.

5) 동기유발의 결여

문제학생의 특성으로 동기유발의 결핍 현상을 들 수 있다. 인생은 도전의 연속이라 할 수 있다. 미지의 상황, 미지의 앞날에 대해 도전함으로써 불안감도 갖지만 또 즐거움도 갖는다. 또 어려운 일을 해결함으로써 성취감도 맛본다. 그런데, 문제학생들은 일반적으로 성취 동기가 결여되어 있다. 비현실적 지각으로 인해 욕구좌절을 경험하고 문제를 해결할 수 있는 기술을 습득하지 못해 실패를 경험한다.

6) 목적의식의 결핍

삶의 의미는 뚜렷한 목적의식을 갖고 이를 향해 한 걸음, 두 걸음 나아가는 데서 찾을 수 있다. 인생의 목표를 뚜렷이 설정하고 이를 향해 살아가면 어떠한 고통도 능히 참을 수 있으며 또 고통 속에서 어떤 의미를 찾아낼 수도 있게 된다. 그런데, 문제학생은 인생에 대한 목적을 확고히 설정하지 못하고 행동의 방향이 설정되지 않고 하루하루를 무의미하게 보내고 있는 것이다. 생활한다기보다는 생존한다고 표현함이 타당할 정도로 휘청거리는 삶을 산다.

목적의식이 뚜렷하면 환경으로부터 오는 수많은 자극들을 취사 선택하여 적절한 반응을 할 수 있어야 한다. 그런데, 분명한 목표가 없으면 쓸데없는 자극에도 반응을 보이고 필요한 자극에는 반응을 보이지 못해 혼란스럽게 된다. 즉 응당 할 일은 안하고 응당 안할 일은 하게 되는 것이다.

7) 발달의 부조화

끝으로, 가장 중요한 특성 중 하나는 발달의 부조화를 들 수 있다. 신체적, 정서적, 사회적, 지적인 면에서 조화로운 발달이 이루어짐으로써 환경과 상호작용할 때 원만한 균형을 유지하게 된다. 그런데, 문제학생은 이러한 발달에 균형이 깨짐으로써 적응에 곤란을 갖게 된다.

청소년기에 문제행동이 많은 것은 바로 이러한 발달의 부조화성이 큰 원인이다. 신체적 성숙이 이루어지면 그에 따른 인지적 성숙도 이루어져야 하는데 그렇지 못하다. 쉽게 말해서, 신체적으로는 성인이 되었지만 인지적인 면에서는 아직 아동기에 머물러 있어 적절한 행동을 보일 수가 없는 것이다.

정서적인 면에서도 마찬가지이다. 인간은 감정적인 존재인데 이는 환경으로부터 오는 자극에 대해 희, 로, 애, 락의 정서를 적절히 표현할 수 있는 능력이 있어야 한다. 그런데, 문제학생은 감정 표현에 불균형이 일어난다. 쓸데없이 흥분하고 이유 없이 우울해지는 경우가 있다.

생리적 또는 생물학적 구조상에서의 발달에도 부조화 현상이 일어난다. 신체의 특정한 기관이 정상적인 발달을 하지 못할 때, 환경의 자극에 대해 적절한 반응을 보이지 못하여 문제행동을 일으킬 수 있다.

참고자료

대학생의 스트레스 조사(전남대학교, 학생생활연구, 제21집, 1989)
응답요령 : 심하게 받는다(5)~전혀 받지 않는다(1)의 5단계 평정척도(5-4-3-2-1)

① 신체 및 건강 영역
- 운동량이 부족해서
- 몸이 허약해서
- 외모에 자신이 없어서
- 남에게 이야기하기 힘든 신체적 결함으로
- 잔병(빈혈, 소화불량, 설사, 변비 등) 때문에
- 생리불순(생리통) 때문에
- 성기 또는 유방이 너무 작다는 생각으로

② 심리성격 영역
- 모든 것을 잘해야 된다는 생각 때문에

· 지적 능력이 부족하다는 생각으로
· 남이 나를 어떻게 생각할까 하는 걱정 때문에
· 신경질 부리는 버릇 때문에
· 외롭게 느껴져서
· 일에 집중이 잘 안되므로
· 불쾌한 경험을 잊을 수가 없어서
· 경쟁에서 질 것 같은 두려움으로
· 즉흥적이고 충동적인 성격 때문에
· 병에 걸릴 것 같은 생각 때문에
· 남에게 속마음을 털어 놓기가 힘들어서

③ 가족문제 영역
· 부모님이 나를 어린애 취급하므로
· 가족들의 건강이 염려되어서
· 가족 중에 의논할만한 상대가 없으므로
· 아버지(혹은 어머니)가 계시지 않아서
· 가정에 대한 열등감 때문에
· 부모님의 기대가 너무 부담스러워서
· 가정이 화목하지 못하므로
· 부모님이 나를 믿지 못해서
· 부모님과 사고 방식, 가치관의 차이로 인해

④ 경제 영역
· 돈을 분별 있게 쓸 줄 몰라서
· 용돈이 부족해서
· 특기를 키우는데 돈이 너무 많이 들어서
· 학자금의 조달이 어려워서
· 집이 가난해서
· 하숙비, 자취생활비가 많이 들어서
· 부직(아르바이트)을 구하기가 어려워서
· 가난에서 헤어나기가 힘들 것 같아서

⑤ 대인관계 영역
· 남에게 무시당할 때
· 지도력이 부족해서
· roommate(기숙사나 하숙)와 사이가 좋지 않아서
· 대인관계가 원만치 못해서
· 속마음을 털어놓을 만한 친구가 없어서
· 남 앞에서 내 의사를 분명히 얘기하지 못해서

⑥ 이성관계 영역
· 마음에 드는 이성을 찾기가 어려워서

· 이성친구를 사귀고 싶지만 잘 안되므로
· 성역할에 대한 갈등 때문에
· 좋아하는 이성이 내 속마음을 몰라 주어
· 건전한 교제가 되지 않고 성적 욕구가 앞서므로
· 이성의 친구를 사귀고 있는데 부모가 반대하므로
· 이성 앞에서 왠지 자신이 없고 긴장되므로
· 마음에 없는 이성이 나를 좋아해서

⑦ 학업 영역
· 레포트나 공부량이 너무 많아서
· 효과적인 학습방법을 알지 못해서
· 전공공부가 너무 어려워서
· 외국어 능력이 부족하기 때문에
· 노력한 만큼 성적이 나오지 않을 때
· 전공이 내 적성에 맞지 않아서
· 동아리 활동과 학업간의 갈등 때문에

⑧ 학교생활 영역
· 학과 분위기에 적응하기 힘들어서
· 대학에서 새로운 친구를 사귀기가 힘들어서
· 교수와 긴밀한 관계를 갖기 힘들어서
· 학생들의 지나친 사치 때문에
· 학교가 마음에 들지 않아서
· 대학의 사무직원들이 불친절할 때
· 도서관이나 강의실이 지저분해서
· 대학 내에서 항상 끊이지 않는 풍물(꽹과리, 북 등) 소리 때문에
· 학생 시위가 끊이지 않아서
· 자투리(수업 외) 시간을 별 의미없이 보내므로

⑨ 과외활동 영역
· 대외적인 활동의 범위가 좁아서
· 여가를 즐길 시간적 경제적 여유가 없어서
· 교양, 상식을 넓힐 기회가 많지 않아서
· 동아리 활동으로 인한 부모님과의 마찰 때문에

⑩ 장래 및 진로 영역
· 취직을 해야겠는데 학점이 나빠서
· 졸업 후의 확실한 진로를 결정하지 못해서
· 어떤 직업이 내 적성에 맞는지 몰라서
· 취업준비를 어떻게 해야 하는지 몰라서
· 병역(군대) 문제로

· 취직시험에 떨어지게 될까봐
· 전공공부가 취업과 관계가 멀어서

⑪ 신앙 및 가치관 영역
· 신앙과 현실의 부조화로 인한 갈등 때문에
· 종교적 믿음과 생활 사이의 갈등 때문에
· 종교적 믿음이나 신앙을 강요받을 때
· 사람들이 너무 이기적이고 냉정하다고 느낄 때
· 나의 신념에 따라 살아갈 용기가 없다고 느낄 때
· 맡은 일에 최선을 다하지 못했을 때
· 하기 싫은 일을 할 수 없이 할 때
· 나의 어떤 행동으로 양심의 가책을 받을 때

⑫ 학생운동 및 사회운동 영역
· 학내상황에 대해서 어떠한 태도를 보여야 할지 모호해서
· 학생운동과 학업간의 갈등으로
· 선배나 동료에게 데모나 집회 참석에 대한 강요를 받을 때
· 폭력적인 학생 시위 때문에
· 전경들의 과잉 시위진압을 볼 때
· 선배나 교수 및 동아리에서의 의식화에 대한 강요 때문에
· 대학문화가 운동권 위주로 이루어지는 것 같아서
· 학생 전체의 일이 남의 일인 것처럼 무관심한 사람을 볼 때
· 신문이나 TV에서 사회문제에 대한 왜곡보도를 접할 때
· 수업이나 시험거부 및 점거농성을 볼 때
· 요즘 학생들의 거칠고 상스러운 말투나 행동을 듣거나 볼 때

⑬ 기타 및 환경 영역
· 매연, 공중변소 또는 특정 지역에서 나는 냄새를 맡을 때
· 공공장소(도서관, 강의실)에서 거리낌없이 흡연하는 사람을 볼 때
· 교내에서 자가용이 질주하거나 경적을 울릴 때
· 교정의 잔디나 경관이 훼손되는 것을 볼 때
· 교내 행사시에 확성기의 소음이 시끄러워서
· 야간에 교내에서 폭행이나 강탈당할 두려움 때문에
· 도서관이 비좁아서

제13장 창의력의 이해와 계발

1. 창의력의 진단

(1) 창의력 진단문제

우리 나라에 2006년 현재까지 노벨평화상(김대중 전 대통령) 외에 학문분야의 노벨상 수상자가 한 명도 나오지 않는 이유를 깊이 반성해 보자.

① 다음에 제시된 ○를 이용하여 그릴 수 있는 여러 가지 그림을 그려보라.

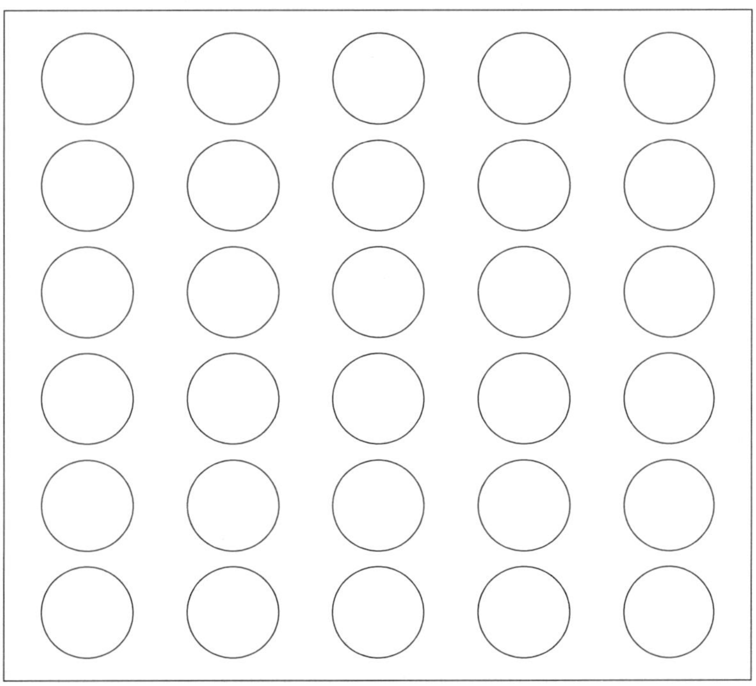

② 가운데 기본 그림을 근거로 12개의 변형을 만들었다. 몇 개나 더 만들 수 있는지 아래 빈 칸에 그려 넣어 보자.

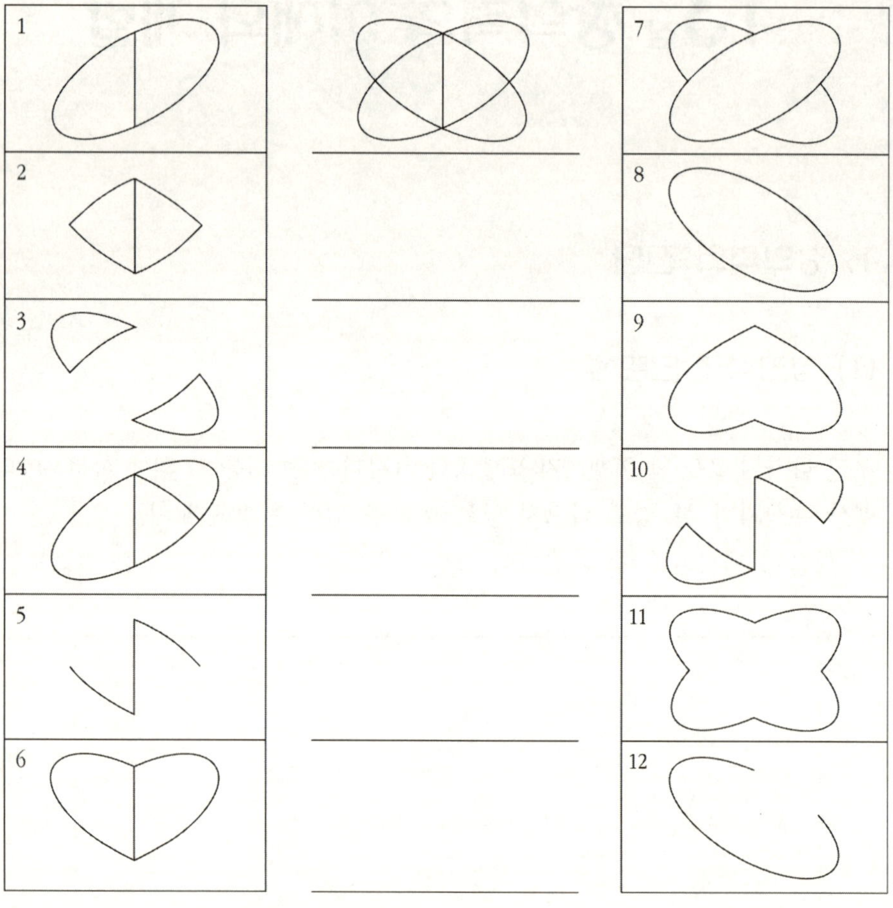

③ 세탁소에서 주는 가느다란 옷걸이를 가지고 옷거는 것 이외의 용도로 쓸 수 있는 방법을 말해 보자.

④ 커튼은 햇볕을 차단하고 보온 효과를 위해서 쓴다. 커튼의 고유기능 이외에 전혀 색다른 기능을 지닌 커튼 5가지를 적고 그 용도와 재료를 설명하자.

⑤ 자기의 특징, 꿈, 고민 등을 낯선 사람에게 소개할 수 있도록 글로 적든지, 상징으로 그려 보자.

⑥ 외국인이 우리 집에 와서 1주일간 함께 기거할 때 그가 지켜야 할 일을

알려줄 수 있도록 적어 보자.

⑦ 빌딩 옥상에서 고성능 망원경을 보고 있던 사람이 갑자기 환호성을 내면서 손벽을 쳤다. 무엇을 보았기에 그토록 감탄을 했을까? 상상해서 5가지만 써 보자.

⑧ 돈을 많이 들이지 않고 기억에 남는 선물을 하는 방법을 써 보자.

⑨ 화가 났을 때 화난 감정을 효과적으로 다루는 방법을 써 보자.

⑩ 억울한 누명을 썼을 때 어떻게 하면 좋을까? 해결 대응 방법을 써 보자.

⑪ 환경오염을 예방할 수 있는 실천방법을 5가지만 적어 보자.

⑫ 그 외에도 다음의 주제들을 갖고 아이디어를 내보도록 하자.

㉠ 인구폭발 현상을 억제할 수 있는 방법
㉡ 자연보호를 위해서 각 개인이 할 수 있는 일
㉢ 친구들과 친하게 잘 지낼 수 있는 방법
㉣ 각 개인이 사회나 학교에 기여할 수 있는 방법
㉤ 우리 학교를 아름답게 꾸밀 수 있는 방법
㉥ 주말이나 여가시간을 유용하고 재미있게 보내는 방법
㉦ 훌륭한 리더십을 갖춘 사람이 되는 방법
㉧ 한푼도 쓰지 않고 멋진 데이트를 할 수 있는 방법
㉨ 돈을 들이지 않고 멋진 선물을 할 수 있는 방법
㉩ 봄, 여름, 가을, 겨울의 사계절을 멋지게 즐길 수 있는 방법
㉪ 돈을 절약하는 방법
㉫ 시간을 아끼는 방법
㉬ 이성의 친구에게 호감을 느끼도록 대하는 방법
㉭ 칭찬을 멋있게 하는 방법

참고자료

창의성 교육 프로그램/학습활동지

아니, 이런 별도……

일반적으로 별은 1번의 모양처럼 그립니다. 그러나 별을 그리는 방법은 보기의 그림처럼 다양하답니다. 여러분의 아이디어를 살려서 재미있고 새로운 모양의 별을 그려보세요.

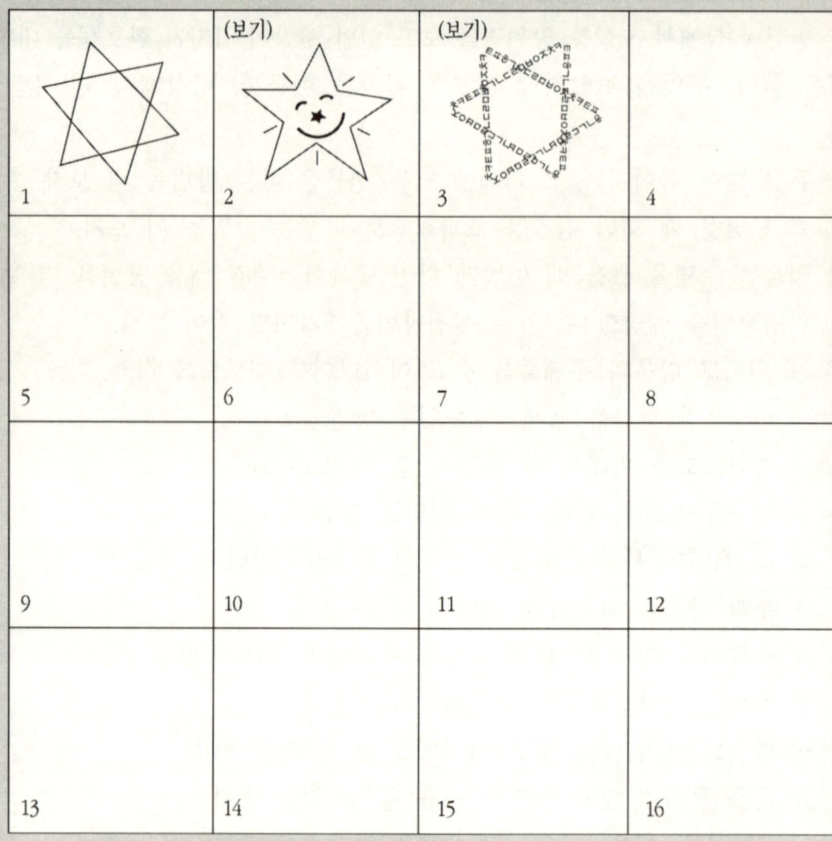

(2) 창의력이 높은 사람의 특성

◐ 아인슈타인의 초등학교 4학년 때 학교생활 기록이 다음과 같다.

나이 : 9세　　학년 : 4학년　　키 : 155cm　　체중 : 42.5kg

외모 : 친근감 있음　　지능 지수 : 82

사회성 지수 : 74　　신체 건강 정도 : 자주 아픔

학교 적응 : 학력 낮고 사회성 없음　　선천성 이상 유무 : 없음

관심 영역 : 환상적인 것에 관심이 많음

특수 관심 : 바이올린, 독서

정신 건강 정도 : 정서 문제로 휴학한 적 있음

가족의 재산 정도 : 보통

이와 같은 조건을 갖춘 학생이 당신의 학급에 있다면 어떤 방법으로 지도할 것인가 생각해 보자. 세계적인 천재 과학자가 될 것으로 예상할 수 있겠는가?

창의력이 높은 사람들은 성격적으로 보통 사람들과는 다른 점이 많다. 창의적인 사람의 성격에 대한 여러 학자들의 견해를 종합해 보면 다음과 같다.

① 높은 이론적 · 심미적 가치관을 지니고 있다.
② 내향적이면서도 용감하다.
③ 비사교적이다.
④ 모험심이 강하다.
⑤ 집념이 강하다.
⑥ 애매하고 모호한 문제를 좋아한다.
⑦ 타인의 통제를 싫어한다.
⑧ 호기심이 많다.
⑨ 직관적이다.
⑩ 설득이 잘 되지 않는다.
⑪ 정력적이다.
⑫ 집단에서 과감하게 이탈하는 경향이 있다.
⑬ 판단이 독립적이다.
⑭ 다방면에 걸쳐 새로운 경험에 개방적이다.
⑮ 사회적인 문제보다는 아이디어나 사물에 보다 깊은 관심과 흥미가 있다.
⑯ 자기 표현욕이 강하다.
⑰ 자기 주장이 강하다.
⑱ 성취, 지배, 자율, 독립, 무질서, 공격, 변화의 욕구가 강하다.
⑲ 자유분방성, 과격성, 자만심, 다혈성이 강하다.
⑳ 불평이 가득하고 조직을 뒤흔들며, 과오를 범하고, 완고하다.
㉑ 유머 감각이 있다.
㉒ 예술 감각을 지니고 있다.
㉓ 억압이나 억제보다는 표출하려고 한다.
㉔ 허례 허식에 대한 거부 반응이 있다.
㉕ 싫증을 잘 낸다.

이상과 같은 성격적 특성은 창의적인 사람으로 하여금 주위 사람들과 잘 어울리지 못하고, 독불장군식이며, 삐딱하고, 엉뚱한 데가 많아 조직에서는 따돌림을 받기가 쉽다. 그래서 창의적인 학생은 문제아로 지목되기 쉬우며, 창의적인 교사는 근무 성적을 인정받지 못하는 경향이 있다. 학벌이 높지 않은 정주영 현대그룹 회장이 서산 간척지 물막이 공사에 폐유조선은 갖다대고 마감공사를 한 것은 전문인이나 고학력자도 생각지 못했던 훌륭한 창의성 발휘 사례로 기억되고 있다.

창의력을 좀 더 직접적으로 연구한 Getzels와 Jackson(1962), Wallach와 Kogan(1965), Freeman, Butcher 그리고 Christie(1971)와 같은 학자들은 창의적인 능력에서 인지요소 이외의 요소를 더 강조하고 있다. 근래에 와서 Krause(1977)는 동기를 창의력의 결정적인 요소로 지적하고 있다.

다음은 창의력과 성격과의 관계를 자세히 알아보자. Dellas와 Gaier(1970)는 창의력에 대한 논의는 절대적으로 인간의 정신기능과 관계되어져야 한다고 주장했다. 특정한 성격구조는 창의력을 지지하는 한편 다른 구조들은 창의력을 방해하고, 따라서 창의적인 사람들은 흔히 수렴적으로 사고한다는 가정을 하고 있다. 이처럼 많은 연구들은 창의력을 성격 특성과 관련짓고 있다.

여러 연구를 통하여(예를 들면, Taft와 Gilchrist, 1970 ; Foster, 1971)—Barron, Cattell, Mackinnon, Roe 그리고 Torrance 등이 이미 연구한 바와 같이 창의적인 사람들은 다른 사람들이 갖고 있지 않는 성격구조를 갖고 있다고 가정한다. 그러나 이러한 연구는 정확한 결과를 보여 주지는 못했다. Neff(1975, 75-76)는 이전의 연구결과들을 종합하여 창의적인 사람들의 성격적 특징을 다음과 같이 나열하고 있다.

① 융통성
② 감수성
③ 다른 사람에 대한 수용성
④ 책임감
⑤ 심리적으로 사고하고 느낄 수 있는 능력
⑥ 독자적인 활동을 통한 성공
⑦ 긍정적인 자아 개념
⑧ 사회적 관계에 대한 욕구
⑨ 높은 사회적 지위 추구

정태명은 창의적 성격특성을 묶어서 성취 욕구, 자율 욕구, 변화 욕구, 지배 욕구로 분류하였다.

- **성취 욕구** — 어떠한 과업을 해결하여 높은 포부나 수준의 것을 성취하고 싶은 것, 경쟁에서 이기고 다른 사람을 능가하고 싶은 것, 자기능력 이상의 것을 하고 싶은 것 등이다.
- **자율 욕구** — 제약을 벗어나서 자유로운 생활을 하고 싶은 것, 자기의지에 따라 행동할 수 있도록 독립적인 것, 법칙과 관습을 무시하고 자기가 원하는 대로 하고 싶은 것 등이다.
- **변화 욕구** — 반복의 정도, 엄격의 정도가 적은 것을 인내, 사태에 따라 가능성이 다양한 일 찾기, 새로운 유행 즐기기 등이다.
- **지배 욕구** — 자신이 원하는 방법으로 타인을 행동하게 하려는 것, 강압적 자기 무장하기, 설득하기, 지시, 통제, 조언하기 등이다.

그밖에 창의적인 사람들에게서 잘 나타나지 않는 특징들도 있는데, 이에 대해 의견일치가 쉽지는 않다.

① 만족감
② 적응능력으로서의 사회성
③ 자아통제
④ 좋은 인상
⑤ 일관된 태도

Heinelt(1974)의 연구는 교실에서 매우 창의적인 학생들의 태도를 보고하고 있다.

① 외향적이기 보다는 내향적이다.
② 암시적인 반응을 적게 한다.
③ 한 집단에 소속되지 않는다.
④ 어느 경우에도 시험점수가 낮다.
⑤ 창의적이지 못한 학생들보다 질문이 많고 지적 활동이 매우 활발하다.
⑥ 매우 융통성 있는 사고를 한다.
⑦ 유머감각이 뛰어나다.
⑧ 동료학생들에 대하여 협조적이지 못하다.
⑨ 독립적으로 활동하기를 원한다.
⑩ 부모, 교사 그리고 또래 집단에게 거리감을 두고 소외감을 느낀다.
⑪ 다른 학생들보다 우월하다고 생각한다.
⑫ 인기가 없다.

Hallmann(1970)은 창의력을 촉진하는 교사들의 특징을 목록으로 작성하였다. 다음은 그가 작성한 교사들의 목록을 나열한 것이다.

① 학생들이 스스로 학습할 수 있도록 한다.

② 교실에서 협동적으로 생활할 수 있는 사회적 훈련을 시도한다.

③ 창의적인 학생들로 하여금 기존의 지식을 충분히 익히도록 한 다음 자유롭게 독창적인 사고를 발표할 수 있게 한다.

④ 창의력을 촉진시킬 수 있는 특수한 활동을 교실에서 진행한다.

⑤ 자신들의 의견은 되도록 억제하고 학생들이 그들의 생각을 완전하게 표현할 때까지 기다린다.

⑥ 학생들의 지적 유연성을 허용한다.

⑦ 학생들이 자기평가를 할 수 있도록 지지한다.

⑧ 다른 사람들의 감정이나 분위기를 잘 파악할 수 있도록 지도한다.

⑨ 학생들의 질문을 신중히 생각한다.

⑩ 학생들에게 많은 자료를 제공하고 여러 곳에서 활동할 기회를 제공한다.

⑪ 학생들이 실망을 이겨낼 수 있는 능력을 키워줌으로써 꼭 성공만을 위해 노력하지 않고 실패도 견뎌낼 수 있도록 한다.

⑫ 학생들로 하여금 부분적인 것보다 전체적인 것을 보는 능력을 키워준다.

2. 창의력의 개념

창의(創意), 창조(創造), 창의성(創意性), 창의력(創意力), 독창성(獨創性) 등은 동일한 의미를 지닌 낱말들이다. 일반적으로 지성을 '타고난 머리'로 생각하고 지력(知力)과 지능을 '키울 수 있는 특성', 즉 환경적인 면에 초점을 둔 개념으로 본다면, 창의성은 선천적인 면에 강조점을 두면서 교육에 의해 개발될 수 있다는 가정 하에 후천적 속성으로 이해하기도 한다.

과학이나 학문의 발전에 원동력이 되는 것은 결국 인간의 창의력이지만, 실제 학교교육은 사회에 대한 적응과 현실에의 철저한 동화(同化)와 평균적 · 규범적 인간상을 강조해 왔다.

Torrance는 창의력이란 문제점을 발견하는데 민감한 성질이며 곤란을 해결하기 위하여 추측하고, 가설을 수립 · 검증하고, 가능한 수정을 하며 최종적으로 그 결과를 얻어내는 것이라 했다. 예를 들면 교사(T)가 초등학교 3학년 학생(A와 B)을 만나 다음과 같은 대화를 하였다.

T : 2와 2는?
A : 4입니다
B : 선생님의 말씀은 더하라는 것인가요, 빼라는 것인가요, 아니면 곱하라는 것인가요, 나누라는 것인가요? 좀더 자세히 말씀해 주세요.

위의 대화에서 분명히 A학생보다 B학생이 창의력이 높다고 말할 수 있다. 또 앞에서 해 보았듯이 동그란 원을 여러 개 놓고 그것을 기초로 구체적 형상을 더 많이 더 빨리 그려내는 것은 창의력의 증거라고 할 수 있다.

Guilford는 그의 지능 구조론의 작용차원 중 확산적 사고력(DPA : divergent production ability)과 문제해결력을 상호 유사한 창의력으로 간주하며, 최근에 연구가 활발한 확산적 사고력은 곧 창의력, 계획력, 분석력, 문제해결력 등이라고 봤다. 사고의 유연성은 발명·발견의 원동력이 된다.

(1) 창의력의 정의

창의력 혹은 창의성에 대해 Guilford는 '새롭고 신기한 것을 찾는 힘'이요, Taylor는 "생산적 사고와 창조적 사고를 표현하는 복잡한 심리적 과정으로 인내성과 성취, 변화, 개선을 구하는 태도, 그리고 아주 큰 소신을 낳게 하는 정열 같은 것"이라 했으며, Olsen은 "어떤 개인의 독특성에서 나오는 그 사람 내부의 힘으로서 그 사람에게 가치가 있는 새로운 생각이나 참신한 통찰들을 산출하는 것"이라 했다. 이성진(李星珍)은 "당면한 과제를 해결하기 위하여 기존 정보를 끌어내고 새로이 조립함으로써 가치 있는 어떤 사물이나 아이디어를 만들어 내는 능력"이라 보았다. 한국행동과학연구소에서는 "기존의 요소들로부터 적어도 자기 자신에게는 새롭고 유용한 결합을 이루어 내는 능력"이라고 보았다.

결과적으로 창의력은 개인과 사회와 국가발전의 원동력이요, 가정이나 직장의 활력소이며 국제적 무한 경쟁시대에 생존의 중요 수단이기도 하다. 창의력은 확산적 사고력이요, 지능과는 약간 다르며 개발될 수 있고, 성별 차이는 없다.

〈창의성 관계요인 일람표(Guilford, 1967)〉

창의성 (creativity)

- 1. 문제에 대한 민감성 (sensitivity to problem, 문제점 발견 테스트)
- 2. 유창성 (fluency)
  - a. 연상의 유창성(associative fluency)
  - b. 언어성 유창성(word fluency)
  - c. 표현의 유창성(expressive fluency)
  - d. 관념의 유창성(ideational fluency)
- 3. 독창성 (originality)
  - a. 비범성(uncommonness, 용도테스트)
  - b. 소원연합(remoteness, 결과테스트)
  - c. 민첩성(cleverness, 표제작용테스트)
- 4. 융통성 (flexibility)
  - a. 자발적 융통성(spontaneous flexibility, 벽돌의 사용법)
  - b. 적응의 융통성(adaptive flexibility, 교체적 사용테스트)
- 5. 면밀성(elaboration, 계획 테스트)
- 6. 재정의(redefinition, 일반적인 사물을 다른 목적으로 이용할 수 있는 능력)

(2) 창의력에 대한 이론

1) 창의적 사고 요인론

Guilford는 지능의 요인을 입방체 모형으로 설명했다. 즉, 지능은 어떤 내용을 다루느냐에 따라 어떤 정신적 조작을 하느냐에 따라 그리고 그 내용을 조작함으로써 어떤 산출을 하느냐에 따라 육면체를 이룬다고 보았다. 내용영역 4가지, 조작영역 5가지, 산출영역 6가지가 상호작용함에 따라 4×5×6, 즉 120개의 능력요인으로 지능이 구성된다고 주장했다. 이중 조작영역을 인지(認知), 기억(記憶), 확산적 생산(擴散的 生産), 수렴적 생산(收斂的 生産), 평가(評價)의 5개 요인으로 나누고 확산적 생산을 창의적 사고에 관련되는 능력으로 보았으며 그 하위요인으로 ① 문제에 대한 감수성, ② 사고의 유창성, ③ 사고의 융통성, ④ 사고의 독창성, ⑤ 면밀성, ⑥ 재구성력, 그리고 ⑦ 집요성으로 추출하였다.

〈창의력, 비판력, 문제해결 능력〉

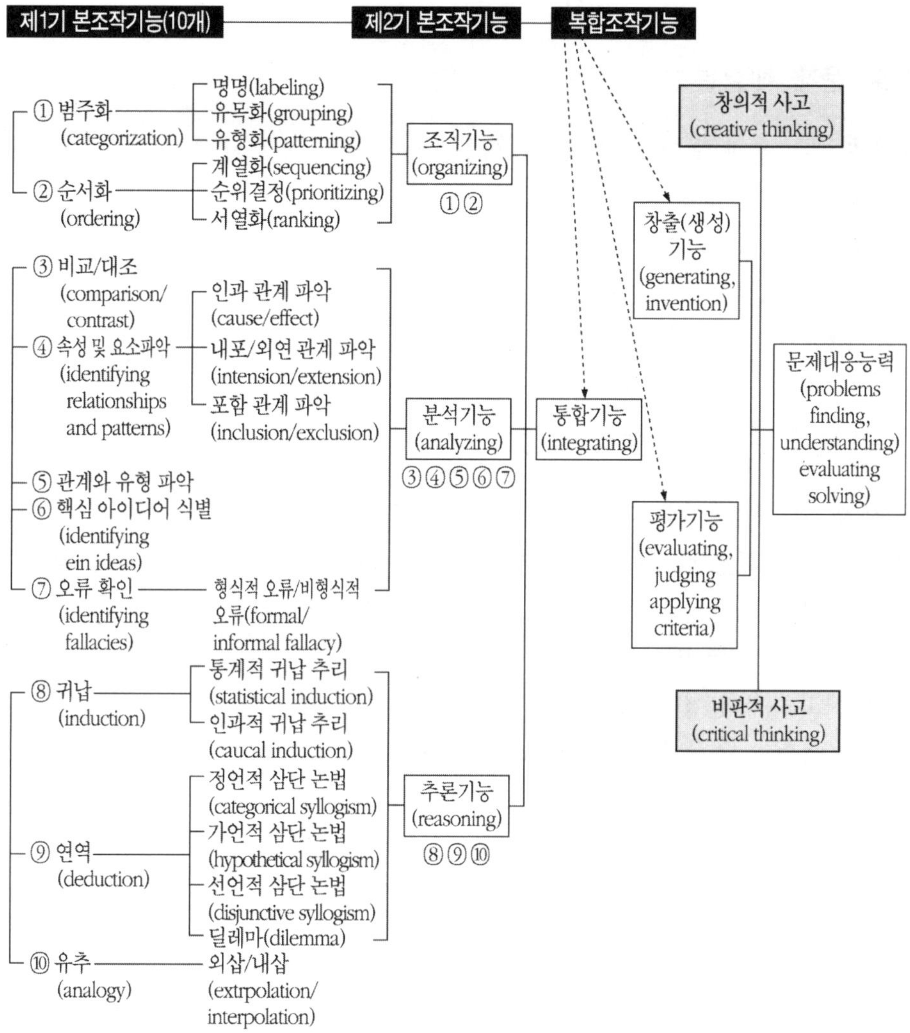

2) 과정론

Ghiselin은 창의성을 심리적 과정으로 보는 입장이다. 자기의 주관적 생활을 조직해 나가는 데서 보이는 변화와 발전과 진화를 추구하는 하나의 과정으로 이해했다.

기존의 질서에 대한 불만으로부터 시작해 새로운 질서의 발견, 또는 완성에서 끝나게 된다는 것이다. 그는 이러한 변화의 과정은 의식보다는 무의식에서 더 활발하며 해당본인의 용기를 필요로 하는데 이는 창의성이 통상적인 것, 대중적인 것으로부터의 고립과 이탈을 수반하기 때문이다.

3) 문제 해결론

창의성을 문제 해결력으로 보는 입장으로 다음의 것들이 있다.

- Wallas의 창의적 산출 단계설
- Rossman의 발명적 사고 단계설
- Dewey의 문제해결 단계설
- Osborn의 창의적 문제해결의 단계설

4) 성격 발달론과 성격 특성론

창의력을 성격발달의 과정으로 보거나 창의력 자체를 성격의 일부로 보는 입장이다. 개체의 환경에 대한 반응체제로 볼 때 Guilford는 창의력의 지적 특성설을 창의적 사고 요인설로 바꾸었는데 그 내용은 다음과 같이 요약된다.

① 문제에 대한 민감성(sensitivity to problems)

② 사고의 유창성(fluency in thinking)

- 어휘의 유창성(word fluency)
- 개념의 유창성(ideational fluency)
- 표현의 유창성(expressional fluency)

③ 사고의 융통성(flexibility in thinking)

- 자발적 융통성(spontaneous flexibility)
- 적응적 융통성(adoptive flexibility)

④ 사고의 독창성(originality in thinking)

⑤ 치밀성(elaboration)

⑥ 재정의성(redefinition)

한편, 창의력을 지능과 별개 요인으로 보는 사람들도 있다. IQ와 학업성취와의 상관이 .5를 보이고 창의력과 학업성취와의 상관 역시 .5로 나타나지만, IQ와 창의력과의 상관은 .2~.3의 낮은 상관을 보이고 있다. 따라서 IQ가 평균 이상만 되면 학업성취에 문제가 되는 것은 IQ보다 EQ가 더 중요하다고 본다.

창의력과 지능의 상관성을 연구한 Getzel과 Jackson은 지능이 높다는 것과 창의력이 탁월하다는 것은 반드시 일치하지 않으며 창의력과 지능은 같은 의미가 아니라고 본다. 그들은 Chicago 중학교구에서 6～12학년에 해당하는 449명에서 창의력 검사 점수가 전체 집단의 상위 20% 내에 속하지만 IQ는 상위 20%에 속하지 않는 고창의력 집단과, 반대로 IQ 점수가 전체 집단의 상위 20% 내에 들지만 창의력 점수가 상위 20% 내에 속하지 않는 고지능 집단들의 학업성적, 성취동기, 교사평가들을 비교한 결과, 학업성취나 성취동기에는 차이가 없고 창의력이 높은 학생들은 교사들로부터 호의적인 대우를 받지 못하는 것으로 나타났다.

한 학급에서 창의력과 IQ가 높은 학생을 비교하여 보면 첫째, 창의력이 높은 학생은 좀 거칠고 이상한 생각을 함으로써 평판을 얻으려고 한다. 둘째, 미술 시간에는 표준에서 빗나간 그림을 잘 그린다. 셋째, 유머나 장난기가 많다는 것 등이 지적되었다.

또한 문제상황에서 지적 · 정의적 과정으로 창의력을 이해하는 Rogers(1959)는 "창의력이란 하나의 새로운 결과를 만들어 내는 행동의 출현인데, 그것은 그 개인의 독특성(uniqueness)과 그 개인을 둘러싼 사건, 사람, 자료, 자기 생활상의 어떤 사정 등에 의해 생산되는 과정이다."라고 정의했다.

창의력이 산출되는 경우는 첫째, 개인은 자극을 지각하는데 있어서 상투성과 경직성을 배제하고 있는 그대로 그 순수성을 지각해야 한다. 둘째, 어떤 외적 기준에 의해 평가하지 않고 스스로 평가자가 되어 결과에 만족하는가, 또는 나의 생각－노력－감정이 충분히 반영되었는가의 기준에 따라 평가함을 말한다. 셋째, 새롭게 변화시키는 데 모든 가능성을 동원하고 기존 질서나 표준에서 볼 때는 이상하리만치 새로운 돌출 태도를 보인다.

(3) 창의력의 저해요인

1) 지식과 정보

개인이 갖고 있는 지식과 정보가 많을수록 창의력의 가능성은 크다. 창의력은 無에서 有를 만들어 내는 것이 아니라 有에서 有를 만들어 내는 것이다. 기존의 지식과 정보를 재구성하고 결합, 변형하거나 새로운 관계로 형성하는 것이 창의력이다. 그러므로 지식과 정보의 양을 많이 갖고 있을수록 창의력을 위해서는 좋으나 그릇된 정보는 오히려 창의력에 방해가 될 수 있다.

2) 과거의 습관이나 경험

사람은 나이가 들수록 보수적 경향을 띠고 새로운 것에 대해 부정적이다. 40대가 되면 같은 말을 40번 이상 들어야 변화가 온다고 한다. 이는 틀에 박힌 교육과 경험에 의해 기능과 사고가 굳어버렸기 때문이다. 그래서 문제해결에 있어서 경직화, 기계화, 고착화 현상을 드러내며 특히 우리는 학교교육을 통해서 평면적 사고, 수렴적 사고에만 익숙해 있기 때문에 문제해결이 비능률적이다. 습관화된 행동이 새로운 행동을 억제하듯이 습관화된 사고방식도 새로운 사고방식을 가로 막는다.

3) 태도와 성격

태도와 성격은 창의력을 발휘하는데 있어서 가장 중요한 요인이다. 창의력을 저해하는 태도와 성격은 ① 적극적 태도의 부족 ② 동조성 ③ 권위에의 맹종 ④ 노력의 부족 ⑤ 비판의식 결여 등을 들 수 있다.

4) 문제해결 방법의 미숙

체계적으로 문제를 해결하는 방법을 배우지 못했기 때문에 문제를 기피하거나 과거 경험에 따라 해결하려고 한다. 흔히 비창의적 문제해결 방식으로 ① 첫번 아이디어에 집착하는 행위, ② 성급한 판단, ③ 지나치게 높은 동기, ④ 쉬지 않고 노력만 하는 행위, ⑤ 구체적 · 실제적인 것에만 관심, ⑥ 복잡한 것을 참지 못함, ⑦ 경험에 얽매인 판단, ⑧ 판단 또는 평가의 보류 등이 있다.

5) 환경적 장애

창의력을 억압하는 환경요인들도 있으니 ① 규범과 원리, 절차 등을 강조하는 환경, 조직의 영향 ② 변화를 싫어하는 환경의 속성(안정지향성) ③ 자기방어 본능 의식의 팽배 ④ 창의력을 발휘할 시간 부족(시간에 쫓기는 생활환경) ⑤ 지나치게 협동과 경쟁을 강조하는 풍토 ⑥ 문제의식의 결여 ⑦ 백일몽, 공상 등에 의한 부정적 생각 풍토 ⑧ 창의적 인간이 고립되는 풍토 ⑨ 아이디어가 도둑맞게 될까봐 공개를 꺼리는 풍토 ⑩ 가정과 학교의 경직되고 수직적인 의사소통 통로와 환경적인 제약 때문에 선천적으로 타고난 창의력도 위축되고 시들어져 버리는 경우가 있다.

(4) 창의력의 촉진 요인

1) 창의력의 특징

신세호(창조적 개발을 위한 교육)는 "지적으로 탁월한 것과 창조적인 일을 하는데 탁월한 능력을 발휘한다고 하는 것은 같은 뜻이 아니다."라고 하며 지적으로 우수한 학생이라 해서 반드시 창의적 아이디어를 내는 것은 아니라고 했다. Karl Anderson은 창의력이 높은 학생의 특징으로 ① 알고싶은 의욕이 강하다. ② 거듭 살핀다. ③ 깊이 탐색한다. ④ 냄새를 귀로 듣는다. ⑤ 고양이에게도 말한다. ⑥ 물 속 깊이 잠긴다. ⑦ 열쇠가 잠긴 문밖으로 탈출한다. ⑧ 모래 위에 누각을 세운다. ⑨ 내세에 손댄다. 등을 제시했다.

창의력이 높은 학생일수록 학교교육에서 외면 당할 수 있으므로 인내와 세심한 보살핌이 필요하다.

2) 창의력을 촉진하는 요인

1 수용적 이해 분위기를 조성

따뜻하고 인간미 넘치는 학급 분위기는 창의성을 촉진한다. 창의적인 아동은 그 행동이 생산적인 면을 띠기는 하나 상식과 규범에서 다소 일탈을 보이는 경우가 있기 때문에 교사로부터 요주의 인물이 되거나 친구들 간에 따돌림을 당할 수 있다. 그러므로 이들을 바르게 수용하고 이해할 수 있어야 한다.

2 개인적 동기유발

학생이 가진 순수한 동기를 권장하고 강화시키는 분위기가 필요하다. 창의성 계발을 위해서는 성취감과 자신감을 북돋아주는 것이 필요하다.

3 적절한 자아 개념의 형성

학생들이 자기 자신의 재능에 대한 자신감과 긍정적인 자아 개념을 가져야 한다.

학생들은 자기의 능력이나 생각이 타인과 다를 때, 그것을 염려할 수 있고 이는 창의력과 재능을 위축시킬 수 있다.

④ 자유로운 분위기 조성

창의적인 학습과 사고 활동을 함양하기 위해서는 불필요한 간섭을 삼가고 자유로운 구상과 표현활동을 보장해 주는 것이 좋다.

⑤ 교사와의 협조적인 지도체제

학생의 일탈을 이해, 수용하고 창조적 재능을 개발할 수 있는 기회를 부여하며 부모나 다른 교사들도 이들을 이해하도록 원조해야 한다.

(5) 창의력을 길러주는 방법

창의력을 길러주기 위한 기법들 중 뇌기능 특성과 관련된 것을 정리하면 다음과 같다.

좌뇌의 기능적 특성	학습 프로그램
1. 언어적 지시나 설명에 잘 반응한다. · 기억하고 생각하는 데 언어를 사용한다. · 청각적 자극에 잘 반응한다. · 말하고 쓰는 것을 좋아한다. · 몸짓 언어에 비교적 둔하다. · 은유나 유추를 거의 사용하지 않는다.	· 언어적으로 설명하는 학습 · 정확한 단어를 사용하여 이해하는 학습 · 언어로 발표하는 학습 · 은유나 유추를 사용하지 않고 그 뜻을 직접 설명해 주는 학습
2. 객관적으로 판단한다. · 한 가지 방법으로 공부하는 것을 좋아한다. · 선다형 검사를 좋아한다. · 확고하고 확실한 지식(정답)을 좋아한다.	· 한 가지 방법으로 문제를 해결하는 학습 · 공통점보다는 개개의 차이점을 찾아내는 학습 · 선다형 검사를 사용하는 학습 · 선택형 질문을 사용하는 학습 · 정확하고 빈틈없는 지식을 전달하는 학습 · 증거를 제시하여 타인이 동의할 수 있도록 객관적인 판단을 하는 학습
3. 구체적으로 계획된 연구나 일을 좋아한다. · 계획적이고 구조적인 것을 좋아한다. · 잘 통제된 상황에서 실험하거나 공부하는 것을 좋아한다. · 감정을 통제한다.	· 계획을 세워서 계획대로 추진하는 학습 · 지시에 따라 실험하는 학습 · 교사 중심의 학습 · 감정을 통제하고 냉철한 입장에서 사물을 보고 생각하는 학습

4. 내용을 부분적으로 나누고 논리적, 계열적으로 문제를 해결하기를 좋아한다. · 분석적인 방법으로 공부한다. · 논리적인 추리나 경험적인 검증에 의하여 대답을 얻는다.	· 문제를 부분적으로 나누어 해결하는 학습 · 논리적 계열적으로 생각하는 학습 · 내용을 상세하게 파악하는 학습

지금까지는 암기력을 중심으로 좌뇌를 집중 개발하는 학습 프로그램이 주로 유행하였다.

그러나 창의력, 발견과 발명, 다양성을 기르기 위해서는 우뇌의 기능과 특성을 중심으로 하는 학습 방법이 더 강화되어야 한다.

우뇌의 기능적 특성	학습 프로그램
1. 시범, 그림에 의한 설명, 상징적인 지시(기호, 부호, 몸짓)에 잘 반응한다. · 기억하고 생각하는데 심상(image)에 의존한다. · 그림을 그리고 물건을 조작하는 것을 좋아한다. · 동작에 잘 반응한다. · 몸짓 언어를 잘 해석한다. · 은유나 유추를 사용한다.	· 그림, 사진, 도해 등을 사용하여 심상을 떠오르게 하는 학습 · 그림이나 그래픽으로 그려보게 하는 학습 · 몸의 동작을 사용하는 학습 · 신체적인 표현, 동작을 통해서 설명하는 학습 · 심상을 살릴 수 있는 학습
2. 주관적으로 판단한다. · 자유기술형 검사를 좋아한다. · 파악하기 힘들며 불확실한 정보를 좋아한다.	· 주관적으로 판단하고 주장하는 학습 · 모든 현상의 개별적인 특징보다는 공통적인 특징을 찾아내도록 하는 학습 · 자유기술형 검사를 자주 사용하며 정답을 반드시 원하지 않는 학습 · 폭넓고 융통성이 있는 답이 나올 수 있는 질문을 많이 하는 학습 · 비유를 들어 설명하고 글을 읽은 후 그 글에 제목을 붙이도록 하는 학습 · 문제해결을 위해 여러 각도로 접근하는 학습
3. 임의적으로 설명하고 타인의 제약에 개의치 않는다. · 사전에 구체적으로 계획되지 않는 일을 좋아한다. · 자발적이고 유동적이다. · 비교적 자유롭게 감정을 표현한다.	· 통제가 적고 자유로운 작업이나 탐구를 하는 학습 · 자발적으로 일하는 학습 · 느낀 것을 자유롭고 솔직하게 몸짓이나 말로 표현하는 학습
4. 문제를 전체적으로 주관적인 생각으로 해결하기를 좋아한다. · 직관적으로 문제를 해결하기를 좋아한다. · 종합적으로 해결하기를 좋아한다.	· 전체적 윤곽을 통해서 문제해결을 하는 학습 · 내용을 전체적으로 이해하는 학습 · 전체적 줄거리에 따라 내용을 이해하며 이야기를 전개하는 학습

이 가운데 가장 자주 쓰이고 있는 우뇌계발, 즉 창의력 신장을 위한 학습법으로 브레인스토밍(brain storming : 무제한 아이디어 내기)을 비롯한 몇 개가 있다. 이는 각각 우측 뇌기능과 좌측 뇌기능을 자극하는 방법으로 학교교육 상황에서도 활용될 수 있는 것이다.

참고자료

양뇌활용법(좌뇌와 우뇌를 골고루 자극해야 된다)

좌뇌와 우뇌를 골고루 자극해야 한다. 일반적으로 좌뇌는 언어 · 수리 · 분석 · 논리 · 이성적인 면을, 우뇌는 비언어 · 시공간 · 직관 · 감성적인 면을 맡는다. 기억력을 키우려면 전뇌를 골고루 발달시켜야 한다. 하지만 입시교육과 직장인의 업무는 모두 좌뇌 중심으로 되어 있다. 따라서 의도적으로 우뇌를 발달시켜야 한다. 미술 · 음악 등 취미생활도 좋고, 맛있는 음식을 찾아다니는데 손과 발을 활용하는 방법도 있다. 손 · 발은 뇌가 파견한 기관이라는 말이 있다. 뇌 위치와 손은 반대이므로 우뇌를 발달시키려면 왼손으로 작업을 하거나, 왼발로 공을 차는 등 활용도를 높인다.

기억하는 데도 기술이 필요하다. 머릿속에 그림을 그리는 것은 기초적인 방법이다. 차를 주차할 때 입구, 주변 상황, 주차 방향 등을 머릿속에 그려보자. 회의할 때 탁자에 앉은 사람을 사진처럼 뇌 속에 찍어 두면 유용하다.

체계화와 연상 방법도 있다. 잘 생각나는 단어에 이름이나 색 · 사건 등을 연계시켜 기억창고에 담아둔다. 기억의 연결고리를 만들어 두라는 것이다.

마지막으로 다양한 정신 활동과 규칙적인 운동을 해야 한다. 앞에서도 설명했듯이 기억은 반복에 의한 신경전달 통로의 강화다. 외국어를 배우는 것과 같이 뇌를 지속적으로 자극하자.

1 좌뇌를 발달시키는 방법

① 주의집중은 최고의 기억력 증진 활동이다.
② 반복 학습으로 뇌 신경회로를 강화한다.
③ 지나친 학습 과부하를 덜어 본다.
④ 사진을 찍듯 머릿속에 사물을 그려 본다.
⑤ 이름 · 숫자 · 색 등 기억의 연결고리를 만들어 본다.
⑥ 새 기계를 사면 반드시 매뉴얼을 읽어 본다.
⑦ 업무 매뉴얼을 만들고 순서를 정해 본다.
⑧ 명랑한 감정을 유지하고, 감정표현에 솔직하자.
⑨ 술과 담배를 자제한다.
⑩ 규칙적으로 운동한다.

2 우뇌를 발달시키는 방법

① 상대방의 눈과 표정을 보며 대화를 한다.

② 옷을 입을 때 색과 모양을 여러 가지로 조합해 입어 본다.
③ 비논리적인 상상과 공상을 한다.
④ 말을 할 때 제스처를 쓰고 표정을 다양하게 구사한다.
⑤ 평소 다니던 길을 벗어나 새로운 식당 · 찻집을 찾는다.
⑥ 젊은이들의 노래나 춤을 배워 본다.
⑦ 스킨십을 통해 교감을 얻는다.
⑧ 손 · 발을 이용한 작업이나 놀이를 한다.
⑨ 낙천적으로 생각한다.
⑩ 혼자 여행해 본다.

참고자료

대뇌피질의 기능에 관한 현대적인 이해는 특정 뇌 부위 손상이 행동적 · 정신적 과제 수행능력에 미치는 효과나 특정 뇌 영역을 자극했을 때 보이는 행동적 · 정신적 발견들, 행동적 · 정신적 과제 수행시 뇌의 여러 위치에서 보이는 전기적 활동들을 기록하거나 뇌 영상 기법을 이용해서 얻어진 결과를 토대로 이루어졌다. 그러나 특정 기능과 연관된 뇌 부위의 관련성을 너무 곧이곧대로 받아들여서는 안 된다. 기능이란 독립적인 개별영역에 의해 작동하는 것이 아니라 상호 연결된 여러 부위들 간의 협응에 의해 성립된다. 일반적으로 보자면 특정한 뇌 영역이 담당하는 고유의 기능을 밝혀내는 데는 동물 연구가 많은 공헌을 하였다. 사실 동물 연구가 없었다면 인간으로부터 얻은 정밀하지 못한 결과를 해석하느라 고생을 많이 했을 것이다. 그럼에도 불구하고 인간 뇌 연구는 나름대로의 공헌을 했는데 인간 뇌에서만 주로 보이는 기능들을 이해하는 데 있어 특히 그렇다.

〈대뇌피질 기능에 관한 현대의 지도〉

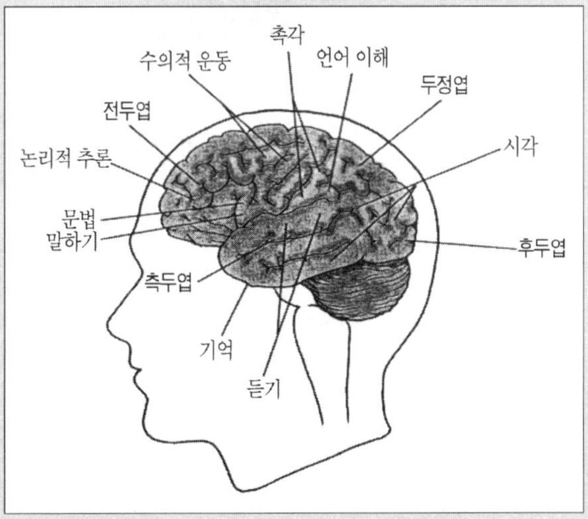

〈두뇌 투시도〉

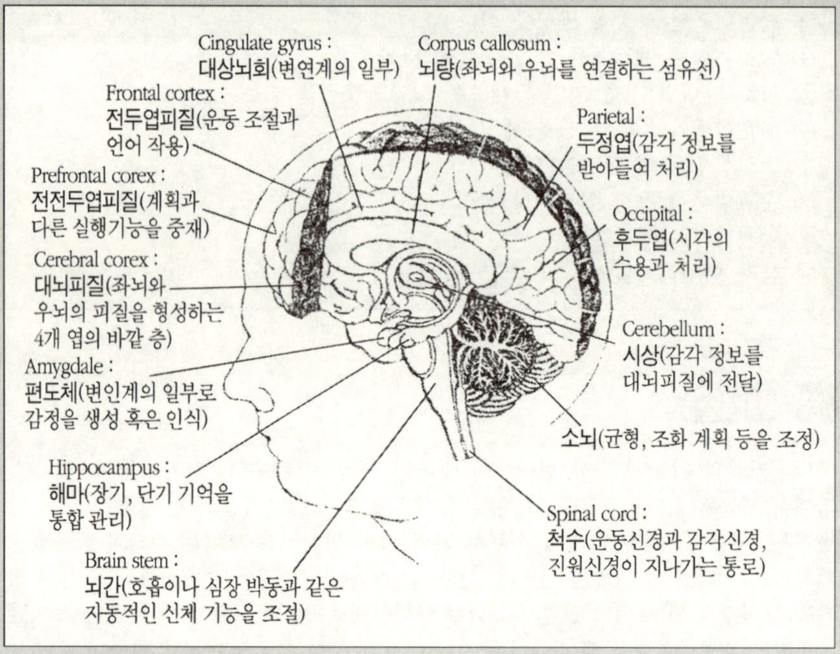

〈대뇌피질 내의 주요 영역 요약〉

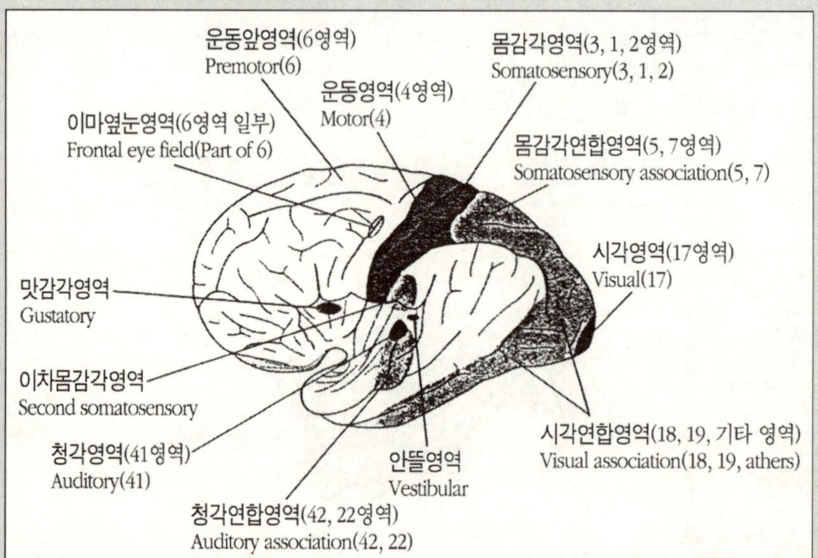

참고자료

숨겨진 재능 2%를 찾아라(내 아이가 혹시 다빈치? 피카소?)

－부모 31%는 "자녀 능력 잘 모른다"…좌우뇌형, 어느 스타일인지 파악해야－

우리 아이 혹시 천재 아닐까? 아이들이 자라면서 '기특한 짓'을 하기 시작하면 모든 부모가 내 자녀의 특별함을 믿고 싶어한다. 피아노만 딩동거려도 모차르트인가 싶고 골프공만 갖고 놀아도 '미셸 위?' 한다.

하지만 이런 열망에도 불구하고 정말 아이의 적성과 특질을 제대로 파악하는 부모는 많지 않다. 한국메사에서 지난해 5~13세 자녀를 둔 부모 100명을 대상으로 조사한 결과 '자녀의 능력을 잘 모른다'는 응답이 31%였고 '자녀의 능력을 알고 있다'고 답한 응답자(69%) 가운데 절반 이상이 잘못 알고 있는 것으로 나타났다.

한국메사는 독일 하노버대의 클라우스 우어반 교수가 개발한 TCT－DP(Test for Creative Thinking-Drawing Production)란 진단도구를 사용해 지능뿐 아니라 이를 활용하는 모든 능력을 포함한 종합적인 잠재력을 측정하고 있다.

정미숙 한국메사 대표는 "인지적 능력은 좌 · 우뇌가 구분되는데 대부분 지능검사에서는 우뇌 정보가 배제돼 종합적인 인지능력을 판단하기 어렵다"며 "좌 · 우뇌가 균형 잡힐 때 최대의 잠재력을 발휘할 수 있다"고 말했다.

좌뇌적 능력은 지식이나 정보를 잘 기억하고 활용 · 분석 · 조합하는 논리적 사고력으로 주로 학습능력과 관련된다. 반면 우뇌능력은 융통성, 상상력, 독창성 등 창의적 능력이다. 그럼 우리 아이는 좌뇌형과 우뇌형 중 어느 스타일일까? 생각해 보자.

① 위대한 과학자 아인슈타인형(상대적 좌뇌형)

좌뇌가 우뇌보다 우수한 편이나 우뇌 능력 역시 일정 수준 이상 발달한 유형이다. 극좌뇌형의 교육목표가 상대적 좌뇌형일 수 있다.

새로운 것에 호기심이 많고 탐구능력이 뛰어난 상대적 좌뇌형은 아인슈타인이나 에디슨 같은 과학자로서의 미래가 어울린다. 과학은 치밀한 논리력과 창의적 상상력이 곁들일 때 훌륭한 결과가 나올 수 있기 때문이다.

진원이(10 · 서울 광진구 구의동)는 상대적 좌뇌형이다. 부모는 평소 진원이에게 책을 많이 읽도록 지도하고 책을 읽은 뒤에는 그림독후감을 그리도록 해 우뇌적 성향을 잃지 않도록 이끌고 있다.

상대적 좌뇌형은 이처럼 논리성과 독창성이 조화를 이루면서 자랄 수 있도록 도와주는 것이 최선이다. 전체적인 사고능력이 성장할 수 있는 환경을 만들어 주어야 한다.

② 천재수학자 아르키메데스형(극좌뇌형)

좌뇌 능력이 뚜렷하게 발달해 수학 · 과학에서 두각을 나타낸다. 모범생 소리를 듣지만 로마군과의 전투 중 수학문제를 풀다 사망한 아르키메데스처럼 고지식하고 융통성이 부족해 환경적응력이 떨어진다.

부모가 둘 다 연구원인 준성이(5 · 서울 종로구 평창동)는 TCT－DP 검사 결과 상위 10%에 드는 극좌뇌형 아이이다. 극좌뇌형 아이들은 부모 역시 극좌뇌형인 경우가 많은데 준영이 부모도 이공계 출신이다.

준영이 엄마 이모(31) 씨는 "우리 세대는 창의적 사고의 필요성을 못 느꼈지만 아이가 살아갈 미래에 대비해 창의적 능력을 키우기 위한 노력이 절실함을 느꼈다"고 말했다.

아이에게 유연한 사고를 끌어내기 위해선 정답이 없는 질문을 하는 것이 좋은 방법이다. 책을 읽은 후 "내용이 뭐였지?"보다는 "그 책에서처럼 세상에 자동차가 없다면?" 하는 식으로 묻는다. 다만 극좌뇌형 아이들은 생각 자체가 큰 부담이기에 너무 스트레스를 주지는 말아야 한다.

③ 다재다능 다빈치형(균형발달형)

10명 중 한두 명에 불과한 균형발달형은 좌 · 우뇌 능력이 균형잡히면서 양쪽 모두 발달한 유형이다.

규선이(10 · 서울 송파구 오금동)는 상위 1%에 드는 균형발달형의 특별한 아이이다.

규선이 엄마 박모(36) 씨에 따르면 규선이는 어릴 때부터 과학과 만들기에 관심이 많았다고 한다. 이와 함께 규선이는 어릴 때부터 부모가 가족회의를 통해 가정의 대소사를 의논하고 결정하면서 아이들 의견에 귀를 기울이고 같이 책을 읽고 놀아주는 문화 속에서 자라왔다.

균형발달형 아이는 부모 입장에서 어느 한 적성이 뚜렷하지 않아 실망할 수도 있지만 자라면서 어느 유형보다 크게 성장한다. 수학 · 과학 · 의학 · 건축 · 예술 모든 분야에서 천재적인 업적을 남긴 다빈치와 같이 흥미를 느끼는 어느 분야에서건 독보적인 업적을 남길 수 있다.

정 대표는 "균형발달형 아이의 경우 논리성과 독창성을 조화시키도록 지도해야 한다"고 말했다.

④ 독창적 예술가 피카소형(극우뇌형)

중환이(6 · 경기 구리시 교문동)는 상위 9%에 드는 극우뇌형 아이이다. 극우뇌형은 창의적 사고력이 뛰어난 반면 규율 규칙을 따라하는 것을 참지 못한다. 학교에서 글짓기 주제를 내주면 엉뚱한 글을 써오는 아이들이 이런 형에 속한다.

이런 아이들은 '산만하다' '엉뚱하다'란 소리를 듣기 쉽다. 아이를 이해 못하고 학교 잣대로만 평가할 때 아이 재능은 빛을 잃는다. 극우뇌형에게 학습지 공부는 '극약'이다. 아이가 학교생활에 적응하기 힘들어 할 때는 역할모델을 일찍 세우게 한 뒤 목표를 이루기 위해 자기통제를 해야 한다고 일깨워 주는 방식이 효과적이다.

⑤ 독보적 건축가 가우디형(상대적 우뇌형)

수민이(5 · 여 · 서울 동대문구 청량리동)는 부모의 적극적 지원 아래 온 집안을 '예술작품'으로 만드는 것을 즐긴다. 검사 결과는 상대적 우뇌형이다. 우뇌가 좌뇌보다 우수한 편이나 좌뇌 역시 일정수준 이상 발달을 보이는 유형이다.

예술적인 감각을 구체적인 결과물로 연결짓는 능력이 뛰어난 상대적 우뇌형은 건축처럼 예술성과 응용성을 통합한 응용예술 분야에서 성공할 가능성이 크다.
상대적 우뇌형은 상대적 좌뇌형과 마찬가지로 자라면서 좌 · 우뇌의 능력이 상호작용을 하면서 극우뇌형이나 극좌뇌형에 비해 성장할 가능성이 더 크다.

1) 브레인스토밍(Brainstorming)

'무제한 아이디어내기'라는 말 뜻대로 특정한 주제 또는 문제에 대해 두뇌에서 폭풍이 휘몰아 치듯이 생각나는 아이디어를 아무제한 없이 내놓게 하는 기법이다.

Alex Osborn이 1942년 광고분야의 기발한 아이디어를 얻기 위해 고안한 것인데 이 방법의 기본 전제는 아이디어의 양이 질을 결정한다는 것이다. 이 방법은 ① 비판을 하지 않는다. ② 자유 분방함을 권장한다. ③ 아이디어의 양을 추구한다. ④ 결합과 조합을 통해 개선한다. 등이다.

2) 사이넥틱스(Synectics)

'서로 관련이 없는 요소들간의 결합'을 의미하는 희랍어 'Synecticos'에서 유래했는데 1961년 Gordon이 이 개념을 창의적인 문제해결 기법으로 발전시켰다. 이 기법은 산업체 또는 경영학 분야에서 문제해결 방법으로 활용했으나 특성상 학교교육 상황에서 창의적인 문제해결 기법으로도 쓸 수 있다. 이 방법은 당연한 것으로 받아들이는 대상이나 요소를 이상한 것으로 파악하거나 받아들이는 것으로 일상적 경험을 통해서 창의적 사고를 기르거나 민감성을 증진시키는 기법이다.

3) 형태분석

해결해야 할 문제와 관련된 제반 요인들을 추출하고 이들 요인 각각을 한 변으로 하는 입방체를 만든 다음 이 입방체가 만드는 각각의 요소에 아이디어의 명칭을 강제적으로 부여함으로써 새로운 해결책을 찾는 방법이다. 해결해야 할 문제와 관련된 제반 요인들은 브레인스토밍이나, 개인적인 사고 과정을 통해서 찾아낼 수 있다.

4) 아이디어의 계통도 만들기(mind-mapping)

아이디어의 질이 유사한 것들끼리 묶어줌으로써 보다 더 다양한 아이디어의 산출을 가능하게 해 주는 것이다. 이 방법은 아이디어 계통 나무를 만들고 여기에 해당하는 나무 가지를 강제적으로 채우게 하는 방법이다.

3. 학교교육에서의 창의력

(1) 창의력 교육의 필요성

한명희 교수는 창의력의 교육적 가치를 철학적, 사회적, 심리적 차원으로 나누어 설명하였다. 즉, 철학적 측면에서는 ① 창의력은 현대 지식관의 문제와 관련해서 필수적인 요소가 되며, ② 인간 존재는 고정적 존재가 아니라 과정적 존재라는 관점에서 창의성이 중요하고, ③ 가치문제의 해결에 요청되는 능력이란 점에서 창의력이 중요시된다.

사회적 측면에서는 미래의 사회는 신기성(novelty), 잠시성(traniency), 다양성(diversity)을 특징으로 하는 만큼, 이러한 사회에 적응하고 생존하기 위해서는 능동적으로 새로운 방법을 찾아낼 수 있는 창의력을 필수로 함양해야 되기 때문이다.

심리적 측면에서는 개인의 정신 건강과 자아실현의 필수 요소로서 창의력은 자아결정, 자아 통합의 전제가 되는 능력이다. 모든 인간은 저마다 독특한 능력과 개성을 지니고 있으며 스스로의 결정에 따라 행복을 추구할 권리를 지닌다. 개인이 행복을 추구하기 위해서는 자기에게 합당한 일을 스스로 선택하고 실행 방법을 추진해 나감으로써 자아실현을 이룰 수 있어야 한다.

(2) 창의력의 교육 방법

미래사회에 필수적인 창의력을 교육하기 위해서 창의적 풍토의 조성이 필요하다. 개방적 · 허용적 풍토의 조성과 자극적인 환경의 조성 및 유인체제 강화가 마련되어야 한다. 창의력을 개발하기 위한 교수-학습 활동이 강화돼야 한다. 창의력 교수 방법에 관해서 Smith는 '방법이 없는 것이 곧 방법이다(No method is a method).'라고 했다. 이는 창의력 교육은 특정한 방법 보다는 상황과 대상에 따라서 창의적으로 스스로 적절한 방법을 찾아서 해야 한다는 뜻이다.

한 예로 신세호가 제시한 창의력 학습모형은 문제를 해결하는 과정으로 창의적 학습장면을 투입 → 과정 → 산출로 나누는 학습원리와 학습풍토 위에서 교사와 학생이 역동적 상호작용을 무제한 허용하는 것이다.

여기서 학생 행동은 하나의 종속 변인인데, 주위에 있는 교사행동, 학습원리, 학습풍토 등 3개의 독립변인이 학생에게 작용해서 나타나주기를 바라는 행동, 즉 학생에게 창의력이 길러지게 하는 것이다.

학생의 창의적 활동과정은 다음과 같은 창의 학습과정을 거치게 한다.

창의적 사고의 유도과정	관찰 → 문제 → 인지 → 주의 집중 → 탐색 → 결정 → 산출					
기대되는 학생활동	의문 및 불만의 발생	편견없는 지각	자아의 포용	준비	확산적 노력	평가

자아포용이란 그 문제를 스스로 해결해 보겠다는 내발적 동기가 유발된 상태로서 제동이 걸리거나 동기가 유발되지 않으면 창의력은 행동으로 나타나지 않는다.

현재 우리 나라는 기존질서의 모방대신 새로운 정보를 발견하는 창의력 개발 교육이 특별히 필요하다. 다음 도표는 학생 활동의 각 단계별로 교사가 취할 수 있는 행동을 나타낸 것이다.

〈교사의 창의력지도 활동〉

창의적 학습의 과정	학생행동	교사행동
문제 발견	순수한 지각	문제의 다면성 노출
인지	의문 및 불만	문제해결 사이의 장애요소 규명
주의집중	자아 포용	동기의 강화
탐색	준비 및 확산적 노력	확산활동의 지도
결정	평가	평가
산출	목표 달성	목표달성

문제의 다면성 노출이란 문제가 등장하면 학생들이 여러 측면에서 지각할 수 있도록 문제의 의미 분석과 단서를 제공하고 문제해결의 장애요소를 규명하여 제거할 수 있도록 돕는다.

동기의 강화는 자발적 동기를 유발하고 지속적으로 유지하게 하는 것이다. 확산 활동의 지도는 창의력 교육의 주 내용이며 평가는 사고 과정에서 의도적으로 일체의 비판이나 평가를 보류했으나 일단 결과가 나오면 명확한 기준에 따라 평가해야 한다.

한국여성발명협회에서는 주부나 청소년들에게 발명의 단서로 사고의 유연성을 일러주고 있다. 발명을 잘하기 위해 ① 기록하라(희미한 잉크가 뛰어난 기억력을 이긴다). ② 여러 가지로 생각하라(똑똑한 바보가 창의적인 생각을 한다). ③ 고치지 말고 개선하라(폐품을 사용하면 중고품이 되지만 개선하면 발명품이 된다). ④ 불편한 점을 찾아라(필요는 발명의 어머니다). ⑤ 습관의 2%를 바꾸라(발명하는 습관이 발명가를 만든다.) ⑥ 유연성을 키우라(생각을 바꿔야 아이디어가 생긴다). ⑦ 시대의 높이에 맞춰라(가스보일러 시대에 연탄집게는 아무리 잘 만들어도 소용없다). ⑧ 가까운 것에서 시작하라(등잔 밑이 어둡다/의외로 해결의 열쇠는 가까이 있다) ⑨ 앞서가라(뒤쫓아가면 단명하다). ⑩ 나도 할 수 있다(도전해야 꿈을 이룬다).

이제 아이디어가 떠올랐으면 실행하는 발명기법을 생각해 보자. 부뚜막의 소금도 집어 넣어야 짜고, 서말구슬이라도 꿰어야 보배란 말이 있다. 생각 속에서 맴돌다 사라지면 아무 소용도 없다. 발명기법은 ① 더해 보라(지우개 달린 연필/질레트 면도기/보온겸용 밥솥). ② 빼보라(연통 없는 난로/씨없는 수박/무선전화기). ③ 용도를 바꿔 보라(천막천으로 만든 청바지, 주전자로 물뿌리개 만들기). ④ 모양을 바꿔라(엠보싱 화장지/십자드라이버). ⑤ 재료를 바꾸라(종이컵/나무젓가락). ⑥ 반대로 생각하라(거꾸로 세운 화장품 용기/발가락 양말). ⑦ 모방하라(츄잉껌으로 풍선껌 만들기). ⑧ 크게 하거나 작게 하라(미니스커트/내시경). ⑨ 폐품을 활용하라(연탄재로 벽돌 만들기). ⑩ 실용성을 높이라(자전거+원동기=오토바이) 이런 과정을 거쳐 물이 줄줄 흐르는 음식물 쓰레기를 몇 시간 안에 바싹 말려 주는 음식물 쓰레기 건조기(루펜)가 나왔고, 공기청정기가 초소형으로 제작돼(에어비타) 두바이에 건설 중인 10만 가구 아파트에 납품되고 있으며 주부들을 물걸레질 노동으로부터 해방시킨 스팀 청소기가 발명돼 2005년 한 해에 1500억원의 매출을 올린 바 있다. 이런 사례들이 창의력의 중요성을 말해 주고 있다.

참고자료

'왜'라고 자주 묻자

자녀의 창의력을 높이는 법

최근 입시의 흐름은 사고력과 창의력 측정에 초점이 맞춰지고 있다. 어릴 때부터 'MSC-사고' 훈련을 단계적으로 하면 아이의 사고력 · 창의력이 눈에 띄게 향상된다. 'MSC-사고'는 다차원적 사고(Multi-dimensional thinking), 구조적 사고(Structural thinking), 창의적 사고(Creative thinking)의 단계를 말한다.

다차원적 사고는 한 마디로 아이에게 생각의 차원을 높여주자는 것이다. 그래야 생각이 깊은 아이가 될 수 있다. 한 가지 예로, 세상이 어떤 색으로 되어 있는지를 아이에게 물었다고 하자. 만약 아이가 세상이 파랗다고 하면, 왜 파랗다고 생각하는지를 아이에게 질문해야 한다. 이 때 부모는 세상이 원래 파란 것이 아니라 세상을 바라보는 아이의 안경이 파랗기 때문에 세상이 파랗게 보였다는 것을 일깨워 주어야 한다.

그런 다음 부모는 아이의 생각의 차원을 한 단계 더 높여 주어야 한다. 이제 아이가 자신의 안경이 왜 파란지를 다시 한번 더 생각할 수 있게 말이다. 이 단계에서 아이에게 자신의 안경이 그가 속한 사회와 역사로부터 영향을 받고 있다는 것을 느끼게 해주면 좋다.

이러한 방식으로 대상에 대한 생각의 차원을 계속 높여 가면 아이는 훨씬 더 깊은 생각을 할 수 있게 된다. 부모는 아이에게 대상에 대한 단순한 지식을 가르치기 보다는 항상 '왜'라고 질문해 줌으로써 아이 스스로가 자신의 생각을 다시 생각해 보는 단계에 이르도록 교육해야 한다.

아이가 다차원적 사고를 통해 생각이 깊어지면, 이제 자신의 생각을 구조적으로 표현할 수 있도록 훈련시켜야 한다. 간단히 말해서 자신의 생각을 논리적 · 체계적으로 표현하게 하자는 것이다. 이러한 능력이 바로 구조적 사고다. 이 사고는 아이들의 레고놀이에 비유될 수 있다. 아이들은 여러 모양의 조각을 서로 연결해서 자신이 원하는 하나의 구조물, 예를 들면 집이나 비행기 같은 것을 만든다. 이러한 구조물은 그냥 만들어지는 것이 아니라, 아이들이 여러 조각들을 어떻게 연결하느냐에 따라 다르게 된다.

구조적 사고도 레고놀이와 같은 원리다. 먼저 지적 구조물인 지식이 어떤 변수로 이루어졌으며, 또 이 변수들 사이에 어떤 관계가 있는지를 찾아낸다. 그 다음 이 과정을 뒤집어 변수들이 어떻게 관계되어 하나의 지식, 즉 지적 구조물이 되었는지를 알아낼 수 있다. 이 과정을 훈련하다 보면, 아이는 저절로 분석적인 사고를 하게 되며, 또 논리적인 마인드를 갖게 된다.

그 다음 아이가 구조적 사고 기반 위에서 창의적 사고를 할 수 있도록 훈련시켜야 한다. 창의성은 단순한 발상의 전환이나 남들과 다르게 생각하는 것이 아니다. 창의적 사고는 구조적 사고를 하면서 남들이 사용하지 않는 숨은 변수를 찾아내거나, 이미 있는 변수들 사이에 숨은 관계를 발견하거나 아니면 한 분야에서 발견된 구조를 다른 분야에 적용하는 것을 뜻한다.

예를 들어, 물이 든 비커에 잉크 몇 방울을 떨어뜨리면 잉크 입자가 확산한다. 이것을 브라운 운동이라고 하는데, 19세기말 대부분의 물리학자들은 입자가 스스로 혼자 움직이는 것을 이상하게만 여겼지만 그 원리는 알지 못했다. 그러나 구조적 사고에 능한 아인슈타인은 이 현상이 잉크입자와 물분자간의 충돌로 해서 생겨나는 현상임을 간파했다.

4. 창의력 계발을 위한 학습과정

(1) 일반적 학습과정

의문에서 출발하여 해결될 때까지의 단계로 다음과 같은 기본과정을 거친다.

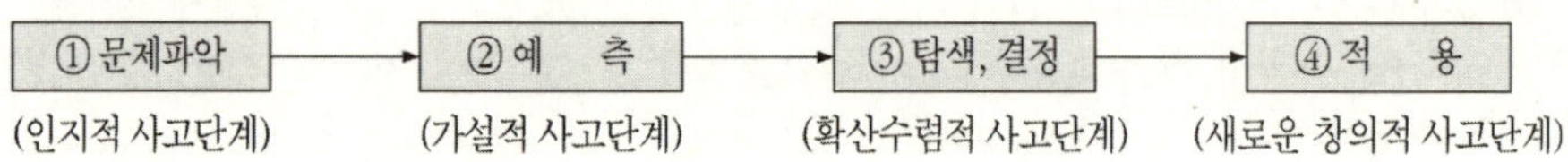

〈순위과정〉

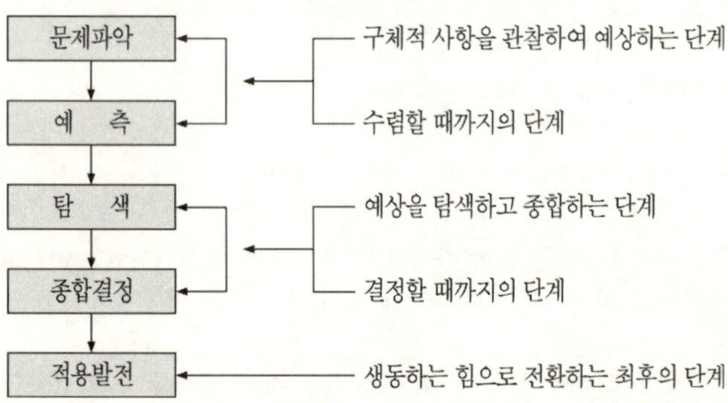

(2) 여러 조건에 대응한 학습과정

① 사고를 키우는 학습과정(사고 자료)
문제파악 → 예측 → 탐색 → 종합결정 → 적용의 단계

② 표현 능력을 키우는 학습과정(표현 교재)
문제파악 → 예측 → 탐색 → 종합결정 → 적용의 단계

③ 기능을 높이는 학습과정
문제파악 → 예측 → 탐색 → 종합결정 → 훈련(숙달)의 단계

(3) Sternberg의 사고양식에 대한 연구

Sternberg(1988, 1990, 1997)는 인지, 성격, 활동 중심 양식의 세 가지 구분을 종합하고 그 외 다양한 접근들을 통합하여 정신자치제 이론에 근거한 사고양식을 제안하면서, 자신의 이론이 스타일에 관한 전통적인 접근들의 대안으로서 여러 가지 장점들을 갖는다고 주장하였다.

Sternberg가 제안하는 스타일이란 '개인이 능력을 이용하는데 있어서 선호하는 방식'이라고 정의하였으며, 그 자체를 능력으로 인정하기보다는 선호경향성이라고 해야 한다는 것이다. 즉, 사람들이 과제를 선택하거나 주어진 문제를 해결하기 위하여 자신의 지능을 이용하는 방법에는 분명한 차이가 있지만, 그 차이가 지능 수준 · 성격 특성 · 과제의 난이도 등에 의해서만 좌우되는 것은 아니며, 오히려 '지능과 성격의 상호작용'에 대한 결과라는 것이다.

Sternberg(1988)는 스타일은 사람들이 지능을 얼마나 가지고 있느냐가 아니라, 지능을 어떻게 이용하는가의 문제라는 점을 강조하면서 사고양식에 대해 우선적으로 이해해야 되는 15가지 일반적인 원리를 제시하였다.

① 양식은 능력 그 자체가 아니라 능력을 사용함에 있어서의 선호경향성이다.
② 양식과 능력의 조화는 이 둘의 단순 합보다 더 많은 시너지 효과를 창출한다.
③ 삶에서의 선택은 능력과 양식을 잘 맞추어야 한다.
④ 사람들은 단 하나의 양식이 아니라, 양식 프로파일(패턴)을 가지고 있다.
⑤ 양식은 과제와 상황에 따라 변화한다.
⑥ 사람들은 선호도의 정도에 있어서 차이가 있다.
⑦ 사람들은 양식의 유연성에 있어서 차이가 있다.
⑧ 양식은 사회화된다.
⑨ 양식은 생의 발달 단계에 따라 변화될 수 있다.
⑩ 양식은 측정 가능하다.
⑪ 양식은 가르칠 수 있다.
⑫ 한 때 가치 있게 여겨지던 양식이 시기가 달라지면 그 가치를 잃을 수도 있다.
⑬ 어떤 한 장소에서 가치 있던 양식이 다른 곳에서는 그렇지 못할 수도 있다.

⑭ 양식은 좋거나 나쁜 것이 아니다. 그것은 단지 적합성의 문제일 뿐이다.

⑮ 양식의 적합성과 능력의 기준은 다르다.

그는 이러한 15가지 일반적인 원리는 그의 사고양식 이론 뿐 아니라 다른 이론에도 적용할 수 있음을 강조하였다(Sternberg, 1997; 이종승, 김인선, 2004).

〈정신자치제 이론에 의한 사고양식 분류〉

영역	양식	특징 및 선호하는 행동의 예	학교현장의 사례
기능	입법적	짜여진 구조가 없는 상태에서 자신의 방식으로 창조, 창안 계획하는 경향성. 창조, 공식화, 상상과 관련, 자신의 활동을 공식화하기를 좋아함	자신의 방식대로 숙제해결, 교재와는 무관, 탐구, 과학과제를 좋아함. 발명, 시와 소설쓰기, 작곡, 창조적 미술작품 만들기 등을 좋아하는 학생
	행정적	짜여진 구조나 지침에 따라 일하는 것을 좋아하는 경향성. 행정과 관련 : 타인에 의해 구조화된 활동을 추구하기를 좋아함	학급을 위해 항상 준비가 되어 있고, 주어진 자료를 잘 알고 있고, 공식화를 통해 문제해결하기를 좋아하고, 자신의 의견제안보다는 남의 의견을 발전시키기를 좋아함. 보고서 작성, 공예, 설계, 건축 등을 좋아하는 학생
	사법적	사람과 사물에 대해 판단·평가하는 경향성. 판단, 평가, 비교와 관련 : 타인의 활동과정과 타인자체를 판단하기를 좋아함	논평이나 비평하기, 주석이나 평론쓰기, 타인의 의견에 대한 평가와 조언하기를 좋아하는 학생
형식	군주적	한 번에 한 가지 일에만 열정적인 경향성. 한 번에 한 가지 목표나 요구에 초점을 두는 경향 : 어떤 것을 우세하게 하는 단일 목표나 방법	예술, 과학, 역사, 경영, 사업 등 단일과제에 전념하기를 좋아하는 학생
	위계적	우선순위와 중요성을 설정하여 동시에 여러 가지 일을 하는 경향성. 다중목표를 추구하는 경향. 각각의 목표가 다른 우선순위를 가짐 : 같은 시간 틀 안에서 우선적으로 다중과제를 수행하는 방법을 알고 있음	일의 중요성을 설정하여 우선순위를 계획하는 학생 더 많은 시간과 에너지를 더 중요하고 어려운 과제에 쏟을 수 있도록 과제를 나누는 방법을 아는 학생
	과두적	우선순위와 중요성에 상관없이 동시에 여러 가지 일을 하는 경향성. 다중목표를 추구하는 경향. 각각의 목표는 똑같이 중요함 : 같은 시간 틀 안에서 다중과제를 하려고 하나 우선 실행하는데 있어 어려움이 있음	독해 문제에 너무 많은 시간을 들여서, 어휘력 문제를 끝내지 못하는 학생에게 동시에 많은 과제를 착수하나, 충분한 시간과 아직 과제에 대한 우선순위가 주어져 있지 않기 때문에 처리하는데 어려움이 있는 학생

	무정부적	문제를 직면하는 대로 접근하며, 체제 · 지침 · 구속을 싫어하는 경향성. 규칙, 절차, 형식적 체제를 의도적으로 피하는 경향 : 때때로 체제로서 학교에 적응하는데 어려움이 있음	의식의 흐름형식으로 글을 씀 : 대화 중에 견해가 확고하지 않고, 많은 일을 시작하지만 마무리하지 못함. 계획을 세우지 않고 무선적으로 그들이 일할 과제를 선택하는 경향의 학생 : 정해진 교육과정을 준수하기 싫어하고 마감시간을 지키는데 어려움이 있는 학생
수준	전체적	전체적 · 일반적 · 총체적인 윤곽이나 추상적 개념을 선호하는 경향성	전체적인 메시지와 예술작품의 의미 또는 인류의 특별한 발견의 중요성에 대해 쓰기를 좋아하는 학생
	부분적	세부적 · 특정적 · 구체적인 사건을 선호하는 경향성	예술작품 요소 또는 실험 세부지침에 대해 세부 사항들을 설명하고 상호작용하는 과정에 대해 글쓰기를 좋아하는 학생
범위	내부지향적	혼자 일하고 내부에 초점을 맞추는 자기 충족적 경향성	과학사회학 분야의 독립적인 분야를 좋아함
	외부지향적	함께 일하고 외부지향적이며 상호의존적인 경향성	집단 내에서의 공동 연구를 좋아함
경향	자유주의적	전통에 도전하여 새로운 방식으로 일하려는 경향성. 자신의 생활에 변화를 주기를 좋아하고, 관례를 무시하기를 좋아함	좋은 방법이 아닐지라도 새로운 방법으로 조작하는 방법을 이해하고자 함 : 개방된 교실 상황을 좋아함. 새로운 장비의 작동법을 알아내기를 좋아하고 전통에 얽매이지 않는 도전적인 과제를 좋아하는 학생
	보수주의적	전통에 따라 옳은 방법을 시도하려는 경향성. 전통과 안정을 좋아하고 이미 시도되었고 진실된 방법으로 어떤 일을 하는 것을 선호함	전통적인 방법으로 새로운 장비의 조작법을 이해하고자 함 : 전통적인 교실 상황을 좋아함. 장비 작동의 모든 단계를 보여주기를 좋아하고 과제를 수행하는 정확한 지침이 주어지기를 좋아하는 학생

* 출처 : Grigorenko & Sternberg, 1997; 이종승, 김인선, 2004.

(4) 학습과정별 활동

① 선수(先修)학습 요소의 지도 탐색 과정이나 해결 및 개념 추구 과정에서 기초적인 요소가 되는 것으로 전시간의 과제 해결을 통한 선수학습 요소를 추출하여 학습 부진아를 대상으로 질문하고 대답하게 하며 시간은 1~2 분 정도 사용한다.

② 학습목표는 학생들이 목표의식을 갖고 수업에 임하게 하기 위해 반드시 제시해야 한다. 제시 방법은 판서법, 언어 상호작용에 의한 방법, 예비 테스트에 의한 방법 등이 있다.

③ 학습할 문제 제시는 교과서 문제를 그대로 제시하는 경우와 교사가 재구성한 문제를 제시하는 경우가 있으며 예습 과제를 활용하여 공부할 문제로 이끌어 들인다.

④ 공부할 문제의 예상(탐색)은 공부할 문제가 제시되면 학생은 "어떻게 하면 이 문제를 해결할 것인가?"를 생각하게 되며 교사는 문제해결의 방향과 결과를 제시한다.

⑤ 문제의 해결은 개인학습, 소집단 학습, 전체학습으로 추구해 간다. 개인이 정한 방법에 따라 무엇을(내용), 어떤 순서로(순서), 어디까지(범위), 해결할 것인가를 분명히 생각한 다음 교재의 조작, 그림 등으로 해법을 생각하여 원리나 법칙에 근접하면서 알아낸 점, 잘 모르는 점을 구별하여 질문하거나 표현한다.

⑥ 검증하기는 탐색 단계에서 예상했던 내용에 따라 문제를 추구하고 추구된 문제의 해결법이 발견되거나 원리와 법칙을 찾아냈을 때엔 그것이 맞았는지 확인한다. 검증학습이 이루어진 다음에는 발견된 내용을 일반화한다.

⑦ 적용 및 연습문제 제시는 형성된 개념이나 발견된 내용을 적용하는 확산적 사고활동으로써 부진아는 따로 보충 · 지도한다.

5. 창의력 계발을 위한 교사의 역할

21세기를 대비한 교육적 대응방안은 창의력을 신장시켜 능동적으로 적응하게 하는 것이다.

창의력 신장 교육을 위해 교사가 고려해야 할 일반적 교육지침을 제시하겠다.

① 상상력을 발휘할 수 있는 자료나 기회를 많이 제공하고, 그것을 풍부하게 할 수 있는 물리적 · 심리적 환경을 제공하는 일

② 스스로 생각해 보고 꿈꾸어 볼 수 있는 시간의 확보와 격려

③ 떠오르는 생각을 기록하거나 다른 방법으로 표현하도록 격려하는 일

④ 학생의 글, 그림, 작품, 아이디어를 살려 주거나, 칭찬하는 일

⑤ 자연스럽게 개성을 살려 주는 방향으로 칭찬하는 일

⑥ 학생의 글이나 작품을 고쳐 주거나 편집할 때 조심하는 일

⑦ 어휘놀이, 역할놀이를 많이 시키되 규칙이나 역할을 자주 바꾸도록 하는 일

⑧ 언어나 수 또는 우리가 사는 사회의 조직원리를 바꾸어 새 것을 고안해 보도

록 격려하는 일

⑨ 기존의 문화요소에 건설적인 불만이나 의문을 가져보고 그 대안을 내도록 격려하는 일

⑩ 시, 소설, 극본 같은 것을 자주 써 보도록 하며, 목재, 함석, 종이 등을 주어서 무엇인가 자기 스스로 만들어 보도록 해 주는 일

⑪ 주위에서 흔히 보는 물건의 다른 용도를 찾아보도록 격려하는 일

⑫ 두 개 이상의 어휘, 물건, 개념, 인물을 아무렇게나 선정해서 그들간의 의미 있는 관계를 찾아보거나 그것들의 어떤 면을 변화시켜 보도록 격려하는 일

⑬ 항상 학생을 사랑하고 그들로 하여금 그 사랑을 알도록 행동하는 일

⑭ 창의력도 학습을 통해 배워지는 것임을 알려 주는 일

학생들의 창의력을 신장시키려면 폐쇄적이고 제한된 반응만을 요구하는 발문을 삼가고 보다 자유롭고 폭넓은 사고를 유도할 수 있는 개방형 발문요령과 학생 반응에 대한 교사의 긍정적 반응요령이 필요하다.

(1) 질문하는 요령

① "예/아니오"로 대답할 수 있는 질문보다는 생각하면서 길게 문장으로 대답할 수 있는 질문을 많이 해야 한다. 예를 들면 "어느 것인가?", "무엇인가?", "이것이 맞는가?" 보다는 "왜 그렇게 되었다고 생각하는가?", "어떻게 고칠 수 있겠는가?", "왜 그것이 더 중요한가?" 등의 질문이 좋다.

② 분명한 질문을 하라.

③ 질문 내용이 의도하는 바를 질문 전에 생각하라.

④ 질문을 하고 답변을 생각할 충분한 시간을 기다려 주라.

⑤ 학생의 반응을 교사가 요약할 것이 아니라 학생들 스스로가 하도록 하라.

⑥ 의도하는 바에 따라 질문의 형식을 적절히 구사하라.

예컨대, 예언능력을 기르고자 할 때는 "만약~ 하면 어떻게 될까?"라는 식이 좋으며, 실험방안을 고안하는 능력을 기르려면 "그 아이디어를 어떻게 증명할 수 있는가?" 식이 좋다. 또 얻어진 자료나 결론의 타당성을 유도할 때는 "매번 그런 결과가 나올까?"라고 묻고, 자료의 해석에 관한 것이면 "~한 입장에서 볼 때 그 자료가 가지는 의미는 어떻게 달라질 것인가?"는 식이 좋다.

⑦ 하나의 정답만 있는 질문보다 다양한 반응이 나올 수 있는 질문을 하라.

⑧ 다른 사람의 아이디어를 열심히 듣고 존중하도록 격려하라.

⑨ 질문을 할 때 학생 이름을 불러 주는 것이 반드시 좋은 것은 아니다.

⑩ 아래와 같은 형식의 질문은 창의력 발달에 도움이 된다.

- ~한 이야기를 꾸며 보라.
- ~을 설계해 보라.
- 만약 네가 ~라면 무엇을(또는 어떻게) 하겠는가?
- ~을 만들어 보라.
- ~을 해결하면서 몇 종류의 다른 문제가 발생하겠는가?
- 이 이야기의 결말을 전체 의미가 달라지도록 여러 가지로 바꾸어 보라.
- 이것들을 몇 개의 집합으로 나눌 수 있겠는가?

⑪ 상식으로 받아들여지고 있는 지식의 허점을 찾아보도록 질문을 하라.

⑫ 상투적인 반응이나 남의 의견에 동조하기 보다 자기 나름대로의 독특한 발상을 드러내는 것이 중요함을 학생들이 깨닫도록 하라.

(2) 반응하는 요령

학생들의 반응(응답)에 대해서 교사가 어떤 반응을 보이는가는 창의력 신장에 매우 중요하다. 따라서 교사의 반응 요령은 다음과 같다.

① 학생의 반응이나 질문을 일단 반복하고 그에 대한 자신의 반응을 보이는 것이 필요하나 늘 그렇게 하지는 말라.

② 학생들의 반응이 실망적일 때도 진지하고 적극적인 반응을 보여 주라.

③ 교사가 혹시 자문자답을 하고 있지 않나 살피라.

④ 학생의 반응이 쓸모 없는 것일 때도 조소와 면박을 주거나 무시해서는 안 된다. 스스로 그것도 의미 있는 반응임을 알도록 도와 주라.

⑤ 항상 한 학생 이상의 반응을 구하는 것이 좋다.

⑥ 정답이 나왔을 때는 긍정적인 반응을 보이면서 다른 정답도 생각해 보도록 격려한다. 필요에 따라 즉석에서 다른 정답을 같이 찾아볼 수도 있다.

⑦ 오답의 경우에는 생각하는 입장, 자료의 조건, 변인의 성질 등을 달리 했을 때는 정답이 될 수 있다고 설명하는 아량을 베풀자.

⑧ '맞았어요' 또는 '틀렸어요'식으로만 반응하지 말라.

⑨ 정답인지 아닌지, 좋은 의견인지 아닌지를 항상 교사의 생각으로 판정하지 말라.

⑩ 개성 있는 참신한 반응을 환영한다는 것을 학생들에게 알려 주라.

참고자료

우리 두뇌도 스트레칭으로 늘릴 수 있다

요즘 학부모들은 고민이 많다. 조금만 뒤쳐져도 앞으로의 사회에선 생존자체가 힘들어질 텐데, 내가 조금 힘들어도 아이를 위해서 조기 유학이나 고가의 사교육도 감내해야 한다는 생각에 밤마다 이를 악문다. 그냥 아이가 저절로 알아서 잘한다면 오죽 좋으련만! 이렇게 초조해 하는 부모들에게 "걱정하지 마라! 브레인 스트레칭으로 아이의 두뇌영역을 넓혀 주면 공부머리도 성공지수도 높아진다."고 말하는 교육학자가 있다. 최근 「브레인 스트레칭」을 출간한 정종진 교수가 바로 그 주인공이다. 그의 책에 의하면 서구에서는 이미 우리 뇌가 가진 비밀을 인식하고, 지적 능력, 창의력, 판단력, 사고력, 사회성과 도덕성까지도 키워줄 수 있는 가장 강력한 방법으로 '브레인 스트레칭'을 활용하고 있다고 한다. 공부, 인간관계, 기발한 아이디어 발상, 올바른 판단력, 감수성 등에 쓰이는 뇌가 각각 따로 있기 때문에, 다양한 방법으로 뇌를 개발해 주어야 성공할 수 있다는 것이다.

'브레인 스트레칭'은 마치 스트레칭을 통해 몸을 유연하고 건강하게 가꾸듯, 우리 뇌가 가진 가능성을 최대한 그리고 풍부하게 활용하도록 도와 주는 총체적 진단, 개발 프로그램이다. 만 4세가량부터 활용이 가능한 이 프로그램은 부모가 책에서 안내한 각 진단항목들을 읽고 현재 아이의 두뇌 상태를 측정하는 것에서부터 시작한다. 지식을 관장하는 IQ, 좌뇌와 우뇌의 균형, 두뇌의 창의력 상태, 사회적 성공지수를 관장하는 SQ, 도덕성과 판단력을 관장하는 MQ, 실생활 적응을 관장하는 PQ, 아이의 특정한 재능 여부를 진단해 주는 다중지능검사 등이 그것이다. 진단 결과, 특정 지능이 덜 개발되어 있을 경우 재미있는 게임이나 놀이, 과제 등을 통해 그것을 개발할 수 있도록 설계되어 있다.

"직선거리 100미터를 뛸 준비가 되어 있는 아이와 49.195km 전 방위 입체공간을 뛰어다닐 준비가 되어 있는 아이의 능력은 다를 수밖에 없습니다. 이 프로그램은 그야말로 공부나 한정된 영역에 갇혀 있던 아이의 뇌를 자유롭게 해방시켜 줌으로써 무엇이든 해낼 수 있는 사람으로 만들어 줍니다. 무엇보다 이 프로그램을 아이와 함께 하다보면 평상시에는 잘 보이지 않았던 아이의 숨은 재능까지 발견하는 즐거움이 있습니다."

공부는 잘하는데 친구들과 잘 어울리지 못하는 아이, 지나치게 이기적이고 자기중심적인 아이, 교실에만 가면 산만해지는 아이……. 저자는 "이런 아이들도 깊이 들여다보면 해당 두뇌를 개발해 주지 않아서인 경우가 많다"며, 부모가 닥달만 하지 말고 그에 대한 풍부한 해법을 가지도록 권하고 있다.

—정종진, 「브레인 스트레칭」, 웅진윙스

참고자료

현대 신경과학도 놀란 힘, 즉 '마음이란 무엇인가'

마음이 몸을 치유할 수 있을까? 명상은 의학적 맥락에서 어떤 기능을 할까? 두뇌와 면역계, 그리고 감정은 서로 어떻게 연결돼 있을까? 내 마음대로 할 수 없는 내 마음은 단지 뇌의 소산일까? '몸의 지혜'는 윤리학에 생물학적 단서를 마련해 줄 수 있을까?

1991년 여름, '마음과 생명의 과학'이라고 불리는 분야에 몸담고 있는 서구의 저명한 학자들이 인도 다람살라의 달라이 라마 접견실에서 머리를 맞댔다. 철학 · 심리학 · 생리학 · 인지과학 · 신경과학 · 행동의학 전문가들은 핵심적인 연구 성과를 발표하고, 달라이 라마와 열띤 토론을 벌였다.

영적인 수행과 첨단과학, 고대의 지혜와 현대적 탐구 간에 유례없는 논쟁이 벌어진 것이다. 이 책은 그 내용을 정리했다.

감성지수(EQ)의 창시자인 심리학자 대니얼 골먼은 달라이 라마가 마음의 정교한 현상학인 불교에 대한 이해와 통찰, 그리고 시종일관 명민한 과학적 사고를 통해 현대 과학의 경계를 확장시키는 깊이와 넓이를 보여 주었다고 평가한다. "성하(달라이 라마)는 두뇌 기능에 의존하지 않는 미묘한 수준의 의식이 있을 수 있다고 암시했는데, 이는 서구 과학이 아직 알지 못하는 분야였다."

서양의 의사와 생물학자, 심리학자들은 신비스럽고 모호하게만 여겨졌던 동양의 전통적인 수행법에 대해 마음을 열어 가고 있다. 2000여 년 동안 불가에서 체득해 온 '마음의 치유력', 심신(心身)의 상호관계에 대해 눈을 떠가고 있는 것이다.

미국 듀크대 메디컬센터에서 노인 4000명을 대상으로 6년간 조사한 결과는 놀랍다. 한 달에 한 번 이상 기도나 명상을 한 노인들은 그러지 않은 노인들에 비해 사망확률이 50%나 낮았다. 로스앤젤레스 캘리포니아대는 동맥경화증 환자를 관찰한 결과 하루 한두 차례씩 명상을 한 환자들은 동맥 속의 혈전이 뚜렷하게 줄어들었다고 보고했다.

명상은 사람의 면역력을 강화시키는 것일까? 신경정신학계의 세계적인 석학 프란시스코 바렐라는 최근 '제2의 두뇌'라고 하는 면역계에 대한 연구가 활발하다며 인류의 오랜 전통에서 '몸의 지혜'로 불리는 현상에 대해 이렇게 설명한다.

"우리에겐 거의 대등한 두 개의 자아가 있는데, 면역계는 어떤 의미에서 감춰져 있는 또 다른 '나'입니다. 몸은 언어적으로 구성된 의식적인 자아의 개입 없이도 그 자신을 위해 스스로를 통제하는 지혜를 갖고 있습니다."

골먼은 여기서 나아가 이 같은 '몸의 지혜', 건강을 위한 생물학적 요청이 윤리적 지침으로 활용될 수 있는지 묻는다. 면역계가 몸 자체의 마음이라면 건강을 이롭게 하는 면역 활동이야말로 몸의 윤리강령, '몸의 법'을 시사하고 있지 않느냐는 것이다.

그러나 대부분의 과학자들은 뇌를 넘어선 마음의 존재를 인정하지 않는다. 이는 불교가 서구 과학과 첨예하게 갈라서는 부분이다.

달라이 라마는 사후 체험과 명상을 예로 들며 의식의 어떤 미묘한 요소는 두뇌 활동이나 몸에 한정되지 않는다고 강조한다. 만물에 존재하는 '불성(佛性)'은 몸이나 두뇌에 기반을 두지 않는다는 것이다. "서구 과학의 패러다임을 바꿀 수 있는 현상들이 과학의 변경 너머에 존재합니다!"

그러나 바렐라는 이렇게 탄식한다.

"전생(前生)의 기억은 티베트 불교를 떠받드는 바탕이다. 하지만 서구에서는 그런 사람을 정신병원으로 보낸다. 신비적 관점에서 매우 고양되고 각성된 사람들조차 의학적으로는 정신분열증 내지 광기로 치부된다. 한쪽에서 믿음의 증거인 것이 다른 쪽에선 질병의 징후인 거죠……."

－대니얼 골먼,「마음이란 무엇인가」, 씨앗을 뿌리는 사람

6. 창의력 계발을 위한 사고기법과 지도방안

(1) 창의력 계발을 위한 사고기법

① **상상표현법** : 아이디어를 양산하기 위하여 제멋대로 생각하는 방법이다.

② **체크리스트법** : 사고의 출발점 또는 문제해결 착안점을 미리 정해 놓고 다각적으로 사고를 전개하는 방법이다.

③ **결점 열거법** : 사물이 갖고 있는 결점을 열거, 그 결점을 제거할 수 있도록 아이디어를 산출하는 방법이다.

④ **강제 결합법** : 둘 이상의 아무런 관련이 없는 것을 강제로 결합시켜 새로운 아이디어를 산출하는 방법이다.

⑤ **고든법** : 관련이 먼 요소를 결부시켜 새로운 아이디어를 산출하는 방법이다.

⑥ **희망점 열거법** : 어떤 사물이나 사태에 대해 희망대로 개선코자 새로운 아이디어를 산출하는 방법이다.

이 외에도 여러 학자들이 창안한 특유의 창의력 신장 사고기법이 많이 있으며 계속 개발의 여지가 있음도 시사해 주고 있다.

(2) 창의력의 지도 교안(예시)

하나의 문제 상황에 단 한 가지의 창의력 요인이나 사고 기법만 있는 것은 아니다. 여러 가지 요소가 복합적으로 작용하는 것이지만 훈련 교안의 예로써 다음을

참고하기 바란다(염락원, 창의력 상상 훈련안 적용사례, 교육행정 90-8호, 통권 104호).

번호	관련요소			문제사례	유의점
	창의적요인	문제유형	사고기법		
1	유창성	방법 고안의 문제	희망점 열거법	· 다음에 예시한 물건들로 공부 시간에 요긴하게 쓸 수 있는 방법을 생각나는 대로 써 보자. 돌 한 개, 흙 한 줌, 물 한 컵 · 특히 새롭게 쓸 수 있다면? · 더 생각할 거리는?	스스로 고정 관념에 얽매이지 않게 한다.
2	개방성	창조적 도안의 문제	상상 표현법	· 느끼기만 하는 마음을 그림으로 나타내어 보자. 어떤 모양, 색깔, 크기일까? ① 기쁠 때는? ② 슬플 때는? ③ 화가 났을 때는? · 친구의 마음을 여러 가지 그림으로 나타내어 보자.	간단한 그림으로 나타내어 그 의미를 설명할 수 있어야 한다.
3	독창성	형태 개선의 문제	강제 결합법	· 학용품 이름 다섯 가지를 쓰고 그 특징을 찾은 다음 두 가지 이상을 강제로 결합하여 새로운 학용품을 만든다면? ① 어떤 모양?－그림으로 ② 편리한 점은? ③ 이름을 붙인다면?	편리하고 다양하게 쓸 수 있는 독특한 것을 찾게 한다.
4	조직성	상식 초월의 문제	속성 열거법	· 다음 물체들의 특성을 알아내고 좋은 점만 골라서 새로운 어떤 것을 만들 수 있겠나 이름과 용도를 써 보자. ① 용수철 ② 솜 ③ 물 ④ 도토리	물체의 특성을 바르게 알고 특성만으로 장점을 재구성하게 한다.
5	면밀성	원인 분석의 문제	결점 열거법	· 우리 학교 학생들 간에 없애야 할 나쁜 습관이나 유행을 아는 대로 쓰고 그렇게 된 원인을 생각나는 대로 써 보자.	통제나 제한을 받지 않고 자유롭게 생각하게 한다.

6	유연성	사태의 과제	체크리스트법	· 다음과 같은 경우 다른 용도로 사용할 수 있는 방법을 생각나는 대로 많이 써 보자. ① 뚫어진 양동이 ② 끈 끊어진 가방 ③ 바람 빠진 고무공 ④ 구멍난 양말	고정된 관념에서 벗어나 달라진 특성을 생각, 체크하면서 여러 가지 용도를 생각한다.

(3) 창의력 계발을 위한 지도방법

① 학생들의 창의적 행동에 대하여 허용적인 태도를 가져야 한다. 학생이 적절하지 못한 질문이나 아이디어를 표현해도 그것을 먼저 경청하고, 그 나름대로 가치가 있다고 일단 받아들이는 태도, 학생 누구나가 조건없이 인간적으로 존중하고 이해되는 분위기에서 창의력은 증진될 수 있다.

② 자신의 문제해결 방법이 최선인 것 같이 학생에게 강요하지 말아야 한다. 부모 및 교사는 자신의 문제해결 방법에 대해 자녀나 학생이 비판할 때 개방적인 태도를 취해야 한다.

③ 학생의 비범한 질문이나 아이디어를 가치있게 생각하여야 한다. 이미 알려진 완전한 것보다 불완전하나마 자기 나름대로 아이디어를 탐색한 것을 더 가치 있는 것으로 평가하고 보상해 주어 사고를 확대시켜 준다.

④ 학생의 창의적 사고가 출현될 수 있도록 인지적 자극을 주어야 한다. 왜, 무엇이, 언제, 누가, 어디서, 어떻게 등의 질문을 통하여 새로운 현상을 설명할 수 있도록 지식을 확대시켜 준다.

⑤ 학생의 독립성 · 개방성 · 감수성 등을 강화하고 신장시켜야 한다. 창의력은 인지적 특성 뿐만 아니라 성격 및 동기적 특성과 관련이 깊기 때문이다.

⑥ 다양한 문화적 · 교육적 경험이 제공되어야 한다. 창의력이 높은 사람은 어떤 분야의 본질적인 지식을 많이 가지고 있으며, 고차원적인 인지책략을 가지고 잇다. 따라서 어렸을 때부터 창의력을 높일 수 있는 다양한 자극을 경험할 수 있게 해 주어야 한다.

⑦ 전통과 인습에 지나치게 얽매이지 말아야 한다. 무조건적으로 전통과 인습에 따르게 될 경우 개인의 개성이 무시되고, 형식적 · 고정적 사고로 굳어져 창의력이 방해를 받게 되기 때문에 지나친 고정관념에서 탈피하여야 한다.

⑧ 특정 교과 영역별로 교과와 관련된 다양한 지식의 습득과 함께 문제해결 방법 및 인지책략 방법이 연구 개발되어 각 교과의 교수·학습에 이용되어야 한다.

⑨ 자유롭게 질문하고 탐구할 수 있는 자발적인 학습분위기가 조성되어야 한다. 자율적이며, 모험이 허용되고, 자유분방한 자발적인 학습분위기에서 다양하고 독창적인 사고를 이끌어 낼 수 있다. 따라서 개방교실(open class), 발견학습 및 탐구학습 등을 통한 교육은 보다 창의력을 신장시킬 수 있을 것이다. 반면 전통적인 교육에서 부모나 교사는 권위주의적으로 학생보다 높은 위치에서 가르쳤으며, 때로는 창의적인 학생을 귀찮게 여기는 경향조차 있기 때문에 창의성이 개발되기 어렵다.

제 14 장 가정교육과 부모의 역할

1. 가정의 의의

가정이란 한 인간이 그의 생을 출발하는 곳이며 동시에 삶을 마무리짓는 곳이기도 하다. 또한 가장 오랜 시간 관련을 맺게 되는 생활의 장이면서 인간형성에 최초로 영향력을 행사하는 기관이다.

그리고 언어와 인간관계를 배우고 질서와 규칙을 익히는 최초의 학교이며, 사회화과정을 연습하는 공간이다. 모든 인간은 가장 행복한 어린 시절을 가정 안에서 부모와 관계를 맺으며 지내게 된다. 여기에서 각인되어지는 성품, 지능, 정서, 도덕성, 사회성 그리고 신체적 건강발달까지 그의 평생을 통하여 기본구조로 작용하게 될 것이다. 특히 경제적으로나 사회적으로 자립할 때까지 비교적 가정의 보호막 안에서 청소년기를 보내게 되는 한국적 가정의 역할을 고려한다면 인간발달과 교육에 있어서 가정과 부모의 역할이 가장 중요하다는 것은 재론을 요하지 않는다.

가정은 한편으로 청소년들을 보호하고 격려하면서 기존 사회규칙과 문화 유형에 적응시켜 나가는 '조형(造形)으로서의 교육'을 담당해야 하고, 다른 한편으로는 새로운 것을 찾고 잘못된 관행을 고쳐갈 수 있도록 개선을 촉진하는 '파형(破形)으로서의 교육'도 담당해야 하는 곳이다. 따라서 조형과 파형을 선택할 수 있는 분별력, 즉 아름다운 것과 추한 것, 옳은 것과 그른 것, 유익한 것과 무익한 것 등을 가려내고 〈－싶다〉의 욕망과 〈－답다〉의 당위성을 조절하고 조화시킬 수 있는 기본능력도 가정에서 길들여져야 할 내용들이다.

Freud는 유년기와 소년기의 가정생활에서 불쾌한 감정이나 억업된 욕구가 생기면 평생 부적응의 요인이 되고 성격도 굴절된다고 보아 외디푸스 콤플렉스

(Oedipus complex)나 엘렉트라 콤플렉스(Electra complex) 등을 논하고 있다.

Erikson은 그의 8단계 사회성 발달론에서 유아기부터 어머니나 아버지와의 인간관계를 통해 기본적 신뢰성이나 자율성 등을 체득하게 된다고 보았다.

Bloom은 인간의 지능도 4세에 50%, 8세에 80%가 발달된다고 보았으니 이 또한 학교보다 가정에서 더 많은 영향력을 받는다고 볼 수 있다(이은화 · 양옥승, 1988).

K. Lewin의 인간 행동공식인 B=f(P.E)를 적용해 보아도 가정환경의 중요성이나 영향력은 대단한 것이다. "어린아이를 기르는 것은 호박넝쿨 떼어놓기와 같다"느니 "近墨者黑", "孟母三遷之敎" 그리고 "삼밭의 쑥은 돌보지 않아도 곧게 자라고 진흙 속의 모래는 가만히 두어도 검어진다."(麻中之蓬 不扶而自直)는 것은, 환경 특히 가정에서의 조기교육 환경의 중요성을 역설하고 있다. 콜먼 보고서(Colemun Report)에서는 학교생활에서의 학업성적에 제일 큰 영향을 미치는 것도 역시 가정과 부모라고 지적하고 있다.

2. 가정의 기능

가정은 각 개인에게 있어서 생활의 근거지이며, 혈연공동체(Gemeinschaft)로서 선택사항이 아닌 필연적 관계이다. 동시에 한 국가나 사회를 구성하는 최소의 기본 단위(세포조직)이다. 따라서 가정 집단은 구성원들에게 사회생활 능력과 의사소통 및 상호협력 등 적응기술을 체득하게 해 주며, 그리고 서로서로 위로와 지지를 통해 정서적 만족을 경험하는 곳이다.

이와 같은 가정의 기능에 대해 여러 가지 견해가 있다. W. Ogburn(1933)은 가정의 기능은 애정의 기능, 경제적 기능, 교육적 기능, 보호적 기능, 오락적 기능, 지위적 기능 및 종교적 기능으로 구별하고 있으며, H. Becker는 새 생명의 출산, 자녀의 양육과 보호, 물건의 생산과 활용, 자녀의 교육과 오락, 그리고 애정적 상호작용을 열거하고 있다. Murduck는 합법적으로 성생활을 보장받는 기능, 인류의 계승을 위한 자녀의 출산과 양육기능, 생산과 소비를 통한 경제적 기능, 문화의 전수를 통한 교육적 기능, 그리고 애정과 안식을 누리는 애정교환 기능을 가정의 기능으로 이해하고 있다.

이상과 같은 여러 이론들을 종합해 보면 가정의 기능을 합법적 성생활과 자녀

출산, 양육과 보호, 애정과 교육, 경제활동, 신분 부여, 휴식과 종교적 기능 등으로 분류할 수 있을 것이다. 여하튼 개인을 둘러싼 다른 환경, 즉 학교나 사회에서 기대할 수 없는 기본 생활과 원초적 욕구에 대한 해결이 가정을 통해서만 가능하게 되어 있다.

그런데 최근 가정의 구조적 변화가 급격하게 나타나고 있다. 가정의 기능과 역할도 근본적인 변화를 겪고 있다. A. Toffler는 현대의 가정변화를 탈핵가족화(post-nuclear family)의 태동이라고 본다. 산업혁명 이후 급격한 산업화 추세에 따라 도시로의 인구이동, 직업의 다양화에 따른 신분의 이동 등이 급격히 뒤엉켜 기존의 규범과 사회구조를 부수어 버렸다. M. Mead는 '양성 3세대' 가정을 바람직한 것으로 지적했지만 지금은 '2세대 가족', '소인수 가족', '두 자녀 가족' 등이 보편화되어 가고 있다. 2000년대 초 현재 가구당 평균 가족수는 3.7명이다. 급증하는 이혼, 늘어가는 독신자들이 이같은 가정해체를 촉진하고 있다. 이제 옛날의 대가족 제도는 농경문화에서의 옛이야기로만 남게 되었다. W. Ogburn은 이같은 핵가족화 이후의 단계로 넘어오면서 가정만이 갖고 있던 고유한 기능들이 분업화와 전문화의 흐름으로 인해 분산되어 간다고 보았다. 가정의 경제적 생산 기능은 공장과 직장으로 이양되었고, 가정의 교육적 기능은 하루 종일 계속되는 학교와 사회교육기관으로 넘어 갔다. 가정의 종교적 기능은 교회와 사찰로 넘어 갔고, 가정의 오락적 기능은 TV와 영화 및 컴퓨터게임 등 첨단과학에 힘입은 오디오와 비디오 세계에 빼앗겼다.

따라서 오늘날의 가정은 발전된 것이 아니라 붕괴된 것이며 강화된 것이 아니라 해체되어 가고 있는 것이다. 전통적으로 위임되었던 기능들은 모두 없어지고 소비와 거주하는 것, 즉 동일 공간에서 잠을 자고 밥을 먹는 것이 가정의 전부인 양 되어 버렸다. 어느 개인이나 기관도 변화를 거부할 수는 없겠지만 그 변화를 바람직한 쪽으로 조정하고 관리하는 노력은 기울여야 할 것이다. 가정의 정상화 혹은 가정의 교육적 기능을 회복해야 할 필요가 바로 여기에 있는 것이다.

3. 가정의 교육적 기능

"왕대밭에서 왕대난다", "黃金百萬兩, 不如一敎子", "잘될 나무는 떡잎부터 알아본다." 혹은 "세 살 버릇 여든까지 간다."는 말들은 어린시절 가정생활에서 부모와 형제들의 본을 받아 조형된 인격의 틀이 평생을 좌우함과 함께 결정적으로 중요하다는 것을 가르쳐 주고 있다. 가정이 이처럼 교육적으로 중요하다는 인식을 하면서도 가정에서 무엇을 교육해야 되는가에 대해서는 사람마다 의견이 다를 수 있다.

정원식(鄭元植)은 가정의 교육적 기능을 세 가지로 제시하고 있다(제철학원, 1990).

첫째, 사람으로서 지녀야 할 기본 자질을 몸에 익히도록 하는 것이다. 사람답게 성장하는데는 수많은 자질이 필요하지만 말을 배우거나 습관을 형성하거나 기본 예절들을 배우는 데에 나름대로의 결정적 시기(critical period)가 있는 바 이를 가정에서 가르쳐야 한다.

둘째, 바른 가치관을 심어 주어 옳고 그름, 아름다움과 추함, 우리 사회에서 요구하는 규범의 분별, 시간의 흐름 속에서도 일관성을 유지하기 위한 가변성과 불변성을 구별하는 일 등을 가르쳐야 한다.

셋째, 배움에 대한 의욕을 계속 자극하여 부단한 자기 혁신, 평생동안 자기 교육을 할 수 있도록 가정에서 가르쳐야 한다는 것이다. 이스라엘 사람들은 가정을 예배공동체로 이해하여 인간 형성의 양축으로 삼아 종교 의식과 민족 의식을 일찍부터 교육하고 애국심과 신앙심과 모국어는 다른 기관에 맡기지 않고 가정교육을 통해 해결하고 있다.

Bossard는 인간형성을 위한 가족집단의 교육적 역할을 다음과 같이 제시하고 있다(이규환, 1962).

① 가정은 어린이에게 만족을 주어 안정성의 기초를 갖추어 준다.

② 가정은 어린이의 능력을 계발시키는 장소이다.

③ 인격승인의 욕구를 가정에서 성취해 사회로 확장해 나간다.

④ 가정에서 타인과의 관계를 익혀 나간다.

⑤ 가정을 통하여 지배, 복종, 협동, 대립 등 실존사회의 인간관계를 미리 경험하게 된다.

⑥ 가정생활을 통해 사회에서의 교육준비를 갖춘다.

⑦ 가정생활을 통해 사회생활에 필요한 습관, 예의, 태도 등을 익힌다.

이러한 가정의 교육적 기능이 있지만 최근의 사회변화로 인해 가정 교육에 문제점이 점증하고 있다.

김재은(金在恩)은 현대 우리나라 가정교육의 문제점을 다음과 같이 지적하고 있다(김재은, 1991).

첫째, 가정교육의 목표가 표류하고 있다. 과거의 가정은 효도와 예절 등 나름대로의 확고한 목표가 있었는데 현대가정은 확실한 목표가 없어 옛날 같은 가훈(家訓)이나 수신이 없어졌고 가정과 학교와 사회가 상호 갈등 혹은 가치의 불일치를 나타내고 있다.

둘째, 부모의 교육적 자신감 상실이다. 부모들은 새로운 시대상황과 과도한 자녀의 요구 앞에서 깊은 좌절을 경험하게 되었다. 옛날처럼 전세대가 후세대를 가르치면서 순행적 문화전달을 해왔던 것과는 달리 현대는 거꾸로 후세대가 전세대를 가르쳐야 하는 역행적 문화충격을 경험한다. 소인수 가정에서 가장의 존엄성은 점점 사라져 가고 있다. 종적 유대가 아니라 횡적 유대로 더 나아가 개인의 존엄성이 강조되다 보니 종적 상하관계는 붕괴되어 버렸다. 농부였던 아버지는 컴퓨터를 전공한 아들에게 가르쳐 주기보다는 배울 것이 많은 형편이고, 어부였던 아버지는 고시에 합격한 아들의 장래를 개척하는데 별로 도움이 되지 못한다는 평가를 받고 있다.

셋째, 부모 · 자녀간의 관계 변화이다. 옛날에는 부모의 절대적인 권위 때문에 자연적으로 가정교육이 되기도 하였다. 삼강오륜은 부모의 권위 때문에 지켜진 것이었다. 부모와 자녀관계는 본질적으로 교육적 관계였다. 생활 주변의 사람과 자연을 가르치고, 문화와 규칙을 일러 주며, 습관과 태도를 지도하고 가치와 덕목을 교육해 왔다. 오늘날 부모들은 응당 가르쳐야 할 것들을 포기하거나 가르치기를 두려워하고 있다. 자녀를 방임하는 것은 교육도 사랑도 될 수 없다. 그러나 요즘 기(氣)를 살린다는 명분으로 자녀를 방목하거나 지나치게 과잉보호해 버리는 교육포기 증후군이 늘고 있다. 응당 할 일을 가르치지 않으면 응당 안해야 할 일을 감행하게 된다는 평범한 진리를 알면서도 못 고친다.

넷째, '우리집' 주의의 폐해이다. 팽배한 가족 이기주의와 가족의 배타주의는 이웃에 대해 폐쇄성으로 나타나기에 무국경시대를 살아가는 현대 생활을 부추기고 있다. 이웃을 협력자가 아닌 경쟁자로 인식해 과다 경쟁이 생기고, 돕고 돕는 관계가 아니라 이기고 지는 관계로 변해버렸다. 이는 타인들을 나의 행복과 승리를 위한 수단 · 가치로만 대하게 되는(I－it 관계) 비사회적 행동을 유발할 수 있다(담 쌓는 문화).

다섯째, 주지주의 교육, 점수주의 및 출세 지상주의의 병폐가 있다. 착한 것보다 머리 좋은 것(영악한 술수일지라도), 아름다운 마음보다는 교활하고 똑똑한 인재를 선호한다. 예체능보다는 국 · 영 · 수 과목의 우수자를 선한 사람으로 보는 논리적 모순을 저지른다. 현재 우리 사회에는 배가 고파 음식을 훔치는 장발장식의 비행은 별로 없다. 오히려 대형 범죄와 권력형 부조리, 지식인 비리 등 소위 'white color crime'이 많은데 이는 거의 모두가 머리 좋고 학벌 높고 고위직에 있는 지도자들에 의해 저질러지고 있다.

인간성(humanity)이 없는 과학, 도덕적 고려가 없는 지식이나 권력은 사회를 더욱 불행하게 만드는 괴물인 것이다.

여섯째, 핵가족화와 집단 주택화 현상이다. 도시화와 산업화의 부산물로 핵가족 현상이 나타났고 이것이 가족간 유대를 파괴시키고 사람들을 콩가루 관계로 변질시켰다. 아파트 주거환경은 소속감이나 연대감 등 공동체 의식을 급격히 깨뜨렸으며, 일본에서는 20층 이상의 고층 아파트 주민 자녀들 사이에 사회성이나 유대관계가 현저히 악화되는 소위 '고층 아파트 증후군'이 나타나기도 했다.

일곱째, 아버지나 어머니가 부재중인 가정이 늘고 있다. 아버지는 있으나 아버지 역할을 감당치 못하는 모자가정(母子家庭), 혹은 반대로 부자가정(父子家庭)이 늘어가고 있다. 모자가정은 특히 자녀들의 생활에 확고한 기준과 분별력을 넣어줘야 할 것이다. 자주성과 책임의식 및 도전적인 기품도 필요하다. 부자가정은 안정성이 모자라 가정 구성원들이 무질서하고 절제하지 못하는 경향이 있다. 옛부터 엄한 아버지, 사랑하는 어머니(嚴父慈母)가 교육에 필요함을 강조해 왔다. 아버지의 명령과 꾸중은 자녀들에게 생활의 방향과 중심을 잡아준다. 아버지의 교육을 못받아 절도와 예절이 부족한 사람을 '후레자식'이라 하여 천하게 여기기도 했다. 요즘은 자녀수가 적어짐에 따라 과잉보호는 있어도 절도 있는 교육이 부족해, 태도와 자세, 예절과 분별에 많은 문제점을 보이고 있는 것이다. '강해진 자녀, 약해진 부모'의 현상은 극복해야 될 숙제이다.

4. 가정교육의 모형

성장과정에 있는 자녀에게 있어서 부모는 최초의 교사이며 최고의 모델이다. 그러나 애정, 통제 및 합리성의 정도에 따라 양육태도가 결정된다. 일찍이 정원식(1983)은 그의 「교육환경론」에서 가정환경을 지위환경(地位環境), 구조환경 및 과정환경으로 구별하여 논한 바 있다. 지위환경은 ① 양친의 상태－양친의 유무,

혼인 상태, 동거와 별거, ② 거주지의 생태적 환경－주택가와 상가, 주택근처의 사회계층과 상황, ③ 사회경제적 지위(SES)－부모의 교육, 직업, 경제적 수준, 문화시설, ④ 가족 구성－가족의 수, 형제 자매의 수, 할아버지 할머니와 동거인 상황, ⑤ 가옥 상황－집의 크기와 종류, 생활공간의 물리적 배치 등을 망라한 외형적 환경이다.

구조환경(構造環境)은 외적 조건과 자극의 조직화된 통제이며 심리적 성격을 갖고 있는 것으로 ① 문화적 상태－문화 시설과 매스컴의 활용 정도, ② 영양 및 위생 상태－균형 있는 식생활과 보건 위생적인 생활 상태, ③ 생활공간－개인 생활에 필요한 공간의 정도와 여건, ④ 언어모형－언어 수준, 어휘의 양과 질, 추상적이고 논리적인 개념 사용도, 생각의 재구성과 표현 정도 등 가족간 대화에 관련된 사항, ⑤ 강화체제－부모와 형제에 의해 주어지는 보상과 처벌의 시기와 내용들, ⑥ 가치 지향성－가족들이 추구하는 가치관으로서 도덕적 가치, 가문주의, 운명주의, 중용, 개방, 성취 등의 측면과 종교적 가치의 유무, ⑦ 학습체제－지적 활동을 자극하고 격려하는 체제와 분위기, ⑧ 집단 특성－부모, 형제에 대한 역할기대, 가족 상호간의 응집력과 심리적 관계를 포함한다.

과정환경(過程環境)은 보다 동적인 환경변인이며 심리적 성격을 강하게 지녀 해당 주체의 지각에 따라 의미가 결정되는 것이다. 가정은 인간적 관계에서 좌우되며 대개는 양극을 연결하는 연속선상의 대립 개념으로 이해된다. 즉, 수용－거부, 자율－통제, 보호－방임, 성취－안일, 개방－폐쇄 등으로 구별하여 생각할 수 있다. 이것들을 표시하면 다음과 같이 될 수 있으며 이는 과정환경이 단일 조건이기보다는 2～3개의 요인들이 복합적으로 작용하는 것임을 나타내 주고 있다(주순희 역, 1992).

이렇듯 심층적으로 작용하는 가정의 과정환경에 따라 거기에서 성장하는 청소년들의 인성이나 생활 태도는 크게 달라진다. 부모의 태도와 인간적 만남에 따라 일장일단이 있게 된다. 현대 가정은 물질적으로는 더욱 풍요로워졌으나, 인성교육 측면에서는 과거에 비해 부족한 부분이 많다. 영양실조를 벗어난 후 문화실조와 도덕실조를 겪게 된 셈이다. 실제로 외국의 청소년들은 우리보다 훨씬 엄격하게 자라고 있다. 부모의 교육적 유형과 자녀들의 인성은 밀접한 관계가 있다. 지배적인 어머니 밑에서 소극적 자녀가 나오고 간섭이 심한 어머니는 의존적 자녀를 기른다. 보호적인 어머니는 강박적인 자녀를 기르고 복종을 요구하는 어머니는 공격적인 자녀로 만든다. 무시하는 태도의 어머니는 정서불안 자녀를 기르고 잔혹한 태도의 어머니는 엉뚱한 짓을 감행하는 자녀를 둔다. 민주적 어머니는 자주성,

〈부모의 양육태도에 따른 자녀의 성격〉

부모의 태도	가족적 요인	자녀의 성격(반응)
과보호형 익애형	독자, 장녀, 말자, 만동, 무남독녀, 난산아, 신체적 장애아, 편모	의뢰심, 고립, 퇴영(소아)적, 신경질, 조숙, 침착성, 독자성, 인내심 결여, 자기 중심성, 비사교성, 책임감 부족, 협동심 희박, 욕구불만 및 갈등이 심함.
거부형 방임형	부부의 불화, 별거, 이혼, 맞벌이 부부, 다자녀, 경제적 빈곤	공격적 난폭, 반항적, 가학적, 자기비하, 어른에 대한 관심 및 애정에 대한 과민성, 안정감, 인내심 결여, 소극적 태도(합리화, 고립, 도피, 열등감, 무관심)
지배형	자녀에 대한 과잉기대, 부모가 성취 못한 야심(자녀를 통한 대체성취)	엄격형－수동적 수동, 예의, 의존성, 자발적 독자성 부족, 표리적 성격, 아동성 결여, 열등감, 권위에 대한 비굴, 아첨, 약자에 대한 교만, 지배성
간섭형	보수적·봉건적, 가문가풍, 열등감, 허영심이 심한 부모	기대형－도피성(냉정, 가출, 불량성, 자살)
민주형	가정의 합리적·민주적 분위기	활동성, 독창성, 독립성, 솔직성, 사교성, 협동성, 친절성
전제형	가정의 보수적·전제적 분위기	겉으로는 복종심, 예의가 바르나 뒤에서는 의존성, 반항적, 불순종, 정서적 불안정이 심하다. 지배적, 자기주심성

독립성과 책임감을 가진 자녀를 기를 수 있다. 자녀가 부모에게 드리는 조언 10항목을 들어 보자.

① 나를 너무 귀하게 여겨 버릇없이 기르지 마십시오. 내가 원하는 것을 다 가져서는 안 된다는 사실을 잘 알고 있지만 나는 오직 부모님을 한 번 시험해 보고 있을 뿐입니다.

② 나에게 엄격하게 대하는 것을 두려워 마십시오. 나도 그것을 좋아합니다. 그것은 나에게 오히려 안전한 느낌을 줍니다.

③ 효과 있는 꾸중을 하시려면 남 몰래 조용히 말씀해 주십시오. 그러면 더 깊이 생각하게 된답니다.

④ 나에게 사과하는 것을 부모님의 수치나 실패로 여기지 마십시오. 정직한 사과는 나에게 따뜻함을 줍니다.

⑤ 부모는 완전무결하다는 것을 보여 주려고 애쓰지 마십시오.

⑥ 나의 실수가 죄악이라고 느끼게 하지 마십시오. 그러면 나의 가치관이 왜곡될 수 있습니다.

⑦ 나의 정직을 너무 강조하지 마십시오. 그러면 위협에 질려 거짓말을 하게 됩니다.

⑧ 성가시도록 많은 말을 하지 마십시오. 그러면 귀먹은 체 하면서 딴청을 하게 됩니다.

⑨ 갑작스럽고 깊은 생각도 없이 약속을 하지 마십시오. 만약 그 약속을 어기게 되면 낙심하게 됩니다.

⑩ 나는 이해 있는 사랑을 받아야 올바로 자랄 수 있음을 잊지 마세요. 그러나 이것은 말할 필요도 없습니다. 이미 부모님이 먼저 아시니까요.

5. 가정교육의 내용

흔히 교육을 생각할 때 학교교육을 떠올리기 쉽지만 보다 근본적인 교육은 어린 시절 가정에서 이루어지고 있다. 구체적인 생활교육의 현장인 가정에서 부모들의 삶을 접하면서 이루어지는 최초의 교육이 가장 중요하다.

조선일보에서는 가정교육에 대한 특집 연재를 통해 가정교육을 크게 세 가지로 구분하여, 버릇으로 본 가정교육과 생활용구를 통한 가정교육, 그리고 환경을 통한 가정교육으로 구체화되었다.

버릇이나 습관은 쉽게 형성되지 않지만 한 번 형성된 후에는 교정되기 어려운 심층요인으로 관성의 법칙이 적용된다. 밥먹는 버릇, 말버릇, 훔치는 버릇, 거짓말이나 고자질하는 버릇, 잠버릇, 가정일 돕기, 남의 것 다루는 버릇, 욕심과 소유욕 등은 교과서를 통한 공교육 이전에 가정교육으로 다룰 내용들이다.

생활용구를 통한 가정교육으로서는 몽당연필까지 다쓰는 물건 다루기, 용돈관리, 스스로 학용품 챙기고 다루기, 만화와 장난감 다루기, 일기와 숙제하기, 싸움하는 버릇, 편애, 특기교육 장려, 예절교육, 스스로 자기 일 찾아하기, 책상 정리와 잠자리 정돈 등이 다루어져야 할 것이다.

환경을 통한 가정교육으로서는 친구관계, 성교육과 종교교육, 칭찬과 꾸중, 부모와의 대화, 자녀의 권리인정, 가훈실천, 귀가 후의 부모 부재현상 등이 고려되어야 할 것으로 지적하고 있다(조선일보, 사회부, 1991).

포항제철학원(1990)에서 펴낸「바른가정교육」을 보면, 개인생활, 가정생활, 학교생활, 시민생활, 국가생활 및 청결생활로 구분하여 구체적으로 가정교육의 내용을 제시하고 있다. 그 중 몇 부분을 소개하면 다음과 같다.

(1) 개인생활

① 정한 시간에 꼭 일어납니다.
② 아침에 남보다 일찍 잠을 깨었을 때는 어떻게 할까요?
③ 웃어른께 아침인사를 하세요.
④ 식사할 때 이렇게 하지 않습니까?
⑤ 음식은 가리지 않고 먹습니다.
⑥ 젓가락 사용은 이렇게 하세요.
⑦ 서양식 식사예절은 좀 다릅니다.
⑧ 가장 소중한 것은 건강입니다.
⑨ 바르고 고운 말씨를 씁시다.
⑩ 몸가짐을 바르게 합시다.
⑪ 문을 바르게 여닫는 습관을 가집시다.
⑫ 용돈은 계획을 세워서 쓰고 있나요?
⑬ 깜박 잊고 못하는 일이 없도록 합시다.
⑭ 끝마무리를 잘 하세요.
⑮ 잠자기 전에 꼭 해야 할 일은 무엇일까요?

(2) 가정생활

① 밖에서 돌아오면 어떻게 할까요?
② 현관에서 신발 정리를 바르게 합니다.
③ 화장실 사용법을 바르게 익혀 둡시다.
④ 작은 일이라도 어머니에게는 큰 도움이 됩니다.
⑤ 효도를 잘하는 사람이 되세요.
⑥ 웃어른을 대하는 바른 예의를 알아두세요.
⑦ 이웃과도 예의를 잘 지켜야 합니다.

⑧ 형제끼리도 우애 있게 지냅시다.
⑨ 예의바른 손님맞이는 어떻게 하는 것일까요?
⑩ 명절날에는 무엇을 하나요?
⑪ 결혼식이나 회갑연에서의 예절을 알아둡시다.
⑫ 상례와 제례에 대해서 알아둡시다.
⑬ 친척관계와 상호 호칭을 알아둡시다.

(3) 시민생활

① 약속은 꼭 지켜야 합니다.
② 인사를 생활화합시다.
③ 친절을 받으면 고마움을 전하세요.
④ 칭찬에 인색하지 맙시다.
⑤ 잘못한 일은 용서를 빌어야 합니다.
⑥ 다투고 나서는 서로 화해합시다.
⑦ 예절바르게 소개하는 요령을 알아둡시다.
⑧ 전화를 바르게 하세요.
⑨ 편지로 여러 사람과 교제합시다.
⑩ 문화인은 공연장에서도 예절을 지킵니다.
⑪ 견학할 때 지킬 일도 많이 있습니다.
⑫ 도서관에서 지킬 일을 알아둡시다.
⑬ 식당에서 지킬 일은 무엇입니까?
⑭ 파티에서의 예절도 알아둡시다.
⑮ 공중 목욕탕에서 주의할 일은 무엇입니까?
⑯ 자동차 안에서 지킬 일은 무엇입니까?
⑰ 물건을 전해줄 때 지킬 일을 알아둡시다.
⑱ 남의 집을 방문할 때 지킬 일은 무엇입니까?
⑲ 친구를 문병할 때 지킬 일은 무엇입니까?
⑳ 참고 기다리는 마음씨를 가져야 합니다.
㉑ 성실하고 정직한 마음씨가 중요합니다.
㉒ 교통질서를 꼭 지켜야 합니다.

부모와 주변 어른들의 가정교육에 의해 자녀의 자아개념이 긍정적인가, 부정적인가도 결정된다(주순희 역, 1991).

긍정적인 자아개념을 갖고 있는 어린이는 다음과 같이 말할 수 있다.

- 행복한 어린이 입니다.
- 친구들이 자기를 좋아한다고 느낍니다.
- 친구를 만들 수 있습니다.
- 자신이 어떤 면에 솜씨가 있는지를 다른 사람에게 말할 수 있습니다.
- 강하고 능력이 있다고 느낍니다.
- 가정 안에서 안정감을 느낍니다.
- 중요한 사람처럼 느낍니다.
- 자신을 남에게 나누어 줄 수 있습니다.
- 학교에서 최선을 다하고 있다는 것을 기분 좋게 느낍니다.
- 재능이나 성적에 의해서 자신의 중요성을 재지는 않습니다.
- 그의 가족 내에서 자신을 중요한 구성원이라고 느낍니다.
- 그 자신의 외형적 모습을 받아들이고 점차 그의 모습을 좋아하게 됩니다.
- 용기를 갖고 새로운 일을 시도합니다.
- 그 자신의 영역 내에서 창조적인 편입니다.
- 다른 이에게 사랑과 친절을 보여줍니다.
- 놀이시간에 관전하기보다는 아이들과 함께 놀이에 참여합니다.
- 자신의 독특한 면이 받아들여지리라고 느낍니다.

부정적인 자아개념을 갖고 있는 어린이는 이런 특징을 나타낸다.

- 대부분 못마땅하게 지낼지도 모릅니다.
- 울거나 움추려들기도 합니다.
- 동료들이 자기를 좋아하지 않는다고 느낄지도 모릅니다.
- 가정 내에서 주목을 받기 위해 경쟁을 해야만 한다고 생각할지도 모릅니다.
- 대부분의 경우 곤경에 처해 있다고 느낄지도 모릅니다.
- 그 자신의 고유한 능력이나 재능을 잘 모릅니다.
- 친구들이나 웃어른들에게 심한 갈등을 갖고 있을지도 모릅니다.
- 그 가족의 중요한 구성원이라는 감정을 느끼지 못할 수도 있습니다.
- 그가 잘 해야만 자신이 중요한 사람이 된다는 생각을 할지도 모릅니다.
- 다른 이들에게 사랑과 친절을 보여 주지 않습니다.
- 놀이에 참여하는 것이 아니라 노는 어린이들을 바라보고만 있을지도 모릅니다.

· 다른 아이들과 극히 경쟁적일지 모릅니다.
· 가끔씩 다른 아이들에게 떳떳하지 못합니다.
· 자기는 다른 사람들에게 실망을 준다고 느낄지도 모릅니다.
· 집단 속에서 자발적으로 행동하기를 두려워합니다.

위의 내용들을 보면 가정교육의 내용은 학교의 수업과는 달라야 됨을 보여준다. 생활중심으로, 구체적인 교육이어야 한다. 능력과 기술이 아니라, 삶의 태도와 인성의 바탕을 다루어야 한다.

미국 텍사스주의 휴스턴 경찰당국에서는 「못된 자녀로 기르는 10가지의 길」을 발표하여 부모들에게 커다란 경각심을 준 바 있는데 그 내용은 다음과 같다.

① 아주 어려서부터 자녀가 갖고 싶어하는 것은 무엇이든지 다 주어라. 그러면 그 아이는 온 세상의 모든 것이 자기 것이 될 수 있다고 오해하면서 자랄 것이다.

② 자녀가 나쁜 말을 쓸 때에도 그냥 웃어 넘겨라. 그러면 자기가 재치 있는 줄 알고 더욱 못된 말과 그릇된 생각에 빠져들게 될 것이다.

③ 신앙과 도덕적으로 아무런 교육이나 훈련도 시키지 말고 제가 알아서 하는 대로 내버려 주어라. 그러면 고상함은 사라지고 동물적 본능만 강렬히 나타날 것이다.

④ 어리다는 이유로 잘못된 행실도 꾸짖지 말고 묵인해 버리라. 그러면 자동차를 훔치고 교도소에 갇혀서 사회의 책망을 받게 될 것이다.

⑤ 자녀가 치우지 않은 잠자리, 책상, 옷 등을 부모가 정돈해 주어라. 그러면 응당 자기가 할 일도 남에게 미루게 될 것이다.

⑥ TV프로, 만화 혹은 영화를 제 마음대로 보게 두어라. 그러면 그 마음 속은 쓰레기통이 되어 버릴 것이다.

⑦ 자녀들 앞에서 부부나 가족들이 자주 싸우라. 그러면 장차 가정이 깨어져도 눈하나 깜짝하지 않을 것이다.

⑧ 용돈을 달라고 하는 대로 얼마든지 주어라. 그러면 살아가는 동안 쉽게 부패되는 길을 터득할 것이다.

⑨ 먹고, 마시고 입는 것을 원하는 대로 다 들어 주어라. 그러면 한 번만 거절을 당해도 곧 낙담해 극단적인 행동을 하게 될 것이다.

⑩ 자녀가 교사나 경찰이나 이웃 어른들과 반대되는 입장일 때 항상 그의 편이 되어 응원해 주어라. 그러면 그는 곧 사회와 도덕성에 반대되는 길로 가게 될 것이다.

6. 가정교육의 방법

어느 부모가 쓴 다음 글을 읽어 보고 부모의 역할에 대해 생각해 보자.

어느 부모의 글

내가 데리고 있는 어린이들이
나의 신하가 아닌 것처럼
나 또한 그들의 제왕이 아니다.
그들이 나와 함께 있으나
나에게 속한 것이 아니다.
나는 그들의 장래(將來)를 걱정할 수는 있어도
결정(決定)지을 수는 없다.
나는 그들에게 사랑을 줄지언정
나의 생각을 줄 수는 없다.
내가 시키는 대로 그들이 척척 따라 온다면
그들은 가장 불행(不幸)할 것이요,
나는 가장 부끄러운 부모(父母)가 될 것이다.
내가 그들처럼 되고자 애를 쓸 수 있어도
그들이 나를 닮아서는 안 된다.
그러므로 나는 그들의 인격(人格)을
멋대로 조작하려 들지 않는다.
그들을 가장 훌륭하게 만드는 이는
부모(父母)나 교사(教師)가 아니라
오직 그들 자신(自身)뿐이다.
나는 언제나 그들 곁에서 따라갈 뿐, 앞에 나서지 않는다.

아버지가 아들에게

약속 시간에 늦는 사람하고는 동업하지 말거라.
시간 약속을 지키지 않는 사람은 모든 약속을 지키지 않는다.

어려서부터 오빠라고 부르는 여자 아이들을 많이 만들어 놓거라.
그 중에 하나 둘은 안 그랬다면

말도 붙이기 어려울 만큼 예쁜 아가씨로 자랄 것이다.

목욕할 때에는 다리 사이와 겨드랑이를 깨끗이 씻거라.
치질과 냄새로 고생하는 일이 없을 것이다.

식당에 가서 맛있는 식사를 하거든 주방장에게 간단한 메모로 칭찬을 전해라.
주방장은 자기 직업을 행복해 할 것이고
너는 항상 좋은 음식을 먹게 될 것이다.

좋은 글을 만나거든 반드시 추천을 하거라.
너도 행복하고 세상도 행복해진다.

여자아이들에게 짓궂게 대하지 말거라.
신사는 어린 여자나 나이든 여자나 다 좋아한단다.

양치질을 거르면 안 된다.
하지만 빡빡 닦지 말거라.
평생 즐거움의 반은 먹는 것에 있단다.

노래하고 춤추는 것을 부끄러워하지 말거라.
친구가 너를 어려워하지 않을 것이며 아내가 즐거워할 것이다.

어려운 말을 사용하는 사람과 너무 예의바른 사람을 집에 초대하지 말거라.
굳이 일부러 피곤함을 만들 필요는 없단다.

똥은 아침에 일어나자마자 누거라.
일주일만 억지로 해 보면
평생 배 속이 편하고 밖에 나가 창피당하는 일이 없단다.

가까운 친구라도 남의 말을 전하는 사람에게는 절대로 속을 보이지 마라.
그 사람이 바로 네 흉을 보고 다닐 사람이다.

밥을 먹고 난 후에도 빈 그릇을 설거지통에 넣어 주거라.
엄마는 기분이 좋아지고
여자친구 엄마는 널 사위로 볼 것이며 네 아내는 행복해 할 것이다.

돈을 너무 가까이 하지 말거라.
돈에 눈이 멀어진다.
돈을 너무 멀리 하지 말거라.
너의 처자식이 다른 이에게 천대받는다.
돈이 모자라면 필요한 것과 원하는 것을 구별해서 사용해라.

> 너는 항상 내 아내를 사랑해라.
> 그러면 네 아내가 내 아내에게 사랑받을 것이다.
>
> 심각한 병에 걸린 것 같으면 최소한 세 명의 의사 진단을 받아라.
> 생명에 관한 문제에 게으르거나 돈을 절약할 생각은 말아라.
>
> 5년 이상 쓸 물건이라면 너의 경제능력 안에서 가장 좋은 것을 사거라.
> 결과적으로 그것이 절약하는 것이다.
>
> 베개와 침대와 이불은 가장 좋은 것을 사거라.
> 숙면은 숙변과 더불어 건강에 가장 중요한 문제다.
>
> 우줌을 눌 때에는 바짝 다가서거라.
> 남자가 흘리지 말아야 될 것이 눈물만 있는 것은 아니다.
>
> 연락이 거의 없던 이가 찾아와 친한 척하면 돈을 빌리기 위한 것이다.
> 분명하게 'No'라고 말해라.
> 돈도 잃고 마음도 상한다.
>
> 친구가 돈이 필요하다면
> 되돌려 받지 않아도 될 한도 내에서 모든 것을 다 해줘라.
> 그러나 먼저 네 형제나 가족들에게도 그렇게 해줬나 생각하거라.

학교교육처럼 제도화되어 있지 않은 가정교육은 그만큼 비형식적 기회교육이 될 것이다. 일정한 학습시간이 정해져 있지 않고 진도를 나가야 되는 교과서가 있는 것도 아니다. 따라서 생활자체가 교육인 셈이다. '무엇을' 가르치느냐보다 '어떻게' 가르칠 것이냐가 중요한 셈이다. 표층 구조의 지식 전수보다는 심층 구조인 성격이나 태도 및 가치관 등에 관련되고 암기할 내용이기보다는 가슴으로 느끼는 감성적 요소들이 될 것이다. 따라서 만남을 통해 보여 주는 교육, 대화를 통해 스스로 통찰하게 하는 교육, 공동생활을 통해 본받게 하는 교육, 지식의 증가보다는 심성을 다듬는 교육이 되어야 할 것이다.

첫째, 보여 주는 교육방법이다. 어느 교육자의 말을 빌리면 "사람은 귀로 듣는 것의 580배 정도를 눈으로 보고 배운다"고 한다. 부모가 집에 있는데도 걸려오는 전화에 부재중이라고 답하게 한다든지 이중장부를 기록하는 모습을 보여 주면 정직을 배울 수가 없다. 청소년에게 보여줄 내용으로는 아버지와 어머니가 서로 돕고 뜨겁게 사랑하며 공손한 존칭 언어를 피차 사용하는 것이다. 아버지가 전화로 자녀에게 건네는 언어는 그 자녀들의 언어모형을 결정하는 주요 요인이 된다. 자녀들의 공부방에 세계 지도나 지구본을 마련해 놓고 자녀들과 수시로 세계의 뉴스에 대해 지도를 짚어가며 대화를 나누는 것도 그들의 관심과 시야를 세계화시키는 좋은 교육방법이 된다. 가까운 친족 어른의 사망시에 자녀들에게 시신을 보여 주는 것도 중요한 교육방법이다. 어린시절에 죽음의 모습을 보게 되면 죽음과 삶에 대해 배우며, 살아 있다는 사실만으로도 감사할 수 있고, 생명 경외사상을 가질 수 있다. 서양에서는 도시 안에 무덤이 있어서 청소년들이 늘 무덤을 보고 죽음을 생각하면서 살아가는데 우리 나라는 무덤을 쉽게 볼 수 없어서 인생관과 사생관이 분명하지 못하다고 한다. 죽을 수 있는 존재로서의 자기 이해가 될 때 인간은 보다 겸손하고 진지해질 수 있다고 본다. 청소년들에게 시장 쇼핑을 같이 나가 삶의 실존적 장면인 시장풍경, 돈을 벌기 위해 추위를 무릅쓰고 수고하는 시장인들의 엄숙한 모습을 보여 주는 것도 중요한 교육방법이다. 과잉소비나 무절제한 구매 행위를 극복하는 좋은 방법이 될 것이다. 명절 때마다 전래의 풍습대로 설을 세고 한가위를 보내는 모습도 정확하게 보여주면, 민족공동체로서의 공감대를 넓히고 일가친척간 일체감을 갖게 해 주어 문화적 유대를 공고히 하는 좋은 교육방법이 될 수 있다. 크리스마스 때 자녀들과 함께 캐롤송을 들으며 크리스마스 트리를 만드는 것도 그들이 먼 훗날 어른이 되었을 때에 어린시절의 추억을 되살려 깨끗한 인간 본성을 그리워하게 만드는 소재가 될 수 있을 것이다.

이율곡(李栗谷) 선생은 자기 옆집의 커다란 밤나무 가지가 자기집 위에까지 뻗어 밤알이 뚝뚝 떨어지게 될 때 새벽 이른 아침 마당에 나가 밤을 주워서 주인집 담 너머로 던져 넣었다 한다. 비록 자기집 마당에 떨어진 밤이라도 우리 것이 아니면 주인집으로 되돌려 줘야 한다는 소유의 분별을 배웠던 것이다. 자녀들은 언어모형, 특유한 억양까지도 부모를 모델로 하여 배우고 익히게 된다. 부모는 자녀에게 가장 확실한 교과서이다. 안목은 지적 교육보다 훨씬 깊게 오래도록 작용하는 근본 요소이다. 예절이나 태도 및 가치관도 결국 보고 배워서 체득하는 것들이다.

둘째, 대화를 통한 교육방법이다. 본인의 동의 없이 강요되는 교육은 그 강요가 없어질 땐 곧바로 환원되고 만다. 많은 군대훈련이 제대 후에 곧 옛 습관으로 쉽게 돌아가는 것이 그 좋은 예이다. 대화를 통해 설득하여 스스로 자발적 동기와 변화의지가 생겨야 확실한 변화를 가져온다. 대화는 상대방을 존경하고 나와의 차이를 인정할 때에 가능해진다. 말이 있다고 모두 대화는 아니다. 혼자서 말하는 독백(monologue)이 있고 쌍방이 동시에 발언하는 이중발언(dualogue)도 있으나 대화(dialogue)는 들으면서 말하는 인격적 교감의 구체적 표현인 것이다. R. Read는 대화를 가리켜 '인지적, 정서적인 변화에 영향을 끼칠 뿐만 아니라 공동사회를 형성하기 위한 필요불가결한 도구이며, 개인간에 관계를 맺는 가장 좋은 방법'이라고 말했고(충남교육청, 1992), R. Howe도 '대화의 힘은 단절되고 악화되었던 인간관계를 소생시킬 수 있는 최선의 것'이라고 말했다. 대화는 언어적(verbal)으로 할 수도 있고 비언어적 몸짓언어(nonverbal body language)로 할 수도 있으며 상징적 수단(symbolic communication)으로 할 수도 있다. 일반적으로 대화의 차원은 다음과 같이 분류할 수 있다.

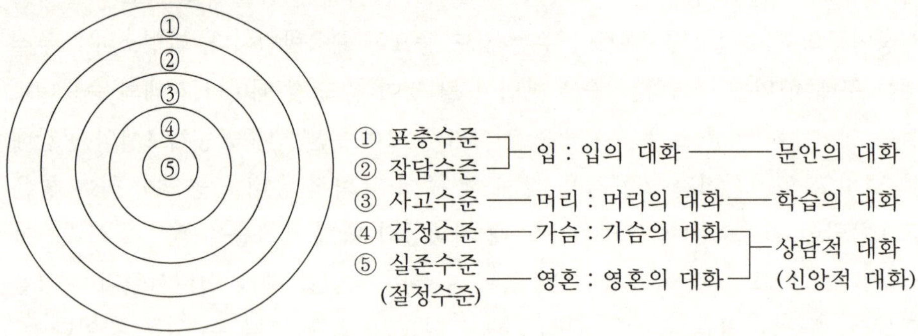

표층수준(cliche level)은 서로 아는 사이임을 확인하며 간단한 안부를 묻는 정도의 대화로 입과 입으로만 주고 받는 대화이다.

잡담수준(gossip level)은 1인칭과 2인칭이 대화를 하지만 대화내용은 3인칭에 대해 함으로써 대화 당사자는 긴장하거나 상처받을 필요가 없는 안전한 대화이며 일상사를 나누는 대화이다.

사고수준(idea level)은 대화 당사자들이 머리로 판단하고 생각하면서 토론하고 깨닫고 이해하는 교사와 학생간 수업 시간의 대화를 가리킨다. 합리성에 근거한 이해의 공유와 지식의 전달이 목표이다.

감정수준(feeling level)은 기쁘다든지, 슬프다든지 혹은 고독하다든지 하는 개인의 사적이고 내면적인 감정적 고백이요 수용이다. 상대방에 대한 신뢰나 존경이 깊지 않으면 이루어질 수 없는 대화이다. 가슴과 가슴이 마주 닿는 비교적 깊은 차원의 대화이다.

절정수준(peak level)은 자기의 과거와 미래 사항을 다루고 장점과 단점, 실수와 부끄러운 것까지를 모두 털어 놓을 수 있는 가장 깊고 친밀한 실존적 대화요 인격의 하나됨이다(encounter). 벌거벗어도 흉이 되지 않고 실수를 고백해도 체면 손상의 염려가 되지 않는 관계이다. 침실에서의 부부관계 같은 것이다. 가정교육이 효과를 얻으려면 부모와 자녀 사이 그리고 형제간에 feeling level 혹은 실존 수준(guts level)의 대화가 가능해야 부담 없는 자기검증이 나오고 객관적인 자기 이해가 가능하며 자기변화가 일어나고 융통성이 가능해진다. 비난이나 심판에서 자유로운 비심판적 수용 그리고 상호신뢰와 공감대(empathy)가 있을 때만 이런 대화가 가능해진다. 가정에서의 대화를 이런 차원으로 발전시키는 노력이 부모 자녀 사이에 있어야 될 것이다.

아래의 목록은 부모가 자녀를 화나게 할 수 있는 행동들을 적은 것이다. 우리들의 대화 속에도 아래의 목록 중 일부가 포함되어 있을 수 있다(주순희, 역, 1992).

> 고함치는 것 / 당황케 만들거나 우습게 만드는 것 / 무시하는 것(너무 바쁘거나 귀기울이지 않는 것) / 화를 내며 훈육하거나 때리는 것 / 아이의 필요를 고려치 않는 것 / 비교하거나 편애하는 것 / 민감하지 못한 것 / 날카로운 목소리로 말하는 것 / 인내의 부족 / 너무 제약이 많은 것(또는 규제의 부족) / 부모 자신은 완벽한 체 하는 것 / 거짓말(약속을 지키지 않는 것) / 과잉반응, 과잉보호 / 프라이버시를 인정치 않는 것 / 능력 이상의 지나친 기대 / 원인이나 과정을 무시한 채 결론에만 집착하여 부당하게 비난하는 것 / 비웃음 / 다른 사람들 앞에서 꾸짖는 것 / 부부끼리의 싸움(아이들에게한 편을 들게 하는 것) / 훼방하는 것 / 일관성이 없는 것 / 신뢰하지 않는 것 / 융통성의 부족 / 부당하거나 불공평하거나 너무 혹독한 체벌 / 훈육이 없는 위협(잔소리) / 언제나 부정적인 면만 보는 비판적인 입장 / 실수에 관해 말하는 것 / 무조건 요구를 거절하는 것 / 용서치 않는 것 / 아이의 의견이나 결정을 존중치 않는 것 / 조건적인 용납

셋째, 모델을 통한 본받기 교육이다. 옆걸음을 걷는 어미 게를 본받은 새끼는 계속 옆 걸음을 걸을 수밖에 없다. 효도와 충성은 본받아서 되어진다. '求忠臣孝子之門'은 가정에서 효도를 먼저 해야 국가와 사회에 충성이 가능하다는 말이다. 밥먹는 자세, 기거동작, 몸가짐 등은 모델을 따라 장기간에 걸쳐 익혀진다. 남에게 음료수를 대접할 때 쟁반에 받쳐서 드리는 일은 어머니를 모델로 체득한다. 시부모 공경은 자기 어머니가 할아버지, 할머니에게 대하는 모습을 본받아서 형성되는 것이지, 국민윤리학과 성적에 의해 좌우되지 않는다. 청소년들은 자라나면서 부모님과 선생님을 모델로 삼아 걸음걸이, 글씨체, 생활방식 및 판단근거 등을 닮아간다. 부모와 성인세대의 일거수 일투족은 쓰지 않은 교과서요, 영향력 있는 강의내

용이다.

넷째, 심성순화를 통한 교육이다. 대부분의 청소년비행은 장기간 계획된 것들이 아니라 우발적이고 충동적인 과실로 발생한다. 극한 감정이 일어날 때 10초 동안을 견디지 못해 후회할 일을 저지르고 마는 것이다. 깊이 생각하고 다시 한 번 검토하는 신중한 성품은 가정교육 속에서 다듬을 내용들이다. '욱'하는 심성에서 폭력, 방화 및 자살이 발생하고 '독'한 심성에서 강도강간, 강간살인이 나타난다. '끼'있는 심성에서 유혹과 성적 탈선이 생기고 '탐'하는 심성에서 이기주의적 탈취와 절도가 생긴다. '우쭐'대는 심성에서 대항과 반항이 생기고 친구에게 의리를 지킨다고 윤간을 하며, 남에게 안지려고 과잉행동을 한다. '속이는' 심성으로 사기와 거짓말, 횡령과 배임을 한다. 그리고 '비뚤어진' 심성으로 반사회적 행동과 불량동아리를 결성, 유흥업소 출입과 약물중독이 발생한다. 결국 학업비행, 생활비행, 오락비행, 폭력비행, 강력비행, 재산비행 및 성(sex)비행 등은 그 시작이 비정상적인 심성에서 비롯되고 그 심성은 가정에서 형성된다. 따라서 가정교육은 청소년의 심성을 순화시키고 안정되게 하는 중요 사항이라 하겠다.

옛날 우리나라 가정교육에서는 시어머니가 시집온 며느리를 시험치르는 확인절차를 가졌다. "養兒十法(방문 앞에서는 건기침을 하며, 책이 있으면 뛰어 넘지 아니하며, 어른이 걸어가고 있으면 앞지르지 아니하며, 숟가락을 어른이 들기 전에 들지 아니하며, 상치쌈은 고개를 돌리고 먹으며 등등)"이나 "小兒調護歌(① 등을 따뜻하게 함 ② 머리를 차게 함 ③ 울음 멎기 전에 젖을 물리지 않음 등)"를 외워보게 했던 것이다. 이율곡 선생의 가문에는 訓要17條가 있었고 보통 가정에서도 童蒙先習, 小學, 士小節 등을 학문과 병행하여 가르쳐 왔다. 오늘날도 학교에서 교과서를 가르치면 가정에서는 인간성을 가르쳐서 상호보완이 되어야 智, 德, 體를 겸비한 전인교육이 가능하리라고 믿는다.

7. 외국의 가정교육

정원식의 『머리를 써서 살아라』(1977), 「아버지 방법, 어머니 기술」(1984)은 유태인의 가정교육 방법을 한국적 상황에 소개한 좋은 가정교육 지침서이다. 충청남도 교육청이 발간한 「올바른 가정교육」(1992)에서도 유태인과 일본인 및 미국인의 가정교육을 소개하고 있다. 유태인들은 〈토라〉를 가르쳐서 종교심을 기르고 〈탈무드〉를 가르쳐 지혜를 심는다. '물고기 한 마리를 주기 보다는 물고기 잡는 법을 가르쳐라.'는 교육격언을 실천한다. 아침 식탁에서 매일 아버지는 자녀들에게 수수께끼를 내고 저녁 식탁에서 해답을 말하게 한다. 이로써 자녀들은 탐구학습과 생각하는 생활을 길들이게 된다. 저녁식사 후 목욕하고 자리에 침실에 들어가면 어머니가 대화를 통해 낮 동안의 생활 중 불안했거나 상한 마음을 위로해 주고 동화책을 읽어 상상력을, 세계 여행기를 읽어 시야의 확장을 도와 주고, 성경을 읽어 주어 신앙심을 돈독하게 하고 잠들 때가 되면 두 손으로 머리를 감싼 후 축복기도를 하여 잠자게 한다. 이러한 정성이 기초가 되어 세계적으로 우수한 인재가 나오게 된다. 이 밖에도 지식보다 지혜를 강조하고, 친절을 현명한 처세방법으로 가르치며 항아리의 겉보다는 속을 보도록 지도한다. 쓰는 것보다 저축하는 기쁨을 강조하고 매사에 균형을 잡도록 가르친다. 노벨상 수상자의 22%를 유대인이 차지하는 데는 이유가 있는 것이다.

일본인들은 근검절약과 친절, 茶道와 수신을 통한 예절교육, 철저한 공동체생활(team spirit) 등을 주요내용으로 가르친다. 한 예로 일본인의 '오아시스' 운동은 안녕하십니까, 감사합니다, 실례했습니다, 죄송합니다의 일본어 머릿자로서 청소년 예절운동의 하나이다. 물자절약과 쓰레기 재활용은 일찍부터 정책산업으로 발전시켜 있다. 일본 나고야시의 가정교육 연구회에서 만든 〈가정교육 기본방침〉의 주요내용 중 몇 가지를 보면 다음과 같다.

① 조용하고 고운 음악을 많이 들려 준다.

② 어린이가 있는 곳에서는 남의 험담을 절대 삼간다.

③ 기다리고 참는 습관을 길러 준다.

④ 해서 될 것과 해서는 안될 것, 말해서 좋은 것과 말해서 나쁜 것을 분명하게 일러준다.

⑤ 자녀의 요구대로 물건이나 돈을 주는 일을 삼간다.

⑥ 교통규칙을 가르친다.

⑦ 부모와 자녀가 같이 소풍, 등산, 운동을 하며 땀흘리고 즐거움을 느끼도록 한다.

⑧ 착수한 일은 끝까지 해내는 끈기를 기른다.

⑨ 부모나 조상들이 살아온 내력을 말해 준다.

⑩ 말솜씨와 경어 쓰는 습관을 그때그때 지도한다.

. 최근까지 일본의 라디오 교육상담을 맡고 있던 타고 아키라가 쓴『평범한 어머니의 비범한 자녀교육』은 영재교육법 143가지를 제시하고 있다.

미국의 가정교육은 철저하게 자립과 개척정신을 길러 주는 것이다. 어린시절부터 먹는 것, 입는 것, 목욕하는 것을 혼자하도록 가르쳐서 자기 삶을 독자적으로 책임지게 만든다. 각자 천부적인 재주와 능력을 실현하도록 선택을 허용하고 결정한 다음에는 책임을 지게 한다. 약속을 지키고 규칙을 준수하는 것은 미국 사회에서 살아가는 필수사항이다. 남을 돕는 자원봉사가 보편화되어 있는 것도 미국사회의 한 특징이다. 이처럼 세계적으로 훌륭한 문화와 전통, 그리고 문명의 이기를 발전시킨 나라는 그 뒷받침으로서 가정교육과 부모의 수고가 반드시 존재하고 있음을 알 수 있다.

참고자료

문제가 있는 익애형(溺愛型), 방임형, 무시형, 잔혹형

-젖먹이 때의 부모의 태도가 자녀의 성격과 장래를 결정짓는다.-

많은 동물에 있어 태어난 후의 행동양식은 출생 전부터 벌써 본능도식이 이미 개체안에 짜여져 있다. 그러나 인간은 스스로는 아무것도 할 수 없는 상태에서 태어나 성장하면서부터 매우 바른 성숙을 이루는 특징을 지니고 있다. 특히 태어난 뒤에 어떤 모양으로든지 바뀌게 되는 젖먹이 때는 환경의 힘이 어린이의 성장을 크게 좌우한다고 할 수 있다. 젖먹이 때의 환경으로서 무엇보다 중요한 것은 가정, 특히 어머니의 자녀에 대한 태도이다. 부모가 어떤 태도를 보였을 때 자녀의 성격이 어떻게 달라지느냐 하는 문제는 여러 방면에서 연구되어 왔다. 많은 경우 부모의 태도는 아래의 그림과 같이 따뜻하게 자녀를 수용하는가, 냉담하게 거부하는가, 이래라 저래라 하는 지배적 태도를 보이는가 아니면 어떤 요구도 하지 않고 그저 복종적 태도를 취하는가 하는 두 개의 축에 따라 분류한다.

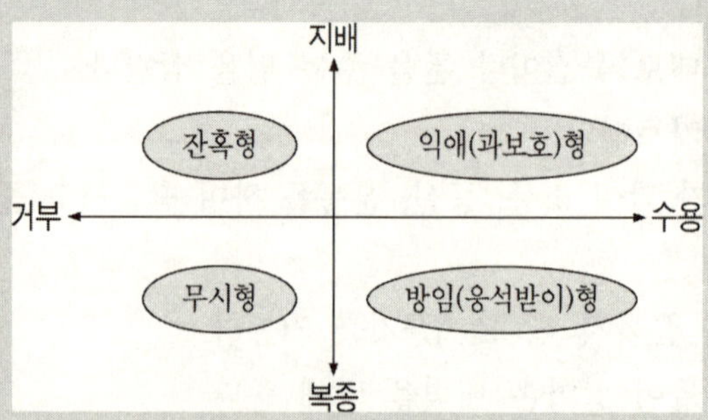

위의 그림의 중심, 즉 중용을 취하는 태도를 이상적인 것이라 하면, 두 개의 축에서 어느 쪽으로 기우는가에 따라 익애(과보호)형, 방임(응석받이)형, 무시형, 잔혹형이라고 하는 4가지 태도의 전형이 표시된다. 한편 이와 같이 부모의 태도를 분류했을 경우 이 네 가지 전형에 해당하는 부모의 자녀들은 어떤 성격을 몸에 익히게 되는가에 대하여 종래에 행하여진 각종 연구결과를 종합해 본 것이 〈자녀에 대한 부모의 관계 유형〉이다. 제 각기의 연구에 따라 지배, 복종, 수용(보호), 거부의 분류법을 사용하기도 하고 과보호, 응석받이, 무시, 잔혹의 분류법을 사용하기도 하니까 이것이 완벽한 분류라고는 말할 수 없지만 부모의 어떤 태도가 자녀들의 어떤 성격을 빚느냐 하는 것을 대충 눈짐작으로나마 알 수 있을 것으로 본다.

어머니의 태도와 자녀의 성격관계를 정리하면 다음과 같다.

〈어머니의 태도와 자녀의 성격〉

어머니의 태도	자녀의 성격
1. 지배적	복종, 자발성 없음, 소극적, 온화
2. 지나친 마음쓰기	유아적, 의존적, 신경질, 수동적, 겁장이
3. 보호적	사회성 결여, 사려깊음, 친절, 신경질이 아님, 정서안정
4. 응석받이	버릇없음, 반항적, 아기스러움, 신경질
5. 복종적	무책임, 순종하지 않음, 공격적, 난폭
6. 무시	냉혹, 공격적, 정서불안정, 창조력 풍부함, 사회적
7. 거부적	신경질, 반사회적, 난폭, 주의를 끌려고 함, 대담
8. 잔혹	고집이 셈, 냉혹, 신경질, 도피적, 독립적
9. 민주적	독립적, 소박, 정직, 친절, 사교적
10. 전제적	의존적, 반항적, 정서 불안정, 자기 중심적, 대담

참고자료

나의 행복지수 테스트 – 나의 행복 지수는?

다음 문항을 읽고 긍정하면 ○표를 하라. ○표에 따라 가족을 위해 할 일이 달라진다.

1. 우리 아이가 제일 좋아하는 가수가 누가인지 알고 있다. ( )
2. 가끔은 남편의 양복 주머니에 사랑의 쪽지를 넣어 둔다. ( )
3. 일주일의 하루 정도는 온 가족이 함께 지낸다. ( )
4. 매일 최소한 10분 정도는 귀여운 바보가 된다. ( )
5. 아이들이 나의 어린 시절 이야기를 듣고 싶어하면 자상하게 이야기해 준다. ( )
6. 가족과 함께 하는 시간을 갖기 위해 TV을 꺼두기도 한다. ( )
7. 가족을 부를 땐 애칭을 사용한다. ( )
8. 새로 시작한 일이 마음에 들지 않더라도, 당장에 그만두기보다는 조금 시간을 두고

생각한다. ( )
9. 가끔은 학원에 가고 싶지 않다고 돌아온 아이에게 집에서 놀게 허용한다. ( )
10. 때론 나도 꾀병을 부리거나 게으름장이가 되어 본다. ( )
11. 우리 가족은 나를 재미있는 사람이라고 생각한다. ( )
12. 나는 휴식을 위해 책을 읽는다. ( )
13. 가끔은 가족과 함께 춤을 춘다. ( )
14. 규칙적으로 운동을 한다. ( )
15. 집에 있는 시간이 편하다. ( )
16. 나쁜 일이 생겨도 긍정적인 생각을 할 수 있다. ( )
17. 가족이 보는 데서 펑펑 울기도 한다. ( )
18. 다른 사람에게 욕설을 퍼붓지 않고도 분노의 감정을 표현할 수 있다. ( )
19. 의견이 충돌할 때 싸우지 않고 타협할 줄 안다. ( )
20. 배우자와 아이들의 의견을 집안 일에 반영한다. ( )
21. 하루에 한 번 이상은 아이들과 함께 웃는다. ( )
22. 아이들에게도 배울 것이 있다고 생각한다. ( )
23. 일주일에 최소한 세 번 이상은 가족이 함께 모여 저녁 식사를 한다. ( )
24. 아이들에게 뜻밖의 대접이나 상을 준다. ( )
25. 조그마한 일에도 칭찬을 해준다. ( )
26. 아이들 방은 어수선해도 나쁘지 않다. ( )
27. 가족에게 '사랑한다'는 말을 자주 한다. ( )
28. 가족들이 나에게 얼마나 소중한 존재인지 자주 말한다. ( )
29. 어른을 공경한다. ( )
30. 아기를 보면 미소를 짓는다. ( )
31. 충고를 하거나 말을 자르지 않고 3분 동안 아이의 말에 귀를 기울일 수 있다. ( )
32. 아이들 앞에서도 노래를 곧잘 한다. ( )
33. 아이에게 휘파람부는 법을 가르쳐 주었다. ( )
34. 문제를 해결할 땐 가벼운 마음으로 한다. ( )
35. 가족들에게 애정 표현을 적극적으로 할 수 있다. ( )
36. 배우자에게 관심이 많으며, 애정 표현을 자주 한다. ( )
37. 집안 일을 하면서 노래를 흥얼거린다. ( )
38. 내가 잘못한 경우에는 가족들에게 사과한다. ( )
39. 매일 짬을 내어 내가 좋아하는 일을 한다. ( )
40. 아이와 함께 재미있는 일을 한다. ( )
41. 가족 사이에 사소한 다툼 정도는 웃으며 가볍게 넘길 수 있다. ( )
42. 소리를 지르지 않고도 단호하게 말할 수 있다. ( )
43. 아이들은 나를 무서워하지 않는다. ( )
44. 자신의 실수를 인정한다. ( )
45. 아이들이 너무 말을 안 들어서 도저히 참을 수 없을 때 스스로를 달랠 수 있는 방법이 있다. ( )
46. 나는 열정적이고 명랑하다. ( )
47. 매일 가족들과 즐겁게 지낸다. ( )

48. 내 가족들은 내가 그들을 제1순위로 생각한다는 사실을 알고 있다. (   )
49. 나는 낙천적인 사람이다. (   )
50. 가족들에게 험담이나 비난의 말을 하지 않는다. (   )
51. 아이들이 잘하는 일에 관심을 갖는다. (   )
52. 내가 잘하는 일에도 관심을 갖는다. (   )
53. 잠자리에 들기 전 하루 일을 정리하고, 다음날 상쾌한 아침을 맞는다. (   )
54. 가족들은 나를 긍정적이고 사랑스러운 사람으로 생각한다. (   )
55. 가족과 함께 하는 생활이 마치 내가 좋아하고 신뢰하는 친구들과 함께 하는 것처럼 생각된다. (   )
56. 우리 집은 편안하고 아늑하다. (   )
57. 우리 집은 안정감이 있다. (   )
58. 우리 가족은 대부분의 시간을 휴식을 취하며 즐겁게 보낸다. (   )
59. 우리 가족은 어려운 일도 터놓고 이야기한다. (   )
60. 우리 가족은 빈둥거리며 시간을 보낼 때도 있다. (   )

참고자료

나의 행복지수는 어떤가?

1 1~10개

· 이 가정은 지나치게 심각하다.
· 재미도 없고 휴식을 취할 수도 없는 상태이다.
· 아마도 어린 시절을 힘들게 보냈거나 사랑을 받지 못했나 싶다.
· 즐거운 가정 생활을 위해 생활 양식을 바꾸어야만 된다.
· 그리고 어린 시절에 있었던 상처가 아직도 남아 있다면 치료해야 한다.

2 11~40개

· 이 가정의 가족들은 집안 분위기에 스트레스를 받고 있으며, 본인 자신도 그렇다.
· 본인이 느끼는 걱정과 불안, 압박감은 가족에게도 고스란히 영향을 미친다.
· 긴장을 풀고 인생을 느긋하게 바라볼 필요가 있다.
· 사소한 일에는 대범해지라. 즐거운 일을 생각하라.
· 아이들과 배우자를 향해 항상 미소 띈 얼굴을 보이려고 노력해 보자.

3 21~30개

· 이 가정은 가정 생활이 좋은 방향으로 변하고 있다.
· 아이들과 함께 하는 시간이 즐겁게 느껴지기 시작한다.
· 이 가정은 아이들과 대화하는 법을 알고 있다.
· 이제 천진 난만한 모습으로 함께 놀 수 있는 것들을 찾아보며 인생을 즐겨보라.

④ 31~40개

· 이 가정은 가정이 행복의 원천이다.
· 인생의 진정한 즐거움이 무엇인지를 알고 있다.
· 압박감을 떨치고 가족과 함께 즐겁게 지내고, 가족의 말에 조금만 더 귀를 기울이라.

⑤ 41~50개

· 이 가정은 낙관적인 가정이라고 할 수 있다.
· 아이들은 당신을 자랑스럽게 생각하고 있으며, 당신과 함께 하는 시간을 즐거워한다.
· 매일 웃음을 잃지 말고 더욱 행복한 가정이 되기를 바란다.

제 15 장 학교교육과 교사의 역할

우리 나라 중등학교의 성장과 발전은 매우 괄목할 만하다. 1965년에 초등학교 5,125개교(4,941,345명), 중학교 1,208개교(751,341명), 고등학교 701개교(426,531명)이던 것이 2005년엔 초등학교 5,646개교(4,022,801명), 중학교 2,935개교(2,010,704명), 고등학교 2,095개교(1,762,896명)로 늘어났다. 40년 동안에 학교 수는 2~3배, 학생 수는 3~4배나 늘었다. 결국 거의 모든 청소년들이 학교교육에 동참하고 있는 실정이다. 또한 학교에서의 교육시간이 점점 늘어나서 하루의 60% 이상을 학교생활로 지내는 경우도 흔히 있다. 이는 청소년의 교육에 있어 학교와 교사가 그만큼 중요한 역할을 맡고 있다는 증거가 된다. 특히 청소년기에는 "엄마 팔아 친구 산다."는 옛 속담처럼 부모와의 유대보다 동료집단에서의 소속감이나 인정받는 일이 훨씬 중요한 동기요인이기도 하다. 교과수업을 주 업무로 다루면서 교사와 학생 사이, 학생과 학생 사이의 인간관계를 통해 존경과 신뢰, 상호협력과 경쟁 등을 익히게 되는 것이 학교환경이다. 소질과 개성이 서로 다른 동료들과 같은 목적을 향해 살아가는 동행자로서 어떻게 공동체 생활을 유지해 나갈 것인가도 중요 과제가 될 것이다. 유유상종(類類相從)을 따라 감화도 받지만 비행의 동기도 되는 것이 동료집단의 영향력이다. 음주 · 흡연 등은 대개 교과서를 통해 배우기보다는 친구들과의 사귐에서 배우게 된다고 한다. 이런 점을 중심으로 청소년 교육에 대한 학교와 교사의 역할을 고찰해 보고자 한다.

1. 환경으로서의 학교

Bloom(1964)은 "개체에게 부딪쳐오는 여러 조건, 힘 및 외계 자극으로서 물리적 · 사회적 혹은 지적인 힘과 조건이 되는 것이 학교환경"이라고 보았다. 학교의 크기와 시설, 교사와 학생간 상호작용, 학교 풍토, 역할 기대, 분위기의 신축성과 경직성 정도 등이 학교환경을 좌우한다. 특히 원시 농경사회에서 중시되던 청소년의 육체노동은 산업사회로 들어서면서 그 중요성이 약화되었고 상대적으로 학교환경에 머무는 시간이 길어졌다. 동시에 현재의 학교환경은 주입식 지식위주 교육, 시험 성적에 의한 단선적 인간평가, 인간적 고려가 어려운 학급분위기, 창의성과 탐구적인 교육 풍토보다는 획일화된 풍토 그리고 아직도 입시부담에 시달리는 과도기적 교육에 머물러 있다.

한완상(1974)은 이러한 학교 풍토는 청소년의 자율성을 저해한다고 지적하며 다음과 같은 현상을 제시하였다.

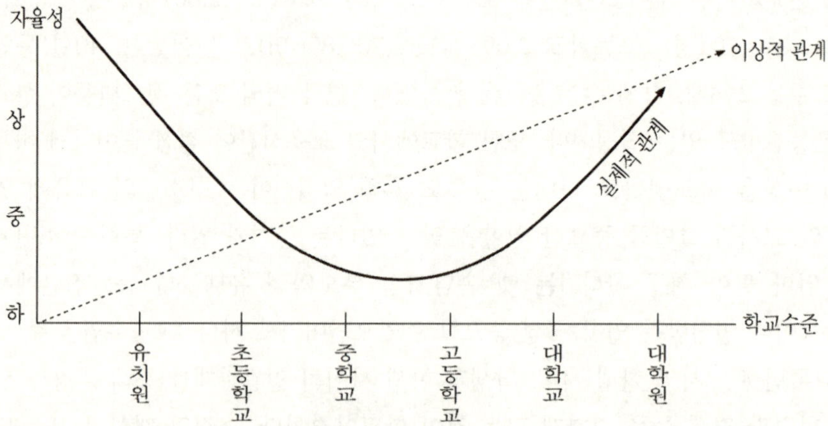

아직까지도 학교 생활의 대부분은 〈학생중심〉보다 〈교사중심〉으로 운영되고 있다. 학생 개개인의 개성이나 욕구보다는 보편성이 강조되며 개인차와 적응속도는 경시된 채 제시된 기준에 의해 분류 선발되므로 인위적인 실패자가 나오게 된다. 이들은 재적응의 대안을 찾지 못하면 곧 비행과 연결될 가능성이 있다. 현재 재수생의 지도는 대학도 고등학교도 책임 영역으로 생각지 않는 제3의 영역이 됐다. 이런 상황에서 상급학교 진학에 총력을 기울이는 학구적 문화와 실제 취업현장으로 진출하기 위해 노력하는 직업적 문화가 생겼다. 그러나 대학진학과 취업을 시도하는 직업문화의 어디에도 속하지 못하는 소외집단이 생길 수 있고, 욕구와 목적을 달성하지 못하면 좌절을 경험해 비정상적 탈출구를 추구하는 비행 가능집단도 생기게 된다. 그러나 현재의 학교 여건상 대안학교 몇 개 이외엔 이들에 대한 특별 배려가 미흡한 실정이다.

학교에 재학 중인 청소년들은 교과학습을 통해 지적발달을 추구하는 1차적 욕구 이 외에도 동료들과 교사들로부터 여러 가지 사회적 욕구와 심리적 욕구가 충족되기를 원하고 있다. 학교생활이 꼭 교과서의 진도를 나아가는 재미로만 이루어지는 것은 아니다. 학급이나 학교라고 하는 공동체 안에서 학생 개개인이 추구하는 심리적 욕구와 동기를 더 깊게 이해하고 충족시켜줘야 학교생활이 행복해질 수 있는 것이다.

청소년의 욕구와 동기에 대한 학교환경의 응답이 현재보다는 더욱 적극적으로 있어야 할 것이다. 다원적 평가를 통해 영 · 수 · 국의 학과 성적 우수자뿐 아니라 예체능력의 재능자 그리고 심성이 곱고 정직한 생활 모범자도 모두 나름대로 인정을 받고 삶의 의미를 발견할 수 있게 해 주어야 할 것이다. 일찍이 Maslow(1970)는 청소년을 포함한 인간 모두의 기본적인 욕구를 생리적 욕구, 안전의 욕구, 소속 및 애정의 욕구, 존경의 욕구, 자아실현의 욕구 등 연속된 위계로 이해하여 제시하였다.

〈자아실현 : 완전히 역할 수행하는 인간의 욕구 표현 ; 진정한 자기가 되는 것〉

<table>
<tr><td>심미적 자아실현의 욕구</td><td>심리적 욕구 : 모든 사람의 질서와 균형에 대한 감상 ; 모든 것에 대한 아름다움과 사랑에 대한 감각</td><td rowspan="3">내부로부터 솟아 오르고, 고상하고 지속적이며, 충족되었을 때보다 강해지는 존재와 성장동기
타인중심적 욕구
위협되면 불안을 느낌</td></tr>
<tr><td rowspan="2">존경의 욕구</td><td>이해 욕구 : 광범위한 이론 속에 표현된 관계, 체계, 과정에 관한 지식 ; 광범위한 구조 속에 지식의 통합</td></tr>
<tr><td>지식 욕구 : 정보와 지식에 접근하기와 일하기 방법 알기 ; 사물, 사건, 상징의 의미 알기를 원하기</td></tr>
<tr><td rowspan="2">소속 애정의 욕구</td><td>자존 욕구 : 특수한 능력과 가치있는 특성을 가진 독특한 인간으로서 인정받기 ; 특수하고 개성있는 인간으로서 인정받기</td><td rowspan="4">외부적 요인에 의해 인정되거나 부정되고, 강력하고 순환적이며, 부정될 때보다 강해지는 결손 혹은 보존 동기
자기중심적 욕구
위협되면 공포를 느낌</td></tr>
<tr><td>소속 욕구 : 타인이 나를 알아주고 나와 함께 있기를 원한다는 것을 알면서 집단구성원으로서 수용되기</td></tr>
<tr><td rowspan="2">신체적 · 생리적 욕구</td><td>안전 욕구 : 보장되는 내일에 관해 관심가지기 ; 자기 자신과 가정 및 집단을 위한 규칙적이고 예측할 수 있는 사물가지기</td></tr>
<tr><td>생존 욕구 : 즉각적인 존재에 대한 관심 ; 당장의 의식주 고려하기</td></tr>
</table>

심리적 욕구

학습과제 관련 욕구		인간관계 관련 욕구	
학습습관에 영향을 주는 욕구	성취수준에 영향을 주는 욕구	인간과의 분리 욕구	인간과의 결합 욕구
질서 : 정돈, 조직, 청결, 정확 욕구 구성 : 조직, 건설 욕구 보존 : 수집, 수선, 보존, 보호 욕구 획득 : 재산증식, 소유욕구 파지 : 소유물 보유, 저장, 절약 욕구 인지 : 탐색, 지식 추구, 호기심, 질문 욕구 놀이 : 긴장, 이완, 오락, 웃음, 농담, 휴식 욕구 성명 : 정보 제공, 설명, 증명 욕구	우월 : 탁월, 야망, 성취, 인정 욕구 성취 : 장애극복, 어려운 과제 해결 욕구 인정 : 칭찬, 찬사, 획득, 명예 욕구 실패 회피 : 실패, 수치, 조롱 회피 욕구 반작용 : 패배 극복, 명예 회복 욕구 전시 : 주위의 관심 획득 욕구 명예 : 명성 유지, 자존심 유지 욕구 굴욕 : 처벌 감수 욕구	지배 : 타인 통제, 지도 욕구 거부 : 타인 배제, 무시 욕구 방어 : 꾸중이나 비난 방어, 자신의 행동 정당화 욕구 공격 : 타인 모욕, 피해, 괴롭히는 욕구 자율 : 강요 거부, 독립, 자유 욕구 반대 : 독자적, 비인습적, 타인과 달리 행동하려는 욕구	친애 : 우정, 친교, 협동 집단활동 욕구 존경 : 타인 존경, 협동 봉사 욕구 양육 : 타인 원조, 보호 욕구 원조 : 원조 추구, 보호, 동정, 의존 욕구 원망 회피 : 상대방 비위 맞추어 주는 욕구 동조 : 의견의 일치, 믿음, 타인과의 동일성, 모방 욕구

2. 생활로서의 학교

근로 청소년과 무직 청소년이 존재하고 있지만 청소년 인구의 대부분은 역시 학교 청소년이다. 우리나라 청소년 인구 1,440만 명 중 920만 명(63.9%)이 학생 청소년이기 때문이다. 그 중 중학생이 230만 명(25.0%), 고교생이 230만 명(25.0%), 대학생이 140만 명 (15.2%)을 차지한다. 이들은 방학과 휴일을 제외한 일상생활의 현장이 학교인 셈이다. 따라서 학교생활이 행복하고 보람스러우면 인생자체가 행복한 것이요, 학교생활이 어렵고 불행하면 인생자체가 불행한 셈이다. 그런데 실제 조사를 해 보면 청소년들은 학교생활에서 보람보다는 스트레스를 더 많이 받는 것으로 나타난다. 김형태(1989)의 청소년 989명을 대상으로 한 조사연구에서도 청소년의 고민과 문제점으로서 학교생활, 자기조절, 진로계획, 가정생활 등이 지적되고 있다.

구체적으로는 ① 계획표를 짜 놓아도 그대로 실천이 되지 않는다(자기조절), ② 공부가 내 마음대로 되지 않는다(학교생활), ③ 학과성적이 좋지 않아 걱정스럽다(학교생활), ④ 나의 결점을 알고 있지만 고쳐지지 않는다(자기조절), ⑤ 장래(진학, 취업)에 대해 확고한 계획을 세우지 못했다(진로계획), ⑥ TV나 만화 등이 방해가 되어 공부 시간을 빼앗긴다(자기조절) 등이 지적되고 있다.

문용린(1992)이 종합적으로 정리해 놓은 청소년의 고민과 불안에 관한 진단도 깊이 검토해 볼 필요가 있다.

정원식(1985)의 연구로는 진로 문제(중학교 33.9%, 고교생 36.5%)와 학교 문제(중학생 32.5%, 고교생 28.3%)가 가장 큰 청소년의 고민거리였다. 한국청소년연구원(1991)의 연구보고는 학교공부와 성적(36.3%), 진학과 진로(25.7%)가 고민의 소재로 앞의 순서를 차지하였다. MBC 청소년백서(1991)에서도 공부에 대한 고민(55.2%), 진학에 대한 고민(41.1%), 친구에 대한 고민(16.5%)이 중요한 청소년의 문제 영역으로 추출되고 있다.

황정규(1990)는 스트레스를 받는 사건을 중점으로 연구했는데 그 주요 항목을 보면 ① 선생님으로부터 꾸중과 벌을 받음(경험빈도 1580), ② 동성친구와 선물 전화교환(경험빈도 1267), ③ 성적저하로 부모에게 꾸중을 들음(경험빈도 1187), ④ 동성의 친구와 다툼·싸움(경험빈도 1185), ⑤ 학교 성적의 부진(경험빈도 1115), ⑥ 선생님에게 매맞음(경험빈도 1054), ⑦ 사춘기의 신체적 변화 경험(경험빈도 979) 등이 나왔다.

성적이 내려가서 부모에게 꾸중을 듣거나 학교성적이 계속 부진해지며, 시험에서 실패하는 등의 학업 관련 학교생활, 또 학교 선배와의 마찰이나 학교 폭력, 동성친구의 배신이나 절교, 불량배에게 학교 주변에서 피해 보는 일과 같은 동료와의 인간관계 등이 학교생활을 부정적으로 만드는 원인들이다. 미국 청소년들도 학교생활이 가장 큰 고민거리라고 한다(Strommen, 1985).

이같이 생활의 장으로서 학교교육이 정상화되려면 학교교육 여건이 대폭 개선되어 각 개인의 생활공간이 확장되어야 하고 입시위주로 운영되는 중·고교 교육을 교육과정 중심으로 전환시켜야 한다.

협동교육 과정, 즉 특별활동이 강화되어야 하고 평가체제가 다원화되어 많은 성공 경험을 주어야 한다. 그리하여 학교성적에 관계없이 학교는 모든 학생들에게 의미 있는 곳, 유익한 곳, 그리운 곳이 되어야 한다.

모든 청소년들이 학교생활을 하는 동안 건강, 경제, 가정, 인간관계, 학업, 성격, 진로, 가치관 등 각 영역에 걸쳐 문제에 직면할 수 있고 또 문제가 발생하는 것 자체는 이상할 것이 없다. 다만 문제를 해결해가는 유형으로 체념이나 도피유형, 대인 의존적 유형, 혹은 정서적 대처 유형보다는 적극적 대처 유형으로 갈 수 있게 지도할 필요가 있다(이혜성 외, 1989).

3. 바람직한 교사상

청소년들이 학교생활을 즐겁고 보람있게 하는가, 고통스럽고 스트레스를 받게 되는가는 교과내용의 난이도나 학습에의 적응뿐 아니라 교사와의 인간관계가 매우 중요한 요소이다. 교사의 역할이 학과내용을 잘 가르치는 데 있는 것은 사실이나 학생들의 내면적 욕구를 이해하고 격려와 사랑을 줄 수 있는가도 대단히 중요하다. 성인이 된 후에 기억에 남는 교사는 학과지도 능력보다 인간적 만남에서 성공한 경우가 더욱 많다고 한다.

청소년의 생활지도 담당자로서의 교사의 일반적 역할에 대해 허탁(1980)은 다음과 같이 규정하고 있다.

첫째, 인간형성자로서 청소년의 현실적 모습(sein)을 마땅히 되어야 할 당위적 모습(sollen)으로 변화시키면서 잠재된 소질과 가능성을 최대한 그리고 최적의 모습으로 계발시킬 수 있어야 한다.

둘째, 유의한 지식과 학문의 전달자로서 맡은 영역에 대해 해박한 지적 성취가 있어야 한다. 지식전수가 없는 학교교육은 무의미하다.

셋째, 교육 예술가로서 직관력, 창의성, 미적 감각과 뜨거운 정열 및 정교한 기술을 복합시켜 인간 조형을 수행할 수 있어야 한다.

넷째, 학습자로서 자신과 학생 및 담당 교과와 시대적 상황에 대해 평생학습자이어야 한다. 남을 가르치는 자 스스로 배우기를 게을리하지 않아야 한다는 평범한 원리를 실천할 수 있어야 한다.

Reddler과 Wattenberg(1951)는 교사의 심리적 역할에 대해서도 중요한 관심을 표시하였다.

첫째, 사회대표자로서 학생의 사회화 과정에서 교사는 사회의 가치, 규범, 생활양식을 대표하여 인정, 격려, 금지, 꾸중을 통해 사회적 기대를 교육현장에 반영시켜야 한다.

둘째, 판단자로서 학과성적의 결정, 행동평가의 기록, 진급과 수상 대상자의 선정과 처벌할 내용의 여부를 결정하는 역할을 맡는다.

셋째, 지식의 자원으로서 필요할 때엔 언제나 담당 학과목의 지식을 공급하는 창고 역할을 맡아야 한다.

〈영역별 문제해결 행동과 그 유형〉

유형 영역	적극적 대처 유형	대인 의존적 대처유형	정서적 대처 유형	체념 또는 회피 유형
건강	· 운동을 한다. · 무리를 피하고 규칙적으로 생활한다.	· 전문적인 도움을 청한다(의사, 약사).	· 명상, 요가, 또는 기도를 한다. · 마음을 편안히 갖도록 노력한다.	· 그냥 참고 지낸다.
경제	· 절약하고 규모있게 생활한다. · 장학금을 받을 수 있도록 열심히 공부한다. · 부업을 갖는다.	· 전문적인 도움을 청한다(상담실, 직업보도실 등).	· 나보다 어려운 사람을 생각하고 스스로 위로한다.	· 나로선 해결할 도리가 없으므로 되도록 생각하지 않는다.
부모 및 가정	· 대화, 설득을 통해 상호 이해를 도모한다. · 부모의 기대, 요구에 부응하도록 노력한다.	· 다른 사람을 찾아가 조언을 구한다.	· 누군가에게 이야기함으로써 기분을 풀어버린다. · 명상, 요가, 또는 기도를 한다.	· 되도록이면 가족들과 마주치지 않게 피한다. · 내 생활에 몰두하여 잊어버리도록 한다.
대인관계	· 내게 부족한 면을 고쳐 보려고 노력한다. · 의도적으로 여러 사람과 어울리는 기회를 만든다.	· 교내 상담실이나 선생님을 찾아가 의논한다. · 친구들과 깊은 대화를 나눈다.	· 나의 태도를 바꾸고 긍정적으로 생각한다. · 명상 또는 자기 반성의 시간을 갖는다.	· 되도록 혼자 지낸다.
성격	· 나의 단점을 고치려고 노력한다. · 목표를 미리 정하고 계획을 세워 행동한다. · 다른 사람의 비판, 충고에 귀를 기울인다.	· 교내 상담실을 찾아가 조언을 구한다.	· 마음을 느긋하고 편안하게 갖도록 노력한다. · 명상, 요가, 또는 기도를 한다.	· 타고난 천성이니 어쩔 수 없다고 체념한다.
학업생활	· 학원에 다니거나 특강, 특별프로그램 등에 열심히 참여한다. · 빈틈없는 계획을 세우고 내 생활에 충실하려고 노력한다.	· 상담실이나 다른 사람을 찾아가 조언을 구한다.	· 나의 태도를 바꾸고 생각한다.	· 골치 아픈 문제이므로 되도록 생각하지 않는다. · 어쩔 수 없는 일이라고 체념한다.
교양 및 평가	· 도움되는 책을 읽는다. · 관심있는 모임에 적극 참여한다. · 원하는 것을 배운다. · 계획을 세우고 규칙적인 생활을 한다.	· 친구, 선배 등의 조언과 도움을 청한다.	· 쇼핑, 잡담, 목적없이 걷기 등으로 여가를 메운다.	· 하루 이틀에 될 일이 아니므로 체념한다.
진로 및 취업	· 나 자신을 정확히 파악한다(각종 심리검사, 다양함 경험 등) · 미리 계획을 세우고 외국어, 컴퓨터, 타자 등 준비를 철저히 한다. · 교내 직업보도기관이나 취업특강, 책자 등을 통해 부지런히 정보를 수집한다.	· 주위의 다른 사람들과 많은 대화를 나눈다. · 상담실이나 직업보도기관을 찾아가 도움을 청한다.	· 쇼핑, 잡담, 목적없이 걷기 등으로 기분 전환을 꾀한다.	· 내게 운이 있으면 잘될 것이라 생각하며 기다려 본다. · 골치 아픈 일이므로 일단 미루어 둔다.
종교 및 가치관	· 도움이 되는 책을 읽는다. · 많은 경험을 쌓는다. · 명상, 선, 기도 등을 통해 고민하며 해답을 찾으려고 노력한다.	· 다른 사람과 많은 대화를 나눈다. · 교내 상담실에 찾아가 조언을 구한다.	· 쇼핑, 잡담, 목적없이 걷기 등으로 기분 전환을 꾀한다.	· 어차피 해결될 수 없는 일이라고 체념한다. · 시간이 해결해 줄 것이라 생각하고 미루어 둔다.

넷째, 학습조력자로서 새로운 지식을 배우고 적용할 때 조력해 주어 어떤 개념과 원리를 그의 발달단계에 알맞게 재구성해 주고 당면한 문제해결을 도와야 한다.

다섯째, 불안 제거자로서 청소년이 성장과정에서 필연적으로 겪게 되는 실존적 불안과 이해와 능력의 부족에서 초래되는 불안과 갈등을 완화시켜 주어야 한다. 과도한 경쟁, 실패에 대한 위협, 과잉기대, 일관성 없는 지도 등은 불안을 조성하는 원인이 될 수 있다.

여섯째, 자아옹호자로서 자신감을 잃고 열등감 속에 있는 학생에게는 구체적인 개인별 목표를 설정해 주고 학습과정에서 성취감을 맛보게 하며 바람직한 행동 후에 즉각적인 강화와 격려를 통해 그의 자아를 옹호, 지지해 주어야 한다.

일곱째, 동일화 대상으로 부지불식간에 그의 행동양식은 교사를 닮게 된다. 언어모형, 옷입는 모습, 필체로부터 사고방식, 판단 근거에 이르기까지 교사는 모델이 된다.

여덟째, 부모의 대리자로서 사랑을 공급하고, 결손가정인 경우엔 부모로부터 받지 못하는 사랑과 보호까지 맡아 주어야 한다.

아홉째, 친구로서 역할을 맡아야 한다. 교사와 학생은 같은 목적을 추구해 나가는 동반자로서 희로애락을 함께 나눌 수 있는 허물 없는 사이여야 한다.

"勇將 밑에 弱卒 없다."는 속담처럼 똑같은 교과서를 같은 시간에 가르쳐도 교사에 따라 학업 성취도가 사뭇 달라진다. 또한 세계적인 지도자들의 전기를 보면 그들의 청소년기에 강하게 그의 삶을 이끌어 준 스승들이 거의 필연적으로 있어 왔다. 따라서 교사와 학생은 거래관계나 매매관계가 아닌 진정한 인간관계와 더불어 사랑하고 존경하는 사이여야 한다. 결국 청소년의 문제점이나 비행은 가정에서의 부모와 학교에서의 교사가 의도적으로 노력하기만 한다면 대부분 예방될 수 있는 것들이라고 본다. 가정의 제자리 찾기와 학교교육의 정상화, 즉 교육과정에 의한 철저한 지도만 있었다면 많은 청소년문제는 적절히 흡수, 해결될 수 있었던 것들이다.

4. 바람직한 교우관계

학교환경 중에서 가장 밀도 있는 만남은 학급 동료들과의 사이에서 나타난다. 역사적으로 다윗과 요나단, 관포지교(管鮑之交) 등은 우정의 좋은 사례가 되고 있다.

같은 공간에서 장기간 생활하다 보면 구성원 상호간에 좋아하고 싫어하는 관계가 생기게 되고 상호간에 심리적 거리가 정해진다. 담임교사는 정기적으로 학급 내의 인간관계를 확인 지도하기 위해 소시오그램(sociogram, 인간관계 · 집단구조의 도표)을 작성해 보는 것이 좋을 것이다. 그 결과로 다음과 같은 동료간 인간관계를 알 수 있다.

① 짝(pair)은 2명이 상호 확인된 선택(mutual choice) 혹은 순환선택으로 나타나서 응집력 있는 친밀한 관계가 발생한다.

② 연쇄(chains)는 쇠사슬고리 모양으로 몇 명이 계속해서 다음 사람을 선택해 연결이 전달되는 것으로 3인결합(triangles), 4인결합(squares), 혹은 원형결합(circles)이 되기도 한다.

③ 패거리(cliques)는 3인 이상이 상호선택으로 결합되어 그 외의 사람들과는 배타적으로 대하고 집단내부로는 응집력을 갖는 집단이다.

④ 인기자(star)는 많은 동료들로부터 집중적인 선택을 받는 경우이다. 이런 사람이 엉뚱한 곳으로 행동방향을 정하면 학급 풍토가 이상해 질 수도 있다. 자만하지 않고 합리적인 방향으로 인기를 관리하게 해 주어야 한다.

⑤ 그물형 조직(net work)은 여러 사람이 그물처럼 서로 엉켜 친소관계가 형성된 상황이다. 단결력이 있을 수도 있고 오합지졸로 무질서해 질 수도 있다.

⑥ 고립자(isolator)는 자기 자신은 남을 친구로 선택할 수 있느나 남으로부터는 호감을 얻지 못하는 소외상태(outsider)의 사람이다. 이런 상황이 오래 지속되면 그는 학교환경에 부적응자가 되어 중도에 낙오되기 쉽다. 인위적으로라도 친구관계를 조성하여 관계 속에 살 수 있도록 조력해 주어야 한다.

⑦ 무시된 자(neglectee)는 다른 사람으로부터 적은 선택을 받은 자로서 학급 내에서 무시되거나 심리적으로 변두리에 위치하여 역할수행을 주저하게 되는 경우이다.

⑧ 배척받는 자(rejectee)는 부정적 척도로 조사할 때 선택되는 사람으로 소외되고 경원과 미움으로 거부당하는 사람이다. 정신적으로 상처가 날 수 있고 그 반작용으로 난폭하거나 공격적인 성격이 나타날 수 있다. 고립자가 비사회적이라면 배척받는 자는 반사회적 성품이기가 쉽다.

학급 동료들의 보이지 않는 인간관계와 상호친소 상태를 교사들이 살펴 주어야 한다. 또한 학급활동과 토론회, 각종 행사지도와 심성계발 프로그램 등을 통해 이러한 내용이 진단되고 개선되도록 학급운영이 이루어져야 한다. 특별히 현행

교육제도가 경직화되고 획일화된 상황에서는 학급활동에 참여하는 기쁨과 보람이라도 얻을 수 있어야 한다. 그 가장 좋은 기회는 학급에서의 동료들과 맺어지는 친구간 인간관계이다. 공개적인 인간관계가 원만하면 불량동아리나 음성적 조직은 보다 쉽게 극복될 수 있다.

5. 교육상담의 강화

지금까지의 학교교육은 여러 가지 내·외적 요인 때문에 굴절되고 파행적인 면이 있어 왔다. 상급학교 진학준비라는 당면목표가 너무 절실하다보니 입학시험에서 제외되는 학과목은 소홀히 다루게 되고 시험치르는 방법을 강조하다보니 기계적 수업을 하기도 했다. 전인교육이라는 표상 가치를 내걸었지만, 교실수업 현장에선 입시준비가 더욱 강조되기도 했다. 많은 사람들이 학교교육의 정상화를 강조했지만 대학입시 제도와 출제경향이 가장 강력하게 중·고교 교육을 좌우하는 영향력이었다.

학교교육이 정상화되려면 장학행정 영역, 교수학습 영역 그리고 생활지도 상담 영역이 상보적으로 균형을 이루어야 된다고 본다. Mortensen과 Schmuller(1976)는 이런 상황을 다음과 같이 제시하고 있다.

장학행정과 교과지도 영역은 다른 과목에서 논하기로 하고 본 장에서는 생활지도 상담의 보강이 필요하다고 생각된다. 학교교육에서의 담임교사와 카운슬러가 수행할 생활지도의 전반적인 체계는 다음의 표와 같다.

〈학교교육의 절차〉

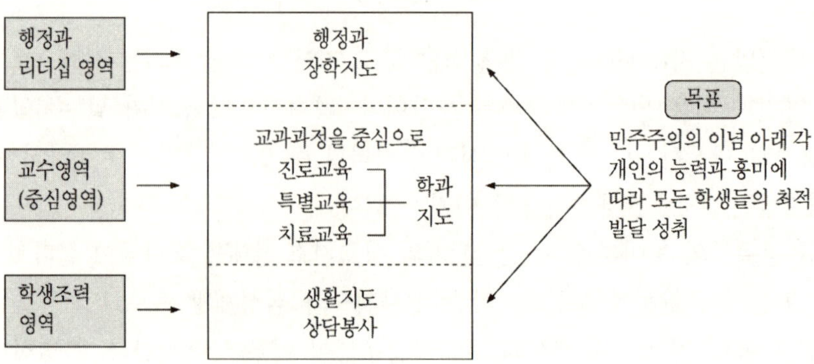

전교사가 전교생을 대상으로 생활지도 체제를 만들어 각 개인의 자기발전, 자기수용, 자기계발 그리고 자아실현을 이룰 수 있도록 도와 준다면 학교교육은 훨씬 더 인간적인 모습으로 바뀔 수 있을 것이다. 따라서 기존의 상황대로 생활지도 상담이 있어도 좋고 혹 없어도 무방한 임의적 조직이 아니라 각급 학교마다 필수적으로 조직을 갖춰 청소년의 생활지도의 목적을 치료 중심에서 예방 중심으로 더 나아가 최적 발달 중심으로 정착시켜 나가야 할 것이다.

학교 생활지도의 조직으로서 다음과 같은 방안이 검토될 수 있으면 좋을 것이다.

학교상황에서 카운슬러가 학생들을 내담자로 하여 개인상담과 집단상담을 추진하려면 생활지도를 비롯한 심리검사와 대화의 요령, 인성심리와 진로지도이론 등에 대해 전문적인 준비가 있어야 한다.

〈생활지도의 전반적인 체계〉

일반적 기능	프로그램	담당자	배경지식	생활지도 기법	수혜자
① 개인의 이해 ② 발달 조력 ③ 적응력 신장 ④ 정보 제공	① 개인연구 (전문적 진단) ② 학급경험제공 ③ 정보제공과 오리엔테이션 ④ 배치와 정착 ⑤ 추수지도 ⑥ 카운셀링 ⑦ 연계지도 (전문가와 협조)	① 교사 ② 상담교사 ③ 카운슬러(전임) ④ 간호사 ⑤ 행정가 · 장학사 ⑥ 심리 측정가 ⑦ 사회복지사 ⑧ 직업전문가 ⑨ 심리학자 ⑩ 신경정신과 의사 ⑪ 산부인과 의사	① 인성심리 ② 성장과 발달 ③ 학습 · 적응 심리 ④ 집단과정 ⑤ 사회적 요구 ⑥ 민주실천론 ⑦ 정신위생 · 체육 ⑧ 직업세계 ⑨ 국제환경 ⑩ 유관기관 ⑪ 심리검사 ⑫ 측정과 평가	① 관찰법 ② 심리검사 ③ 누가기록법 ④ 사례연구법 ⑤ 상담면접 ⑥ 자서전법 ⑦ 학부모 협의회 ⑧ 신체검사 ⑨ 사회성 측정법 ⑩ 탐구학습 ⑪ 토론과 집단활동 ⑫ 레크리에이션 ⑬ 학급활동운영 ⑭ 역할연기 ⑮ 카운셀링	① 학생 ② 교사 · 학부모 ③ 행정가 ④ 직원 ⑤ 지역사회 (국가)

특히 우리 나라는 전교사의 카운슬러화를 추진한 적도 있었고 일부 시 · 도에서는 카운슬러의 전임제를 도입한 적도 있었다. 결국 상담이란 상담자와 내담자가 인간적 만남을 통해 서로를 이해하고 행동의 융통성을 찾아 그의 사고, 정서 및 행동의 모든 영역에 걸친 생활과제를 풀어가게 하는 것이라고 본다. 외국의 경우 가이던스가 없는 학교교육은 거의 생각할 수도 없는 정도이다.

오염된 사회여건 속에서 청소년을 건강하게 양육하려면 교실수업이나 시험평가만 갖고는 부족하다고 본다. 인간을 긍정적으로 보며 상호신뢰와 비심판적 수용,

그리고 공감대를 매개체로 하여 인간 대 인간으로 만나야 한다. 또 함께 웃고 더불어 울 수 있는 깊은 만남이어야 한다. 학교상담에서 참고할 주요 상담이론은 「School Counseling」에서 참고할 수 있을 것이다.

〈학교생활지도의 조직〉

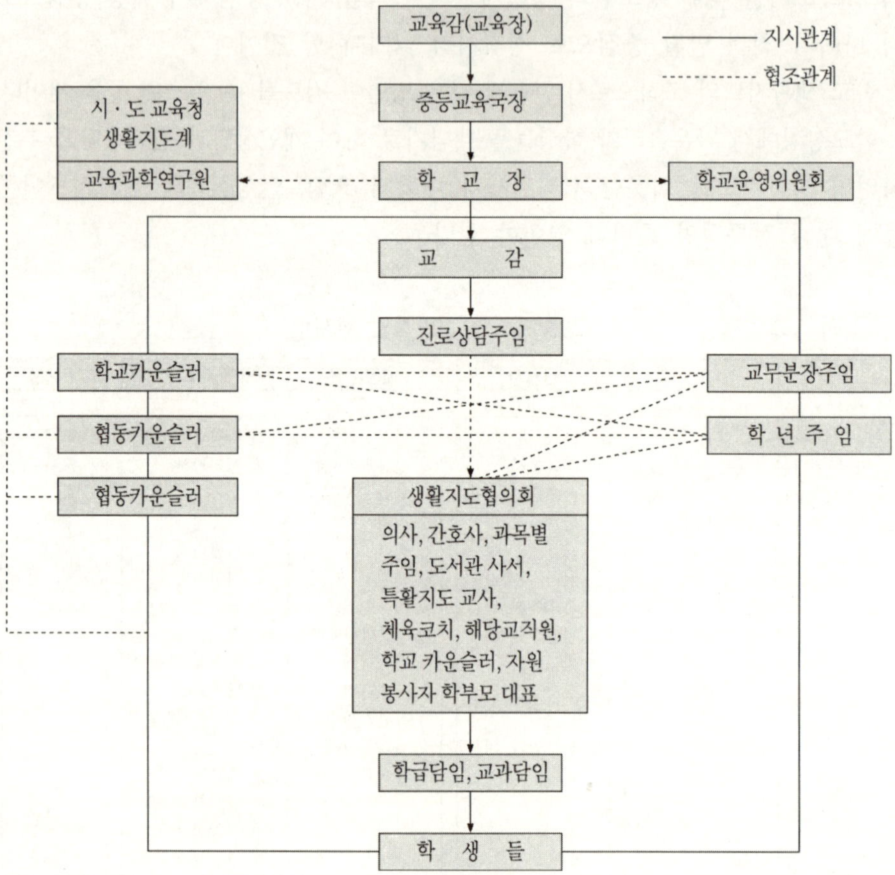

청소년문제의 예방을 위한 학교환경과 교사의 역할을 살펴보았다. 대부분의 경우 청소년의 비행은 스스로의 자발행위이기보다 문제 부모, 문제 가정 그리고 문제 학교의 결과적 희생자일 수도 있다. "상탁하부정(上濁下不淨)"이란 옛말처럼 상류가 탁하면 하류가 맑을 수 없듯이 청소년을 둘러싼 가정과 학교가 제자리로 돌아가야 할 것이다. 원칙과 약속이 통하는 환경과 생활 시범을 보여 주어야 할 것이다. 용서와 격려가 있고 호연지기와 꿈을 가꿀 수 있는 삶의 터전과 보고 배울 안목을 주어야 할 것이다. 다만 청소년들에게 당부하고 싶은 것은 잉어가

폭포수를 거슬러 올라가듯 정신적으로 오염된 환경을 만날 때 거부하고 선택할 수 있는 자기 보존 능력을 길러 주기 바란다. 또한 "살아 있는 물고기는 짠바닷물 속에 살아도 그 자신의 몸은 짜게 하지 않는다", "香나무는 자기를 찍는 도끼날에 대해서도 香氣를 풍긴다"는 말을 새겨서 진흙 속에서 피어나는 연꽃처럼 자기 고유의 인성과 사명을 지키도록 당부하고 싶다.

〈상담이론의 여러 유형〉

상담이론 비교항목	정신분석 상담	인간중심 상담	행동주의적 상담	지시적 상담	논리요법 상담	교류분석 상담
인간관	성악설	성선설	백지설	선악공유설	합리적·비합리적	성선설
성격론	유소년기의 가정생활	자아개념이 행동의 핵심	자주-반응의 결합	특성과 인자의 묶음	전제조건과 신념체계	기억 속의 P.A.C가 삶의 각본형성
병리론(부적응 상태)	병의 근원은 억압된 욕구 불쾌한 경험	현실적 자아와 이상적 자아와의 괴리	잘못된 조건화 및 학습의 부족	자기특성과 환경과의 부적결합	사실과 논리에 어긋나는 신념체계	P.A.C의 활용이 한틀에 고착됨
치료목적(상담목표)	무의식의 의식화·기억의 재생	자아개념의 재구성	조건의 개선 및 재학습	바른 자기이해, 적절한 결합시도	합리적 신념과 자기수정	P.A.C의 자유로운 활용
상담자역할	행동유형의 의미와 원인해석	비심판적 허용적 분위기 조성	프로그램의 제작 및 제공	내담자와 환경에 대한 정보제공	설득과 격려	P.A.C 행동유형의 이해
내담자역할	자유연상과 솔직한 자기노출	설정된 기회의 자율적 활용	프로그램에의 적극적 참여	정보의 해석에 적극참여	순종과 공감 이해	상황에 적합한 행동유발, 분명한 표현
유의점	저항의 정확한 이해	관계유지와 의사소통관리	증상과 원인의 분별	심리검사의 실시 및 해석	관계유지, 철학적 소양	제약, 비언어적
대표 학자	S. Freud	C. Rogers	B. G. Skinner J. Wolpe	E. G. Williamson D. G. Patterson	A. Ellis	E. Berne

6. 커뮤니케이션의 기술

우리는 대화를 통해 인간관계를 맺어간다. 인간이 다른 동물과 구별되는 특징은 창의력, 대화, 웃음, 종교성 등이다. 대화를 통해 절망에 빠져있는 사람에게 용기와 희망을 갖게 하고, 슬픔에 잠긴 자에게 기쁨과 위로를 줄 수 있으며, 증오하는 사람에게 분노를 해결하고, 사랑하는 마음을 갖게 할 수도 있다(잠 15 : 1~2, 잠 15 : 7).

훌륭한 대화는 새로운 정보나 지식을 전달할 수도 있고 남을 설득할 수 있으며 원만한 인간관계를 유지하기도 한다. "말 한 마디로 천냥 빚을 갚는다."든지 "동냥은 못주더라도 쪽박은 깨지 말라." 혹은 「남아일언중천금(男兒一言重千金)」은 언어의 중요성을 말해 준다. 서양문화의 기초는 "Thank you, Excuse me, Please"에 있다고 한다. 우리 나라도 "예 · 고 · 수 · 미－예, 고맙습니다, 수고하셨습니다, 미안합니다" 운동을 폈던 때가 있다. 그리고 신(信)과 성(誠)의 글자 풀이를 보면 신(信)은 사람(人)의 말(言)이란 뜻이요, 성(誠)은 약속(言)한 대로 실천한다(成)는 뜻이다.

대화(dialogue)는 독백(monologue)이나 이중발언(dualogue)과는 구별된다.

의사소통에는 언어적(verbal communication)인 것과 비언어적인 것(non-verbal communication : body language) 그리고 상징적(symbolic communication)인 것들이 있다.

(1) 언어적인 의사소통

대화자는 상대방의 처지를 이해하고 분위기에 맞는 이야기를 해야 한다. 상황과 화제에서 벗어나지 않게 하고 말하고 듣는 비율은 1 : 1이어야 한다. 입은 하나이고 귀는 둘이니 말보다 듣는 것을 많이 함이 좋다. 일본인들은 1－2－3 대화법(내말은 1분 이내에 끝낼 것, 상대방은 2분 이상 말하게 할 것, 상대방의 발언도중 3번 이상 공감을 표시할 것)을 제시하고 있고 한국인들은 말하기 전 3단계 검토법(내말이 진실인가－이 상황에 필요한가－듣는 자에게 유익한가?)을 일러 두기도 한다. 상대방의 말을 가로채지 말고 인격을 존중하며 예의 바르게 말해야 한다.

맞장구를 치면서(경청) 밝은 표정으로 들어야 한다(눈과 눈맞춤). 대화의 종류에 따라 착안점을 적어 본다.

1) 칭찬의 대화

① 상대방이 칭찬할 만한 행위를 하였을 경우에만 구체적으로, 공개적으로 칭찬을 한다.
② 상대방의 사소한 행위라도 그것이 좋은 일이면 잊지 않고 칭찬한다.
③ 칭찬할 때에는 밝은 표정으로 진솔한 표현이어야 한다.
④ 상황, 이야기의 분량, 방법, 대상 등을 고려하여 때에 맞게 한다.

2) 질책의 대화

① 먼저 사유를 듣고 신중하게 판단한 후 질책한다.
② 이성을 가지고 평온한 마음(심장박동)으로 꾸짖는다.
③ 일대일로 있을 때에 조용히(비공개적으로) 꾸짖는다.
④ 품위있는 말로 질책해야 한다.
⑤ 꾸중의 모습이 변덕스럽거나 편파적이어서는 안 된다.
⑥ 질책과 더불어 개선방법을 말해 주어야 한다.
⑦ 질책은 칭찬보다 간단 명료하고 짧게 하며 반복하지 않아야 한다.
⑧ 상대방의 입장이 되어 깊이 생각해 본 뒤에 질책한다.
⑨ 질책 후 일정시간이 지난 뒤 위로와 격려가 있어야 한다.

3) 부탁의 대화

① 부탁하기 전에 상대방의 정신과 건강상태, 취미, 성격, 인생관, 처지, 경제사정, 학력, 출신지, 종료, 가족관계 등을 고려해야 한다.
② 먼저 상대방에게 안도감과 신뢰감을 갖도록 한다.
③ 상대방에게 친근감이나 친밀감을 느끼게 한다(인간적 공감대 형성).
④ 부탁할 내용을 명료하고 간결하게 요약해 정중히 말한다.
⑤ 부탁할 때 부정적 응답이 나올 것도 예상해야 한다.
⑥ 조그만 부탁이라도 들어 주면 반드시 감사 표시를 한다.

⑦ 감사는 때를 놓치면 효과가 반감된다.

4) 거절의 대화

① 납득할 수 있는 구체적 이유를 들어 분명하게 말한다.
② 부드러운 어조로 완곡하게 거절한다.
③ 오만하거나 경멸하는 태도, 또 상처를 줄 수 있는 말은 삼간다.

5) 격려의 대화

① 상대방의 처지를 이해해야 한다.
② 상대에 맞는 대안과 가능성을 제시한다.
③ 역사적 실화 중 적절한 사례를 예시한다.

6) 사랑의 대화

① 유머나 위트가 있는 말을 한다.
② 상대방의 좋은 점(능력, 외모, 심성, 솜씨 등)을 구체적으로 칭찬한다.
③ 상대방의 인격과 생활에 관심이 있음을 표현한다.
④ 비유적인 언어를 구사한다(예 : 당신은 저 함박눈처럼 포근해서 좋아요).
⑤ 품위있고 예의바른 말로 한다.
⑥ 사적인 비밀을 거론하거나 거짓말을 해서는 안 된다.

7) 설득의 대화

① 상대방의 구체적 형편과 조건을 이해한다(知彼知己, 百戰百勝)
② 예의바른 언동으로 안도와 신뢰감을 준다.
③ 논리적인 설득과 정서적인 호소를 병행한다.
④ 인내심과 지구력을 가지고 설득한다.
⑤ 긴장이 감돌 때에는 화제를 바꾸거나 유머로 이완시킨다.

8) 정확한 발음(장단, 띄어 읽기 등)

街路燈(街 : 頭進出), 簡便(簡 : 紙), 改札(改 : 善), 口錢(口 : 舌), 冬至(冬 :

服), 滿足(滿 : 場), 强力(强 : 盜), 景致(景 : 品), 考察(考 : 試), 大田(大 : 將), 料理(料 : 金), 保證(保 : 護), 素質(素 : 服), 掃滅(掃 : 除), 試驗(試 : 食), 長距離(長 : 男), 占쟁이(占 : 領), 放學(放 : 火), 思索(思 : 想), 手帖(手 : 巾), 沿岸(沿 : 革), 偶然(偶 : 像), 將來(將 : 星), 正月(正 : 直), 行動(行 : 實), 化粧(化 : 石)처럼 발음의 장단도 정확하게 지키는 것이 좋다. 모국어를 바로 쓰는 것도 쉬운 문제가 아니다.

(2) 비언어적인 의사소통

언어 아닌 것으로 의사소통하는 것이 전체 커뮤니케이션의 70% 이상이라고 한다. 몸짓언어(body language)라고도 하는 데 이는 메시지의 숨은 뜻과 배경을 이해하는 데 중요하며 문화권에 따라 서로 다르다.

미국인은 한국말이 어렵다고 한다. 한국인은 외국에 가서 본의 아닌 실수를 할 때가 있다. 신체 각 부위로 표현하는 짓이 단서가 된다. 동공이 커지면 반갑거나 놀라움의 표시이고 얼굴을 붉히면 수줍음과 염치 및 황공함을 뜻한다. 시선이나 음색 및 억양 등도 중요하다. 그 구체적 내용을 몇 가지 살펴본다(필리핀의 음식주고 받기는 오른손으로 해야 한다. 태국에서 남의 머리 쓰다듬기는 경멸을 뜻한다).

1) 신체 각 부위를 통한 것

시선의 방향과 시간, 눈깜빡임, 눈물, 눈뜨는 크기, 피부의 창백함, 홍조, 경직됨, 땀흘림(發汗), 준비자세, 수그린 자세, 의기소침, 무표정한 얼굴, 주름살, 찌프림, 코벌름거리기, 입술깨물기, 미소나 박장대소, 손과 발의 동작(손유희), 수화적 표현, 어깨두드리거나 머리쓰다듬기, 손톱깨물기, 몸긁기, 관절꺾는 소리, 머리칼뽑기, 몸 문지르기, 몸부림, 발구르기, 조바심, 전율, 반복적으로 만지작거리거나 소리내기, 종이접기나 성냥골 자르기, 손가락으로 지시 · 반대, 끄덕이거나 휘젓기, 어깨 너울거림, 애정 표시, 포옹, 키스 등은 언어 표현 못지않게 중요한 의사소통의 역할을 한다.

2) 음성을 통한 것

음성이 밋밋하거나 단조로움, 밝고 생기있거나 어둡고 지친소리, 강하고 확신에

차 있는 소리, 머뭇거리고 떨리는 음성, 퉁명스럽고 귀찮다는 음성, 반갑고 기다렸다는 음성, 흥분되고 조급한 음성, 침착하고 나즈막한 음성, 깨진 소리, 목메인 소리, 더듬거리는 소리, 음성의 속도와 강도, 말씨의 정확성, 사투리, 경솔한 언어, 다변, 일관성 없는 말, 인위적으로 만들어 하는 소리, 상하격에 맞는 존칭어, 지배적인 말(고자세), 세련된 말, 핀잔, 사랑스러운 말, 타인음성 묘사 등이 있다.

3) 환경을 통한 것

대화 중의 상호거리 변화, 말끔하고 정돈된 분위기, 너저분하고 심난한 분위기, 공식적인가, 평상적인가, 격식적인가, 자율적인가(예 'Sound of Music'), 따뜻한가, 냉정한가, 규모있고 교양있는가, 번지르르하고 천박한가, 낭비와 사치적인가, 알뜰하고 내용적인가, 가구들의 색상 · 모양 · 재질, 커텐 색깔도 주인의 가치관과 심성을 이해하는 단서가 된다.

(3) 상징적인 의사소통

상대방을 이해하는 보다 광범위한 참고 사항들로써 인간의 심층적 고찰이 필요하다.의복은 성격, 신분, 가치관 등을 알아보는 상징물이다. 느슨한가, 꼬옥 조이는가, 단색인가, 요란한 혼색인가를 보라. 두발은 성별표시, 중대한 결심, 예술가적 취향 등을 알아볼 수 있다(Orange족, White족).

장신구로 결혼반지, 목걸이, 보석 착용 등을 살펴볼 수 있다. 화장은 여성을 이해하는 중요 단서이다. 적당한 화장은 예의에 속하나 지나친 화장은 특수직업 여성으로 오해를 받게 된다. 차종(車種) 선택은 교통수단 뿐만 아니라 신분, 재력, 영향력의 과시용으로도 쓰인다.

주택의 위치와 장식, 아파트 크기 등도 필요공간 확보 외에 인간관계의 부가가치로 이해될 때가 종종 있다.

(4) 대화의 저해 요인

편견, 감정의 벽, 증오심, 신분의 격차, 과거의 자기 경험, 미리 짜 놓은 심증의 묵계, 부정확한 언어 표현, 천편일률적 대화법, 신체적 건강상태, 우유부단함, 방어기제나 피해망상 등에 의해 원만한 대화가 어렵게 된다.

발신자의 의미체계가 수신자의 의미체계를 통과하면서 최소한 2번 이상의 내용 굴절이 가능해진다. 또한 표층적 언어교환과 심층적 내용 교환이 서로 다를 수 있다(TA : 교류분석). 따라서 대화는 예술이라고 일컬어진다. 면대면(face to face)이 아닌 전화를 통한 대화는 음성에만 의존하게 되어 더욱 조심스럽고 오해 가능성이 높다. 내 귀에 들려오는 각종 메시지에 대해 최선의 반응을 하는 것은 기본인격과 노력과 센스 등이 복합적으로 작용해야 가능한 것이다. '하면 다 말인가?'에 대한 우리의 답은 역시 '아니다'일 것이다. 인간은 교육을 통해서 인간이 될 수 있다. 교육은 만남이요 인간적이어야 한다. 인간적으로 되기 위해 서로 믿고 아끼는 대화를 나누어야 한다(2인 3각 경기).

신세대와 자녀세대를 이해하기 위해 대화적 인간관계를 유지하며 기성세대 자신도 자기 변화에 인색하지 않아야 한다. 성공한 지도자들은 수직적 대화와 수평적 대화를 능숙하게 할 줄 아는 사람들이다.

참고자료

Conditions which hinder effective communication

Preoccupation
Hostility
Past experiences
Inarticulateness
Physical environment
Defensiveness
Status
Emotional blocks
Charisma
Hidden agendas
Stereotyping
Mind-wandering
Relationships

제 16 장 인간의 유형과 한국인의 성격

1. 인간의 유형

일찍이 F. Bacon은 인간의 유형을 거미형, 개미형 및 꿀벌형으로 나눈 바 있다. 그 의미는 "있어서 안될 사람, 있으나 마나한 사람, 꼭 있어야 될 사람"인 것이다. Lansateiner는 혈액형에 따라 인간을 A형, B형, O형, AB형의 성격으로 나누고 Hippocrates는 체액기질에 따라 다혈질형, 점액질형, 담즙질형, 우울질형으로 나누었다. Sheldon은 형태기질설에 따라 내배엽, 중배엽, 외배엽형으로 구분하였으며, Kretschmer는 체격에 따라 세신형(細身型), 비만형(肥滿型), 근육형(筋肉型)으로 나누고 있다. Jung은 내향성과 외향성으로 나누었고, Freud는 Id형, Ego형 및 Supergo형으로 구분하였으며, Spranger는 생활방식에 따라 이론형, 경제형, 심미형, 사회형, 권력형 및 종교형으로 구분하였다. 이렇듯 인간의 유형은 천인만색(千人萬色)일 정도로 다양한 것이다. 동양의학인 사상의학에선 태양인, 태음인, 소양인, 소음인으로 나누고 있다.

Karen Horney(1885~1952) : 독일 출생의 미국 정신분석학자. 인격의 형성에 사회적 · 환경적 요인의 중요성을 강조하여 S. 프로이드의 생물학적인 범성욕설(汎性慾說)을 비판하였다. 신경증 발생의 주요 원인을 자본주의 사회 메커니즘에 두었고, 여성의 역사적 · 사회적인 종속적 지위에 대하여서도 연구 실적을 남겼다. 통계적 조사를 실시하여 사전 편집에도 공헌하였다. 그의 심리학은 영국의 연합심리학 계통을 잇고 있다. 주요저서는 「동물의 지능」, 「교육심리학」(1903)이 있다.

또한 K. Horney는 personality를 3유형으로 구분하여 순종형(compliant type : moving toward people), 초연형(detached type : moving away from people), 공격형(aggressive type : moving against people)으로 제시했다. E. Fromm은 인간유형을 Productive orientation과 Non-productive orientation으로 양대 구분한 후 Non-productive orientation을 다시 4구분하여 ① 수용지향적(Receptive orientation), ② 착취지향적(Exploitative orientation), ③ 저축지향적(Hoarding orientation), ④ 시장지향적(Marketing orien- tation)으로 나누었다.

상담학과 심리학에서 보는 인간의 행동유형, 즉 인간관계를 맺을 때 나타나는 의도적인 게임내용에 따른 인간형을 소개하면 다음과 같다.

〈상담학과 심리학에서 보는 인간형〉

1. 항상 옳다형	좀처럼 논쟁에 지려고 하지 않는 형으로 자기가 틀렸다는 것을 알아도 계속 자기 주장을 고집한다. 이런 형은 대개 잠재 의식 속에서 자기 자신과 자기 의견에 대해 깊은 의혹을 품고 있다.
2. 순정파형	지나치게 부드럽고 감성적이다. 이것은 잠재적으로 자신의 잔인한 성향을 보상하려는 마음 때문이다.
3. 잘 생긴 사람형	신체적 허영에 빠지게 된다. 자신의 신체 밖에는 다른 데서 깊은 위안을 찾지 못하기 때문이며, 대개 열등의식이 강하다.
4. 허풍장이형	감정을 너무 억제하며 자란 사람들이 이런 성격을 지닌다. 그러므로 매우 횡포한 성격을 갖고 있으며 자기 존재가치를 자기 안에서 찾지 못한다.
5. 어릿광대형	남에게 인정, 주목받고 싶어하거나 또는 심각한 현실로부터 도피하려는 이유에서 이 게임을 한다.
6. 경쟁자형	자기 주장을 극단적으로 몰고 가며 경쟁을 좋아할 뿐만 아니라 꼭 이기고 싶어한다. 이런 행동은 어린 시절에 정서가 메말랐거나 충분히 인정받지 못했기 때문에 생길 수 있다.
7. 순응자형	곧잘 순응하는 형은 다른 사람들에게 배척 당할까봐 겁이 나서 또는 죄의식 때문이거나 권위를 두려워하기 때문에 생길 수 있다. 순응의 대가로 두려워하는 감정들을 그대로 억눌러 버린다.
8. 괴팍스런 사람형	도무지 좌절감을 견뎌내지 못하기 때문에 대개 신경질적이며 터놓고 적개심을 표현한다. 어린 시절에 정서가 불안했기 때문에 커서도 매우 불안정한 상태이다.
9. 빈정대는 사람형	냉혹한 현실과 충돌하게 되어 모든 것을 못마땅하게 생각한다. 그리고 자기 환멸감을 가까운 대상에게 퍼붓는다.
10. 거물급 망상형	자기의 중요성을 한껏 과대평가하여 자기 중심적인 대화를 한다. 남에게 무시당하는 것을 참을 수 없어서 참 모습을 감추고 극적인 행동으로써 주목받고 싶어한다.
11. 지배자형	자신의 무능함을 보상하고자 자기 의견이나 지식을 남에게 강요한다. 자신의 중요성을 과장하다 보니 자연히 독재자 노릇을 하게 된다.
12. 몽상가형	현실세계에서 성취 못한 것을 자기가 만든 환상세계에서 성공하고 인정받는다. 이들은 꿈이 너무 커서 이룰 수 없을 뿐더러 자기를 있는 그대로 받아들일 용기가 없다.

13. 음주가, 마약중독자형	몽상가처럼 음주가와 마약중독자는 현실에서 도피하고자 한다. 이들은 대개 자의식이 강하고 다른 사람들과 어울리지 못하며 쉽게 패배감에 빠진다.
14. 들뜬 사람형	정서적으로 전혀 깊이가 없는 사람들이 흔히 이 게임을 한다. 이들은 피상적이고 이기적인 인간관계만 맺을 뿐 깊은 대인관계를 맺게 되면 이내 달아나 버린다.
15. 깨지기 쉬움 취급 주의형	조심스럽게 다루어야 하는 형으로 쉽게 마음이 상한다. 때문에 이런 사람에겐 솔직하게 말해 주기가 어렵다. 이런 유형은 삶과 대결하는 것이 매우 어렵게 여겨 진다.
16. 험담꾼형	남의 말하기 좋아하는 형은 자신에 대한 험담 대신 남의 험담을 통해 위로 받는다. 다른 사람을 깎아 내리면 자기 위치가 높아진다고 믿고 있다.
17. 향락주의자형	쾌락을 우선적으로 추구하며 대인관계에서 자기 욕구가 바로 채워지지 않으면 즉시 포기하고 떠난다.
18. 나만 아는형	'나'만 주장하는 형은 남의 관심을 몹시 끌고 싶어한다. 자기 자신과 다른 사람들에게 동시에 관심을 쓸 수 없기에 자기 일에만 관심을 쓴다. 그러다 보면 우울증과 피해망상증에 빠질 우려가 있다.
19. 열등의식과 죄의식형	열등의식을 가진 형은 약점과 무능함을 알고 경쟁하려들고 공격적인 편이다. 죄의식이 강한 형은 실패에 대한 벌을 받아야 한다고 생각하여 경쟁을 회피한다. 이 두 가지 유형은 모두 자기안에 있는 적개심과 공격시에 대해서 각기 다른 반응을 보이는 것이다.
20. 우유부단 불확실형	자신의 안전과 보호가 주요 관심사인 이들은 우유부단하고 불확실한 태도로 실수를 피하려 든다. 이들의 진짜 잘못은 자기 잘못에 대해 아무것도 배우려 들지 않는다는 점이다.
21. 인화물질 취급주의형	성미가 급하고 화를 잘 내는 사람들은 당연한 일에 대해서보다 평소 잠재되었던 적개심 때문에 화를 낸다. 흥분성 체질형은 자신과 친한 사람에게 대해서도 적개심을 갖게 된다.
22. 지식인형	소심한 지식인형은 세상을 직접 체험하기보다 책으로 배우는 것이 훨씬 쉽다. 이들은 솔직한 자기 감정을 두려워하거나 적어도 어색해 하는 사람들이다.
23. 고독한자형	지식인형과 비슷한 게임인 고독한 형은 혼자 있기를 좋아하고 그래서 인간관계에서 실패할 기회를 만들지 않는다.
24. 순교자형	피해망상 의식과 의심이 많은 것이 특징이다. 이런 심리는 자기 자신에 대해 자신이 없고 남을 믿을 수 없기 때문이다.
25. 구세주형	구세주형은 자신이 중요하다고 느끼기 위해서 스스로 구원자처럼 공상을 한다. 이들은 사람들을 자립시키기보다 자기에게 의존하도록 조장하며, 다른 사람들을 거의 자기와 동등하게 대하지 않는다.

26. 엄마형	과잉보호적인 어머니는 극도의 불안감과 적개심을 느끼고 있거나 또는 모자관계에 좌절을 느끼고 있기도 한다. 이런 형의 자녀들은 현실적응에 많은 어려움을 겪는다.
27. 바람둥이형	진정한 대인관계를 맺지 못한, 중년층들은 신체적 노쇠현상의 보상으로 젊은 여인을 찾는다. 또 어떤 중년층은 피로, 우울, 또는 의욕상실 등의 정서적 침체 상태를 보상하려고 이런 게임을 한다.
28. 못난이형	자기 자신을 낮추어서 말한다. 남들로부터 당신이 어디 그러냐고 안심시켜 주기를 바랄지도 모른다. 그러면 자기 죄의식에서 벗어날 수 있다고 생각할 것이다.
29. 토라지는 사람형	정서적으로 어린 사람이 잘 토라진다. 이런 형은 터놓고 이야기하기가 어렵다. 그것은 그러한 사람들이 내세우는 입장과 불만이 불합리하기 때문이고 또 본인들도 그 사실을 알고 있기 때문이다.
30. 굼벵이형	굼벵이형은 당장 할 일을 미룸으로써 현실을 도피한다.
31. 분개하는 형	곧잘 분개하는 형은 자신의 무능함을 인정하기 보다 불가피한 상황이나 남을 탓함으로써 자기합리화를 한다. 남에게만 분개하다 보니 대개 자기일에는 별로 성과를 거두지 못하며, 과거의 일들을 회상한다.
32. 육체파 여성과 약탈적 남성형	육체파 여성형은 자극적인 육체만으로 남성의 인기를 얻고 싶어하는데, 이들은 부모에게 앙갚음을 하려고 이런 게임을 하기도 한다. 약탈적인 남성은 실은 자기 자신을 찾아 헤매며 이성을 정복함으로써 열등의식을 보상하려 든다.
33. 고행자형	고행자형은 자기가 누리는 모든 즐거움에 대해 죄의식을 느끼고 반드시 보속으로 고행을 해야 한다고 믿는다. 또한 자기 혐오감을 다른 사람에게 투사하여 남도 미워하며 남들도 자기처럼 혐오감을 느껴 주기를 바란다.
34. 과묵형 대 약장수형	의지가 강하고 말이 없는 과묵형은 말을 적게 해서 자기가 깊이 있는 사람이라 생각하게 한다. 그와 아주 닮은 형은 약장수처럼 말이 많은 형인데 산만한 어법을 써서 자신의 모순된 생각이나 무식함이 탄로나지 않게 할 수 있기 때문이다.
35. 근심가형	비정상적이고 신경질적인 근심가들은 실제 위험에 비해 지나치게 근심걱정이 많다. 그 원인은 유아기 또는 어린 시절에 겪은 불안감 때문이다. 이들은 건설적인 일을 안하고 있다는 생각 때문에 죄책감을 느껴 걱정들을 하는 것이다.

2. 속담으로 본 한국인의 성격

(1) 속담과 심리학

이 부분은 최상진 교수의 연구를 인용하여 한국인의 성격, 심리, 장 · 단점을 이해하고자 편집한 것이다.

오늘날 다양한 학문이 세분화되어 있지만 인간심리의 문제처럼 우리의 일상생활과 밀접하게 관련되어 세속적인 관심사가 되어온 학문은 그리 많지 않다고 할 수 있다. 그럼에도 불구하고 현대심리학은 일반인이 자신의 경험과 타인과의 의사소통을 통해 축적해온 상식적인 수준의 심리학을 주관적이고 비과학적이라고 하여 도외시하고 있는 실정이다.

최상진 교수의 견해로는 심리학이 지나치게 상식인의 심리학과 별개의 것으로 발전하고 있어 궁극적으로 대중에게 도움을 주지 못하는 것 같다고 하였다. 그러나 일반인들의 심리학이 일반인의 행동에 영향을 미치리라는 것은 의심할 여지가 없다. 그리하여 최근에는 일반인의 심리를 있는 그대로 파악해 보자는 입장이 상식심리학이라는 이름아래 심리학계의 한 분파로 싹트고 있는데, 이러한 측면에서 우리 나라에 전래되는 속담을 분석해 보면 한국인의 보편적인 사회심리를 추출해 낼 수 있게 된다.

한국의 속담 중에서 인간의 심성에 관한 것은 약 5백여 개에 이르고 있으며, 그 내용은 현대심리학을 다루는 제반영역에 폭넓게 분포되어 있다. 현대심리학의 주요 논쟁이 속담에서도 그대로 반영되고 있는 것이다. 예컨대, 현대 발달심리학의 쟁점 중 하나인 유전과 환경논쟁에서부터 교육심리학의 주요 과제인 자녀훈육방식에 이르기까지 속담의 심리학은 다양하고도 깊다. “콩 심은 데 콩 나고, 팥 심은 데 팥 난다.”는 속담은 유전론을 “물은 튼 데로 흐른다.”는 속담은 환경론을 각각 지지하는 속담으로 유전 · 환경논쟁은 속담에서도 잘 반영되고 있다.

또한 심리학에서도 다루기 어려운 인간의 미묘한 심층 심리를 묘사하는 속담도 많다.

“때리는 시어미보다 말리는 시누이가 더 밉다.”, “사나운 시어미 밑에서 자란 며느리가 사나운 시어미된다.”, “나간 머슴이 일은 잘 했다.” 등과 같은 속담은 현대심리학에서 다루지 못한 정교한 심리 과정임에 틀림없다. 이들 속담에 담겨진 심리학을 내용 영역별로 분류해 보면 동일한 내용이 상이한 비유로 표현되어 중복되는 것이 많다.

"신정이 구정만 못하다.", "사람은 헌 사람이 좋고, 옷은 새 옷이 좋다."는 속담은 모두 오래 사귈수록 정이 든다는 동일한 주제를 다른 형태로 표현한 것이다.

이 글에서 두 개 이상의 속담이 동일한 내용을 나타내는 것을 발췌하여 그 속담이 시사하는 심리적 주제를 살펴보겠다.

속담에서 추출된 심리학적 주제는 무려 95개나 되었는데, 이들 주제는 대부분이 사회심리학에 직접 · 간접으로 관련된 내용들이다. 이는 일반인의 일상생활 수준에서는 타심리학 분야보다 사회심리학적 문제 및 지식이 가장 현실적으로 밀접하게 관련되어 있으며, 따라서 이에 대한 대중의 관심이 크다는 것을 시사하는 것이다.

이들 95개의 심리학적 주제를 사회심리학적 내용분류 체제에 비추어 다시 재분류해 본 결과 사회심리학의 제분야에 폭넓게 분포됨을 알 수 있다. 즉, 인간관계(19개 주제) 인간의 본성(15개 주제), 인간행동 및 습관(10개 주제), 인간의 동기 및 가치(9개 주제), 인간의 지각일반(7개 주제), 대인 지각(7개 주제), 공격성(6개 주제), 사회적 지위 및 역할(5개 주제) 리더십(4개 주제), 사회적 지위 및 역할(5개 주제), 동조 및 모방(4개 주제), 자녀 훈육(4개 주제), 이타성(3개 주제) 등에 관련된 심리학적 명제를 추출해 낼 수 있다.

(2) 유형별로 본 속담의 내용

1) 인간관계

① 고와도 내 님 미워도 내 님 (한번 정이 붙으면 미워지지 않는다)
② 바른말 하는 사람 귀여움 못 받는다. (대인관계에서는 이성보다 감정이 앞선다)
③ 오는 말이 고와야 가는 말도 곱다. (내가 좋아하면 상대방도 좋아한다)
④ 미운 사람에게는 쫓아가 인사한다. (나쁜 관계에 있으면 오해를 잘한다)
⑤ 가재는 게 편이라. (서로 유사한 사람끼리 좋아한다)
⑥ 이웃사촌 (가까이 살면 친해진다)
⑦ 손이 들이굽지 내굽나. (정실은 가까운 사람에게 베풀게 된다)

⑧ 때리는 놈보다 말리는 놈이 더 밉다. (증오를 직접 표현하는 사람보다 간접으로 표현하는 사람이 더 밉게 보인다)
⑨ 아는 놈이 도둑놈 (해(害)는 아는 사람이 준다)

위의 주제에서 나타난 인간의 심리는 개인관계에서 이성적인 측면보다 감정적인 측면이 앞서며 상대의 자존심과 체면을 높여줄 때 상대가 좋아하게 되고 일단 사이가 나빠지만 상대의 행동을 오해할 가능성이 크다는 점이다. 전체적인 인간관계는 합리성의 이성 원칙보다 비합리성의 감성 원칙에 의해 더 좌우됨을 시사해 준다.

2) 인간 본성 및 성격

① 가난한 사람일수록 기와집 짓는다. (부족한 사람일수록 허세를 부린다)
② 개꼬라지 미워서 낙지 산다. (자기가 해를 보더라도 미운 사람에게 만족을 주는 행동은 하기 싫어한다)
③ 눈먼 소경보고 눈 멀었다 하면 화를 낸다. (옳은 얘기도 자기 약점을 지적하는 말은 듣기 싫어한다)
④ 나쁜 소문일수록 빨리 퍼진다. (사람은 남의 약점 말하기를 좋아한다)
⑤ 못살면 터 탓 (사람은 자기합리화 경향이 많다)
⑥ 선무당이 장구 탓한다. (부족한 사람일수록 잘못을 남에게 돌린다)
⑦ 각관기생 열녀되랴. (사람의 성격은 고쳐지기 힘들다)
⑧ 남의 집 불구경하지 않는 군자 없다. (남의 불행은 보기에 즐겁다)
⑨ 거지가 밥술이나 먹게 되면 거지 괄시 더 한다. (사람은 처지가 바뀌면 같은 처지에 있는 사람에게 더 가혹하다)

위의 속담에 반영된 인간의 본성은 남이 잘못되는 것을 보고 좋아하고, 자기의 약점을 합리화하며 특히 그러한 경향은 열등의식이 강하거나 약점이 많은 사람에게서 더 두드러진다. 전체적으로 인간의 본성 및 성격은 이타적(利他的)이라기보다는 자기 중심적임을 시사해 준다.

3) 인간의 행동과 습관

① 대감 죽은 데는 안가도 대감말 죽은 데는 간다. (인간은 정보다 이해관계에

따라 행동한다)

② 하던 지랄도 멍석 깔아 놓으면 안한다. (사람은 행동하는데 있어 타인의 평가를 중시한다)

③ 똥누러 갈 적 마음 다르고 올 적 마음 다르다. (사람의 마음은 자기 편의에 따라 쉽게 변한다)

④ 성인도 시속(時俗)을 따른다. (사람은 환경에 맞추어 살기 마련이다)

⑤ 사흘 굶어 담 아니 넘을 놈 없다. (욕구가 강하고 합법적인 충족수단이 없을 때 비합법적인 방법을 택하기 쉽다)

⑥ 놀던 계집은 결단이 나도 엉덩이짓은 남는다. (일단 형성된 습관은 없어지기 힘들다)

인간은 정보다는 이해관계에 따라 행동하며, 자기 자신의 주관보다는 타인의 평가를 중시하고, 환경에 맞추어 행동하는 환경적응 경향성을 속담에서 반영해 준다.

4) 동기 및 가치

① 새침 떼기 골로 빠진다. (결핍된 욕구가 충족될 때 만족이 더 크다)

② 부잣집 떡개는 작다. (사람의 물질적 욕망은 충족될수록 커진다)

③ 내일의 천자보다 오늘의 재상 (불확실한 미래의 큰 만족보다 현재의 확실한 조그만 만족이 더 낫다)

④ 소병(素病)나면 병아리만 쫓아도 낫다. (욕구가 심하게 결핍되면 간접적 욕구충족도 만족을 가져온다)

⑤ 갑갑한 놈이 송사한다. (결핍이 동기를 낳는다)

⑥ 듣기 좋은 노래도 계속 들으면 싫다. (한꺼번에 욕구가 충족되면 싫증을 느낀다)

이상의 주제에서 인간의 동기는 결핍에서 발생되며, 결핍된 동기가 충족될 때, 만족이 커진다는 점을 알 수 있다. 또한 동기는 충족된다고 줄어드는 것이 아니라 오히려 커지는 경향을 보이며 간접적으로도 동기가 충족될 수 있음을 말해 준다.

5) 지각 일반

① 개눈에는 똥만 보인다. (사람의 지각은 욕구나 기대에 의해 영향을 받는다)

② 남의 밥에 든 콩이 더 커 보인다. (남의 것이 자기 것보다 좋아 보인다)

③ 놓친 고기가 더 크다. (구하지 못한 것이거나 얻지 못한 것이 더 좋아 보인다)

④ 구관이 명관이다. (옛것이 더 좋아 보인다)

⑤ 국에 덴 놈은 냉수도 불고 먹는다. (고통이나 불안이 수반되는 자극은 일반화가 잘된다)

사람의 지각은 객관적인 것에서보다 주관적 가치나 동기 혹은 기대에 따라 크게 영향을 받으며, 가까이 있는 것보다 멀리 있는 것, 구하기 쉬운 것보다 어려운 것을 더 좋게 지각하는 경향이 있다.

6) 대인지각

① 며느리 미우면 손자까지 밉다. (한사람이 미우면 그 사람과 관계 있는 모든 것이 미워진다)

② 미운 사람 고운 데 없다. (한번 밉게 보이면 모든 행동이 밉게 보인다)

③ 열 번 잘해도 한 번 실수를 기억한다. (사람은 장점보다 단점이 돋보인다)

④ 한 배 타봐야 속안다. (어려운 사태에서 개인의 본래 성격이 드러난다)

⑤ 과물전 망신은 모과가 시킨다. (한 사람의 잘못이 전체집단의 이미지를 흐린다)

대인지각에서는 첫인상이 중요하며 일단 첫인상이 좋게 형성되면 나쁜 행동도 좋게 보인다. 또한 장점보다 단점이 두드러져 보이며, 한 집단 속의 일개인의 인상이 전체 집단의 인상을 좌우한다.

7) 적개심과 공격성

① 궁서가 고양이 문다. (약자도 궁지에 몰리면 반공격(反攻擊)한다)

② 시어머니에게 역정나서 개 배떼기 찬다. (보복이 두려우면 전이(轉移)공격을 한다)

③ 남촌 양반이 반역할 뜻을 품는다. (천시받는 사람이 적개심을 갖는다)

④ 미련한 놈 가슴에 고드름이 안 녹는다. (지능이 낮은 사람의 원한은 풀기 어렵다)

⑤ 고기는 씹어야 맛이 나고 말은 해야 시원하다. (언어적 공격은 카타르시스 효과를 가져온다)

이상과 같은 사회심리 분야의 속담 이외에도 "대감댁 송아지 백정 무서운 줄 모른다." (지위가 낮은 사람은 높은 사람과 동일시하기 쉽다), "종이 종을 부리면 식칼로 형문을 친다." (천한 사람에게 권세를 주면 권세를 더 크게 이용한다) 등과 같은 다양한 속담 주제를 발견할 수 있다.

위에서 보아온 속담 주제의 내용 중 약 70%는 현대의 사회심리학 이론이나 가설과 일치되고 있음이 드러났다. 이는 곧 속담의 내용에 타당성이 높으며, 일반인의 심리학이 학문적 심리학과 크게 다르지 않음을 말해 주기도 한다. 그러나 속담이 곧 심리학이라는 생각은 위험하다. 심리학에서 다루는 내용은 속담보다도 그 폭이 넓고 깊다. 상식심리학과 학문심리학을 접근시키는 수단으로서 속담의 내용과 심리학을 접근시켜 보면서 상호 비교하는 일은 앞으로도 계속되어야 할 것이다.

또 한국인의 상식심리를 일본인 또는 미국인의 그것과 비교해 보는 것은 비교문화 심리학적 관점에서도 의의가 있으리라 사려된다.

더 나아가 한국만이 가지고 있는 고유한 속담내용의 심리학적 분석은 한국의 주체적 심리학, 즉 한국심리학을 형성하는 데 기여하리라고 본다.

(3) 속담을 통해 본 한국인의 성격

속담은 일반인의 심리학을 이해하는 자료로 사용될 뿐만 아니라 속담을 통해 그 속담을 사용하는 민족의 욕구, 관심, 기대와 같은 성격특징을 추론하는 데도 사용된다. 인간심리에 관계된 속담 내용의 내재적 심리분석을 통해 다음과 같은 한국인의 성격특성을 가설수준에서 추론해 낼 수 있다.

첫째, 언어와 관계된 속담이 무려 13개이며 이는 한국인이 말을 중요시한다는 것으로 풀이된다. 말과 관계된 속담을 열거하면 다음과 같다.

① 말은 은공을 갚는다.
② 말만 잘하면 천냥빚도 갚는다.
③ 말은 보태고 송금은 뗀다.
④ 말은 할수록 늘고 되질은 할수록 준다.
⑤ 길은 갈 탓 말은 할 탓.
⑥ 계집 입싼 것.
⑦ 일 잘하는 아들 낳지 말고 말 잘하는 아들 낳아라.
⑧ 말이 고마우면 비지 사러 갔다 두부 사온다.

⑨ 가루는 칠수록 고와지고 말은 할수록 거칠어진다.

⑩ 거짓말도 잘하면 오히려 논 다섯 마지기보다 낫다.

⑪ 거짓말이 외삼촌보다 낫다.

⑫ 말이 씨 된다(言中有骨).

⑬ 오는 말이 고와야 가는 말이 곱다.

⑭ 동냥은 못주나마 쪽박은 깨지 말라.

이와 같은 말에 대한 속담내용을 분석하면 말의 논리성보다는 상대의 감정을 상하지 않거나 자존심을 높여주는 말의 심리학을 더 강조하고 있다.

둘째, 체면에 관계된 속담이 15개에 이름을 한국인이 체면을 중시함을 나타내는 것으로 풀이된다. 이들 속담을 열거하면 아래와 같다.

① 가난할수록 기와집 짓는다.

② 가문 덕에 대접받는다.

③ 양반은 물에 빠져도 개헤엄은 안친다(양반은 얼어 죽어도 겯불은 안 쬔다).

④ 겉 볼안이라.

⑤ 활을 당기어 콧물을 씻는다.

⑥ 미꾸라지 속에도 부레풀은 있다.

⑦ 못입어 잘난 놈 없고, 잘 입어 못난 놈 없다.

⑧ 대문이 가문

⑨ 동냥아치가 동냥아치를 꺼린다.

⑩ 냉수먹고 이빨 쑤신다.

⑪ 가게 기둥에 입춘(개발에 편자)

⑫ 든 거지 난 부자

⑬ 큰 무당이 있으면 작은 무당이 춤을 안춘다.

⑭ 욕을 들어도 당감투 쓴 놈한테 들어라.

⑮ 매를 맞아도 은가락지 낀 손에 맞는 것이 좋다.

이들 체면과 관계된 속담내용을 분석하면 서양인의 자존심 개념과는 큰 차이가 있음을 알 수 있다. 즉, 한국인의 체면은 자기의 내적 가치에 근거한 가치적 판단이기 보다는 타인의 판단 및 지각에 기초한 외부 지향적 체면인 것을 알 수 있다.

셋째, 목전 이해관계와 관련된 속담이 10개나 되며 이는 한국인이 실리 중심적, 현재지향적임을 나타내 주는 것이라 하겠다. 이들 속담내용을 열거하면 다음과 같다.

① 공짜는 양잿물도 마다 아니한다.

② 나중 꿀 한 식기 먹기보다 당장 엿 한 가락이 더 달다.

③ 내일의 천자보다 오늘의 재상

④ 금년 새다리가 명년 쇠다리보다 낫다.

⑤ 달면 삼키고 쓰면 뱉는다.

⑥ 동성 아주머니 술도 싸야 사먹지(외할머니 떡도 싸야 사먹는다).

⑦ 사돈집에 가도 부엌부터 들여다 본다.

⑧ 대감 죽은 데는 안가도 대감 말 죽은 데는 간다.

⑨ 호장 댁내 죽은 데는 가도 호장 죽은 데는 안간다.

⑩ 아침 아저씨 저녁 소아들

한국인의 성격에 대한 이전의 연구(윤태림의 한국인의 성격, 이규태 한국인의 의식구조)에서 한국인이 체면을 중시하는 반면, 비타산적이라는 점을 직접 또는 간접으로 지적하고 있으나 한국 속담의 분석에서 보면 체면지향적이면서도 실리 중심적인 측면을 동시에 찾아볼 수 있다.

끝으로 피해의식을 간접으로 나타내 주는 속담이 20개가 넘는다. 이를 열거하면 다음과 같다.

① 가까운 데 집은 깎이고 먼 데 절은 비친다.

② 가까운 무당보다 먼 데 무당이 용하다(선지자도 고향에선 인정 못 받는다).

③ 한 불당에 앉아 내 사당 네 사당한다.

④ 앞에서 꼬리치는 개가 후에 발뒤꿈치 문다(面從腹背).

⑤ 아침 아저씨, 저녁 소아들

⑥ 믿는 나무에 곰팡이 핀다.

⑦ 믿는 도끼에 발등 찍힌다.

⑧ 믿었던 돌에 발부리 채었다.

⑨ 아는 놈이 도둑놈

⑩ 사돈집과 뒷간은 멀어야 한다.

⑪ 미운놈 떡 하나 더 준다.

⑫ 도둑질도 혼자 해 먹어라.

⑬ 남의 무엇은 크다고 부지깽이로 찌른다.

⑭ 남의 밥에 든 콩이 굵어 보인다.

⑮ 나 못 먹을 밥에는 재나 넣지.

⑯ 못 먹을 감 찔러나 본다.
⑰ 저 먹자니 싫고 남 주자니 아깝다.
⑱ 놓친 고기가 더 크다.
⑲ 나간 머슴이 일은 잘했다.
⑳ 굿하고 싶어도 맏며느리 춤추는 꼴 보기 싫어 안한다.
㉑ 구관(舊官)이 명관(名官)이다.

이 속담들은 그 내용자체가 피해의식을 직접 나타내는 것이라기보다는 그러한 속담이 나오게 된 심리적 기제를 분석해 볼 때, 피해의식에서 연유되고 있음을 추론해 낼 수 있다. 위의 속담분석에서 보면 한국인의 성격으로 언어중시적, 체면지향적, 목전실리적, 피해의식적 성격 요소가 추론될 수 있었다.

이밖에도 일차집단 지향적, 내가족 중심사회, 서열중심적 성격특성을 나타내는 속담이 많다. 그러나 앞서 지적한 바와 같이 한국인의 성격특성 분석은 속담 수준을 넘어 실증적으로 검증되어야 할 것이다. 여기서는 다만 학문적으로 검증해 볼 가치가 있을지도 모를 가설을 제시하는 정도로 만족해야 할 것 같다.

같은 불에 넣어도 종이는 타고 쇠는 물러지며 흙(도자기)은 더욱 단단해진다. 학습지도나 생활지도는 학생의 성격특성과 인간 유형을 전제로 하여 추진할 때 더욱 효과를 높일 수 있다. 예를 들어, ① 외향적 성격은 실험과 실패를 통해 배우고 ② 내향적인 성격은 혼자 생각하며 깨닫는 것이 좋다. ③ 감각적 성격은 복습이 효과적이고 ④ 직관적 성격은 예습이 더욱 효과적이다. ⑤ 논리적 성격은 간섭하면 역효과가 나고 ⑥ 감정적 성격은 계속 칭찬을 해야 효과적이다. ⑦ 판단적 성격은 아이의 계획대로 맡겨 두는 게 좋고, ⑧ 인식적 성격은 자유로운 분위기에서 학습효과가 높아진다.

잠버릇으로 성격을 알아보는 방법도 있다. 예컨대, 몸을 웅크리고 자는 사람은 사소한 일에 지나치게 얽매이는 성격으로 소극적이고 불안감이 많은 사람이지만 아이디어나 사고력은 매우 뛰어나다. 기분의 변화가 심한 것이 단점이다.

큰 대(大)자로 누워서 자는 사람은 낙천적인 성격이며 다른 사람을 돌보는 것을 좋아한다. 대인관계가 원만한 호인형이지만 끈기가 부족하고 포기를 잘하는 것이 결점이다.

엎드려 자는 사람은 누군가 강한 사람에게 의지하고 싶다는 마음이 강하여 외로움을 잘 타는 형이다. 가끔씩 뜻밖으로 대담한 행동을 해서 실력 이상의 재능을 보이는 경우도 있다.

똑바로 누워 자는 사람은 즉흥적인 일처리를 잘하고 임기응변에 뛰어나며 참을성이 강한 타입이다. 사회적인 순응도가 높고 이성에 대해 책임감이 강하다.

왼쪽 옆으로 누워서 자는 사람은 이상이 높고 항상 새로운 것을 찾아다니는 타입이다. 너무 적극적이고 대담하기 때문에 주위로부터 경계를 당하는 일이 많고, 기복이 심한 생활을 할 수도 있다.

오른쪽 옆으로 누워서 자는 사람은 조심성이 많고 신중하며 무슨 일을 하더라도 정확하고 확실한 것을 좋아한다. 그러나 너무 신중해 타이밍을 놓치기도 하고 결단력이 부족한 편이다.

베개나 이불을 끌어안고 자는 사람은 애정에 대한 욕구가 강하고 특히 여자인 경우에는 남자를 사로잡는 능력이 뛰어나다. 유아적인 기질을 지니고 있다.

옷을 다 벗고 자는 사람은 형식이나 틀에 얽매이는 것을 매우 싫어하고 자유스런 생활을 동경하는 타입이다. 애정에 대한 욕구도 강하고 인정도 많지만 금전에 대한 욕구나 관념은 희박한 편이다.

성격은 쉽게 형성되지 않지만 한 번 형성되면 쉽게 고칠 수도 없다. 심층요인이기 때문이다. 따라서 어릴 때에 조기 교육으로 바람직한 성품을 다듬어 주는 것이 중요하다.

참고자료

한국인의 성격

한국인의 성격을 조사해 보고 장려할 것과 고칠 것을 논의해 보자.

한국정신문화 연구원이 발행한 『한국인의 성격』에서 서울대 차재호 교수는 한국인의 행동특성을 20가지로 제시하였다(1984). 물론 이들 중에는 권장해야 할 것들도 있고 개선해야 할 것들도 있다.

① 눈치를 본다. 남들과 어긋나는 자기 의견을 떳떳이 표명하지 못하며 남의 생각에 신경을 쓴다. 우회적으로 자기 생각을 표시하며, 윗사람을 능가하는 것을 꺼린다.

② 의존심이 많다. 자기가 결정하고 그 결정에 책임지는 일을 잘 못한다. 일이 잘못되면 남의 탓을 한다.

③ 명분을 존중한다. 형식주의적 사고방식에, 실리보다 명분에 집착하여 체면을 잃을까봐 자신의 결점이나 약점을 인정하지 못한다. 일을 안 해도 월급을 주는 경우가

많으며 장애자나 환자가 집안에 있으면 수치로 생각한다.

④ 상하의 구분이 엄격하고 자기 공로를 국가원수나 부모에게 돌리는 겸양지덕을 보인다. 그러다가도 상대가 약자임을 알면 갑자기 고자세를 취한다.

⑤ 정이 많으며 특히 외국인 접대에 지나치게 친절하다. 친절할 때는 정도를 넘어 불편할 정도로 한다. 전염병을 앓아도 부모는 자녀 곁을 떠나지 않는다.

⑥ 사생활의 침해를 예사로 한다. 혼자 있고 싶어하는 심정을 이해하지 못한다.

⑦ 손님접대에 후하나 손님의 기호를 묻지 않고 자기 방식대로 대접한다.

⑧ 정서적으로 내향적이며 매우 불안정하다. 달콤하고 감상적인 작품을 좋아하고 가혹한 벌이나 핍박을 끈질기게 견뎌 낸다. 아이에게 너무 일찍부터 어른스런 행동을 요구한다.

⑨ 사고의 융통성이 없고 추리력이나 상상력이 부족하다.

⑩ 교육열이 매우 높고 어린이를 집에 붙들어 놓고 공부만 강요한다.

⑪ 公과 私를 혼동하는 일이 많다. 교수회의를 음식점에서 하기도 하고, 연고주의로 사람을 임용하며 뇌물을 받고 일을 처리한다.

⑫ 사교적으로 세련되어 있지 못하며 신세를 지고도 감사할 줄 모른다.

⑬ 장시간 동안 결심을 유지하지 못하며 쉽게 잊거나 변한다.

⑭ 비합리적인 생활태도가 많고, 점괘에 따라 계획을 변경하기도 한다.

⑮ 감시자가 없을 땐 법을 잘 어긴다.

⑯ 화를 내고 목소리를 크게 해야 말을 듣는다.

⑰ 종교심이 비교적 강하다.

⑱ 외모나 의복에 관심이 많고 화려한 것을 좋아한다.

⑲ 외모나 옷매무새가 비교적 단정하다.

⑳ 상황에 맞지 않게 용감하다.

이들 중 자기 의사 표시를 확실히 하지 못하는 것, 의존적 성향, 사생활의 침범, 감정과 의욕을 억제, 공과사의 혼동, 감시자가 없으며 법질서 안 지키기, 장기적 결심을 못하는 것, 권위주의, 창조적 결여, 비합리적 사고 및 기술 천시 등은 빨리 극복해야 할 것들이다. 그러나 정겨움, 높은 교육열, 경로사상, 예의 존중 등은 계속 장려하고 보완해야 할 일들이다.

* 이규태의 『한국인의 버릇』 (① 버리고 싶은 버릇, ② 살리고 싶은 버릇) 신원문화사(1992) 도 참조할 것.

3. MBTI를 통해 본 인간유형

MBTI(Myers-Briggs Type Indicator)는 Carl Jung(1875~1961)의 심리 유형론을 근거로 브릭스 · 마이어 모녀가 일상생활에 유용하게 활용할 수 있도록 고안한 자기보고(self report)식 성격유형지표다. 융의 심리유형론은 인간행동에서 일관된 경향을 찾아낼 수 있다는 것이 핵심이다.

MBTI는 우선 4가지 경향으로 구성된다. 에너지의 방향에 따라 외향형(E : Extraversion, 사교 · 활동) · 내향형(I : Introversion, 조용 · 신중), 세상에 대한 인식(정보 수집) 방법에 따라 감각형(S : Sensing, 경험 · 현실) · 직관형(N : iNtuition, 영감 · 육감), 판단(결정) 기능에 따라 사고형(T : Thinking, 결과의 진실 여부에 관심) · 감정형(F : Feeling, 결과보다는 그에 따른 인간관계에 관심), 이행(생활)양식에 따라 판단형(J : Judging, 체계 · 정리정돈) · 인식형(P : Perceiving, 유연 · 개방)으로 나눈다.

마이어와 브릭스는 이 4가지 선호 지표를 조합해 16가지 성격유형으로 분류, 나를 알고 상대를 앎으로써 서로 소통하는 데 도움이 되도록 했다. 예를 들어, 'ISTJ' 유형은 신중하고 현실적인 성격으로, 만사를 체계적으로 조직화하려고 노력한다. 'INFP' 유형은 정열적이고 성실하나 상대방을 잘 알기 전까지는 자신을 드러내지 않는다. 'ENFJ'형은 사교성이 풍부하고 동정심이 많아 다른 사람들의 생각이나 의견을 중히 여긴다. 개인의 노력에 따라 타고난 성향도 어느 정도 변할 수 있다. 사람은 누구나 자신의 성격을 더 좋은 방향으로 자가치유해 간다는 것이 융의 주장으로, 직업에 맞게 부족한 성향을 개발할 수도 있고, 대극점에 있는 사람과의 관계도 얼마든지 개선 가능하다.

MBTI검사는 온라인상에서 설문한 뒤 전문가의 결과 분석을 듣는 방식으로 진행된다. 한국MBTI연구소 홈페이지(www.mbti.co.kr)에 들어가 지역상담실별, 전문가별로 검색해 조사 주체를 선택한 뒤, KPTI 온라인 심리검사센터(www.career4u.net)에 접속하면 30분 내에 끝낼 수 있다.

세계 여러 나라에서 상담과 심리치료, 인간 이해와 교육, 인간관계 훈련 등에 널리 그리고 유용하게 활용되고 있다.

우리 나라에서도 김정택 박사(서강대)와 심혜숙 박사(부산대)의 연구와 노력에 의해 한국어 표준판이 제작되어 있고 상담과 교육심리학의 수업에 활용되고 있다(1990년 이후). 그 후 한국심리유형학회와 한국 MBTI 연구소가 생겼고 계속 연구 보급되고 있다.

MBTI Form G는 95개 문항으로 구성되어 있다. 자기의 성격유형이 어디에 속하는가 알아보기 위해 MBTI 진단을 한 번 받아보는 것이 좋을 것이다. 이 검사는 태도(외향성－내향성), 비합리적 기능(감각－직관), 합리적 기능(사고－감정), 판단(판단－인식)의 4 기준에 의해 16개 유형으로 분류된다.

참고로 각 유형별 특성에 관한 부연설명을 소개하고자 한다.

〈MBTI의 네 가지 선호경향〉

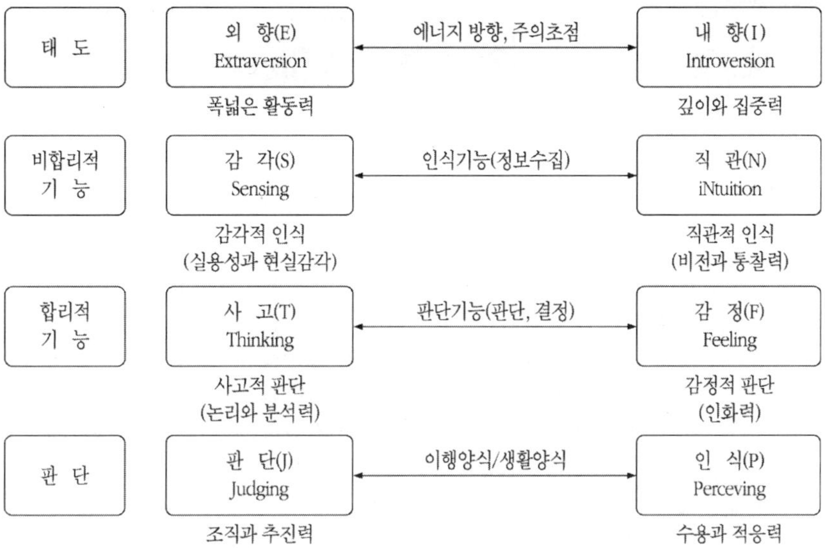

〈MBTI의 기질분류 및 유형특성〉

기질분류					
그리스신화	에피메테우스적	디오니시우스적	아폴로적	프로메테우스적
Keirsey	보호자적 기질	장인 기질	이상가적 기질	합리적 기질
MBTI	SJ	SP	NF	NT
특징	책임, 의무(성실) 안정지향 소속감이 중요 책임감 성실성 의무 전통주의자 봉사가 가장 중요	기쁨(축제), 자유 자발성 지향 선택의 자유 자극을 찾는다 행동지향 친절 협상가 실천이 가장 중요	사랑, 열정 성장지향 의미와 심사숙고 타인을 가르치기 더 나은 세상을 만든다 자아실현, 촉매자 적합성이 가장 중요	지식, 탐구 지식지향 자질향상 지식추구 초자연적인 힘 지적인 비전이 중요 지식이 가장 중요
관심주제	책임 무엇을 하였나 관심과 염려 과거사 사실적인 사건들 어떻게 관장하나	활동들 무엇을 할 수 있을까 행운, 흥미, 기회 어떻게 해 볼 수 있나 재미, 모험, 자극 지금 무슨 일이 일어나고 있나	관계, 이상 보다 나은 세상을 어떻게 만들 것인가 삶의 의미 사건의 중요도, 본질 미래에 있을 수 있는 일들	아이디어와 이론 전략, 가능성 어떻게 일이 작동할 수 있는가, 특히 시스템이 어떻게 돌아가나, 시간한계를 넘어선 일들 원리와 법칙

기질과 욕구	소속의 욕구 의무수행의 욕구 책임완수의 욕구	자유롭고자 하는 욕구 숙달된 기능실현의 욕구 좋은 인상을 주고자 하는 욕구	자아실현 욕구 잠재력 개발의 욕구 진실하고자 하는 욕구	성취욕구 능력발휘의 욕구 자신감 실현의 욕구
언어표현	"해야 하는" "했어야 하는" 사실적, 세부적 양적인	자유자재로 일상적인 언어 타인의 표현적용 충격적인	은유적 드라마틱 형용사적 진지한	박식한, 조건적인 매우 전문적인 전혀 문외한적인 삼단논법적인
행동	생산적이고 바쁜 계획성과 조심성 권위에 대한 신의 규칙준수와 다른 사람에 대한 같은 기대 권위자의 말 수용 자원의 낭비를 싫어함	이야기나 삽화로 이야기하기 비언어적 혹은 최소한의 실마리를 예리하게 포착하는 기존 틀과 규범을 무시하는 모험에 뛰어들고 말려들고 해결하는 변화선호 다른 사람에게 영향을 미치고 그들의 반응을 불러 일으키기	공감적으로 말하고 경청 공상적인 철학화 자신과 타인의 잠재력 계발 진실을 찾기 중요 논쟁점을 불러 일으키기	범주화하기 분석하기 생각에 빠지는 디자인하고 새로운 것을 구상하고 기술화하는 생각하고 이론화하고 고안하는 오만하게 보이거나 아니면 자기회의적으로 보이는
가치관	생산과 소비 생계유지 보호와 보관 유지 정규화, 활용도, 안정 지식의 적용과 활용 모험보다는 안전 시간과 에너지의 경제성	경험과 체험 충동에 따르기 감각적인 자극 스스로 즐김 즉흥적인 감정 미적인 것 표출하기 행동의 자유로움	인생에서 가장 높은 가치추구 조화와 일치 세상의 의미 윤리와 도덕 정체성 해석과 통찰 가치관	개념과 아이디어 이론, 논리 객관적 지식과 진리 사고의 일관성 문제의 해결책 보편적인 원리 연구, 지적인 탐색

〈MBTI의 16가지 성격유형〉

ISTJ 빛과 소금형 한번 시작한 일은 끝까지 해내는 성격	ISFJ 숨은 권력형 성실하고 온화하며 협조를 잘하는 사람
INFJ 예언자형 사람에 관한 뛰어난 통찰력을 가진 사람	INTJ 과학자형 전체를 조합하여 비전을 제시하는 사람
ISTP 백과사전형 논리적이고 뛰어난 상황 적응력	ISFP 성인군자형 따뜻한 감성을 가지고 있는 겸손한 사람
INFP 잔다르크형 이상적인 세상을 만들어가는 사람들	INTP 아이디어형 비평적인 관점을 가진 뛰어난 전략가
ESTP 활동가형 친구, 운동, 음식 등 다양함을 선호	ESFP 사교형 분위기를 고조시키는 우호적인 성격
ENFP 스파크형 열정적으로 새 관계를 만드는 사람	ENTP 발명가형 풍부한 상상력으로 새로운 것에 도전
ESTJ 사업가형 사무적, 실용적, 현실적인 스타일	ESFJ 친선도모형 친절, 현실감을 바탕으로 타인에게 봉사
ENFJ 언변능숙형 타인의 성장을 도모하고 협동하는 사람	ENTJ 지도자형 비전을 갖고 타인을 활력적으로 인도

(1) ISTJ(내향성 감각형 / 빛과 소금형)

• 성실하고 책임감이 강하며, 법을 잘 지킨다. “걸어다니는 육법전서”

- 신중하고 분별력이 뛰어나며 공과 사를 잘 구별한다. 실수를 잘 하지 않는다. "돌다리도 두드려 본다."
- 유머감각을 중시하지 않으며, 놀고 스트레스 푸는데 인색하다. 고지식하고 융통성을 별로 발휘하지 않는다. "깐깐하다."
- 일을 철두철미하게 하며, 계획하는데 많은 시간을 투자하며, 다른 사람한테 일을 잘 맡기지 못한다. "내가 해야 속이 편하다."
- 인내심이 강하나, 변화나 개혁을 싫어하며, 안정을 바란다.
- 마음은 따뜻하나 표현을 별로 하지 않는다. "차다는 인상을 받을 우려도 있다."
- 예의를 중시하며 착한 애 역할을 할 경우가 많다. "조숙한 아이, 장남 장녀 소리를 많이 듣는다."
- 자기 신념이 강하고 내적으로 자기 주관이 뚜렷하다. "외곬수"

(2) ISTP(내향성 사고형 / 백과사전형)

- 무관심한듯 하면서 자기나름대로 상황을 파악하고 있다.
- 장인기질이 뛰어나 손재주가 많다.
- 조용하면서 모험이나 운동을 즐긴다.
- 자기 주관에 맞을 때 적극적으로 나선다.
- 순발력이 뛰어나 상황판단이 빠르며, 위기상황의 대처가 뛰어나다.
- 언어표현이 괴변적이다. 특정한 분야에 대해 많은 일가견을 가지고 있다.
- 추상적인 개념이나 관념을 싫어하며, 논리적인 것에 기발하다.
- 자기표현이 거의 없으며, 마음에 없는 말을 잘 하지 못한다.
- 약속이나 책임에 구애받기를 싫어한다.

(3) ESTP(외향성 감각형 / 활동가형)

- 호인 호걸형이 많으며, 관대하고 느긋하며, 수용적이다. 부담감을 안 준다.
- 사람이나 일을 좋아하며, 사람에 대한 선입견이 별로 없다.
- 멋과 풍류를 즐기며, 친구, 운동, 먹는 것을 좋아한다. "한량", "플레이보이 기질", "best friend를 잘 모름"
- 상식이 풍부하며, 정보수집을 많이 한다. "정보통"

- 환경장애를 디딤돌로 생각한다. "쉽게 잊고 쉽게 용서한다."
- 활동을 많이 하며, 행동을 통해 삶을 산다. "action이 있는 곳에는 항상 존재"
- 모임을 주도하며, 타고난 중재자이다.
- 마무리를 잘 못하며, 천방지축으로 될 가능성이 많다.

(4) ESTJ(외향성 감각형 / 사업가형)

- 확실하고 명료한 것을 선호한다. "뒤 끝이 깨끗하다."
- 솔선수범적이며, 적극적이고 직선적이다. "주연 역할"
- 행정 능력이 뛰어나며, 과업지향적이다. "일의 불도저", "일을 확실하게 가르쳐 줌"
- 정서적 표현이 서투르며, 감정이 폭발적이다. "화끈하며, 솔직하다."
- 타인의 정서나 감정에 민감하지 못해 가끔 욕을 먹는다.
- 완벽주의적 경향이 있으며, 성취지향적이다. "하는 것은 모두 잘해야 한다./ 영웅 콤플렉스"
- 일과 관련된 상황판단을 잘하며, 문제해결에 뛰어난 능력을 지니고 있다.
- 시작한 일은 싫증나더라도 마무리를 짓는다. "책을 읽기 시작하면 끝까지 읽음"
- 강자에 강하고 약자에 약하다. "상사의 지시를 못 견뎌한다.", 구멍가게라도 자기 사업을 해야 한다.
- 서둘러 판단하고 행동하여 산통을 깰 때가 많다. "분위기 파악이 부족"

(5) ISFJ(내향성 감각형 / 숨은권력형)

- 타인의 감정을 배려하며, 상처받고 상처주는 것을 싫어한다. "상한 감정이 오래가며, 속병이 될 우려도 있다."
- 조직적이며, 꼼꼼하며, 단계적으로 계획적으로 차근차근 일을 한다.
- 대범하지 못하며, 남 앞에 나서는 것을 싫어하나, 일단 나서기만 하면 잘한다. "무대체질"
- 보수적이며, 변화를 싫어하며, 안정을 추구한다.
- 인내심이 강하며, 따뜻하고 섬세하고 타인의 감정에 민감하다.
- 생각이 복잡하며, 갈등상황을 잘 못견뎌 한다. 우유부단하다.

- 자신의 가치를 타인의 판단에 맡긴다. “귀가 여림”
- 표현을 억제하며, 내적 피로감, 내적 부담이 신경성으로 나타난다. “윗사람한테 화를 잘 못낸다. 명령 및 부탁도 잘 하지 못한다.”
- 비서, 참모 역할을 잘함(앞에 나서지 않으면서 타인을 도와줌)

(6) ISFP(내향성 감정형 / 성인군자형)

- 여유롭고, 낙천적이다.
- 내일을 위해 오늘을 회생해야 하는 것을 이해하지 못한다. “내일은 내일의 태양이 떠오른다.”
- 조용하며, 수용적이다. 마음이 여리다. 타인을 지도하거나 지시나 명령을 하기가 어렵다.
- 선천적으로 성인형이다. 모든 사람과 조화를 이루며, 덕이 밖으로 쉽게 드러난다.
- 욕심이 없고 모든 사람한테 친절하다.
- 순하면서 우직하다. 그러나 결정적인 데는 단호하다.
- 말없이 겸손하며, 나서기를 꺼려하나 일단 나서면 연기력을 발휘한다. “무대체질”
- 과중한 능력을 요구하여 자기능력을 불신하는 경향이 있으며, 상담을 주로 받고자 한다.

(7) ESFP(외향성 감각형 / 사교형)

- 작은 일에도 감동을 잘하며, 쉽게 행복을 느낀다.
- 낙천적이며, 긍정적 사고를 하며, 명랑 쾌활하다.
- 삶 그 자체가 재미있고 풍요롭다. “인생은 풍요의 원천이며, 축제이다.”
- 사람들을 좋아하고, 이야기하는 것을 즐기며, 춤과 노래에 뛰어나며 또한 즐긴다.
- 남의 일에 관심이 많으며, 잘 도와 준다.
- 앞뒤 재는 것 없이 순수하다.
- 복잡한 것을 싫어하며, 대강 철저히 하는 것을 선호한다.
- 분위기에 약해 충동구매할 가능성이 높다.

(8) ESFJ(외향성 감정형 / 친선도모형)

- 타인에 대한 배려 및 동정심, 동료애가 강하다.
- 칭찬받으면 자신의 능력을 더욱 더 발휘하나, 비판은 감당하기 어려워한다.
- 자기 규정, 틀이 강해서 자기식으로 타인을 도와줄 때가 있다.
- 자기 틀에 맞지 않을 때는 흥분을 잘 한다.
- 봉사 헌신은 선천적으로 타고난다. "봉사할 수 있는 정도=가치의 정도", "남을 도와주지 않고는 못사는 사람"
- 언어표현이 뛰어나며 파티에서는 주연 역할을 한다.
- 외모에 신경을 많이 쓴다.
- 일과 사람관계가 불명확하여 구별할 필요가 있다.

(9) INFJ(내향성 직관형 / 예언자형)

- 내적인 의미와 진실을 추구하며, 실존과 관련된 방황을 많이 한다.
- 가능성에 대해 연연해 하며, 강한 직관력과 통찰력을 지니고 있다.
- 정신적인 고고함을 추구하며, 신 안에서 인간을 찾으며, 인간 안에서 신을 찾고자 한다.
- 내면구조가 복잡하며, 타인이 알기가 힘든 사람 및 신비한 사람으로 보이기 쉽다. "양파같은 사람"
- 중후한 인격에 도달한 사람이 많다(정신적 지도자).
- 조용하면서도 대담하다.
- 묘한 뉘앙스 및 재치가 기발하다.
- 현실에 동화를 잘 못한다. "푼수, 또라이" 등의 말을 듣는 경우가 많다.
- 연애를 잘 못한다.

(10) INFP(내향성 감정형 / 잔다르크형)

- 목가적이며, 몽상가적 기질이 있다.
- 말없이 봉사하고 헌신적이다.

- 신념만 일치하면 아주 정열적이며, 명분과 의미를 추구한다. "속에 불을 품고 있음"
- 조용하면서도 고집불통이다.
- 원리원칙, 약속, 시간에 얽매이는 것을 싫어하며, 자유롭고자 한다.
- 시작의 끝도 없다. 여러 가지 일을 동시에 시작하며, 마무리짓기를 어려워한다.
- 내면의 가치가 완벽해지도록 추구하며, 현실감이 떨어진다.
- 관심분야가 많다.
- 인간애가 깊다.
- "마지막 돈키호테"

(11) ENFP(외향성 직관형 / 스파크형)

- 반복을 싫어하며, 변화를 중요하게 여기며, 창조적이다. "나날이 새로와짐"
- 결과보다는 과정을 중요시한다. 중도궤도 이탈을 즐긴다.
- 주위에 사람이 많으며, 다른 사람의 장점을 잘 계발한다.
- 씀씀이가 크며, 돈버는 일에 약하다.(비현실적, 비체계적)
- 감정기복이 심하며, 흥분을 잘한다.
- 열정적이며, 능동적인 참여를 하며 겁없이 일을 저지른다. "닳지 않는 건전지"
- 관심분야가 많다.
- 인위적인 것보다 우연적인 것에 의미를 많이 둔다.
- 개성파, 자유분방하다. 따라서 규범, 공동체에서 문제시되기 쉽다.
- 많은 일을 벌려 놓고 마무리를 잘 못한다.
- 언어표현이 뛰어나다. 유머감각이 발달되어 있다.

(12) ENFJ(외향성 감정형 / 언변능숙형)

- 타고난 교사형으로 인간을 위한 교육프로그램에 적극 참여한다.
- 미래 성장 지향적으로서 자아성장에 관심이 많으며, 정서가 풍부하다.
- 제안은 많은데 실천은 적다.(제안이 100 정도라면 실천은 10 정도)
- 자기가 좋아하는 사람을 맹목적으로 이상화하는 경향이 있다.
- 형용사적인 언어표현을 많이 하며, 분위기를 좋아한다.

- 부족한 상대방을 잘 돕는다.
- 인상깊었던 점을 맹목적으로 떠드는 경향이 있다.
- 가치 기준을 중요하게 여긴다.

(13) INTJ(내향성 직관형 / 과학자형)

- 고집 및 신념이 강하며, 자기주관이 뚜렷하다.
- 이론을 좋아하고 토론하기를 좋아한다. 연예 가요계의 잡담, 환담조차 토론화하는 경향이 있다.
- 성취욕이 강하며, 일을 밀어부치는 경향이 있다.
- 우유부단한 것을 싫어하며, 표현이 분명하고 직선적이다.
- 특정한 대상에게 쏟는 정(情)이 유별하다. 무조건 좋아하며, 비논리성을 확인하지 못한다.
- 사교성이 높으며, 파티, 액세서리 등을 싫어한다.
- 기준이 높고 자기비판이 강해 다른 사람도 비판한다.
- 속정은 많으나 덕이 없어 보인다.
- 경제관념이 희박하다.
- 다른 사람의 말에 별로 영향받지 않는다. "홀로서기를 잘함"
- 본인은 그렇게 생각하지 않으나 지적인 능력 및 재능이 특별해 보인다.

(14) INTP(내향성 사고형 / 아이디어형)

- 분석적 · 비판적이며, 이를 인간관계에도 적용한다. 사고를 통해 감정을 느낀다.
- 지적욕구가 강하며, 아이디어가 많다. "아이디어의 창고"
- 지적이고 거시적인 분야에 관심이 많다. 책을 사기 전에 목차부터 본다.
- 일상에서 파격적이고 충동적인 것을 선호하는 경향이 있다.
- 주제가 있는 대화를 즐기며, 요점이 없는 대화는 딱 질색이다.
- 현실감각이 둔하며(생일, 기념일, 지명 등을 기억 못한다), 황당무계한 공상을 많이 한다.
- 시대 학풍의 흐름에 민감하다.
- 단순한 것을 복잡하게 하는 경향이 있다.

- 정의감이 강하다.

(15) ENTP(외향성 직관형 / 발명가형)

- 성취지향적이다(지칠줄 모르는 에너지와 능력이 뒷받침).
- 전문가적 기질이 있다. 관심 있는 분야에서는 박식하며, 관심 없는 분야에는 잘 모른다.
- 논리적이고 분석적이며, 불티나는 토론 및 논쟁을 좋아한다.
- 변화를 좋아하며, 도전적이며, 분화구 같은 열정을 지니고 있다.
- 권위를 싫어하며, 따라서 관습에 도전하기 쉽다.
- 기호감각을 선별하며, 기호에 맞지 않을 경우 무기력해진다.
- 감정은 소년, 지적 성숙은 성인이다.
- 자기 주장적이며, 이를 관철시키고자 한다.
- 아이디어가 풍부하다.

(16) ENTJ(외향성 사고형 / 지도자형)

- 타고난 지도자형으로서 타인에게 지시나 명령을 내리고 가르치는 것을 좋아한다.
- 조직적이고 과업지향적이며, 불도저 같은 추진력이 있다.
- 남을 잘 설득시키지만 설득당하지는 않는다.
- 다른 사람을 잘 꿰뚫어 본다.
- 지적 호기기심이 강하며, 이를 통해 자아실현을 하고자 한다.
- 일에 있어 철두철미하며, 1인 3역의 활동을 한다.
- 마음만 먹으면 온정적이나, 그렇지 않을 경우는 무서워 보인다(타인이 쉽게 접근하기 힘듦).
- 여성일 경우, 집안에서 살림만 하고는 못산다. “치마를 두른 남자”

4. MBTI 유형별 학습지도 요령

(1) 외향과 내향 선호별 학습지도요령

외향(Extraversion)	내향(Introversion)
인지양식 : 외향선호가 좋아하는 인지양식	인지양식 : 내향선호가 좋아하는 인지양식
· 대화와 환경에 신체적으로 개입하여 배움 · 목표사건을 향해 있는 외부의 흐름에 관심을 기울임 · 사고를 형성하고 분명히 하기 위해 대화를 함 · 언어적이거나 비언어적인 상호작용을 통한 학습을 선호	· 조용한 반추적 사고 · 스스로 정리될 때까지 생각을 보유하고 있음 · 내부의 흐름에 주의 기울이기 · 내적인 사상들 : 아이디어, 인상, 개념들에 몰두하기 · 사적이고 개인적인 방법으로 학습하기
학습양식 : 외향형이 좋아하는 학습양식	학습양식 : 내향형이 좋아하는 학습양식
· 행동 먼저, 이후 반추적 사고 · 새로운 자료에 뛰어들기 · 상호작용을 시작하는 것은 반성적 사고와 집중을 요구한다. · 학습 자체의 목적을 넘어, 강렬하고 흥미있는 외부요인을 가진다. · 주의집중을 방해하는 것 피하기 · 친구와 함께 공부하기 · 누군가에게 가르치도록 준비하는 공부하기	· 반추적 사고 먼저, (필요하다면) 행동하기 · 언제나 계속되는 내적 대화에 적합한 새로운 자료 수집 · 사적으로 일하기 – 믿을 수 있는 사람과 함께 자신의 일을 체크하기 · 일기가 학습의 주된 학습방법 · 학습할 주제에 대해 다른 사람의 이야기 듣기 그리고, 그들이 해야 할 것을 개인적으로 접근하기, 선택할 때에는 외향적
외향형에게 적합한 교수방법 : 외향유형이 최선을 다하는 상황	내향형에게 적합한 교수방법 : 내향유형이 좋아하는 학습상황
· 말을 하면서 생각을 하고 확대하고 정리할 기회주기 ; 예를 들면 교사와 일대일로 대화하기, 토론 수업, 다른 학생과 함께 작업하기, 사람과 함께하는 행동 프로젝트 · 가시화할 수 있는 결과처럼 학습자 외부에 영향을 미치는 학습활동 · 교사가 대화로 학급을 운영하면 외향형들은 수업토론 이전에 자신의 생각을 크게 분명하게 할 수 있다. · 과제를 할 때 다른 사람들은 무엇을 하고 있고 중요하게 평가되는 게 무엇인지를 보여준다.	· 자신의 생각에 대해 내적으로 작업하기 : 듣기, 관찰하기, 연구하기, 읽기, 쓰기 · 자신의 상황에 맞는 경험하기 · 개성을 지키면서 작업의 결과를 제출할 수 있도록 하기 · 제출하기 전에 내적으로 자신의 작업을 갈고 닦을 수 있는 충분한 시간 주기 · 교사의 질문에 답하기 전에 반추하고 시간주기 · 개인적 흥미, 개인내적 청사진에 따라 연구를 묶어 주기

(2) 감각과 직관 선호별 학습지도요령

감각(Sensing)	직관(iNutuition)
인지양식 : 감각선호가 좋아하는 인지양식	인지양식 : 직관선호가 좋아하는 인지양식
· 사실을 바르게 이해하는데 주의를 기울임 · 사실을 기억하기 · 특성을 관찰하고 자료 수집하기 · 구체적 경험들에서 시작하여 추상적인 것으로 옮겨가기 · 깊은 이해를 목적으로 함 · 자기 주변의 실제적 현실성에 관련해서 머물기 · 현재 일어나는 것에 주의 기울이기	· 영감을 따라가기 · 의미와 관련 영상들을 따라 빠른 이동 · 문맥을 읽고 이해하기 · 세밀한 관찰보다 통찰에 의지 · 사실의 기억보다 쉬운 언어 사용에 의지 · 세부사항과 실제적 사실보다 일반적 개념에 집중
학습양식 : 감각형이 좋아하는 학습양식	학습양식 : 직관형이 좋아하는 학습양식
· 새로운 자료의 유용성을 찾아서 실용적으로 접근 · 자신의 개인적 경험에서 친숙하고 실속있는 사실들에서 시작하고, 그것들로부터 추상적 개념과 원리를 뽑아냄	· 영감 따르기 · 새로운 자료로 뛰어넘기 · 새로운 자료를 통한 자기방식 찾기 · 세부사항 전에 전체 밑그림을 원함 · 현재 기술을 갈고 닦기보다 새 기술 탐험하기
감각형에게 적합한 교수방법 : 감각유형이 최선을 다하는 상황	직관형에게 적합한 교수방법 : 직관유형이 좋아하는 학습상황
· 배울 것을 단지 읽거나 보는 것뿐만 아니라 듣고 만져볼 수 있는 기회를 만든다. · 직접 사용하는 실험실, 다룰 수 있는 재료들 관련된 영상자료와 다른 시청각 자료 · 컴퓨터 보조 교수방법 · 배워야 할 개념과 기술을 실습해 볼 수 있는 직접적인 경험 · 교사는 교과서 사용 전, 첫 학습 단계에서 구체적인 경험 제공하기 · 교사가 성인사회에서 그들에게 기대하는 사실이나 기술을 정확하게 보여주기 · 교사는 "너무 빨리" 자료들을 넘어가지 않아야 하는데 단지 주요한 것만 건드린다든지 비약적으로 사고해서는 안 된다. · 가능성을 상상하기 전에 알고 있는 사실에서 출발할 수 있는 과제 · 현재의 삶에서 사용할 수 있는 사실과 기술	· 솔선해서 할 수 있는 과제 · 과제를 하는 방법을 직접 선택하기 · 창조적으로 독창적일 수 있는 기회 · 개인적으로나 집단에서 스스로 공부할 수 있는 기회 · 교사와 학생간의 개인적 계약이 가능한 체제 · 새로운 가능성을 신장시키기 · 복합적인 풍부한 경험 · 기존의 기술을 반복하는 것 외에 새로운 기술을 요구함으로써 신선함을 유지하는 과제 · "너무 느리게" 가지 않는 활발한 보조의 역할을 하는 교사

(3) 사고와 감정 선호별 학습지도요령

사고(Thinking)	감정(Feeling)
인지양식 : 사고선호가 좋아하는 인지양식	인지양식 : 감정선호가 좋아하는 인지양식
· 인간을 배제하고 판단하는 것 · 객관적 진실을 목적으로 하는 것 · 경험들 기저에 흐르는 논리적 원리를 찾아 경험들 분석하기 · 논리적 원리를 갖춘 질서정연한 정신적 삶 유지하기 · 결정하는 동안 정서적 관심에서 자유롭고 냉정함을 지니기 · 선천적으로 사물을 비평하고, 결정적인 흐름을 찾고, 명료함과 정확함을 추구	· 상대방을 배려하여 판단하는 것 · 사람들의 동기와 개인적 가치를 고려 · 사람들 사이의 관계에 관심을 가지고 조화 추구 · 사람과 관련된 동기와 문제에 우선권을 둔다 · 삶의 정서적 측면에 관심을 기울임 · 선천적으로 사람들과 사물에 감사함
학습양식 : 사고형이 좋아하는 학습양식	학습양식 : 감정형이 좋아하는 학습양식
· 논리적으로 구조화된 주제 · 논리적 체계로 조직화된 교실 · 정서적 방해로부터 자유로운 교실 · 분석할 흥미로운 문제 · 혼란한 상황을 벗어나 논리적인 질서를 따르기를 원함 · 자료를 완전히 정복하기를 원함	· 인간적인 관점에서 그들이 깊이 돌볼 수 있는 연구 주제 · 사람과 관련없거나 개별화된 활동보다 인간관계를 통한 학습 · 따뜻하고 우호적 분위기의 교실 · 타인의 요구에 호응하여 돕는 것을 통한 학습
사고형에게 적합한 교수방법 : 사고유형이 최선을 다하는 상황	감정형에게 적합한 교수방법 : 감정유형이 좋아하는 학습상황
· 논리적으로 조직화된 교사 · 원인과 결과 관계를 보여주는 주제 · 논리에 응하는 주제 · 분명한 객관적 성취를 보여주는 피드백	· 학생들과 개인적 친밀감을 중요시하는 교사 · 타인들에게 기여하는 목표를 가진 과제 · 인간적으로 칭찬을 받는 것 · 조화로운 소집단 작업

(4) 판단과 인식 선호별 학습지도요령

판단(Judging)	인식(Perceiving)
인지양식 : 판단선호가 좋아하는 인지양식	인지양식 : 인식선호가 좋아하는 인지양식
· 초기부터 학습상황이 뚜렷한 구조 · 완성과 마감을 향해 있음 · 질서정연한 계획안에 삶이 구조화되어 있음 · 일관성을 추구하고 일이 어떻게 이루어질 것인지를 예측할 수 있기를 바람	· 미리 계획된 구조 없이 탐험이 열려져 있는 곳 · 새로운 경험에 열려져 있는 상황 · 문제에 대한 계획과 함께 발생한 문제를 다룸 · 새롭고 이전과 다른 자극 선호

학습양식 : 판단형이 좋아하는 학습양식	학습양식 : 인식형이 좋아하는 학습양식
· 계획되고 짜여진 일, 일하는 과정이 꾸준하고 질서 정연함에서 에너지를 흡수 · 그들이 고려해야 할 것이 무엇이고 어떤 기준으로 판단하는지 정확히 알고자 한다. · 과제를 심각한 일로 여기고 그 일을 끝까지 해냄	· 자발적으로 호기심을 따름 · 공부하고자 하는 충동적 에너지가 생길 때 공부하게 됨 · 뭔가 새로운 것을 발견할 수 있는 공부 · 과제를 재미있게 하기 위해서 일상적 과제를 하는데 신선한 방법 찾기
판단형에게 적합한 교수방법 : 판단유형이 최선을 다하는 상황	인식형에게 적합한 교수방법 : 인식유형이 좋아하는 학습상황
· 이미 계획되어진 구조가 있고, 그것에 주의를 기울여 제공하는 교사 · 예측가능성과 일관성 · 순차적으로 진행되는 형식을 갖춘 교수방법 · 정해진 과제 · 이정표, 완성일, 성공적 완성을 축하하는 의식	· 그들은 자신의 방식으로 문제를 해결 · 학생들이 어떤 활동들에 대해 어느 정도 스스로 선택할 수 있는 과제 · 그들의 관심을 끄는 과제 · 놀이처럼 느껴지는 과제

5. 에니어그램을 통해 본 인간유형

'에니어그램'이란 4500여 년 동안 동야에서 구전되어 온 고대의 지혜이다. 에니어그램(enneagram)은, 에니어스(enneas : 9, 아홉) + 그라마(grama : 선, 도형, 단위)의 그리스어 합성어로 '아홉 가지 성격 유형'이란 뜻이다.

에니어그램은 사람을 9가지 유형으로 분류하는데 이를 통해 그들의 가치관, 관계의 역동과 변형, 행동 방식, 내부에서 움직이는 동기 등에 대해 알 수 있다. 에니어그램을 활용하면, 자기 자신을 발견하게 되므로 성격의 개선은 물론 커뮤니케이션을 통해 인간관계를 개선할 수도 있다. 에니어그램심리연구소 홈페이지(www.enneagram.co.kr)에 접속하면 검사가 가능하다.

에니어그램의 기본 원리는 '모든 인간의 본질은 아홉 가지로 분류된다'는 것이다. 여기서 말하는 '본질'이란 '인간을 근본적인 차원에서 움직이게 하는 힘의 방향성'이라는 말로 조금 어려운 개념이다. 본질은 쉬운 말로 하면 진짜성격이라는 뜻이다.

우리가 일상생활을 통해서 알 수 있듯이 사람의 성격은 모두 다르다. 그러나 한 사람 한 사람을 차근차근 체크하여 보면 아홉 가지 유형으로 분류할 수 있다.

모든 사람은 아홉 가지 성격유형 중에서 한 가지의 성격을 지니고 태어나며 그 유형에 의해 살아가게 된다.

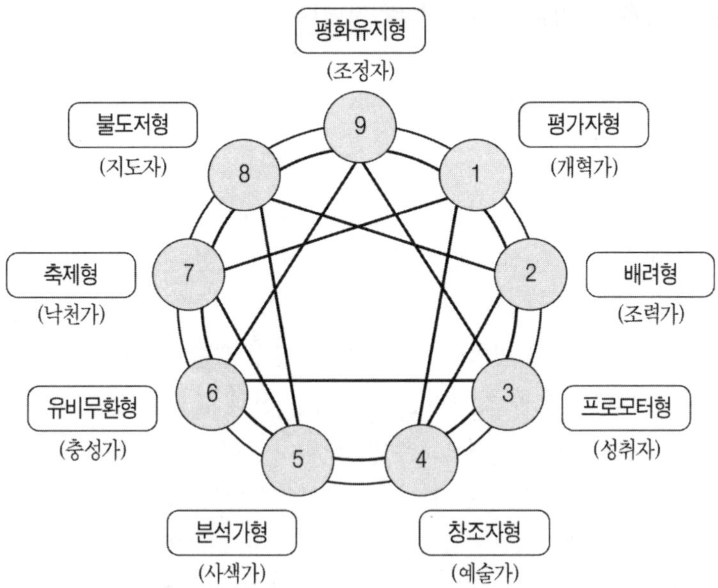

그러나 성격이 곧 '나 자신'은 아니다. 그럼에도 우리는 성격, 자아 이미지를 자신과 일치시킴으로써 靈的 *存在*로서의 본질로부터 멀어지게 되었다는 것이 에니어그램의 관점이다.

에니어그램을 통해 자기 유형을 찾아낸다는 것은 우리가 그려내고 있는 색(집착)으로부터 벗어나 새로운 자유를 만난다는 것을 의미한다. 집착(자기유형)을 알아서 그것에서 벗어나면 내면의 균형이 되돌아온다. 집착을 내려 놓는다는 것이 자신의 성격을 포기하는 것은 아니다. 집착을 내려 놓을수록 진정으로 원하는 삶에 더 가까이 다가가게 된다. 예를 들어, 3번유형인 〈성공해야 한다. 다른 사람들로부터 인정을 받고싶다〉는 욕구에서 빠져 나와 자신의 본질에 집중하면 더 이상 타인의 인정을 통해 내 존재의 가치를 찾으려는 부질없는 노력을 그만두게 된다.

즉, 내면의 관찰자(의식)는 커지고 성격(에고)은 작아지면서 성격과 자신의 일치를 통해 많은 오류에서 벗어날 수 있고 진정한 의지가 발현된다. 이것이 〈의식의 확장〉이다. 자신을 알아차리는 영역이 늘어날 때마다 의식은 더욱 확장된다. 이러한 작업이 우리의 몸과 마음을 이완시켜 삶은 고달픔에서 평화로움으로, 긴장과 불안함은 안정과 편안함으로 변화되기 시작한다. 자기 내면의 모습을 발견하기 시작하면 자신이 인생을 통해 진정으로 원하는 삶이 무엇인지 느끼게 되며(자신의 소명), 그것을 통해 가장 자기다운 모습으로 사는 것이 가능해진다. 이것이 바로 우리가 삶을 통해 끊임없이 추구해온 것이다.

(1) 에니어그램의 목적

에니어그램은 내면의 집착(성향)을 알아채서 그것으로부터 해방되어 나의 진정한 모습을 발견하고 나 자신이 얼마나 소중하고 존귀한 존재인지를 알도록 도와준다.

자신의 모습을 인정하고 받아들이면 삶의 통찰과 통합이 이뤄지면서 내가 새롭게 변화된다. 자신의 번호를 찾아가는 과정이 자신의 집착을 알아 가는 과정이다. 자신의 집착을 알아채면서 성격으로부터 의식이 분리되고 확장되어 가는데, 이는 집착으로 인한 〈숨겨진 죄〉로부터 자신을 정화해 내는 체험이기도 하다. 그러면서 우리는 자신으로부터 이완되고 타인에게 관대하고 유연해지기 시작한다. 이것이 에니어그램을 통해 우리가 얻고자 하는 1차적 목적이다.

내 안에 신성이 내재한다는 사실을 느끼는 것이 곧 타인에 대한 새로운 인식의 시작이다. 나 자신의 집착으로 인한 오류와 타인의 오류에 대해 비로소 관대해지기 시작한다. 나는 옳고 타인은 틀린 것이 아니라 단지 서로 차이가 있을 뿐이라는 사실을 알게 되면 자신의 현실을 그대로 수용하게 된다.

(2) 힘의 중심

내 아이가 밖에서 맞고 울면서 집에 들어온 상황을 가정해 보자. 어떻게 반응할까?

① 힘없이 맞고 울며 들어온 아이에게 우선 화를 내면서, 거칠게 아이 손목을 잡고 자기 아이를 울린 상대 아이를 쫓아가 혼을 내주는 행동파이다.(장형)

② 우는 아이를 보는 순간 마음이 저리고 아프다. 우선 억울하고 분한 느낌을 가진 아이를 품에 안아주면서 달랜다.(머리형)

③ 우는 아이의 모습을 보는 순간, 도대체 무슨 일이지? 하는 생각이 스친다. 그래서 아이의 눈물을 닦아주는 것보다 먼저 어떻게 된 것인지 상황을 파악하고자

한다. 그래서 '눈물 뚝!' 하고 말한 후, 어떻게 된건지 아이에게 자초지종을 설명할 것을 요구한다.(머리형)

이렇듯 힘의 중심이란 내가 무의식적으로 취하는 에너지의 근원을 일컫는다. 위의 예에서 본 것처럼 똑같은 상황에 대해서도 사람마다 반응이 각각 다르다. 그러나 크게 볼 때 세 가지 유형으로 분류할 수 있는데, 이것의 근거는 힘의 중심에 있다.

에니어그램에 의하면 우리는 장(의지), 가슴(감성), 머리(이성)의 세 부분으로부터 에너지를 취한다. 이 세 부분으로부터 근원적인 힘이 나오는데, 우리의 본질은 이 세 가지의 힘을 균형 있게 취하는 것이다. 그러나 본질이 성격에 의해 가려짐으로써 힘의 균형이 깨어졌다고 간주한다. 세 가지 중 한 가지 힘에 집착함으로써 균형과 조화를 잃은 것이다.

그러나 균형이 깨어졌다고 해서 장중심의 사람이 머리(이성)의 힘을 쓰지 않는 것은 아니다. 마찬가지로 가슴중심의 사람이라고 장의 힘(의지)을 쓰지 않는 것도 아니다. 단지 이성(머리)의 에너지를 써야 할 때도 가슴 중심은 감성만 쓰려고 한다는 것이며, 머리 중심은 감성으로 느껴야 할 상황에서도 이성(머리)의 에너지에만 매달려 있다는 것이다. 힘의 중심에서 우리는 우리 안에 똑같이 존재하는 세 가지 힘을 상황에 맞고, 유효 적절하게 쓸 줄 아는 지혜를 터득해야 한다.

(3) 에니어그램의 9가지 유형

에니어그램은 인간의 성격을 9가지로 분류하고 있다. 모든 사람에게는 여러 성격 유형이 혼합되어 나타나지만, 개인마다 기본적인 성격 유형을 갖고 있기 때문에 결국은 그 기본 유형으로 돌아간다. 우리의 기본 유형은 삶을 통하여 한결같이 유지된다. 성격 유형에 대한 설명은 나라, 민족, 피부색에 관계없이 동일하며 남성과 여성에게도 똑같이 적용된다. 물론 남성과 여성은 문화에 따라 태도, 성격을 조금씩 다른 방식으로 표현하기는 하지만 기본적인 성격 유형은 일관되게 유지된다. 물론 어떤 성격 유형이 더 좋거나 나쁜 것은 아니다.

모든 유형에는 그 나름대로 장점과 단점이 있다. 그러나 특정 문화 안에서 어떤 유형은 다른 유형보다 더 인정받기도 한다. 에니어그램의 아홉 가지 특성은 다음과 같다.

1) 1유형 : 개혁가형/평가자형=(완벽을 추구하는 사람)

매사에 완벽을 추구하고 스스로의 이상을 건설적인 자세로 추구하며 이를 위한 노력을 아끼지 않는다. 항상 공정함과 정의를 염두에 두고 정직하고 신뢰할 수 있는 성품으로 자신의 윤리관에 자신감을 갖고 있다. 인상이 깔끔하고 항상 자제하는 자세를 잃지 않으며 '해야 한다'는 말을 자주 한다. 자신은 '올바른 길을 걷고 있다'. '매사를 정확하게 파악하고 있다'는 생각에 만족감을 느낀다.

1유형 어린이는 유아기부터 자기 자신을 감시할 수 있는 시스템을 가지고 있으며 주로 학교에서 일어난 이야기를 할 때도 남을 비판하는 경우가 많다. 즐기기보다는 노력하는 편이며 뭔가 정확하지 않으면 불편해 하며 대안을 제시하여 자신이 정한 올바른 방향으로 이끌어 가려고 한다. 모범생이 많으며 신경이 예민해져 있는 경우가 많다. 1유형 아이에게는 가급적 부담주는 말을 피하라.

2) 2유형 : 노력가형/배려형=(타인에게 도움을 주려는 사람)

정이 많고 곤경에 빠진 사람들에게 도움의 손길을 내밀며 주변 사람들에게 도움이 되는 일을 마다하지 않는다. 타인이 필요로 하는 것에 몰두하지만 내가 타인의 도움을 필요로 하는 것은 자각하지 못한다. 예리한 직감을 갖고 있고 주위 사람들의 기분을 이해하고, 거기에 맞출 수 있기 때문에 적응력이 뛰어나다. 또한 다양한 자기 모습을 갖고 있어 상대방에 따라 다른 모습을 연출할 수 있다. 자신의 욕구보다 타인의 욕구를 돌보고 도와 주는 것에 만족한다.

2유형 부모는 하나부터 열까지 챙겨주는 자상한 부모의 전형적인 모습이다. 자신의 헌신이 인정받지 못하면 커다란 불만을 느끼고 불만이 커지면 결국 상대방에게 이용당했다는 피해의식에 사로 잡히게 된다. 깊은 애정으로 아이들을 대하나 과보호 경향이 있다. 애정이란 수단으로 아이들을 조종하려고 하는 자신의 무의식적인 성향을 통제해야 한다. 아이들의 자립심과 자주성을 키우도록 좀 떨어진 위치에서 아이들을 지원해 주어야 한다. 사춘기 때 애정이나 호감에 대한 집착이 강하고 친구관계에 깊이 몰입할 수 있음을 자각해야 한다.

3) 3유형 : 성취자형/프로모터형=(성공을 추구하는 사람)

항상 효율을 중시하고 성공을 위해서는 자신의 생활을 희생시키더라도 개의치 않는다. 자신이 세운 목표를 향해 남들도 효율적으로 매진할 것을 바라며 주위 사람들의 의욕을 고취시키는 것도 능숙하다. 인생의 가치를 '실패냐 성공이냐'라는 척도로 재고 실적을 중시하는 열정적인 사람으로 그들은 일이나 인간관계에서 성공을 꿈꾼다. 자신감에 넘친 인상으로 주위 사람들에게 좋은 인상을 심어주려 하며 '성공했다' '일을 효율적이고 성공적으로 완수해 냈다'는 것에 가장 큰 만족을 얻는다.

3유형 부모는 자기 발전에 대한 욕구가 강하며 주위로부터 유능하다는 소리를 많이 듣는다. 학교성적이 좋았거나 운동을 잘했다는 소리를 들었다고 자랑 이야기를 많이 한다. 실패할 것 같은 일은 아예 처음부터 손을 대려고 하지 않는다. 감정 때문에 효율성이 떨어진다고 느껴 감정을 닫아버린다. 3유형부모는 부지런하고 가족을 지탱해 주는 든든한 존재이나 자신의 감정을 드러내지 않아 아이들에게 따뜻한 모습을 보여주지 못하는 경우가 많다. 특히 부모가 일을 가질 경우 정열적으로 일에 몰두하기 때문에 아이들은 외로워하는 경우가 많다. 성적이나 성과에 대한 집착보다는 마음의 교류를 넓히며 인생에서 성공 이외에도 가치있는 것이 많이 있다는 사실을 자각해야 한다.

4) 4유형 : 예술가형/창조자형=(특별한 존재를 지향하는 사람)

자신은 특별한 사람이라고 자부하고 있으며 무엇보다도 감동을 중시하고 평범함을 싫어한다. 다른 사람들보다 슬픔이나 고독 등도 진하게 느낀다. 타인에 대한 이해심이 많고 사람들을 받쳐주고 격려하는 것을 좋아한다. 또한 자신을 드라마 속의 연기자처럼 느끼고 있으며 행동에서 패션에 이르기까지 세련된 느낌과 표현력이 풍부하다는 인상을 준다. '나는 특별한 존재이다' '나는 독특한 존재이다' '나는 감수성이 풍부하다'라는 자기 모습에 가장 큰 만족을 느낀다.

4유형 부모는 자녀들에게 남들과는 다른 특별한 사람이 되라고 강요하고 있지는 않는지, 어느 누구도 자신을 이해할 수 없다고 생각한다. 또한 언제나 감동을 추구하기 때문에 감동을 받았을 때야말로 자신이 살아있다고 실감한다. 어릴 적에 부모로부터 버림받은 적이 있다는 생각을 갖고 그때 자신이 외로움이란 어느 누구라도 이해할 수 없다고 믿고 있다. 4유형의 부모에게 가장 중요한 것은 평범하고 흔하게 보이는 것도 인정할 줄 아는 자세와 현실에 밀착된 삶을 살아가는 각오가 필요하다.

5) 5유형 : 사색가형/분석가형=(지식을 얻고 관찰하는 사람)

지식을 쌓아가는 것을 좋아하며 항상 현명하게 판단하려고 노력한다. 분석력과 통찰력이 뛰어나며 객관적이고 초연한 태도를 일관되게 유지하려고 한다. 현실을 파악하는 관찰력이 뛰어나지만 말이 적고 태도가 조심스럽다. 어리석은 판단을 내리는 것을 두려워하며 일을 시작하기 전에 정보를 열심히 수집해 상황을 정확하게 파악하려고 한다. 또한 고독을 즐기는 경향이 강하고 자신만의 시간과 공간을 아주 중요하게 여긴다. '지혜로운 사람' '현명한 사람' '무엇이든지 잘 알고 있는 사람'이라는 자신의 모습에 가장 큰 만족을 드러낸다.

5유형 부모는 현명하게 처신하는 것을 중요하게 여겨 대부분의 사람들이 분별력이 없고 경솔하기 때문에 자기마저 공허해진다고 느낀다. 자신의 공허함을 채워주는 것이 지식으로 공허감을 채우려고 하는 것이 5유형의 집착이다. 5유형부모는 무엇보다도 감정으로부터 거리를 두려고 하는 자신의 경향을 깨닫고 자신의 감정에 눈을 돌려야 한다. 자신의 감정을 솔직히 받아들이고 대인관계에서 발생하는 감정적인 변화와 동요에 익숙해질 필요가 있다.

6) 6유형 : 충성가형/유비무환형=(안전을 추구하는 충실한 사람)

책임감이 강하고 안전을 추구하는 유형으로서 친구나 자기가 믿는 신념에 가장 충실한 사람들이다. 전통이나 단체에 강한 충성심을 갖고 있으며 공동체에 대한 헌신이 대단하다. 신중하며 거짓말을 모르는 그들은 협조적이며 조화를 이루며 믿음직스럽다. 상대에게 호감을 주는 유형이다. '책임감이 있다' '신실하다, 충성스럽고 믿을 만하다'는 말에 가장 큰 만족을 얻는다.

6유형 부모는 자질구레한 걱정이 많아 아이들의 안전을 지나치게 걱정하며 마음 속 한 구석에 항상 두려움을 안고 있다. 또 자신의 생각과 의지를 곧바로 행동으로 옮기지 못하는 경향이 있으며 어떤 일을 할 때에도 생각만 할 뿐 적극적으로 뛰어들지 못하고 뒤로 미루곤 한다. 따라서 자신의 내면에 도사리고 있는 불안이나 두려움을 실제 상황과 차근차근 대조하면서 어떤 것이 쓸데없는 것인가를 판단해야 한다.

7) 7유형 : 낙천가형/엔터테이너형=(즐거움을 추구하고 계획하는 사람)

모든 일을 낙관적으로 보려고 하며 밝고 명랑하다. 그리고 자기 주변에서 즐거움을 찾아내는 능력이 뛰어나다. 좋아하는 사람들이 주변에 많이 있으며 자기 자신도 매력적인 인간이 되려고 노력한다. 또한 아이디어와 상상력이 풍부하며 호기심이 많다. '항상 즐겁다' '너무나 유쾌하다' '앞으로의 계획이 무궁무진하다'라는 것에 만족을 얻는다.

7유형 부모는 고통스런 상황이 닥치더라도 사물의 좋은 면을 바라보려고 하고 주위분위기를 밝게 만들려 한다. 이처럼 힘든 일로부터 도망치려는 집착을 갖고있다. 만약에 어떤 계획이 잘 안 되면 또 다른 계획을 세워 고통스럽거나 침울한 분위기 등 상황을 벗어나기 위해 갖가지 계획을 세운다. 계획은 세웠지만 제대로 안 되거나 싫증을 느껴 그 일을 중도에 포기하고 재빠르게 다른 계획으로 옮겨간다. 이처럼 힘든 일이나 번거로운 일을 회피하지 않고 적극적으로 받아들이고 꾸준히 노력하는 자세를 기른다면 그야말로 매력적인 사람이다.

8) 8유형 : 지도자형/불도우저형=(강함을 추구하고 자기를 주장하는 사람)

자신이 옳다고 생각하는 것에 대해서는 전력을 다해 싸우는 전사이다. 용기와 힘이 넘치고 허영심 등을 재빠르게 꿰뚫어 보며 그것에 결연히 대항한다. 권력구조를 파악하는 능력이 뛰어나며 자신의 강한 힘을 발휘할 수 있는 위치를 확보하는 능력도 갖추고 있다. 거드름을 피우지 않고 성실하며 약자를 옹호하고 보호하려고 한다. '힘이 있다' '할 수 있다' '힘이 넘친다'라는 자신의 모습에 가장 만족을 느낀다.

8유형 부모는 정직하고 자신을 꾸미지 않는 사람으로 책임감이 강하고 장애물에 부딪치더라도 여간해서는 기가 꺾이지 않는 대단히 열정적인 사람이다. 그런데 힘과 지배에 집착하면서 자신의 약한 모습을 감추려고 하는 경향이 있다. 자신의 강함을 과시하고 타인을 복종시키려고 하지만 일단 자기를 따르고 추종하는 사람들은 끝까지 지켜 주려고 한다. 또 자기영역을 침범하는 것을 제일 싫어한다. 이들은 생각보다 행동이 앞서며 주저없이 자신의 분노를 폭발시키는 경향이 있다. 행동하기 전이나 화를 내기 전에 생각부터 해보는 습관을 길러야 한다. 만약 대화를 나누다가 화를 내기 시작하면 일단 화제를 중단하는 것이 현명하다.

9) 9유형 : 조정자형/평화유지형=(조화와 평화를 바라는 사람)

갈등이나 긴장을 피하는 평화주의자로 자신의 내면이 혼란스러워지는 것을 싫어한다. 다른 사람들에게 쉽게 동화되기 때문에 주의 사람들의 영향을 받긴 쉽지만 좋은 환경에 있으면 마음이 넓고 동요되는 일이 없으며 인내심이 강하다. 편견이 없고 다른 사람의 기분을 이해할 줄 알기 때문에 타인의 고민을 잘 들어준다. '안정감'과 '조화'로 넘쳐있는 상태에 가장 큰 만족을 느낀다.

9유형 부모는 갈등으로부터 도망치는 사람으로 자기 자신을 부족하고 대단치 않은 사람으로 여기기 때문에 자기를 강하게 주장하지 않으며 사람들을 혼란스럽게 만들거나 마찰을 빚는 경우도 없다. 이 때문에 좀처럼 결단을 내리지 못하고 선택할 때도 머뭇거리고 만다. 따라서 무엇보다도 스스로 결정하고 결단하는 습관을 길러야 한다. 그리고 아이들의 의견을 존중해 주는 것과 아이들과 마찰을 빚지 않으려고 소극적인 자세를 보이는 것과는 완전히 다른 것이라는 것을 직시해야 한다. 무엇보다도 스스로 결정하고 결단하는 습관을 길러야 한다.

참고자료

아이의 성격을 파악하기 위한 10가지 질문

1 1유형(개혁가/평가자형)

① 책임감이 강하고 어떤 역할이 주어지면 반드시 해낸다.
② 부모나 선생님의 기대를 만족시켜 주기 위해 무슨 일이든지 성실하게 한다.
③ 자기 스스로 완벽하게 해내려고 열심히 한다.
④ '나는 안돼'라는 식의 자기비판을 자주 한다.
⑤ 화가 나는데도 화를 삭이고 있거나 일부러 태연한 척한다.
⑥ 정리 정돈을 잘한다. 또는 어지럽혀도 자기나름대로 물건을 두는 위치를 정해 놓고 있으며 다른 사람들이 만지는 것을 싫어한다.
⑦ 규칙을 지키지 않는 친구들을 비난하는 경우가 종종 있다.
⑧ 다른 사람들에게 비난이나 비판은 받지 않으려고 신경을 많이 쓴다.
⑨ 자신이 꼭 해야 한다고 생각하는 일에 대해서는 아주 섬세하게 신경을 쓰며 그 일을 위해 바쁘게 움직이는 것을 좋아한다.
⑩ 소심하고 신중한 면이 있으며 동시에 정직하고 솔직하다.

2 2유형(노력가/배려형)

① 무슨 일이든지 자기가 나서서 도와 주려 하고 눈치 빠른 행동으로 부모나 선생님으

로부터 환심을 사려고 한다.
② 주위 사람들이나 특히 약한 사람들에게 관심이 많으며 직접 돌봐 주거나 걱정을 하곤 한다.
③ 상대방이 좋아할만한 화제나 말투에 신경을 쓴다.
④ 사람들이 자신에게 의지하는 것을 좋아하고 다른 사람들의 기대를 저버리지 않도록 노력한다.
⑤ 친구가 빌려 달라고 하지 않았는데도 장난감 같을 것을 빌려 주거나 과자를 나누어 주는 경우가 종종 있다.
⑥ 혼자의 힘으로 해결하지 못하는 일이 있어도 다른 사람에게 좀처럼 부탁을 못한다.
⑦ 다른 사람들의 평가나 비판에 신경을 많이 쓴다.
⑧ 친구들과 사이가 나빠지는 사태가 발생하면 많이 당황해 하지만 좋은 관계로 회복시키기 위해 노력한다.
⑨ 폭력적인 장면이나 비극적인 이야기, 잔혹한 뉴스 등을 싫어한다.
⑩ 부모가 다른 아이들에게 잘해 주면 노골적으로 질투하는 경우가 있다.

3 3유형(성취자/프로모터형)

① 사람들로부터 좋은 평가를 받기 위해 노력하며 실제로도 좋은 평가를 받고 있다.
② 클럽활동에도 적극적으로 참여하며 공부 또한 열심히 하고 효율적으로 한다.
③ 학교 성적이 좋으며 여러 분야에서 리더십을 발휘한다.
④ 리더로써 책임을 맡으면 정확히 해낸다.
⑤ 일을 효율적으로 처리하기 위해 궁리를 많이 하는 타입이다.
⑥ 무슨 일이든지 주위 사람들의 반응에 신경을 많이 쓴다.
⑦ 연극이나 학급활동에서 중심적인 역할을 맡으려고 한다.
⑧ 항상 바쁘게 뛰어다니고 잡다한 일들을 왕성하게 처리해 낸다.
⑨ '쓸쓸하다, 기쁘다, 슬프다'라는 식의 말로 자신의 감정을 표현하는 경우가 드물며 다른 사람의 감정표현에도 냉담하다.
⑩ 명랑하고 낙천적이다.
⑪ 사소한 실수에는 신경을 쓰지 않지만 큰 실수를 저지르면 변명을 늘어놓거나 잘못을 다른 사람 탓으로 돌리는 경향이 있다.

4 4유형(예술가/창조자형)

① 친구들과 똑같이 하지 않고 남과 다르게 사물을 보거나 독특한 방식을 좋아한다.
② 비판적이고 부정적인 말에 민감하며 사소한 일에도 속상해 하는 경향이 있다.
③ 죽음이나 비극적인 일들에 대해 질문을 하거나 관심을 가지고 덩달아 동요하는 경우가 있다.
④ 이해심이 많고 친구가 곤경에 빠지면 인내심을 갖고 열심히 도와 준다.
⑤ 겉으로 별로 드러내지 않지만 친구들의 뛰어난 모습이나 인기, 소유물 등을 아주 부러워한다.
⑥ 이야기나 음악 그리고 정서적인 곳에 관심을 갖고 있다.

⑦ 수줍어하며 앞장서려고 하지 않지만 일단 떠밀려 무대에 서게 되면 아주 활기에 넘치고 적극적인 모습을 보인다.
⑧ 사람들이 자신을 이해해 주기를 강하게 바라고 있으며 다른 사람들이 자신을 이해해 주지 못한다고 생각되면 속상해 하면서 모든 것을 거부한다.
⑨ 위인전을 좋아한다. 인상적으로 묘사된 인물이나 영웅을 좋아한다.
⑩ 주로 혼자 노는 것을 좋아하지만 독창적인 놀이를 아이들과 함께 하는 경우도 있다.

⑤ 5유형(사색가/분석가형)

① 혼자 노는 것을 좋아하며 특히 책읽기를 좋아한다.
② 친구를 많이 사귀는 편이 아니며 생각이 맞는 친구와 담담히 사귀는 편이다.
③ 지적인 호기심이 강하며 친한 사람에게 자신의 의문점을 자주 질문하거나 스스로 책을 뒤져 찾아보곤 한다. 그리고 학업성적도 우수한 편이다.
④ 감정의 기복이 별로 없고 무표정하고 차가운 인상을 준다.
⑤ 말수가 적고 사람들 대화에 적극적으로 뛰어들기보다는 제 3자적인 입장에서 사람들을 관찰하는 경향이 있다.
⑥ 적극적으로 앞에 나서서 자신의 의견을 밝히는 경우가 드물지만 누가 의견을 물어보면 자신의 의견을 적절히 밝힐줄 안다.
⑦ 감수성에 예민하지만 움츠려 들기 쉬우며 대인관계 때문에 생기는 갈등으로부터는 도망치려고 한다.
⑧ 많은 삶들과 어울리면 쉽게 지치기 때문에 단체 활동을 좋아하지 않는다.
⑨ 돈이나 물건 그리고 애정을 부모에게 조르는 경우가 없으며 요구하지도 않는다.
⑩ 자기 나름대로의 생각을 가지고 있으며 자신이 납득하지 못하는 것에는 반항한다.

⑥ 6유형(충성가/유비무환형)

① 부모에게 반항하는 경우가 드물며 솔직하고 순종적이다.
② 자질구레한 걱정이 많으며 경계심을 드러내는 경우가 종종 있다.
③ 선생님을 비롯한 권위있는 사람에게는 대단히 유순하지만 자신이 납득하지 못할 경우에는 윗사람이라도 반발한다.
④ 학교규칙이나 명령에 순종하는 편이다.
⑤ 약한 사람이나 곤경에 처한 사람들에게 동정심을 갖는다.
⑥ 우등생 타입이며 선생님이나 친구로부터 신뢰를 받고 있다.
⑦ 친구로부터 따돌림받는 것을 두려워한다.
⑧ 비판이나 질책을 두려워하고 그런 일을 당하지 않도록 힘쓴다.
⑨ 판단이나 결단을 즉시 내리지는 못하지만 일단 결심한 것을 꾸준하고 지속적으로 실천해간다.

⑦ 7유형(낙천가/엔터테이너형)

① 끙끙대며 고민하거나 비판적으로 생각하는 경우가 거의 없다.

② 갖가지 일에 흥미를 가지며 관심이 있는 일이라면 무엇이든지 하려 하지만 노력은 하지 않는다.
③ 조금만 노력하면 뭐든지 할 수 있다는 만능 의식을 가지고 있으며 실제로도 집중력을 발휘해 능숙하게 해내는 능력이 있다.
④ 부모한테 혼나면 그때만 시무룩해지고 시간이 좀 지나면 금방 잊어버린다.
⑤ 추진력이 있으며 갖가지 계획을 세워보지만 끝가지 달성하지는 못한다.
⑥ 친구들과 같이 어울리는 것을 좋아하며 친구들 사이에서 인기가 많다.
⑦ 한 가지 일을 꾸준히 하지 못하며 읽다만 책이며 도중에 내 팽개친 공작물 등이 뒹굴고 있다.
⑧ 재미있는 이야기나 장기자랑 등으로 주위 사람들을 즐겁게 한다.
⑨ 어른들에게 애교를 부리거나 재치있는 생각으로 자신의 독특한 생활을 어필하려고 한다.
⑩ 어른들이 무리하게 시키거나 강요하면 반항한다.

8 8유형(지도자/불도우저형)

① 도전과 스릴을 좋아하고 대담한 행동을 한다.
② 용감하고 당당하며 자신만만하다.
③ 친구들 사이에서 항상 리더 역할을 하는 골목대장이 된다.
④ 어떤 곳이라도 그곳의 세력 관계를 파악하면서 자신의 주도권을 장악하려고 한다.
⑤ 부모나 선생님에게도 분노나 불쾌감을 주저하지 않고 드러낸다.
⑥ 자신이 올바르다고 생각하는 것에 대해서는 자기주장을 정확히 하며 부모나 선생님에게 반항하는 경우도 종종 있다.
⑦ 자기가 정말 좋아하는 일은 밤을 세워가며 몰두하기도 한다.
⑧ 아버지만큼은 자기보다 한수 위라고 생각한다.
⑨ 자립심이 강하고 다른 사람에게 기대거나 복종하는 것을 싫어한다.
⑩ 선배들을 추켜세우고 선배들에게 충직하다.

9 9유형(조정자/평화유지형)

① 엄마를 귀찮게 하는 일이 없는 순한 아이이다.
② 자기가 먼저 행동하는 경우가 거의 없으며 다른 사람이 부추겨도 좀처럼 움직이려 하지 않는다.
③ 정리정돈을 잘 못하며 자질구레한 것도 잘 버리지 못하다.
④ 텔레비전이나 만화의 폭력적인 장면을 무서워하고 보려하지 않는다.
⑤ 가족이나 친구들 사이에서 말다툼이나 싸움이 벌어지면 그 분위기를 견디지 못하고 도망친다.
⑥ 자신의 의견을 말하거나 선택을 해야 할 때도 좀처럼 결단을 내리지 못한다.
⑦ '어려운 일이 생겨도 어떻게 되겠지'라는 낙천적인 생각을 가지고 있다.
⑧ 숙제 같은 꼭 해야 될 일도 시작하기까지 시간이 걸리다.
⑨ 느긋한 성격이지만 어떤 일을 일단 생각하면 도중에 그만두지 못할 정도로 빠지는

경향이 있다.

⑩ 야단을 치거나 강제로 시키면 고집을 부리면서 아무 것도 하려들지 않는 경우가 있다.

주의점 : 각 유형의 특징이 전형적인 형태로 드러나지 않는 경우가 많으며 교사나 부모들 눈에는 보이지 않는 부분 역시 많으므로, 아이를 편견 없이 바라볼 수 있어야 하고 우선 교사나 부모 자신의 유형을 정확히 이해하며 자신에게 솔직해야 한다. 따라서 성급하게 아이의 성격유형을 규정짓는 것은 대단히 위험하다.

제 17 장 교육심리학의 연구과제

이 장의 내용은 허형 교수(교육심리학의 연구과제와 방법 : 교육학연구, 25권 2호, pp. 25-52, 1987)와 John F. Feldhusen(Two views of the development of educational psychology ; Educational Psychologist, vol. 12, No. 3. pp. 296-304, 1978)의 논문을 참고하여 엮은 것이다.

교육심리학을 연구하는 이론적 틀은 교육과정에 직접 관련된 심리학적 지식을 생산 · 활용하는데 관련된 것이어야 한다. Klausmeier는 장 · 단기적 학습목표를 효율적으로 달성하는데 필요한 주변 변인을 심리학적 입장에서 다음과 같이 정리하였다.

영 역	구체적 변인들
1. 교사 특성	① 지적 능력과 지식 ② 정의적 특성 ③ 운동기능과 신체적 특성 ④ 상황 지각 ⑤ 건강 ⑥ 성 ⑦ 연령
2. 학생－교사행동	① 학습과정 ② 교수방법 ③ 학생-교사 상호작용
3. 시설의 물리적 특성	① 공간 ② 교육자료 ③ 교수매체
4. 학생의 특성	① 정신적 성숙과 지적 능력 ② 신체적 성숙과 운동기능 능력 ③ 정의적 특성 ④ 상황 지각 ⑤ 건강 ⑥ 성 ⑦ 연령
5. 교과목	① 의미성 ② 조직 ③ 유형
6. 집단특성	① 크기 ② 구조 ③ 태도 ④ 응집력 ⑤ 지도력
7. 학교 외적 요소	① 학생에 대한 요소-가정, 사회, 문화적 영향 ② 학교에 대한 요소-이웃학교, 행정체제, 교육과정, 지역사회 지원체제

학업성취도를 달성하기 위한 변인에 대해 Carroll는 학교 학습모형에서 학습자 변인과 교사 변인으로 나누어 보았다. 학습자 변인은 학업적성 일반지능 수업이해

력으로, 교사 변인은 수업의 질과 학습과제의 학습에 배당된 시간으로 나누었다. 그러나 지적요인만 다루었고 동기 · 욕구 · 흥미 등의 정의적 변인을 소홀히 다루었다. 또한 학교학습에 영향을 주는 가정환경, 사회적 환경, 문화 배경 등을 제외시켰다.

Bloom은 학습자 변인, 교수과정 변인, 학업성취 등 3영역으로 나누었다. 학습자변인은 지적 출발점과 정의적 출발점으로 나누었고, 교수과정은 행동주의 심리학의 주요 개념들인 단서 · 참여 · 강화 · 교정 등을 하위요소로 다루었다. 학업성취는 성취도의 수준과 유형, 학습속도 및 정의적 성취를 들고 있다.

그러나 가정환경, 학교의 풍토 및 조직 등을 간과해 버렸다. 일반모형 외에도 그는 교수학습의 Joyce와 Weil이 정리한 교수－학습과정의 특수 교수모형으로 개념획득, 탐구학습, 선행조직자 발견학습, 인지발달 모형 등을 다루었고, 교육적 성취변인으로는 단기적 성취로 학업성취도, 교과목에 대한 태도 · 흥미, 장기적 성취로 인지적 성장, 성격 형성, 태도와 가치관, 전문기능의 성장 발달 등을 들고 있다.

1. 연구문제 영역

1982년 교육연구백과사전의 교육심리학 분야의 연구 주제들을 보면 ① 적성, 지능, 태도, 동기, 흥미 등의 측정 ② 학업성취도의 평가 ③ 인지능력과 기억 ④ 인지적 발달, 정서발달 ⑥ 정보처리 과정 ⑦ 정보처리 교수모형 ⑧ 개인차 ⑨ 개인차에 따른 교수모형 ⑩ 학습행동과 학습양식 ⑪ 교수행동과 교수양식 ⑫ 교수시간과 학습 ⑬ 동기화와 학업성취 ⑭ 성격특성과 학업성취 ⑮ 교사 효율성 ⑯ 운동기능의 개발 ⑰ 정의적 특성과 교육적 성취 ⑱ 영재아 ⑲ 학습부진아동 및 학습 결손 아동 ⑳ 학습의 파지와 전이 ㉑ 가정학습 및 자율학습 ㉒ 교수－학습과정 ㉓ 가정환경과 학업성취도 ㉔ 행동적 처치방법과 행동수정 ㉕ 장애아동 ㉖ 학습기술 ㉗ 교수매체와 학습 ㉘ 생활지도와 상담 등이 있다.

그 동안 Journal of Educational Psychology에 실렸던 연구 논문들의 주제별 순서를 보면 다음 표와 같다(허영, 교육심리학의 연구과제와 방법, 1987 인용).

〈10년 간격의 주제별 순위〉

주제	1979-1980	1969-1970	1959-1960	1949-1950	1939-1940	1929-1930	1919-1920	1910-1911
1) 측정과 평가	1	4	1	1	1	1	1	2
2) 동기	2	8	3	8	4	7	6	9
3) 언어 · 독해	3	1	8	3	2	7	5	7
4) 인지	4	2	8	6	3	3	3	7
5) 교과교육	5	6	7	3	6	4	2	3
6) 교수 · 교사	6	9	4	3	9	9	6	1
7) 학습 · 기억	7	3	4	10	4	2	8	4
8) 성 · 인종	8	12	11	6	11	6	10	9
9) 개인적 · 사회적 발달	9	7	2	1	8	11	12	6
10) 특수교육	10	11	6	8	7	5	4	5
11) 교육매체 · 교수공학	11	5	12	12	12	12	12	12
12) 조직 · 환경	11	9	12	11	9	9	8	9
13) 기타	13	13	8	12	12	12	12	12

Contents	Frequency		
	3	2	1
1. Affective Processes	17	11	3
2. Personality Factors	8	14	9
3. Character, Values, Moral Development	7	16	9
4. Measurement, Testing	22	7	2
5. Social Factors	14	16	0
6. Learning Disabilities	7	15	8
7. Learning Processes	23	7	1
8. Memory, Retention, Transfer	14	11	6
9. Learning Outcomes	24	5	2
10. Mental Hygiene	10	11	10
11. Development	11	16	4
12. Abilities	17	10	4
13. Motivation	22	9	0
14. Teaching and Instruction	24	5	2
15. Educational Psychology as a Discipline	8	9	12
16. Goals, Objectives	9	14	5
17. Individual Differences	15	10	4
18. Research Methods	2	10	19
19. Discipline, Behavioral Control	16	13	2
20. Special Groups : Gifted, MR, Disadvantaged, Handicapped	7	12	10

오래 전의 연구통계(1928)이지만 Hertzberg는 Colorado 국립대학 사범대 교육학교수, 학생 및 심리학자들에게 교육심리학의 중요한 주제에 대해 평가한 결과를 중요한 순서별로 정리한 적이 있다.

J. F. Feldhusen(1978)의 연구(Educational Psychologist, 1978, vol, 12, No. 3. pp. 297-304)에서 32명의 교육심리학자들에게 설문조사한 결과 교육심리학의 내용으로 지적된 결과가 앞의 표에 제시되었다(3 : 절대로 필요하고 중요하다. 2 : 어느 정도 필요한 편이다. 1 : 필요없고 중요하지도 않다).

우리 나라에서는 1980년대 전반부에(1980~1984) 교육심리학 전공논문(석,박사) 568편이 나왔는데 영역별 분류를 보면 ① 학습자의 정의적 특성(150편) ② 발달관계(75편) ③ 특수아 교육(62편) ④ 심리적 환경(54편) ⑤ 생활지도와 상담(49편) ⑥ 학습자의 인지능력(48편) ⑦ 학습이론(39편) ⑧ 교수과정 및 교수방법(36편) ⑨ 교사특성, 교사행동(25편) ⑩ 측정과 평가(19편) ⑪ 시각, 청각과 교육(9편) ⑫ 학습자의 운동기능(2편) 순으로 나타났다.

2. 교육심리학의 연구주제와 방법

(1) 개인차

1) 지 능

지능이 높으면 같은 시간, 같은 노력을 하여도 학업성취도가 높게 나오고 긍정적인 성격이 된다. 1960년대엔 유전과 환경이 지능에 미치는 영향을 주로 연구했고, 1970년대는 지능의 내용에 대한 논의가 많았다. 지금은 EQ가 더 유행되고 있으나 다중지능이론과 삼위일체지능이론 등은 계속 연구과제가 될 것이다.

2) 성 격

성격특성을 알면 동일한 상황에 처했을 때 그의 행동을 예측할 수 있다. MMPI, CPI(California Psychological Inventory) 등으로 인간성격을 측정할 수 있다. 그러나 인간의 행동특성은 영구불변의 고정된 것이 아니라 상황에 따라 항상 변하는 상황적 특성으로 보아야 한다. MBTI나 애니어그램 등도 중요한 성격진단 검사들이다.

3) 인지양식

인지양식은 성격과 능력의 양측면을 모두 포함한다. 정보와 경험을 조직하고 처리하는 독특한 방법(Messick, 1976)을 인지양식이라 보았다. 성격특성 내지 능력특성으로 보는 이도 있다. Messick는 인지양식을 장의존－장독립, 복잡성－단순성, 침착성－충동성, 모험성－세심성, 감각적-논리적으로 분류하였다. 이는 학습과 매우 깊은 관계를 갖고 있는 것이다.

4) 통제의 소재

이는 학습자가 자기의 성공이나 실패의 원인을 어떤 것으로 지각하느냐는 것이다. 자기 자신의 속성으로 귀인하느냐? 환경과 외적 속성으로 돌리는가에 따라 내적통제와 외적 통제로 양분된다. 성공과 실패에 대한 학습자의 귀인행동은 내·외적 여부보다 안정적 특성 여부에 더 좌우된다는 사실에 관심을 갖게 되었다.

(2) 교수－학습과정

이는 학습현장에서 학습자의 행동형성과 행동변화를 위해 교사와 학생의 상호작용이 이루어지는 것을 말한다. Joyce와 Weil은 교수모형을 나누어 정보처리 과정의 교수방법, 개인성장을 위한 교수방법, 사회적 상호작용의 교수방법, 행동적 교수방법으로 나누었다.

1) 정보처리 과정의 교수방법

학습자가 정보를 습득하고 문제를 해결하며 언어적, 비언어적 기호와 상징을 사용하고 능력을 증진시키는데 관심을 둔다.

2) 행동적 접근방법

학습이론, 사회학습이론, 행동수정 및 치료 등을 다루는 수업전략이다.

3) 개인적 성장을 위한 교수방법

Rogers의 상담중심 교수법이다. Gordon의 창의력 개발모델, Brown의 인본주의심리학 등이 있으나 교수-학습분야로의 후속 연구가 많지 않다.

4) 사회적 상호작용의 교수 방법

개인과 개인, 개인과 집단간의 상호작용을 통해 교육하는 것이다. 인간집단이론, 역할놀이 등이 있으나 후속 연구는 부진한 편이다.

(3) 학습과 교수시간

〈Carroll의 학교학습 모형〉

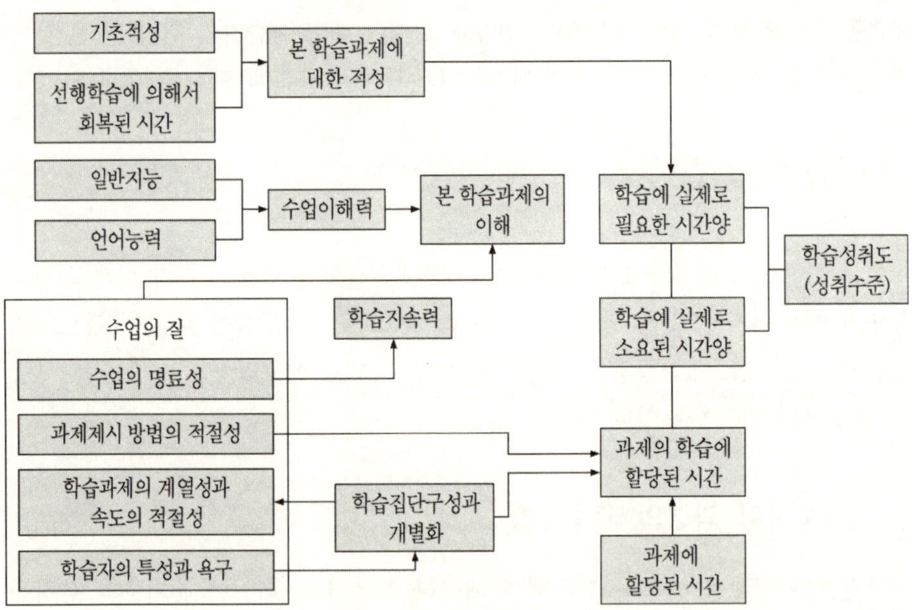

위 그림에서 보면 거의 모두가 교수시간과 학습연구를 위한 연구변인들이다. 학습에 필요한 시간량에 영향을 주는 변인은 '학습적성', '수업이해력', '수업의 질'이며 학습에 소비한 시간량에 영향을 주는 변인은 '학습지속력'과 '과제의 학습에 할당된 시간', 즉 학습기회이다.

Bloom은 이를 약간 변형시켜 학습성과를 학업성취의 수준과 유형, 정의적 성취, 학습속도로 나누어 생각했고, 이러한 학업성과는 수업의 질, 인지적 출발점 행동, 및 정의적 출발점 행동과 함수관계에 있다고 보았다.

〈Bloom의 학교학습 모형〉

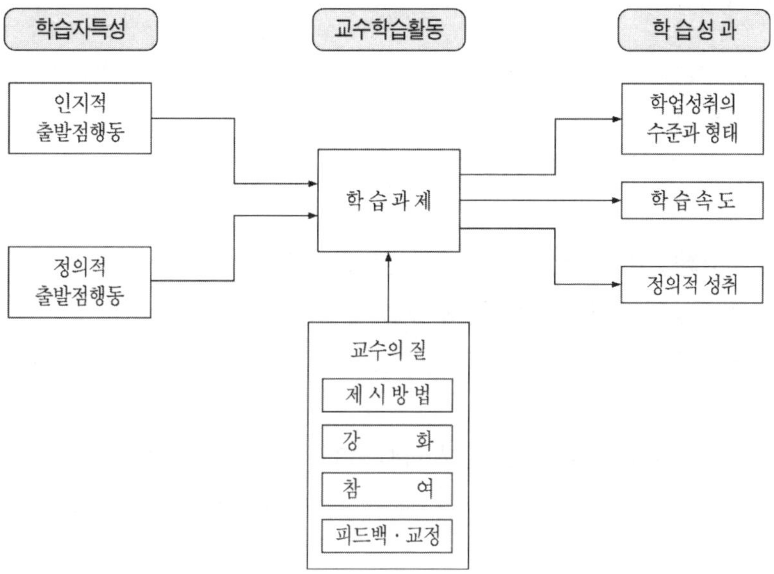

(4) 교사의 효율성

초기에는 교사의 특성 연구가 많았으나 그 뒤 교사특성과 교육행동이 학생에 미치는 영향을 연구하기 시작했다. 교사에 관한 연구는 교사의 능력, 교사의 특성, 교사의 교육수행 행동, 학생의 행동과 경험 등으로 구체화시켜야 한다. 또 교사의 행동단위를 수업전략이나 교사의 수업모형으로 크게 단위화해야 한다. 그렇게 하여 교사의 능력분석, 수업전략과 수업모형 분석, 학생의 학업성취도 분석 등을 할 수 있을 것이다.

(5) 바람직한 교사상

1) 김영돈(1971)

① 성실 · 근면하고 원만한 품성 ② 높은 품위와 풍부한 교양 ③ 인간성을 존중

하는 민주적 신념 ④ 왕성한 협동심과 봉사정신 ⑤ 교과에 대한 충분한 실력 ⑥ 유능한 지도능력과 창조적 역량 ⑦ 넓은 교직적 식견과 사회현상에 대한 이해력 ⑧ 건전한 신체와 강인한 인내심 ⑨ 확고한 인생관 ⑩ 투철한 국가관

2) 김영하(1977)

1 중등학생들이 좋아하는 교사의 유형(남녀별, 중고별 반응차 있음)

① 대화를 많이 하는 교사 ② 솔직한 교사 ③ 편애하지 않는 교사 ④ 겸손한 교사 ⑤ 화를 안내는 교사

2 중 · 고생들이 생각하는 바람직한 교사의 성격

① 이해성 많은 교사 ② 명랑한 교사 ③ 친절한 교사 ④ 엄격한 교사 ⑤ 불의를 참지 못하는 교사

3 중 · 고생들이 싫어하는 교사(남녀별, 중고별 반응차 있음)

① 말과 실행이 다른 교사 ② 불평이 많은 교사 ③ 잔소리 많은 교사 ④ 화를 잘 내는 교사 ⑤ 참을성 없는 교사

3) 김옥중(1982)

1 교육계 인사들의 반응

① 신뢰성 ② 언행일치 ③ 안정감 ④ 자신감 ⑤ 도덕성 ⑥ 고상한 기품 ⑦ 사명감 ⑧ 책임감

2 정 · 행정계 인사의 반응

① 융통성 ② 지도성 ③ 고상한 기품

3 실업계 인사들의 반응

① 융통성 ② 사명감 ③ 책임감

4) 김정환(1981)

[1] 미래의 바람직한 교사상

① 단체적 힘을 소유한 교사 ② 역사의식을 갖춘 교사 ③ 인격의 힘을 지닌 교사 ④ 전문적 능력을 갖춘 교사 ⑤ 국민과 함께 호흡하는 교사

5) 김종철(1982)

[1] 80년대 서울의 교사상

① 자기가 가르치는 교과에 대하여 넓고 깊은 지식을 갖고 실력이 있어야 하며 동시에 자기가 가르치는 교과를 좋아하여야 한다.

② 교사는 학생을 사랑하고 학생 개개인을 바르게 이해하며 잘 알고 있어야 한다.

③ 교사는 스스로 자기의 품성과 자질, 능력 등을 꾸준히 발전시키고 향상시키는데 앞장 설 것이 기대되며 만사에 솔선수범하여야 한다.

④ 교사는 교직에 보람과 긍지를 가져야 하며 자기의 맡은 바 책임을 완수해야 한다.

⑤ 교사는 교육혁신에 대하여 능동적으로 참여하며 스스로의 위치에서 교육의 혁신을 추진하고 실천하는 변화의 촉진자 구실을 할 것이 기대된다.

⑥ 서울의 교사는 모든 행동면에서 전국적으로 모범을 보여주어야 할 것이다.

6) 김호권(1981)

① 교직능력(해박하고 정확한 교과지식이나 화술, 아동의 심리를 속속들이 이해하며 따뜻한 손길로 그들을 감싸며 돕는 인간애, 교육의 올바른 방향을 바르게 인식하는 건전한 교육관), ② 사명감

7) 박용헌(1972)

① 전공과목 및 일반교양에 대한 지식 ② 지능 ③ 언어적 기술 ④ 적성 ⑤ 인성 ⑥ 건강 ⑦ 수업에의 열의

8) 오천석(1962)

1 바람직한 학급담임교사의 자질

① 성격이 명랑하고 쾌활하며 친절할 것 ② 지도방면에 능할 것 ③ 학식과 교양이 풍부할 것 ④ 신체가 건강하여 언제나 건강한 모습으로 출근할 것

9) 윤치두(1970)

1 상위자질

① 교직에 대한 긍지 ② 애정 ③ 자아성장 ④ 원만한 사회성 ⑤ 전인교육 ⑥ 공정성 ⑦ 성실성

2 중위자질(존경을 받을 수 있는 교사)

① 감화력 ② 감수성 ③ 교양 ④ 명랑성 ⑤ 학습지도 과정 중시 ⑥ 학습지도 방법 개선 ⑦ 청렴 ⑧ 근면성 ⑨ 개인 존중

3 하위자질

① 특기 ② 실기능력 ③ 기초학력 향상 ④ 협동심

10) 정범모(1981)

① 적성(흥미) ② 신념 ③ 이론 ④ 예술(기술)

11) 정원식, 이상로, 이성진(1975)

1 기본적 태도(오천석(1973)과 같음)

① 소명감 ② 사랑(가르침을 받는 자에 대한 사랑, 가르치는 일 자체에 대한 사랑, 진리애) ③ 겸허(사람과 역사와 진리 앞에) ④ 개방성

2 전문적 자질

① 교과에 대한 깊은 전문적 지식 ② 훌륭한 학습지도 방법

③ 인성적 특성

① 통정(統整)된 인성 ② 정서적 안정

12) 정재철(1970, 새시대의 새교사)

① 건강한 교사 ② 철학적 교양이 풍부한 교사 ③ 교직의 전문인 ④ 미래지향적인 교사 ⑤ 통합능력 또는 종합력이 강한 교사 ⑥ 진취성이 강한 교사 ⑦ 국가관과 애국심을 확고히 갖고 제자를 이끌어 갈 수 있는 선구자로서의 교사

13) 기독 교직원의 신앙윤리

한국교육자선교회에서는 신앙양심에 입각하여 지성·심성·영성의 균형있는 발달을 돕기 위해 '기독 교직원의 신앙윤리'를 제정하여 실천하고 있다.

내가 실천하는 사랑의 교육

교육은 하나님께서 맡기신 귀한 직분이다. 나는 학생이 하나님을 경외하고 이웃을 사랑하며, 정직하고 성실하게 생활하고 소질과 꿈을 마음껏 가꾸어 자유 민주사회의 발전과 하나님 나라의 확장에 이바지하도록 돕는다. 이에 사랑의 교육을 실천하는 다음 열 가지를 힘써 지켜 나아간다.

학생에 대하여는

① 자식처럼 사랑하고 편애하지 아니한다.

② 격려와 칭찬을 자주하여 재능을 키워 준다.

③ 열심히 가르쳐서 성장을 도와 준다.

④ 언제나 친절하고 공정하게 대해 준다.

⑤ 바르고 고운 말로 잘못을 일깨운다.

교사 자신은

⑥ 정직하고 품위 있게 행동한다.

⑦ 검소하고 겸손하게 생활한다.
⑧ 봉사정신을 가지고 앞장서서 일한다.
⑨ 성실한 자세로 책임을 다한다.
⑩ 기도로 시작하고 감사하며 교육한다.

1 기본 자세

다음을 늘 자문하면서 생활한다.
- 나의 삶이 하나님께 영광을 돌리고 있는가?
- 나의 언행이 믿음의 덕을 세우고 있는가?
- 내가 하고 있는 일이 기독교의 성장에 도움이 되는가?

2 생활 세칙 '작은 일도 향내 나게'

① 복장 · 용의

- 되도록 정장을 한다.
- 검소하고 깨끗하게 한다.
- 머리를 자주 감고 잘 빗어 넘긴다.
- 화장을 진하게 하지 않는다.

② 예절

- 스승으로서의 품위를 지닌다.
- 동료 · 학생을 사랑하고 섬긴다.
- 언제나 미소 지으며 인사를 잘 하고 잘 받는다.
- 경조사에 빠지지 않고 다닌다.
- 침을 함부로 뱉지 않는다.

③ 말

- 말을 명랑하고 부드럽게 한다.
- 감사와 칭찬, 격려의 말을 잘 해준다.
- 큰 소리로 대화하거나 통화하지 않는다.

- 전화를 친절히 받고 잘 전한다.
- 동료 · 상사의 험담을 하지 않는다.
- 소문을 함부로 퍼뜨리지 않는다.
- 아부하거나 부화뇌동하는 말을 하지 않는다.
- 남과 다투지 않으며 화평을 가져오는 말을 한다.
- 약속을 잘 지킨다.
- 학생에게 욕설을 하지 않는다.

④ 근무자세
- 출퇴근 시간, 수업 시간을 엄격히 지킨다.
- 교과수업 준비를 철저히 한다.
- 맡은 업무는 책임 있게 처리한다.
- 궂은 일은 먼저 하고 매사에 솔선수범한다.
- 자기 테이블 정리 정돈을 잘 해둔다.
- 자리를 떠날 때 의자를 반드시 밀어 넣는다.
- 슬리퍼를 소리 나게 끌거나 실외까지 신고 나가지 않는다.
- 근무시간에 바둑이나 운동 등 취미 활동을 삼간다.
- 용지 · 분필 · 수돗물 · 전기 등 공공 물품을 절약한다.
- 근무자에게 친절히 하고 개인 심부름을 시키지 않는다.
- 교회 일로 공용전화를 길게 걸지 않는다.

⑤ 대인관계
- 인격적 · 신앙적으로 신뢰감을 받는다.
- 나보다 먼저 남을 배려하는 생활을 한다.
- 믿음과 행동이 일치하는 생활을 한다.
- 정직하고 겸손하고 친절하게 대한다.
- 받기보다 베풀면서 믿음에 덕을 세운다.
- 누구에게나 너그럽고 여유 있게 대한다.
- 잘못에 대해서는 용서의 미덕을 보인다.
- 학생을 이해하고 그 눈높이에 맞출 줄 안다.
- 어떠한 경우이건 학생을 차별하지 않는다.

⑥ 신앙생활

• 말씀과 기도로 무장한다.
• 신우회 모임에 참여하여 교제하며 협조한다.
• 신우회 모임은 점심시간이나 방과 후에 갖는다.
• 인근 교회와 연계하여 모임을 갖는 것도 한 방법이다.
• 신우회의 교내 숨은 봉사 프로그램을 마련하여 실천한다.
• 봉사 프로그램은 기독 학생들과 함께 갖는 것도 좋다.
• 부활절, 성탄절 등의 절기에 전 교직원에게 작은 선물을 전한다.(학생과 협력)
• 신우회가 파당화하지 않도록 유의한다.
• 학생 기독동아리의 활동에 관심을 갖고 지도와 협조를 한다.
• 근무시간에 교회 일을 하지 않는다.
• 정결치 못한 장소에 가지 않으며 주초를 금한다.
• 신우회 활동은 조용히 지혜롭게 전개한다.
• 불신자들에게 비난을 받거나 충돌하는 일이 생기지 않도록 한다.

참고자료

심리학 발달사의 중요 연대표

(Important Dates in the History of Psychology)

400 B.C. Hippocrates relates personality characteristics to body types and proposes a physiological (as opposed to demonological) theory of mental illness.

350 B.C. Aristotle stresses the objective observation of man's behavior and proposes three principles to account for the association of ideas.

A.D. 400 Saint Augustine, influenced by Platonic ideas, makes careful introspections in his Confessions.

1650 René Descartes characterizes the mind body relationship as one of interaction.

1651 Thomas Hobbes foreshadows associationism by declaring that all ideas come from sensory experience.

1690 John Locke carries Hobbes' notion a step Further by declaring that at brth the mind is a blank slate(tabula rasa).

1749 david Hartley formalizes a doctrine of associationism and suggests a neurological basis for memory.

1781 Immanuel Kant's Critique of Pure reason attacks associationism and the nativistic approach, it strongly influences later philosophers and psychologists.

1809 Franz Gall and Johann Spurzheim give prominence through phrenology to the study of mental faculties and brain function.

1821 Pierre Flourens performs the first significant experiments in Iocalization of brain functions.

1838 Johannes Muller formulates the doctrine of specific nerve energies.

1846 Ernst Weber derives the first quantitative law in psychology.

1850 Hermann von Helmholtz measures the rates of conduction of nerve impulses.

1869 Sir Francis Galton studies individual differences and applies Darwin's concept of selective adaptation to the evolution of races.

1879 Wilhelm Wundt opens the first formal psychological laboratory at university of Leipzig.

1883 G. Stanley Hall establishes the first psychological laboratory in America at Johns Hopkins University.

1885 Hermann Ebbinghaus publishes the first experimental studies of memory.

1890 William James' Principles of Psychology is published in the Unites States.

1892 Edward Titchener at Cornell University establishes "structuralism" as a major influence in American psychology.

1892 Mary Calkins publishes her work on memorization by role, establishing important experimental procedures for the study of cognition.

1898 Edward Thorndike performs some of the first controlled experiments on animal learning

1900 Sigmund Freud publishes The Interpretation of Dreams, which presents many of his ideas on psychoanalysis.

1905 Alfred Binet and Theodore Simon devise the first intelligence test.

1906 Ivan Pavlov publishes the results of his studies on classical conditioning.

1908 william McDougall's publication of An Introduction to Social Psychology marks the formal inauguration of the field of social psychology.

1912 Max Wertheimer publishes the first formulation of Gestalt psychology.

1913 John B. Watson exerts a major force on the course of psychology with his behaviorist manifesto.

1917 Wolfgang Kohler publishes the results of his studies on problem solving in primates.

1922 Edward Tolman presents his initial ideas on purposive behaviorism.

1929 Karl Lashley publishes Brain Mechanisms and Intelligence.

1932 Karen Horney moves to the United States and continues writing feminist critiques and reformulations of psychoanalysis.

1938 B. F. Skinner publishes The Behavior of Organisms, which summarizes early research on operant conditioning.

1942 Carl Rogers publishes Counseling an dPsychotherapy, setting forth his humanistic approache to therapy.

1949 Donald Hebb, in Organization of Behavior, presents a theory that bridges the gap between neurophysiology and psychology.

1950 William Estes lays the foundation for a mathematical approach to theories of learning.

1954 The Swiss psychologist Jean Piaget publishes The Construction of Reality in the Child, which focuses attention of cognitive development.

1957 Noam Chomsky publishes Syntactic Structures, a book that presents a cognitive aproach to language behavior.

1958 Herbert Simon and colleagues publish Elements of a Theory of Human Problem Solving, which reformulates classical psychological problems in terms of information-procesing models.

1962 David Hubel and Torsten Weisel discover the relationship between the activity of individual neurons in the visual cortex to specific features of a visual stimulus.

1981 Roger Sperry wins the Novel prize for physiology for his research on split-brain patients, demonstrating the interconnections of the brain. More recent events are not listed because not enough time has elapsed to judge their long-term impact on the field.

부 록

부록 1 〈측정 및 평가에 관련된 역사〉

연 도	주요인물/전문가 집단	사 건
1869	Francis Galton	개인차의 연구
1879	Wihelm Wundt	독일 라이프치히에 최초의 심리학 실험실 설치
1888	James M. Cattell	펜실베이니아 대학교에 검사 실험실 설치 및 '정신검사'라는 용어 사용
1896	Emil Kraepelin	정신질환의 분류
1904	Charles Spearman	지능의 2요인설 주장
1934	J. L. Moreno	사회성 측정법 개발
1935	Louis Thurstone	요인분석법 개발
1938	Oscar K. Buros	검사의 소개 및 비평서인 *Mental Measurements Year-book*(MMY) 초판 출간
1939	L. Frank	'투사적 방법'이라는 용어 사용
1952	미국정신의학회	*Diagnostic and Statistical Manual of Mental Disorders*(DSM Ⅰ) 출간
1954	미국심리학회(APA), 교육연구학회(AERA), 교육측정연구회(NCME)	검사의 기술적 기준에 대한 제안 발표
1957	C. E. Osgood	의미분석 척도
1963	R. Glaser	준거지향 검사
1966	미국심리학회	교육 및 심리검사와 검사요강을 위한 기준 출간
1966	J. P. Guilford	지능의 구조 모형
1968	미국정신의학회	DSM Ⅱ 출간
1969	미국심리학회	장애아 검사를 위한 검사 지침
1973	K. H. Craik	Annual Review of Psychology에 환경 평가도구 고찰
1974	APA, AERA, NCME	검사의 기준 재정
1978	Oscar K. Buros	MMY 8권 출간
1980	미국정신의학회	DSM Ⅲ 출간
1981	네브라스카 대학교의 Buros 센터	검사 소개 및 비평에 관련된 Buros의 업적을 지속시키기 위한 기구 설립
1984	Test Corporation of America	
1985	AERA, APA, NCME	검사비평을 위한 Test Critiques, Vol. Ⅰ 출간
1987	미국정신의학회	교육 및 심리검사의 사용기준 개정 DSM Ⅲ 개정판 출간

* Walsh, W. B., & Betz, N. E. (1990). Tests and assessment(2nd ed.). Englewood Cliffs, JK : Prentice-Hall. pp. 3~4의 표 1-1에서 발췌함.

부록 2 〈대표적 검사의 제작 연도별 목록〉

연 도	저 자	검 사 명
1905	Alfred Binet와 Theodore Simon	Binet-Simon 지능검사 초판
1916	Lewis M. Terman	Stanford-Binet 지능검사
1917	Arthur Otis와 Robert M. Yerkes	Army alpha, Army Beta 집단 지능검사
1918	Carl Seashore	Seashore 음악 적성 검사
1920	Robert Woodworth	최초의 자기보고식 성격검사 Personal Data Sheet
1921	Hermann Rorschach	Inkblot 투사적 검사 발표
1923	T. L. Kelley	Stanford 학력검사
1926	Florence Goodenough	인물화 검사(Draw-A-Man Test)
1927	E. K. Strong, Jr.	Strong 직업흥미 검사(SVIB) 초판
1936	Edgar Doll	Vineland 사회성숙도 검사
1937	Lewis M. Terman과 Maud Merrill	Stanford-Binet 지능검사-개정판
1938	Lauretta Bender	Bender 시각 운동 형태검사
1938	Henry Murray	주제통각 검사(TAT)
1938	Louis L. Thurstone	기본 정신능력 검사(PMA Test)
1939	David Wechsler	Wechsler-Bellevue 지능검사
1943	Starke Hathaway와 Fred McKinley	Minnesota 다면적 인성검사
1947	미국 직업알선소	일반 적성종합 검사
1949	David Wechsler	아동용 Wechsler 지능검사(WISC)
1953	William Stephenson	Q-sort
1955	David Wechsler	성인용 Wechsler 지능검사(WAIS)
1956	Harrison Gough	California 성격검사
1960	Maud Merrill	Stanford-Binet 지능검사 3판
1967	David Wechsler	유아용 Wechsler 지능검사(WPPSI)
1968	G. F. Kuder	Kuder 직업흥미 검사(KOIS)
1974	David P. Campbell	Strong 직업흥미 검사와 Strong-Campbell의 흥미검사(SVIB and SCII)
1974	Rudolf H. Moos	사회적 분위기(환경) 척도
1974	David Wechsler	WISC－개정판
1977	G. F. Kuder	Kuder 직업 흥미 검사-개정판
1981	David Wechsler	WAIS－개정판
1985	Jo Ida C. Hanson과 David P. Campbell	SVIB와 SCII－개정판
1985	Robert L. Thorndike, Elizabeth Hagen 그리고 Jerome Sattler	Stanford-Binet 지능검사 4판
1987	Harrison Gough	California 성격검사－개정판

* Walsh, W. B., & Betz, N. E. (1990). Tests and assessment(2nd ed.). Englewood Cliffs, JK : Prentice-Hall. pp. 3~4의 표 1-2에서 발췌함.

부록 3

심리학자를 위한 윤리 강령*

서 문

심리학자는 인간의 존엄성 및 가치를 존중하고 인간의 기본권을 보호하기 위해 부단히 노력해야 한다. 이들은 인간 행동에 대한 지식 및 자신과 타인에 대한 이해에 관련된 지식을 넓히고, 이를 인간의 복리증진을 위해 활용한다. 심리학자는 이러한 목적을 추구하는 동시에, 자신에게 서비스를 받으려는 사람들과 연구 대상자들의 권익을 보호해야 한다.

심리학자들은 연구할 수 있는 자유를 가지는 한편, 이러한 자유에 수반되는 책임이 따른다. 즉, 심리학자는 전문가로서의 능력을 가지고 있어야 하고, 지식을 적용하는 데 있어서 객관성이 있어야 하며, 내담자, 동료, 학생, 연구 대상 및 사회의 이익을 고려해야 할 책임을 지닌다. 이러한 책임을 완수하기 위해, 심리학자들이 준수해야 할 구체적인 원칙은 다음과 같다.

구체적 원칙

원칙 1 책임감(responsibility)

심리학자는 심리학적 서비스를 제공함에 있어 고도의 전문성을 유지해야 하며 자신의 행동에 대해 책임을 지고 자신의 서비스가 적절히 사용되도록 모든 노력을 기울여야 한다.

① 심리학자는 연구 주제와 방법의 선정에 있어서 과학도로서의 책임을 져야 한다. 연구 계획을 세울 때 그 결과로 인해 잘못될 가능성을 최소화하는 방법을 취한다. 또한, 자료의 제한점에 대해 충분히 논의하고 불리한 자료라도 삭제하지

---

* 미국심리학회의 대표자회의에서 1981년 인정되고, American Psychologist, 1981, 36, 633-638에 발표된 "Ethical Principles of Psycholgist"의 내용을 발췌, 요약하였다. 이 윤리 강령은 심리학자 및 심리학 관련 업무에 종사하는 사람들을 위해 만들어진 것이다.

않는다.

② 심리학자는 사전에 연구 자료가 사용될 원칙을 관련자와 함께 논의하여 결정한다. 객관성을 제한할 수 있는 대인 관계나 의견이 상충될 수 있는 상호관계를 배제한다. 그리고 자료수집의 방해 요인을 최소화한다.

③ 심리학자는 자신이 속한 기관이나 협회가 연구 결과를 왜곡하거나 오용하지 않도록 노력할 책임이 있다.

④ 심리학자는 정부기관이나 다른 조직체의 일원으로 일할 때, 최고 수준의 전문성을 유지할 책임이 있다.

⑤ 심리학자는 다른 사람들에게 지식과 기술을 습득하도록 도움을 주는 교육자로서의 의무가 있으며, 심리학적인 정보를 객관적이고 정확하게 전달함으로써 높은 학문적 수준을 유지한다.

⑥ 심리학자는 자신의 행위나 제의가 타인의 삶을 변화시킬 수도 있으므로 자신이 전문가로서 막중한 사회적 책임을 지니고 있음을 깨달아야 한다.

원칙 2 능력(competence)

모든 심리학자는 전문가 집단의 일원으로서 높은 수준의 능력을 가지고 있어야 할 책임이 있다. 이들은 자신의 능력과 기술의 한계를 인식하고, 훈련과 경험을 통해 충분히 훈련받은 기법과 서비스만을 제공해야 한다. 이들은 자신이 제공하는 서비스에 관한 최근의 과학적이고 전문적인 정보를 습득해야 한다.

① 심리학자는 자신의 능력, 교육, 훈련, 경험을 과장됨이 없이 정확히 기술해야 한다.

② 심리학자는 가르칠 기회가 생길 때, 자신의 교수 내용이 정확하고 최근 경향에 맞도록 면밀히 준비한다.

③ 심리학자는 지속적인 재교육의 필요성을 인식하고, 시대에 따른 기대와 가치의 변화 및 새로운 방법을 개방적으로 수용해야 한다.

④ 심리학자는 연령, 성, 사회·경제적, 인종적 배경에 따른 차이를 인식하고, 다양한 배경의 사람들에 관한 연구나 서비스를 제공하기 위해 훈련과 경험을 쌓아야 한다.

⑤ 심리학자는 검사 결과에 기초하여 개인이나 정책에 대해 의사결정을 할 책임이 있으므로, 교육 및 심리 측정, 타당도와 검사에 대해 이해해야 한다.

⑥ 자신의 개인적 문제와 갈등이 전문가로서의 효율적인 수행을 방해할 수 있다

는 사실을 인식하고, 내담자, 동료, 학생, 연구 대상에 해를 끼치거나 부적절한 수행을 야기할 수 있는 어떤 활동도 삼간다.

원칙 3 도덕적, 법적 기준(moral and legal standard)

심리학자는 일반적인 윤리 기준에 민감해야 하고, 이러한 기준을 준수하거나 위반하는 것이 심리학자에 대한 신뢰와 수행의 질에 미치는 영향을 인식해야 한다.

① 심리학자는 교수 역할에서, 자신의 개인적인 가치가 교수 자료의 선택과 제시에 영향을 줄 수 있다는 것을 인식한다.

② 심리학자는 비인간적이거나 부당한 행위를 초래하는 임상의 실제에 참여하지 않으며, 이를 묵인하지 않는다.

③ 심리학자는 전문가로서의 역할 수행에 있어서, 내담자의 법적 권리와 시민권을 침해하지 않는다.

④ 심리학자는 인간과 동물을 대상으로 하는 연구와 실습을 할 때, 이에 관한 협회의 규범과 지침에 따라 행동한다.

원칙 4 공개적 진술(public statements)

심리학자들이 제공하는 공개적 진술은 일반인들이 판단하고 적절히 선택할 수 있도록 객관적인 정보에 기초해야 한다. 심리학자는 관련기관, 전문적 자격, 협력기관 등을 정확하고 객관적으로 제시한다.

① 심리학자는 전문적인 서비스를 광고할 때, 서비스와 서비스 제공자에 대해 다음과 같은 정보를 제시할 수 있다 : 이름, 최종 학위, 자격증, 전문가로서의 지위, APA에서의 지위, 주소, 전화번호, 근무 시간, 서비스의 수준과 종류, 비용 등이다.

② 출판물 및 서비스에 대한 광고는 다음의 내용을 포함하지 않는다 : ㉮ 허위이거나 부당한 내용 ㉯ 잘못된 판단으로 이끌 수 있는 내용이거나 사실에 대한 그릇된 해석 ㉰ 심리학자가 제공하는 서비스의 질에 대한 내담자의 개인적 증언 ㉱ 실제가 아니거나 입증할 수 없는 긍정적인 결과에 대해 기대를 가지게 하는 내용 ㉲ 특이하거나 유일한 능력임을 암시하는 진술 ㉳ 심리학적 서비스를 받지 못함으로써 내담자가 느낄 수 있는 불안한 감정에 호소하는 내용 ㉴ 제공되는 서비스의 상대적 우월성에 관한 내용 ㉵ 개개인의 내담자에게 직접 권유하는 진술이다.

③ 심리학자는 광고에 대한 대가로 신문, 라디오, TV 등의 대중 매체에 사례금을 지불하지 않는다.

④ '개인 성장 집단', 상담실, 기타 기관에 대한 광고는 활동 목적과 제공되는 경험에 대해 명확히 기술해야 한다. 또한, 관련 직원의 교육 정도, 훈련, 경험에 대해서도 상술되어야 한다.

⑤ 상업적으로 판매되는 심리학 도구, 책, 상품의 개발 및 판촉에 종사하는 심리학자는 과학적으로 수용 가능하고, 전문적이며, 실질적인 정보를 주는 광고를 제공한다.

⑥ 심리학자는 개인적인 이익을 위해 일반 대중에게 독점의 제품이나 서비스의 이용 및 구입을 권유하는 상업적 광고를 하지 않는다.

⑦ 심리학자는 감각적이거나 과장되고 피상적인 광고를 통해 생길 수 있는 그릇된 해석을 방지하고, 심리학적 서비스, 도구 및 출판물 등을 공정하고 정확하게 제시한다.

⑧ 교수로서 심리학자는 다루는 주제, 평가의 기초, 교과 경험의 본질을 명확히 밝힘으로써, 교과 개요가 정확하고 그릇된 판단을 초래하지 않는 내용이 되도록 한다.

⑨ 연구의 참여를 권유하기 위한 수단으로서 제공되는 임상 서비스나 다른 전문 서비스의 광고는 연구 대상이 감당해야 할 비용 및 의무와 함께 서비스의 본질을 명확히 밝혀 주어야 한다.

⑩ 개별 집단과 치료 서비스는 전문적이고 심리학적인 관계 맥락에서만 제공되어야 한다.

원칙 5 비밀보장(confidentiality)

심리학자는 심리학자로서의 임무 수행 과정에서 타인으로부터 얻은 정보에 대해 비밀을 보장할 주요 의무를 지닌다. 대상이나 법적 대리인으로부터 사전에 동의를 얻은 경우에 한해서만 정보는 유출될 수 있다.

① 상담 과정에서 획득한 정보나 아동, 학생, 직원의 평가자료는 전문적인 목적을 위해서만 논의되고, 그 사례와 관련있는 사람들하고만 논의되어야 한다.

② 심리학자가 저술, 강연 및 공개 토론회에서 개인의 사적인 정보를 제시할 때는 그들에게 사전 동의를 얻든지, 아니면 익명으로 제시한다.

③ 심리학자는 기록의 보관과 처분시에도 비밀 보장이 유지되어야 한다.

④ 심리학자는 연구 참여에 자발적으로 동의할 수 없는 미성년자 등을 대상으로 연구할 때, 이들의 권익을 최대한 보호하기 위해 특별히 유의해야 한다.

원칙 6 소비자의 복리(welfare of the consumer)

심리학자는 함께 일하는 대상 및 집단의 복리를 보호하고 존중한다. 심리학자는 이들에게 평가, 처치, 훈련 과정의 목적과 성격에 대해 충분히 알려준다. 또한, 내담자나 연구 대상이 연구에의 참여 여부를 결정할 수 있는 선택의 자유가 있음을 인정한다.

① 심리학자는 자신의 욕구와 영향력의 범위를 인식하고, 사람들의 신뢰와 의존감을 악용해서는 안 된다. 심리학자는 전문가로서의 판단을 흐리게 할 수 있는 이중 관계를 맺지 않도록 한다.

② 제3자의 의뢰에 따라 서비스를 제공할 경우, 심리학자는 관련된 모든 사람들에게 관계의 본질을 명료하게 밝힐 책임을 갖는다.

③ 심리학자는 소속된 조직체가 윤리적 원칙을 위반하도록 요구하는 경우, 이러한 요구와 윤리 원칙간의 모순을 분명히 밝힌다.

④ 심리학자는 내담자의 권익을 최대로 보호하고 내담자가 명확히 이해할 수 있도록 사전에 비용에 관해 타협을 한다.

⑤ 심리학자는 상담이 내담자에게 도움을 주지 못한다고 판단될 때에는 상담을 종료한다.

원칙 7 다른 전문가와의 관계(professional relationships)

심리학자는 심리학 분야의 동료뿐만 아니라 다른 전문가들의 요구, 그들의 특수한 능력과 의무를 고려하여 행동한다. 그들이 관계를 맺고 있는 기관이나 조직체에 대한 의무와 권리를 존중한다.

① 심리학자는 전문 분야별 특수한 능력에 대해 인식하고, 내담자의 권익을 보장하기 위해 이들의 전문적이고 행정적인 수단을 충분히 활용한다.

② 심리학자는 다른 전문가 집단의 서비스 내용 및 전통과 관행을 파악해 이를 고려하여 협력한다. 또한, 다른 전문가와 공식적 유대가 없다고 해서 내담자에게 최상의 서비스를 제공해야 하는 의무로부터 제외될 수는 없다.

③ 다른 전문가나 훈련 중인 전문가를 고용 및 감독해야 하는 심리학자는 이들의 전문가적 발전을 도울 의무가 있다.

④ 심리학자는 내담자, 학생, 연구 대상과 맺은 전문적 관계를 성적(性的) 관계 또는 다른 면에서 남용하지 않는다.

⑤ 어떤 기관에서 연구를 수행할 때는 그 기관의 허가를 받아야 하며 그들의 기여 부분을 인정한다.

⑥ 저술에 참여한 사람들에게는 그 공헌도에 따라 출판에 대한 소유권이 공동으로 부여되어야 한다.

⑦ 다른 심리학자가 윤리적 원칙을 위반할 경우, 위반 행위가 심각한 정도의 것이 아니라면, 그 행동에 주의를 환기시킴으로써 비공식적으로 문제를 해결하도록 노력한다.

원칙 8 평가 기법(assessment techniques)

심리학자는 평가 방법의 개발, 출판, 사용에서 내담자의 복리와 권익을 보장하기 위해 최선을 다하고, 평가 결과를 오용하지 않는다. 또한 결론과 제언에 기초가 되었던 평가 결과 및 결과의 해석에 대해 내담자의 알 권리를 존중한다.

① 심리학자는 평가에 앞서, 내담자가 이해할 수 있도록 평가의 내용과 목적에 대해 충분히 설명한다.

② 심리검사 및 평가도구를 표준화할 책임이 있는 심리학자는 공인된 과학적인 절차를 사용하고, 이와 관련된 APA의 기준을 준수한다.

③ 평가 결과를 보고할 때, 심리학자는 타당도나 신뢰도상의 제한점을 지적하여 평가 결과가 잘못 해석되지 않도록 노력한다.

④ 심리학자는 평가 결과가 시대에 뒤떨어진 것이 될 수 있다는 사실을 인식하고, 진부한 방법을 사용하거나 오용하지 않도록 한다.

⑤ 심리학자는 채점 및 결과 해석에 관련된 서비스를 제공할 때 절차의 타당성에 대한 증거를 제시해야 한다. 또 평가 결과 보고서가 잘못 사용되는 것을 방지할 의무를 지닌다.

⑥ 심리학자는 부적절하게 훈련된 사람이나 정식으로 자격을 갖추지 않은 사람에게 평가 기법이 잘못 사용되는 것을 방지한다.

원칙 9 인간을 대상으로 하는 연구(research with human participants)

심리학자는 연구 수행에 관련해서 과학적 지식의 증진과 인류 복지에 대한 공헌을 숙고한 후 연구 수행을 결정해야 한다. 또한 연구에 참여하는 연구 대상의 존엄성과 복리를 존중하며, 이와 관련된 법규를 인식하고 연구에 임한다.

① 연구 계획을 세울 때, 연구자는 그 연구가 윤리적으로 용인될 수 있는지

신중히 평가한다.

② 연구 참여자가 일반적 기준에 의해 위험 요소가 있는 대상인지 아닌지를 판단하는 것은 연구자의 윤리적 관심에서 가장 우선되어야 한다.

③ 연구자는 연구에 참여하는 공동 연구자, 보조자, 학생 등이 연구 대상을 윤리적으로 대우해야 할 책임을 진다.

④ 연구자는 연구 시작 전에 연구 대상과 서로의 의무와 책임에 대한 규정에 동의하고, 이를 준수할 의무를 가진다.

⑤ 연구의 필요에 따라 은폐나 속임수를 사용해야 하는 경우, 연구자는 이러한 연구 방법을 사용하기에 앞서 다음의 사항을 고려해 보아야 한다 : ㉮ 이러한 방법을 사용하는 것이 연구의 과학적 · 윤리적 활용 가치면에서 정당화될 수 있는지를 판단한다 ㉯ 은폐나 속임수를 사용하지 않는 대안적 방법이 가능한지를 고려한다 ㉰ 연구 대상이 가능한 한 빨리 충분한 설명을 들을 수 있도록 한다.

⑥ 연구자는 연구 대상이 어느 때라도 연구에 참여하기를 거부하거나 중지하고자 할 때는 대상의 의사를 존중한다.

⑦ 연구자는 연구 과정에서 발생할 수 있는 신체적 · 정신적 고통 및 해로움이나 위험으로부터 연구 대상을 보호한다.

⑧ 자료수집 후, 연구자는 연구 대상에게 연구의 본질에 대해 알려주고, 이들이 가질 수 있는 오해를 풀어주도록 노력한다.

⑨ 연구 절차가 연구 대상에게 바람직하지 못한 결과를 초래했을 때, 연구자는 이러한 결과에 대해 분명히 인식하고, 이를 제거하거나 수정할 책임을 가진다.

⑩ 연구 과정에서 연구 대상으로부터 얻은 정보는 사전 동의가 없는 한, 비밀이 보장되어야 한다.

원칙 10 동물을 대상으로 하는 연구(research and use of animals)

동물을 연구 대상으로 하는 연구자는 동물의 행동으로부터 인간행동의 원리를 이해하여 인간의 복지에 기여하는 것을 목적으로 한다. 따라서 동물의 복리를 보호하고 이를 인도적으로 다루어야 한다.

① 동물의 취득, 보호, 이용 및 처분은 국가와 지방의 법적 규제에 따라야 한다.

② 연구 방법을 훈련받은 심리학자는 실험용 동물을 보호하고 동물이 포함된 모든 절차를 감독하며, 동물의 건강을 고려할 책임이 있다.

③ 심리학자의 감독하에서 동물을 다루는 모든 사람들은 실험 방법, 동물의

보호에 대해 규정에 명시된 교육을 받아야 한다.

④ 심리학자는 실험용 동물의 불편과 질병, 고통을 최소화하기 위해 노력해야 한다.

⑤ 동물을 살상해야 할 타당한 이유가 있을 때는, 신속하고 고통을 최소화하는 방법을 사용한다.

참고문헌

- 김언주(1987), 인지심리학 : 이론과 적용, 정민사.
- 김언주(1990), 교육심리학, 문음사.
- 김재은(1984), 올바른 유아교육, 태양사.
- 김재은(1991), 가정교육의 현주소와 이정표, 조선일보 사회부, 가정교육.
- 김정오 외 2명(1983), 심리학개론, 한국통신대학 출판부.
- 김정휘 · 주영숙 공저(1990), 영재학생을 위한 교육, 교육과학사.
- 김정희 외 9인 공저 (1995), 심리학의 이해, 학지사.
- 김현태 외 8인 공저 (1996), 심리학, 학지사.
- 김형태(1981), 카운셀링을 위한 청소년의 문제점 진단, 한남대 출판부.
- 김형태(1998), 청소년세대교육론, 한남대출판부.
- 김형태(1999), 청소년문화와 인성교육, 기독교리더십연구원.
- 김형태(2002), 21세기 자녀교육, 한남대출판부.
- 김형태(2002), 청소년교육의 재조명, 오늘의 문학사.
- 김형태(2004), 결혼, 가족 그리고 인간관계, 한남대출판부.
- 김형태(2006), 청소년교육잠언, 진아출판사.
- 대한교육협회(1984), 창의성을 높이는 교육, 세기문화사.
- 문용린(1997), E.Q가 높으면 성공이 보인다, 글이랑.
- 박병석(1985), 인간행동과 사회환경, 홍익재.
- 박아청(1993), 현대의 교육심리학, 학문사.
- 박영숙(1989), 심리검사의 이론과 활용, 하나의학사.
- 신세호(1977), 창의력의 교육, 배영사.
- 여광응 외(1992), 교사를 위한 교육심리학, 양서원.
- 여광응 · 전영길 · 정종진 · 조인수 공저 (1997), 교사를 위한 교육심리학, 민서원.
- 연문희(1981), 청소년이해와 지도, 창학사.
- 유안진 · 김연진(1987), 부모교육, 정민사.
- 윤종건(1990), 창의력, 정민사.
- 이군현(1990). 교육심리학, 박영사.
- 이달석(1997), 교육심리학, 학지사.
- 이상섭 · 오만록(1994), 인간과 교육, 형설출판사.

• 이영준(1985), 부모교육, 문성출판사.
• 이옥형 · 이종숙 · 임선빈 공저(1994), 교육심리학, 집문당.
• 이은화 · 양옥승(1988), 유아교육론, 교문사.
• 임승권(1989), 교육심리학, 민서원.
• 임규혁(1997), 교육심리학, 학지사.
• 임선하(1998), 창의력을 증진시키는 교육방안, 충남교육청.
• 정원식(1977), 머리를 써서 살아라, 샘터사.
• 정원식(1983), 교육환경론, 교육출판사.
• 정원식(1984), 아버지 방법, 어머니 기술, 집현전.
• 정인석(1990), 교육심리학, 교육과학사.
• 정종진(1996), 정서지능, 인간이해의 새로운 도전, 새교육 1996년 12월호.
• 제철학원(1990), 바른가정교육, 학교법인 제철학원.
• 차종환(1987), 올바른 자녀교육, 바울서신사.
• 청소년대화의 광장(1996), 청소년학업상담.
• 충청남도교육청(1992), 올바른가정교육.
• 충청남도교육청(1994), 초등학교에서의 창의력 신장방안.
• 하대현(1996), 인간지능이론과 연구의 최근 동향과 과제, 교육심리연구 10권 1호.
• 한국교육개발원(1988), 창의성 교육의 방법, 한국교육개발원.
• 한국어린이재단(1990), 2000년대 어린이 이렇게 키워라.
• 한국행동과학연구소(1977), 국가발전과 청소년, 세미나 보고서.
• 한명희(1988), 창의성 교육 교직 특강.
• 허영부(1996), 교육심리학, 학문사.
• 황필호 외(1988), 아버지의 열쇠, 고려원.

• Chase, B. W. 저, 주순희 역(1992), 인격적인 사랑 효과적인 훈육, 두란노.
• Cropley A. J. 저, 김선역 역(1996), 교육과 창의성, 집문당.
• Goleman D. 저, 황태호 역(1996), 감성지능, 비전코리아.
• Ogburn, W. F.(1933), "The Familiy and It's Functions," Recent Social Trends, N. Y : McGraw-Hill.
• Rombach, H.(1977), Worterbuch der Padagogik. Freiburg u.a.
• Roth, H.(1983), Padagogische Psychologie des Lehrens und Lernens. Hannover.
• Schroder, H.(1989), Lernen und Lehren im Unterricht. Munchen.

저자 소개

◎ 김형태 박사(金炯泰; Hyung Tae Kim)

현 재 : 한국상담학회 회장/한국카운슬러협회 직전회장/한국교육학회 부회장
한남대학교 총장

주 소 : 대전광역시 유성구 전민동 엑스포 APT 402-803

전 화 : 연구실 042-629-7426 집무실 042-629-7731
가 정 042-862-6622 핸드폰 011-452-6620
E-mail : kim-edu@hanmail.net

학 력 : 충남 논산 대건중·고등학교 졸업
한남대학교 및 동 대학원 졸업(문학석사)
De La Salle University(M.S. in Guidance & Counseling)
충남대학교 대학원 졸업(교육학 박사)
한국심리학회 공인 상담심리전문가
한국상담학회 공인 학교상담/집단상담/대학상담/교정상담 슈퍼바이저

경 력 : 한국상담학회 회장(現)/한국카운슬러협회 직전회장(現)
한국교육학회 부회장(現)
한국 5차원전면교육협의회 원동연 박사와 공동회장(現)
한국 기독교육자선교총연합회(KCEM) 부회장(現)
한국 교육자선교회 부회장 겸 대전지방회장(現)
한국 기독교학교연맹 연구위원(現)
한국 기독교리더십연구원 연구위원(現)
Midwest Theological Seminary 겸임교수(現)
대전 발전연구원 이사(現)/학교법인 대성학원 이사(現)
국제대학선교협의회(CMI) 이사(現)
한국장로신문과 복음신문 및 CM메시지 칼럼니스트(現)
평신도 신문 논설위원(現)/대전광역시청소년지도위원(現)
한국대학상담학회장·학교상담학회장 역임
전국대학부총장협의회 부회장 역임
한국 기독상담·심리치료학회 부회장 역임
전국 대학 학생생활연구소장 협의회장 역임
한남대학교 기획처장(4년), 법인처장(2년) 역임
한남대학교 교육학과장, 교직과정 및 학생생활연구소장(9년) 역임
한남대학교 교육대학원장(2년) 역임
한남대학교 평생교육원장 겸 인재개발원장(2년) 역임
한남대학교 부총장(3년) 취임
한국교총 청소년 복지문화위원장(2년) 역임

저 서 :
◦ 교육의 심리학적 이해
◦ 학교상담의 이론과 실제
◦ 집단상담의 이론과 실제
◦ 청소년 자아정체감 연구
◦ 상담이론 알아보기
◦ 21세기를 위한 상담심리학

◦ 가르치는 기쁨 · 배우는 보람
◦ 청소년 문화와 인성교육
◦ 21세기 자녀교육
◦ 기독교문화와 생활신앙
◦ 상담의 이론과 실제
◦ 집단상담 프로그램
◦ 교육실습의 이론
◦ 신앙과 교육의 만남
공 저 : ◦ 청소년 문제론(상담학총서)
◦ 청소년 학업상담(상담학총서)
◦ 하나님 중심교육
◦ 가꾼대로 거두는 자녀의 행복
◦ 인생의 3대 질문
◦ 크리스챤 Pax Koreana의 비전
◦ 청소년 세대 교육론
◦ Counseling & Group Dynamics(영문저서)
◦ 청소년교육의 재조명
◦ 사색하는 행동인 · 행동하는 사색인
◦ 결혼, 가족 그리고 인간관계
◦ 청소년교육의 재조명
◦ 21세기를 위한 교육심리학
◦ 청소년 교육잠언
◦ 성 교육학
◦ 현대사회와 인성교육
◦ 하나님 중심 지도자
◦ 새천년 · 새선민 · 새비전
◦ 나의 꿈, 나의 대학생활
◦ 정보혁명과 크리스챤의 비전
◦ 우리들의 자녀교육문제와 그 해결방안 모색
◦ 동방의 새선민
신 앙 : 대전 삼성장로교회 장로

21세기를 위한 **교육심리학**

초판발행 2007년 1월 10일
4판발행 2009년 8월 15일

저 자 김 형태
발행인 김 현태
발행처 태영출판사

주 소 (152-705) 서울 구로구 구로동 104-10 동남오피스텔 201호
전 화 02 · 839-3757, 839-3752
팩 스 02 · 837-3754
등 록 2005년 5월 30일 제12-421호
홈페이지 http://www.taeyeongbook.co.kr
E-mail tys2005@paran.com
typub@taeyeongbook.co.kr
ISBN 978-89-91777-57-6 93370
정가 20,000원